책의 민족

책의 민족

유대인 디아스포라 4천 년의 역사

맥스 I. 디몬트 | 김구원 옮김

교양인
GYOYANGIN

기독교가 아라비아에 발도 들이지 못할 때,
유대인은 칼이 아니라 선행을 통해 아라비아에 들어왔다.
그리스인과 로마인처럼 많은 아랍인들은 유대교의 성적이지 않은 상징,
금욕적인 유일신 신앙, 가족과 교육에 대한 헌신을 높이 샀다.
아랍인은 유대인을 '책의 민족'이라 불렀으며, 평화롭게 공존했다.
— 15장 〈이슬람 문명에서 맞은 유대 황금기〉에서

이 특별한 민족은 그렇게나 많이 정복되고, 흩어지고,
외적으로 파괴되었으면서도 《탈무드》와 《탈무드》의 제의법을 통해
자신의 법을 언제나 신성시하여 오늘날까지 생존할 수 있었다. ……
《탈무드》의 도덕과 종교 의식이 지속된다면 세상 마지막 날까지 살아남을 것이다.
— 장자크 루소, 《사회 계약론》에서

맥스 디몬트가 세상을 떠난 해인 1992년에 그는 이 책을 개정하는 중이었다. 1955년에 그가 이 책을 처음 기획했을 때부터 함께 작업해 온 나는 그가 이 책의 개정을 완수하기 원했을 것이라고 생각한다. 그가 남긴 자료를 최대한 많이 반영하고, 유대인과 유대 역사에 관한 그의 생각, 관심, 신념에 충실하려고 노력했지만 문체의 차이는 어쩔 수 없었다. 이 점에 관해 독자들의 이해를 구한다. 디몬트처럼 글을 쓸 수 있는 사람은 없다. 물론 나에게도 그런 능력은 없다.

이 지면을 빌려 이 책을 당대의 고전으로 만들어준 독자들에게 감사의 말을 전하고 싶다. 그것도 그가 살아있을 때 그렇게 해주어서 너무 감사하다.

언제나 그렇듯이 우리 딸 게일 골디(Gail Goldey)는 잘 깎인 연필과 통찰력 있는 두뇌로 원고가 완성되는 것을 도왔다.

1993년, 에설 디몬트

　유대인에 관한 역사책은 대부분 유대인이 유대인들을 대상으로 하거나 학자들이 학자들을 대상으로 하여 쓰인다. 그러나 유대 역사는 유대인이나 학자들의 전유물로 남기에는 무척이나 매력적이고 흥미롭고 신기하다. 이 책은 이 놀라운 민족의 역사를 기록한다. 정통 교단에 굽실거리거나 반(反)지성주의에 영합하지 않으면서, 일반 교양인들에게 재미와 정보와 지적 자극을 줄 목적으로 쓰였다.

　유대인의 진짜 역사는 아직 쓰이지 않았다. 유럽이 자신의 문학, 과학, 건축이 그리스 문명에 뿌리박고 있다는 사실을 깨달은 것은 그리스가 멸망한 후 1천6백 년이 지난 후이다. 아마 서양 문명의 영적·도덕적·윤리적·이념적 뿌리가 유대 문명에 뿌리를 두고 있다는 사실은 앞으로 몇백 년이 더 지나야 깨달을 수 있을 것이다. 달리 말하면 이렇다. 서양 문명의 가구는 그리스인이 만들었지만, 서양인들이 사는 집은 유대인이 만들었다. 신학자들과 일반 학자들의 연구에서 이런 견해는 점점 더 많이 나타나고 있다.

　유대 역사는 유대인들의 이야기로만 말할 수 없다. 왜냐하면 그들은 거의 언제나 다른 문명 속에서 생활해 왔기 때문이다. 유대인의 운명은 그들이 몸 담은 문명의 운명과 대체로 맥을 같이한다. 그러나 한 가지 독특한 점이 있다. 유대인들은 몸 담았던 문명이 몰락할 때 함께 사라지지 않고, 다른 문명에서 새로이 자신들의 문화적 성장을 이어 갔다는 것이다.

유대인들은 어떻게 살아남았을까?

이 책은 여섯 개 주요 문명을 거치며 네 대륙에서 4천 년을 생존한 그들의 이야기, 즉 유대인의 역사를 새로운 방법으로 들려줄 것이다. 각 문명의 역사를 먼저 개괄하고, 그 문명의 맥락에서 유대인과 관련된 사건들을 분석한다. 그 다음 그들이 한 민족 집단으로 생존할 수 있었을 뿐 아니라 문화 창조의 공동체로서 생명력 있게 발전할 수 있었던 이유, 즉 유대인 특유의 사상을 살펴볼 것이다. 이렇게 유대 역사는 세계 역사의 일부가 될 것이고, 독자들은 유대인과 관련된 사건들을 동시대 다른 사건들과 연결해서 이해할 수 있을 것이다.

이 책은 유대 역사, 즉 유대인의 '인간 희극(comédie humaine)'의 장엄과 유머를 큰 필치로 그리려 한다. 또한 16세기 유대 거주 지역의 《탈무드》 학자가 아니라 20세기 서양인의 관점에서 유대인의 역사를 제공하려 한다.

유대 역사에서는 많은 연대들이 불확실하다. 따라서 역사 서술의 논점이 영향받지 않은 한, 연대에 관한 다양한 입장들을 굳이 소개하지 않고—그랬다면 이야기의 흐름이 방해받았을 것이다.—그중 하나의 입장을 채택했다. 예를 들어, 우리는 유대 역사를 아브라함이 우르(ur, 바빌로니아의 남부 도시)를 떠난 때로 알려진 기원전 2000년부터 시작한다. 물론 일부 학자들은 그 사건이 수백 년이나 더 지난 후에 일어났다고 주장한다. 아울러 유대인의 유목 역사와 이후에 찾아온 이집트 노예기는 기원전 1600년에서 1200년 사이였으며, 가나안 정착은 기원전 1200년부터 시작된 것으로 본다. 이 모든 연대가 역사가들 사이에서 여전히 논쟁이 되고 있다는 점은 충분히 알고 있다. 이 책에 등장하는 연대는 주로 《표준 유대 백과사전》을 따랐다. 그리고 가능하다면 같은 사건을 바라보는 성서적 해석과 세속적 해석을 모두 제시했는데, 이는 독자가 어떤 관점을 선택하더라도 유대 역사는 변함없이 남아 있고, 여전히 매력적이라는 것을 보여주기 위해서이다.

이제는 기쁘게 감사의 말을 전할 때이다. 제일 먼저 고든 르버트(Gordon LeBert)에게 감사하고 싶다. 그는 독실한 성공회 신자이자 노련한 편집자이며 영미 문학을 전공한 학자인데, 오랜 시간 나와 함께 일하며 원고를 완성하는 데 도움을 주었다. 언어를 대하는 섬세한 그의 귀는 문장 안의 어떤 어색한 소리도 허락하지 않았고, 일을 체계화하는 그의 재주는 사건들이 잘못 배열되는 것을 원천적으로 봉쇄했다. 완벽주의에 가까운 그의 열정은 내가 말하려는 주제가 단숨에 이해되도록 문장을 계속 퇴고하게 만들었다.

다음으로 감사드려야 할 분들은 두 명의 학자이다. 한 명은 미주리주 세인트루이스에 있는 사르 에메트(Shaare Emeth) 성전의 랍비인 줄리어스 노델(Julius J. Nodel) 박사이다. 그는 원고가 완성되기가 무섭게 전부 읽었다. 그의 인상 깊은 학식과 아낌없는 도움 덕에 이 원고가 좋은 책으로 거듭났다. 또 한 명은 오하이오주 신시내티에 있는 히브리유니온대학의 유대종교연구소에서 미국의 유대 역사를 가르치는 교수이자 미국 유대문서보관소의 소장인 제이컵 마커스(Jacob R. Marcus) 박사이다. 그는 중세 시대까지의 원고를 꼼꼼히 읽고 많은 조언을 주었다. 이 책이 좋아진 이유는 이 두 학자가 제공한 훌륭한 조언들 때문이지만, 때때로 그들이 개진해준 반대 입장도 이 책의 완성도를 높이는 데 크게 기여했다.

아울러 다음 분들에게도 감사의 말을 전한다. 세인트루이스 워싱턴대학의 교수인 프랭클린 하이모(Franklin Haimo)와 로런스 야너콘(Laurence Iannaccone)이다. 하이모는 과학 관련 정보를 확인해주었고, 야너콘은 중세와 현대의 역사 부분에 조언을 주었다. 세인트루이스 워싱턴대학의 교수 헨리 맨(Henry G. Manne)은 경제 이론에 관해 조언해주었다. 서던일리노이대학 교수인 조지 킴벌 플로크먼(George Kimball Plochmann)은 고대와 중세 철학의 난해한 개념들을 설명해주었다. 캘리포니아 라 메사의 노스먼드 복음주의 개혁 교회 목사인 도널드 올랜드 패칫(Donald Olland Fatchett)은 기독교와 관련된 부분을 모두 읽고 많은 오류를 수정해주었다. 이 많은 분들의 조언과 도움에도 불구하고, 이 책에 표현된 생각과 문체는 필자의 것임을 분명히 밝혀 둔다.

이 기회를 빌려 내 아내 에설에게도 감사를 표하고 싶다. 많은 시간을 들여 이 책을 전부 소리 내어 읽으며 표현의 가독성과 주제의 일관성 같은 부분을 최종 점검해주었다. 래드클리프대학에서 역사를 전공하는 내 딸 게일도 원고를 읽고 가치 있고 통찰력 있는 비평가가 되어주었다. 두 사람에게 진심 어린 감사를 전한다. 지난 5년 동안

이 책의 집필에 온통 빠져 있었지만 그들은 깊은 인내심으로 이해해 주었다.

　마지막으로 인문주의자이자 학자인 유대인문화유산재단의 책임자 조지프 게어(Joseph Gaer)에게 깊은 경의를 표한다. 아울러 이 책에 대한 유대인문화유산재단의 관심과 출판 지원에도 감사드린다.

1962년, 맥스 I. 디몬트

일러두기

1. 일련 번호로 표시된 저자의 주석은 본문 뒤에 후주로 실었다.
   '*'로 표시된 각주는 저자와 역자의 주석인데, 역자의 주석에만 '(역주)'라고 표시했다. 나머지는 모두 저자의 주석이다.
2. 부록으로 실린 '팔레스타인과 이스라엘의 역사' 연표에서 1994년부터 2019년까지의 내용은 한국어판에 새로 추가한 것이다.

경이로운 유대 역사 4천 년

이 지구상에는 약 76억 명의 사람이 살아가는데, 그중 유대인으로 분류되는 사람은 1천5백만 명이 채 안 된다. 세계 인구의 0.2퍼센트도 되지 않는 수치다. 통계로 볼 때 유대인은 아시아의 한구석에 박혀 있는 아이누족(일본 홋카이도 원주민)처럼 역사의 '벤치 멤버'여야 한다. 그러나 유대인은 적은 인구에 비해 엄청나게 유명하다. 종교, 과학, 문학, 음악, 경제, 철학 분야의 거장 중에 유대인의 비율은 무척 높다.

고대 그리스의 위대한 시기는 5백 년 동안 이어졌다. 그리스가 멸망한 후 그리스인들은 유목민이 되었고, 다시는 옛 영광을 되찾지 못했다. 그러나 유대인들은 달랐다. 그들의 창조적 시기는 4천 년 동안 이어졌다. 그들의 문화는 알게 모르게 동서양 문화에 흡수되었다. 물론 그들이 이런 유대 문화의 빚을 기꺼이 인정하는 것은 아니지만 말이다.

이 민족으로부터 세계 최대의 종교인 기독교가 나왔다. 약 24억 기독교인들이 '하느님의 아들'이라고 주장하는 예수 그리스도가 유대인에게서 나왔다. 이 민족으로부터 기독교 교회의 창시자 바울도 나왔다. 유대인의 종교는 이슬람 신앙에도 영향을 주었다. 이슬람교는 아브라함과 이스마엘의 후손을 자칭하는 약 18억 명의 추종자를 거느린 세계 제2의 종교이다. 모르몬교도들은 자신들을 이스라엘 지파(기원전 722년 아시리아가 침공해 세계로 흩어진 북방 10지파)의 후손이라고 자칭한다.

많은 사람들이 숭배하는 또 한 명의 유대인이 있는데, 바로 카를 마르크스(Karl Marx)이다. 그의 책 《자본》은 전 세계 공산주의자들의 경전이며, 마르크스 자신은 러시아와 중국에서 고이 모셔지고 있다. 유대인 과학자 알베르트 아인슈타인(Albert Einstein)은 원자력 시대를 열었고, 그의 이론 물리학은 달 여행을 가능하게 했다. 유대인 정신의학자 지크문트 프로이트(Sigmund Freud)는 인간 정신의 속살을 보여주었다. 그가 발견한 정신분석은 인간의 자기 이해와 정신과 물질의 관계에 관한 이해를 혁명적으로 바꾸어놓았다. 그보다 3백 년 앞서 유대인 철학자 바뤼흐 스피노자(Baruch Spinoza)는 철학을 신비주의로부터 분리해 합리주의와 현대 과학으로 가는 길을 열었다.

오랜 역사에 걸쳐 유대인들은 인류에게 기도, 교회, 구원, 보편 교육, 자선 같은 개념을 하나씩 소개해 왔다. 그것도 세계 사람들이 그 개념들을 받아들일 준비가 되기 수백 년 전부터 말이다. 그러나 1948년까지, 거의 3천 년 동안 유대인들에게는 자신들의 나라가 없었다. 바빌로니아인들 사이에서 살다가 헬레니즘 세계에서 지냈고, 그 후 로마 제국이 멸망하는 것을 지켜본 후 이슬람 문명 안에서 번성했으며, 1천2백 년간의 중세 어둠에서 벗어난 후 근대에 새로운 지적 문화의 전성기를 이루었다.

유대인과 같은 시기에 역사에 등장했던 이교도 시대*의 위대한 민족들은 역사에서 완전히 사라졌다. 바빌로니아인, 페르시아인, 히타이트인, 펠리시테인처럼 한때 강하고 위대한 나라를 이루었던 그 민족들은 지구상에서 모두 사라졌다. 중국인, 힌두인, 이집트인 정도가 유대인만큼 오랜 역사를 이어 와 오늘날까지 남아 있는 몇 안 되는 민족이다. 이 세 문명은 한 번의 문화적 전성기를 누렸을 뿐, 그 후 다른 문명에 큰 문화적 영향력을 행사하지 못했다. 다시 말해, 그 문명들은 자기 갱생의 씨앗이나 다른 문명을 탄생시키는 씨앗을 자기 안에 품고 있지 않았다. 유대인과 달리 그들은 자신의 땅에서 내몰리지 않았고, 낯선 땅에서 생존 문제에 직면하지도 않았다. 유대인만큼 서양 역사에 큰 영향을 준 민족은 그리스인과 로마인 정도이다. 그러나 지금 그리스와 이탈리아에 살고 있는 사람들은 고대 그리스 세계나 로마에 살았던 사람들과는 전혀 다른 민족이다.

유대 민족의 역사를 다른 민족의 역사와 구별 짓는 세 가지 생존 비결이 있다. 그들은 4천 년 동안 생존의 역사를 이어 왔으며, 3천 년 동안 지적이고 영적인 힘을 지녀 왔다. 3천 년간 나라 없이 살았지만, 이방 문화 속에서 자신들의 민족 정체성을 간직했다. 그뿐만 아니라 유대 민족은 자신들의 사상을 자신들의 언어뿐만 아니라 세계의 거의 모든 주요 언어로 표현해 왔다.

이교도 시대(pagan era) 《구약 성경》의 배경이 되는 기원전 2000년에서 기원전 300년까지의 시대를 가리키는 저자의 독특한 용어.(역주)

보통 사람들은 인간 사유의 각 분야에 남아 있는 유대인의 흔적을 잘 모른다. 그 이유는 간단하다. 프랑스, 독일, 영국의 문학이나 과학을 이해하려면 프랑스어, 독일어, 영어만 알면 된다. 그러나 유대 문학과 학문을 이해하려면 히브리어와 이디시어뿐 아니라 아람어, 아랍어, 라틴어, 그리스어, 그리고 거의 모든 현대 유럽어를 알아야 한다.

우리가 아는 모든 문명은 역사의 흔적을 물질적인 유물로 기록을 남겼다. 우리는 고고학자들이 발굴한 토판이나 유적들을 통해 옛 문명을 이해한다. 그러나 고대 유대인에 관해서는 대부분 그들이 가르친 사상과 그 사상들이 다른 민족과 문명에 끼친 영향을 통해 이해할 수 있다. 유대인들의 전쟁을 상술한 토판은 존재하지 않으며, 이전의 영광을 증언해주는 유적도 거의 없다. 역설적인 사실은 존재의 흔적으로 거대한 유물만 남긴 민족들은 시간과 함께 사라졌지만, 사상을 남긴 유대인들은 살아남았다.

세계 역사는 유대인들에게 여섯 번의 도전 과제를 던졌고 그때마다 유대인은 생존 자체를 위협받았다. 그러나 유대인들은 그 도전에 하나하나 맞섰다.

유대인의 생존을 위협한 첫 번째 도전은 이교도 세계*이다. 이 세계에서 유대인들은 소규모 유목민 무리에 불과했고, 바빌로니아, 아시리아, 페니키아, 이집트, 페르시아 같은 강대국들, 다시 말해 역사 무대의 주인공들 사이의 단역 배우였다. 강대국들이 충돌하고 서로를 말살하는 1천7백 년 동안 어떻게 그들이 문화 집단으로 생존할 수 있

이교도 세계 《구약 성경》 시대의 근동 지역을 가리킨다.(역주)

었을까? 당시 유대인들은 멸망의 운명에 위태롭게 가까이 있었다. 그때 그들을 구한 것은 사상이었다. 그들은 사상으로 자신들이 맞닥뜨린 위험에 응답했다.

1천7백 년에 걸친 유랑, 노예 생활, 전쟁으로 인한 멸망 위기, 포로 생활에서 살아남은 유대인들을 기다린 것은 그리스-로마 시대였다. 이 시대는 생존을 위협받은 두 번째 도전이었는데, 유대인이 이 위기에서 빠져나온 것은 기적이었다. 그리스 문명의 전성기에는 그리스인들이 만지는 모든 것이 마술처럼 그리스화되었는데, 그들을 정복한 로마인들도 마찬가지였다. 그리스의 종교, 예술, 문학과 로마의 군대, 법, 정치는 문명 세계 전체에 지울 수 없는 흔적을 남겼다. 그러나 로마의 군대가 패했을 때 로마의 문화도 무너져 소멸했다. 처음에는 그리스에게, 다음에는 로마에게 정복된 민족들도 역사에서 사라졌다. 그리고 그들의 빈자리에 군사력에 의존한 새로운 민족들이 들어섰다. 이 민족 생몰의 혼란스러운 역사에서 유대 민족은 살아남았다. 무력이 아닌 그들의 응집력 있는 사상의 힘으로 살아남았다.

유대인의 생존을 위협한 세 번째 도전은 인류 역사의 전무후무한 상황에서 발생했다. 두 개의 유대교가 만들어진 것이다. 하나는 팔레스타인을 근거로 한 유대교이고, 다른 하나는 디아스포라(Diaspora)를 근거로 한 유대교이다. 디아스포라는 '흩뜨리다' 혹은 '흩어지다'를 뜻하는 그리스어에서 유래한 말인데 팔레스타인 밖, 즉 이방 세계에 흩어져 사는 유대인을 통칭하는 말이다. 디아스포라 역사는 유대인들이 기원전 6세기 바빌로니아인들에게 예루살렘에서 쫓겨난 때부터 19세기 유럽의 게토에서 해방될 때까지의 기간을 뜻한다. 이 기간 동안 유대인들은 수많은 작은 공동체로 분화되어 다양한 나라와 문화 속에 흩어져 살았다. 이 상황에서 유대인들은 어떻게 그들 주변의 이방 문화에 흡수되거나 동화되지 않을 수 있었는가?

유대인들은《탈무드》를 만들어 이 도전에 맞섰다.《탈무드》는 유대인의 종교 법전인데 흩어진 유대인들을 결합하는 영적 구심점 역할을 했다.《탈무드》가 거의 1천5백 년 동안 유대인들을 보이지 않게 다스렸기 때문에, 역사가들은 이 시대를 '탈무드의 시대'라 부른다.

7세기에 유대교는 또 하나의 종교인 이슬람교 — 무함마드(Muhammad)가 창시했다. —를 낳았는데, 이것이 유대인에게는 네 번째 도전이 된다. 창시된 지 채 1백 년이 안 되어, 이슬람 제국은 서양 문명을 위협할 정도로 성장했다. 그러나 유대인들은 기독교를 무자비하게 증오했던 그 이슬람 제국에서 단순히 생존한 것이 아니라 위대한 문학적·과학적·지적 성취의 절정을 이루었다. 이 시대에 유대인 가운데 정치인, 철학자, 의사, 과학자, 사업가, 국제 자본가 등이 출현했다. 아랍어는 유대인의 모국어가 되었다. 유대인 풍류가도 등장했는데, 그는 종교와 철학에 관한 글을 썼을 뿐 아니라 사랑에 관한 시도 썼다. 그렇게 7백 년이 지나가고 이슬람 제국이 쇠약해지자, 이슬람 세계의 유대 문화도 힘을 잃었다.

다섯 번째 도전은 중세 시대였는데, 이때는 유대인과 서구인 모두에게 암흑기였다. 유대인은 1천2백 년 동안 절멸의 위협에 맞서 싸워야 했다. 십자군의 이름으로 정복된 비기독교 민족들은 유대인을 빼고는 모두 기독교로 개종했다. 그러나 유대인들은 이 1천2백 년간의 암흑기를 지나면서도 영적으로나 문화적으로 침체되지 않았다. 오히려 위대한 유대인이 그들에게 남겨준 사상을 검증하고 사상의 힘을 확인했다. 마침내 게토의 벽이 무너졌을 때, 유대인들은 한 세대가 채 지나기 전에 서구 문명의 날실과 씨실을 이루고 있었다. 한 세대가 채 지나기 전 게토의 그늘이 여전히 남아 있었을 때, 그들 가운데 총리, 기업의 수장, 군대 장교, 유럽 지식의 판을 바꿀 지식의 전위들이 나타났다.

여섯 번째 도전은 근대에 찾아왔다. 19~20세기에 출현한 민족주의, 산업주의, 공산주의, 파시즘 같은 이념은 서양 정신의 신종 전염균인 반유대주의(anti-Semitism)와 더불어 유대인들에게 특별한 도전이 되었다. 생존을 하려면 이 도전들에 맞서는 새로운 대응 방법이 고안되어야 했다. 이 대응 방법이 적합한지는 시간만이 말해줄 수 있을 것이다.

지금까지 우리는 유대 역사가 한 문명이 아니라 여섯 문명에 걸쳐 펼쳐졌음을 살펴보았다. 이 역사는 문명이 인간처럼 한 번의 생애—보통 5백 년 정도 지속되고, 길어도 천 년을 넘지 않는다.—만산다고 믿는 여러 역사학파들이 볼 때 불가능한 일이다. 그러나 우리가 살핀 것처럼 유대인들은 4천 년을 생존해 왔고, 여섯 문명 속에서 각기 다른 문화를 이루었으며, 아마 일곱 번째 문화도 곧 가지게 될 것이다. 우리는 사실과 이론을 어떻게 조화시킬 수 있을까?

역사를 보는 데는 여덟 가지 기본적인 방법이 있는데, 각각은 관점에서 차이를 보인다. 일반적으로 역사가는 마음에 드는 얼굴의 역사를 선택해서 자신이 가장 공감하는 관점을 강조한다. 이 책에서 우리는 그중 첫 번째 방법인 '비역사적' 혹은 '헨리 포드'의 방법을 제외한 모든 역사 이해 방법을 사용할 것이다. 헨리 포드는 한때 "역사는 터무니 없는 이야기"라고 말했다. 역사를 알고 싶으면 역사에 관해 말해줄 교수를 채용하면 되지 굳이 시간을 들여 공부할 필요는 없다는 뜻이다. 이런 역사 이해 방식은 모든 사건을 독립적인 사건들, 즉 연대, 이름, 전쟁 같은 일이 섞인 혼란스런 집합으로 보고, 역사로부터 배우거나 예측할 것이 없다는 입장이다.

역사를 이해하는 두 번째 방식은 '정치적 이해'라 부를 수 있다. 역사는 왕조, 입법 혹은 전쟁의 연속으로 여겨진다. 왕권이 강해졌다 약해졌다, 전쟁에 이겼다 졌다, 법이 좋아졌다 나빠졌다 하는 식으로 현상이 연속되는 것이 역사다. 이 역사관에서는 모든 사건이 처음부터 끝까지, 기원전 2000년에서 기원후 200년까지 질서 정연하게 제시된다. 일반적으로 학교에서 가르치는 역사이다.

역사 이해의 세 번째 방법은 지리(地理)와 관련 있다. 이 학파에 따르면 기후와 토양이 민족성을 결정한다. 이 생각은 고대 그리스에서 유래했는데, 오늘날에도 많은 사람이 인간의 사회 제도를 설명하는 유일한 방법을 인간의 물리적 환경―지리, 토양, 기후―에 대한 과학적 연구에서 찾는다. 그러나 이 역사관은 유대인에게 적용하기 어렵다. 유대인들은 다양한 기후에서 살았지만 단일한 정체성과 문화를 유지해 왔다. 현대 이스라엘이 성립하는 과정에서도 이 점은 명확했다. 아라비아, 북아프리카, 유럽, 아메리카 등 전 세계에 흩어져 살던 유대인들이 현대 이스라엘에서 짧은 시간에 한 민족으로 통합되지 않았는가? 그렇더라도 지리적 요인이 유대인들의 행동 유형이나 성격에 여러모로 영향을 주었다는 점은 부정할 수 없다.

역사를 이해하는 네 번째 방법은 '경제적 역사관'이다. 대표적인 예가 마르크스 학파인데, 이 학파에 따르면 역사는 물건이 생산되는 방식에 따라 결정된다. 봉건 경제가 자본 경제로 변해 가는 상황을 예로 들어보자. 자본주의적 생산 방식은 자본주의적 경제 활동을 정당화하고 신성시하고 제도화하기 위해 국가의 종교, 윤리, 도덕, 가치에 변화를 줄 것이다. 자본주의 사회가 공산주의 사회로 바뀔 때도 마찬가지다. 새로운 생산 방식을 정당화하는 방식으로 국가의 문화와 사회적 제도가 변화하기 시작한다. 이 변화는 새로운 생산 방식에 일상의 삶이 완전히 적응할 때까지 지속된다.

다섯 번째 역사 이해 방식은 경제적 역사관보다 더 나중에 고안된 것이다. 20세기 초 지크문트 프로이트에 의해 처음 시작된 역사 이해에 따르면 사회 제도나 인간 역사는 무의식적 적개심을 억압하는 과정에서 생긴 것이다. 정신분석적 역사가들은 우리의 욕망―예를 들어, 성욕, 살인 충동, 근친상간, 가학증, 폭력 욕구 같은 욕망들은 무의식적이며 무제한적이다.―을 포기한 대가로 얻은 것이 문명이라고 주장한다. 그런 충동들을 다스릴 때만 인간은 그 에너지를 문명 창조의 경로로 바꿀 수 있으며, 어떤 충동을 어떤 강도와 방법으로 억누르는가에 따라 인간의 문화와 예술 형태가 결정된다고 한다.

역사가 취할 수 있는 여섯 번째 얼굴은 철학이다. 철학적 역사 이해에서 가장 유명한 대변자 세 사람은 독일의 관념 철학자인 헤겔(Georg Wilhelm Friedrich Hegel), 프로이센 역사 철학자인 오스발트 슈펭글러(Oswald Spengler), 그리고 영국 역사가인 아널드 토인비(Arnold Toynbee)다. 비록 이 세 철학적 역사 해석자는 크게 다르지만 다음과 같은 공통점이 있다. 그들은 역사를 고립된 사건들의 연속이 아니라 연속성 있는 사건들의 흐름으로 파악한다. 각 문명은 대체로 예측할 수 있는 패턴을 따른다. 각 문명은 생물체와 같아서 인간처럼 유아기, 아동기, 사춘기, 성숙기, 노년기, 그리고 죽음의 단계를 거친다. 그들은 문명이 추구하는 사상과 이상(理想)이 문명의 수명을 결정한다고 믿는다. 철학적 역사 해석자들은 모든 문명 속에서 이 사상적 요인을 발견하려고 한다.

슈펭글러에 따르면 문명은 죽음이라는 운명을 안고 태어난다. 문명은 초기 발전기, 즉 봄을 거쳐 큰 물질적 성취를 이루는 여름으로 성숙한 후, 정신 문화의 절정기인 가을을 거쳐 마지막으로 문명의 쇠퇴기인 겨울로 진입한 후 곧 사라진다. 영국이 한창 위세를 떨쳤고 러시아와 중국은 삼류 국가에 지나지 않았던 1918년에 쓴 저서 《서구의 몰락》에서 슈펭글러는 서양이 문명 생물 주기상 겨울에 들어섰고 23세기가 되면 사멸할 것이며, 그 자리를 현재 봄 단계에 있는 슬라브 문명(러시아)과 중국 문명이 대신할 것이라고 예언했다. 문명에 시작과 중간과 마지막이 있다고 생각하는 이런 사관을 '순환 사관'이라고 부른다.

순환적 관점과 반대로 토인비는 그의 책 《역사의 연구》에서 '직선적' 개념을 주장했다. 토인비는 문명이 독립적인 완전체가 아니라, 낮은 형태에서 높은 형태로 발전하는 진화물이라고 믿었다. 예를 들어 이슬람 문명은 열등한 이란-아랍 문화에서 발전한 것이고, 이란-아랍 문화는 토인비가 '시리아 사회'라고 부른 더 수준 낮은 문화에서 진화한 것이다. 따라서 토인비는 이슬람 문명이 반드시 사라져야 했던 것은 아니며, 13~14세기에 맞닥뜨린 도전들에 적절히 대응했다면 더 수준 높은 문화로 진화했을 것이라고 주장한다. 토인비의 철학에 따르면 문명은 새로운 도전에 적절히 맞서면 영원히 지속할 수 있다.

유대 역사는 슈펭글러의 사관에도, 토인비의 사관에도 들어맞지 않기 때문에, 슈펭글러는 유대 역사를 아예 다루지 않았고, 토인비는 유대인들을 세계 역사의 '화석' 정도로 폄하했다. 그것도 각주에서 말이다. 그러나 슈펭글러와 토인비가 유대 역사에 대한 편견과 잘못된 관념으로부터 자유로웠다면, 유대 역사가 자신들의 역사 철학과 잘 조화될 수 있음을 알았을 것이다. 이 책에서 우리는 이 두 사람의 역사관을 이용하여 '불가능'해 보였던 유대인의 생존 역사를 탐구할 것이다.

역사를 이해하는 일곱 번째 방법은 인간의 영웅성에 집중하는 것이다. 이 사관의 주창자들은 역사적 사건들은 위대한 인간들의 역동적 노력에서 시작된다고 믿는다. 조지 워싱턴(George Washington)이 없었다면 미국 혁명은 없었을 것이다. 로베스피에르(Maximilien Robespierre)가 없었다면 프랑스 혁명도 없었을 것이다. 레닌(Vladimir Ilich Lenin)이 없었다면 러시아 혁명도 없었을 것이다. 이 영웅 사관은 사건(환경)이 사람을 만든다고 주장하는 경제 사관과 정반대로 사람이 사건을 만든다고 주장한다.

역사를 이해하는 여덟 번째 방법은 종교 사관인데 가장 오래된 사관이면서 최신(最新)의 사관이기도 하다. 성서는 종교 사관으로 쓰인 가장 대표적인 역사 서술이다. 종교 사관에 따르면 역사는 선과 악, 도덕과 악덕의 투쟁이다. 최근까지 대부분의 유대 역사는 이 관점으로 쓰여졌다.

종교적 역사 이해는 근대에 와서 신뢰를 잃었으나 최근에 '실존 신학자'로 알려진 새로운 장르의 작가들에 의해 재조명받기 시작했다. 대표적인 실존 신학자로는 로마 가톨릭이었던 자크 마리탱(Jacques Maritain), 러시아 정교도인 니콜라이 베르댜예프(Nikolai Berdyaev), 개신교도인 파울 틸리히(Paul Tillich), 유대인이었던 마르틴 부버(Martin Buber)가 있다. 이들은 공통적으로 신이 역사 형성에 직접 개입할 수는 없지만 역사를 창조하는 것은 인간이 하느님과 맺고 있다고 믿는 그 관계라고 주장한다. 우리는 오늘날 '과학적 사실'만이 가치가 있다는 생각에 사로잡혀 '비과학적'이며 증명이 불가능한 사상을 지닌 사람들이 이성적 사실보다 역사의 방향을 더 크게 바꾼다는 사실을 잊기 쉽다.

이 역사관은 유대인의 경우에 잘 들어맞는다. 마르틴 부버에 따르면, 유대 역사를 관통하는 중심 주제는 유대인과 그들의 신 여호와의 관계이다. 유대인의 종교 사관은 여호와가 인간에게 자유 의지를 주었기 때문에 인간은 신께 귀의할 힘도 지니고 신을 버릴 힘도 지닌다고 가르친다. 인간은 신을 위해 행동할 수도 있고 신에게 대적할 수도 있다. 신과 인간 사이의 상호 작용이 역사라는 것이다. 예를 들어 유대인의 사고 체계에 따르면 성공은 반드시 신이 내린 축복의 결과로 여겨지지는 않는다. 신의 도움이 아니라 남을 속여서 성공을 이룰 수도 있기 때문이다. 이 때문에 유대인의 세계관에서 신은 모든 사건—성공과 실패—에 대해 인간에게 책임을 물을 수 있다.

유대인을 4천 년 동안 이교도 세상과 구분한 핵심 사상은 바로 이런 신과 인간의 관계에 대한 관념에서 유래한다. 신에 대한 이교도들의 사상은 인간을 신에게 묶어버린다. 신과 인간의 관계에 대한 유대인의 사상은 인간을 독립적 행동 주체로 만든다. 서양인들도 종교 개혁 때까지, 즉 마르틴 루터(Martin Luther)가 교황제를 거부하고 신과 인간의 관계를 유대교에 가깝게 바꿀 때까지 이런 종교적 자유의 개념을 몰랐다. 당시 루터는 유대교와 기독교 사이에 큰 차이가 없어졌다고 생각해, 유대인들에게 개신교 운동에 참여할 것을 촉구했을 정도다.* 이런 연속된 사건에서 우리가 깨달을 수 있는 것은 어떤 '구체적 사실(fact)'이 아니라, '증명이 불가능한 사상들(ideas)'이 세계사의 흐름에 결정적 영향을 끼칠 수 있다는 것이다.

이렇게 역사 이해 방법에 대한 설명이 완성되었다. 신이 역사의 창조자라는 사상에서 시작한 인간은 다른 설명들도 고안했다. 역사를 연속되는 맹목적 사건들로 보는 무정부적 사관, 역사를 연속된 합목적적 사건들로 보는 철학적 사관, 생산 방식을 역사 형성에 결정적 요인으로 보는 경제 사관, 무의식적 욕망을 중요시하는 심리적 사관, 인간이 운명의 창조자라는 생각에 잘 부합하는 영웅 사관, 마지막으로 신을 역사의 운전대에 다시 앉힌 실존 신학자들의 사관을 살펴보았다.

이 책에서 우리는 신학적 논쟁의 장단점을 따로 논하지 않고, 유대 역사를 가능한 한 모든 관점에서 살필 것이다. 인간들은 언제나 '비과학적인 관념'을 믿어 왔다. 그것이 사실이든 아니든 말이다. 그리고

---

* 신으로부터의 자유와 인간의 책임에 대한 분석에 관심 있는 독자는 에리히 프롬의 《자유로부터의 도피》를 참조하기 바란다.

그 믿음은 종종 사람들의 운명을 결정 짓는 진짜 '사실'의 역할을 했다. 필자는 정신분석적, 철학적, 실존적 역사 해석자들처럼 사상이 인간을 움직이고, 역사를 창조하는 것도 사상이라고 믿는다. 사상이 없는 사회에는 역사도 없다. 그런 사회는 숨만 쉴 뿐이다.

1부

유대인의 탄생

1부에서 다루는 이교도 시대는 기원전 2000년에서 기원전 300년까지이다.

이교도 역사		유대인 역사
수사 문명과 키시 문명. 이집트의 전왕조 시대	기원전 4500년	
수메르 문명	기원전 3600년	
이집트 제1왕조	기원전 3500년	
사르곤이 수메르와 아카드를 통일하다.	기원전 2800년	
이집트의 중왕국 시대	기원전 2400년	
		방랑 시대 기원전 2000~1200년
함무라비가 바빌론 제국(갈대아)을 세우다. 이집트 제국이 가나안 지역으로 영토를 확장하다. 아시리아의 발흥. 힉소스가 이집트를 침공하다.	기원전 2000~1200년	아브라함과 사라가 갈대아(바빌로니아)의 우르를 떠나다. 족장 시대. 가나안 땅에서 방랑. 요셉이 유대인을 이집트로 데려오다. 파라오가 유대인을 노예로 삼다.
가나안에 대한 이집트의 패권이 도전받다. 이집트 내부에서 반란과 내전이 일어나다.	기원전 1200~1000년	모세가 유대인을 이집트에서 이끌어내다. 시나이 사막에서 방황하다. 팔레스타인의 가나안을 정복하다.
		독립 시대 기원전 1200~900년
티글리드 필레세르 1세가 아시리아 제국을 확장하다.	기원전 1100~1000년	판관 시대
시리아와 페니키아가 강성해지다.	기원전 1000~900년	사울이 유대인의 초대 왕이 되다. 다윗 왕의 통치.
이집트에서 반란이 일어나다.	기원전 900~800년	솔로몬 왕의 통치. 팔레스타인이 유다와 이스라엘 왕국으로 분열되다.

		아시리아와 바빌로니아의 패권 시대 기원전 800~500년
티글리드 필레세르 3세가 아시리아 왕좌에 오르다. 다마스쿠스와 이스라엘의 수도 사마리아를 정복하다.	기원전 800~700년	이스라엘이 아시리아에 정복당하다. 이스라엘 사람들이 포로로 잡혀가다. 이스라엘 멸망.
아시리아 제국의 붕괴. 패권 세력으로 부상하는 바빌로니아에게 정복당하다.	기원전 700~600년	유다의 왕 요시야가 '율법'을 회복하다.
바빌로니아의 왕 네부카드네자르가 유다를 침공하다.	기원전 600~500년	유다 왕국 붕괴. 유대인이 바빌로니아로 끌려가다. 예루살렘 멸망.

(기원전 6세기는 셈족 제국들과 그 문화가 운을 다하고 인도와 유럽의 문명이 발흥하는 시기였다.)

		페르시아의 패권 시대 기원전 500~300년
페르시아의 왕 키루스가 바빌로니아를 무찌르고 페르시아 패권을 확립하다.	기원전 500~400년	바빌로니아에서 팔레스타인으로 유대인의 제1차 귀환이 이루어지다.
페르시아의 왕 캄비세스가 이집트를 정복하다.	기원전 400~334년	에스라의 지도 아래 유대인의 제2차 귀환이 이루어지다.
그리스의 알렉산드로스 대왕이 그라니코스에서 페르시아를 무찌르고, 중동의 주인이 되다. 팔레스타인도 이때 병합된다.	기원전 334~322년	유대인이 헬레니즘의 영향에 놓이다. 서양과 첫 접촉. 그리스-로마 시대의 시작.

1장

보이지 않는 신과 아브라함의 언약

유대인들은 뒤늦게, 그리고 눈에 띄지 않게 인류 역사에 출현했다. 유대인들은 석기 시대나 청동기 시대를 거치지 않았다. 그들에게는 철기 시대도 없었다. 처음 8백 년 동안은 주변의 큰 문명들을 드나들며 생활했다. 그들은 건물이나 도시나 군대를 만들지 않았고 무기도 지니지 않았다. 그들이 가진 것은 사상뿐이었다. 결국 그 사상 때문에 유대인들은 세상의 주인이 되지 않으면서 세상을 정복할 수 있었다.

유대 역사는 4천 년 전, 아브라함이라 불린 사람이 여호와로 알려진 신과 만난 그날로부터 시작한다. 유대인과 유일신의 대화가 그때 시작된다. 그 대화가 지속된 결과가 유대 역사이며, 다른 민족들은 그 대화를 관심 있게 엿들을 뿐이다.

이교도 시대—유대인들이 첩처럼 이집트에서 아시리아로, 아시리아에서 바빌론으로, 바빌론에서 페르시아로, 그 후에 그리스로 넘겨진 시대—의 유대 역사를 풀어 가기 전에, 그들이 역사의 무대에 등장하기 전 중동 지역에 어떤 일이 있었는지 잠시 살펴보자.

문명의 첫 번째 징조들—도시, 농업, 달력, 정교한 무기, 군대, 세금 등등—은 기원전 4500년경에 나타나기 시작했다. 역사는 동시에 두 문명을 낳았는데, 모두 셈족 문명이었다. 하나는 팔레스타인 북동쪽에 생긴 메소포타미아 문명이고, 다른 하나는 남서쪽에 생겨난 이집트 문명이다. 이 문명들이 서로의 존재를 알게 된 것은 그로부터 2천5백 년이 흐른 후였다. 그때부터 전쟁이 끊이지 않았고, 팔레스타인은 그 두 문명의 완충 지역에 자리 잡은 대가를 톡톡히 치러야 했다.

오늘날의 이라크 지역에 자리 잡은 메소포타미아 문명은 다양한 도시 국가로 시작했다. 가장 오래되고 유명한 것은 수사(Susa), 키시(Kish), 그리고 우르이다. 이 도시들을 중심으로 하여 첫 번째 제국들이 형성되었다. 이 제국들이 어디에 있었는지 쉽게 알려면 메소포타미아 중간에 가로로 선을 하나 그으면 된다. 선 북쪽은 아시리아, 남쪽은 바빌로니아이다. 그리고 바빌로니아를 다시 반으로 나누면, 윗부분은 아카드 왕국이고 아래쪽은 수메르 왕국이다. 이 두 왕국이 메소포타미아에 생긴 첫 번째 제국 문명들이다.

기원전 3000년경, 아카드 왕국에 사르곤 1세로 불리는 위대한 셈족 왕이 등장했다. 그는 수메르 사람들을 정복하여 수메르-아카드 통일 제국을 이루었다. 이 제국 사람들은 높은 생활 수준과 선진 문화를 자랑했다. 또한 그들에게는 농업 중심의 서아시아 문명을 상업과 산업 중심의 문명으로 변화시킬 강력한 도구도 있었다. 이 도구는 다름 아닌 쐐기 문자였다.(쐐기 문자cuneiform라는 이름은 '쐐기'를 의미하는 라틴어 '큐네우스cuneus'에서 유래했는데, 문자의 모양이 쐐기 모양이라서 붙여진 것이다.) 이집트 상형 문자보다 훨씬 진화된 이 문자는 메소포타미아 문명 발전의 토대가 되었다.

기원전 2100년경에는 함무라비로 불린 왕이자 입법가가 남부 메소포타미아 지역의 도시 국가들을 통일해 거대한 바빌로니아 제국을 이루었다. 함무라비는 모세가 1천 년 후 시나이산에서 이스라엘 사람들에게 법전을 주는 것처럼 바빌로니아인들에게 하늘에서 내려온 법전을 주었다는 의미에서 '바빌로니아의 모세'로 불린다.

이 문명 사람들이 2천5백 년 동안 도시를 건설하고, 전리품으로 부를 쌓고, 첩들과 노닐고, 법을 만들고, 술을 마시며 세계 정복을 꿈꿀 때 유대인들은 아직 존재하지 않았다. 또 하나의 역동적인 셈족인 아시리아인들—이들은 깡마르고 배고픈 자들이다.—이 바빌로니아인들의 사치스럽고 배부른 삶에 도전하기 시작한 기원전 2000년경, 데라(Terah)라는 사람이 그의 아들 아브라함과 며느리 사라, 그리고 그의 손자이자 아브라함의 조카인 롯을 데리고 바빌로니아의 국제 도시 우르에서 이주한다.

데라, 아브라함, 사라, 이들은 누구인가? 역사에서 이들에 관한 정보는 찾을 수 없다. 성서에도 데라의 족보를 노아의 세 아들 중 하나인 셈까지 추적하는 것 외에는 이렇다 할 정보가 없다. 데라는 바빌로니아 사람인가? 그는 어떤 언어를 사용했을까? 직업은 무엇이었을까? 그가 당시 가장 복잡한 도시 중 한 곳인 우르에 살았던 사실로 추측하건대 분명히 유목업자는 아니었다.

성서에도 이런 질문들의 답은 나오지 않는다. 그러나 유프라테스 강을 건넘으로써 데라와 그의 가족은 성서에서 이브림(ivriim), 즉 '히브리인'으로 확인된 최초의 사람들이 되었다. 히브리인이라는 말은 '강의 저쪽에서' 온 사람이라는 뜻이다.

우르를 떠난 데라와 그의 가족은 우르에서 북서쪽으로 1천 킬로미터 떨어진 곳, 즉 오늘날 터키의 남부 지역에 해당하는 하란 땅까지 이동했다. 데라는 여기서 평화롭게 생을 마감한다. 한편 하란에서 아브라함은 이상한 경험을 한다. 처음으로 '여호와'* 주 하느님을 만난 것이다. 이것은 후대의 그 유명한 만남, 즉 바울이 다마스쿠스로 가는 길에서 그리스도의 환상을 만난 것에 견줄 수 있다.

이 만남에서 하느님은 일흔다섯 살 된 족장에게 이런 언약을 제안한다. 만약 아브라함이 하느님의 계명을 따르면, 하느님은 아브라함의 후손을 선민으로 만들고 그들을 보호할 것이다. 여기서 주목할 것은 하느님이 약속한 것은 그들의 성공이 아니다. 그들이 개별적으로 눈에 띄는 민족으로 존재할 것이며, 하느님의 사람으로 산다는 것이

---

* 《구약 성경》의 유일신은 세 가지 방식으로 불린다. 첫째 '엘로힘', 이것은 '하느님 (God)'으로 번역된다. 둘째, 'JHVH', 이것은 '주(Lord)'로 번역된다. 셋째, 'JHVH Elohim', 이것은 '주 하느님'으로 번역된다. 정통 유대인은 'JHVH'가 성서에 7천 번 가까이 등장하지만, 절대 그 이름을 발음하지 않는다. 그 단어를 읽을 차례가 되면, 정통 유대인은 그것을 '나의 주'를 의미하는 '아도나이'로 발음한다. 그 이름이 본래 어떻게 발음되었는지 현재는 아무도 모른다. 왜냐하면 그것의 발음이 이미 기원전 2세기에 금지되었는데, 발음을 표시해주는 모음이 개발된 것은 그 후 수 세기가 지난 일이라서 사람들이 본래 발음을 잊어버렸기 때문이다. 극보수 학자들은 원래 발음의 재구성에 전혀 관심없고 'JHVH'를 'YHVH'로 바꾸어 표기할 뿐이다. 이는 j가 히브리어에서 y처럼 발음되기 때문이다. 학자들 가운데 그것을 '야훼(Jahveh, Yahveh)'로 읽는 이도 있으나, 가장 대중적인 음역은 '여호와(Jehovah)'이다.

다. 그리고 그 약속이 구체적으로 어떻게 성취될 것인지는 아직 밝히지 않았다. 이때 하느님은 한 가지 계명만 정하고 오직 한 가지만 약속한다. 그 계명은 모든 선민 남자는 생후 8일에, 이방인은 개종할 때 할례를 받아야 한다는 것이다. 약속은 바로 가나안 땅이었다.

이 만남은 실제로 일어난 일인가? 이 문제에 관한 견해는 성서의 모든 단어를 문자 그대로 받아들이는 근본주의 입장부터 성서의 내용을 완전히 거부하는 회의주의자들의 입장까지 매우 다양하다. 우리는 이 사건이 역사에서 실제로 발생했지만, 성서에 기록된 것과는 다소 다른 방식이었다고 생각한다. 우리가 현대 정신분석학의 렌즈를 통해 아브라함과 하느님의 만남을 보면, 이 사건을 이해하는 데 한 걸음 더 가까이 다가갈 수 있다.

정신과 의사들은 '투사(projection)'라는 심리 현상에 익숙하다. 어떤 개인이 어떤 사상에 사로잡혀 있다고 가정하자. 그는 그것이 고통스럽거나 사회적으로 금지되어 있기 때문에 그 사상을 자신의 것으로 인정하길 원치 않는다. 그러나 동시에 그는 그 사상을 포기할 수 없다. 즉, 그 사상을 원하지만 창시자가 되기는 싫다. 그는 무의식적으로는 그것을 무척 갈망하지만, 의식적으로는 그것을 거부하고 싶어 한다. 이때 그의 정신은 무의식적인 '속임수'에 호소한다. 그는 그 사상을 다른 사람에게 '투사'한다. 그리고 그 사람이 그 사상을 자신에게 전해주었다고 믿는다. 그렇게 투사된 메시지를 듣거나 인지하는 방법에는 환청과 환각이 있다. 즉, 없는 목소리를 듣거나 없는 것을 보는 것이다.

환청과 환각 증세가 있다고 해서 반드시 정신병자는 아니다. 그들은 매우 예민하거나 영감이 가득한 사람일 수 있다. 정신분석학적 관점에서 보면, 아브라함은 여호와라는 전능한 아버지 같은 인물과의 언약을 스스로 생각한 후 자기 자녀와 미래의 후손들을 보호하려는 소원을 그 인물에게 투사했을 가능성이 있다.

그러나 역사적 관점에서는 아브라함이 언약에 대한 소원을 상상 속의 여호와에게 투사한 것이든, 실제로 여호와가 그렇게 아브라함에게 약속을 했든 그다지 중요하지 않다. 중요한 것은 4천 년이 지난 후에도 유대인들과 여호와 사이의 언약이 여전히 살아 있고, 전 세계 회당에서 매일 드리는 기도에 그 언약이 언급된다는 사실이다. 유대인과 유대교의 많은 측면이 4천 년의 시간 동안 수정되고 변화했지만 이 언약 사상은 한결같았다. 이 언약 의식은 유대교를 지탱한 엔진이었으며, 유대인에게 삶의 의지를 불어넣는 것이었다. 그 언약 사상이 없었다면 유대인도 유대교도 없었을 것이다. 이 언약 사상이 사라질 때, 즉 유대인이 더는 유대인으로서 정체성을 유지하기를 원치 않을 때, 유대인은 주변 민족에게 동화될 것이고 궁극적으로 완전히 사라질 것이다. 언약 사상이 역사 속에 각인된 방법은 시대를 거쳐 변화했지만, 목적만은 변하지 않았다. 유대 역사는 그 목적을 영속화한 사상의 역사이다.

〈민수기〉에서 어떤 이도교 제사장이 "야곱아, 너의 장막이 어찌 그리도 좋으냐! 이스라엘아, 너의 사는 곳이 어찌 그리도 좋으냐!"(민수기 24:5)라고 외친다. 물론 이것은 시적 표현이다. 실제의 유목 생활은 예술이나 문화와는 거리가 멀다. 4백 년 동안 아브라함과 그 후손들은 가나안 땅을 돌아다니며 유목 생활을 했다. 자기 나라도, 안정된 정부도 없이 말이다. 그들은 할례를 했고 종종 이웃 국가들에게 존경을 받았지만, 아주 이상한 민족으로 취급받는 경우도 많았다. 심지어 보이지 않는 신을 섬긴다는 이유로 약간 미친 사람 취급도 받았을 것이다.

다른 신들에 대한 금지를 포함한 십계명, 즉 모세의 열 가지 계명은 4백 년의 유목 생활이 지난 후에야 만들어진다. 〈창세기〉에는 족장들이 우상을 집 안에 설치한 예가 많이 나온다. 그러나 다음의 세 가지가 4백 년 동안 유대인들을 하나로 뭉치게 했다. 아브라함이 생각해낸 언약 사상(혹은 이 표현이 싫은 이들에게는 그에게 내려진 언약, 즉 유대인들은 배타적 유일신을 섬긴다는 사상), 할례 의식, (이삭을 바치는 장면에서 감동적으로 묘사된) 인신 제사 금지. 유일신 사상(단 하나의 신만이 존재한다는 교리)을 받아들인 후, 유대인들은 무의식적으로 특별하게 행동하기 시작했다. 이 행위의 변화는 처음에는 사람들에게 잘 감지되지 않았지만, 점점 눈에 띄어 마침내 유대인들은 다른 민족들과 확연히 구분되었다.

보이는 신(우상)을 섬기는 방법과 보이지 않는 신을 섬기는 방법은 다르기 때문에, 유대인들은 주변 이교도들의 제의와는 아주 다른 제의를 발전시켰다. 여호와는 불멸의 존재이므로 절대로 죽지 않고, 그렇기 때문에 부활할 필요가 없다. 따라서 유대인들은 이교도들의 부활 관련 의식을 없애버렸다. 신이 하나뿐이기 때문에 신들 사이의 신화적 전쟁도 없었으며, 이교도 신들의 위계적 계보나 그들 사이의 전쟁도 신경 쓸 필요가 없었다. 여호와는 순수한 영적 존재이기 때문에 절대로 성생활을 하지 않는다. 따라서 유대인들은 이교도들의 풍요제의도 채택할 필요가 없었다.

여호와를 섬기는 유대인에게는 방탕한 성생활이 금지되었다. 이는 단순히 처벌에 대한 두려움 때문이 아니라, 유대인들의 내적 규율을 통해 음탕한 충동을 억제하여 생긴 결과이다. 성이 유대인의 삶에서 차지한 역할과 그리스 문명에서 차지한 역할을 비교해보라. 그리스 신들은 제어되지 않는 욕정과 변태적 행위로 유명하다. 이것은 궁극적으로 그리스인들의 도덕적 근육을 약화시켰다. 반면 유대인들은 그리스 문화의 영향 아래 있을 때에도 그리스의 성 문화에 탐닉하지 않았다. 한편 그 후 유대인들은 초기 기독교 교회가 취한 성적 금욕의 길도 피했다. 그들은 성적 방탕과 금욕 사이의 중도적 노선을 걸으며, '생육하고 번성하라'는 여호와의 계명에 충실하려 했다. 이 계명을 문자적으로 따르려는 열의 때문인지, 후손을 위한 성적 방탕에 관해서는 종종 관대했다. 많은 이방인 첩이 '시녀'로 가장하여 원기 왕성한 족장들의 장막에 머무르면서 많은 후손을 낳아주었다. 이 때문에 오늘날이라면 연금 생활을 해야 하는 나이의 족장들도 많은 아이를 낳을 수 있었다.

유목 생활 시대는 족장 시대와 대체로 일치한다. 성서에 따르면 족장들은 1백 년 이상을 살았기 때문이다. 아브라함이 이삭을 낳고, 이삭이 야곱을 낳고, 야곱이 요셉을 포함한 열두 명의 아들을 낳았을 때쯤 유대 역사에서 4백 년 유목 생활이 지나가버렸다. 그 후 기근이 이집트의 북동 영토(당시 이집트 영토의 일부였던 가나안 지역을 가리킨다)를 휩쓸었다. 히브리인을 포함해 아사 직전에 있던 여러 나라 사람들이 비옥한 나일강 삼각주 지역으로 식량을 찾아 이주해 왔다. 역사

기록에 따르면 이집트인들은 이들을 따뜻하게 맞아주었다.

기근으로 고생하던 히브리인들이 가나안에서 이집트로 이주하게 된 이유는 요셉 때문이다. 〈창세기〉는 요셉의 흥미로운 삶을 들려준다. 그는 형제들에 의해 이집트 노예로 팔려 갔으나 파라오의 사랑을 받아 총독의 자리에 오른다. 그리고 파라오의 허락을 얻어 자신의 형제들과 동료 히브리인들이 이집트에 와서 살 수 있도록 초청했다. 이주 초기 히브리인들은 목축업에 종사하며 이집트인들과 평화롭게 살았지만, 이후 히브리인들에게 더는 친절을 베풀지 않는 파라오가 새로 즉위하면서 그들은 이집트인의 노예 신세로 전락했다. 이와 같은 히브리인들의 이집트 이주와 노예 생활을 말해주는 사료는 성경이 유일하다. 그러나 최근 고고학자들이 부지런히 노력한 덕에 이 사건들이 실제로 발생했다는 것을 보여주는 많은 정황적 증거들이 세상에 알려졌다.

요셉에 의해 유대인들이 이집트로 이주한 기원전 16세기부터 모세를 따라 유대인들이 이집트에서 탈출한 기원전 12세기까지, 약 4백 년간 사료의 침묵이 있다. 성경은 이 운명적 4백 년을 몇 문장으로 요약한다. 이 침묵은 많은 곤란한 질문을 제기한다. 이집트 유대인들은 이 시대의 얼마 동안을 자유민으로 살았으며, 얼마 동안을 노예로 살았는가? 그들의 종교는 무엇이었나? 어떤 언어를 사용했나? 이집트인들과 혼인하는 경우가 있었는가? 그들은 노예 생활을 하면서 어떻게 유대 정체성을 유지했는가? 모세가 나타나기 전까지 누가 히브리 민족을 이끌었는가? 이 질문들의 답은 아무도 모른다.

모든 유대인이 가나안을 떠나 요셉과 함께 이집트로 내려간 것은 아니었다. 많은 사람이 남아 기근을 견디며 여호와의 언약을 지키고 살았다. 이민 간 형제들이 노예가 되었을 때, 남은 자들(이들도 히브리인으로 불렸다)은 자유민으로 살고 있었다. 이집트에서 유대인들이 노예가 된 것은 4세기 전 여호와가 아브라함에게 한 예언이 성취된 것인가? 〈창세기〉 15장 13~14절에 그 예언이 기록되어 있다. "너는 똑똑히 알고 있거라. 너의 자손이 다른 나라에서 나그네 살이를 하다가, 마침내 종이 되어서, 4백 년 동안 괴로움을 겪을 것이다. 그러나 너의 자손을 종살이하게 한 그 나라를 내가 반드시 벌할 것이며, 그다음에 너의 자손이 재물을 많이 가지고 나올 것이다." 예언의 성취가 아니라면, 모세가 이스라엘 사람들을 이집트에서 탈출시켜 가나안 땅으로 인도해, 남아 있던 히브리인들과 재결합시킨 역사 — 위대한 통합의 역사 — 를 목격한 후대의 저자들이 그 예언을 편집해 넣은 것인가?

여하튼 당시 유대인들 — 히브리인들 혹은 이스라엘인들 — 은 이집트에서 노예로 살았다. 후손이 가나안 땅을 유업으로 받을 것이라는 아브라함의 '위대한 비전'은 어떻게 된 것인가? 그 모든 것은 결국 망상이었나? 아니면 그 '비전'은 하느님이 지명한 다른 사람들에 의해 더 후대에 성취될 예언이었나?

2장

마지못해 예언자가 된 모세

요셉과 그 형제들, 그리고 그의 부족 사람들에게 호의를 베풀었던 친절한 이집트인들은 누구였는가? 다행히도 고고학자들의 노력이 이 놀라운 민족과 그들의 고대 문명에 관해 많은 것을 밝혀주었다. 역사가들은 이집트의 고대 역사를 30개 왕조로 나누고, 다시 그 왕조들을 다음의 네 시기로 분류한다. 전(前)왕조 시대(기원전 4500~3500년), 고왕국 시대(기원전 3500~2400년), 중왕국 시대(기원전 2400~1600년), 제국 시대(기원전 1600~1100년).

전왕조 시대에는 이집트 상하 왕국*이 하나였고, 상형 문자가 개발되었으며, 달력이 발명되었고, 최초의 종이(파피루스)가 제조되었다. 고왕국 시대에는 시각 예술의 발달이 절정에 이르렀고, 피라미드 건

---

* 이집트는 지도상 북쪽에 자리 잡은 왕국을 '하왕국', 남쪽에 자리 잡은 왕국을 '상왕국'이라 부른다. 이는 나일강이 남쪽 상류에서 북쪽 하류로 흐르기 때문이다.(역주)

설이 시작되었다. 이집트가 해상 강국이 된 것도 바로 이 시대이다. 중왕국 시대는 이집트 문학의 '고전 시대'로 불린다. 이 시대에 새로운 건축물과 새로운 예술 형태가 생겨났다. 마지막으로, 제국 시대는 큰 번영의 시대였다. 이집트가 국경선을 팔레스타인과 그 너머까지 확장하고 아시리아와 바빌로니아와 대결하기 시작한 것도 바로 이때이다. 제국 시대는 유대인들에게도 매우 중요한 시대였다. 제국 시대가 시작되자마자 이집트 귀화 총독 요셉이 초대하여 유대인들이 이집트로 들어왔다. 그리고 제국의 시대가 끝나 갈 무렵, 이집트 귀화 왕자 모세의 명령으로 이집트를 떠나게 된다.

처음에 유대인들에게 친절했던 이집트인들이 얼마 지나지 않아 그들을 노예로 만든 이유는 무엇일까? 이 질문의 답은 고고학자들이 밝혀냈다. 기원전 16세기 초에 힉소스로 알려진 아시아 부족—아마도 셈족이었을 것이다.—이 이집트를 정복했다. 그들은 이집트의 지배자가 되어 새 왕조를 세웠고, 팔레스타인 국경 근처의 아바리스를 새 수도로 건설했다. 유대인들과 기근으로 어려움을 겪은 다른 민족들을 이집트에 정착시킨 사람이 바로 이 힉소스 파라오였다. 150년 후 역사적 상황이 변했다. 이집트인들이 힉소스 지배자들을 몰아내고 그들은 물론 그들이 초대한 다른 민족들까지 노예로 삼았다. 새 이집트 파라오 중 하나였던 람세스 2세는 아바리스를 람세스(라암셋)—성경에도 이 도시가 언급된다.—라 불리는 새로운 수도로 재건했는데, 이 재건 작업에 동원된 것이 힉소스인들과 이집트에 살던 외국인 노동자들이었다. 유대인도 여기에 포함되었을 가능성이 크다. 고고학자들이 지금까지 발굴해낸 모든 것은 성서의 이집트 탈출 사건이 역사적 사실임을 입증했다. 물론 정확히 언제 이집트를 탈출했는지는 역사가들도 아직 확신하지 못한다.

얼마나 오랫동안 유대인들이 이집트에서 노예 생활을 했는지는 말하기 어렵다. 유대 역사에서 가장 위대하면서도 가장 역설적인 인물인 모세가 등장하기 전까지 유대인들이 자유를 위해 싸웠다거나, 어떤 해방자가 그들을 해방시키기 위해 노력한 이야기는 전해지지 않는다. 예수가 기독교에서 차지하는 위치만큼이나 모세도 유대교에서 절대적인 위치를 차지하지만, 유대교인들은 기독교인들이 예수를 대했던 것처럼 모세의 생애와 관련된 사건들을 축제일로 만들지 않았다. 복음서는 예수의 말에 기초를 두고 있지만, 모세 오경에 모세의 말은 한마디도 없다. 모세는 유대인들을 이집트의 속박에서 벗어나게 한 해방자였지만, 그의 이름은 이집트 탈출을 기념하는 유월절 집회 때마다 유대인들이 낭송하는 이야기인 하가다(Haggadah)에 단 한 번, 그것도 지나가듯이 언급될 뿐이다. 모세는 유대교의 기둥과 같은 문서인 십계명을 기록했지만, 유대인들이 가진 유일한 모세 형상은 르네상스 시대의, 그것도 유대인이 아닌 기독교인 미켈란젤로(Buonarroti Michelangelo)가 만든 조각상뿐이다. 이 뿔 달린 모세 조각상*은 사람들의 의식에 새겨져, 모세에게 그의 성취에 합당한 영예를 준다. 그러나 유대인들은 절대로 모세를 신격화하지 않는다. 이처

---

* 많은 주석자들은 미켈란젤로의 모세 조각상의 뿔은 성경을 오해한 데서 나왔다고 설명한다. 성경은 모세가 시나이산(시내산)에서 십계명을 받고 내려왔을 때 그의 얼굴이 '빛났다'고 기록하는데, 이때 사용된 단어가 '코란(koran)'이다. 이 단어는 'keren'이라는 어근에서 온 것인데, '빛나다' 혹은 '광선'이라는 뜻과 함께 '뿔'이라는 뜻도 지닌다. 하지만 오늘날 흔히 채택되는 해석은 '빛났다'이다.

럼 모세는 유대 역사에서 가장 모호한 인물, 즉 존경받으나 숭배되지 않는 인물이 된다.

고대 세계의 모든 영웅들의 삶이 그렇듯이 모세의 삶도 전설에 가려져 있다. 〈출애굽기〉에 따르면 '요셉을 알지 못하는' 파라오가 유대인들의 급격한 인구 증가를 억제하기 위해 모든 유대인 사내 아이는 태어나자마자 죽이도록 명령한다. 우리 생각에 파라오는 유대인들의 인구 증가를 값싼 노동력 자원으로 환영했어야 하는데도 말이다. 여하튼 이렇게 위험한 시대에 레위 부족의 한 남자가 같은 부족의 아내를 취하여 모세를 낳고, 3개월 동안 숨겨 키웠다. 집 안에 두는 것이 너무 위험해지자, 부모는 모세를 방수 처리된 상자에 넣어 나일강에 띄워 보냈다. 파라오의 딸 중 하나가 마침 목욕하러 강가에 나왔다가 모세를 발견하고는 불쌍히 여겨 양아들로 삼기로 결정했다. 이렇게 모세는 궁에 들어가 그곳에서 이집트 왕자로 교육받았다.

모든 전설적 영웅이 그렇듯이 모세의 경우도 어린 시절과 청년 시절에 대한 정보가 베일에 가려 있다. 서른 살이 되었을 때, 그는 이집트 노동 감독관이 유대인 노예를 구타하는 것을 목격한다. 그때 그의 마음이 형제들, 즉 유대인들에게 쏠려 이집트 노동 감독관을 살해하고 만다. 파라오의 격노를 피해 미디안으로 도망친 모세는 그곳에서 미디안 제사장 이드로의 딸 십보라를 만나 결혼한다. 어느 날, 호렙산 근처에서 장인의 양 떼를 돌보다가 모세는 여호와와 운명적으로 만난다. 여호와는 자신을 아브라함의 하느님이라 소개하고, 모세에게 이집트로 돌아가 유대인들을 자유로이 해방시킬 것을 명령했다. 모세는 하느님의 계속되는 격려와 협박 가운데 그 명령을 마지못해 수락한다.

마지못해 예언자가 된 이가 이제 유대인을 이집트에서 탈출시키는 역할을 맡았다. 그는 유대인들을 갈대 바다(홍해)를 지나 시나이 사막으로 이끌었다. 시나이 반도를 우회하는 여행길은 약 40년이 걸렸는데, 그동안 나이 든 세대가 죽고 새로운 세대가 성장했다. 바로 이 시나이 사막에서 모세는 그의 백성에게 십계명을 포함한 모세 율법을 주었다. 모세 율법은 이후 유대 민주주의와 국가관의 토대가 된다. 자신의 사명을 완수한 모세는 약속의 땅에 발을 디디지 못하고 죽는다. 그가 어떻게 죽었는지는 신비에 싸여 있으며, 무덤의 위치도 알려져 있지 않다.

지금까지 설명한 모세의 생애는 많은 당혹스런 의문을 불러일으킨다. 모세가 이집트의 왕자로 자랐다면 어디에서 히브리어를 배웠을까? 그리고 왜 자신을 이집트 왕자가 아닌 히브리 노예로 여겼을까? 그는 미디안 사람들과 대화할 때도 아무런 어려움이 없는데, 어떤 언어로 대화했을까? 모세와 여호와의 만남 장면—이 장면은 아브라함과 하느님의 만남을 연상시킨다.—은 더 당혹스런 의문을 품게 한다. 여호와는 아브라함에게 했던 것과 똑같이 모세와 언약을 맺는다. 여호와는 모세에게 유대인들을 가나안 땅—즉 여호와가 아브라함을 인도했던 그 땅—으로 인도할 것을 명령하고, 모세와 그가 이집트에서 탈출시킨 이스라엘 사람들에게 아브라함의 경우처럼 할례를 명령한다. 이집트에 살던 유대인들은 이 할례 의식을 버렸는가? 이후에 살펴보겠지만, 모세의 아들은 할례를 받지 않았다. 왜 아브라함의 언약에 따라 그의 부모는 생후 8일 만에 아들에게 할례를 하지 않았을까?

가설적인 질문을 해보자. 기원전 2000년에 아브라함과 함께 우르를 떠난 '히브리인들'과 기원전 1600년에 요셉을 따라 이집트로 이민 간 '히브리인들'은 기원전 1200년에 모세가 이집트에서 탈출시킨 '이스라엘인들'과 동일한 민족일까? 이집트에서 탈출한 이스라엘 사람들은 아브라함과 이삭과 야곱의 후손이었을까? 아니면 다른 민족이었을까? 이집트 이민 전의 역사를 다루는 〈창세기〉에서 유대인들은 한 경우를 제외하면 언제나 이스라엘인들이 아닌 히브리인들로 불린다. 그런데 이집트 탈출 이후, 그리고 모세 오경에서 유대인들은 대개 이스라엘 사람으로 불리며, 히브리인으로 불리는 경우는 아주 드물다. 주로 이방인들이 유대인에게 히브리인이라는 명칭을 사용한다. 반면 유대인들은 자신들을 이스라엘인이라 칭한다.*

이중성의 문제는 《구약 성경》의 모세 오경을 관통한다. 모세 오경에 히브리인과 이스라엘인 두 민족이 있듯이 두 모세, 즉 레위인 모세와 미디안인 모세도 있다. 심지어 신도 둘이다. 하나는 (보통 '주'로 번역되는) '여호와'이고 다른 하나는 ('하느님'으로 번역되는) '엘로힘'이다. 이후의 《구약 성경》에서 우리는 두 왕국도 만난다. 이들은 하나로 합쳐졌다 다시 둘로 쪼개진다. 성전도 두 개가 적수로 존재한다.

---

* 처음에 예외인 것처럼 보이지만 실제로는 그렇지 않은 두 경우가 있다. 첫째, 하느님이 야곱의 이름을 '이스라엘'로 바꾼다. 이스라엘의 의미는 '하느님과 겨룬 사람(이스로-엘)'이다. 이후에 야곱만이 이스라엘로 지칭된다(〈창세기〉 47:27 참조). 두 번째, 〈창세기〉의 마지막에서 두 번째 장(49:2)에서 야곱이 '이스라엘'이라는 단어를 사용하는데, 이 경우도 자신을 가리키는 것이다. "야곱의 아들들아, 너희는 모여서 들어라. 너희의 아버지 이스라엘이 하는 말에 귀를 기울여라."

하나는 유다 왕국의 예루살렘 성전, 다른 하나는 이스라엘 왕국의 베델(벧엘) 성전이다. 예리한 독자들은 《구약 성경》에 많은 것들이 둘로 존재한다는 것을 알게 된다. 성경에 한 이야기의 두 버전이 수록된 것인가, 아니면 서로 다른 두 이야기가 하나로 편집된 것인가?

오랫동안 학자들은 어느 쪽이 모세의 진짜 모습일지 상상해 왔다. 어떤 학자들은 모세가 역사적 실존 인물이 아닐 거라고 생각한다. 그러나 대부분의 학자들은 유대인을 이집트의 노예 생활에서 해방시킨 모세 혹은 모세라는 이름으로 활동한 누군가가 존재했다는 사실은 부정하지 않는다. 그러나 그렇다고 해서 성서학자들이 제기하는 복잡한 문제가 해결되지는 않는다.

하느님이 유대인을 선택했다는 신학적 설명은 당분간 받아들이지 말자. 하느님이 아브라함과 모세를 각각 임명하여 자신의 뜻을 이루는 도구로 삼았다는 설명도 밀쳐 두자. 그 대신 이렇게 질문해보자. 유일신 사상과 선민 사상을 만든 사람이 아브라함이고, 모세는 그것을 다시 소개한 인물이 아니었을까? 아니면 모세가 그 두 사상의 창시자는 아니었을까? 후대의 성서 편집자들이 이스라엘의 기원 이야기에 연속성을 부여하기 위해 모세의 사상을 아브라함에게 역으로 적용한 것은 아닐까? 더 나아가, 일부 학자가 주장하는 것처럼 자신의 종교 사상을 적용할 민족으로 유대인을 선택한 모세가 실은 유대인이 아니었을 가능성은 없을까? 특히 이 가정은 '선택된 민족'이라는 용어의 기원에 대한 비신학적(세속적) 설명에 단초를 제공할 수 있다. 여하튼 모세가 이집트에서 탈출시킨 이스라엘 사람들과 이집트로 요셉을 따라가지 않고 가나안에 남았던 히브리인들이 가나안 땅에서 통합된 것은 아닐까? 그렇다면 이 이야기는 서로 다른 민족의 통합, 서로 다른 두 신의 통합을 말한다. 아니면 그 두 민족은 본래 같은 민족이었는데, 이집트의 4백 년 노예 생활 기간에 서로 살라지게 된 것일까?

프로이트는 《모세와 유일신교》에서 재미있는 이론을 제시한다. 즉 모세가 이집트의 이스라엘 사람들과 가나안의 히브리인들을 한 민족으로 묶은 비유대인이라는 것이다. 그의 설명에 따르면 모세는 이집트 왕자였거나 이집트 제사장이었고, 유대인에게 유일신 종교를 전했다.* 프로이트는 이 이집트인 모세가 자신의 새 종교 사상을 이집트인들에게 전하려 했으나, 그들이 모세의 이상하고 이단적인 신 개념, 즉 보이지 않는 신 개념을 거부했다고 주장한다. 당시 모든 사람들은 지구가 평평하고, 태양은 지구 주위를 돌며, 모든 신들은 눈에 보인다고 믿었다. 그런데 모세는 광신 교주처럼 의도적으로 당시 이집트 사회의 노예였던 이스라엘 사람들을 선택해(이것이 '선택된 민족'이라는 말의 세속적, 즉 비신학적 설명이다), 자신의 새 종교를 받아들이면 노예 생활에서 자유롭게 해주겠다고 약속했다는 것이다. 이런 프로이트의 이론에 어떤 역사적 증거가 있는가?

이스라엘인들이 이집트에서 노예 생활을 할 무렵, 이집트는 아멘

---

* 필자는 모세가 이집트 왕자였다는 주장에 항의하는 사람들을 이해할 수 없다. 그들은 이미 유대 민족의 창시자 아브라함이 바빌로니아 사람이라는 것을 받아들이지 않았는가? 아브라함은 75세까지 유대인이 아닌 바빌로니아 사람으로 살았다. 유대 민족의 이야기를 굉장하게 만드는 것은 그들이 제안한 사상들이다. 만약 유대인들이 모세를, 그가 이집트인이었건 미디안인이었건 아니면 히브리인이었건 상관없이 추종했다면 그것은 그들이 잘한 일이다.

호테프 4세(이크나톤)가 다스렸다. 그는 다신 종교, 즉 많은 신에 대한 믿음을 유일신 종교로 바꾸려 했다. 이를 위해 그는 이집트의 태양 신들 중 하나였던 아톤(Aton)을 최고 신으로 만들었다. 그러나 사람들은 이 보이지 않는 전능한 신을 두려워했다. 유일신 정책으로 직장을 잃게 된 제사장들도 아톤 신에 반대했다. 이에 궁중 혁명이 일어나 아멘호테프 4세는 폐위되고 살해되었다. 이 혁명은 이집트 전체로 퍼졌으며, 거의 1백 년간 지속되면서 이전의 종교 질서를 다시 회복했다.

프로이트에 따르면 이집트 혁명의 혼란 속에 잘 알려지지 않은 사건이 발생했다. 모세라 불린 이집트 제사장 혹은 이집트 왕자가 죽어 가는 아톤 신앙을 살리려는 열정으로 불탔다는 것이다. 바울이 기독교를 세우려는 열정으로 불탔던 것처럼 말이다. 프로이트의 추정에 따르면, 이집트인들이 아톤 신앙을 받아들이지 않으려 하자 모세는 그 신앙을 유대인에게 전파했다. 이것은 전혀 황당무계한 이야기가 아니다. 다시 바울의 예와 비교할 수 있다. 유대인이 그리스도의 가르침을 받아들이려 하지 않자 바울은 복음을 이방인들에게 가져가지 않았는가? 역사의 아이러니다!

프로이트의 이론에 따르면, 모세는 유대인이 새 종교를 시작하기에 가장 적합한 민족이라 여기고 그들을 '선택'했다. 그들은 이집트에 있었고, 노예였고, 자유를 열망했다. 이에 협상이 이루어진다. 자유의 대가로 유대인들은 모세를 그들의 지도자로 삼고 그의 종교를 받아들이기로 했다. 여기서 기억해야 할 것은 기독교도 초기에는 주로 사회적으로 천대받던 사람들에게 받아들여졌다는 사실이다.

모세가 유대인이 아니라 이집트인이었을 것이라는 프로이트의 가정에는 성서적 근거가 있는가?* 우선 '모세'라는 이름이 이집트식 이름임을 지적할 수 있다. 성경에 따르면 파라오의 딸이 '모세'라는 이름을 지어주면서 히브리어로 "내가 그를 물에서 건졌다."라는 의미라고 설명한다. 이 이야기는 파라오의 공주가 어려운 히브리어 문법의 세밀한 내용을 알고 있어야 성립한다. 그러나 언어 전문가들은 '모세'라는 이름이 히브리어가 아니라 '아들'을 의미하는 이집트어라고 지적한다. 모세는 람세스(라-모세, '라의 아들')나 투트모세(토트-모세, '토트의 아들') 같은 이집트 이름—이 이름들은 오늘날의 Johnson('존의 아들') 같은 이름과 같은 방식으로 지어졌다.—에도 등장한다.

학자들은 모세가 태어나자마자 할례받지 않은 이유를 두고 여전히 논쟁한다. 〈출애굽기〉 4장 24~26절에서 하느님은 이집트 탈출의 사명을 유대인의 할례 의식도 지키지 않은 사람에게 맡겼음을 나중에야 깨닫고 모세를 죽이려는 듯하다. 모세는 유대교에서 잠깐 떠나 있었는가? 아니면 본래 할례받지 않은 이방인이었는가? 그의 아내 십보라는 하느님의 분노를 달래기라도 하듯 할례 의식을 행한다. 더구나 십보라는 처음 모세를 만났을 때 그를 이집트인이라 생각했다. 미디안의 제사장이었던 십보라의 아버지도 마찬가지다. 그뿐 아니라 성경은 모세가 언어 구사에 문제가 있음을 지적한다. 모세는 하느님의 사명을 거부하는 핑계로 자신이 말을 더듬는다고 말한다. 성경을 읽던 독자들은 모세가 그 말을 할 때 다소 놀란다. 모세가 말을 더듬는다는 사실이 그때까지 전혀 언급되지 않았기 때문이다. 여하튼 하느

---

* 관심 있는 독자들은 카를 아브라함(Karl Abraham)의 논문 〈아멘호테프(Amenhotep)〉를 참조하기 바란다. 프로이트의 책 《모세와 유일신교》도 참조하라.

님은 모세에게 대변인으로 일해줄 아론이 있음을 상기시키는데, 모세에게 형이 있다는 사실도 여기서 처음 언급된다. 이 모든 것을 고려할 때, 프로이트에 따르면 다음과 같은 추정이 가능해진다. 모세가 대변인이 필요했던 것은 그가 말을 더듬는 약점이 있었기 때문이 아니라 히브리어를 몰랐기 때문이다.

물론 이것이 모세가 이집트인이었다는 결정적 증거는 되지 못한다. 그러나 적어도 그런 추정의 정황적 증거는 제공한다. 이제는 성경 주해, 즉 성경에 대한 비평적 해석을 통해 초기 유대 역사를 관통하는 이중 개념의 수수께끼를 풀어보자.

성서학자들은 《구약 성경》이 'J', 'E', 'JE', 'P' 문서로 구성되었다고 추정해 왔다. 즉 네 개의 서로 다른 이야기들이 하나로 묶인 것이 《구약 성경》이라는 말이다.* 'J' 문서에서는 하느님을 언제나 '여호와(Jehovah)'로 지칭하기 때문에 여호와의 첫 자음을 따 'J' 문서라고 한다. 이 문서는 가장 오래되었으며 기원전 9세기경에 남유다에서 쓰인 것으로 여겨진다. 하느님이 '엘로힘(Elohim)'으로 불려서 'E' 문서로 불리는 이야기는 'J' 문서보다 약 1백 년 후인 기원전 8세기에 북이스라엘에서 쓰인 것으로 추정된다. 한편 'P', 즉 '제사장(Priest)' 문서는 'E' 문서보다 2백 년 정도 후인 기원전 600년경에 만들어졌다. 기원전 5세기에 유대 제사장들이 'J'와 'E'의 일부를 결합하고 자신들이 내용을 조금씩 첨가한(이를 '경건한 거짓'이라고 한다) 문서는 'JE' 문서로 불린다. 이 문서에서는 하느님이 '여호와 엘로힘(주 하느님)'으로

---

* 다섯 번째 이야기인 〈신명기〉 문서, 즉 'D' 문서는 다음 장에서 다룰 것이다.

불린다.

오경으로 불리는 모세의 다섯 권의 책이 최종적으로 편집된 것은 기원전 450년경이다. 다시 말해, 그 책에 기술된 사건이 발생한 지 짧게는 8백 년, 길게는 1천6백 년이 지난 후에 완성된 것이다. 기록 문서가 만들어지기 전인 그 당시, 이야기들과 전설들이 구전으로 한 세대에서 다음 세대로 전달될 때 많은 변화와 수정이 있었으리라는 것을 예상할 수 있다. 더구나 이미 살핀 것처럼 제사장과 예언자, 그리고 정책 입안자들은 이 기간에 책들을 편집하느라 무척 바빴다.

여기서 다시 '선택된 민족'과의 언약이라는 개념을 처음 고안한 사람이 모세라고 가정해보자. 오경을 관통하는 이중 개념이 실제로 서로 다른 두 민족에서 기인한 것은 아닐까? 즉 아브라함의 히브리 민족과 모세의 이스라엘 민족이 각각 다르게 히브리인들이 '여호와'라 부르는 신과 이스라엘 사람들이 '엘로힘'이라 부르는 신을 섬겼을 가능성은 없는가? 이 두 민족이 모세의 지도로 처음으로 하나로 통합되었던 것은 아닐까? 모든 히브리인이 요셉을 따라 이집트로 내려간 것은 아님을 기억해야 한다. 많은 히브리인이 가나안 땅에 남아 족장들인 아브라함, 이삭, 야곱이 가르쳐준 여호와 종교를 이어 갔다. 모세가 이스라엘 사람들을 가나안 땅으로 데려왔을 때 판관들, 왕들, 예언자들의 사명은 그 두 민족을 하나의 통일된 나라로, 그 두 종교를 하나의 통일된 종교로 묶어내는 것이었다. 우리가 이 견해를 받아들이면 아브라함과 여호와의 만남을 성경 편집자가 후대에 가필한 것으로 설명할 수 있다. 더 나아가, 인종적으로 가깝지만 종교적으로는 구별된 민족들에게 동일한 하느님 신앙을 부여함으로써 왕들이 그 두 민족을 하나로 통합하려 했을 가능성도 생각할 수 있다. 이를 위해 그들은 아브라함과 모세가 여호와 엘로힘, 즉 주 하느님으로 불린 신으로부터 동일한 계시를 받는 성경이 필요했던 것이다.

모세의 국적이나 이스라엘 사람들의 기원에 관한 가설들을 지금까지 장황하게 설명했지만, 나는 그 가설들이 참이라고 주장할 생각이 전혀 없다. 단지 우리가 역사를 보는 관점에서, 모세가 유대인이었는지 여부 혹은 히브리인과 이스라엘인이 같은 민족이었는지 여부 혹은 하느님이 처음 어느 민족과 언약했는지는 그다지 중요하지 않음을 지적하고 싶다. 유대 역사의 핵심은 그들이 언약과 관련된 사상을 수용했다는 사실이다. 그 언약이 누구를 통해, 그리고 어떻게 주어졌는지는 부차적인 문제다. 모세가 유대인이었든 이집트인이었든 다음 사실만은 변함없다. 모세와 함께 기존의 유대교가 내용과 형식 면에서 완전히 바뀌었다는 것이다. 모세는 예언자로 알려진 하느님의 사람 가운데 유대 민족의 신을 최초로 보편화한 인물이다.

〈출애굽기〉, 〈레위기〉, 〈민수기〉, 〈신명기〉에 포함된 모세 이야기의 핵심은 율법 수여, 즉 모세 법전의 제정이다. 이 사건 이전의 모든 것은 전주(prelude)이고, 이 사건 이후의 모든 것은 후주(anticlimax)에 해당한다. 율법을 제정한 사건은 새 국가를 세우는 일에 해당한다. 〈출애굽기〉의 큰 줄거리는 원시 부족의 입문 의식(initiation rite)을 연상시킨다. 전자가 후자보다 윤리적이고, 상징적이며, 고차원이라는 점에서만 다르다. 원시 부족 사회에서 청소년이 어른 사회의 성원이 되려면 다음의 다섯 요소를 포함하는 입문 의식을 통과해야 했다. 상징적 죽음, 상징적 부활, 동지 의식 함양을 위한 상징적 절단, 새 이름 수여, 마지막으로 부족 법의 습득. 이 다섯 요소를 포함한 입문 의식이 〈출애굽기〉에도 그대로 나타난다. 지도자 모세를 따라 유대인들은 시나이 사막을 40년간 방황했다. 그 기간 동안 옛 세대는 죽고 새 세대가 태어났다. 이것은 〈출애굽기〉의 '입문 의식'에서 상징적 죽음과 상징적 부활에 해당한다. 당시 모든 이스라엘 남자는 할례를 받았다(상징적 절단). 그리고 히브리인들은 새 이름, 즉 이스라엘 민족이라는 새 이름을 받았다. 마지막으로 새 법, 즉 토라*가 그들에게 주어졌다.

토라는 그때까지 존재한 모든 것을 앞지르는 큰 진보이며, 미래를 향한 대담한 도약이었다. 성문법 앞의 평등 개념은 셈족에게서 처음 생겨난 듯하다. 기원전 2500년에 이미 법전을 마련한 수메르인들은 성문법을 가진 최초의 민족이 되었지만, 그들에게는 모세 율법이 보여주는 정의를 향한 열정은 없었다. 5백 년 후에 수메르 법전은 바빌로니아인들에 의해 증보되어 함무라비 법전으로 통합되었다. 그러나 이 법전도 토라에 담긴 민주적 정신은 갖추지 못했다. 차별 없이 모든 이에게 적용되는 성문법은 기원전 300년까지 이집트인에게도 전혀 알려지지 않았다. 로마인들은 기원전 2세기에 가서야 비로소 성문법을 만들었다.

그러므로 모세 율법은 최초의 성문 실정법이며, 다른 어떤 법전보다 보편적 휴머니즘, 정의를 향한 열정, 민주주의에 대한 사랑을 잘

토라(tôrāh) 일반적으로 '토라'는 율법서를 가리킨다. 《구약 성경》은 율법서인 토라와 예언서, 그리고 성문서로 구성되어 있다. 이중에서 가장 중요한 책이 토라이다. 토라는 곧 모세 오경인 〈창세기〉, 〈출애굽기〉, 〈레위기〉, 〈민수기〉, 〈신명기〉 다섯 권의 책을 가리키나 더 넓은 의미에서 성경 전체를 가리키기도 한다.(역주)

구현하고 있다. 모세 율법은 새로운 유대 정체성을 확립하고 유대인의 사상을 새로운 길로 이끌어 유대인을 이웃 민족과 더욱 구별되게 만들었다.

모세 율법의 이념적 내용은 매우 흥미롭다. 모세 율법에서 우리는 유대인의 국가관과 법철학을 볼 수 있다. 모세 율법은 크게 개인과 개인 사이의 관계를 다루는 법, 개인과 국가의 관계를 다루는 법, 그리고 개인과 하느님의 관계를 다루는 법 세 범주로 나뉜다.

모세 율법은 하느님이 이스라엘 사람들에게 약속한 국가를 염두에 두고 있다. 이 당시 유대인들은 여전히 떠돌이 유목민이었지만, 모세 율법은 유목민을 위한 것이 아니었다. 모세 율법에서는 개인의 권리가 국가의 필요에 절대 종속되지는 않지만, 단순히 부족이 아니라 국가를 보존하기 위해 입법되었다. 이 율법의 고상한 철학은 (예언자가 개혁하기 전) 8백 년간 지속된 민주적 형태의 정부가 출현하는 데 촉매제가 되었다. 고작 2백 년을 견뎌 온 미국의 헌법과 비교해보라.

모세 율법은 정교 분리를 위한 최초의 원리를 기록하고 있다. 이 개념은 3천 년 후 18세기 계몽주의 시대에 와서야 세계 역사에서 다시 발견된다. 모세 율법에서 국가 권력은 제사장 권력과 독립적으로 존재한다. 제사장들이 모세 율법이 특별히 다루지 않는 영역에서 사법 기능을 수행한 것은 사실이지만(〈신명기〉 17:8~12), 그렇다고 해서 그들이 정부 위에 군림한 것은 아니다. 제사장들은 정부가 모세 율법의 정신에서 벗어나지 않도록 감시하는 책임을 졌다. 미국의 대법원이 연방 정부 위에 군림하는 것은 아니지만 연방 정부가 헌법의 틀 안에 머물도록 감시할 책임이 있는 것과 마찬가지다. 모세는 민주주의에 필수적인 또 하나의 '분리'를 위한 기초도 마련했다. 그는 독립적인 사법 기관도 창설했다.

미국 헌법의 철학과 모세 율법의 철학 사이에는 신기한 유사성이 있다. 연방 정부가 헌법이 부여한 권한만 지니는 반면에 개별 주정부들은 그들에게 명시적으로 금지된 것을 제외하면 무엇이든지 할 수 있듯이, 유대인들도 모세 율법이 금지한 것을 제외하면 무엇이든지 할 수 있었다. "이런저런 것을 하라."라고 말하는 대신에 모세 율법은 보통 "이것 혹은 저것을 하지 말라."라고 말한다. 긍정문의 형태일 때도 그것은 보통 부정 명령에 대한 보충이거나 부정 명령에 의해 제한된 것이다. 다시 말해 "네가 이것을 한다면, 그것은 하지 말라."라는 식이다. 예를 들어, 십계명은 세 개의 긍정 명령('~하라')과 일곱 개의 부정 명령('~하지 마라')으로 이루어진다. 세 개의 긍정 명령은 다음과 같다. "나는 너희의 하느님이다." "안식일을 신성하게 지켜라." "너희 부모를 공경하라." 한편 일곱 개의 부정 명령은 하지 말아야 할 것을 분명한 언어로 규정한다. 부정 명령을 어기지 않도록 하기 위해 추가 명령을 내릴 때 모세는 긍정 명령을 사용한다. 이것은 유대인에게 엄청난 자유를 허락한다. 그들은 율법에 명시적으로 금지된 그것을 하지 않는 한, 자신들이 원하는 것은 무엇이든 할 수 있었다. 현대 미국 시민처럼 말이다. 모세의 영향을 받아 유대인 철학자들도 부정문의 형태로 생각을 표현하기를 좋아한다.

이런 생각의 차이는 기독교인들은 예수의 말로 여기지만 유대인들은 유대교의 위대한 랍비인 힐렐(Hillel)의 말로 생각하는 어떤 격언을 통해 잘 드러난다. 기독교인에 따르면 예수는 다음과 같이 말했다.

"다른 사람들이 너에게 해주었으면 하고 바라는 대로 네가 다른 사람들에게 해주어라." 유대인에 따르면 예수보다 1백 년 전 사람인 힐렐은 이렇게 말했다. "다른 사람이 너에게 하지 말았으면 하는 것을 네가 다른 사람들에게 해서는 안 된다." 이 두 표현에는 엄청난 철학적 차이가 있다. 이 둘을 곰곰이 따져본 후, 어느 것이 자신에게 적용되었으면 좋겠는지 따져보기 바란다.

약 3천 년 전에 작성된 모세 율법을 읽을 때 우리는 그 율법 안에 있는 휴머니즘 정신에 놀라게 된다. 이 법 정신이 오늘날 보편적으로 채택된다면 세상은 훨씬 살기 좋아질 것이다. 당시 유대의 노예들은 1850년대 미국의 노예들보다 훨씬 인간적인 대접을 받았다. 자유민에게 적용되는 모든 법들은 노예에게도 적용되었으며, 노예 상태에서 7년이 지나면 다시 자유인이 되었다. 모세 시대의 이혼법은 오늘날 영국의 이혼법보다 더 진보적이었다. 당시 여자들은 매우 존중받았다.

기원전 1200년 전 유대인의 성 개념을 간단히 훑어보는 것도 재미있을 것이다. 성(sex)이 죄라는 청교도 사상은 유대교에서 한 번도 득세한 적이 없다. 성적 욕망은 정상적인 것으로 여겨졌으며 아울러 결혼 제도 안에서만 충족되어야 한다고 여겨졌다. 따라서 조혼이 장려됐다. 남자와 여자의 성적 결합은 즐거운 것이지만, 자발적이어야 했다. 한쪽—남편이건 아내이건—이 의도적으로 성관계를 피하면 범죄로 여겨졌고 그 행위가 지속되면 이혼 사유가 되었다. 남성 독신은 금기시되어서 모든 남성은 결혼해야 한다고 여겨졌지만, 여자의 경우에는 독신으로 지내는 것이 용인되었다. 그러나 결혼을 한다면 아주

일찍 해야 했다.

모세 율법은 성범죄가 일어날 것임을 예견하고, 미혼모의 아이들을 위한 안전 장치도 마련했다. 합법적으로 부부가 될 수 없는 관계—예를 들어 간통 관계나 근친 관계—에서 태어난 아이들만 '사생아'로 여겨졌다. 그 외에 미혼모에게서 태어난 모든 아이들은 합법적인 개인으로 간주되어 상속에서 제외되지 않았다. 미혼 남녀 사이에 순결은 매우 중요한 덕목이었고, 매춘은 수치로 여겨졌으며, 특히 이교도 사이에 유행한 성전(聖殿) 매춘은 혐오스러운 행위로 간주되었다. 남자들 사이의 동성애는 중대한 범죄였으며, 여자들 사이의 동성애는 수치스런 행동이지만 범죄로까지는 취급되지 않았다.

우상 만들기를 금하는 제2계명은 유대인의 정체성에 깊은 영향을 끼쳤다. 프로이트는 매우 흥미로운 관찰을 한다. 하느님의 우상이 허용되지 않았다면, 하느님에게는 이름도 얼굴도 없다는 뜻이 된다. 또한 이것은 보이지 않는 하느님에 대한 예배로 귀결된다. 프로이트는 다음과 같이 말한다. "우상 만들기가 금지되었을 때, 그것은 심오한 의미를 지닐 수밖에 없다. 왜냐하면 그것은 감각에 따른 지각을 추상적 사고에 종속시키는 것을 의미하기 때문이다. 그것은 영성이 감각에 승리한 것이다."

하느님을 물질 우상이 아닌 비가시적 영으로 간주함으로써 유대인들은 하느님의 물리적 모양뿐만 아니라 하느님의 영성을 자유롭게 바꿀 수 있게 되었다. 이것을 성공적으로 한 사람들이 예언자들, 구원자들, 그리고 랍비들이다. 돌로 된 우상 대신 보이지 않는 하느님을 섬김으로써 유대인들은 문화적 우월감을 지니게 되었다. 이렇게 모세는 유대인들에게 자긍심을 심어주는 데 성공했다. 이것은 독특하다는 피상적 자랑과는 다르다. 유대인들의 지성은 하느님을 추상화한 결과로 나타난 성품이다. 하느님을 추상화해서 얻은 또 하나의 성품은 잔인함과 폭력을 거부하는 마음이다.

제2계명에는 부작용도 있다. 제2계명은 유대인의 예술 정신을 질식시켰다. 유대인들은 하느님의 이미지를 제작할 수 없었기 때문에 미술, 조각, 건축 같은 분야를 멀리했다. 예외도 있었다. 유대인들이 제2계명을 무시하기 시작한(기독교인들은 약 2천 년 동안 그렇게 해 왔다) 19세기가 되면서 유대인들도 미술가, 조각가, 건축가 들을 배출하기 시작했다. 19세기까지 유대인의 정체성은 이미 확고히 성립되었기 때문에, 유대인들이 조형 예술 분야에 종사한다고 해서 그들의 정체성이 흔들리지는 않았다.

모세의 출현(Mosaic theophany)은 신성한 법을 수여함으로써 이루어졌다. 모세의 사명도 완수되었다. 이제 그는 죽어야 했다. 모세에게서 신성한 법을 받은 젊은이들이 유대 민족의 운명을 이을 준비가 되었다. 아브라함의 위대한 비전은 환상이 아니었다. 모세, 그 마지못한 예언자가 그것을 현실로 만들었다.

3장

판관과 왕들의 시대

기원전 12세기에 마침내 유대인들은 자기 땅이라 부를 수 있는 곳에 정착했다. 그러나 그들은 장소를 골라도 한참 잘못 골랐다. 강대국 군대들이 지나다니는 길목에 나라를 정한 것이다. 유대인들은 이런 잘못된 선택 때문에 반복해서 전쟁에 휘말려 죽고, 노예로 잡혀가거나 외국에 포로로 잡혀 가는 운명에 처했다. 그러나 그들은 끈질기게 같은 장소에서 다시 일어섰다. 가나안, 팔레스타인, 이스라엘, 유다, 유대, 그리고 지금은 다시 이스라엘이라 불리는 작은 땅을 늘 새롭게 건설해 왔다.

모세가 이집트에서 이스라엘인의 탈출을 이끌었다면, 모세의 후계자 여호수아는 약속의 땅 가나안으로 이스라엘의 귀환을 이끌었다. 여호수아는 뛰어난 기지와 용맹함으로 모든 적을 영웅적으로 무찔렀다. 가나안은 많은 전차와 높은 성벽으로 둘러싸인 무시무시한 적이었지만, 자세히 들여다보면 가나안은 한 명의 왕이 다스리는 통일 국가가 아니라 도시 국가들이 느슨하게 연합한 형태였다. 도시 국가들에는 각각 왕이 있었다. 그들은 유대인들의 침입에 대비해 연합 전선을 구축하려 했지만, 여호수아의 지도력으로 뭉친 유대인 군대는 그들이 연합 전선을 완성하기 전에 공격을 개시했다. 요르단강을 건넌 여호수아는 왕의 군대를 남쪽으로 몰아 여부스인들을 공격해 여부스 왕이 주도하는 연합군을 무력화했다. 그리고 북쪽으로 군대를 돌린 여호수아는 하솔 왕이 이끄는 가나안 부족 연합을 무찔렀다. 유대인이 가나안 문화를 파괴하는 성경의 진술은 고대의 전쟁 관습에 익숙하지 않은 독자들에게 야만적으로 들린다. 그러나 기원전 11세기에 그리스가 크레타 문명을 파괴한 것이나 비슷한 시기에 로마인들이 에트루리아 문명을 파괴한 것보다는 훨씬 덜 야만적이었다. 가나안 문명이 멸망한 결정적인 이유는 유대인들이 그 문명의 토대인 혐오스러운 가나안 종교 관습—예를 들어 몰렉(몰록) 신에게 바치는 인신 제사, 바알로 알려진 가나안 신을 위한 음란한 의식, 여신 아세라 혹은 바알라의 이름으로 행해진 성전 매춘—을 없앴기 때문이다. 가나안의 저항이 사라지면서 이후에 팔레스타인으로 불릴 땅의 경계가 대충 정해졌다.

조금 과장해서 말하면 가나안은 '원주민의 귀환'을 위한 완벽한 장소이다. 이집트에서 탈출한 이스라엘 사람들은 4백 년 만에 가나안으로 돌아와 그들의 형제들, 즉 4세기 전 이집트로 오라는 요셉의 초청을 받아들이지 않은 아브라함, 이삭, 야곱의 후손들—'히브리인들'—과 재결합했다. 그 후 이집트를 탈출한 이스라엘 사람들과 가나안에 머물던 히브리 사람들이 하나로 통합되는 데에는 거의 2백 년

이라는 시간이 더 필요했다. 더구나 그 통합은 불완전해서 조금만 힘을 가해도 끊어질 정치적 땜질이었다.

가나안에 정착한 유대인들은 유목 생활을 접었는데, 여기서 유래를 찾을 수 없는 독특한 정치 제도가 태어난다. 쇼프팀(Shoftim), 즉 판관(사사)이 다스리는 제도인데, 이들은 신에게 감화를 받은 사람들로서 오로지 하느님의 뜻을 이루는 사람들이다. 이들은 그리스 사람들보다 4백 년이나 앞서 지구상에 민주주의 제도를 세웠다. 거칠게 표현하면 판관 시대는 미국 역사에서 토머스 제퍼슨(Thomas Jefferson) 시대와 일치한다. 중앙 정부의 힘이 약하고 지방 정부 혹은 부족의 권한이 강한 시대이다.

이렇게 세워진 새 국가는 열두 부족으로 구성되었다. 미국의 시 혹은 주 법원이 그 구역 내에서 발생한 재판을 담당하듯이 부족 장로들도 그들의 부족 내에서 재판을 담당했다. 그러나 이 장로들보다 권위가 높은 것이 판관들이었다. 마치 주 법의 상위에 연방 헌법이 있는 것과 마찬가지다. 판관들은 전시에는 최고 군사령관이 되었고, 평상시에는 최고 통치자의 역할을 맡았다. 판관들의 권한은 법으로 제한되었고, 미국 대통령이 권한의 일부를 내각 장관들에게 위임할 수 있는 것처럼 판관들도 책임의 일부를 위임할 수 있었다.

판관들은 '상원'과 '서민 의회'를 소집하여 안건 심리를 요청할 수 있었다. '상원' 의원들이 하는 일은 오늘날 미국의 상원 의원들이 하는 일과 동일했다. 영국의 상원(House of the Lords)처럼 '상원'은 입법 기관의 역할뿐 아니라 사법 기관의 역할도 했다. 그리스-로마 시대에는 산헤드린으로 불린 이 '상원'은 입법 기능의 대부분을 상실하고 주로 사법 심리만을 담당했다.

한편 '서민 의회'는 미국의 하원과 유사했다. 판관 시대 전에도 이와 비슷한 것이 있었다. 모세 오경에는 '이스라엘 회중' 혹은 '모든 이스라엘'을 자주 언급하지만, 시나이산에서 율법을 받을 때 유대인들의 인구가 60만 명이었으므로* 모세가 그들 모두에게 말하는 것은 불가능했을 것이다. 아마 각 부족에서 선출된 대표들에게 지시했을 것이다.

미국의 민주주의가 유대인이 만든 최초의 정부와 유사한 것은 우연이 아니다. 미국 건국의 아버지들은 성경을 배우며 자랐다. 많은 이들이 《구약 성경》을 원문으로 읽을 수 있을 정도로 히브리어에 정통했다. 오늘날 많은 학자들이 (그리스의 민주주의가 아닌) 판관들이 세운 민주 국가가 미국 헌법의 청사진이 되었다고 생각한다.

판관들의 통치는 약 2백 년 동안 효과를 발휘했다. 그러나 판관 제도에는 한 가지 치명적 약점이 있었는데, 강력한 중앙 집권적 통치에는 적합하지 않았다는 점이다. 보통 판관의 권위는 자신의 부족에 한정되었다. 그런데도 부족들은 위기의 순간에 하느님이 그들을 악으로부터 구원할, 잔다르크 같은 '탁월한 지도자'를 보내주어 온 부족을 통합할 것이라고 확신했다. 실제로 유대인들에게 잔다르크 같은 영웅이 나왔다. 여자 판관인 드보라가 그 주인공이다. 여하튼 부족들의

---

* 성경의 숫자를 문자 그대로 믿는 학자들은 많지 않다. 많은 학자들은 시나이산에 모였던 이스라엘인들이 실제로는 6백 명 혹은 6천 명 정도였다고 믿는다. 시나이 사막과 네게브 사막에서 60만 명의 장정들, 그들의 가족과 종들—모두 합하면 3백만 인구—이 40년 동안 방랑하며 살기란 불가능했을 것이다.

믿음이 너무 큰 나머지 평상시 그들은 중앙 집권적 리더십에 무관심했다. 그들은 위기가 발생하면 자연히 구원자가 등장할 것이라고 믿었다. 이 '구원자' 개념에서 우리는 메시아 개념의 뿌리를 보게 된다.

국가의 강력한 수장이 없다는 약점은 안정적인 정부가 발달하는 것을 방해했다. 판관 제도가 하느님의 영을 사람들에게 심어주긴 했지만, 국내 정치를 안정시키는 데는 실패했다. 판관 시대는 분쟁의 시대였다. 역사를 경제적 관점에서 이해하는 사람들은 판관 시대를 과도기로 설명한다. 본래 유목 민족이었던 이스라엘인이 농업 경제에 적응해 가는 과정에서 생긴 정치 제도라는 것이다. 판관 시대의 사회 경제적 조건은 좀 더 중앙 집권적인 통치를 요구했다. 나귀의 등과 장막 생활이 아닌, 집과 도시에서의 생활이 마침내 통치 구조의 변화를 이끌어냈다.

유대인들은 입헌 군주적 정부를 세움으로써 그 변화의 요구에 응답했다. 이렇게 해서 최초의 유대인 왕조가 생겨났다. 기원전 1000년경 이스라엘의 12지파로 구성된 입헌 군주제는 세계 최초의 입헌 군주제였다. 이 정치 제도는 그리스와 로마인들이 잠시 시도했지만, 이후 역사에서 사라졌고 대헌장이 서명된 다음에도 수백 년이 지난 후에야 제대로 정착된 제도였다.

유대인들의 유일신 종교에서는 하느님과 인간 사이에 자유롭고 직접적인 소통이 가능하기 때문에 왕권에 대한 유대인들의 생각은 이교도들과 달랐다. 이교도들은 그들의 왕이 신의 아들이라 생각했다. 왕이 곧 국가이며 종교였기 때문에 왕은 종교적 숭배의 대상이었다. 유대인들은 한 번도 그들의 왕이 하느님의 아들이라 생각하지 않았다.

유대인의 왕은 일반 시민들처럼 법에 따라 행동해야 했다. 유대인의 왕에게만 적용되는 특별법이나 예외는 존재하지 않았다.

시울이 명목상으로 팔레스타인의 최초의 왕으로 기름 부음*을 받았지만, 팔레스타인의 최초의 왕이라 할 수 있는 사람은 다윗이었다. 다윗의 아들 솔로몬은 두 번째 왕이 된다. 다윗은 전쟁을 벌여 왕국을 넓혔고, 솔로몬은 평화롭게 국경을 보존했다. 다윗은 전사 왕이었지만, 그가 유대인들에게 기억되는 이유는 전쟁과 전혀 관계 없는 세 가지 성취 때문이다. 그는 예루살렘을 상징으로, 이상으로, 그리고 성지로 만들었다. 첫째, 예루살렘을 팔레스타인의 정치적 수도로 만들었다. 둘째, 예루살렘을 위한 신전을 준비했다. 셋째, 예루살렘에 언약궤(여호와의 이동식 보좌)를 가져왔다. 그러나 다윗은 전사 왕이었고 신전은 평화를 상징하므로 하느님은 다윗이 신전 짓는 것을 허락하지 않았다. 이 작업은 그의 아들 솔로몬에게 맡겨졌다. 다윗 왕의 통치 기간 동안 언약궤는 특별한 천막 구조물에 안치되었다. 그러나 다윗은 모든 것을 매우 잘 계획했다. 예루살렘은 유대교의 상징을 넘어 두 개의 다른 종교—기독교와 이슬람—의 상징이 되었다.

다윗이 죽었을 때 그가 남긴 왕국은 유대인들에게 제국처럼 보였다. 그러나 왕국은 많은 적들에게 둘러싸여 있었다. 그 '제국'은 유프라테스강부터 아카바만까지 펼쳐졌다. 오늘날 이스라엘의 다섯 배에 해당하는 크기다. 그러나 이 넓은 영토는 다른 민족들을 희생한 대

기름 부음 왕이 될 특별한 인물을 표시하는 행위이자 신의 은총을 받았다는 의미로 행해진 의식. 기름 부음이라는 의식을 거치지 않은 사람은 진정한 왕이 아니라고 여겼으며 '기름 부음 받은 자'라는 말은 '왕'과 동의어가 되었다.(역주)

가였다. 예루살렘이라는 이름의 유래가 된 여부스 사람들은 그곳에서 쫓겨났지만 완전히 사라지지는 않았다. 팔레스타인이라는 이름의 유래가 된 펠리시테인(블레셋) 사람들은 정복되었지만 무너지지 않았다. 다윗이 묻히자마자 여부스 사람들과 펠리시테인 사람들이 다른 민족들과 힘을 합쳐 잃어버린 영토를 회복하기 위해 유대 국가에 반란을 일으켰다. 비록 여부스 사람과 펠리시테인 사람은 예루살렘이나 팔레스타인을 되찾는 데 성공하지 못했지만, 다른 정복 민족들은 자신들의 영토를 수복할 수 있었다. 솔로몬 왕은 그 영토를 되찾으려고 노력하지 않았다. 그는 외교관을 보내 그들과 화친하였고, 국경의 안전을 확보하자 국내 산업화를 시작했다.

솔로몬이 농업 사회를 도시 사회로 바꾸는 것은 봉건 사회를 자본주의 사회로 바꾸는 것만큼이나 힘든 일이었다. 이를 이루기 위해 솔로몬은 개별 지파들의 정치적 힘을 약화시켰다. 마치 미국이 주 정부의 정치적 힘을 약화시켜야 했던 것처럼 말이다. 솔로몬이 이렇게 한 것은 실용적인 이유 때문이다.

〈직업으로서의 정치〉라는 논문[1]에서 독일의 사회학자 막스 베버(Max Weber)는 강한 연방 정부가 성립하려면, (주 정부들이 아니라) 연방 정부가 모든 주요 행정 기능을 독점하고 전쟁 수행에 독자적 결정권을 쥐어야 한다고 지적한다. 개별 주 정부가 군대를 유지할 만큼 세금을 거두어들이지 못하면 자금 때문에 연방 정부에 의존하게 되고, 바로 그때부터 주 정부는 형식적이나마 유지하던 주권을 실제로는 잃게 된다. 미국 역사를 생각하면 이 지적은 너무나 자명하다.

솔로몬은 '부족 권력'보다 상위에 있는 '연방 권력'을 강화하기 원했다. 그는 자체 군대를 유지할 능력을 없애고, 경제적인 독립을 위한 세금 제도를 운영할 수 없도록 지파들의 정치적 힘을 분쇄했다. 이를 위해 솔로몬은 나라 전체를 열두 개의 세금 구역으로 나누었는데, 이때 각 구역의 경계를 의도적으로 부족의 전통적 영토를 넘나들도록 그었다. 그리고 솔로몬은 무거운 세금과 강제 노역을 부과해 땅 없는 사람들을 양산했다. 그들은 어쩔 수 없이 도시로 이동해 도시의 새로운 상업과 산업을 위한 노동력이 되었다. 판관 제도(농업 경제)에서는 가족이 경제 활동의 기본 단위였다. 솔로몬의 제도(산업 경제)에서는 개인이 경제 활동의 기본 단위가 된다. 이로써 가족 간의 연대가 약해지고 부모의 권위도 무너졌다. 마치 오늘날 '이동 가족(mobile families)' 현상이 가족 관계와 공동체의 결속을 약화시키는 것과 유사하다.

하지만 솔로몬은 너무 서둘렀다. 너무 빨리 농업 사회에서 산업 사회로의 이동을 끝내려 했다. 옛 사회 질서를 무너뜨릴 때 스스로 통제할 수 없는 연속적인 사건들도 촉발했다. 비록 도시들이 생겨나고 무역이 발달하고 산업이 번성했지만, 일자리를 찾아 도시로 유입되는 수많은 사람들을 모두 흡수하기는 어려웠다. 시간이 흐르면서 성급한 산업화의 부작용이 나타나기 시작했다. 솔로몬이 죽었을 때 이스라엘은 오늘날 많은 나라들을 괴롭히는 사회적·경제적 문제들—즉 소작 농업, 강제 노동, 실업, 부재지주, 빈부 격차 심화—에 시달렸다. 오늘날처럼 부의 불균형은 악덕과 부패를 낳았고, 이것은 얼마 지나지 않아 사회 정의의 붕괴를 가져왔다.

솔로몬은 또 하나의 심각한 사회 분열을 야기할 종교 불화의 씨앗을 심었다. 우상 숭배가 그의 침실을 통해 팔레스타인으로 들어왔다. 당시 외국인과의 결혼이나 일부다처제가 금지되지는 않았다. 솔로몬은 외국인 아내나 첩들이 그들의 종교를 공개적으로 믿을 수 있도록 허락했다. 종교에 대한 솔로몬의 입장은 고대 로마인들과 유사하다. 역사가 에드워드 기번(Edward Gibbon)은 종교에 대한 로마인들의 태도를 다음과 같이 설명한다. "로마 세계에서 유행한 다양한 예배 형태는 대중들에게 동일하게 참된 것으로, 철학자들에게 동일하게 거짓된 것으로, 정치가들에게는 동일하게 유용한 것으로 간주되었다. 따라서 관용은 상호 인정의 분위기를 만들었을 뿐 아니라 심지어 종교적 통합도 가져왔다." 그러나 팔레스타인에 살던 사람들은 솔로몬의 관용 정책에 로마인들처럼 반응하지 않았다. 솔로몬의 종교적 관용은 상호 인정이나 통합으로 이어지지 않았다. 오히려 내전을 불러왔다.

팔레스타인은 한 번도 강한 중앙 정부를 둔 적이 없다. 심지어 다윗 왕 시절에도 마찬가지였다. 팔레스타인의 왕정은 북쪽 이스라엘과 남쪽 유다가 느슨하게 봉합된 왕국이었다. 유다 출신 왕은 북이스라엘인들의 동의 없이는 북이스라엘을 통치할 수 없었다. 다윗은 왕이 되기 전에 동의를 얻었다. 그러나 솔로몬의 경우는 달랐다. 북이스라엘이 다윗의 아들 솔로몬을 왕으로 인정하도록 다윗은 대관식을 구실 삼아 솔로몬을 두 번이나 북이스라엘(아마도 수도 세겜)에 데려가야 했다. 〈역대상〉 29장 22~23절은 다음과 같이 증언한다. "그들은 다윗의 아들 솔로몬을 다시 왕으로 삼아 …… 온 이스라엘이 그에게 순종하였다." 솔로몬이 대관식을 두 번 한 것은 그의 왕국이 지닌 취약성과 이중으로 분열된 구조를 잘 보여준다.

솔로몬이 기원전 931년에 죽은 후 그의 아들 르호보암은 오로지 유다의 왕위만을 계승했다. 아버지 솔로몬처럼 아들 르호보암도 세겜으로 가서 대관식을 거행해야 했다. 세겜에 모인 북이스라엘의 장로들은 대관식을 위해 올라온 르호보암에게 정치적·종교적 불만을 해소해 달라고 요청했다. 이 장면은 미국 역사의 한 장면을 연상시킨다. 식민 사업자들이 영국 국왕에게 불만 사항을 해소해 달라고 건의했지만, 국왕은 그들의 고충을 이해해주지 않고 요구를 묵살했다. 성경(《열왕기》 상 12:1~15)은 '통치자는 그가 통치하는 사람들의 종'이라고 주장한 북이스라엘의 자유민들과 그 이념을 무시한 르호보암의 역사적 만남을 매우 극적인 방식으로 서술한다.

북이스라엘 장로들의 대변인은 여로보암이었다. 그는 본래 북이스라엘의 장군이었는데 (솔로몬의 전제적 통치에 항거해) 반란을 일으켰다 실패해 이집트로 도망갔다가 돌아온 인물이다. 한편 르호보암은 허영심 많고 오만한 다른 왕처럼 화해의 목소리에 귀를 기울이지 않았다. 오히려 그는 북이스라엘에 군대를 보냈지만 완패했다. 솔로몬이 죽은 후 채 1년도 안 되어 팔레스타인 왕국은 사라졌다. 여호수아, 다윗, 솔로몬이 노력해서 꿰매놓았지만, 꿰맨 부분이 터지고 만 것이다. 여로보암은 10지파로 구성된 북이스라엘의 왕이 되었고, 르호보암은 나머지 2지파로 구성된 남유다의 왕이 되었다. 르호보암이 시작한 북이스라엘과 남유다의 내전은 이후 1백 년간 지속되었다.

이제 유대 역사뿐 아니라 유대인도 새로운 '가면'을 가지게 되었다. 처음 1천 년의 역사에서 유대인의 '가면'은 유목민의 그것, 필요하다면 땅도 경작하고 임기응변의 삶에 능숙하며 평화를 사랑하고 어쩔 수 없을 때에만 검을 드는 이미지였다. 그다음 1천 년의 역사에서는 유목민의 '가면'이 사라졌다. 유대인은 용맹스럽게 싸우고 무용이 뛰어난 전쟁 옹호론자가 되었다. 그리스인들이 승리한 마라톤 전투처럼 유대인들도 힘의 열세를 극복하고 거둔 큰 승리들이 많았다. 그러나 로마인들에게 패배한 후 수동적이 된 그리스인들과 달리 유대인들은 정치적·종교적 자유를 위해 싸우며 억압자들에 맞서 끊임없이 반란을 일으켰다. 유대인에 대한 상투적인 이미지, 즉 온순한 '가면'은 후대에 서양 사람들 의해 씌워진 것이다.

다윗과 솔로몬이 가장 잘 알려진 유대인 왕이고 팔레스타인이 분열된 후 이스라엘과 유다를 다스린 수많은 다른 왕들에게는 그다지 대중적인 관심이 없지만, 분열 왕국의 역사는 다윗과 솔로몬 시절보다 훨씬 재미있는 사건들로 가득하다. 무모함에 가까운 용기를 품고 유대인들은 다마스쿠스, 페니키아, 이집트 같은 강대국들과 전쟁을 치렀다. 다른 나라들이 아시리아와 바빌론의 군대 앞에서 벌벌 떨 때, 이스라엘과 유다는 힘과 용기를 모아 자기보다 힘센 주변국들을 독려해 반(反)아시리아 연합군을 형성했다. 유다와 이스라엘의 왕들은 신중하고 소심한 정치가들이 아니라, 화려한 액션을 좋아하는 르네상스형 인간이었다.

북이스라엘과 남유다 두 왕국의 역사는 음모, 배신, 왕위 찬탈, 암살, 왕족 살해처럼 놀라운 일의 연속이었던 메디치가(家) 통치 시기의 이탈리아 역사와 유사하다. 이처럼 이 시대는 공포와 불합리로 얽혔지만, 그 가운데 일관된 양상이 발견된다. 3백 년 동안의 분열 왕국 역사에서 동일한 주제에 대한 세 개의 '변주'가 일관되게 발견되는 것이다. 첫째는 유일신 종교가 이방 종교에 흡수되는 것을 방지하는 것이고, 둘째는 정의와 윤리를 사회적 목표로 유지하는 것이며, 셋째는 유대인들의 민족 정체성을 유지하는 것이다. 북이스라엘이 먼저 멸망했으므로 북이스라엘의 역사부터 살펴본 후 남유다의 역사를 살펴보자.

북이스라엘의 왕위는 불안정해서 지배자들의 통치 기간은 평균 11년 정도에 불과했다. 212년의 왕정 역사에서 모두 열아홉 왕조가 생겨나고 사라졌으며 그중 한 왕조는 단 7년 만에 끝났다. 열아홉 왕조의 왕들 중 자연사로 평안히 죽은 왕은 거의 없었다.

북이스라엘의 첫 번째 왕 여로보암은 유다와의 분열을 확고히 하면서 나라를 세웠다. 예루살렘 성전에 맞서 베델에 성전을 건축함으로써 정치적 원한에 종교적 원한을 더했다. 유다에서 'J' 문서가 쓰여진 것이 바로 이때쯤이었다. 얼마 후 북이스라엘에서는 'E' 문서가 쓰여 'J' 문서와 경쟁 관계를 형성했다. 이 두 문서는 각각 예루살렘과 베델에 있는 '라이벌' 성전을 정당화했다.

여로보임 이후 북이스라엘에는 무능한 왕들이 계속 출현해 나라가 혼돈 직전의 상황까지 이른다. 이 혼돈에서 북이스라엘을 구한 사람이 오므리 왕(기원전 866년)이다. 그는 북이스라엘 왕 가운데 가장 화려하고 모험심 많은 지배자였다. 특히 그는 이스라엘의 '나폴레옹'으로 불리는데, 왜냐하면 당시 오므리는 나폴레옹과 비슷한 문제에 직면했고 나폴레옹과 비슷한 방법으로 그 문제들을 해결했기 때문이다. 오므리는 제일 먼저 북이스라엘 안에서 발생했던 내분을 끝냈다.

그 다음에 적국의 침략 군대들을 무찔렀다. 그 후 수도를 세겜에서 사마리아로 옮기고 법을 개혁하고 무역과 상업을 장려했다. 이런 연이은 개혁 조치들을 완수한 후 오므리는 왕국의 영토 확장을 꾀한다. 그는 직접 정복 군대를 지휘하여 기대 이상의 성과를 거둔다. 정복 군주로서 그의 명성은 고대 근동에 퍼져, 아시리아나 모아브 같은 당시 강대국들도 그를 두려워하고 존경했다. 고고학자들이 발견한 어느 아시리아 비석에는 이스라엘을 "오므리의 땅"이라고 표현했다. 현재 파리 루브르 박물관에 있는 유명한 모아브 비석도 모아브가 이스라엘로부터 해방된 이야기를 하며 오므리의 정복 전쟁을 언급한다.

그러나 오므리는 시돈의 공주 이세벨을 며느리로 삼아 재앙의 씨앗을 뿌렸다. 그의 아들 아합이 역사상 최고 악녀와 결혼한 것이다. 이세벨의 아버지는 시돈의 왕을 암살하고 왕위를 찬탈한 제사장이었다. 그는 딸에게 성공을 위한 배반과 살인의 기술을 전수했다. 북이스라엘의 왕후가 된 이세벨은 사람들이 용감히 투쟁해 쟁취한 시민의 권리들을 모두 박탈해 정치 혼란을 야기했다. 여기에 바알 숭배, '성전 창기' 제도, 그리고 불의 신 몰렉을 위한 어린이 희생 제의를 도입해 종교적 증오의 불을 더했다.

아합은 비록 국내 정치에서 이세벨에게 끌려갔지만, 외교 문제에서는 자신의 두뇌를 활용했다. 그는 페니키아, 다마스쿠스, 시돈, 두로의 군대와 싸워 이겼지만 그 왕들을 적으로 취급하지 않고 형제로 끌어안았다. 동쪽에서 위험한 아시리아가 세력을 키우고 있었기 때문에 아합은 서쪽에서는 평화를 원했다.

폴란드 유대인들이 나치의 얼굴을 풍자적으로 묘사할 때 모델이 되었던 아시리아인들은 아브라함이 바빌로니아를 떠날 때부터 정복을 위한 힘을 키우기 시작했다. 그러나 그들은 곧 어려움에 빠져 좀처럼 힘을 쓰지 못했다. 그 후 약 천 년 동안 강한 제국을 꿈꾸던 아시리아인들은 마침내 기원전 7세기에 그 꿈을 이루었다. 10세기까지 아시리아인들은 바빌로니아와 그 주변국들을 복속했고, 9세기에는 서쪽으로 진출할 준비를 갖추었다. 최종 목표는 이집트였지만, 거기로 가려면 이스라엘을 통과해야 했다.

아시리아가 공격할 준비가 되었을 때 아합도 공격에 대비하고 있었다. 역사적인 전투가 벌어진 곳은 카르카르였다. 기원전 854년에 아시리아군이 아합이 조직한 연합군 병력과 충돌했다. 그 연합군에는 12개의 완충 국가들이 참여했는데, 유대인 병력이 가장 선두에 섰다. 약 2만 명의 사상자가 발생했지만, 전쟁은 아합의 승리, 아시리아의 대패로 끝났다. 이 때문에 아시리아인들의 정복 전쟁 시간표는 1백 년 정도 지연되었다.

아합이 죽자 이세벨에게 쌓인 원한이 폭발했다. 예언자 엘리사가 이끈 음모 가담자들이 예후 장군을 선택해 '시돈의 창기'를 무찌르는 십자군 전쟁의 선봉에 세웠다. 엘리사는 예후에게 쿠데타의 성공을 비는 의미에서 기름을 부었는데, 그것이 효과가 있었다. 예후는 이세벨을 암살했을 뿐 아니라 아합 왕실 일족을 모두 살해한 후 스스로 이스라엘의 왕위에 올랐다. 그는 엄격한 왕이자 유능한 행정가였다. 바알 숭배는 무관용의 원칙으로 금지했으나 상업과 산업은 적극 장려했다.

그 후 50년 동안 평화와 번영이 이어졌다. 북이스라엘은 다시 영토 확장을 시도했으며 어느 정도의 성공도 거두었다. 곧 영토가 두 배로 늘어났다. 이웃 나라들은 북이스라엘의 강력한 군대의 위용에 눌려 북이스라엘을 감히 건드리지 못했다. 그러나 곧 평온했던 북이스라엘의 수평선에 구름 먼지가 일기 시작했다. 비스마르크(Otto von Bismarck)만큼이나 다혈질이었던 티글리드 필레세르 3세(디글랏빌레셀 3세)가 아시리아의 수도 니네베의 왕좌를 차지했다. 아시리아의 왕들이 천 년 동안 꿈꿨던 그 제국을 실현할 인물이 바로 전차를 타고 전장을 누빈 티글리드 필레세르 3세였다.

아시리아의 정복 기술은 작은 나라들을 협박하여 항복을 얻어낸 나치 독일과 유사했다. 티글리드 필레세르 3세는 북이스라엘에 엄청난 액수의 조공을 요구했고, 응하지 않으면 군대를 동원해 북이스라엘을 짓밟아버리겠다고 협박했다. 이 요구는 이스라엘의 여론을 분열시켰다. 친아시리아 여론은 아시리아가 요구한 조공을 보낼 것을 요구했지만, 반아시리아 여론은 아시리아에 무력으로 저항할 것을 촉구했다. 후자는 "조공으로는 한 푼도 쓸 수 없지만, 전쟁을 위해서라면 백만 냥이라도 아깝지 않다."는 입장이었다.

조공 여부가 문제였다. 그리고 그것은 삶과 죽음의 문제였다. 북이스라엘의 왕좌는 친아시리아 왕들과 반아시리아 왕들이 번갈아 가며 승계했다. 즉 한쪽이 다른 쪽을 암살하며 정권을 잡는 일이 반복된 것이다. 세 번째 친아시리아 왕이 암살되면서, 조공이 세 번째 끊어지자 티글리드 필레세르 3세는 이제 본때를 보일 때라고 생각하고 거대한 군대를 이끌고 북이스라엘 땅으로 진군했다. 모든 사람들이 북이스라엘이 항복하고 숙명을 받아들이리라 예상했지만, 북이스라엘은 그렇게 하지 않았다. 싸우기로 결단했고 그 싸움에서 거의 이겼다.

역사가들은 아시리아와 북이스라엘의 전쟁을 역사에서 흔히 발생하는 작은 국지전으로 여기고 그 서술에 많은 지면을 할애하지 않는다. 그러나 이 전쟁을 객관적으로 보고 다른 고대 전투들과 비교하면, 이 전쟁의 전투들이 중요할 뿐 아니라 실제로 엄청났다는 데 동의하지 않을 수 없다. 1939년 소련-핀란드 전투는 제2차 세계대전의 작은 국지전에 불과했지만, 핀란드가 소련의 대규모 군대에 맞서 6개월 동안 저항한 것은 전투 용맹의 기념비적 사건으로 추앙받고 있다. 핀란드에 대한 소련의 우세보다 북이스라엘에 대한 아시리아의 우세가 더 컸다. 아시리아 군대는 강하고 무시무시했다. 그런데도 아시리아가 북이스라엘을 멸망시키는 데 10년이 걸렸다. 그동안 북이스라엘의 왕도 세 명이나 바뀌었다.

북이스라엘은 몇 차례나 티글리드 필레세르 3세에게 뼈아픈 패배를 안겼다. 한편 티글리드 필레세르 3세는 몹시 잔인하다는 전설적인 명성에도 불구하고 북이스라엘로부터 몇몇 지방만을 빼앗을 수 있었다. 그의 후계자인 살마네사르 5세도 마찬가지였다. 살마네사르를 계승한 사르곤 2세 때에야 마침내 아시리아 군대는 북이스라엘의 수도 사마리아를 정복할 수 있었다(기원전 721년). 역사가들은 아시리아-북이스라엘 전쟁을 중요하지 않게 여길지 몰라도, 사르곤 2세는 그렇게 생각하지 않았다. 대제국의 군대를 10년 동안이나 막아내며 아시리아인들에게 수치심을 느끼게 한 그 무시무시한 적을 대면할 일이 다시는 없도록 사르곤 2세는 북이스라엘의 모든 사람을 유배 보냈다. 북이스라엘 왕국은 이렇게 끝이 났다.

남유다의 역사는 신기할 정도로 북이스라엘의 역사와 유사하다. 기원전 931년에 남북이 분열되고 기원전 586년에 멸망할 때까지 다윗 왕조가 남유다를 다스렸지만, 남유다의 왕위는 북이스라엘만큼이나 불안정했다. 345년 동안 모두 스물일곱 명의 왕(이들은 모두 같은 왕조에 속한다)이 바뀌었다. 평균 17년을 통치한 셈이다.

남유다의 시작은 좋지 않았다. 이집트에 침략당했으나 이집트의 속박에서 벗어나자마자 제 나름의 팽창 정책을 폈다. 페니키아, 아라비아, 펠리시테인, 모아브, 시리아까지 이 모든 나라를 차례로 정복하고 그들 영토의 일부를 남유다에 편입했다. 때때로 실패도 했지만 대체로 성공적이었던 이 정복 전쟁은 약 1백 년간 지속되었다. 그러나 북이스라엘에서 예후 반란이 일어나 남유다를 압박하자 남유다는 정복한 영토를 유지할 수 없는 지경에 이르렀다. 각 나라들은 그 상황을 자유의 기회로 삼았고, 남유다는 1백 년 전의 영토 크기로 축소되었다.

북이스라엘에 이세벨이 있었다면 남유다에는 아달리야가 있었다. 이세벨의 딸인 아달리야는 엄마의 성격을 꼭 닮았다. 왕후 이세벨은 기꺼이 아달리야를 남유다의 왕 여호람에게 시집 보냈다. 여호람이 기이한 병으로 죽자, 그의 막내 아들 아하시야가 왕이 된다. 그때는 예후가 북이스라엘에서 바알 예언자들을 대량 학살하던 해였다. 예후는 내친 김에 남유다의 젊은 왕 아하시야도 살해했다. 아달리야는 이 기회를 놓치지 않았다. 오스카 와일드는 "모든 딸은 어머니를 닮게 되어 있다. 그것이 딸들의 비극이다."라고 말한 적이 있다. 아달리야도 예외는 아니었다. 그녀는 남유다의 왕위를 차지했고 요아스를 제외한 다윗 왕실의 모든 왕자들을 죽였다. 요아스는 이모가 숨겨줘서 겨우 화를 면했다.

6개월 동안 아달리야는 왕으로서 남유다를 통치했다. 그러나 쿠데타가 일어나 그녀를 잔인하게 처형하고 다윗 왕통을 남유다에 복귀시켰다. 요아스는 7살의 나이에 왕이 되어 40년을 통치했다. 그 후 평화의 시대가 찾아왔다. 유혈의 역사 1백 년 만에 남유다와 북이스라엘의 내전이 종식된 것이다.

티글리드 필레세르 3세 치하의 아시리아가 팔레스타인 지역에 돌아왔을 때, 남유다는 예언자 이사야의 조언에 따라 아시리아와의 분쟁을 피했다. 이사야의 정치 철학은 조지 워싱턴의 정치 철학과 같았다. "골치 아픈 동맹에 가입하지 말라." 남유다의 왕들은 이사야의 조언에 귀를 기울였고, 아시리아가 요구한 조공을 바쳤다. 그리고 남유다는 겁에 질려 조용히, 조공을 하지 않은 북이스라엘이 멸망하는 것을 지켜보았다. 아시리아의 학살이 끝났을 때, 북이스라엘을 분열시켰던 친아시리아 대 반아시리아 논쟁이 이번에는 남유다를 갈기갈기 찢어놓았다. 북이스라엘에서처럼 두 개의 당이 남유다에 만들어졌다. 친아시리아 당은 아시리아가 요구한 조공을 계속 바칠 것을 조언했지만, 친이집트 당은 이집트, 시리아와 동맹을 맺고 아시리아에 대적하라고 조언했다.

마침내 친이집트 당이 승리했다. 남유다를 중심으로 하여 반아시리아 연맹이 만들어졌다. 시리아는 북쪽에서 반란을 일으키려 했으며, 이집트는 남쪽에서 공격하려 했다. 남유다도 중간에서 계속 부채질을 하려 했다. 그러나 아시리아인들은 신속히 대응하여 반아시리아

연맹을 붕괴시켰다. 아시리아의 엄청난 군대를 보자마자 시리아와 이집트는 평화를 갈구했고, 중간에 남겨진 남유다만 분노한 아시리아인들과 맞서게 되었다. 그때 기적이 일어났다. 어느 날 아침, 유대인들은 예루살렘 성문 밖에 포위진을 쳤던 아시리아인들이 천막을 접고 급히 철수하는 것을 보고 놀란다. 유대인들은 그 사건을 하늘이 주신 상서로운 징조로 여겼다. 그리스 역사가 헤로도토스는 그 사건을 다르게 해석한다. 쥐에 의한 역병(티푸스)이 아시리아 진영을 덮쳤다는 것이다. 여기서 독자는 아무 설명이나 취해도 좋다. 어떤 설명을 취하든 남유다가 구원받았다는 사실만은 분명하기 때문이다.

하늘의 도움이 계속될 수 없음을 깨달은 남유다 왕은 아시리아 왕에게 다시 조공을 바치기 시작했다. 남유다 왕은 이렇게 생각했을 것이다. '누가 알겠는가? 하늘의 기적이 또 한번 일어나 누군가가 아시리아를 파멸시킬 수도 있다!' 그런데 바로 그 일이 실제로 일어났다.

아시리아인들은 역사의 불운아였다. 수하에 있는 장군에게 "(자네는) 승리를 눈앞에 두고 실패를 얻어내는 신기한 능력이 있네."라고 말했던 에이브러햄 링컨이 아시리아인들을 보았다면 비슷한 말을 했을 것이다. 아시리아는 페르시아만에서 리비아 사막까지 국경을 어렵게 넓혔지만, 그 승리를 즐길 시간은 얻지 못했다. 아시리아에 맨 처음 복속된 바빌로니아가 반란을 일으킨 것이다. 기원전 612년에 아시리아의 수도 니네베가 바빌로니아 군대에 함락되었다. 아시리아의 장군이 제국을 구하려 했지만, 바빌로니아는 기원전 605년 갈그미스 전투에서 이집트와 연합군을 이룬 아시리아의 잔존 군대를 궤멸했다.

이로써 아시리아 제국은 바빌로니아인의 손으로 넘어갔고, 그때 남유다도 함께 넘어갔다. 그러나 북이스라엘 사람들의 사전에 항복이 없었던 것처럼 남유다 사람들도 항복을 몰랐다. 그러나 남유다의 종말은 불가피했다. 종말은 세 번의 비극적 사건을 거쳐 완결되었다. 바빌로니아가 통치를 시작한 후 몇 년 만에 남유다는 첫 번째 반란을 기도했다(기원전 600년). 네부카드네자르 2세(느부갓네살 왕)는 비정규 병력을 보내 그 반란을 진압하려 했다. 그런데 놀랍게도 바빌로니아 군대가 유대인들에게 패했다. 그러자 네부카드네자르 2세는 정규 병력을 직접 이끌고 남유다를 침공했다. 그는 아시리아인들처럼 유대인들이 매우 용맹한 민족임을 확인하게 된다. 그러나 바빌로니아 군대에 포위된 예루살렘은 기원전 597년 끝내 함락되었다. 네부카드네자르 2세는 당시 18살이었던 여호아긴 왕을 포로로 잡아가고 반란을 시도할 위험이 있는 8천 명의 엘리트 유대인들을 유배 보냈다. 이때 바빌로니아 군대는 예루살렘을 파괴하거나 남유다 지역을 쳐부수지 않았다. 대신 스물한 살의 청년 시드기야를 다윗 왕조의 마지막 왕으로 지명해 남유다의 왕으로 세웠고, 그를 꼭두각시로 이용했다.

네부카드네자르가 남유다로부터 군대를 철수시키자마자 남유다 안에서는 바빌로니아에 반대하는 음모가 진행되었다. 남유다는 이집트와 동맹을 맺고 바빌로니아로부터 독립을 꾀했다. 분노한 네부카드네자르가 다시 적들을 향해 진군했다. 이집트인들은 몇 주도 못 버티고 항복했지만, 유대인들은 1년 반이나 버텼다. 기원전 586년, 예루살렘을 포위한 지 6개월 만에 바빌로니아인들은 예루살렘의 방어벽을 무너뜨릴 수 있었다. 시드기야가 체포되었고, 그의 아들들은 그의 눈앞에서 살해되었으며, 시드기야도 두 눈이 뽑히는 고통을 당했다.

성전은 파괴되었고 도시는 완전히 폐허가 되었다. 빈민과 환자와 장애인을 제외한 모든 유대인이 바빌로니아로 끌려갔다.

남유다와 두 번의 전쟁을 치른 바빌로니아 군인들은 예루살렘으로 가는 길을 잘 기억해야 했다. 또 한번 예루살렘으로 진군해야 할 일이 생긴 것이다. 네부카드네자르 왕은 '빈민과 환자와 장애인들'을 과소평가했다. 네부카드네자르가 임명한 남유다 총독이 살해되고 미스바에 주둔했던 바빌로니아의 군인들이 학살당한 것이다. 이 세 번째 반란은 승리를 목표로 삼았다기보다 저항의 의미가 강했다. 세 번의 전쟁과 세 번의 패배 후 남유다 왕국은 멸망했다. 북이스라엘이 무너진 지 135년 후의 일이다.

세 번의 북이스라엘과 아시리아 전쟁 이야기를 세 번의 남유다와 바빌로니아 전쟁에도 적용할 수 있다. 이 전쟁은 작은 국가가 엄청나게 불리한 환경에 굴복하지 않고 페르시아만에서 지중해에 이르는 거대 제국과 맞서 싸운 이야기다. 이 이야기에서 놀라운 점은 바빌로니아가 이겼다는 것이 아니라 유대인들이 바빌로니아를 거의 무찌를 뻔했다는 사실이다.

4장

바빌론 유수와 책의 종교의 탄생

　슈펭글러의 역사관에 따르면 북이스라엘과 남유다의 멸망과 함께 팔레스타인 문명은 죽음의 시기를 맞았다. 모세, 여호수아, 판관들이 문명의 봄을 열었다면 다윗과 솔로몬은 문명의 여름에 해당한다. 비록 내분으로 왕국이 남북으로 갈라졌지만 남유다와 북이스라엘은 문명의 가을에 해당하는 역사를 일구었다. 두 왕국은 전쟁과 함께 문명의 겨울을 맞고, 마침내 패전으로 죽음에 이르렀다. 그러나 기원전 1200년에 시나이산에서 창시된 유대인들의 국가는 정말 죽었는가?

　확실히 유대인의 역사도 슈펭글러의 법칙에서 예외처럼 보이지는 않았다. 북이스라엘의 10지파는 아시리아에 패한 후 역사의 무대에 다시 등장하지 못했다. 바빌로니아가 남유다의 유대인을 유배 보냈을 때, 유대인의 운명은 끝난 것처럼 보였다. 그러나 기원전 721년 북이스라엘의 멸망과 기원전 586년 남유다의 멸망 사이에 어떤 사건이 있었다. 그 사건으로 인해 남유다는 살아남고 유대 역사는 새 단계를 맞았다.

이교도 시대에 유배당한 전쟁 포로들은 보통 소멸의 길을 걸었다. 물리적 소멸이 아니라 민족의 정체성이 소멸되는 것이다. 한 무리의 우상들은 다른 무리의 우상들로 쉽게 교환될 수 있기 때문에 유배당한 전쟁 포로들은 보통 정복자의 우상과 세계관(Weltanschauung)을 받아들였다. 이것이 동화 과정의 출발점이다. 그 후 서로의 여인들을 품고 정복자와 정복당한 자가 선의를 교환하면서 동화 과정은 가속화된다. 전쟁 포로들은 살아남기만 한다면 그들이 히타이트인 혹은 페니키아인이 되든, 시리아인 혹은 여부스인이 되든 별로 상관하지 않았다. 이교도들은 자신의 종교적·민족적 정체성을 버리는 데 주저하지 않았다. 북이스라엘 왕국이 바로 이런 경우에 해당한다. 그러나 남유다의 경우는 달랐다.

북이스라엘의 유대인들은 역사의 무대에서 사라지고 남유다의 유대인들만 생존했을까? 정치 경제적 사관의 역사가들은 다음과 같은 답을 제안한다. 아시리아의 정책은 피정복민들을 작은 단위로 나눈 후 제국의 여기저기로 분산시켜 그들의 민족적·인종적 통일성을 파괴했다. 반면 바빌로니아의 정책은 유배당한 민족을 그대로 유지하는 것이었다. 그러나 이런 설명이 모든 경우에 적용되는 것은 아니다. 아시리아에 정복된 많은 민족들이 분산 정책에도 불구하고 생존했다가 그 이후에 다른 제국에게 다시 정복되었을 때 사라졌다. 바빌로니아에 정복된 일부 민족들은 비록 제국의 곳곳에 분산되지는 않았지만, 그들의 민족적 정체성을 상실했다.

유배당한 민족이 생존하는 데에는 우연을 넘어선 무언가가 있음이

틀림없다. 자신들의 종교적·민족적 정체성을 유지하기 위해 끈질기게 의식적으로 노력해야 하는 것이다. 북이스라엘 사람들은 유대인으로 남으려는 의식적인 노력을 게을리한 반면, 남유다의 포로들은 유대인으로 살아남으려는 불굴의 의지를 지니고 있었다. 그렇다면 무엇이 온갖 장애와 협박에도 굴하지 않고 유대인의 정체성을 지키려는 의지를 그들에게 주었을까? 북이스라엘 왕국의 멸망과 남유다 왕국의 멸망 사이의 어느 시점에 유대 민족의 영적 각성이 있었다. 그로 인해 유대적 특징과 유대인다움(Jewishness)이라는 새로운 개념이 생겨났다.

우리는 남유다가 북이스라엘 왕국이 멸망한 후 어떻게 분파들로 분열되었는지 살펴보았다. 외부의 위협뿐만 아니라 왕국은 내부 갈등으로 고통받았다. 우상 숭배가 기승을 부렸고, 부자들은 가난한 자들을 억압했고, 외국인과의 통혼은 혈통의 순수성을 잃게 했다. 유대인의 정체성에 삼중의 위협이 가해진 것이다. 즉 종교, 도덕, 혈통의 순수성에 위협이 가해졌다. 이런 위협이 지속된다면 남유다가 역사에서 사라지는 것은 시간 문제였다.

남유다의 상황은 한 문명이 직면한 토인비식 역사관의 전형적인 사례이다. 남유다 패망을 역사의 도전에 적절히 대응하지 못한 탓이라 주장한 토인비는 슈펭글러처럼 유대인 문명은 이 시점에서 끝났다고 느꼈다. 그러나 특정 역사관에 갇히기를 거부하기라도 하듯 유대인들은 이후 역사에서 끈질기게 살아남았다. 물론 슈펭글러는 이 시점 이후의 유대인 역사를 무시했고, 토인비는 유대인의 역사를 각주로만 다루었다. 토인비에게 이 시점 이후의 유대인은 옛 역사의 화석에 불과했다. 여기서 스웨덴의 식물학자 칼 폰 린네(Carl von Linné)에 얽힌 일화가 떠오른다. 그는 모든 식물의 종을 분류한 후 동물들의 종도 분류하기 시작했다. 드러내지는 않았지만 그는 진화론에 반대하고 창조론을 믿었는데, 어느 날 정원을 걷고 있을 때 진화론의 증거로 판단되는 벌레 한 마리를 발견했다. 창조론이 논박될 것이 두려웠던 린네는 그 벌레를 밟아 죽이고는 흙 속에 묻었다. 그렇게 그는 찰스 다윈(Charles Darwin)이 될 수 있는 기회를 놓쳤다.

토인비의 주장에도 불구하고 남유다는 시대의 도전에 두 가지 방법으로 응했다. 이 방법들은 유대 민족의 소멸을 막아주었을 뿐 아니라 오늘날 서양 세계에도 여전히 영향을 끼치고 있다. 첫 번째 방법은 성경의 일부를 성전(聖典)화—하느님의 말로 공식화—하는 것이었다. 이로써 유대인들은 처음에는 《구약 성경》을, 나중에는 《신약 성경》을 세상에 주었다. 두 번째 방법은 유대교를 전파하기 위해 '포장'하는 것이다. 이로써 유대인들은 처음에는 기독교를, 나중에는 이슬람교를 세상에 주었다.

위기의 순간에 남유다는 요시야 왕(기원전 638년)을 얻을 만큼 운이 좋았다. 그는 상상력이 풍부한 지도자였고 선한 대의에 헌신한 양심적인 사람이었다. 아시리아에 가까웠던 그의 아버지 아몬 왕은 친이집트 세력에 의해 암살당했다. 그러자 친아시리아 세력이 암살자들을 살해하고 요시야를 남유다의 왕으로 세웠다. 요시야는 국가를 망치는 사회적 불평등을 잘 알았을 뿐 아니라, 종교 개혁 없이는 법치도 이룰 수 없음을 잘 알고 있었다. 당시 남유다 사회에서는 정의와 도덕이 모세 율법과 긴밀하게 연결되어 있었기 때문이다. 그래서 요시야는 부를 더욱 공정하게 분배하는 일뿐 아니라 신전에서 우상들을 제거하는 일에도 힘을 쏟았다.

요시야는 큰 도박을 하기로 결심하고 단순하지만 대담한 계획을 세웠다. 계획을 실현하려면 언론인들이 일컫는 '각도'와 '말뚝'이 필요했다. '각도'는 이야기의 전후가 맞아떨어지게 하는 관점을 말하고, '말뚝'은 타이밍을 말한다. 요시야에게 '각도'는 자신이 원했던 개혁을 하느님의 뜻으로 포장하는 것이었고, '말뚝'은 그 개혁 조치들을 도입하는 극적인 방법이었다. 그는 이 극비 계획을 동일한 개혁을 열망했던 대제사장들에게 맡겼다. 그 계획은 'J'와 'E' 문서의 일부를 편집하고 통합해서 '성경'을 만드는 것이었다. 이렇게 편집된 문서는 성전의 은밀한 곳에 숨겨 두었다. 요시야 왕은 모세가 하느님의 명령을 받아 기록한 책이 성전에서 발견되었고 곧 사람들에게 낭송될 것이라고 온 나라에 요란하게 선전했다. 이 책이 오늘날 〈신명기〉 혹은 'D' 문서로 알려진 것이다.

이 일화에 관한 또 다른 이야기가 전해진다. 문서들은 실제로 솔로몬 왕 시대부터 성전에 있었는데, 성전을 보수할 때 우연히 발견되었다는 것이다. 어떤 설명을 받아들이든, 진실은 다음과 같다. 요시야 왕이 실제로 이 일화에 관해 기록을 남겼다면 그것이 사람들에게 경외심을 불러일으켰고 요시야 왕이 예상했던 것보다 효과가 더 컸다는 점이다. 유대인은 모세가 자신들에게 전하는 말을 듣기 위해 모든 왕국에서 왔다. 애국심과 종교의 물결이 온 나라를 휩쓸었다. 요시야 왕은 이런 분위기에 힘입어 우상을 숭배하는 성전을 휩쓸었고, 가나안의 신 바알과 페니키아 신화의 여신 아슈타르테 숭배를 금지했으며, 사회적 권리에 관한 법안을 통과시켰다.

〈신명기〉를 신성한 책으로 만든 요시야는 사회학자들이 '카리스마적 권력'이라 부르는 것을 잇따라 내놓았다. 사회학자들에 따르면 권력에는 두 종류가 있다. 하나는 자신의 의지를 강제할 물리적 수단을 지닌 자리에서 유래하는 권력이고, 또 하나는 그런 물리적 수단은 없지만 그 자리 자체의 신성함에 의존하는 권력이다. 후자를 가리켜 '카리스마적 권력'이라 하며, 정치 권력이나 군사 권력과 구분한다. 카리스마적 권력은 사람들이 자발적으로 그 자리에 있는 사람을 따를 때 생겨난다. 예를 들어 대통령은 자신의 뜻을 강제할 군대의 힘을 지니기 때문에 정치 권력을 지닌다. 반면 교황은 자신의 뜻을 강제할 물리적 수단이 없지만 자발적으로 그 자리에 있는 사람을 따를 수백만 명의 사람이 있기 때문에 카리스마적 권력을 지닌 것이다. 스탈린(Iosif Stalin)은 교황에게 아무런 힘도 없다는 암시를 주려고 이렇게 질문했다. "교황은 얼마나 많은 군대를 가지고 있는가?" 이것은 교황 권력의 본질을 놓친 질문이다.

유대인들은 요시야 시대까지 카리스마적 권위를 거의 경험해보지 못했다. 그들은 오직 정치 권위만 알았다. 유일신교 성립 초기에 하느님은 그의 계명이 지켜지지 않으면 불순종한 자뿐 아니라 그의 삼사대 후손까지 복수당할 것이라고 협박해야 했다. 이제 유대인들은 내적으로 형성된 규율의 결과로서 성경의 권위를 따르려는 마음을 스스로 부여했다.

내적 규율 형성과 양심을 따르는 것과 물리적 위험에 직면해도 숭고한 이념을 지키는 것이 요시야에 의해 처음 시작되었고 예언자들이 그것을 완성하고 마무리했다.

누가 예언자였는지 대답하기 전에 예언자가 무엇을 하는 사람인지 먼저 물어야 한다. 예언자는 여러 문명에 존재했지만, 유대인의 역사에서 예언자는 특별하고 독특한 의미를 지닌다. 예언자는 점술가나 제사장보다 높이 평가되었다. 왜냐하면 유대인들은 하느님이 예언자를 보내 그들에게 '의(義)'의 길을 보여준다고 믿었기 때문이다. 즉 유대인의 역사에서 예언자는 유대교의 순수성을 보존하는 사람들이었다. 예언자는 사람들의 도덕적 타락을 지적했고, 하느님의 선민인 유대인들이 온 인류의 모범이 되어야 한다고 강조했다. 이런 식으로 예언자들은 유대교와 유대인들뿐 아니라 '여호와' 개념도 개혁했다.

첫 번째 '열광적' 예언자(유대교 신학에서 구약의 예언자들을 가리키는 표현)는 아모스였다(기원전 760년). 그는 남유다에서 태어났지만 북이스라엘에서 설교를 했다. 그의 활동이 북이스라엘인들의 심사를 건드려 후에 남유다로 추방되어 돌아온다. 아모스의 뒤를 이어 북이스라엘에서 활동한 예언자는 호세아였다. 이사야로부터 마지막 예언자 말라기까지 모든 예언자들은 남유다에서 활동했다.

아모스와 호세아가 처음 북이스라엘에서 설교했을 때, 사람들은 비웃었고 제사장들은 분노했으며 왕들은 불편해했다. '자주색 옷과 금으로 치장한' 아시리아인들이 북이스라엘을 공격해 무너뜨렸을 때, 사람들의 귀에는 두 예언자의 말이 뒤늦게 울렸을 것이다. 예언자들의 말은 평소에는 북이스라엘 사람들의 귀에 들어오지 않았다. 그것이 북이스라엘 사람들에게 재앙이었다. 포로 생활에서 생존하려면 '휴대 가능한(exportable) 여호와'가 필요했다. 즉 외국 땅에서도 굴하지 않고 번성할 수 있는 종교가 필요했다. 그런 여호와의 개념이 없었던 북이스라엘인들은 다른 민족에 동화되어 역사의 무대에서 시라졌다.

북이스라엘이 무너진 후, 이사야와 예레미야 같은 예언자들이 새로운 개념의 유대교를 전파했을 때 유대인들은 그들의 말을 마음속 깊이 받아들였다. 남유다가 멸망해 유배를 가게 되었을 때, 예언자들은 이미 '휴대 가능한 종교'를 완성한 상태였다. 패배한 남유다 사람들이 바빌론으로 유배를 가려고 무거운 발걸음을 옮겼을 때, 예언자들의 말은 그들의 정체성에 이미 뿌리를 박은 상태였다.

그렇다면 예언자들이 가르치고 권고한 내용은 무엇이었는가? 그들의 가르침은 한마디로 제의와 의식은 하느님에게 전혀 가치가 없다는 것이었다. 당시에 이들이 이렇게 말하고도 사형당하지 않은 것은 놀라운 일이다.* 예언자들은 휴머니즘, 정의, 도덕이 어떤 제의보다 위에 있다고 주장했다. 예언자들에 따르면 하느님은 제의를 원치 않는다. 하느님이 인간에게 원한 것은 높은 수준의 도덕이다. 예언자들은 하느님이 제물을 싫어한다는 주장까지 했다. 그러므로 하느님께 제물을 바치지 않아도 죄가 되지 않는다. 진짜 죄는 부패한 도덕과 왜곡된 정의이다.

당시에는 제사와 제의가 종교 그 자체였기 때문에 이런 주장들은 매우 근거 없고 무모했다. 예언자들의 새 교리는 제사장들의 영향력을 약화시키는 동시에 '성직자'의 성격을 제의 집행자에서 랍비, 즉

---

* 전설에 따르면 이사야는 사형당했다. 그러나 이를 입증할 증거는 없다.

유대교의 선생으로 바꾸어놓았다. 마치 루터의 종교 개혁이 가톨릭 사제의 역할을 개신교 교회의 목사의 역할로 대체한 것과 유사하다.

유대교 계명의 문자적 의미는 유대인들에게만 유효하지만 그것의 영적·도덕적 메시지는 모든 인간에게도 유효하다는 생각이 유대인들이 온 인류의 모범이 되어야 한다는 예언자들의 가르침에서 나왔다. 이로써 유대교 사상의 큰 진보가 이루어졌다. 소수 유대인의 배타적 종교로 시작된 유대교가 모세에 의해 모든 이스라엘 지파를 포함하는 종교로, 요시야에 의해 유대 민족을 하나로 묶는 종교로, 이제 예언자들에 의해 인류 보편의 종교로 발전한 것이다.

예언자들이 가르친 사상을 품고 바빌론에서 포로 생활을 하던 유대인들은 자신들의 종교를 개혁해 그 사상에 '새로운 외관'을 마련했다. 엄격한 제의법에 따르면 신전은 예루살렘에만 있어야 하고, 제사는 그곳의 제단에서만 올려야 했다. 그런데 제사의 가치를 낮추고 도덕을 제의보다 더 중요시함으로써 예언자들은 유대교를 시간과 공간의 제약에서 자유롭게 했다.

바빌론 땅에서 유대인들은 인류의 자산이 될 두 가지 새로운 사상을 창안했다. 그들은 제사를 위한 '신전' 대신 종교 집회를 위한 '회당'을 건설했다. 그곳에서 하느님을 위한 제사 대신 하느님께 기도를 드렸다. 회당은 기독교의 교회와 이슬람교 모스크의 원형이 되었다. 기도는 하느님에 대한 믿음의 보편적 상징이 되었다.

회당과 기도를 통해 유대인들은 특정한 제사장 계보나 신전, 혹은 국가에 더는 얽매이지 않게 되었다. 유대인들은 어느 나라에서든 회당을 열고 제사장 없이 하느님과 직접 소통할 수 있었다. 뻣뻣해 움직이지 않았던 유대교가 이제는 유연하고 비가시적인 휴대 가능한 품목이 된 것이다. 유대인들이 포로 생활과 디아스포라 생활에서 유대인으로 살아남을 수 있는 길이 열렸다.

많은 유대 역사책들이 바빌론 포로 시기를 슬프거나 파괴적으로 묘사한다. 다행히도 이것은 부정확한 묘사다. 기원전 6세기에 바빌로니아는 연속해서 계몽 군주들이 다스렸는데, 그들은 포로 생활을 하던 타국 사람들을 관용으로 다스렸다. '바빌론의 강가에서 울었던' 유대인들은 일부 열성파일 뿐이다. 나머지 유대인들은 바빌로니아와 사랑에 빠졌고, 그 안에서 번성했으며, 바빌로니아에 동화되었다.

바빌로니아의 무역로를 거쳐 유대인들은 세계의 구석구석을 다니면서 상업과 국제 무역에 정통하게 되었다. 바빌론의 도서관에서 유대인들은 전 세계에서 수집한 보물 같은 문서들과 만났다. 그들은 책을 사랑하게 되었고, 학문에 대한 감각을 얻었다. 그렇게 그들은 예의 바르고 우아하고 세련된 민족이 되어 갔다. 〈시편〉 137편을 지은 익명의 시인은 이렇게 노래했다. "예루살렘아, 내가 너를 잊는다면, 내 오른손아, 너는 말라비틀어져버려라. 내가 너를 기억하지 않는다면, 내가 너 예루살렘을 내가 가장 기뻐하는 것보다도 더 기뻐하지 않는다면, 내 혀야, 너는 내 입천장에 붙어버려라."* 이 노래가 포로 생활 초기의 정서를 표현했을 수 있지만, 50년 후의 정서는 이 〈시편〉의 구절과 매우 달랐을 것이다. 그때 〈시편〉이 지어졌다면 가사와 정서가 아주 다른 작품이 되었을 것이다. 유대 역사의 추가 180도 회전

---

* 이 〈시편〉은 기원전 960년에 죽은 다윗 왕이 지은 것으로 기록되어 있다. 따라서 사건이 발생하기 3백 년 전에 그 사건을 묘사하는 셈이다.

했을 때, 즉 유대인들이 예루살렘으로 귀환했을 때, 그 귀환에 참여한 바빌로니아 유대인은 거의 없었다. 유대인의 운명은 언제나 세계 역사와 맞물려 있다. 유대인의 역사가 취한 방향을 이해하려면 다시 지배적 군사 대국들의 역사로 돌아가야 한다.

약 4천 년간 이어진 셈 문명의 역사가 종말을 맞은 후, 소아시아는 새로운 민족인 페르시아 민족과 새로운 인종인 아리아인들의 손에 넘어갔다. 이들은 문명의 후발 주자였다. 기원전 6세기 바빌로니아가 국운의 정점에 있을 때, 페르시아는 존재하지 않았다. 누가 1910년 당시 오대양을 호령하던 영국이 50년 만에 삼류 국가로 전락할 것이라고 예상했겠는가? 마찬가지로 기원전 600년 당시 세계의 지배자 바빌로니아가 약 50년 만에 아직 존재하지도 않았던 민족에 의해 지구상에서 사라질 것이라고 예상했던 사람은 아무도 없었다. 그러나 역사는 이 무명 민족을 점찍어 문명 세계를 이어받게 했다.

페르시아인의 기원은 확실치 않다. 역사가들은 그들이 원시 메디아인이었다고 추정한다. 페르시아 제국의 창설은 키루스 대제 한 사람의 성취이다. 기원전 560년 키루스는 중동의 오지에 있던 작은 도시 국가의 왕이었다. 10년 후에는 카스피해의 남쪽에 있던 작은 왕국 메디아의 왕이 된다. 기원전 539년 키루스는 바빌로니아를 멸망시켰고, 530년에는 인더스강에서 지중해까지, 캅카스에서 인도양에 이르는 페르시아 대제국을 아들 캄비세스에게 물려주었다. 캄비세스는 물려받은 영토에 이집트를 추가했다. 페르시아는 이제 역사의 정점에 섰다. 이때만 해도 그들은 곧 그리스인들이 도전할 것이라고는 예상하지 못했다. 한편 바빌로니아의 패전과 함께 유대인들은 2백 년 동안 페르시아에 편입되었다.

바빌로니아로부터 '유대 문제'를 넘겨받은 키루스는 말 그대로 유대인들이 깜짝 놀랄 만한 조치를 취했다. 그는 유대인들이 고향에 돌아가는 것을 허용했다. 물론 유대인들에게 자유를 준 것이 키루스 대제의 자비 때문은 아니다. 그는 조공을 바치는 속국이 폐허 상태의 직할지보다 페르시아 제국에 더 유익하다고 여겼다. 키루스는 유대인들의 예루살렘 귀환을 허용하면 유대인들이 도시와 국가를 재건할 것이라고 생각했다. 그러면 황폐한 땅이 유익한 조공 수입원이 될 것이었다.

키루스의 의도가 무엇이든 간에 그의 갑작스런 조치에 유대인들은 어찌할 바를 몰랐다. 키루스의 친절을 모든 유대인이 환영한 것은 아니다. 실제로 키루스의 칙령은 복잡한 감정과 견해를 만들어냈다. 왜 예루살렘으로 돌아가는가? 그곳에는 무너진 건물, 가난, 끊임없는 노역만 기다린다. 이것은 오늘날 미국계 이민자들의 사례와 유사하다. 이스라엘이 1948년에 독립 국가가 되었을 때, 이스라엘로 이주한 미국계 유대인은 그리 많지 않다. 오늘날 미국계 유대인처럼 바빌로니아 유대인들도 그렇게 말한다. "나는 선량한 바빌로니아인이다. 내가 왜 예루살렘에 가야 하나?"

유대인들은 바빌로니아에서 생활하며 번영했을 뿐 아니라 문화적으로 세련되어졌다. 심지어 인구도 상당히 증가했다. 유배 초기에 전 세계 유대인들은 12만 5천 명에 불과했지만, 귀환 명령 당시에는 바빌로니아에만 15만 명의 유대인이 살았다. 그중 약 4분의 1만이 키루스의 칙령을 받들어 예루살렘으로 돌아갔다. 그곳에서 그들은 50년 전에 헤어졌던 유대인들, 즉 세 번의 대바빌론 전쟁에서 살아남은 소수의 유대인들과 재회했다.

어떤 만담가가 시온주의(Zionism)를, 한 유대인이 다른 유대인을 제삼자인 유대인의 돈으로 팔레스타인에 보내는 운동이라 정의한 적이 있다. 이 말은 바빌로니아에서 유래했을 가능성이 있다. 왜냐하면 부유한 바빌로니아 유대인들이 덜 유복한 유대인들의 예루살렘 귀환을 재정적으로 후원했기 때문이다. 첫 번째 귀환 이후 이런 식으로 유대인들은 지속적으로 고향에 돌아갔다. 예루살렘은 다시 번영했다. 인구가 늘고 농업과 상업이 번성했고 키루스가 예상한 조공 수입도 그의 창고로 차곡차곡 흘러들어 갔다.

그러나 팔레스타인의 유대 지도자들은 걱정이 많았다. 유다는 여전히 페르시아의 속국이었기 때문이다. 언제든 키루스의 관용 정책을 이어받지 않는 왕이 페르시아의 왕좌에 오를 가능성이 있었다. 종교의 자유 박탈 혹은 추방의 위협은 언젠가 그들의 현안이 될 수도 있었다. 그때 유대 지도자들이 유대인의 멸종을 막기 위해 어떤 추가 조치를 마련할 수 있었을까? 중요한 것은 유대인들이 어떻게 개인으로 살아남는가가 아니라 어떻게 독특한 유대 민족으로 살아남는가이다. 유대인의 정체성은 어떻게 해야 예언자들이 주입했던 것보다 더 깊이 유대인의 영혼에 각인될 수 있을까? 그 정체성이 무의식에서까지 인격의 일부가 될 수 있을까? 이 질문에 대한 대답은 바빌로니아에서 예루살렘으로 돌아온 두 번째 귀환 공동체의 지도자들이 내놓았다.

첫 번째 귀환 공동체는 대부분이 열혈 애국주의자들과 가난한 자들이었다. 그들에게는 두 명의 왕과 사독파* 대제사장이라는 매우 탁월한 세 지도자가 있었다. 세스바살 왕과 스룹바벨 왕은 다윗 왕가의 후손이었는데, 그 둘 모두 유다의 왕이 되길 희망했고 사독의 후손 예수아는 내제사장으로 임명되길 희망했다. 그러나 예수아의 꿈만 이루어졌다. 바빌로니아인들이 파괴한 신전을 재건하기 시작한 세스바살은 성경에서 사라진다. 성전을 완성한 스룹바벨도 미궁 속으로 사라져버린다. 그들의 갑작스러운 실종에 대한 힌트가 《구약 성경》(〈에스라〉와 〈느헤미야〉)에 있다. 유대인들은 그들을 각각 왕으로 삼으려 했는데, 유다 지방에 왕조가 재건되는 것을 용납할 수 없었던 페르시아가 세스바살과 스룹바벨을 반역 혐의로 처형했을 가능성이 높다. 물론 이것은 추정이다. 한편 페르시아는 유대인 대제사장의 임명에는 반대하지 않았다. 따라서 《구약 성경》(〈스가랴〉 6:11)에서 은과 금으로 된 왕관이 예루살렘의 지도자로 임명받은 대제사장 예수아의 머리에 놓이게 된 것은 놀랄 일이 아니다.

예수아가 대제사장으로서 왕위에 오른 것은 유대인들에게 매우 중요한 의미를 지닌다. 왜냐하면 그들은 독립 왕국을 세우려 한다는 의심을 피하면서 페르시아가 인정하는 일종의 자치 정부를 세운 것이기 때문이다. 판관들과 왕이 차례로 통치한 후 약간의 공백(약 70년)이 있었지만, 그 후 약 5백 년 동안 팔레스타인은 대제사장의 통치를 받는다. 그러나 유대식 민주주의의 권력 균형 때문에 팔레스타인은 신정 국가**가 되지는 않았다. 산헤드린 의회와 일반 의회의 권력이 유대 정부를 종교적 통치가 아닌 세속적 통치 아래 유지시켰다. 형식적

사독파 사독은 다윗 왕이 임명한 최초의 대제사장이다. 사독파로 알려진 사독의 후손들은 유대인이 매우 존중하고 우러러보는 대상이었다.(역주)

으로 대제사장이 통치의 수장이었기 때문에 외적으로는 신정 국가의 모습과 유사했을 뿐이다.

첫 번째 귀환 공동체의 지도자들이 고국의 정치적 지도를 그렸다면, 두 번째 귀환 공동체의 지도자들은 영적 지도를 그렸다. 유대 민족의 생존에 대한 해답을 구한 것은 느헤미야와 에스라라는 두 귀족 유대인이었다. 이들은 모두 페르시아 궁전에서 영향력 있는 인물이었다. 느헤미야는 사독의 후손이자 '왕의 술관원***'이었고, 에스라는 궁중 서기관이었다. 두 사람 모두 새 유대교의 바울 같은 존재가 되었다.

느헤미야는 페르시아 왕에 의해 유다 총독으로 임명되었다. 총독이 되자 그는 사회 개혁을 단행했고, 상업과 산업을 장려했으며, 예루살렘 성벽도 보수했다. 에스라는 처음 귀환한 유대인들의 사기가 낮다는 이야기를 전해 듣고 유대 정체성을 확립하는 사명에 열정을 품게 되었다. 그는 모세 율법을 국가 운영의 근본 법으로 재정립함으로써 그렇게 할 수 있다고 믿었다. 그래서 느헤미야는 '제2의 모세'라는 별명을 얻게 되었다.

기원전 458년 페르시아 왕의 허락을 얻어 에스라는 1천8백 명의 유대인을 이끌고 바빌로니아에서 예루살렘으로 귀환했다. 그곳에서

신정 국가(Theocracy) '신'을 뜻하는 그리스어 테오스(theos)와 '통치하다'를 뜻하는 그리스어 크라테인(kratein)이 결합된 단어다. 하느님에게 통치권을 허락받았다고 주장하는 제사장들이 다스리는 정부를 가리킨다.(역주)

술관원(cupbearer) 왕의 식탁에 올리는 술을 담당했던 관리. 고대 사회에서 술에 독약을 타서 왕을 살해하는 일이 종종 발생했으므로 술관원은 왕의 각별한 신임을 받는 자라야 했다. 따라서 술관원은 왕의 목숨과 직결되는 존재로서 단순한 시중 역할을 넘어 국정 깊숙이 개입할 정도의 고위층 관리였다.(역주)

귀족 에스라는 제사장 느헤미야와 손을 잡았는데, 이 동맹의 첫 번째 결과는 유대인과 비유대인 간의 통혼을 금지하는 일이었다. 이런 일은 지금까지 유대 역사나 세계 역사에서 없었고, 다른 민족들과의 관계를 불편하게 만드는 조치였다. 방금 포로 생활에서 돌아온 이 약소민족이 뻔뻔스럽게도 다른 민족의 남자나 여자는 이스라엘의 선남선녀와 결혼할 자격이 없다고 말한 셈이기 때문이다. 이 조치는 많은 유대인에게도 인기를 얻지 못했다. 이 시대에 쓰였다고 여겨지는 〈룻기〉는 그런 차별 정책에 반대하는 책이다. 그러나 명심해야 할 것은 이 정책이 민족적 우월감이나 다른 민족에 대한 폄하에서 나온 것이 아니라, 철저하게 미래의 종교적 타협에 대한 방어 조치였다는 것이다. 이 에스라-느헤미야 칙령은 유대인들에게 점점 큰 구속력을 지니게 되었고, '동화의 물결'이 그들을 거의 집어삼켰던 그리스-로마 시대, 이슬람 시대, 심지어 근대에 유대인들이 한 민족으로 살아남을 수 있도록 도왔다.

유대인의 민족적·종교적·영적 정체성을 정립하기 위한 두 번째 조치로 에스라와 느헤미야는 〈신명기〉를 개정해 그것에 모세의 다른 네 권의 책을 덧붙이기로 결정했다. 그들의 지시에 따라 제사장과 학자들은 요시야의 〈신명기〉를 포함한 다양한 모세의 문서 중 가장 중요한 것을 다섯 권의 오경—즉 〈창세기〉, 〈출애굽기〉, 〈레위기〉, 〈민수기〉, 〈신명기〉—으로 편집했다. 그때 모세의 다섯 권의 책은 성경이 되었다. 그로부터 오경의 내용을 삭제하거나 수정하거나 첨가하는 것이 허용되지 않았다.

요시야가 〈신명기〉를 사람들에게 소개하기 위해 사용한 극적인 '말뚝'이 기원전 444년에 다시 사용되었다. 에스라와 느헤미야는 오경을 사람들에게 소개하기 위해 페르시아 제국 방방곡곡에 전령을 보내어, 유대인의 신년 축제에 모세가 쓴 다섯 권의 책이 모든 회중 앞에서 낭송될 것이라는 소식을 전했다. 그 소식은 모든 사람들의 입에서 회자되었고, 그 운명적인 새해 축제 날 제국 전역에서 유대인들이 예루살렘으로 모여들었다. 당시 유대인들은 이미 히브리어를 잊어버리기 시작했기 때문에, 오경이 낭송될 때 통역사들이 대기했다가 어려운 구절을 아람어로 설명해주었다. 당시 셈족들의 용광로인 중동의 에스페란토였던 아람어는 유대인들은 물론이고 여러 셈족의 일상 언어가 된 지 오래였다.

통역사를 쓰는 방법은 인기를 얻었고 유대인의 종교 생활에 영원한 흔적을 남겼다. 성경의 어떤 부분도 모호해서는 안 된다는 칙령 덕분에, '미드라시(Midrash, '설교')'라 불리는 학파가 생겨났다. 이 성경 해설자들은 유대 공동체에서 매우 존경받았고 기독교 시대 초기에 유대인들이 세웠던 예시바(Yeshiva, '학교')의 전신 역할을 했다. 사람들이 모세 율법을 잊지 않도록 에스라와 느헤미야는 모든 회당에서 안식일과 주중에 이틀을 잡아 1년 내내 오경을 낭송하도록 했다. 유대인의 새해 명절 직후, 오경 낭송은 〈창세기〉 1장부터 다시 시작되었다.

지금까지 오경의 기원을 설명한 내용은 모든 학자들이 보편적으로 받아들이지 않는다. 우리는 많은 학자들이 지지하는 세속적이거나 무종교적인 설명을 제시한 것이다. 많은 사람들이 오경이 신에게 감화를 받은 책이며 한 사람에 의해 기록되었다는 견해를 받아들인다. 이 책에서 우리가 제시하는 견해는 세속적이거나 무종교적이지만, 우리의 견해가 유일하게 옳은 해석이라든지 종교적인 대답이 덜 정확하다고 주장하는 것은 아니다. 앞으로 살펴보겠지만 《신약 성경》도 그것들을 '신의 책'으로 선포하기 원했던 사람들에 의해 비슷한 방식으로 역사에 등장했다. 중요한 것은 그 책들의 기원에 관해 어떤 설명을 받아들이든, 그 안에 묘사된 사건들은 역사적으로 발생했고 그 사건들이 역사를 형성했다는 사실이다.

모세가 죽은 후 8백 년의 세월 동안 요시야의 개혁, 예언자들의 가르침, 그리고 에스라와 느헤미야의 혁신이 나타났고, 그 결과 유대인들의 정체성이 확립되었다.

예루살렘으로 귀환한 바빌로니아 유대인들은 책에 대한 사랑을 품고 고향에 왔다. 그들은 팔레스타인의 지성을 새롭게 자극했다. 로마가 예루살렘 성전을 파괴하고 3백 년 후에 바빌로니아가 천 년의 유대 학문을 책임질 성역이자 보고가 될 때까지 팔레스타인과 바빌로니아는 수백 년 동안 학문과 지성에서 서로를 자극하는 라이벌이 되었다.

바빌로니아 유대인들이 팔레스타인에 회당을 소개하면서 팔레스타인에는 회당이 성전과 나란히 공존하게 되었다. 그러나 기원후 70년 성전이 파괴될 때까지 회당은 중요성 면에서 성전을 대체하지는 않았다. 예루살렘의 성전 제의는 계속되었지만 회당은 바빌로니아와 팔레스타인에서 새로운 형태로 발전하게 된다. 공부를 향한 새로운 열정이 사회적 · 경제적 지위와 상관없이 모든 유대인들을 더 친밀한 공동체가 되게 했다. 지식에 대한 사회적 존경심은 회당의 기능을 빠르게 변화시켰다. 회당의 기능은 세 가지였기 때문에 세 가지 이름으로 알려졌다. '기도의 집' 베트 테필라, '공부의 집' 베트 하미드라시, '회의의 집' 베트 하크네셋이다.(크네셋이라는 단어는 현대 이스라엘의 의회의 이름이다.) 이렇듯 유대인들의 종교 관행에 새롭게 편입된 기도, 공부, 정치는 미래에 생겨날 다른 유대 문화들을 마련했다. 즉 표준 기도서, 보편 교육, 국외 자치 정부 모두 유대인이 처음 만들었으며 나중에 다른 민족들이 채택한 문화들이다. 주 여호와 하느님의 계명을 마음에서 따르는 통일된 유대 민족에 대한 아브라함의 꿈과 모세의 비전이 이루어졌다. 이제 그 통일 민족은 역사의 용광로에서 단련되어야 했다. 문명의 중심이 근동에서 유럽으로 이동하고 있었다. 마케도니아의 대왕 알렉산드로스가 제국을 꿈꾸며 행군하고 있었고, 그와 함께 유대인들에게 새로운 삶의 방식, 새로운 문명, 새로운 도전이 찾아왔다.

2부

유대-그리스 융합 시대

2부에서는 그리스-로마 시대(기원전 300~기원후 300년)를 다룬다.

그리스-로마 역사		유대 역사
아리아인이 소아시아에서 그리스 반도로 진출하다.	기원전 1300~1200년	이집트에서 노예 생활을 하다.
아킬레우스의 시대. 트로이 공격.	기원전 1200~1100년	모세가 유대인들을 이집트 노예 생활에서 해방시키다. 이후 팔레스타인에 정착하다.
아이올리스인과 이오니아인, 도리아인이 북쪽의 발칸 반도에서 그리스로 침입해 들어오다. 크레타 문명과 에게 문명이 무너지다.	기원전 1100~800년	판관 시대. 다윗과 솔로몬 왕국. 팔레스타인이 유다와 이스라엘로 분열되다.
호메로스 시대. 그리스인이 헬라인으로 알려지다. 야만적 침입자가 로마를 세우다.	기원전 800~700년	예언자의 시대. 이스라엘 왕국이 아시리아에 의해 멸망하다.
그리스 도시 국가의 형성.	기원전 700~600년	유다 왕 요시야. 예언자 예레미야와 이사야의 시대.
로마가 에트루리아 문명을 멸망시키다.	기원전 600~500년	바빌로니아가 유다를 정복하고, 유대인들을 유배 보내다. 페르시아가 바빌로니아를 정복하고 유대인을 자유롭게 하여 팔레스타인으로 돌려보내다.
그리스-페르시아 전쟁이 시작되다. 마라톤과 살라미스 전투. 로마 공화국 수립.	기원전 500~400년	바빌로니아에서 두 번째 귀한이 이루어지다. 에스라와 느헤미야의 개혁.
마케도니아의 발흥. 알렉산드로스 대왕이 페르시아를 멸망시키다. 삼니움 전쟁으로 로마인이 이탈리아의 주인이 되다.	기원전 400~300년	유대인이 그리스 정부와 헬라 문화에 영향을 받다. 서방과 첫 번째 접촉.

알렉산드로스 대왕의 왕국이 셀레우코스 왕국과 프톨레마이오스 왕국으로 분열되다. 제1, 2차 포에니 전쟁과 마케도니아 전쟁을 통해 로마가 지중해 지역의 패권을 장악하다.	기원전 300~200년	성경이 그리스어로 번역되다. 기독교의 기초가 놓여지다.
a. 프톨레마이오스 왕국: 이집트와 팔레스타인에 근거지를 두다. 프톨레마이오스 왕조에 의해 다스려지다가 기원전 30년에 로마와 병합.		팔레스타인은 기원전 323년부터 198년까지 프톨레마이오스 왕조의 통치를 받았다. 대제사장을 수장으로 한 자치 정부 수립.
b. 셀레우코스 왕국: 소아시아와 바빌로니아를 근거지로 삼다. 기원전 67년 로마에 정복당하다.		기원전 198년 프톨레마이오스 왕국으로부터 팔레스타인을 빼앗다. 마카비 반란.
그리스 도시 국가의 붕괴. 로마가 한니발을 격퇴하다. 제3차 마케도니아 전쟁으로 로마가 그리스의 주인이 되다.	기원전 200~100년	마카비 형제가 하스모니안 왕조를 세우다. 사두개파와 바리새파의 분쟁.
로마가 동방을 정복하고 브리튼을 침입하여 정복하다. 황제의 시대. 로마 공화국의 종말.	기원전 100 ~ 기원후 1년	기원전 63년 팔레스타인이 로마에 정복되다. 예수 그리스도 탄생. 헤롯이 유대인의 왕이 되다.
절대 독재자들의 시대. 옥타비아누스, 베스파시아누스, 티투스, 네로. 로마 권력의 절정. 기독교인이 박해받다.	1~100년	폰티우스 필라투스(빌라도)가 유대 총독이 되다. 로마인이 그리스도를 십자가에 못 박아 살해하다. 로마에 대한 제1차 유대 반란. 티투스가 예루살렘을 멸망시키다.
봉기와 반란의 시대. 기독교인의 박해가 계속되다.	100~200년	제2·3차 유대 반란. 바르 코크바 반란. 팔레스타인이 함락되고 유대인이 로마 전역으로 흩어지다.
입헌 정부의 붕괴. 로마의 멸망이 시작되다.	200~300년	유대인이 로마 제국 전체로 흩어져 로마의 시민이 되다. 팔레스타인에서 다시 살 수 있게 되다.

5장

헬레니즘의 유혹과 종교 전쟁

알렉산드로스 제국의 헬레니즘 정책이 매우 효과적이었다는 통념이 있다. 알렉산드로스 제국의 헬레니즘 정책은 후프 스커트처럼 많은 지역을 아울렀지만 실제로 영향을 준 지역은 많지 않았다. 그리스 정복자들은 근동 지역에 이 거대한 치마를 입혀서 근동 문화를 바꾸려 했다. 이를 위해 예술 작품, 과학, 쾌락주의 따위로 구성된 헬레니즘을 고대 근동 지역에 전파했다.* 그러나 유대 지도자들은 그리스 쾌락주의, 즉 쾌락의 철학에 담긴 위험성을 경고하는 동시에 유대 전통을 버리고 그리스 문화를 수용하는 것은 어리석은 민족적 자살 행위임을 경고하고 헬레니즘 대중 문화의 유혹을 거부하라고 유대인들에게 촉구했다.

기원전 3세기 근동 지역에 헬레니즘 문화가 들어온 것은 15세기 봉

---

* '헬레니즘 문화'와 '헬라 문화'를 구분할 필요가 있다. 전자는 수출용으로 수정된 그리스 문화를 가리키고, 후자는 그리스 문화 자체를 가리킨다.

건 사회 폴란드에 르네상스 문화가 들어온 것에 비견된다. 당시 폴란드의 귀족들은 분을 칠한 가발을 쓰고 프랑스산 향수로 범벅된 손수건을 들고 다녔다. 그러나 분이 발린 가발 밑에는 이가 기어 다녔고, 향수 냄새 뒤로는 씻지 않은 몸에서 악취가 올라왔다. 고대 근동에서 헬레니즘 문화는 도시 귀족들의 문화였다. '그리스 도시'라는 그럴싸한 대문 뒤에는 근동 소작농들의 초가집이 있었다. 그리스 문학을 읽는 사람들은 일부 지식인들에 국한되었고, 대다수의 사람들은 문맹이었다. 약 6백 년 동안 그리스 사상이 근동 지역을 지배했지만 이 동서양의 융합에서 아무런 독창적인 예술, 문학, 철학도 태어나지 못했다.

여기에 예외가 하나 있는데, 바로 유대인들이었다. 유대인 대부분은 헬레니즘 자체는 거부했지만 그리스 철학은 비옥한 땅으로 불리는 유대인들의 지성에 심어졌다. 유대인들은 대개 그리스 철학을 거부했지만 그리스 철학자들은 철저히 연구했다. 유대인들은 그리스인들이 제공한 모든 지적 유산을 흡수했다. 그리고 그들이 배운 모든 지식에 유대인의 감각을 더했다. 한편 그리스인들은 이렇게 재가공된 사상들을 유대인들로부터 다시 받아들였다. 그 결과 누구도 예상치 못한 일이 발생했다. 그리스인들은 '기독교'로 알려진 유대산 망토를 입고 나타났고, 유대인들은 《탈무드》 철학'으로 불린 그리스산 겉옷을 입게 되었다.* 그러나 6세기 동안의 광범위한 문화 교류에도 불구하고, 그리스인들은 유대인들을 교양 없는 야만인으로 대했고 유대

* 이 주제는 4부에서 더 확장될 것이다. 4부에서는 《탈무드》 철학의 기원과 발전을 다룰 것이다.

인들은 그리스인들을 타락한 이교도로 여겼다.

그리스인들은 어떤 민족이었는가? 그리고 그들이 어떻게 유대인들과 뒤섞이게 되었는가? 역사가들도 그들의 기원은 자세히 모른다. 페르시아인처럼 그리스인도 아리안 민족이라는 사실만 알려져 있을 뿐이다. 모세가 이스라엘인들을 이집트에서 탈출시켰을 때, 그리스인들은 소아시아의 아나톨리아 평원에서 에게 반도로 침공해 들어갔다. 본격적인 그리스 역사는 아테네, 스파르타, 코린토스 같은 핵심 도시 국가들이 생기면서 시작된다. 그때가 기원전 8세기, 북이스라엘이 아시리아에 정복당해 멸망할 때쯤이다. 기원전 4~5세기 그리스에서는 종교를 제외한 모든 학문 분야에서 뛰어난 인물들이 나타났다.

그리스 문화의 황금기인 기원전 5세기는 그리스인들에게 불안한 시기이기도 했다. 그리스인들은 같은 아리안계 민족인 페르시아인들에게 끊임없이 지배당할 위협을 받았다. 기원전 6세기까지 페르시아는 에게 해안에 진출했고, 기원전 5세기가 되자 그리스 본토 정복을 단행했다. 이 전쟁에서 누가 누구를 궤멸할 것인지는 분명해 보였다. 조그마한 그리스 도시 국가들이 동방에서 온 거인을 이길 것이라고 믿은 사람은 아무도 없었다. 그러나 그 유명한 마라톤 전투(기원전 490년)와 살라미스 해전(기원전 480년)에서 그런 일이 벌어졌다. 그리스인들이 화력에서 월등히 앞선 페르시아 군대를 궤멸한 것이다. 말도 안 되는 일이었지만 역사는 계속 그런 일을 반복한다. 그리스인들은 그 후에도 여러 차례 페르시아 군대를 무찌른다.

페르시아와 전쟁을 하지 않을 때 그리스인들은 자신들이 가장 좋아하는 놀이로 되돌아갔다. 그들은 서로 싸웠다. 그들은 패배한 페르시아인들을 추격해 본토를 공격할 생각이 전혀 없었다. 그리스인들은 자신들의 문명이 야만인들에게는 너무 과분하다고 믿었다. 왜 야만인의 땅을 침략해 그들을 교육하고 다스릴 책임을 스스로 지겠는가? 알렉산드로스 대왕은 그 문제를 조금 다르게 생각한 최초의 그리스인이었다. 그는 세계 제국을 꿈꾸었다. 기원전 334년에 그는 3만 2천 명의 군사를 이끌고 헬레스폰트(마르마라해와 에게해를 잇는 유럽-아시아 대륙 사이의 해협)를 건너, 수백만의 페르시아 제국 군대를 궤멸했다. 페르시아 군대는 그라니쿠스강에서 처음 패배한 후, 이소스 전투에서 궤멸당했다. 알렉산드로스는 이소스에서 다리우스 3세의 무조건 항복을 받아냈다. 페르시아 제국은 이렇게 사라졌다. '승자 독식'의 원리에 따라 페르시아 치하에 있던 유대인들은 그리스의 지배를 받게 되었다. 이유는 잘 모르겠지만 다혈질인 유대인들이 알렉산드로스에게는 저항하지 않았다. 이것은 유대인들이 과거에 아무리 불리한 전세에도 강한 적들과 용감히 싸웠던 것과 대조적이다. 전해 내려오는 이야기에 따르면, 예루살렘의 대제사장은 오히려 알렉산드로스를 환영하는 행렬을 선도했다(기원전 322년). 알렉산드로스는 자신을 맞이하러 나온 사람들이 우상을 들고 나오지 않은 것을 놀랍게 보고 그 '맹렬한 야만족'을 즉시 좋아하게 되었다. 알렉산드로스는 유대인들에게 정치적 자치권과 종교적 자유를 부여했고, 이런 조치로 말미암아 그는 유대인들의 '수호 성인'이 되었다.

알렉산드로스의 야심은 그리스 제국을 세우는 데 그치지 않았다. 그는 헬라 문화를 온 세계에 전파하려 했다. 그는 제국의 사람들이 그리스어로 말하고 그리스식으로 행동하는 그리스인이 되기를 원했다. 그는 정복한 여러 지역에 헬레니즘 문화를 심어 야심을 이루려 했다. 그의 '세뇌' 방법은 단순하면서도 매우 효과적이었다. 알렉산드로스는 검 대신 성(sex)을 도구로 사용했는데, 정복 영토에서 그리스 문화를 삶의 방식으로 정립하기 위해 자신의 장군들과 부하들에게 원주민과 통혼하여 많은 자식을 낳을 것을 명령했다. 25년 만에 그는 중동에 스물다섯 개의 그리스 도시를 건설했다. 그중 가장 유명한 것이 이집트의 알렉산드리아다. 성을 통한 동화 전략은 매우 효과적이어서, 그가 32살의 나이로 요절하지만 않았다면 자신이 원하던 바를 이루었을지도 모른다. 그러나 그의 후계자들은 그리스 문화를 전파하는 것보다 군사와 정치 권력에 더 관심이 많았다. 알렉산드로스가 죽자마자 대제국은 그와 반대였던 장군들의 검에 의해 갈기갈기 찢겼다. 세 명의 장군이 제국을 차지하려 했지만, 그중 누구도 그렇게 할 힘이 없었다. 결국 그들은 제국을 나누어 다스리게 되었다. 안티고노스(Antigonos)는 그리스 지역을 차지했고, 소아시아와 시리아를 차지한 셀레우코스(Seleucos)는 셀레우코스 왕조를 세웠다. 프톨레마이오스(Ptolemaeos)는 이집트와 팔레스타인을 차지해 프톨레마이오스 왕국을 세웠다.

프톨레마이오스의 왕들은 '내정 불간섭'의 철학을 따랐다. 따라서 팔레스타인의 유대인들이 세금을 내기만 하면 그들이 무얼 하든 내버려 두었다. 유대인들은 상당한 수준의 자치권과 완전한 종교 문화적 자유를 누렸다. 최고의 행정관은 대제사장이었지만, 그 권력은 산헤드린 의회에 의해 견제되었기 때문에 대제사장의 뜻과 하느님의 뜻을 혼동하는 일은 없었다. 산헤드린 의회는 상원의 기능과 대법원의 기능을 모두 수행했다. 의회원들은 핵심 가문 출신자, 학자들, 지식인들로 구성되었다. 대법원의 기능을 할 때 대(大)산헤드린은 71명의 의회원으로 구성되었다. 중범죄와 관계된 사건을 다룰 때에는 23명의 판사로 구성된 산헤드린이 열렸다. 민사 사건이나 가벼운 형사 사건의 경우에도 최소 세 명의 의회원이 요구되었다.

미국의 사법 체계가 로마 법에 기초를 두고 있다는 말은 너무 많이 들어 의심하지 않고 받아들이지만, 로마의 사법 체계가 유대인 율법에서 유래했다고 하면 고개를 갸우뚱하게 된다. 로마 법과 미국 현행법, 그리고 유대인 율법 간의 유사성은 우연이 아니다. 그리스도가 태어나기 4백 년 전에 유대인들은 '인간 존엄'과 '법 앞의 평등' 사상에 기초한 사법 체계를 고안했다. 한편 유럽은 기원후 15세기까지 시죄법(목격자나 증거가 없는 사건을 판결할 때 미신적 행위에 의존하는 법)을 유지했다. 랍비들은 법을 정의의 수단으로 생각했다. 정의가 없는 법은 부도덕하다고 여겼다. 당시 유대인들은 배심 제도를 시행하지 않았지만*, 피고의 기소와 재판 절차는 오늘날 미국 사법 체계에 규정된 절차와 유사했다. 피고는 유죄로 판명될 때까지 죄가 없다고 추정되었다. 그에게 증인을 요청할 권리, 원고들과 대질 신문할 권리, 자신을 변호할 권리가 주어졌다. 또 동일 범행으로 두 번 처벌받지 않았다. 새 증거가 나타나면 피고가 직접 항소하거나 다른 사람이 그를 위해 항소할 수도 있었다.

---

* 오늘날에도 많은 민주주의 사회가 배심 제도를 시행하지 않는다. 그런 사회에서는 배심 제도를 법의 한 형태라고 여기고, 배심 제도의 유무에 관계없이 정의를 세울 수 있다고 믿는다. 배심 제도의 유무에 관계없이 부정의가 저질러지는 것과 마찬가지다.

유대인들은 여전히 대부분 농업에 종사했지만, 상업과 산업에 종사하는 유대인들도 많았다. 이들은 알렉산드리아 제국 구석구석으로 퍼져 활동했으며 번영을 이루었고 인구도 늘어났다. 기원전 1세기 그리스 역사가이자 철학자였던 스트라본(Strabon)은 다음과 같이 말했다. "유대인들은 온 나라에 침투했다. 이 땅에 그 집단이 들어가지 않은 장소를 발견하기는 쉽지 않다." 소아시아의 모든 그리스 도시에 상당수의 유대인이 거주했다. 그러나 이 시대의 평온한 얼굴 이면에는 두 가지 투쟁이 끊이지 않았다. 하나는 헬레니즘에 대항하는 유대인들의 내적 투쟁이었고 다른 하나는 프톨레마이오스 왕조와 셀레우코스 왕조의 힘겨루기였다.

그리스인들의 통치를 받았던 유대인들의 진짜 적은 헬레니즘 문화였다. 그리스인들과 유대인들의 싸움은 수출용으로 포장된 두 사상의 싸움이었다. 알렉산드로스의 그리스 문화인가, 아니면 예언자들의 유대교인가? 이 싸움에서 결국 예언자들이 이겼다. 유대인의 헬레니즘화는 눈에 띄지 않게 시작되었다.

처음에는 그리스 문화가 유대인의 언어, 예절, 관습에 침투하더니 나중에는 그들의 도덕, 윤리, 종교를 잠식했다. 언어, 예절, 관습에 대한 헬레니즘의 공격은 유대 상인과 그리스 상인이 시장과 식당에서 만나게 되는 오전 9시부터 오후 5시 사이에 이루어졌다. 도덕, 윤리, 종교에 대한 공격은 유대인 청년과 그리스 청년이 체육관, 극장, 술집에서 만나게 되는 5시 이후에 발생했다.

일상적인 사업 관계에서 유대인들은 그리스식 이름을 썼다. 오늘날 재미 유대인들이 미국식 이름을 쓰는 것과 같은 이치다. 또한 후기 바로크 시대에 교양 있는 유럽인들이 프랑스어로 말했던 것처럼 유대인들은 그리스어를 구사했다. 오늘날 중국인이나 일본인들이 전통 의상을 벗고 서구식 의복을 입는 것처럼, 유대인들도 전통 의상을 벗고 그리스식 외투를 걸쳤다. 그리스어는 유대인들의 종교 문서에 사용되었다. 심지어 회당도 그리스 신전 모양으로 건축되었다. 그리스-로마식 도시에서 발견된 옛 유대교 회당이 그리스 신전으로 오해받을 정도로 그리스화되었다는 것[1]은 전 세계 유대인들에게 큰 충격이었다. 그 회당 벽에는 성경의 장면을 묘사한 아름다운 채색 성화들이 그려져 있었는데, 비잔틴 성화들과 매우 비슷했다. 지금까지는 완전히 기독교의 영향이라고 간주되었던 그 미술 양식이 유대인에 의해 고안됐다는 점을 오늘날의 학자들은 크게 당혹감을 느끼며 인정해야만 했다.

오후 5시 이후 유대인 청년과 그리스 청년의 만남은 장년층의 주간 거래 활동보다 전통적 유대 문화를 더 크게 짓누르는 효과를 보였다. 그리스 스포츠는 인기가 많아서, 곧 벌거벗고 하는 레슬링이 유대인 남성들 사이에서 큰 인기를 누렸다. 극장에서 젊은 유대인들은 그리스인들의 세련된 도시 문화를 접했고, 나아가 술집을 가거나 창녀촌도 방문했다. 곧 쾌락이 정책처럼 추구되었고 어리석은 생각이 철학으로 승격했다. 종교 배반의 길이 회당의 앞뜰에서 극장 좌석, 창녀의 품, 이방 신전의 앞뜰로 이어졌다.

유대 상인들이 그리스 예절에 굴복하고 유대 젊은이들이 그리스 쾌락에 굴복했던 것처럼, 유대 지식인들도 그리스 철학의 매력에 빠졌다. 정통 유대교도들은 그리스 철학을 창녀보다 더 경계해야 할 것으로 여겼다. 창녀는 기껏해야 몸을 타락시키지만, 그리스 철학은 정신을 타락시킨다. 많은 그리스 철학 가운데서도 에피쿠로스 철학이 특히 저주의 대상이 되었다. 에피쿠로스 철학자들은 신들은 인간의 일에 간섭하지 않는다고 가르치는 회의론자들이었다. 그들은 죄와 벌 같은 미신으로부터 인간이 스스로 자유로워질 필요가 있다고 가르쳤다. 도덕과 비도덕 같은 구분은 없고, 오로지 쾌락만 있을 뿐이다. 에피쿠로스 철학자들에 따르면 쾌락 추구는 인간의 유일한 참 목적이다. 에피쿠로스 철학의 왜곡에 영향을 받아 비도덕과 방탕이 유대인들의 전통적 가치인 순결과 신의를 대체했다. 에피쿠로스 철학이 유대인 청년들에게 끼친 영향은 매우 위협적이어서, 에피쿠로스의 히브리어 음역 '아피코로스'가 오늘날까지 유대인들이 사용하는 욕설이 되었다.

이렇듯 헬레니즘 문화에 점차 잠식당했지만, 대부분의 유대인들은 헬레니즘 문화에 저항했다. 두 가지 이념적 끈이 헬레니즘 문화에 반대하는 유대인들을 하나로 묶어주었다. 하나는 유대인들이 신의 말씀으로 여기는 모세 율법의 위엄과 힘이었고, 다른 하나는 다윗 가문의 왕이 복위할 것이라는 굳은 믿음이었다. 이런 믿음은 점차 헬레니즘에 반대하는 이들을 하나의 정치적 정당이 되게 했다. 그 정당은 '하시딤(Hasidim)', 즉 경건주의자로 알려진 이들이었다. 이들을 18세기 유럽에서 등장한 유대교 분파인 하시디스트(Hasidist)와 혼동해서는 안 된다. 하시딤 당은 처음에 음주와 방탕을 반대하면서 시작되었으나 후에 에피쿠로스 철학을 반대하는 운동으로 발전했고, 결국 그리스 문화 일반에 반대하는 운동으로까지 나아갔다. 점점 더 많은 유대인들이 하시딤의 깃발 아래 모여들면서 하시딤은 정치적 힘을 얻게 되었을 뿐 아니라, 이후 역사에서 중요한 역할을 담당하게 된다.

약 125년 동안 셀레우코스 왕조와 프톨레마이오스 왕조는 팔레스타인의 지배권을 놓고 싸웠다. 한 세기 남짓한 싸움의 결과 마침내 '위대한 자'라고 알려진 셀레우코스 왕조의 안티오쿠스 3세(Antiochus III)가 팔레스타인을 프톨레마이오스 왕조로부터 빼앗는 데 성공한다. 안티오쿠스 3세는 프톨레마이오스 왕조의 관용적 신민 정책 기조를 유지하여, 유대인들에게 더 큰 자치의 자유를 허락했다. 유대인들이 자치에 놀라운 재능을 보였기 때문이다.

안티오쿠스 3세는 알렉산드로스 제국의 이전 영토를 지배해 통일하려는 원대한 꿈을 꾸었다. 그는 이집트에 군대를 보내 로마 군대와 맞붙었으나 로마 군대를 딱 한 번 보고는 그곳에서 철수해버렸다. 이런 치욕스런 후퇴에도 불구하고 안티오코스 3세는 제국 전체가 하나가 되어 자신을 지지하면 로마도 무찌를 수 있다고 생각했다. 제국을 하나로 만들 수 있는 방법으로 그는 헬레니즘 문화를 선택했다. 그리스 신들의 조각상은 물론이고 자신의 조각상도 제국 전역에 설치했다. 이 민족주의 운동은 제국의 대부분 지역에서 성공적이었으나 팔레스타인에서는 어려움에 직면했다. 유대인들은 안티오쿠스 3세에게 세금을 내고 그를 위해 전쟁에서 싸우면서 자신들의 충성심을 증명했다고 믿었다. 그러니 자신들의 신전에 왕의 조각상을 설치해 그들이 좋은 시민임을 더 증명할 필요는 없다고 주장했다. 안티오쿠스 3세도 동의했다. 그러나 그의 둘째 아들인 안티오쿠스 에피파네스(Antiochus Epiphanes)가 기원전 175년에 형을 죽이고 왕위를 물려받자 상황이 달라졌다. 안티오쿠스 에피파네스는 아버지가 시작한 헬레니즘 정책이 유대인에게도 적용되어야 한다고 생각했다. 유대인들이 특별히 싫어서가 아니라, 원칙상 그렇다는 것이었다. 그러나 유대인들은 이에 동의할 수 없었다. 그 결과는 희극적인 모순과 예상치 못한 결과들로 이루어진 비극적 전쟁이었다.

셀레우코스 왕들은 총독을 임명해 영토 내 지방들을 다스렸지만, 자치가 허용된 유대인은 보통 자신들이 추천한 대제사장을 지배자로 인정했다. 한편 헬레니즘에 동화된 유대 귀족들은 팔레스타인이 헬레니즘화되는 것이 이익이라 생각했다. 이 귀족들은 책략과 뇌물을 써서 안티오쿠스를 설득해 야손(Jason)으로 불린 유대인 제사장을 팔레스타인의 지배자로 임명했다. 야손은 대표적인 헬레니즘 옹호자였다. 프톨레마이오스와 셀레우코스 왕조가 125년 동안 해내지 못했던 것을 야손은 단 12개월 만에 이뤄낸다. 그는 이교도 제의에 성전의 문을 열어주었다. 그리스 신상이 유대교 성전에 설치되었다. 유대인 제사장이 그리스식 의상을 입고 그리스 종교 제의를 집행했다. 신전 앞마당에서 벌거벗은 유대 청년들이 그리스 스포츠를 즐기는 것은 이제 일상이 되었다. 유대인 대표단은 이교도 종교 축제에도 사절로 참여했다. 분노가 들끓었다. 유대인들은 경제적·사회적 지위에 관계없이 모두 하시딤의 일원이 되었다. 하시딤의 지도자들은 5백 년 전의 예언자처럼 방탕함과 우상 숭배를 불같이 질책했다. 그 후의 사건들은 계획에 따라 진행된 것이 아니라 우발적으로 발생했다.

안티오쿠스 에피파네스는 유대 역사에 둘도 없는 악당으로 낙인찍힌 인물이기 때문에, 유대 가운데 그와 치른 전쟁을 객관적으로 보는 사람은 극히 드물다. 유대인들은 안티오쿠스 통치 시절 발발한 전쟁을 친헬레니즘 성향의 유대인들에 대한 반헬레니즘 성향의 유대인들의 반란으로 보는 대신, 셀레우코스 왕조의 전제적 통치에 대항한 봉기로 보려는 경향이 있다. 그러나 셀레우코스 왕조는 반유대 정책을 전혀 시행하지 않았다. 정당하든 부당하든 똑같은 법이 그 당시 모든 사람들에게 적용되었다. 셀레우코스 왕은 야손이 행한 극단적인 조치들을 요구한 적도 없다. 하지만 예상치 못한 야손 사건을 빌미로 삼아 유대인들이 반기를 들기 시작했다. 그 후 이어진 셀레우코스 왕조의 보복 조치들은 유대인들이 셀레우코스 왕조의 헬레니즘 정책에 불복했기 때문이 아니라 그들이 셀레우코스 왕조에 반란을 일으켰기 때문에 시행된 것이다.

헬레니즘화 정책이 셀레우코스 왕조 내에서 어느 정도 성공하자, 안티오쿠스 에피파네스는 이제 행동으로 사상을 실천해야 할 때라고 느끼고 이집트로 진군했다. 이때 그가 이집트에서 로마인들과 전쟁을 치르다 죽었다는 소문이 유대인 사이에 퍼졌다. 하시딤 당 지도자들은 이 일을 기회로 삼아 친헬레니즘 성향의 유대인들을 공격하여 안티오쿠스가 임명한 유대인 관료와 제사상들을 30미터 높이의 성벽에서 밀어 떨어뜨렸다. 살아 돌아온 자는 없었다. 신상들도 관료들과 함께 절벽 아래로 던져졌다. 그리고 헬레니즘 문화를 지지한 모든 사람들이 차례대로 학살되었다. 하시딤 사람들이 정권을 잡은 것이다.

그러나 애석하게도 안티오쿠스가 죽었다는 소문은 거짓이었다. 안티오쿠스는 살아 있었고, 아버지처럼 로마인들에게 치욕적인 패배를 맛본 탓에 매우 화가 난 상태였다. 이집트에서 나가라는 로마인들의 최후 통첩과 함께 팔레스타인의 반란 소식을 들은 안티오쿠스는 유대인들에게 화를 돌리려 했다. 그는 이집트에서 군대를 돌려 예루살렘으로 진격해 무차별적으로 예루살렘 주민 1만 명을 학살했다. 성전에 새로운 신상들을 설치하고 신상을 섬길 대제사장들도 새로 임명했다. 알렉산드로스 대왕이 유대인들을 그리스 도시에 정착하도록 초청했던 것처럼, 안티오쿠스 왕은 이방인들의 예루살렘 이민을 장려했다. 그렇게 함으로써 예루살렘의 유대인을 누르려 했던 것이다.

안티오쿠스가 여기서 멈추었더라면 그와 유대인의 무너진 관계는 치유될 수 있었을 것이다. 그러나 불행히도 그의 상처 난 자존심이 그것을 허락하지 않았다. 그는 악의적으로 안식일을 불법으로 규정하고 할례를 금지했다. 이 때문에 셀레우코스 왕조의 보복 조치로 거의 사라지다시피 한 하시딤 당에 새로운 지지자들이 생겨났다. 예전에 헬레니즘을 지지했던 온건파 유대인들도 하시딤 당에 합류했다. 이제 또 한번의 봉기가 불가피해졌다. 그리고 다시 한번 전혀 예상치 못한 사건이 봉기의 촉매제가 된다.

예루살렘 교외의 작은 마을에서 한 그리스 관료가 늙은 유대인 제사장에게 그리스 신들에게 제사를 올리라고 강요했다. 그 제사장은 하스모니안 왕조를 세운 마타티아스였다. 신성 모독적인 요구를 거부하고 마타티아스는 그리스 관료를 살해했다. 안티오쿠스는 복수를 명령했고, 유대인들은 모두 마타티아스를 보호하며 봉기했다. 그 후 마타티아스의 다섯 아들이 아버지가 일으킨 전쟁을 이어 갔다. 이 전쟁에서 셀레우코스 군대에 '망치 주먹'을 날렸기 때문에 그들은 마카비(망치를 뜻하는 히브리어)라는 이름으로 알려졌다.* 매우 치열했던 그 전투는 비용과 인명 피해를 고려하지 않고 치러진 세계 최초의 종교 전쟁이었다.

셀레우코스 왕조의 그리스인들은 유대인들이 물질이 아니라 사상을 위해 고통을 감내하며 영웅적으로 싸우는 모습에 몹시 놀랐다. '야만적' 유대인들에 대한 그들의 경멸은 존경과 경외로 바뀌었다. 보통 군대가 패하고 수도가 점령당하고 왕이 체포되고 신전이 파괴되면 그 나라 사람들은 자연히 복종하게 되어 있다. 그러나 유대인들은 복종하지 않았다. 유대인들은 각자 마음속에 성전(temple)을 품고 다녔기 때문에 셀레우코스 왕조의 그리스인들은 유대인들의 종교 사상을 없애려면 유대인을 전부 없애야 한다는 것을 깨달았다. 그리고 유대인들은 죽기를 거부했기 때문에 치열한 전쟁이 이어졌다. 마카비들의 전설적 용맹은 그리스 세계 전역에 퍼졌다.

처음에 안티오쿠스는 마카비 반란을 대수롭지 않게 생각했다. 그는 소수의 원정 병력을 보내 마카비들을 훈계할 작정이었다. 그러나 유대인들은 안티오쿠스의 군대를 전멸시켰다. 이 예기치 못한 패배에 정신을 차린 안티오쿠스는 대규모의 정예 부대를 소집하고 손수 그 부대를 이끌고 예루살렘으로 진격했다. 당시 승리를 자신한 그는 노예 경매상들을 대동했을 뿐 아니라 유대인 노예의 최근 가격을 적은 포스터를 전국에 뿌렸다. 그러나 점성가들의 호의적인 예언은 빗나갔다. 기원전 164년 유대인들은 안티오쿠스 군대를 박살냈고 예루살렘을 탈환했다. 예루살렘 성전에서 모든 우상이 제거되었고, 성전은

---

* '마카비'에 대한 또 다른 설명이 있다. "미 코-모코 바-에일림, 아도나이.", 즉 "오, 주여, 당신과 같은 분이 또 누가 있겠습니까."라는 전쟁 구호의 줄임말이라는 것이다.

하느님께 다시 헌당되었다. 이 승리를 기념하는 절기가 바로 하누카(Hanukkah)이다.

셀레우코스 왕조와의 전쟁은 25년 동안 지속되었다. 하늘이 주신 용기로 무장한 유대 군대는 계속 승리를 얻었다. 그들은 매 전투마다 승리했고, 셀레우코스 왕조는 점차 팔레스타인 땅에서 후퇴했다. 안티오쿠스 에피파네스는 유대인들을 전 세계 노예 시장에 팔아버리는 꿈을 이루지 못하고 죽게 된다. 그의 후계자는 유대인들에게 완전한 종교적 자유를 제안했지만 전쟁의 승리에 고무된 유대인들은 완전한 독립을 목표로 삼고 전쟁을 적의 영토까지 끌고 갔다. 승리를 확신할 수 없었던 셀레우코스 왕조는 마침내 유대인들에게 독립을 제안했고 유대인들은 사반세기의 전투 끝에 독립을 쟁취했다.

마타티아스의 다섯 아들 중 네 명이 전쟁 중 사망했다. 유일한 생존자인 시몬(Simon)이 기원전 142년에 평화 조약에 서명했다. 놀라운 전쟁 이후 불가능한 일이 이루어졌다. 즉 유대인들의 새로운 '유다 왕국'이 탄생한 것이다.

6장

에세네파, 바리새파, 사두개파

기원전 142년 제2의 유다 왕국 건국과 함께 유대인 역사는 1858살이 되었다. 슈펭글러와 토인비 철학에 따르면 이쯤 되면 세월이 그들을 묻어야 하고, 인류는 유대인들을 잊어야 했으며, 유대 문명은 고고학자들에게 재발견되기를 기다려야 했다. 그러나 하느님이나 운명이, 혹은 맹목적 우연이 유대 역사를 다른 방향으로 이끌었다. 유대인들은 1858살의 나이에도 여전히 건재했으며, 자신들도 모르는 사이에 새롭게 건국된 왕국을 파괴하는 수단과 방법을 만드느라 정신없었다.

마타티아스의 아들 가운데 유일하게 살아남은 시몬은 비록 왕으로 기름 부음을 받지는 않았지만, 하스모니안 왕조의 첫 번째 왕으로 여겨진다. 공식적으로 그는 예루살렘의 대제사장이자 유다의 총독이었다. 그는 지혜롭고 명석한 지배자였으며 셀레우코스 왕조와 프톨레마이오스 왕조가 유다를 다시 공격하려고 기회를 엿보고 있다는 것을 잘 알고 있었다. 그는 로마 제국이 떠오르는 별이 될 것이라 예상하고 로마와 방어 조약을 맺어 앞으로 있을 셀레우코스 왕조와 프톨레마이오스 왕조의 공격에 대비했다. 다음의 유명한 오행시는 이 조치의 결과를 익살스럽게 노래한다.

니제르의 젊은 여인이 있었다.
그 여인은 호랑이를 타면서 웃었다.
그들이 돌아왔을 때
여인은 안에 있었고,
호랑이 얼굴의 미소가 되었다.

거의 80년 동안 로마라는 호랑이를 탄 유대인들의 얼굴에는 그 미소가 있었다. 그 후, 그 미소는 유대인을 삼켜버린 호랑이의 얼굴에 남게 되었다. 그러나 새 유다 왕조가 멸망한 것은 로마의 배반 때문이 아니라 하스모니안 왕조의 내분 때문이었다.

내부의 정치적 균열이 하스모니안 왕조에 치명타를 날려 분열시켰다. 내부 균열은 형제끼리 싸우고, 아버지가 아들과 싸우고, 사람들이 지배자와 싸우도록 했다. 국론 분열의 밑바닥에는 헬레니즘이라는 문제가 있었다. 표면적으로는 세 정치 집단이 분쟁을 벌였다. 그들은 각각 예루살렘의 멸망, 유대인의 흩어짐(디아스포라), 기독교의 창립에 기여했다.

앞에서 안티오쿠스 에피파네스의 경솔한 보복 조치가 종교적 분파나 경제적 계급에 관계없이 모든 유대인들을 하스모니안 왕조의 깃발 아래로 끌어모았다는 사실을 지적했다. 그들은 헬레니즘에 반대한 것이 아니라 종교적 자유를 부정당한 데 항의했다. 많은 유대인들, 특히 부유한 귀족들은 유대교가 사라지지 않는 범위 내에서 헬레니즘 문화를 어느 정도 누리기를 원했다. 셀레우코스 왕조를 물리치고 민족 종교가 없어질 위험이 사라지자 다양한 유대인 분파를 하나로 만들 명분도 함께 사라졌다. 외부 압력이 사라지자 헬레니즘을 지지하는 유대인들의 목소리가 하시딤 당 유대인들을 에세네파, 바리새파, 사두개파라는 세 개의 새로운 분파로 갈라놓았다.

에세네파는 이전 하시딤 당의 핵심 구성원이었다. 그러나 그들은 이제 정치에 완전히 흥미를 잃고 세속 활동과 단절한 채 전 생애를 종교적 명상에 헌신했다. 시간이 흐르면서 그들은 미국의 퀘이커(Quaker)나 아미시(Amish)처럼 자신들 나름의 종교 공동체를 형성했다. 에세네파 유대인들은 메시아 신앙을 발전시켜 세례 요한과 예수의 삶에 영향을 준 사상을 만들어냈다.

하시딤 당의 반헬레니즘 세력 가운데 일상 생활과 단절하라는 에세네파의 극단적 입장을 따를 수 없었던 유대인들은 바리새파('분리자들')로 불린 또 하나의 정치 집단을 만들었다. 한편 공동의 적과 싸우기 위해 나중에 하시딤 당에 합류한 친헬레니즘 세력은 이제 자신들만의 당인 사두개파를 만들었다. 시간이 흐르면서 바리새파와 사두개파 사이의 정치적 긴장이 커졌고, 마침내 내분으로 이어졌다. 사두개파와 바리새파의 분쟁에서 역설적인 것은 사두개파는 정치적으로는 진보를 지향했고 종교적으로는 보수적이었는데, 바리새파는 정치적으로는 보수적이었던 반면 종교 사상에서는 진보적이었다는 사실이다. 사두개파는 예언자 이전의 유대교의 핵심인 성전, 제사장, 희생 제의를 여전히 중요하게 여겼다. 반면 바리새파는 예언자 이후의 유대교의 핵심인 회당, 랍비('성경 학자'), 기도를 중요하게 여겼다. 사두개파가 귀족과 성직자들로 구성되었다면, 바리새파는 서민의 당이었다.

사두개인들은 자유롭고 계몽된 정치 이념을 지녔다. 그들은 그리스 문화가 어느 정도 유입된다고 해서 유다 왕국이나 유대교가 없어지지는 않을 것이라 믿었다. 마치 오늘날 미국의 유대인들이 자신의 정체성을 포기하지 않으면서 미국 문화의 핵심 요소들을 안전하게 받아들일 수 있다고 믿는 것과 마찬가지다. 예수가 갈릴리와 예루살렘에서 설교했을 때, 사두개인들은 그를 정치적 급진파로 여기지는 않았지만 바리새인과 같은 종교적 열심당원으로 생각했다.

바리새인들은 종교 이념의 측면에서 사두개인들을 보수주의자로, 에세네파를 열심당원으로, 자신들을 진보주의자로 여겼다. 그들은 헬레니즘 문화에 반대했다. 왜냐하면 외래 문화였기 때문이다. 그들은 자국 문화가 독자적으로 자유롭게 진보하는 데에는 반대하지 않았다. 또한 그들은 종교 사상의 진화를 믿었다. 이 때문에 바리새인들은 모세 율법을 재해석한 구전 율법을 강조했다. 그들이 유대교에 도입한 이런 유연성은 시련의 시대에 유대교가 생존할 수 있었던 중요한 요인이 되었다.

사두개파와 바리새파의 갈등은 시몬이 그의 사위에게 살해당하면서 시작되었다. 시몬의 아들인 요한 히르카누스가 왕과 대제사장 직에 동시에 올라 그 두 직위를 사실상 하나로 통합했다. 그는 왕과 대제사장의 이중 역할을 수행하면서 자신이 속한 분파, 즉 바리새인들의 심기를 건드리는 정책을 계속 폈다. 외국 용병을 고용했고, 자신의 이름이 들어간 동전을 주조했으며, 다윗 왕의 무덤을 도굴해 3천 달란트의 은을 취했다. 바리새인들은 몹시 분노하여 대제사장직을 내려놓을 것을 요구했다. 히르카누스는 홧김에 당적을 사두개파로 바꾸고, 친헬레니즘적 조치를 추가로 도입해 바리새인들을 더욱 화나게 했다. 이렇게 두 파 사이의 갈등이 심해졌다.

기원전 135년에 히르카누스는 에돔(이두메)인들과 갈릴리인들의 땅을 병합해 팔레스타인의 국경을 넓혔다. 그리고 조국에 전무후무한 슬픔을 가져올 일을 저지른다. 그는 에돔인들과 갈릴리인들을 강제로 개종하게 했다. 유대인들의 가장 큰 골칫거리이자 유대인들이 증오하는 왕이었지만 역사에서는 '헤롯 왕'으로 불리는 자가 에돔 출신이다. 150년 후에 에세네파 교리를 최초로 설교한 예수 그리스도는 갈릴리 출신이다. 예수는 갈릴리에서 최초의 개종자를 만들어냈다.

히르카누스의 아들인 아리스토불루스 1세(Aristobulus I)는 사람들을 숙청하고 형제들과 어머니까지 죽인 후 왕이 되었다. 한 사람이 왕과 대제사장직을 겸하는 데서 오는 폐단을 뼈저리게 깨달은 히르카누스는 아내가 왕위를 잇고, 아들 아리스토불루스가 대제사장직을 이어받게 하려고 계획했다. 그러나 아리스토불루스는 그 계획에 동의할 수 없었다. 그는 어머니와 형을 살해하고 나머지 형제들을 투옥시킨 후 왕좌와 대제사장 자리를 모두 차지했다. 열혈 사두개파였던 아리스토불루스는 헬레니즘 사상을 매우 공격적으로 발전시켰다. 다행히도 그의 통치는 1년 천하로 끝났고, 그의 형 알렉산드로스 얀네우스(Alexandros Janneus)가 뒤를 이었다.

얀네우스는 전제적이고 폭력적인 왕이었다. 그는 외국 용병을 고용해 나라를 철권 통치했고, 팔레스타인의 국경을 다윗 왕 시절의 옛 영토와 같은 크기로 넓혔다. 그가 통치하는 동안 바리새파와 사두개파의 분열은 절정에 이르렀고, 결국 내전이 일어났다. 이때 유대인 역사에서 가장 아이러니한 사건이 일어난다. 바리새인들이 셀레우코스 사람들에게 도움을 요청한 것이다. 그들은 군대를 보내 그 요청에 응했다. 막판에 바리새인들이 그들의 원수와 연합하는 것이 얼마나 어리석은 일인지를 깨닫고 얀네우스와 힘을 합쳐 셀레우코스의 군대를 물리쳤지만, 얀네우스는 외적의 위험이 사라지자 외세를 끌어들인 바리새인들에게 역사상 유례없는 피의 보복을 가했다. 그러나 바리새인들에게는 다행스럽게도 얀네우스의 통치는 기원전 78년에 갑작스럽게 끝난다. 그의 뒤를 이은 아내 살로메 알렉산드라(Salome Alexandra)는 하스모니안 왕조 시대를 통틀어 가장 유능한 통치자였다.

비록 그 기간은 짧았지만(기원전 78~69년), 알렉산드라 여왕의 통치는 황금기였다. 그는 광범위한 사회 개혁을 단행했다. 랍비인 오빠의 충고를 따라, 무상 초등학교를 설립하고 모든 아이들에게 초등 교육을 의무화했다. 문맹률이 매우 높았던 기원전 1세기에 팔레스타인의 아주 작은 나라의 유대인들 가운데 글을 모르는 사람이 거의 없었다는 것은 놀라운 일이다. 사회 정책 면에서 놀라운 통치 업적을 보였지만 여왕은 중대한 정치적 실수를 범한다. 그는 열렬한 바리새파였다. 이제 사두개인들이 복수의 칼을 받을 차례였던 셈이다.

두 형제 사이의 라이벌 관계는 유대인의 역사에서 매우 중요한 역할을 맡는다. 《구약 성경》에는 그런 라이벌 관계가 가득하다. 카인과 아벨, 이삭과 이스마엘, 야곱과 에서, 솔로몬과 아도니야가 그런 예이다. 그리고 이제 알렉산드라의 아들인 히르카누스 2세와 아리스토불루스 2세가 형제 간 라이벌 관계의 또 하나의 예를 제공한다. 이 라이벌 관계는 재앙으로 이어졌다. 여왕은 대제사장이 될 수 없기 때문에, 알렉산드라는 장남인 바리새파 히르카누스를 사제직에 임명했다. 여왕이 죽자 히르카누스는 왕권도 차지했다. 사두개파였던 그의 동생 아리스토불루스는 형의 왕권 찬탈에 항의했고, 제사장들의 도움을 받아 히르카누스를 왕위에서 끌어내렸다. 그러자 내전이 발발했다. 이웃 민족 나바테아인들의 도움으로 히르카누스는 동생으로부터 왕위를 되찾을 수 있었다. 그러자 아리스토불루스는 복수를 하는 데 로마인들의 도움을 요청했다. 운명의 장난일까? 기원전 67년 팔레스타인에서 형제 간 내전이 시작되었을 때, 시리아 원정을 마친 폼페이우스의 로마 병력이 공교롭게도 팔레스타인 근처에 와 있었다. 폼페이우스는 히르카누스에게 왕위에서 물러나 타국으로 망명하라고 명령했다. 무시무시한 로마의 군사력 앞에서 히르카누스는 명령을 따랐고, 아리스투불루스는 다시 권력을 잡게 된다.

히르카누스는 폼페이우스에게 합법적인 계승자인 자신을 왕위에 다시 앉혀 달라고 청원한다. 아리스토불루스는 자신이 합법적인 왕이라고 로마에 호소한다. 두 왕 모두에게 신물난 바리새인들은 폼페이우스에게 둘 중 누구도 왕으로 세우지 말라고 청원한다. 폼페이우스는 세 입장을 모두 경청했지만 어느 입장도 받아들이지 않았다. 기원전 63년에 폼페이우스는 팔레스타인으로 진군해 마카비들의 유다 왕국을 정복하고 국명을 '유대'로 개명했다.

두 번째 유다 왕국의 79년 역사가 이렇게 막을 내렸다. 건국 시조 시몬의 손자들이 그가 이룩한 것을 망쳐놓았다. 노령의 제사장이자 시몬의 아버지인 마타티아스가 시작한 자유를 위한 투쟁이 실패로 막을 내린 것이다.

7장
그리스의 정신과 로마 제국의 칼

유다 왕국을 정복한 로마인들은 어떤 민족이었는가?

역사가들은 그리스인들과 마찬가지로 로마인들의 기원을 확실히 알지 못한다. 전설에 따르면 이사야가 유다 땅에서 불멸의 작품을 저술하고 있을 때 족보가 분명치 않은 한 늑대가 로물루스와 레무스—미래의 로마 건국자들—를 강한 야성을 지닌 남자로 기르고 있었다. 처음 3백 년 동안 '로마인'들은 역사의 무대에서 살아남으려 애썼다. 그들은 이탈리아에 먼저 정착해 고도로 발달된 문화와 문명을 이룬 에트루리아를 정복하고 역사에 등장했으나, 로마인들의 야심찬 희망은 독일 숲에서 이탈리아 평원을 거쳐 침입해 들어온 야만족 갈리아인들 때문에 갑작스럽게 끝난다. 갈리아인들을 몰아내기 위해 로마인들은 그 후 한 세기 동안 전쟁을 해야 했다.(1천 년 후에 발생할 갈리아인들의 두 번째 침입은 더 성공적이었다.)

기원전 350년에서 기원전 50년에 이르는 3백 년 동안 로마는 크고 작은 전쟁들을 연속해서 치르며 세계의 지배자가 되었다. 세 번의 삼 니움 전쟁을 거쳐 로마인들은 중앙 이탈리아의 주인이 된다. 세 번의 포에니 전쟁을 거쳐 이탈리아 전체와 에스파냐, 그리고 북아프리카까 지 로마인들의 손에 들어간다. 세 번의 마케도니아 전쟁은 모든 그리 스인을 로마의 통치를 받게 했다. 기원전 1세기가 막 시작되었을 때, 로마는 소아시아 접경까지 진출했다. 앞에서 알렉산드로스의 옛 제국 이 손짓하고 있었다.

한편 로마 본토에서는 무서운 권력 투쟁이 벌어지고 있었다. 로마 는 공화정을 버리고 전제적 황제정을 채택하려 했다. 그러나 이 변화 는 많은 역사가들이 자주 주장하듯이 그렇게 큰 변화는 아니었다. 로 마는 언제나 모순적인 나라였다. 공화정으로 시작했지만 한 번도 민 주적인 적이 없던 나라였다. 로마는 부자들, 즉 도시 귀족이 지배한 나라였다. 가끔 정치적 떡고물이 가난한 평민들에게 떨어졌지만 원로 원 의원과 집정관은 언제나 도시 귀족 출신이었다. 전쟁에 승리해서 생긴 이익은 평민들에게까지 돌아가지 않았다. 그들은 점점 가난해졌 고 도시 귀족들은 점점 부유해졌다.

과거 로마에서 어떤 법이 우세했는지 몰라도, 그 법은 기원전 1세 기에는 지켜지지 않았다. 탐욕과 부패와 폭정이 로마 정치의 특징이 되었고, 시간이 갈수록 상황은 더욱 악화되었다. 관직은 물론 재판 결과도 매수할 수 있었고, 뇌물 제공은 당연하고 떳떳한 일이 되었다. 법을 가장한 '사권 박탈 조항(bills of attainder)'은 사람들을 속여 땅 을 빼앗는 데 남용되었고, 월 이율 10퍼센트라는 고이율 고리대금업 도 귀족들의 특권이었다. 채무를 이행하지 않으면 소액의 채무자라도 고문당할 수 있었다. 이런 잔인한 운명을 피하기 위해 자녀들을 노예로 파는 것이 당시에는 매우 흔한 일이어서 사람들의 동정도 받지 못했다. 계속된 전승(傳承)의 결과로 로마는 노예들로 넘쳐났고 자유인들이 노동할 수 있는 일과 자유 기업 체제가 거의 사라지게 되었다. 계층 간 구분도 명확해져 지주와 소작인의 차이는 메울 수 없을 정도로 커졌다. 선동가들은 뇌물과 배신으로 권력의 자리에 올랐고, 죽은 정적들의 머리로 원로원을 장식했으며, 처형된 전쟁 포로의 시체로 거리를 채웠다. 이렇게 로마의 문화와 야만성이 결합해 세 번의 노예 반란, 그리고 세 번의 사회적 소요를 거친 끝에 제정주의가 탄생하게 된다.

　로마 본토에서 살인이 정의의 이름으로 행해졌다면, 로마 밖에서는 살인이 영광스러운 로마의 이름으로 행해졌다. 세 번의 미트리다테스 전쟁을 거쳐 로마는 알렉산드리아의 이전 제국을 로마의 영토로 편입할 수 있었다. 제3차 미트리다테스 전쟁(기원전 75~63년)에서 그나이우스 폼페이우스(Gnaeus Pompeius)가 이끈 로마 군단은 유다를 로마의 정복지 중 하나로 만들어버린다.

　성공적인 동방 원정으로 부자가 된 폼페이우스는 최고 권력에 도전하기 위해 로마로 귀향했다. 로마에서는 마르쿠스 크라수스(Marcus Crassus)와 율리우스 카이사르(Julius Caesar)가 그를 기다리고 있었다. 그리고 그들의 대결은 첫 번째 삼두 정치로 알려진 연정으로 이어진다. 군인 출신인 폼페이우스는 원로원을 대표했고, 은행가였던 크라수스는 귀족들을 대표했으며, 사랑의 여신 베누스와 최고 신 유피테르의 혈통이라고 주장한 카이사르는 평민들을 대표했다. 그러나 그들의 야심은 곧 우정을 집어삼켰고, 삼두 정치는 전쟁으로 끝났다. 그리스 테살리아에서 벌어진 파르살루스 전투(기원전 48년)에서 폼페이우스가 패배함으로써 삼두 정치가 막을 내렸다. 카이사르는 명목상 집정관이 되었지만 실제로는 절대적 독재자였다. 로마는 이로써 민주주의의 모든 허울을 벗어버렸다.

전쟁에서 패한 폼페이우스는 이집트로 도망갔다. 카이사르는 그를 추격했다. 폼페이우스는 이집트에서 암살자의 손에 죽음을 맞았고, 카이사르는 이집트 여왕 클레오파트라의 품에서 사랑을 만났다. 클레오파트라는 종종 이집트인으로 오해받는다. 그러나 프톨레마이오스 왕조—이 이름은 왕조를 세운 그리스 장군의 이름을 딴 것이다.—의 마지막 지배자였던 그녀는 그리스인이었다. 카이사르가 클레오파트라와 사랑을 나누는 사이, 그의 군대는 이집트를 접수했고 여세를 몰아 유다의 국경까지 진출했다. 예루살렘은 이제 폼페이우스의 지배에서 로마의 지배로 넘어갔다. 카이사르는 클레오파트라에게 나라를 빼앗은 것에 대한 보상으로 아들을 선사했다. 한편 유대인들은 세금을 받았다. 카이사르와 클레오파트라의 사랑은 카이사르가 브루투스(Brutus)에게 암살당하고 옥타비아누스 아우구스투스(Octavianus Augustus)가 그를 이어 황제가 되자 비극적 결말을 맞는다. 옥타비아누스는 클레오파트라에게서 나라, 직위, 재산을 모두 빼앗았다. 그녀는 로마에서 옥타비아누스의 개선 행렬(기원전 30년)에 참석하기를 거부하며 자살했다. 이것이 프톨레마이오스 왕조의 최후였다.

로마는 이제 세계의 지배자가 되었다. 자신들이 정복한 땅에서 정복자의 특권을 누리고 활보했지만, 자신 있는 걸음걸이 이면에는 열등감이 자리 잡고 있었다. 이 열등감은 이웃 민족인 그리스인들이 선사한 것이었다.

피정복민 그리스인과 정복민 로마인 사이의 독특한 관계는 에드거 앨런 포(Edgar Allan Poe)의 말에 잘 요약되어 있다. "웅장한 로마, 영광스러운 그리스." 로마는 그들의 열등감을 한 번도 떨쳐낼 수 없었다. 그들은 자신들에게 문화, 혹은 문화를 만들어낼 능력이 없다는 것을 뼈저리게 깨달았다. 그들은 이런 문화의 부재를 더 큰 웅장함을 추구하며 없애려 했다. 그러나 로마는 언제나 '신사가 된 상인'으로 남았다. 자신들이 정복한 그리스의 고급 문화 앞에서 로마인들은 언제나 작아졌다.

전쟁터에서 계속된 성공에도 불구하고, 로마인들은 사상의 측면에서는 언제나 그리스에 의존했다. 로마인들은 반지성적이면서 '실용적인' 사람들이었다. 로마인들이 만든 예술, 문학, 과학은 언제나 그리스의 것들을 조야하게 베낀 것이었다. 로마는 새 사상의 침투를 오로지 무력으로만 대처하려 했을 뿐 로마 고유의 사상을 만들어내지는 못했다. 역사가 로마를 그리스에서 떼어놓았을 때 로마는 무너졌다. 예술과 과학을 공급해주던 그리스와 결별했을 때 로마는 야만족들의 문화 정치적 침입에 굴복했다.

일부 역사가들은 로마와 그리스의 관계를 미국과 서유럽의 관계에 대비한다. 그들에 따르면 서유럽인은 그리스인처럼 지식인이다. 문학의 선도자이자 예술 혁신가이며, 그리고 과학의 이론가들이다. 반면에 미국인들은 로마인들처럼 사상 면에서 반지성적이며, 문학에서는 아류이며, 예술의 모방자이며 과학의 기술자들이다. 미국의 지적·예술적·과학적 성취는 유럽의 혁신적 기초 위에 지어진 상부 구조물에 불과하다. 미국 문화가 서유럽 문화와 다른 점이 있을지라도, 그것은 유럽의 독창적 문양을 희미하게 모방한 것에 불과하다. 일부 역사가들은 미국이 유럽으로부터 단절되면 곧 멸망할 것이라고 주장했다. 정신적 지주인 유럽과 단절된 미국은 그리스로부터 단절된 로마가 그랬듯이, 사상의 부재로 인해 곧 침체될 것이기 때문이다.

이 이론이 맞다면 로마가 유대인들에게 문화적 영향을 주지 못한 이유를 설명하는 데 도움이 될 것이다. 로마는 유다를 오랫동안 지배했지만, 그 기간 동안 유대인의 지적인 삶에 영향을 끼친 것은 그리스였다. 로마인들은 유대인 삶의 물질적 부분에만 영향을 끼쳤다. 그리스의 정신과 로마의 칼 사이에서 유대인들은 지난 4백 년 동안 다양한 경험을 거쳐 연마한 균형 감각을 유감없이 발휘했다. 로마 제국의 일부가 되었던 많은 피정복민들(이들은 모두 위대하고 힘센 왕국과 왕조의 후손들이었다) 가운데 유대인들은 로마의 정복 정책에서 가장 먼저 혜택을 누릴 민족이었다.

로마의 유대 통치(로마인들은 유다를 '유대'로 개명했다)는 양국에서 내전이 진행되는 최악의 정치 상황에서 시작되었다. 로마가 아닌 자신의 이름으로 유대를 정복한 폼페이우스는 기원전 63~48년 사이에 유대의 군사적 지배자였다. 그 후 그는 유대인과 에돔인을 한 사람씩 임명해 자신을 대신해 유대를 다스리게 했다. 유대가 더는 독립국이 아니었을 때 하스모니안 여왕 알렉산드라의 두 아들인 아리스토불루스와 히르카누스는 이전과 다르게 행동했다. 사두개파였던 아리스토불루스는 폼페이우스의 통치에 저항했지만 바리새파였던 히르카누스는 복종했다. 따라서 폼페이우스는 히르카누스를 대제사장 겸 유대의 분봉왕(민족의 통치자를 뜻하는 로마식 명칭)으로 임명했다. 그리고 그는 안티파트로스(Antipatros)라는 에돔인을 히르카누스의 정치 고문으로 임명했다. 이렇게 로마의 지배에서 유대인들의 비극이 시작되었다.

안티파트로스는 역사상 가장 불쾌한 인물이다. 과거 히르카누스가 그의 동생 아리스토불루스와 권력 투쟁을 벌일 때, 히르카누스에게 나바테아인들의 도움을 얻으라고 조언했던 사람이 바로 안티파트로스다. 그 권력 투쟁에서 히르카누스가 승리하자 안티파트로스의 영향력도 크게 늘어났다. 그는 기회주의적인 아첨꾼이었다. 그는 성공할 것 같은 사람 누구에게나 복종했다. 안티파트로스는 폼페이우스에게 아첨하여 에돔 지방의 총독이 되었다. 파르살루스 전투에서 폼페이우스가 패배한 이후 카이사르가 로마의 이름으로 유대의 통치권을 넘겨받자, 안티파트로스는 이제 카이사르에게 아첨한다. 그리고 카이사르는 그를 유대의 행정관으로 임명했다. 카이사르가 암살당하자, 안티파트로스는 카이사르 암살을 음모한 카시우스에게 아첨하기 시작했다. 기원전 43년에 안티파트로스가 첩들과 함께한 연회에서 사랑하는 가족들에게 독살당하자, 그의 아들 헤롯이 직위를 계승했다.

아들은 아버지의 가르침을 잘 받은 것 같았다. 떠오르는 별 옥타비아누스 아우구스투스를 보기 위해 헤롯은 로마로 갔다. 그에게 아첨해 환심을 산 후 유대인들의 왕으로 임명되었다. 그 후 헤롯의 첫 번째 행보는 히르카누스를 사형하는 것이었다. 아리스토불루스는 로마인들에게 이미 체포되어 로마에서 독살당했다. 영광스럽게 시작된 하스모니안 왕조의 끝은 이렇게 초라했다.

헤롯이 로마에 갔을 때 유대에서는 놀라운 사건이 발생했다. 하스모니안 왕조의 후손 한 명이 생존해 있었던 것이다. 아리스토불루스의 아들 안티고노스가 그 주인공이었다. 아버지가 로마인들에 체포되었을 때 안티고노스는 파르티아로 도망쳤다. 그곳에서 파르티아인들을 설득해 군사 지원을 얻는 데 성공한 그는 파르티아군을 이끌고 예루살렘으로 진군했다. 놀랍게도 안티고노스는 로마인들을 무찌르고 그들을 유대 밖으로 몰아냈다. 그는 스스로 왕이자 대제사장에 오르고 예루살렘을 다시 한번 독립 팔레스타인의 수도로 만들었다.

로마인들에 의해 유대인의 왕으로 선포된 헤롯은 화가 나 미칠 지경이었다. 비록 병력의 열세로 항복했지만, 안티고노스는 3년 동안이나 헤롯과 그의 용병인 로마 군대를 막아냈다. 기원전 37년, 헤롯과 로마 군대는 예루살렘을 함락하고 안티고노스와 음모에 가담한 산헤드린 의원 45명을 살해했다. 이렇게 헤롯은 유대의 왕좌에 앉게 된다. 헤롯의 유대인 통치에는 반전이 있었다. 8년 전에 하스모니안 시조의 아들 히르카누스에 의해 유대교로 강제 개종당한 에돔인이 이제는 유대 민족을 다스리게 된 것이다.

다른 사람들에게는 헤롯이 '대왕(The Great)'으로 불리는 이유가 명백하지만, 유대인들에게 그 명칭은 언제나 의문이었다. 헤롯은 당대 최고의 살인마였다. 그는 산헤드린 의원 45명을 죽였고, 독립적 사법 기관인 산헤드린을 자신의 꼭두각시로 전락시켰다. 그는 순종하지 않으면 죽이겠다고 대제사장들을 협박했고, 정적들뿐 아니라 아내와 심지어 아들들까지 살해했다. 〈마태복음〉에 따르면 헤롯은 정치적 라이벌이 베들레헴에서 태어날 것이라는 예언 때문에, 그 도시의 모든 남자아이를 살해하도록 명령했다.

대부분의 유대인들은 헤롯을 경멸하고 미워했지만, 그의 아내 열 명 중 하나인 마리암네(Mariamne)가 마카비 가문의 딸이었다는 이유로 유대인들은 그를 왕으로 인정했다. 헤롯과 마리암네 사이에서 두 아들이 태어났고, 유대인들은 그들 중 하나가 왕좌를 이어 마카비 왕조를 유대 땅에 회복시킬 것이라 기대했다. 그러나 헤롯은 두 아들을 모두 살해했다. 헤롯이 죽자 사마리아 출신 아내에게서 얻은 두 아들 안티파스(Antipas)와 아르켈라오스(Archelaus)가 유대인들을 다스릴 권리를 로마로부터 얻었다. 안티파스는 갈릴리를 다스렸고, 아르켈라오스는 유대와 사마리아와 에돔을 다스렸다.

아르켈라오스는 아버지 헤롯보다 더 심한 독재자였다. 설상가상으로 그는 아버지 헤롯의 장점은 이어받지 못했다. 유대인들은 로마 황제 아우구스투스에게 그를 폐위해 달라고 절박하게 탄원했다. 놀랍게도 황제는 그 탄원을 받아들였다. 그 결과 누구도 상상하지 못했던 최악의 일이 벌어졌다. 아우구스투스가 총독을 임명해 유대 지방을 직접 다스린 것이다. 그 후 유대는 기원후 66년 대로마 전쟁 때까지 로마 총독의 통치를 받았다.

총독을 통한 로마의 통치는 역사상 가장 저급한 것이었다. 어떤 의미에서 로마인들은 상황의 희생자였다. 바빌로니아, 아시리아, 페르시아 왕국의 잔존 세력들로 구성된 파르티아 왕국이 동쪽에서, 즉 인도에서 유대 접경까지 발흥하고 있었다. 로마인들은 파르티아와의 전쟁에서 계속 승리했지만 결정적 승리를 거두지는 못했다. 따라서 파르티아인들은 동쪽 국경에서 언제나 위협으로 남아 있었다. 유대는 파르티아가 로마 제국을 침략할 때 제일 먼저 공격해야 하는 나라였다. 따라서 로마인들은 유대를 요새화하여 엄격하게 다스리면 파르티아를 봉쇄할 수 있다고 생각했다. 파르티아에 대한 견제가 로마인들로 하여금 잘 저지르지 않는 잘못을 하게 했다. 그들은 지나치게 유대인을 억압했고 그들의 억압 정책은 유대인의 저항을 불러일으켰다. 이렇듯 억압과 저항, 그리고 더 큰 억압과 더 큰 저항의 악순환이 시작되었다.

초대 총독이 제일 먼저 한 일은 세금 징수가 목적인 호구 조사였다. 온 나라가 동요했다. 호구 조사가 종교적 감성에 위배되었기 때문이 아니라, 유대인들의 수입을 위협했기 때문이다. 로마인들은 뇌물에 특히 취약한 세금 징수 체제를 가졌다. 세금을 징수하는 특권이 돈으로 매수될 수 있었다. 그 특권을 돈으로 산 사람들은 정부가 요구한 금액보다 훨씬 많은 액수를 세금으로 징수하고 나머지는 착복할 자유를 누렸다.

헤롯 대왕이 통치하던 33년 동안 유대인들은 이미 극심하게 착취당한 상태였다. 유대인들에게서는 더 나올 것이 없었다. 갈릴리 지방의 사정은 조금 달랐다. 그곳에서도 로마의 호구 조사와 새로운 세금법이 시행되었지만, 경기가 좋아 사람들이 새로 부과된 세금을 감당할 수 있었다. 갈릴리를 다스린 안티파스는 형 아르켈라오스와 달리 매우 유능한 통치자였다. 그는 친헬레니즘파였다. 그리스식 도시를 건설하고, 그리스식 생활 방식과 문화를 갈릴리에 도입했다. 갈릴리 사람들은 최근에 히르카누스에 의해 유대교로 개종했지만 본래는 이방인들이었다. 유대교를 잘 이해하지 못했던 갈릴리 사람들은 헬레니즘도 유대교의 일부로 생각했는지는 몰라도 헬레니즘에 무척 관대했다. 안티파스의 안정된 정부는 갈릴리에 유례없는 번영을 가져왔다. 당시 갈릴리 지방은 탐욕스러운 세리들이 노리기에 딱 좋은 상태였다.

로마에 대한 최초의 소규모 저항 운동이 발발한 지역도 바로 갈릴리였다. 소규모 저항 운동은 이후 제1·2차 유대 전쟁의 전주곡이었다. 기원후 1세기 유대와 갈릴리의 정치 상황은 기원전 8~6세기 북이스라엘과 남유다가 아시리아와 바빌로니아에 괴롭힘을 당했던 때와 매우 유사했다. 당시 아시리아가 북이스라엘의 독립을 위협했을 때 북이스라엘에서는 '전쟁당'과 '평화당'이라는 두 당이 경쟁했다. 바빌로니아가 칼을 휘두르며 남유다를 위협했을 때, 남유다에서도 두 개의 당이 생겨났다. 한 당은 전쟁을 주장하고, 다른 당은 평화를 주장했다. 비슷한 역사가 1세기 팔레스타인에서 반복되었다. 당시 유대와 갈릴리에는 두 개의 당이 있었다. 하나는 전쟁에 찬성하는 열심당*이고, 다른 하나는 어리석은 전쟁에 반대하는 평화당이었다.

열심당의 정치적 구성은 마카비 반란을 주도한 하시딤 당과 아주 유사했다. 로마인들의 폭정이 극심해지자 평화당원 중 많은 사람들이 절망하여 열심당원이 되었다. 안티오쿠스 에피파네스의 극단적인 헬레니즘 정책 때문에 친헬레니즘 성향인 사람들이 반헬레니즘적 정

열심당(Zealot party) 젤로트당(젤롯당)이라고도 한다. 젤로테스란 그리스어로 '열심인 사람'을 뜻한다. 1~2세기 중반까지 활동했으며, 이교 국가인 로마를 철저히 배척하며 로마의 지배에서 벗어나기 위해 무력에 호소한 집단이었다.(역주)

강을 내건 하시딤 당에 가입한 것과 유사하다. 새로운 열심당원은 초기에는 바리새파, 사두개파, 에세네파 출신이 주를 이루었지만, 나중에는 기독교도로 불린 유대교 분파의 가입자도 생겼다. 기원후 1세기에는 바리새파의 수가 가장 많았고, 사두개파는 가장 큰 정치 권력을 쥐었고, 에세네파는 가장 경건한 자들이었으며, 기독교인들은 가장 배타적이었다. 하스모니안 왕조가 쇠퇴하자 바리새인들, 사두개인들, 에세네인들은 자신들의 정치적 색깔을 잃어 갔다. 그들은 각자의 종교적 신념을 따라 발전하다가 독립적 종교 분파가 되어 서로 갈라졌으나, 하스모니안 왕조 이전 시대처럼 로마에 대항하는 공동 전선을 형성하기 위해 어쩔 수 없이 다시 연합했다.

바리새파는 유대교 사상의 중도를 대표했다. 그들은 《신약 성경》이 보여주는 속 좁은 속물들과는 매우 다르게 오히려 다른 종교 사상에 매우 관대했다. 바리새인들은 죽은 자의 부활, 메시아의 도래, 영혼 불멸을 믿었다. 어떤 율법을 두고 다양한 해석이 가능할 때 그들은 언제나 덜 엄격한 해석을 선택했다. 그들은 구전 율법의 전통을 발전시켰는데, 그것은 변화하는 시대에 모세 율법을 적용하기 위해 고안한 일종의 휴대용 법률 참고서였다.

바리새인들보다 훨씬 보수적인 사람들이 사두개인들이었다. 그들은 영혼 불멸이나 부활을 믿지 않았고 내세의 존재도 부정했다. 그들은 정치적 현실주의자이자 물질주의자였고 기득권의 수호자였다. 그들의 주요 관심은 성전 제의를 보존하는 것이었다. 성전 제의는 엄격했고, 변화를 거의 허용하지 않으며, 율법의 정신이 아니라 율법의 문자적 의미에 얽매여 행해졌다. 사두개파는 부자, 귀족, 성직자의 당이었기 때문에 수가 그리 많지 않았는데도 큰 정치적 영향력을 행사했다. 그들은 성전을 관리했고 산헤드린의 사법 기관도 지배했다.

사두개인들이 많은 유대인 종교 분파 중 가장 보수적인 입장을 대변했다면, 에세네파는 가장 진보적인 입장을 대변했다. 하스모니안 왕조의 시작과 함께 정치에서 은퇴한 에세네파는 로마의 통치 시기에도 계속 정치와 무관하게 살았다. 그들은 로마에 대항하는 전쟁이 시작될 때쯤 오늘날 미국의 아미시나 퀘이커 교도들처럼 작은 도시의 주변부에 그들 나름의 공동체를 이루어 살았다. 바리새인들처럼 에세네파는 영혼 불멸, 부활, 메시아를 믿었다. 또한 악한 자가 영원한 지옥에서 벌받고, 선한 자는 천국에서 보상받는다는 교리를 신봉했다. 에세네파는 복잡한 정결 의식을 행했는데 그중 하나가 세례, 즉 죄의 용서 혹은 새 생명으로 재탄생하기 위해 물에 잠기는 의식이었다. 에세네파 사람들은 독신의 삶을 선호했고 역사가 요세푸스의 말을 빌리면 "쾌락을 악으로 여겼고, 절제와 욕망의 극복을 덕으로 생각했다." 그러나 신도 수가 줄어들자 그들은 사도 바울이 나중에 말했던 것처럼 "결혼하는 것이 욕망으로 불붙는 것보다 낫다."라고 생각해 결혼을 종종 허용했다. 그러나 에세네파의 금욕주의는 여전히 새 신도를 모으는 데 큰 장애가 되었다. 새 신도들은 대부분 에세네파의 금욕적 문화에 훈련된 다른 분파의 자녀들을 받아들임으로써 이루어졌다.

30년경 이 세 갈래의 유대교 분파에 네 번째 분파가 더해졌다. 바로 기독교도들이다. 기독교의 창시자 예수는 세례 요한에게 에세네파식으로 세례를 받았다. 세례 요한도 가장 크고 영향력 있는 에세네파 수도원과 가까운 곳에서 활동한 것으로 보아, 에세네파의 일원이었을 것으로 추정된다. 예수가 로마인들에게 십자가형을 당했을 때 기독교인들은 역사에서 잊혀질 위기를 맞았다. 그러나 예수를 핍박했던 타르수스 출신의 사울(바울)이 시작한 매우 적극적인 전도 프로그램을 통해, 기독교는 새 추종자들을 매우 빠르게 얻어 갔다. 새 신도들은 대부분 이방인이었다.

열심당에 가장 많이 가입한 사람들은 바리새인들과 사두개인들이었다. 초기 열심당 세력은 갈릴리에서 가장 강했다. 갈릴리에 근거지를 둔 열심당원들은 기원후 6년에 발생한 대로마 유대 봉기를 주도했다. 당시 열심당의 세력이 그리 강하지 않았으므로 그 봉기는 시기상조였다고 할 수 있다. 비록 대로마 운동은 로마인들에게 무자비하게 진압되었지만, 그 저항 정신의 불씨는 살아남아 계속 연기를 피어 올렸다. 그 연기와 함께 열심당의 세도 불어 갔다.

그리스 비극처럼 유대-로마 분쟁은 피할 수 없는 결말로 다가가고 있었다. 7년에서 41년 사이에 유대를 다스린 일곱 명의 총독은 모두 평민에서 등극한 교양 없는 로마 군인이었다. 그들은 외교적 기술이 부족했고, 사회 복지에 대한 감각도 전혀 없었다. 폭정과 실정을 거듭한 그들의 리더십은 무력으로 해결되지 않는 문제는 없다는 확신에서 비롯한 듯했다. 사상은 몸통에서 머리가 잘려 나갈 때 함께 사라진다고 생각한 듯하다. 그들의 지혜롭지 못한 폭정 때문에 더 많은 바리새인들과 사두개인들과 에세네인들이 서서히, 그렇지만 확실하게 로마와 전면전을 주장하는 열심당에 가입하게 되었다. 이 연속적인 사건들 사이에 재미있는 (어쩌면 그다지 중요하지 않은) 사건이 하나 발생한다. 로마인들이 헤롯의 손자 아그리파 1세(Agrippa I)를

'유대인의 왕'으로 임명한 것이다. 로마에서 호화롭고 사치스럽게 자란 아그리파는 티베리우스(Tiberius) 황제의 양자가 되었고, 칼리굴라(Caligula) 황제의 측근이 되었다. 칼리굴라는 아그리파를 왕으로 임명하기 위해 유대에서 로마 총독 제도를 잠시 중단했다. 아그리파는 모든 유대 지방들을 다시 한번 하나의 왕국으로 통일했다. 41년에서 44년까지 3년간 지속된 아그리파의 통치는 나쁜 의도 없는 실정이라고 평가할 수 있다. 아그리파의 죽음은 그의 삶처럼 극적이었다. 자신이 신으로 추앙되는 행사에서 보통 사람처럼 넘어져 죽은 것이다.

아그리파가 죽자, 유대는 피할 수 없는 운명과 대면하게 된다. 로마인들은 유대 역사의 무대에 다시 옛것들을 가져다 놓았다. 새 총독들이 유대 땅을 다시 활보했는데, 그들은 모두 하나같이 전임자처럼 무능한 거짓말쟁이였다. 팔레스타인은 다시 전처럼 분열되었다. 이제 극적이고 중요한 변화를 위한 준비가 갖추어졌다. 총독들이 일을 망칠 기회를 다른 총독에게 넘기면서, 국면은 점점 뜨거워져 갔다. 로마는 불길함을 느끼고 형편없이 무능한 총독 알비누스(Albinus)를 마지막 총독이 된 플로루스(Florus)로 급히 교체했다.

그러나 이미 너무 늦었다. 전쟁의 직접적인 촉발제가 된 것은 총독들의 폭정이 아니라 어리석은 실정이었다. 유월절 축제 때 플로루스는 대제사장의 제의를 재미로 빼앗아 유대인의 가장 성스러운 믿음을 야만스럽게 조롱했다. 이제 유대인들은 로마인들을 증오할 뿐 아니라 경멸하게 되었다.

더구나 플로루스는 깡패처럼 유대인들에게 보호에 대한 대가로 성전 금고에서 금 17달란트(약 4억 원)를 지불하라고 요구했다. 이에 바리새인들, 사두개인들, 에세네인들, 심지어 유대에 살던 기독교인들조차 열심당에 가입했다. 66년 5월, 열심당원들은 예루살렘 밖에 있던 로마군 기지를 습격하여 군대를 내쫓았다. 그 사건은 나라 전체를 발칵 뒤집어놓았다. 모든 도시와 마을과 지방에서 반란이 일어났다. 유대, 에돔, 사마리아, 갈릴리가 공공의 적을 놓고 연합했다. 땅콩 크기만 한 나라가 당시 세계를 주무르던 로마 제국에 대항해 일어난 것이다.

8장

유대-로마 전쟁과 예루살렘 멸망

로마 제국에 편입된 피정복 민족들은 놀란 눈으로 유대인이 홀로 골리앗 로마와 싸우는 것을 지켜보았다. 로마가 다른 약소국과의 전쟁에서처럼 소규모 부대만을 원정 보냈다면, 즉 로마가 전력을 다해 싸우지 않았다면 유대인들은 전쟁에서 승리했을 것이다. 그러나 로마인들은 이 전쟁을 전 세계가 보고 있다는 것을 잘 알고 있었다. 그리고 패전했을 때 돌아올 결과도 잘 알고 있었다. 로마가 패전하고 유대인이 독립을 얻으면, 로마 세계 전체가 반란의 정신으로 타오를 것은 불 보듯 뻔한 사실이었다. 그래서 그들은 유대인들의 진지한 도전에 무자비하게 맞섰다. 대량 학살과 보복 학살이 공포스럽게 계속되었다.

전쟁이 일어난 첫해는 로마인들에게 충격 그 자체였다. 유대 근처 시리아에 있던 로마 장군 케스티우스 갈루스(Cestius Gallus)가 자신의 군단을 이끌고 유대인 봉기를 진압하려 했지만, 오히려 비틀거리며 퇴각해야 했다. 당시 상황이 매우 심각했다는 것은 네로 황제가 로마의 가장 유능한 장군인 베스파시아누스(Vespasianus)를 소환해 로마 최정예 군단의 지휘를 맡긴 사실에서 잘 드러난다. 1년간 치러진 격렬한 싸움 끝에 베스파시아누스 장군은 후에 유명한 유대 역사가가 될 장군의 지휘 아래에 있던 갈릴리 군대를 제지할 수 있게 되었다. 그 장군의 이름은 요셉 벤 마타티아스(Joseph ben Mattathias)인데, 플라비우스 요세푸스(Flavius Josephus)라는 이름으로 더 유명하다. 그는 이 파란만장한 시절을 목격하여 유일한 기록을 남겼다.

요세푸스는 팔레스타인계 부유한 성직자 집안 출신의 유대인이었다. 로마 최고의 학교에서 교육을 받은 후 유대로 돌아와 군에 입대해 갈릴리군의 최고 사령관이 되었다. 갈릴리 군대가 패했을 때 요세푸스는 생포되어 베스파시아누스 앞에 불려 갔다. 미래의 로마 황제와 미래의 유대 역사가는 그곳에서 친구가 되었다. 요세푸스는 베스파시아누스의 허락을 얻어 예루살렘 포위 작전을 수행한 로마 군단을 따라다니며 전쟁을 기록했다. 이 때문에 요세푸스는 변절자라는 오명을 얻었고 오늘날까지도 대부분의 유대인이 그렇게 생각한다. 그러나 그의 책 《유대 전쟁사》와 《유대 고대사》는 기원전 100년에서 기원후 100년 사이의 파란만장했던 유대 역사를 다룬 가장 가치 있는 사료가 되었다.

전쟁이 3년째 접어들면서 베스파시아누스는 서서히 전세를 뒤집기 시작했다. 68년에는 핵심인 예루살렘을 제외한 모든 유대 땅을 점령했다. 그러나 연이은 공격에도 예루살렘은 꿈쩍하지 않았다. 로마 군단은 단호한 방어를 뚫을 수 없었다. 여기서 실패할 수 없다고 생각한 베스파시아누스는 도시를 봉쇄하기로 결심한다. 성 안의 사람들을 굶겨 항복을 이끌어내야겠다고 생각한 것이다.

이제 전쟁은 소강 상태로 접어들었다. 군사적 관점에서 68년은 그다지 중요한 해가 아니지만, 종교적인 관점에서 그 해는 유대 역사의 중요한 전환점이 되었다. 예루살렘에서 철학자이자 랍비인 한 사람이 등장했다. 바로 포위된 도시 안에서 꺼져 가던 유대교에 새로운 생명을 불어넣은 요하난 벤 자카이(Jochanan ben Zakkai)였다. 요세푸스처럼 평화당에 속해 있던 요하난 벤 자카이는 열심당의 정책이 비극을 초래했다고 확신했다. 그는 이길 수 없다고 생각한 전쟁에서 빠져나와 요세푸스처럼 베스파시아누스를 만났다. 그러나 그는 배신자라는 오명 대신 유대교의 구원자로 추앙받았다.

요하난 벤 자카이는 당시 바리새파 최고의 지성이었다. 그는 유대인에게 닥칠 대량 학살과 로마가 유대인들을 각지로 흩어버릴 것을 미리 내다보고 지금 유대 학문을 보존할 기초를 마련하지 않으면 유대교는 없어지고 말 것이라고 우려했다. 그는 그리스-로마 세계로 흩어져 소수 민족으로 살게 될 유대인에게 유대 학문의 횃불을 전수해줄 유대인 학교를 세워야 한다고 내다보았다. 이를 놓고 베스파시아누스와 담판하기 위해 그는 곧 무너질 예루살렘에서 빠져나왔던 것이다.

포위된 예루살렘은 말 그대로 지옥이었다. 수천 명이 굶어 죽거나 병에 걸려 죽었다. 도시 밖으로 나가는 것은 목숨을 건 모험이었다. 열심당원들은 평화당으로 의심되는 사람들을 성벽 아래로 밀어버렸다. 성 밖에서 로마인들이 출입을 철저히 통제했던 것처럼 성 안에서는 열심당원들이 출입을 통제했다. 열심당원들을 속이고 성을 빠져 나가기 위해 요하난 벤 자카이는 계책을 꾸몄다. 그는 몇몇 제자들에게 자신의 계획을 알리고 협조를 구했다. 제자들은 미리 계획한 대로 거리로 나가 옷을 찢으며 슬픈 목소리로 그들의 위대한 스승 요하난 벤 자카이가 역병으로 죽었다고 선언했다. 그러고 나서 역병이 퍼지는 것을 막기 위해 존경하는 랍비를 성문 밖에 묻을 수 있게 해 달라고 열심당에 요청했다. 베옷을 입고 재를 뒤집어 쓰고 몹시 슬퍼하는 시늉을 하면서 제자들은 봉인된 관 속에 살아 있는 요한 벤 자카이를 넣고 예루살렘 밖으로 빠져나갔다. 그리고 곧장 베스파시아누스의 막사로 들어갔다. 그곳에 도착한 제자들이 관을 열자 안에 있던 랍비가 밖으로 나왔다.

긴 칼을 옆구리에 차고 군단의 호위를 받으며 승리를 눈앞에 둔 로마 장군 베스파시아누스는 술 장식이 달린 전통복을 입고 그의 눈을 두려움 없이 똑바로 쳐다보는 수염 난 유대인을 뭐라고 생각했을까? 도대체 그는 무엇을 원하길래 위험을 무릅쓰고 여기까지 왔을까? 관 속에 숨어 죽어 가는 예루살렘을 빠져나온 유대 지도자가 그에게 원한 것은 무엇이었을까? 목숨을 살려 달라는 요청은 아니었을 것이다. 베스파시아누스는 직감했다. 왜냐하면 그를 만나기 위해 여기까지 오는 행위 자체가 목숨을 버리는 행위였기 때문이다. 장군은 기다렸다. 그러자 랍비가 말했다. 그는 자신이 신의 예언을 받았고, 장군에게 청이 있다고 했다. 장군은 들어보겠노라고 말했다. 요하난 벤 자카이는 베스파시아누스가 곧 황제가 될 거라고 담대하게 예언했다. 그렇게 될 경우, 자신과 제자들이 팔레스타인의 한 마을에 유대 학문을 연구하는 작은 학교를 세우는 것을 허락해 달라고 청했다. 예언에 놀라고 소박한 요청(베스파시아누스 같은 군인에게는 잘 이해되지 않는 요청이었다)에 또 한번 놀란 베스파시아누스는 예언이 이루어지면 그리하겠다고 약속했다.

랍비 벤 자카이의 예언은 단순히 미신적인 추측이 아니었다. 그는 합리적으로 추정하여 예측을 한 것이다. 같은 해 네로가 자살을 했다. 로마에는 승계법이 없었기 때문에 황제의 자리는 가장 힘센 사람에게 돌아갈 것이 뻔했다. 요하난 벤 자카이의 생각에 왕의 자리를 이어받을 사람은 바로 베스파시아누스였다. 같은 해에 세 명의 평범한 정치인과 군인이 황제 왕좌를 연이어 차지했다. 그들은 몇 달을 버티지 못하고 차례로 암살당했다. 요하난 벤 자카이가 예측한 대로 기원후 69년에 로마의 원로원은 베스파시아누스에게 황제 직을 제안했다. 못 배우고 미신을 잘 믿었던 베스파시아누스는 수염 난 유대 랍비의 예언에 새삼 놀랐고, 자신이 했던 약속을 지켰다. 요하난 벤 자카이는 예루살렘 북쪽의 야브네라는 마을에 유대인 학교, 즉 최초의 예시바를 세웠다. 예시바는 유대인의 생존 역사에서 중추적 역할을 하게 될 것이다. 황제에 오르기 위해 로마로 돌아가기 전 베스파시아누스는 아들 티투스(Titus)에게 유대인과의 전쟁을 맡겼다. 티투스가 이끈 전쟁과 이어지는 예루살렘의 멸망은 역사 서술에서 그 중요성에 걸맞은 자리를 차지하지 못한다. 기독교인들의 해석에 따르면 예루살렘의 멸망은 〈복음서〉에 나오는 예언이 성취된 것이다.* 그러나 〈복음서〉의 예언은 아마 사건이 발생한 뒤에 기록되었을 것이다. 한편 유대인들은 그 사건에 매우 감정적으로 반응하는데, 기독교인과 유대인 모두 사건의 역사적 의의를 제대로 보지 못하고 있다. 그것은 고대사에서 가장 위대한 전쟁에서 무시무시한 두 적이 장엄하게 충돌한 사건이었다.

알렉산드로스 대왕은 자신의 제국을 이룩하는 데 3만 2천 명의 병력을 동원했다. 카이사르는 갈리아를 정복하고 로만 브리튼을 침략하는 데 2만 5천 명의 병력을 동원했다. 한니발은 알프스를 넘어 로마인들을 쳐부수는 데 5만 명의 병사가 필요했다. 티투스는 2만 3천4백 명의 유대인 병사들이 지킨 예루살렘을 포위하고 함락하는 데 8만 명의 병사를 동원해야만 했다.** 그런데도 티투스는 로마 정예 부대의 손실을 줄이기 위해 정면 공격을 피했다. 대신 유대인들을 겁주어 항복하게 하는 심리전에 의존했다. 티투스는 병사들에게 군장을 완벽히 갖추고 예루살렘 성벽 주변을 행군하여 로마군의 위력을 과시하라고 명령했다. 그들이 행군할 때 하늘과 땅이 거대한 먼지 구름으로 변했으며, 7만 명의 보병이 행군하고 1만 명의 기병이 말을 타며 수천 개의 공성 무기가 예루살렘 성문에 나열될 때 피로 물든 땅이 흔들렸다. 이 무력 시위는 3일간 지속되었다. 그러나 성벽에서 그 시위를 바라보던 유대인 병사들은 큰소리로 비웃을 뿐이었다.

---

* 사복음서 중 하나만이 예루살렘 멸망에 관한 '예언'을 담고 있다. 예루살렘 멸망 이후에 기록된 나머지 세 복음서는 멸망에 관한 예언이 없다. 마가는 약 기원후 70년에 로마에서 〈복음서〉를 집필했는데, 바로 그 해가 로마인들이 예루살렘을 파괴한 때이다. 예루살렘은 지난 3년간 계속된 포위 공격을 견딘 상태였고, 예루살렘이 곧 무너질 것이라는 점은 신비한 예언 능력이 없어도 누구나 예상할 수 있었다.
** 《유대 전쟁사》에서 요세푸스는 유대인 군대를 다음과 같이 나누어 설명한다. 시몬 바르 기오라(Simon bar Giora)가 지휘하는 1만 명, 기셀라의 요한(Johan)이 이끄는 6천 명, 에돔인 5천 명, 그리고 열심당원 2천4백 명.

화가 난 티투스는 공격을 명령했다. 2주 동안 공성 대포가 자동차 크기의 돌을 예루살렘의 북쪽 성벽을 향해 발사했다. 마침내 뚫린 성벽의 커다란 구멍을 통해 로마 군인들이 성 안으로 들어갔고 유대인들은 방어 태세에 돌입했다. 이어 벌어진 육박전에서 칼과 칼, 창과 창, 그리고 절박함과 절박함이 맞부딪쳤다. 2주간의 끔찍한 육박전에서 유대인들은 로마인들을 이겼다. 그때 티투스는 정면 승부로는 유대인을 이길 수 없음을 깨닫고, 성 포위 작전으로 유대인들이 더는 저항할 수 없을 정도로 약해지기를 기다렸다. 음식이나 물이 성 안으로 공급되지 못하도록 예루살렘을 외부 세계로부터 완전히 봉쇄하기 위해 티투스는 예루살렘의 돌벽 만큼이나 높은 흙벽을 그 주위에 쌓았다. 로마군 이외에 누구든지 그 거대한 해자에서 잡히면, 성 안의 유대인들이 볼 수 있도록 흙벽 꼭대기에서 십자가형을 당했다. 하루에 5백 명 정도가 예사로 처형을 당했다. 공기는 썩은 살이 풍기는 악취로 가득했으며, 십자가형을 당한 사람들의 고통스러운 소리가 공기를 갈랐다. 그러나 유대인들은 한 해를 더 버텼다. 티투스는 불편한 심정으로 전쟁을 4년째 맞게 된다.

예루살렘의 멸망은 피할 수 없는 일이었다. 로마인들은 공성 무기와 다리 구조물을 이용해 예루살렘 성벽을 공격했다. 그들은 개미 떼처럼 도시 안으로 쏟아져 들어가 굶주림에 지친 사람들을 마구 도살했다. 유대인에게 당한 4년간의 패배는 로마가 자랑하던 무적 군단의 개념을 비웃었고, 이제 로마는 무참한 학살을 저질러 상처난 자존심을 회복하려 했다. 성전이 불탔고, 아이들이 화염에 던져졌으며, 여자들은 강간당했다. 제사장들이 학살되고, 열심당원들은 성벽에서 내던져졌다. 살아남은 사람들은 포로로 끌려가 로마에서 열릴 개선 행진에 투입될 것이고, 그 후 노예로 팔리거나 경기장에서 맹수의 밥이 되거나 로마인들의 유흥을 위해 타르페아 절벽에서 던져질 것이다. 로마 역사가 타키투스(Tacitus)는 이 참상을 다음과 같이 매우 적절하게 표현했다. "그들은 사람들을 완전히 절멸시키고는 그것을 평화라고 불렀다." 타키투스는 이 공성 공격으로 60만 명의 유대인 민간인이 학살당했다고 증언한다.

겉보기에 유대 전쟁은 로마 제국의 변방에서 발생한 잔물결이고, 로마 군단 하나둘 정도가 제압할 수 있어야 하는 전쟁이었다. 그러나 실제로 유대 전쟁은 매우 큰 전쟁이었다. 이 전쟁에서 로마인들은 유대인에게 엄청난 피해를 입혔으나, 자신들도 끔찍한 대가를 치러야 했다. 로마인들이 이긴 것은 더 용감하거나 더 유능해서가 아니었다. 그들이 이긴 것은 단순히 수가 많았기 때문이다. 이 승리의 어두운 면을 감추기 위해 로마인들은 화려한 개선 행진을 기획했다. 그들은 이 전쟁을 기념하는 특별 주화도 주조했다. 티투스를 위해 화려한 개선문도 세웠다.

이 유대 전쟁은 또 하나의 효과를 가져왔다. 유럽의 중심부는 로마의 영향권에 있었지만, 제국의 동쪽 지역은 예루살렘이 로마 군단을 4년 동안이나 괴롭힌 유대 전쟁에서 용기를 얻었다. 로마 군단이 무적이 아님을 보여준 것이다. 반역의 정신이 근동 지역에 불어닥쳤다. 로마의 보복에 매우 피폐해진 유대인의 마음에도 다시 한번 반항의 정신이 피어올랐다.

113년에 일어난 제2차 유대 봉기는 로마 영토를 파르티아인들이 침입하여 일어났다. 황제 트라야누스(Traianus)가 파르티아 영토로 역습해 들어갔지만, 유대인들은 이집트, 안티오크, 키레네, 키프로스에서 봉기했다. 유대인의 동시다발적 반란에 놀란 트라야누스는 파르티아 원정을 중단하고, 유대인 문제에 집중했다. 3년 동안 전쟁이 이어졌는데, 결과는 무승부에 가까웠다. 그러나 유대인들은 무기와 병력 부족으로 결국 항복하게 된다.

제2차 유대 봉기도 로마 입장에서는 매우 값비싼 대가로 얻은 승리였다. 그 전쟁이 로마의 힘을 소진시킨 바람에 그 후 로마는 파르티아와의 전쟁을 이어 가지 못하고 포기해야만 했다. 또한 제2차 유대 봉기는 로마사에서 매우 중요한 전환점이 된다. 그때까지 로마는 계속되는 승리로 국경을 끊임없이 넓혀 갔지만, 제2차 유대 전쟁을 기점으로 하여 국경 상황이 로마에 불리해졌다. 117년 하드리아누스(Hadrianus)가 로마 황제로 등극하면서 로마 제국의 영토는 줄어들기 시작했다.

트라야누스를 이어 황제가 된 하드리아누스는 값비싼 유대 전쟁이 끝나는 데 몹시 고무되어 유대인들에게 예루살렘 성전 재건까지 약속했다. 그러나 그 땅에 찾아온 고요에 안심한 그는 약속을 어겼고 여호와를 위한 신전이 아닌 유피테르를 위한 신전을 건축한다. 그리고 예루살렘을 로마식 도시로 바꾸어버리고 이름도 엘리아 카피톨리나(Aelia Capitolina)로 개명한다. 만약 하드리아누스가 제2차 봉기에 실패한 유대인이 또다시 봉기하지 못할 것이라 생각했다면, 완전히 상황을 오해한 것이다.

새로운 희망이 유대인 사이에 급속도로 전파되었다. 군인 출신의 메시아가 나타난 것이다. 위대한 학자가 그의 '사도'이자 '무기 드는 자'였다. 말을 타고 나타난 메시아는 다름 아닌 시몬 벤 코제바(Simon ben Cozeba) 또는 바르 코크바(Bar Kochba, '별의 아들')라 불리는 자였고, 그를 도운 위대한 학자는 랍비 아키바(Akiba)였다. 무장한 메시아와 존경받는 랍비의 조합이 실망한 유대인들을 새로운 전투 세력으로 바꾸어놓았다.

바르 코크바의 어린 시절에 관해 알려진 바는 거의 없다. 사해 근처 무루바앗(Muruba'at)에서 발견된 편지들에서 그는 독재적이고 다혈질인 군인으로 그려진다. 또한 그는 탁월한 신체 조건과 매력적인 성격으로 사람들로 하여금 맹목적이고 두려움 없이 자신을 따르도록 선동하는 능력도 지녔다. 《탈무드》는 여기에 또 하나의 특징을 더하는데 그것은 신에 대한 불경이다. 《탈무드》에 따르면 바르 코크바는 "주여, 우리를 돕지 마세요, 우리의 일을 망치지 마세요."라고 말했다고 전해진다. 산헤드린 의회도 자신이 메시아라는 바르 코크바의 주장을 의심스러워했다. 그를 도운 랍비 아키바의 믿음과 명성이 아니었더라면 그는 크게 인정받지 못했을 것이다.

랍비 아키바는 당시 가장 빛나는 인물이었으며, 유대 역사에서 가장 존경받는 학자다. 본래 그는 글을 읽을 줄 모르는 목동이었다. 그런데 진짜 동화에 나오는 이야기처럼 그는 예루살렘에서 가장 부유한 사람의 아름다운 딸과 사랑에 빠져 결혼했다. 아내의 권유로 아키바는 어린 아들과 함께 학교에 다녔고, 토라 공부를 시작했다. 그 후 그는 엄청난 학문을 습득했고, 토라와 인간과 신의 관계에 관해 새로운 통찰을 보여 상징적으로 유대인들의 영적이고 현세적인 지도자가 되었다. 그의 토라 해석은 전 세계에 흩어진 많은 유대인들의 삶의 방식에 영향을 주었다.

자신이 메시아이며 다윗 왕의 후손이라는 바르 코크바의 주장을 확인해준 사람이 바로 랍비 아키바였다. 두 사람이 로마인에 대항해 싸우자고 촉구했을 때, 모든 정파의 유대인 수만 명이 두 사람의 깃발 아래 모여들었다. 그중 예외는 유대인 기독교도들이었다. 그들은 일종의 딜레마에 빠졌다. 로마의 억압으로 유대인 못지 않게 고통받았고, 정상적 상황이라면 다른 유대인들과 함께 그 반란에 동참했어야 하지만 이미 예수를 메시아로 믿던 기독교도들은 바르 코크바를 메시아로 인정할 수 없었다. 따라서 그들은 로마인들과의 전쟁에 다른 유대인과 함께 참여하지 않았다.

132년에 바르 코크바 반란이 시작되었을 때 로마인들은 그 파괴력에 크게 놀랐다. 그들은 유대인의 저항 의지와 전쟁 능력을 완전히 과소평가했다. 유대인들이 다시 한번 로마와 전쟁을 일으킬 것이라고는 예상하지 못했던 것이다. 유대인들이 전투마다 로마 군대를 무찌르자 로마인들은 공포에 빠졌다. 다른 사람들이 이 전쟁의 규모나 중요성을 최소화하려 했다면, 하드리아누스 황제는 그렇게 하지 않았다. 그는 로마가 이 전쟁에서 졌을 때 로마에 미칠 재앙적 결과를 직감했다. 그런 재앙을 방지하기 위해, 하드리아누스는 휘하에서 가장 유능한 장군이었던 율리우스 세베루스(Julius Severus)를 브리튼 전선에서 소환했다.(그는 브리튼에서 켈트족의 반란을 진압하고 있었다.) 하드리아누스는 덜 유능한 장군과 더 작은 규모의 병력으로도 켈트족의 반란을 진압할 수 있다고 판단했다. 즉, 그는 켈트족의 반란이 유대인의 반란보다 제국의 보전에 큰 위협이 되지 않는다고 보았다. 세베루스는 3천 명의 정예 부대를 이끌고 성지로 입성했고 수적으로 열세인 바르 코크바의 군대와 전투를 벌였으나, 결과는 치욕적인 패배였다.

이때 세베루스도 유대인 군대와의 정면 승부에서는 승산이 없음을 깨달았다. 그는 미국의 남북 전쟁에서 윌리엄 셔먼 장군이 사용했던 것과 같은 전략을 쓰기로 결심했다. 그것은 바로 자신의 군대에 필요 없는 모든 것을 불태워 파괴하는 총력전 전략이었다. 이때 세베루스는 이 전략에 로마식 디테일을 첨가하는데, 그의 군대가 지나가는 길에 있는 모든 생물—민간인과 군인 할 것 없이, 남자아이와 여자아이 할 것 없이, 사람과 동물 할 것 없이—을 모조리 죽이는 것이었다. 그 전략은 느리고 야만적이며 괴롭고 고된 전투로 이어졌지만, 다급했던 로마인들에게는 선택의 여지가 없었다. 그들은 이 전쟁에서 반드시 이겨야 했다. 2년간 이어진 무자비하고 잔인하며 억압적인 학살로 유대인의 인구가 급격히 줄자, 유대인의 방어 전선이 흔들렸다. 135년에 바르 코크바의 군대는 항복한다. 로마 군대는 바르 코크바를 전투 중에 사살하고 랍비 아키바는 잔인하게 고문하여 살해함으로써 못 다한 분을 풀었다. 파르티아로 도망간 유대인들은 그곳에서 환영받았다.

예루살렘과 유대인의 땅이었던 팔레스타인은 이제 유대인에게 통행 금지 구역이 되었다. 전쟁에서 살아남은 사람들과 파르티아로 도망치지 못한 사람들은 노예로 팔렸다. 그러나 세 번의 유대-로마 전쟁 중, 세 번째 전쟁이 로마인들에게 가장 큰 피해를 입혔다. 하드리아누스 황제가 원로원에 전쟁 결과를 보고할 때 그는 "나와 내 군대는 무사합니다."라는 상투적인 맺음 인사를 생략했다. 황제도 황제의 군대도 전혀 무사하지 못했던 것이다. 하드리아누스의 체면이 상당히 구겨졌고 그의 군대도 큰 손실을 입었다. 티투스의 승리처럼 그의 승리도 너무 큰 대가를 지불하고 얻은 것이었다. 로마 제국은 자유를 위해 투쟁하기 시작한 지방의 압력으로 흔들렸고, 국경 또한 더는 고정된 것이 아니었다. 무장한 사람들이 언제든지 국경을 넘어 침입할 태세였다.

어떤 사람들은 유대-로마 전쟁에 대한 이런 설명이 지나친 상상의 결과라고 주장할 수 있다. 즉 세 번의 유대-로마 전쟁이 통일 로마 제국에 작은 충격도 주지 못했다고 주장하는 것이다. 역사가들이 보통 이 세 번의 유대-로마 전쟁을 깊이 다루지 않고 대중들도 잘 모르기 때문에 그런 의심을 하는 것은 이해할 수 있다. 그러나 이 전쟁의 진정한 모습은 현대 역사에 비교해볼 때 드러난다. 1956년에 러시아에 대항해 일어난 헝가리인들의 반란은 불과 몇 주 지속되고 끝났다. 그러나 이 반란 때문에 러시아 공산당 체제가 심각하게 흔들렸고, 모든 위성 국가들이 반란의 태세를 갖추게 되었다. 헝가리인들의 반란이 몇 달 만에 끝나지 않고 4년 정도 러시아와 전쟁을 끌었다면 어떻게 되었을까? 그리고 반란 때마다 헝가리인들이 러시아의 보병과 전차 앞에서 수년씩 버틸 수 있었다면, 그리고 그들을 무찌르고 심각한 피해를 입혔다면 어떻게 되었을까? 그래도 역사가들이 "러시아는 반란의 결과로 약해지지 않았다."고 말할 수 있을까? 헝가리 같은 작은 나라에게 그렇게 값비싼 승리를 거둔 후 러시아의 위상이 추락하지 않았다고 주장할 수 있을까? 이런 관점에서 보면 유대-로마 전쟁은 일반적으로 합의된 것보다 훨씬 중요한 역사적 사건이었다고 말할 수 있다.

유대 역사에서 로마 시대는 하드리아누스의 통치와 함께 끝난다. 여전히 많은 유대인들이 로마의 지배를 받으며 살았지만, 하드리아누스 이후의 로마는 유대인들에게 전보다 훨씬 적은 영향을 끼쳤다. 심지어 212년에 모든 유대인에게 시민권을 부여해 유대인들을 포용하려 했지만, 정작 유대인들이 로마인을 거부했다.

즉 이상하고 전례 없던 일이 발생한 것이다. 유대인들은 '변방의 소수자'였지만 내면의 영적 힘으로 지배적 다수를 거절했다. 그들은 유대 문화가 로마 문화보다 우월하다고 확신했다. 이 새로운 용기, 새로운 영적 능력은 어디에서 온 것일까?

그 비밀은 죽어 가는 예루살렘에서 몰래 빠져나온 봉인된 관 속에 숨어 있었다. 랍비 요하난 벤 자카이의 정신과 마음속에 있었다. 그가 세운 유대 학문을 위한 학교, 즉 예시바가 운영되기 시작했던 것이다. 그 학교는 모세와 같은 초자아적 발전기를 생산하는 공장이 되었다. 그 발전기는 새로운 모델의 유대인, 즉 내면을 지향하는 유대인들에게 활력을 공급했다. 그러나 그 모세적 발전기는 야브네에서 만들어졌다고 밝혀졌지만, 그 부품은 그리스에서 공급된 것이다.

9장

그리스어로 번역된 《구약 성경》

대부분의 정치사학자들은 그리스-로마 시대의 유대인에 관하여 아주 간략히 설명한다. 그 시대의 유대인들은 보통 '소수 유목 민족'이나 '편협한 광신도' 혹은 '할례와 음식 법을 지키기 위해 싸우는 고집통이'로 묘사된다. 대개 이런 식의 서술은 당시 그리스-로마 역사가들을 통해 전해진 것이다. 이런 평가들은 유대인을 향한 경멸보다 유대 역사와 문학과 문화에 대한 무지를 반영한다. 그러나 그리스-로마 시대의 유대인들이 역사가들의 주목을 받지 못하는 이유는 이런 무지 때문만은 아니다. 많은 정치사학자들은 사상의 세계를 불편해한다. 그들은 구체적인 것만 다루려 한다. 역사를 전쟁과 약탈의 연속으로 보는 것은 편하다. 이러한 역사관에서는 많은 땅을 모으고, 많은 금을 얻고, 좋은 신상을 조각하고, 웅장한 건물을 건축한 나라에 주목한다. 유대인들은 이런 것들을 소유하지도 못했고 만들어보지도 못했기 때문에 그리스-로마 역사가들이 유대인들의 역사를 중요하지 않은 부가적인 역사 정도로 취급하는 것은 당연하다. 사람들은 그리스 신상의 수를 세고, 로마의 대리석 욕조의 비용을 계산하고, 도로의 길이를 측량한다. 그리고 그 모든 것은 매우 인상적인 규모의 문화적 증거가 된다. 그리스-로마가 찬란한 문명이라는 것은 바꿀 수 없는 사실이다.

그러나 그리스와 로마인들이 유대인들을 경멸스럽게 묘사한다고 해서 유대인들이 경멸당할 만한 존재가 되는 것은 아니다. 그리스-로마인은 자신을 제외한 모든 민족을 경멸했다. 로마인은 심지어 자신들이 빈번하게 모방한 그리스인조차 멸시했다. 그리스인이나 로마인이 유대인을 경멸한 이유를 살펴보면, 그들의 가치 평가가 전혀 근거가 없다는 사실을 깨닫게 된다. 살아 있는 사람을 나무 십자가에 못 박고 그것을 정의라고 외친 로마인이 유대인의 할례 의식에 공포감을 느낄 자격이 있는가? 불쌍한 노예들을 맹수에게 먹이로 주고 그것을 오락이라고 부른 로마인이 민족 해방을 축하하는 유월절 축제를 '야만적'이라고 할 수 있는가? 사람이나 짐승을 무자비하게 일주일 내내 노동을 시키고 그것을 근면이라고 부른 그리스-로마인이 자유인이나 노예나 동물이 모두 쉬는 유대인의 안식일 관습을 경멸할 수 있는가? 두개골 혹은 코 모양이 마음에 들지 않는다는 이유를 들어 갓난아기를 죽이는 그리스의 관습을 거부한 유대인이 오히려 그리스인에게 조롱받은 것이다. 유대인은 딸을 성전의 매춘부로 기르지 않았기 때문에, 미성년자와 성관계를 맺는 것을 사랑의 가장 고귀한 형태로 인정하지 않았기 때문에, 종교적 의무를 인간의 쾌락보다 더 중요시했기 때문에 그리스인과 로마인에게 야만인이라는 소리를 들은 것이다.

신상, 그림, 건축물은 문화의 지표이지만 문학은 문화 그 자체이다. 문학은 한 문명의 문화를 비추는 진정한 거울이다. 그리스인은 위대한 문학을 창조했다. 그 때문에 그리스인은 문화 민족의 연합에 한자리를 차지할 자격이 있다. 유대인도 마찬가지다. '야만족'이 유대인이 일궈낸 그 문학을 만들 수 있을까? 2천 년 이상을 지속하며 서구 문명의 기초가 된 문학을 만들 수 있을까? 그리스와 로마의 책들은 오늘날 전문 대학 강좌에서 학문적 활동의 하나로 연구된다. 그러나 유대인의 문학 작품은 인류의 생활 원리이다. 문학에서 유대인의 성취는 독보적이며 다른 것과 비교할 수 없다. 그것은 '속 좁은 고집통이들'의 작품이 아니라, 탁월하고 수준 높은 문명을 지닌 민족의 성취이다.

최근에 와서야 문화 역사가들과 재야 학자들이 그리스 사상과 유대 사상 사이에 발생한 위대한 융합과, 한쪽이 다른 한쪽에 남긴 흔적을 연구하기 시작했다. 그들은 그리스의 철학 작품이 유대의 영향을 강하게 받았다는 사실을 밝혀냈으며, 유대인의 신학 저술에서도 그리스 주요 사상의 흔적을 발견했다.

그리스 문명의 두 흐름이 융합하여 만들어진 것이 '헬레니즘' 문화이다. 한 흐름은 그리스 예술, 건축, 과학, 철학이며, 다른 하나의 흐름은 그리스 삶의 방식, 문화, 도덕, 종교이다. 우리는 헬레니즘과 싸운 바리새인이 그리스 문화와 도덕에는 반대했지만, 그리스 예술과 철학은 수용했음을 이미 보았다. 반면 그리스 문화와 도덕을 수용한 사두개파는 그리스 예술과 철학은 거부했다. 예루살렘이 유대인에게 출입 금지 지역이 되었을 때 사두개인은 사라졌다. 사두개파의 종교는 예루살렘 신전과 밀접하게 연결된 것이었는데 신전이 파괴되었기 때문이다. 그들의 제의는 희생 제사와 밀접한 것이었는데 더는 제사를 지낼 수 없었다. 사두개파의 교리는 유연하지 않았고, 그들의 사상은 시대를 따라가지 못했다. 사두개인은 새로운 철학의 흐름에 따라 자신들의 사상에 새 생명을 불어넣는 데 실패했다. 근동의 이방인처럼 사두개인은 헬레니즘의 겉 장식만을 빌렸을 뿐 본질은 놓쳤다. 따라서 다른 이방인들처럼 그들은 도태되었다. 이제 바리새인이 유대 사상의 횃불을 이어받을 차례였다. 그 횃불이 주는 빛는 분명히 유대적인 것이지만 횃불 그 자체는 그리스 철학자들이 점화한 것이었다.

유대 사상과 그리스 사상의 융합을 논하기 전에 먼저 말해 두어야 할 것은 둘 사이에 큰 사상적 차이가 있다는 점이다. 누군가는 그 차이를 이렇게 요약했다. 유대인은 "내가 무엇을 해야 합니까?"라고 묻는데, 그리스인은 "왜 내가 그것을 해야 합니까?"라고 묻는다. 혹은 어느 유대 역사가가 말했듯이, "그리스인의 신앙은 아름다움의 신성함에 관한 것이지만, 유대인은 신성함의 아름다움을 믿었다." 진정으로 헬레니즘을 사랑했던 많은 유대인이 유대교를 매우 천한 삶의 방식, 즉 미학적으로 형편 없는 문화로 인식했다. 그러나 그리스 문화의 많은 요소를 예찬했던 다수의 유대인은 그리스 문화 속에서 혐오스러운 점을 적잖이 보았다. 적나라한 이교도주의, 인간 고통에 대한 무관심, 영적이지 못한 아름다움 추구, 천박한 궤변술, 야만적인 유아살해 같은 문제들이 유대인을 돌려세웠다. 원형 극장에는 소포클레스(Sophocles)의 연극보다 음란한 서사극이 더 자주 올라왔으며, 아름다움 추구는 예술 작품을 감상하는 형태가 아니라 아름다운 소년이나 창녀를 찾는 형태로 나타났다.

많은 유대인에게 그리스 문화의 부정적인 면이 보였다면, 당연히 그보다 더 많은 그리스-로마인도 자기 문화의 부정적 측면을 알고 있었을 것이다. 유대인의 삶의 방식은 그리스-로마인에게 큰 감동을 주었다. 그들은 성과 관련 없는 유대교 상징물을 좋아했고 유대교 신의 위엄을 존경했다. 유대교 신은 그리스-로마의 신처럼 밤에 유부녀의 침대로 몰래 들어가는 행동은 하지 않는다. 또 그들은 유대인이 당시 이방인 사이에 유행했던 과음 문화에 빠지지 않은 것을 높이 평가했고 유대인이 정신적 가치, 가족, 학문적 이상을 물질보다 더 중요하게 여기는 것을 부러워했다. 그래서일까? 기원전 100년에서 기원후 100년 사이의 2백 년 동안 그리스와 로마인의 집에서 수천 개의 안식일 촛불이 켜졌다. 이것을 보고 로마의 철학자 세네카는 유대인의 관습이 도처에 만연해 로마인이 유대인 문화에 흡수될 위험이 있다고 말했다.

세네카의 말은 단순한 과장이 아니다. 그리스인과 로마인, 그리고 다른 이방인이 유대교의 도덕과 사상에 품은 존경심은 나라의 근본까지 흔들 정도였으며, 유대인보다 더 적극적으로 전도한 기독교인이 없었다면 유대교가 크게 전파되었을지도 모른다. 기원후 1세기 로마 제국 인구의 10퍼센트 이상이 유대인이었다는 사실을 아는 사람은 오늘날 많지 않다. 7천만 인구 중에서 약 7백만이 유대교도였다. 유대교 신앙을 고백하는 7백만 명 중에 약 4백만 명만이 혈통적으로 유대인이었다. 나머지는 개종한 이방인이거나 개종한 이방인의 후예였다. 이것은 이방인과 유대인의 사상적 연합이 불러온 실제 결과였다. 다음의 두 요인이 없었다면 개종 비율은 훨씬 더 높았을 것이다. 하나는 엄격한 음식 법이고 또 하나는 할례이다. 바울 시대의 초기 기독교는 이 두 가지를 개종자에게 요구하지 않았다. 그러자 이방인이 기독교에 몰려들었다. 기독교도가 되는 문턱이 유대교도가 되는 문턱보다 훨씬 낮았던 것이다.

　이런 사실은 그리스-로마 시대에 알렉산드리아, 안티오크, 키프로스를 포함한 유대 인구의 비중이 높은 도시에서 유대인을 상대로 봉기가 일어난 점을 잘 설명해준다. 많은 이방인이 유대교로 개종한 사람과 전도 활동을 하는 유대인 모두에 분노했다. 이 분노는 나중에 더 적극적으로 전도를 해서 유대인보다 더 많은 개종자를 얻은 기독교도에게로 옮겨 갔다. 이방인이 유대인에게 분노한 또 다른 이유는 유대인의 태도와 관련이 있다. 전 세계가 그리스와 로마 문화를 흉내 내려 할 때, 대다수 유대인은 그리스와 로마 문화를 경멸했다. 그리스인과 로마인은 유대인의 문화적 우월감에 분노했다. 그 분노에 기름을 부은 것은 유대인들이 도시 인구의 다수를 차지하는 이방인과 결혼을 거부한 사실이다. 그러나 유대인에 대한 반감의 가장 큰 원인은 누가 로마 제국의 관료 체계에서 가장 좋은 직업을 얻느냐 하는 실제적인 문제에 있었다. 유대인은 인구에 비해 많은 사람이 영향력 있는 지위나 전문 지식을 다루는 직업을 차지했다. 유대인은 이집트, 시리아, 다마스쿠스, 그리스에서 입법부, 사법부, 행정부, 학교의 높은 자리에 앉았다. 그들을 높은 지위에 올려놓은 것은 뇌물이나 특혜가 아니었다. 순전히 유대인의 지성과 근면함이 그들을 높은 지위까지 올려놓은 것이다. 이것들은 유대인에게 우연히 생긴 것이 아니라, 유대 지도자들이 수 세기 전에 도입한 종교 개혁 조치의 결과였다.

보편적 의무 교육 덕분에 유대인은 글을 읽고 쓸 줄 알았다. 유일신 사상과 보이지 않는 신 때문에 유대인의 지적 능력이 향상되었다. '움직이는 성막'이 유대인들을 특정한 장소에 묶어놓지 않았기 때문에 그들은 기회를 따라 정체성을 포기하지 않으면서 옮겨 다닐 수 있었다. 그리스의 지식인, 로마의 귀족, 다른 이방인 귀족은 노동을 천하게 여겼지만 유대인은 노동을 고귀하게 생각했다. 교육, 태도, 세계관 면에서 유리했다는 점을 고려해보면 유대인이 이방인 경쟁자를 제치고 더 나은 직업을 얻은 것은 놀랄 일도 아니다. 5백 년이 지나 기독교인이 득세했을 때, 그들은 능력에 근거해 모든 중요한 직업이 유대인의 손에 넘어가는 것을 방지하려고 정책을 입안하는 자리에 유대인이 들어오지 못하게 하는 법을 만들었다. 성공은 질투를 유발한다는 말이 있다. 팔레스타인 유대인이 로마에 대항해 봉기했을 때 알렉산드리아, 안티오크, 키프로스에 있던 이방인은 로마인을 도와 유대인을 약탈했다.

유대 사상과 그리스 사상의 융합이 광범위하게 일어난 가장 중요한 이유는 유대 신학이 그리스 철학과 문학에 큰 영향을 끼쳤기 때문이다. 유대인이 저술한 책 한 권이 그리스와 로마에 큰 충격을 주었다. 그 책은 그리스어로 번역된 《구약 성경》이었는데, 흔히 《70인역 성경》으로 잘 알려져 있다. 문학적으로 매우 가치 있는 그리스어 저작이며, 유대인보다 이방인에게 더 많이 팔린 베스트셀러였다. 유대의 휴머니즘과 철학을 그리스인과 로마인에게 전파한 것도 이 책이었다. 그래서 바울이 그리스인과 로마인에게 전도하러 왔을 때 그의 교리는 완전히 새로운 것은 아니었다. 사람들은 이미 《구약 성경》에 익숙했다.

앞서 언급한 대로 모세 오경은 기원전 444년에 정전으로 인정되었다. 그 후 5백 년 동안 페르시아, 그리스-로마 시대를 거치면서 유대인은 《구약 성경》을 구성하는 나머지 책들을 집필하고 개정하고 수용하여 정전으로 삼았다. 모든 책은 아람어로 쓰인 〈다니엘〉, 〈에스라〉의 일부를 제외하고 히브리어로 기록되었다. 하스모니안 왕조 시대에 현재의 히브리어 이름이 각 권에 부여되었고 책들의 순서도 결정되었다. 이렇게 완성된 성경은 이후 변하지 않았다.

《구약 성경》의 그리스어 번역이 어떻게 《70인역 성경》으로 불리게 되었는지를 알려주는 재미있는 전설이 있다. 기원전 250년경에 유대인들이 지닌 유명하고 아름답게 쓰여진 책에 관한 소문이 프톨레마이오스 왕조의 필라델포스 왕의 귀에 들어갔다. 그는 유대 학자 70명에게 그 책을 그리스어로 번역하도록 했다. 이 경건한 전설에 따르면 학자들은 각각 따로 작업했지만, 완성 후 각자의 번역을 비교한 결과 토씨 하나까지 똑같았다고 한다. 이 번역이 하느님의 특별한 인도를 받았음을 증명하는 것 같았다. 그래서 이 번역서가 70명이 번역한 성경, 즉 《70인역 성경》으로 불리게 된 것이다.

이 번역에 관해 역사학자들은 전설과는 사뭇 다른 설명을 한다. 부정할 수 없는 사실은 알렉산드리아와 안티오크, 다마스쿠스와 아테네 같은 도시의 유대인이 히브리어를 잊어버리고 그리스어로 말하기 시작했다는 것이다. 오늘날 미국에 사는 유대인이 이디시어 대신 영어를 사용하는 것과 마찬가지다. 유대 지도자들은 《구약 성경》의 내용이 언어 자체보다 중요하다고 느꼈다. 그리스어로 된 성경이라도 아는 것이 성경을 전혀 모르는 것보다 유대인에게 중요하다고 생각했다. 그래서 성경 번역이 시작되었다. 유대 지도자들이 지혜롭게 판단한 것이다. 《70인역 성경》은 외국의 이방 문화에서 성장한 유대인들을 유대교의 테두리 안으로 다시 끌어들이는 데 큰 역할을 했다.

그러나 《70인역 성경》은 유대인보다 그리스인에게 더 큰 영향을 끼쳤다. 이 번역된 성경을 통해 그리스인의 개종이 빨라졌다. 더 중요한 것은 유대교로 개종하지 않은 많은 사람도 《70인역 성경》을 통해 유대교를 더 깊이 이해할 수 있었고, 유대인과 그들의 문화에 더 큰 존경심을 품게 되었다는 점이다.

성경 번역으로 위대한 지적 상호작용이 발생했다. 유대교 신학이 널리 퍼져서 그리스 사상뿐 아니라 미래의 기독교 교리에도 영향을 끼쳤다. 일부 학자들은 기독교 교리가 흔히 생각하는 것처럼 바울의 가르침에서 전적으로 나온 것이 아니라, 필론(Philon) 같은 유대인 철학자의 저술에 영향을 받기도 했다고 주장한다. 필론은 《구약 성경》을 그리스 철학자 플라톤의 작품과 융합했다. 오늘날 기독교인이나 유대인 모두 필론을 잘 모르지만, 그는 랍비 아키바나 사도 바울보다 기독교와 유대교에 더 중요한 영향을 끼쳤을지도 모른다. 필론은 유대교를 그리스 철학의 틀로 체계화했다. 그렇게 체계화된 유대교는 유대인과 기독교도가 새로운 사상을 창조하는 데 영향을 주었다.

필론은 알렉산드리아에서 가장 부유하고 헬레니즘의 영향을 많이 받은 유대인 가정에서 태어났다. 그는 최고의 사립 학교를 다녔고 그리스어와 라틴어를 유창하게 구사했으나 히브리어는 조금밖에 못했다고 알려졌다. 플라톤에 심취했던 필론은 유대교의 정수를 그리스 철학의 핵심과 융합하려는 생각에 골몰했다. 그의 생애는 잘 알려져 있지 않지만, 재미있는 일화가 하나 전해진다. 미치광이 로마 황제 칼리굴라가 자신을 신으로 섬길 것을 요구했을 때의 일이다. 황제 숭배가 유대교와 어긋난다는 것을 잘 알았던 알렉산드리아인들은 애국이라는 명분을 들이밀며 유대인도 황제의 요구에 따라야 한다고 주장했다. 그러나 이것은 유대인의 부와 명예를 질투한 알렉산드리아인들이 복수하려고 꾸민 일이었다. 유대인들이 황제 숭배를 거부하자 알렉산드리아인들은 유대인들을 배신자라고 부르며, 그것을 핑계로 삼아 유대인을 약탈했다. 이에 필론은 로마로 건너가 자신을 신격화한 그 미친 황제와 담판을 지어야 할 사명을 지게 되었다.

상황이 절망적이었을 뿐 아니라 그런 시도는 불가능한 일이었다. 칼리굴라는 로마 시민 수천 명을 아무런 이유 없이 죽이거나 먹은 음식이 소화가 안 된다는 이유로 죽이기도 했다. 이런 미치광이에게 황제 숭배를 거부하는 반역자 유대인을 위해 신이기를 포기하라고 요구하는 것이야말로 미친 짓이었다. 그러나 필론은 현대 정신과 의사가 집착증 환자를 치료하듯 칼리굴라를 다룸으로써 그 불가능한 과업을 이루어냈다. 그는 냉철함과 위신을 잃지 않고 황제의 질문에 진솔하게 대답했다. 또 황제를 자신의 행동에 완전히 책임지는 정상인으로 대우함으로써 유대인 신전에 황제 신상을 세우지 않아도 유대인의 충성을 얻을 수 있다고 칼리굴라 황제를 거의 설득했다. 칼리굴라가 정말 설득되었는지는 알 수 없다. 왜냐하면 41년에 근친상간을 하고 간질을 앓던 칼리굴라 황제가 살해당하고 클라우디우스 (Claudius)가 그의 자리를 대신했기 때문이다. 클라우디우스는 로마인들에게 말을 더듬는 바보로 비난받았지만, 놀랍게도 알렉산드리아 사람들에게 유대인 약탈을 금지하고 그 피해를 보상해주라고 명령했다.

《구약 성경》을 그리스 번역으로만 읽은 필론은 유대교 계시에 그리스 옷을 입혀 《구약 성경》을 더욱 그리스 지식인들의 입맛에 맞게 만들었다. 그러기 위해서 필론은 알레고리와 플라톤 철학을 도입했다. 플라톤에 따르면 하느님이 세상을 창조했지만 하느님은 세상에 직접 영향을 주지 않고 로고스, 즉 '말씀'을 통해 간접적으로 영향을 준다.* 필론은 인간의 영혼이 '신의 근원'으로부터 나오기 때문에 신성 그 자체를 품을 수 있다고 주장했다. 필론에 따르면, 인간이 신성을 지닐 수 있는 방법에는 두 가지가 있다. 하나는 예언의 정신을 통해 얻는 것이고, 다른 하나는 신비한 내면적 명상을 통해 얻는 것이다. 필론은 유대교가 인간으로 하여금 도덕적 완성을 얻을 수 있게 하는 도구라고 주장했다. 토라는 하느님과 하나가 되는 길이다. 바울의 그리스도론의 근거가 필론의 알레고리적 로고스 개념과 하느님에 대한 신비한 내면적 명상에 있었다면, 유대인들은 필론 철학의 반대편 기

---

* 기독교도들은 〈요한복음〉에서 이 사상을 직접 차용한다. 〈요한복음〉의 시작은 다음과 같다. "태초에 '말씀'이 계셨다. 그 '말씀'은 하나님과 함께 계셨다. 그 '말씀'은 하나님이셨다." 모순적이게도 〈요한복음〉의 이 '말씀'은 기독교의 교리라기보다 유대교의 교리이다. '사람의 아들'을 하나님과 동일시하는 것이 기독교도들의 특징이라면 유대인들의 특징은 요한의 가르침을 따라 '말씀', 즉 토라를 하나님과 동일시하는 것이다. '말씀이 하나님'인 것은 유대인들에게 더 잘 적용된다.

둥인 예언의 정신을 중요시했다. 그들은 토라 연구를 통해 유대교를 세우려 했다.

토라 연구는 유대교를 시대의 흐름과 상관없이 언제나 현대적이고 늘 새로운 것으로 유지할 수 있게 했다. 그리스인과 접촉하면서 유대인은 과학과 철학을 배웠다. 유대인은 과학을 토라에서 더 깊은 의미를 얻는 도구로 사용했다. 그리고 토라에 그리스식 논리를 적용했다. 그리스 철학 덕분에 그들은 사상의 지평을 넓힐 수 있었다. 그러나 유대인은 이론가이면서 동시에 현실적인 사람들이었다. 유대교를 유대인 없이 말할 수는 없다. 그래서 유대 지도자들은 토라에 다음과 같은 교훈을 넣어 읽었다. 즉 유대교를 보존하기 위해 유대인은 자신을 우선 보존해야 할 의무가 있다는 것이다. 따라서 유대 지도자는 늘 생존을 위한 방법과 수단을 강구할 의무가 있었다. 이제 '빵과 버터'로 사상을 보존할 때가 되었다.

10장

디아스포라의 시작과 학자의 도래

바르 코크바가 주도한 제3차 유대 봉기(132~135년)와 함께 유대인의 정치적 운도 거의 소진되어, 유대인의 사회 경제적 재앙으로 이어졌다. 즉 2세기에 대부분의 유대인이 국가 없이 로마 제국 전역으로, 즉 인도에서 대서양까지 세 대륙과 두 제국과 수십 개의 왕국으로 흩어진 것이다. 그러나 그 후 유대인들은 2천 년간 맞서 싸우며 역사를 이어 왔다. 논리적으로나 역사적으로 유대인은 오래전에 민족 정체성을 상실하고 사라졌어야 했다. 그러나 그들은 생존했다. 그들은 '민족의 흩어짐'이라는 새로운 도전에 또 하나의 생존 공식인 '디아스포라 유대교'로 대응한 것이다.

앞에서 '디아스포라'가 '흩어짐' 또는 '사방으로 흩어지다'라는 뜻의 그리스어에서 유래했다고 지적했다. 오늘날 이 단어는 이스라엘에 살지 않는 유대인, 즉 유대 국가 경계 밖에 흩어져 사는 유대인을 가리키게 되었다. 그러나 디아스포라는 실제로 그 이상의 의미를 담고 있다. 디아스포라는 삶의 방식이자 사상적 개념이며, 정신 상태이자 존재 양식이다. 이 개념을 제대로 이해하려면 그 역사부터 되살펴야 한다.

일부 역사가는 디아스포라가 첫 번째 유다 왕국의 멸망과 그 후의 바빌로니아 포로기에서 시작되었다고 생각한다. 그렇다면 '포로 생활'과 '디아스포라' 사이에 개념적 차이가 없어진다. 유대인은 비록 포로로 바빌로니아에 끌려갔지만 그곳에서 오랫동안 삶을 꾸렸기 때문이다. 유대인의 디아스포라는 페르시아의 바빌로니아 정복에서 시작되었다고 보는 것이 더 정확하다. 왜냐하면 페르시아가 유대인의 본토 귀환을 허락했을 때, 대부분의 유대인은 팔레스타인으로 돌아가지 않고 살던 곳에 남기로 자발적으로 결정했기 때문이다. 페르시아가 승리하기 전에 바빌로니아에 살던 유대인들은 자신의 의지와 관계없이 강제로 그곳에 살았지만, 페르시아에 의한 해방 이후 바빌로니아에 머문 유대인들은 자발적으로 남은 사람들이다. 전에는 '포로가 된' 사람이었다면, 이제는 '디아스포라'로서 바빌로니아에서 산 것이다.

그러나 '디아스포라'와 '포로 생활'이라는 개념 사이에는 좀 더 본질적인 차이가 있다. 포로가 된 사람들은 고향에서 강제 이주를 당한 자들이며, 새로운 땅에서 어떤 문화도 창출하지 못하고 점차 그 땅에 동화되어 사라지거나 유목 생활로 돌아가 정체되었다. 이것이 포로가 된 대부분의 민족이 겪을 운명이었다. 유대인만이 그런 운명을 피해갔다. 포로가 된 유대인들은 디아스포라라는 새로운 유대 문화를 창출했다. 디아스포라 문화의 내적 핵심은 언제나 유대적이었지만, 각각의 디아스포라 문화는 유대교의 핵심에 지배 문명의 주요 특징을 흡수했다. 그리스인의 전통 의상인 튜닉, 아랍의 무슬림 랍비 무프티, 미국의 아이비리그처럼 디아스포라 문화가 어떻게 포장되었든 그 안에는 언제나 여호와 유일신교가 자리 잡고 있었다. 지배 문명이 그리스 문명처럼 철학적이면 유대인은 철학자가 되었다. 지배 문명이 아랍 문명처럼 주로 시인과 수학자로 구성되어 있다면 유대인은 시인과 수학자가 되었다. 지배 문명이 현대 유럽처럼 과학적이고 이론적일 때 유대인은 과학자와 이론가가 되었다. 지배 문명이 미국처럼 실용적이고 중산층적일 때에는 유대인은 실용주의자나 교외 중산층이 되었다. 지배 문화나 문명이 유일신적 도덕에 위배될 때에만 유대인은 지배 문명에 적응하거나 적응할 수 없었다. 유대인은 자신들이 살아간 문명의 일부였지만 여전히 그것과 다른 문명을 이루었다.

포로 생활이 끝난 후에 바빌로니아에 머물기로 결정했던 유대 지식인들은 바빌론에서 첫 번째 디아스포라 문화를 만들었고, 그것이 곧 예루살렘의 문화와 예술에도 영향을 주기 시작했다. 예를 들어 유대인은 페르시아 미술 형태를 자기 나름대로 변형했으며, 많은 학자들은 그 유대적 변형이 비잔틴 미술 학파를 만들어냈다고 믿는다. 예를 들어, 유대교 회당에서 발견된 두라-에우로포스 그림들은 비잔틴 미술을 떠올리게 한다. 한편, 그리스인이 페르시아를 정복하면서 유대인에게 영향을 주었을 때 유대 문화는 그리스 문명의 색을 더하게 된다.

그리스 문화가 지배하던 때에 유대 문화 중심지 두 곳이 추가로 생겨났다. 하나는 예루살렘에, 다른 하나는 알렉산드리아에 생겨났고 여기에 바빌론까지 더해 유대인의 문화 중심지는 세 곳이 되었다. 이 가운데 두 곳이 디아스포라 문화 중심지였다. 기원전 200년에서 기원후 100년까지 약 3백 년 동안 알렉산드리아 유대인은 최고의 학문적 성취를 이루었으나, 성전이 파괴된 후 서서히 쇠퇴의 길을 걷다가 기원후 100년이 지나면서 학문적 불꽃이 완전히 꺼졌다. 그 후 2백 년 동안 바빌로니아 유대 공동체가 (알렉산드리아로부터) 디아스포라의 지적 유산을 이어받았다. 그러나 2세기 중엽 제3차 유대 봉기가 끝날 무렵에 유대인을 인도하는 빛은 야브네라는 작은 유다 마을을 비추었다.

랍비 요하난 벤 자카이가 불타는 예루살렘을 보고 야브네에 유대인 학교를 세웠을 때, 그를 지배했던 생각은 '흩어짐(디아스포라)'의 위기 앞에서 유대 사상을 지켜내는 것이었다. 벤 자카이와 그의 동료 랍비들은 전례 없는 민족의 위기 앞에 서 있었다. 나라를 잃은 유대인이 사방으로 뿔뿔이 흩어진다면 민족의 소멸을 막기 위해 그들은 무엇을 해야 하는가? 수천 조각으로 파편화되어 이방 언어와 이방 종교 사이에 흩어진 민족의 소멸을 막을 방도는 무엇인가? 민족의 정체성을 보존하려면 어떤 조치가 필요한가? 설령 대책이 있다 하더라도 정치 권력, 경찰, 군대도 없는 상황에서 어떤 조치를 취할 수 있을까?

벤 자카이와 그의 후계자들은 흩어진 유대인이 처할 위험이 무엇일지 예상했다. 먼저 흩어진 유대인은 세계 노예 시장을 통해 사라질 위험이 있었다. 언어를 잊어버릴 위험, 민족 문화를 포기할 위험, 지배 문명에 완전히 동화될 위험도 있었다. 또한 다른 종교에 빠져 개종할 위험, 유대 정체성을 소홀히 할 위험, 더는 선민 사상을 믿지 않을 위험도 있었다. 벤 자카이와 그의 후계자들은 이런 문제들을 하나하나 검토하여 유대인의 생존을 가능하게 할 사상을 법의 형태로 만들어냈다. 그들이 만든 법은 레스폰사*라 불린 독특한 '법률 서비스'를 통해 흩어진 유대인들에게 보급되었다. 이 법의 많은 부분이 《탈무드》의 일부가 된다. 레스폰사를 운영하는 데는 어떤 정치 권력도 필요 없었다. 유대인은 자신의 지도자들이 생명력 있고 실천 가능한 사상을 공감 있게 전달하는 한 그들을 자발적으로 따를 정도로 강력한 내적 규율을 마련했다. 하느님으로부터 모세 율법, 《구약 성경》, 제사장에게 이동한 유대교 카리스마가 이제는 유대 학자, 즉 랍비에게로 이동한 것이다. 유대교에서 학자의 시대가 도래했다.

노예 제도로 인한 유대인 소멸이 가장 시급하고 실제적인 문제였다. 이런 위험을 방지하기 위해 유대 지도자들은 모든 유대인은 형제이며, 형제는 서로를 지켜야 한다는 원칙을 만들어냈다. 그 전까지는 누군가가 노예로 팔려 가면 가족만 그를 구해줄 의무가 있었다. 그런데 이제 전혀 새로운 개념을 만들어낸 것이다. 유대인이 노예로 팔려 가면 7년 안에 가장 가까운 마을에 있는 다른 유대인이 반드시 구해주어야 했다. 히브리어가 수백 개의 방언으로 파편화되는 것을 막기 위해 유대 학자들은 최초로 히브리어 사전과 문법 책을 만들었다. 현대 히브리어의 어휘는 크게 발전했지만 현대 히브리어를 말할 줄 아는 사람들은 고대 이스라엘인의 히브리어, 이슬람 유대인의 히브리어, 중세 유대인의 히브리어를 특별한 어려움 없이 읽을 수 있다.

레스폰사(Responsa) 유대교의 율법과 관련된 질문에 유명한 랍비가 보내온 권위 있는 회답을 담은 편지 형식의 히브리 문학.(역주)

유대교에서는 서로 다른 지역에서 온 유대인이 서로의 제의를 알지 못하는 것을 방지하기 위해 회당의 예배도 표준화했다. 위대한 기독교 작곡가들이 기독교 기도문을 '영원한 음악'으로 승화한 것처럼 위대한 유대 시인들은 유대교 제의를 위해 '영원한 기도문'을 만들었다. 이 기도문은 언어의 아름다움을 뛰어넘었다. 일 주일에 두 번, 그리고 토요일에 회중 앞에서 토라가 낭송되어야 한다는 에스라와 느헤미야의 칙령은 다음에 나오는 단서 조항과 함께 그 당시에도 계속 지켜졌다. "토라의 낭송은 이제 제사장에 국한되지 않으며, 누구나 토라를 읽을 수 있다." 물론 토라를 읽는 사람은 다른 사람들에게 그 정도의 가치가 있다고 인정받아야 했다. 여기서 회당에 갈 때 하느님과 그 설교에 대한 존중의 표시로 자신이 가진 옷 중 가장 좋은 옷을 입는 전통이 생겨났다.

한편 유대인은 자신들에게 징계를 내려야 할 때 공권력을 행사할 사회 조직이 필요했을 것이다. 유대 지도자들은 몇 가지 방법으로 이 문제를 해결했다. 열세 살 이상의 유대인 남성 10명이 통근 가능한 거리에 살면, 그들은 히브리어로 '민얀(minyan)'이라 불리는 종교 공동체를 설립해야 했다. 열세 살 이상의 유대인 남성 120명이 통근 가능한 거리에 살면 그들은 정치 공동체를 구성할 권리를 지녔는데, 그 정치 공동체는 지배 문명의 국법을 위반하지 않는 범위 내에서 유대인 사이의 분쟁을 해결할 법정을 포함했다. 정치 공동체들은 특정한 규율을 만들어야 했고, 국가가 매긴 세금 외에 자체 세금을 부과할 수 있었다. 이 세금은 유대인이 경제적으로 독립하는 데 쓰였다. 즉 유대인이 이방인 정부나 기독교 정부에 경제적 도움을 요청할 필요가 없도록 하는 데 사용되었다. 그 돈은 주로 교육과 자선 사업에 쓰였는데, 모든 유대인 공동체는 보편 교육을 위해 학교를 세울 책임이 있었다. 교육은 한부모 가정, 고아, 모든 가난한 자에게는 무료로 제공되었다. 모든 남자아이는 반드시 교육을 받아야 했고, 여자아이도 원한다면 읽고 쓰는 기초 교육을 넘어 계속 학교 교육을 받을 수 있었다. 또한 이 법은 선생님에게 충분한 보수를 지급하도록 규정하여, 선생님을 매력적이고 존경받는 직업으로 만들었다. 어떤 유대인도 굶어서는 안 되었다. 구제금은 모든 가난한 자와 요청하는 모든 자에게 지불되어야 했다. 따라서 유대인은 국가로부터 복지 기금을 받아서는 안 되고 반드시 유대 공동체로부터만 도움을 얻어야 했다. 이것은 전세계 유대 공동체의 가장 중요한 원칙이다.

유대인 인구가 줄어드는 것을 막기 위해 유아 살해와 결혼 기피에는 엄한 형벌이 가해졌다. 유대 공동체는 신부 지참금을 제공할 수 없는 모든 가난한 신부에게 지참금을 대신 내주었다. 이방인과의 혼인 역시 금지되었다. 여기서 강조할 점은 유대인이 먼저 이방인이나 기독교인과 결혼하기를 거절했다는 것이다. 이방인이나 기독교인이 유대인을 거절한 것이 아니었다. 또한 주목해야 할 점은 이방인에 대한 유대인의 차별과 흑인에 대한 백인들의 차별에는 분명한 차이가 있다는 것이다. 유대인은 스스로 제한을 가한 것이지, 다른 사람에게 제한을 가한 것이 아니다. 자신들의 작은 공동체가 사라지는 것을 막기 위해 불가피하게 시행한 정책이지 우월감에서 나온 정책이 아니라는 뜻이다. 미국 남부의 백인과 남아프리카의 네덜란드 사람들은 우월감이나 두려움 때문에 다른 인종을 정치 사회적으로 차별했다. 정확하게 말하면 유대인은 남을 차별한 것이 아니라 스스로 자신들의 행동에 제한을 가했던 것이다.

자치권을 확보하고 반역의 비난에서 스스로를 보호하려고 유대인은 인류 역사에서 유례없는 네 가지 법을 입안했다. 첫 번째 법은 어떤 유대인도 신의 있는 유대인이 지킬 수 없는 유대법은 따를 필요가 없다는 것이다. 한 세대에서 지킬 수 있었던 법이 다른 세대에서 지킬 수 없게 되었다면 그 법은 철회되거나 재해석되어야 했다. 두 번째 법은 유대인은 유대인 법정과 세속 법정에서 모두 비유대인 문서의 가치도 인정해주어야 한다고 규정한다. 그리고 법정에서 한 모든 맹세는 유효하다고 규정한다. 세 번째 법은 유대인들이 거주하는 나라의 모든 법을 따라야 한다는 것이다. 단, 그 법이 부당하게 유대인의 종교 생활을 금지하거나 근친상간이나 우상 숭배나 살인 등을 강요하는 경우는 예외로 했다. 예를 들어 국가의 배상법이 유대법과 다르면 유대인은 반드시 국가법의 판결을 따라야 했다. 한편 어떤 법이 부당하게 유대인에게 음식법에 위배되는 것을 먹도록 강요한다면 유대인은 그 법을 거부할 권리가 있었다. 그런 법을 따르지 않아도 국가 자체를 위험에 빠뜨리지는 않을 것이라는 점이 그 이유였다. 네 번째 법은 유대인이 기원후 135년 이후에 처한 것과 비슷한 상황에 있는 모든 사람들이 채택했을 그런 법이다. 이 법에 따르면 유대인은 반드시 자신이 거주하고 있는 국가를 위해 싸워야 했다. 이 말은 전시 상황에서 다른 국가의 유대인과 서로 싸워야 함을 의미했다.

유대인에게 심리적으로 엄청난 영향을 끼쳐 그 후 유대교의 성격을 결정적으로 바꾼 또 하나의 법이 이때 제정된다. 그 법은 팔레스타인을 재정복하여 그곳에 유대인 국가를 세운다는 계획을 포기하는 것이었다. 그러므로 이 법이 통과된 후 팔레스타인은 경건한 유대인이 죽어서나 갈 수 있는 영적인 고향에 불과해졌다. 기원전 10세기 유대인이 유목 생활을 버리고 전쟁의 사람이 되었던 것처럼 2세기 유대인은 평화의 사람이 되었다. 비록 유대인은 감사하는 마음으로 그들이 머무는 국가를 지키기 위해 전쟁에서 싸우겠지만, 그것은 그들이 호전적인 민족이었기 때문이 아니었다. 오히려 유대인은 누군가를 공격하기를 싫어했다. 팔레스타인을 유대인의 정치적 고향이라고 다시 주장한 정치적 시온주의가 무르익은 20세기가 되어서야 유대인은 옛 고향 땅을 회복하기 위해 무기를 들기 시작했다.

유대 역사에서 유대인이 적극적인 전도 활동을 포기한 것도 바로 이 시점이다. 유대 지도자들은 그들의 법을 시행할 정치적 힘이 없었고 순전히 사람들의 자발적인 순종에 의존해야 했기 때문에, 유대교에 너무 많은 이방인 개종자가 생기면 앞으로 유대인으로 생존하려는 의지가 약해질 것을 두려워했다. 그러므로 이방인과 기독교도는 유대교도가 되려면 유대인의 허락을 받아야 했다. 신중한 토론 후에 개종 신청자가 여전히 유대교도가 되기를 원할 때만 개종을 허락했다. 이렇게 개종 과정에 장애물을 설치했는데도 유대교는 매우 매력적이어서 6세기에 기독교 교회는 유대교로 개종하는 것을 막기 위해 유대교로 개종하는 기독교도들에게 사형을 선고했다.

"그 누구도 섬에서 홀로 살 수 없다."는 것을 가장 절실히 깨달은 사람들이 유대인이었다. 그들은 유대교의 생존을 위한 법령뿐 아니라, 이방인 이웃에 대한 행동을 규정하는 법령도 만들었다. 기독교도가 유대인 마을에서 죽으면 유대인은 기독교 의식에 따라 죽은 기독교인의 장례를 치러주어야 했다. 유대인 의사는 환자의 국적에 관계없이 치료해야 했고, 가난한 자가 병원비를 낼 수 없다면 무료로 치료해주어야 했다. 유대인은 유대 공동체뿐 아니라 그들이 사는 이방인 공동체의 복지를 위해서도 기부해야 했다. 아무도 돌볼 사람이 없는 이방인 환자가 있다면 유대인이 돌봐주어야 했고, 구제는 유대인과 이방인을 가릴 것 없이 요구하는 자 누구에게나 베풀어야 했다. 아무리 가난하더라도 언제나 자기보다 더 가난한 자가 있음을 생각해야 했고, 남의 도움을 얻어 생활하는 유대인은 그가 받은 구제금의 일부를 다른 사람을 위해 기부하는 것을 이상하게 생각하지 말아야 했다. 기독교도와 달리 유대인은 이방인이 천국에 가지 못한다고 생각하지 않았다. 반대로 그들은 '이 세상에서 의롭게 사는 사람은 다가오는 세상에서 한몫 챙길 수 있다.'고 생각했다.

로마 제국이 붕괴되기 전 요란했던 시절에 제정된 이 모든 법은 유대인에게 지속적인 영향을 끼쳤다. 이 법 때문에 유대인은 어떤 나라에 살든지 자신의 정체성을 잃지 않으면서 그 나라의 문화를 수용할수 있었다. 유대인은 '교회'와 '국가'의 분립 기술을 체득했던 것이다.

100년과 600년 사이의 5백 년은 유대인에게 전환의 시대였다. 이오랜 시간 동안 한 문명이 세계를 지배하지는 않았다. 헬레니즘은 쇠퇴했고, 로마 제국은 무너져 가고 있었다. 한 번의 강력한 신의 심판으로 멸망한 것이 아니라 서서히 망해 갔다. 그리고 로마의 궁극적 멸망에는 다음 두 사건이 기여했다. 첫 번째 사건은 유대의 작은 마을에서 일어났고, 두 번째 사건은 중국에서 시작되었다. 전자는 기독교의 성장이었고 후자는 훈족의 이주였다. 후대의 유대 역사가 초기 기독교의 기원과 밀접히 연결되어 있기 때문에 기독교 교리가 어떻게 로마의 정신을 공격했는지, 그리고 훈족의 세력이 어떻게 로마인에게 충격을 주었는지를 고찰하기 전에 먼저 기독교의 기원을 살펴보자.

3부

예수와 바울의 시대

3부에서는 기독교 형성기인 기원전 100년에서부터 기원후 600년까지 시기를 다룬다.

로마 역사		유대교-기독교 역사
혁명의 시대. 로마 제정의 시작. 로마가 세계의 주인이 되다.	기원전 100~기원후 1년	유다가 로마에 병합되다. 헤롯이 유대인의 왕이 되다. 예수 그리스도 탄생.
네로, 베스파시아누스, 티투스 황제의 시대. 브리튼을 정복하다.	1~100년	예수가 로마에 의해 사형당하다. 바울이 유대 기독교 분파를 이방인에게 전파하다. 예루살렘 파괴. 바울 서신이 쓰여지다. 복음서 저술(70~120년).
트라야누스, 하드리아누스, 마르쿠스 아우렐리우스 황제의 시대. 로마의 경제와 도덕 붕괴.	100~200년	제2차, 제3차 대로마 유대 전쟁. 로마의 기독교 박해가 심해지다. 기독교 교회가 다양한 분파로 나누어지다.
북쪽에서는 게르만족이, 동쪽에서는 파르티아인이 로마의 국경을 위협하다. 군사 독재. 로마 제국의 분열.	200~300년	유대인이 로마 시민이 되다. 기독교도가 이단에 빠지다. 로마인이 기독교도를 국가 전복 세력이라고 비난하다.
콘스탄티누스 황제가 잠정적으로 제국을 통일하다. 테오도시우스의 시대. 제국이 두 개로 영원히 분리되다. 제1차 반달족 침입.	300~400년	콘스탄티누스 황제가 기독교를 인정하다. 니케아 공의회가 열리다. 《신약 성경》이 정전으로 확정되다(397년). 비기독교인의 권리를 제한하는 법이 제정되다.
반달족, 고트족, 훈족이 국경을 침입하다. 로마가 무너지다. 야만족 왕들이 로마의 왕좌를 차지하다. 유럽에서 중세 시대가 시작되다.	400~600년	로마 제국에서 교회의 입지가 강화되다. 교황 제도가 생기다. 유대인이 기독교 세계에 남은 유일한 비기독교인이 되다.

11장

메시아 예수와
기독교 기원의 딜레마

아주 오랫동안 유대인은 기독교인을 비난해 왔고, 기독교인은 유대인을 비난해 왔다. 그들은 상대방이 저지르지 않은 불의를 계획적으로 저질렀다고 서로 헐뜯었다. 그러나 이런 고집스러운 편견이나 화해가 불가능할 것 같은 적대감은 양쪽의 과장된 심리에서 비롯되었거나 인간적인 연약함에서 비롯된 것일 수 있다. 이를 더 잘 이해하려면 초기 유대교와 기독교의 관계를 새로운 관점에서 살펴보아야 한다.

누가 기독교를 만들었는가? 누가 기독교를 퍼뜨렸고, 어떻게 기독교가 세계적인 종교가 될 수 있었는가? 오랫동안 기독교는 전적으로 예수의 혁신 사상에서 출발했다는 의견이 지배적이었다. 그런데 1947년 충격적인 사건이 발생했다. 기독교 교리와 매우 유사한 내용을 담고 있는 고대 사본이 발견된 것이다. 이 사본은 〈사해 문서〉로 알려졌고, 대략 기원전 200년에서 기원후 100년 사이에 작성된 것으로 추정된다. 〈사해 문서〉의 발견으로 초기 기독교 기원의 신비를 풀 단서가 생긴 것이다.

〈사해 문서〉는 고고학에서 가장 위대한 발견으로 평가받는다. 〈사해 문서〉의 중요성은 하인리히 슐리만(Heinrich Schliemann)이 트로이 유적과 미케네 문명을 발견한 것을 뛰어넘는다고 여겨진다. 〈사해 문서〉가 발견된 상황은 어떤 소설가가 지어낸 것보다 더 극적이다. 〈사해 문서〉는 위대한 학자가 개입하여 발견된 것도 아니고, 탐사 계획에 따라 발굴이 진행된 것도 아니다. 한 베두인족 청년이 1947년 초봄에 우연히 그것을 발견했다. 그는 '늑대 무함메드'로 불린 암거래상이었는데, 발견 당시 그는 불법으로 염소 떼를 이끌고 베들레헴으로 가기 위해 아라비아에서 팔레스타인으로 몰래 넘어오는 중이었다.

당시 팔레스타인은 위기의 시기였다. 국제연맹(League of Nations)의 유명무실한 팔레스타인 칙령이 곧 그 효력을 상실할 참이었다. 제1차 세계대전 이후 그 칙령에 따라 팔레스타인을 위임 통치해 왔던 영국은 다음 해 봄이 되면 팔레스타인에서 철수하려고 준비 중이었고, 아랍인들은 영국이 철수하면 팔레스타인을 침입하겠다고 위협하고 있었다. 침입에 대비하기 위해 아랍인은 유대인을 저격했고, 유대인은 맞불 작전으로 응수했다. 영국이 아랍 편을 들자, 유대인은 영국군을 공격해 그들의 철수 시기를 앞당기려 했다. 영국은 자신들을 공격한 유대인을 참수했고, 유대인은 영국군을 똑같이 참수하여 보복했다. 팔레스타인은 그야말로 화약고였다.

이런 어려운 상황에서도 먹고살아야 했던 무함메드는 베들레헴 암시장에서 큰 이윤을 남겨 유대인에게 염소를 팔기 위해 아랍과 영국의 순찰을 피해 갔다. 그 지역의 지리를 잘 알았던 그는 황량한 고원인 사해의 서쪽 해안을 따라 난 잘 알려지지 않는 길을 여행했다. 그러던 중 무함메드는 대열에서 이탈한 염소를 찾다가 낯선 동굴을 지나게 되었고, 무심코 돌 하나를 그 안으로 던져보았다. 도자기가 깨지는 소리에 놀란 그는 도망쳤다가 나중에 동료와 함께 돌아와 동굴을 살펴보았다.

두 젊은이는 그 동굴 안에서 야곱이 우물에서 라헬을 만났을 때 그녀가 짊어지고 있었을 법하거나 모세가 십보라를 처음 보았을 때 그녀가 아버지의 양 떼를 돌보면서 사용했을 법한 큰 질그릇 항아리들을 발견했다. 그 항아리 안에서 무함메드 일행은 가죽 두루마리들을 발견했다. 두루마리에는 고대 히브리어로 된 글이 적혀 있었다. 그 문서들은 기원전 200년에서 기원후 100년 사이에 제작된 성경 사본과 에세네파의 종교 문서였다. 두 베두인족 젊은이가 우연히 발견한 동굴은 에세네파의 게니자(Genizah), 즉 종교 문서를 저장하는 창고였던 것이다.

결국 이 문서들은 유능한 성경 학자들의 손에 들어갔고, 그들은 그 문서가 《구약 성경》 사본이며 지금까지 알려지지 않았던 에세네파의 종교 문서임을 확인해주었다. 학자들을 놀라게 한 것은 이 〈사해 문서〉에 반영된 에세네파 유대교가 초기 기독교와 믿을 수 없을 정도로 유사하다는 점이었다.

이후에 진행된 발굴 작업을 거쳐 두루마리 문서가 숨겨진 다른 동굴들도 발견되었다. 더욱 놀라운 것은 에세네파 유대인의 수도원이 세례 요한과 예수가 설교했던 장소 근처에서 발견되었다는 점이다.

초기 기독교와 에세네파 유대교가 점점 좌우 반전 거울처럼 되어 갔다.

에세네파 문서 가운데 〈훈련 교본〉, 〈하박국 주석〉, 〈빛의 아들과 어둠의 아들들의 전쟁〉, 〈사독 문서〉 같은 책이 가장 중요한데, 학자들에 따르면 이 문서들은 에세네파 유대교의 핵심을 형성했고 이 두루마리 문서 안에 초기 기독교의 기원이 담겨 있다.

요약하면, 에세네파 유대인은 하느님이 보낸 메시아를 믿었다. 그들은 메시아를 '의(義)의 교사'라 불렀는데, 그는 어둠의 아들들의 손에서 무참히 죽음을 맞았다고 한다. '의의 교사'의 추종자들은 자신들을 '하느님의 선민'이라 불렀고, 자신들의 종교 공동체를 '새 언약'이라 불렀다. 사람들은 새 언약 공동체에 세례를 받고 입교했다. 그들은 《신약 성경》에 묘사된 마지막 만찬과 거의 동일한 식탁 의식을 치렀다. 〈훈련 교본〉은 기독교의 성만찬으로 오해할 수 있는 의식을 묘사하고 있다. 에세네파 유대교와 기독교 교리의 놀라운 유사점은 소르본대학의 앙드레 뒤퐁-소메르(André Dupont-Sommer) 교수가 가장 잘 요약했다.

유대교 새 언약의 모든 것은 기독교 새 언약의 방향을 예고하고 준비한다. 《신약 성경》에 제시된 그 갈릴리인 랍비는 여러 면에서 '의의 교사'의 놀라운 환생체처럼 보인다. 의의 교사처럼 그는 회개, 가난, 겸손, 이웃 사랑, 순결을 설교했다. 의의 교사처럼 그는 모세 율법, 그것도 전체 율법을 준수하라고 명령했지만, 아울러 자신의 계시로 말미암아 그 율법이 완성되고 온전해졌다고 이야기한다. 그분처럼 그도 하느님의 선민, 하느님의 메시아, 세상을 구원할 메시아였다. 그분처럼 그도 사두개파 제사장들의 미움을 받았다. 그분처럼 그도 정죄당하고 죽임당했다. 그분처럼 그도 예루살렘에 심판을 선포했고, 예루살렘은 그를 죽인 대가로 로마에 함락되고 멸망했다. 종말에 그분처럼 그도 최고의 심판자가 될 것이다. 그분처럼 그도 교회를 세웠고, 그의 추종자들은 열렬히 그의 재림을 기다린다. 에세네파 교회에서처럼 기독교 교회에서도 성만찬은 중요한 의식이었다. 성만찬은 제사장이 집행했다. 교회 공동체에는 감독으로 불리는 '수장'이 있었다. 그리고 에세네파 교회와 기독교 교회의 이상은 모두 하나 됨, 즉 사랑의 나눔이라 할 수 있는데 심지어 소유물을 함께 나누는 데까지 나아갔다.

이 모든 유사점을 종합적으로 고려하면 둘의 관계는 매우 인상적이다. 이제 즉각적으로 떠오르는 질문은 다음과 같다. 에세네파 교회와 기독교 교회 중 어느 쪽이 먼저인가? 어느 쪽이 다른 쪽에 영향을 주었는가? 이 질문의 답은 분명하다. 의의 교사는 기원전 65~53년경에 죽었다. 나사렛 예수는 기원후 30년에 죽었다. 만약 앞서 나열한 유사점이 영향 관계를 의미한다면, 기독교가 에세네파 유대교에 영향을 받은 것이 분명하다. 그러나 한편으로 예수 신앙(새 교회의 토대)이 생겨난 것은 새 예언자, 즉 새 메시아가 실제 역사에서 활동했으며 사람들의 존경을 한몸에 받고 그들의 열정에 불을 지폈다는 사실 없이는 설명되지 않는다.[1]

〈사해 문서〉가 발견되기 전까지는 몇몇 역사가와 학자(요세푸스, 필론, 로마 학자 플리니우스)만이 에세네파와 그들의 종교 관습을 언급했다. 이들의 말에 귀를 귀울이는 사람은 매우 적었다. 그러던 중 1864년에 영국의 성서학자 크리스천 긴즈버그(Christian D. Ginsburg)가 《에세네파: 그 역사와 교리》라는 책을 출간했다. 여기서 긴즈버그는 이후 발견될 〈사해 문서〉가 증명할 바를 직관적으로 주장했다. 그러나 그의 책은 아무 증거 없이 상상하기 좋아하는 어리석은 학자의 의미 없는 연구로 폄하됐다.

그러나 〈사해 문서〉가 발견되고 그들이 옳았다는 것이 밝혀졌다. 요세푸스, 필론, 플리니우스, 긴즈버그가 말했던 것, 즉 '기독교'는 적어도 예수가 탄생하기 2백 년 전에 존재했고, 예수는 기독교의 창시자가 아니라 그 종교의 가장 위대하고 고귀한 대변자에 불과하다는 주장이 옳았던 것이다.

그러나 이 위대한 발견은 기독교와 유대교 공동체에 큰 반향을 일으키지 못했고 무시당했다. 기독교인은 유대교 랍비에게 자기 종교의 기원이 있다는 사실을 믿으려 하지 않았다. 예수가 유대인이었다는 사실만으로 충분했다. 유대인도 기독교가 유대교에서 만들어졌다는 사실을 주장하기 부담스러워했고 그저 기독교의 핵심 인물을 배출했다는 사실에 만족하려 했다. 이 때문에 에세네파의 〈사해 문서〉를 연구하는 일은 무명의 학자들에게 맡겨졌고, 그들은 거의 파급력이 없는 매체에 이 위대한 발견에 관한 글을 써 왔다. 또한 〈사해 문서〉는 그것의 진짜 의미를 수많은 허언으로 가리고 그 중요성을 지적 소일거리로 축소한 대중 문화 사업가들의 노리개가 되었다.

1세기의 유대는 격동의 땅이었다. 많은 사람이 로마의 전제 통치에 피를 흘렸다. 이때 활동한 종교 분파만 스물네 개였고, 그들을 대표하는 많은 예언자, 설교자, 성자가 악한 로마의 속박에서 유대인을 구원할 메시아의 도래를 선포하며 돌아다녔다. 이 종파들은 자기 나름의 구원을 선포했으나, 순회 예언자와 설교자 가운데 에세네파가 가장 많았다. 역사가 우리에게 보여주듯이 에세네파 예언자 중에서 가장 중요한 사람이 예수였다.

예수 그리스도(Jesus Christ)는 '여호수아 메시아(Joshua messiah)'를 헬라식으로 표기한 것이다. '메시아'라는 단어는 히브리어 '마시아(mashia)', 즉 '기름 부음을 받은 자'에서 유래했다. 학자들은 그리스도의 생몰 시기를 두고 이견을 보이지만, 여기서는 대략의 연도만 제공할 것이다. 어떤 학자를 믿느냐에 따라 예수는 기원전 7년 혹은 4년에 베들레헴 혹은 나사렛에서 태어났다.[2) 그가 태어난 때는 헤롯 대왕이 유대를 다스리던 때이다. 그리고 그는 기원후 30년 혹은 33년에 십자가형으로 사망했다.* 〈누가복음〉과 〈마태복음〉은 약간 모순되는 부분이 있지만 예수의 족보를 모두 다윗 왕조와 연결한다. 반면 다른 두 복음서는 족보를 언급하지 않는다. 열두 살이었을 때, 예수는 예루살렘에 가서 학식 있는 랍비들이 토라에 관하여 토론하는 것을 듣는다. 이것이 예수의 어린 시절과 관련된 유일한 설명이다. 모세의 경우처럼 우리는 예수의 어린 시절에 대해 거의 아는 바가 없고, 그의 초기 청년기에 대해서는 전혀 알지 못한다. 〈사해 문서〉의 내용

---

* 천문학적 증거는 예수가 30년이 아니라 33년에 죽었다는 주장을 뒷받침한다. 사복음서는 모두 예수의 십자가형이 보름달이 뜨는 니산달 15일에 시작되는 유월절 만찬, 즉 금요일에 실행되었다고 증언하는데, 30년의 유월절은 목요일이었고 33년의 유월절은 보름달이 뜨는 금요일이었다.

에 비추어 추론하면, 예수는 그 시기를 에세네파 수도원에서 보냈을 가능성이 있다. 에세네파 수도원은 《신약 성경》에서 예수가 유년기를 보냈다고 말한 마을 근처에 있었다.

열두 살에 예루살렘을 방문한 이후, 예수는 복음서에서 사라졌다가 28년과 30년 사이에 다시 나타나 세례 요한에게 세례를 받는다. 그때 예수의 나이는 대략 서른 살이었다. 세례 요한은 그 명칭이 암시하는 것처럼 사람이 '세례', 즉 물에 잠기는 의식을 통해 영혼을 씻을 수 있다는 에세네파 교리를 가르쳤다. 그것은 유대인에게 이단적이거나 비정통적인 개념이 아니었다. 유대인은 오랜 세월 동안 물에 잠기는 정결 의식을 치러 왔다. 요한은 예수가 하느님의 메신저이며, 그에게 하느님의 나라를 소개할 사명이 있다고 공개적으로 말했다. 바리새인과 사두개인은 이것을 신성 모독이라고 보지 않았다. 요한이 한 번도 그들에게 재판을 받은 적이 없기 때문이다. 요한은 정치적이거나 종교적인 이유로 살해당하지 않았고 유대인에게 살해당하지도 않았다. 요한은 에돔 출신이자 로마로부터 갈릴리의 분봉왕으로 임명된 헤롯 안티파스의 손에 죽었다. 요한이 조카와 결혼한 안티파스를 공개적으로 비난했기 때문이다. 유대법에 따르면 조카와 결혼하는 근친혼은 불법이다.

예수의 공생애(예수가 '메시아'로서 살아간 약 3년의 기간)는 요한의 세례와 함께 시작되었다. 공관복음*에 따르면 그의 사역은 약 1년 정

---

* 〈마태복음〉, 〈마가복음〉, 〈누가복음〉 세 권을 통틀어 '공관복음(共觀福音)'이라 부른다. 왜냐하면 세 복음서의 이야기가 서로 유사하기 때문이다. 반면 〈요한복음〉의 내용은 공관복음과 다르다.

도, 〈요한복음〉에 따르면 3년간 지속되었다. 이 차이는 〈요한복음〉에 언급된 유월절이 몇 번인가에 관한 학자들의 해석에서 나온 것이다.

예수는 랍비('선생')의 삶을 살며 자기 자신의 복음을 전했다. 그의 가르침에는 이상하거나 비유대적인 것이 전혀 없었다. 그는 '진보주의자'였다. 그는 예언자들의 전통에 서서 모든 부정의에 반대했다. 그는 모세 율법을 따르라고 가르쳤으며 가난한 사람에 대한 연민, 자비, 관용을 가르쳤다. 그는 부드러운 목소리와 사랑하는 마음으로 말했다. 그는 매우 명확한 비유를 들어 메시지를 전하고 영감을 불러일으키는 설교자였다. 청중의 마음은 그의 메시지에 바로 빨려 들어갔다. 그는 로마라는 고난의 사막에 오아시스 같은 위로였다. 가난한 사람들이 예수에게 모여들어 그의 말에서 위안을 얻고, 그의 전망에 위로를 받았으며, 그가 제시한 소망에 용기를 내었다. 그가 설교하고, 가르치고, 말한 어떤 것도 다른 유대인 예언자, 랍비, 분파가 말하거나 가르친 것에 위배되지 않았다. 그를 위험에 빠뜨릴 인물은 로마인이었다. 공포가 다스리는 땅에서 정의를 말하는 것은 안전한 일이 아니었기 때문이다. 당시 유대는 일촉즉발 반란의 화약고 위에 앉아 있었다. 이런 상황에 대처하는 로마의 방식은 모든 용의자를 잡아들여 그들을 산 채로 가죽을 벗겨 죽이거나 거꾸로 십자가에 매다는 일이었다.

33년 예루살렘은 유월절을 축하하려고 전 세계에서 모여든 순례자들로 북적거렸다. 거리에 흥분이 가득했다. 지방에서는 반란이 일어나 진압된 지 얼마 되지 않았다. 또 다른 반란의 소문이 무성했다. 사람들은 유대 전설이 예언한 것처럼 나귀를 타고 예루살렘에 입성한 새로운 메시아에 대해 이야기하고 있었다. 로마인에게 메시아 이야기는 언제나 골칫거리였다. 메시아는 말로 사람들의 마음에 금방 불을 지를 수 있기 때문이다. 횃불이 종이를 태우는 것보다 더 빠르게 말이다. 작은 사건 하나가 곧 반란으로 이어질 가능성이 있었다. 유대 총독 폰티우스 필라투스(본디오 빌라도)는 아내를 행정 수도인 가이사라에 남겨 두고 예루살렘에 왔다. 그는 자신의 군단을 이끌고 도시를 철권 통치하고 있었다.

사람들이 말하던 메시아는 예수였다. 이것이 예수가 예루살렘으로 가야겠다고 결심했을 때 예루살렘의 정치적 분위기였다. 그리고 바로 이때 예수는 자신이 메시아임을 공개적으로 말하기로 결심했다. 그는 이제 성전으로 향했다. 목적은 성전에서 행해지는 관행을 개혁하는 것이었다. 정치적 관점에서 예수는 성전 개혁의 시기를 가장 좋지 않은 때에 잡은 것이다.

그 후 일어난 사건들의 경과는 베일에 가려 있다. 복음서는 이 사건들을 《신약 성경》 독자의 관점, 즉 후대의 관점에서 설명한다. 《신약 성경》 독자들은 예수가 도입한 성전 개혁을 당시 유대인이 즉각 받아들이지 않은 것에 당황스러워한다. 예수의 성전 개혁은 오늘날의 관점에서는 충분히 납득할 수 있지만, 33년의 예루살렘 유대인에게는 절대로 그렇지 않았다. 《신약 성경》의 독자들이 잊은 것이 있다. 그것은 예수가 예루살렘에 들어간 날, 그의 가까운 제자들을 제외하면 누구도 그가 메시아라는 것을 몰랐다는 사실이다. 왜냐하면 예수는 그때까지 자신이 메시아라고 밝히지 않았기 때문이다. 그는 나중에 가서야, 즉 성전 사건 이후에야 자신이 메시아임을 공개했다. 정확히 언제 예수가 자신의 정체를 공개했는지는 분명하지 않다. 이 점을 두고 복음서들이 조금씩 다르게 말하고 있기 때문이다. 그러나 예수가 예루살렘에 들어갔을 때 그의 제자들조차 그가 메시아인지 혹은 그가 자신을 곧 메시아로 선포할 것인지를 전혀 알지 못했다. 그런데 어떻게 예루살렘의 일반 유대인이 그의 제자들도 알지 못했던 것을 알 수 있었겠는가?

《신약 성경》의 독자들이 잊기 쉬운, 혹은 잘 모르는 또 하나의 사실은 예언자들이 예수보다 8백 년 앞서 성전 제의 개혁을 시작했다는 것이다. 예수 시대에는 두 유대교가 나란히 존재했다. 하나는 성전과 제의의 유대교였고, 다른 하나는 회당과 기도의 유대교였다. 마치 기독교가 오늘날 가톨릭과 개신교로 존재하는 것과 마찬가지다. 다시 말해 예수는 그때 성전 제의 개혁을 처음 도입한 인물이 아닌 것이다. 그가 역사의 무대에 등장했을 때 예언자들이 도입한 개혁 조치로 인해 이미 성전 제의가 사라져 가고 있었다. 이미 사라져 가는 성전 제의 가운데 예수는 특히 두 가지를 없애려 했다. 하나는 성전 안에서 희생 제의용 동물을 파는 행위였고, 다른 하나는 환전을 하는 행위였다.

오늘날 교회나 성당 안에서 촛불이나 십자가를 파는 관습처럼 당시 성전 밖에서 제의용 동물을 파는 것은 오래된 관행이었다. 유대인 순례자는 신전에 제사를 올리려고 다른 나라에서 온 사람들이었다. 따라서 상인들은 관행적으로 순례자의 통화를 지역 통화로 바꾸어주는 서비스를 제공했다. 어떤 주일 학교 교과서에는 도박도 벌어졌다고 암시하지만 사복음서에는 기록되어 있지 않다. 예수는 환전 자체가 아니라 성전 앞마당에서 환전하는 것에 반대했다. 만약 예수가 오늘날 교회나 성당에서 예배 도중에 헌금 바구니가 돌아다니는 것을 본다면 그 역시 반대했을 것이다.*

예수가 성전에 도착해 상인의 탁자를 뒤엎고 환전상들을 성전 계단 아래로 내쫓았을 때, 그 관행을 원했던 유대인들은 격분했다. 마치 오늘날 부활절에 누군가가 교회나 성당에 난입해 부활절 촛불과 십자가가 설치된 매대를 뒤엎고, 헌금을 방해하고, 사람들을 교회에서 내쫓는다면 기독교인이 느낄 분노와 비슷할 것이다. 그 침입자는 사제나 목사의 지시로 제지당할 것이다. 그러나 유대인은 그때 예수를 체포하지 않았다. 로마인과 문제를 일으키고 싶지 않았으며 그 사건이 잊혀지기를 바랐다.

그러나 그 희망은 무너졌다. 성전에서 일어난 일에 관한 소문이 로마인들을 긴장시켰다. 이 사건이 폭동으로 이어질 것인가? 아니면 봉기 혹은 반란으로 이어질 것인가? 로마 군단이 파견되면 발생할 학살, 강탈, 고문의 위험을 잘 알고 있던 책임이 있는 유대인들은 유월절 흥분이 가라앉은 후, 로마 군단이 떠나고 성의 포위망이 풀릴 때 예수를 체포해야겠다고 생각했을 것이다. 그들은 조심스럽게 사건의 추이를 지켜보았다. 그러나 예수의 추종자들은 이제 예수가 '유대인의 왕'이자 '메시아'라고 공개적으로 말하기 시작했다. 이런 발언은 로마인들의 의심을 더 키웠다. 복음서에 따르면 유대인들은 예수가

---

* 예배 중에 헌금 바구니를 돌리는 관습은 현대 유대인들 사이에는 존재하지 않는다. 그들은 자신의 종교 단체에 일정한 회비를 내거나 연간 기부금을 내겠다고 약속한다.

성전에 나타난 지 사흘 만에 그를 체포했다.

이제 인류 역사에서 격동의 열두 시간이 시작되었다. 예수가 체포된 이후의 열두 시간을 다룬 유일한 기록은 사복음서이다. 그러나 이 책들은 사건이 발생한 지 적어도 40년에서 90년 이후에 기록된 것이다. 그 증언의 많은 모순을 논외로 한다면, 복음서의 본질적 메시지는 다음과 같다. 예수가 유대 최고 의결 기관인 산헤드린의 결의에 따라 밤에 체포되어, 신성 모독 혹은 종교 타락의 죄명으로 사형을 언도받았다. 이 결의는 대제사장의 집에서 뇌물을 받은 증인들의 도움을 받아 이루어졌다. 복음서는 계속해서 폰티우스 필라투스가 유대인 군중을 두려워해 마지못해 그 사형을 승인했다고 증언한다.

성경 시대의 사법 절차를 조금이라도 아는 사람이라면 복음서의 진술은 문자 그대로 받아들이기 어렵다. 당시 유대 법에 따르면 그 누구도 밤에 체포될 수 없었다. 안식일이나 절기 당일, 혹은 그 전날 저녁이나 해가 진 후 사법 절차를 진행하는 것은 불법이었다. 그리고 대산헤드린은 대제사장의 집에서 절대 열릴 수 없고 오직 '마름돌의 방'*에서만 개최할 수 있었다. 또 산헤드린은 체포를 결의할 수도 없었다. 두 증인이 맹세를 하고 고소하기 전까지는 그 누구도 산헤드린 재판에 회부될 수 없었다. 검사가 없었기 때문에 원고가 직접 법정에서 피고 앞에서 그 범죄의 성격을 규명해야 했다. 피고는 자기에게 유리한 증인을 부를 권리가 있었다. 그러면 법정은 피고, 원고, 증인들

마름돌의 방(Chamber of Hewn Stones) 대산헤드린이 열린 성전의 집회실. 잘 다듬은 정방형의 돌로 만들어져 이런 명칭으로 불렸다. 기원후 30년까지 이곳에서 대산헤드린이 열렸다.(역주)

을 따로 신문한 후 대질을 진행했다. 실제로 《탈무드》는 유죄가 확정된 사람이 사형장에 갈 때에도 전령이 앞서 나가 "아무개, 아무개의 아들이 이런저런 죄를 저질렀으므로 사형에 처해질 것이다. 아무개는 그 죄에 대한 증인들이다. 누구든지 이 사람을 변호할 수 있다면 지금 나와 말하라."라고 외쳤다고 증언한다.[3] 이런 사실들로 볼 때 유대 최고 법정이 당시 모든 관계법을 위반하고 오랜 관행을 어겼을 가능성은 많지 않다. 대산헤드린이라는 권위 기구가 그런 식으로 행동한다는 것은 미국 대법원이 밤에 죄 없는 사람을 체포하고, 그에게 죄를 뒤집어 씌우기 위해 가짜 '증인들'을 매수해 피고에게 즉각 사형을 내릴 것을 주장하고, 심지어 이 모든 일을 24시간 안에 하는 것만큼이나 개연성이 무척 낮다.*

폰티우스 필라투스의 잔인함과 탐욕을 잘 아는 역사가라면 복음서에 그려진 필라투스의 모습을 받아들이기 힘들 것이다. 복음서에서 그는 한 유대인을 보호하려 애쓴, 마음 여리고 자비로운 통치자의 모습으로 그려진다. 그러나 필라투스의 잔인함과 탐욕은 너무 유명해서, 티베리우스 황제가 필라투스 때문에 로마가 망신을 당한다며 그를 직위 해제했을 정도였다. 예루살렘을 둘러싼 여러 군단을 지휘한 로마 장군 폰티우스 필라투스가 성구함(유대인이 기도할 때 율법 구절이 적힌 두루마리와 함께 팔에 두르는 작은 상자)이 유일한 무기인 유대인 '군중'을 두려워했다는 것은 믿기 어렵다.

유대인들이 (유대인 한두 명쯤 십자가에 못 박히는 것에 눈 깜짝하지 않

---

* 어떤 유머에 따르면, "일부 기독교 신학자들은 예수가 존재하지 않았다고 믿는다. 모든 기독교 신학자는 예외 없이 유대인이 예수를 죽였다고 확신한다."

았던) 로마로부터 예수를 보호하기 위해 그를 체포했을 가능성은 없을까? 하지만 유대인의 그런 노력이 실패했고, 로마인들이 유대인들에게 예수를 처벌할 수 있도록 넘기라고 요구했을 가능성이 더 높지 않을까? 복음서 안에 이 시나리오를 뒷받침해줄 증거가 있다. 복음서에 따르면 예수에게 채찍질하고 그를 고문한 것은 로마 군인들이었다. 그의 머리에 가시 면류관을 씌운 후 '유대인의 왕'이라는 푯말을 매단 것은 유대인의 동정이 아니라 로마인의 잔인함을 보여준다.

예수가 눈을 하늘로 돌려, 이제는 매우 유명해진 "엘리, 엘리, 라마 사박다니(나의 하느님, 나의 하느님, 어찌하여 나를 버리시나이까)."라고 외쳤을 때, 그리스도가 겪은 고통의 깊이에 먹먹해지지 않을 수 없다.* 복음서에도 예수의 십자가 처형 현장에서 로마인이 아니라 유대인 군중이 울었다는 기록이 있다. 로마인들은 그의 외투를 얻으려고 주사위를 던지고 있었다. 실제로 유대인은 《신약 성경》에 기록된 대로 기독교도를 변호하기도 했다. 〈사도행전〉 5장 34~39절에 따르면 바리새인 랍비 라반 가말리엘(Rabban Gamaliel)이 기독교도를 향한 로마의 박해를 공개적으로 반대했다. 요세푸스는 예수의 형제 야고보를 로마인들이 사형했을 때, 그 부당한 살인에 목숨 걸고 항의했던 사람들은 다름 아닌 바리새인이었다고 주장한다.

예수의 죽음과 함께 기독교는 운이 다한 것 같았다. 그러나 유대인의 부활 교리가 기독교를 구원했다. 당시 유대에 살던 유대인은 죽

---

* 예수는 유대인 전통 방식으로 기도했을 수 있다. 그 말은 《구약 성경》 〈시편〉 22장 2절에서 온 것이다. 〈시편〉은 히브리어 '아사브타니'를 사용하지만 예수는 그 말의 아람어 번역인 '사박다니'를 사용한다.(〈마태복음〉 27:46, 〈마가복음〉 15:34)

음 이후의 부활 개념에 친숙했고, 내세에 대해 자유롭게 사색했다. 예수 시대보다 1백 년 정도 앞선 바리새인의 외경이나 에세네파의 〈사해 문서〉는 부활을 수없이 언급한다. 그러므로 예수의 십자가 처형 후 첫 주일에 일부 여인들이 그의 무덤에 기도하러 갔다가 굴러다니던 무덤 돌과 빈 무덤을 발견했고, 여인 하나가 부활한 예수의 환상을 보았다는 복음서 기록에 놀랄 필요가 없다. 두 제자도 같은 비전을 보았다.* 이 기적의 소식은 실의에 빠진 예수의 나머지 제자들에게도 전파되었다. 모든 이가 예수가 죽음에서 부활했다고 확신했다. 예수뿐 아니라 기독교도 부활했다.

예수가 죽은 후 약 20년간(30~50년) 기독교도는 모두 유대인이었다. 유대교의 한 분파였던 기독교는 다른 많은 유대교 분파와 그리 다르지 않았다. 개종자들은 대개 다른 분파의 유대인이었다. 이교도인이 새 종교에 들어가려면 기독교 신앙에 들어오기 전에 먼저 유대인이 되어야 했다. 모든 기독교도는 유대인으로 여겨졌다. 마치 가톨릭에서 개종한 개신교도 혹은 개신교에서 개종한 가톨릭 교인이 여전히 기독교인으로 간주되었던 것과 같다. 기독교도와 유대인의 큰 분열은 50년경 기독교 분파가 이도교인에게 전파되어 세계 종교가 되면서 발생했다. 이것은 한 유대인의 결정이자 성취였다. 그는 기독교 교회의 진정한 창시자였다. 그의 이름은 '타르수스의 사울'이었다. 기독교인은 그를 보통 '바울'이라고 부른다. 바울과 예수의 관계는 한쪽은 다른 한쪽의 주석이라는 《탈무드》와 토라의 관계와 같다.

---

* 사복음서는 예수의 부활 후 행적을 두고 서로 모순되는 이야기를 전한다. 여기서 제시된 설명은 사복음서를 엮은 것이다.

독일 철학자 프리드리히 니체(Friedrich Nietzsche)에게 바울은 '미신적이며 교활한' 인물이었다. 마르틴 루터에게 바울은 '굳건한 바위'였다. 바울은 예수와 비슷한 시기에 태어났다. 그는 로마법과 그리스 철학을 공부한 오만한 로마 시민이었다. 동시에 그는 믿음이 깊고 율법을 준수하는 유대인, 즉 바리새인이었다. 예수가 예루살렘에서 설교했을 때 바울은 예루살렘을 여행하는 중이었지만, 둘은 한 번도 만나지 못했다. 예루살렘에 와서 필론의 저술들을 접한 바울은 그에게 큰 영향을 받았다. 바울은 위대한 토라 학자가 될 수도 있었지만, 역사가 보여주듯 그는 기독교 성인이 되었다.

바울이 오늘날 태어났다면, 그는 정신 병원에 보내졌을 것이다. 그는 일평생 강한 죄의식에 사로잡혀 있었다. 고대의 그림들과 《신약성경》에 묘사된 바울의 외모는 다소 혐오스럽다. 프랑스의 종교사가인 에르네스트 르낭(Ernest Renan)은 그를 "작고 못생긴 유대인"이라고 불렀다. 바울은 작은 체구에 안짱다리였고, 한쪽 눈은 보이지 않았으며, 약간 기형이었다. 말라리아에 자주 걸렸고, 반복해서 환영에 시달렸으며, 일부 학자에 따르면 간질 발작 증세도 있었다. 그는 결혼하지 않았고, 다른 사람들에게도 독신으로 살라고 권했다. 아주 예외적인 경우에만 결혼을 옹호했다.

젊은 시절 바울은 새 유대교 분파인 기독교에 큰 반감을 품었다. 기독교도를 잔인하게 공격했으며, 최초의 기독교 순교자였던 스데반의 재판에 증인으로 (아마 그를 돌로 쳐 죽이는 데에도) 참여했다. 스데반은 예수가 하느님과 동등하다고 선포한 최초의 인물이었는데, 그 발언은 당시 극심한 신성 모독에 해당하는 죄였다.

〈사도행전〉 9장 1~2절에 따르면 바울은 "주님의 제자들을 위협하면서 살기를 띠고 있었다. 그는 대제사장에게 가서 다마스쿠스에 있는 여러 회당으로 보내는 편지를 써 달라고 하였다. 그는 그 '도'를 믿는 사람(기독교도들을 당시에는 이렇게 불렀다)은 남자나 여자나 가리지 않고 닥치는 대로 묶어서 예루살렘으로 끌고 오려" 했다. 이 임무를 수행하기 위해 다마스쿠스로 가던 중에 바울은 그리스도의 환상을 보았다. 이 상황은 2천 년 전 아브라함이 여호와를 만난 것과 비슷하다. 그러나 이후에 벌어진 일은 매우 다르다. 환영 속에서 예수가 바울에게 "너는 어찌하여 나를 핍박하느냐?"라고 물었다. 바울은 그 환영을 본 뒤 눈이 멀었고, 다른 사람의 도움을 받아 다마스쿠스로 들어갔다. 여기서 기독교도 유대인 아나니아스(Ananias)를 만났다. 아나니아스는 바울에게 안수해 눈을 치유하고 그를 기독교로 개종시켰다.

아브라함이 하느님을 만나는 장면을 이야기할 때 우리가 물었던 그 질문을 바울에게도 할 것이다. "정말 그 환상이 발생했는가?" 또 이 질문에 아브라함과 같은 방식으로 대답할 것이다. 역사학자의 관점에서는 그리스도가 바울에게 실제로 나타났는지, 혹은 바울이 환영을 체험했는지는 전혀 중요하지 않다. 그 후 2천 년 동안 바울의 개종 이야기가 기독교에서 매우 중요한 역할을 했다는 사실이 중요하다. 이것이 역사를 만드는 현실이기 때문에 역사가로서 그 사실을 간과해서는 안 된다.

예수와 대면하고 보이지 않는 눈을 치유하고 기독교로 개종했지만 그 후 14년 동안의 바울의 행적은 묘연하다. 바울을 다시 만나는 때는 45년 바나바가 바울에게 자신과 함께 새 교회를 세우는 여행에 함께해 달라고 요청한 시기다. 그때부터 바울의 유명한 전도 여행이 시작되고, 그는 곧 그의 멘토인 바나바를 능가한다.

첫 번째 전도 여행에서 돌아온 후 바울은 유대인들과 결별하기로 결심했다. 그는 두 번이나 예루살렘에 있는 사도 교회에 자신을 사도로 임명해줄 것을 요청했으나 교회는 그때마다 거절했다. 그 후 그는 이교도인을 개종시키는 절차와 관련해 예수의 형제 야고보와 다투었다. 관례에 따르면 비유대인 개종자는 먼저 유대인이 된 후에 기독교 분파로 들어올 수 있었다. 바울은 이교도인이 유대교로 개종하지 않고 곧바로 기독교인이 되어야 한다고 생각했다. 교회의 사도들에게 사도 직을 거절당하고, 이교도인 개종 문제로 예수의 형제와 다툰 바울은 기독교에서 유대교적 요소를 제거하는 세 가지 결정을 내린다. 이 결정으로 기독교는 유대교와 전혀 다른 종교가 되었다.

첫째, 유대인이 기독교를 받아들이지 않았기 때문에 바울은 복음을 이교도들에게 전하기로 결심한다. 그는 이교도인이 새 종교에 더 쉽게 들어오도록 유대의 음식법과 할례를 포기하는 두 번째 결정을 내린다. 세 번째로 바울은 토라를 그리스도로 대체하기로 결정한다. 가장 중요한 의미를 지니는 것은 이 세 번째 결정이다. 왜냐하면 아들 종교가 토라를 거부함으로써 아버지 종교와 최종적으로 회복될 수 없게 갈라섰기 때문이다. 오늘날도 마찬가지지만, 당시 유대인은 사람이 하느님을 아는 유일한 길은 토라에 계시된 하느님의 말씀을 통하는 것이라고 믿었다. 바울 교리는 인간이 오직 그리스도를 통해서만 하느님을 알 수 있다고 가르친다. 유대교와 기독교의 분열은 이로써 완전해졌다.

예루살렘의 사도 교회와 단절하고 야고보와 다툰 이후, 바울은 오늘날 매우 유명해진 전도 여행을 떠났다. 그리고 바로 이때부터 그는 사울이라는 유대인 이름 대신 바울이라는 로마식 이름을 사용하기 시작한다. 전도 여행을 하는 동안 그는 실라와 디모데라는 두 명의 길동무를 대동했다. 특히 디모데는 바울이 손수 할례를 해주었다. 바울은 50년에서 60년 사이에 이루어진 전도 여행에서 '바울 서신'을 썼다. 이 서신은 최초의 기독교 문서이다. 복음서는 이보다 후에 쓰였는데, 가장 빨리 쓰인 복음서가 70~74년에, 가장 늦게 쓰인 복음서가 120년 혹은 140년에 나왔다.

바울 서신과 복음서에 기록된 기독교의 역사가 유대인이 아니라 이교도인을 위해 기록되었다는 것을 고려하면, 특히 예수의 수난과 관련한 복음서 기록들을 더 잘 이해할 수 있다. 《신약 성경》은 테살로니키(데살로니가) 사람들, 갈라디아 사람들, 코린토스 사람들, 로마 사람들, 콜로세(골로새) 사람들, 필리피(빌립보) 사람들, 에페수스(에베소) 사람들을 위해 쓰였다. 바울과 복음서 저자들은 개종하기 원하는 사람을 적으로 돌려세우기를 원치 않았으며 그들이 달래야 했던 지배자들을 화나게 하지 않으려 했다. 왜냐하면 당시에는 잘못하면 사자 밥이 되거나 거꾸로 매달리는 십자가형에 처해질 수 있었기 때문이다.

이 마을 저 마을, 이 나라 저 나라로 여행을 하면서 바울은 회당을 자신의 전도 강단으로 삼았다. 당시 회당은 다양한 입장을 허용하는 매우 관용적인 기관이었기 때문에 가능했다. 그러나 바울은 그다지 관용적이지 않았다. "우리가 전에도 말하였지만 이제 다시 말합니다.

여러분이 (나로부터) 이미 받은 것과 다른 복음을 여러분에게 전하는 사람이 있다면, 그가 누구이든지 저주를 받아야 마땅합니다."(《갈라디아서》 1:9)

초기 기독교인에게 예수는 부활 후 신적 능력을 받은 '인간'이었다. 바울에게 그리스도는 태어나기 전부터 '신'이었다. 초기 기독교인에게 예수는 하느님의 아들이었지만, 바울에게 그리스도는 곧 하느님이고 그분과 본질적으로 동등했다. 예수는 인간을 사랑하는 것이 하느님을 사랑하는 것이라고 가르쳤지만, 바울은 그리스도와 하나가 되는 것이 그를 사랑하는 것이라 가르쳤다. 바울은 또 기독교의 초점을 메시아 예수에서 죄의 구원자 그리스도로 바꾸었다. 바울의 사상은 원죄 관념에 토대를 두었다. 바울에 따르면 인간은 최초의 죄인 아담의 죄로 인해 오염되었다. 인간은 그리스도를 통해서만 죄로부터 구원받을 수 있다. 그리스도는 최초의 '구원자', 즉 그의 속죄적 죽음을 통해 인간의 죄를 사하는 최초의 구원자였다.

이런 바울의 신학은 이방인에게 매우 설득력 있는 것이어서 50년 만에 이방인 기독교도 수가 유대인을 앞질렀다. 이제 소수가 된 유대인 기독교도들은 에비온파(Ebionites), 즉 '가난한 자'로 불렸지만 곧 잊혀졌다. 기독교는 이제 유대교의 분파가 아니었다. 바울이 모세의 전통을 버렸기 때문이다. 로마인은 기독교도들을 유대인이 아니라 특정 나라에 얽매이지 않은 종교 구성원으로 보았다.

62년 바울이 죽었을 때(전통에 따르면 그는 네로 황제의 명령으로 참수당했다고 한다) 기독교는 로마 제국이 무시할 수 없는 세계적 운동이 되어 있었다.

12장

기독교는 어떻게
로마 제국을 정복했는가?

기독교도가 처음 3백 년을 버틴 것은 기적이었다. 기독교 내부에서 일어나는 잦은 분열은 그들을 말살할 정도로 큰 위협이 되었다. 초기 생존 투쟁에서 기독교도는 유대인 문제를 다룰 시간이 없었다. 그리스도의 신성, 그리스도와 하느님의 관계에 관한 다양한 교리를 정리하는 데에 쏟을 에너지도 부족했다.

이 기간 동안 기독교는 교세를 유지하는 것만으로도 벅찼다. 기독교는 유대교와 분리되었지만 로마인은 기독교도들을 의심스럽게 관찰했다. 로마인은 그들을 전복주의자로 낙인찍고 끊임없이 박해했다. 기독교 교세는 로마 원형 경기장의 사자 때문에 상당히 줄어들었다. 기독교 문제를 대처하기 위해 네로가 고안한 이 로마식 처방은 이후 3백 년간 지속되었다. 그러나 교세가 줄어든 가장 큰 이유는 배교 때문이었다. 로마인은 기독교를 불법으로 규정했다. 기독교도가 국가 전복 혐의를 받고 로마 법정에 서면, 기독교도임을 부정하고 생명을 구하거나 기독교도임을 부정하지 않고 죽는 수밖에 없었다. 보통 사람들은 기독교를 배신하고 목숨을 선택했다. 독일의 법률가 루돌프 솜(Rudolf Sohm)이 《교회사 개론》에서 간결하게 표현한 것처럼, "교회는 기독교도들 덕분이 아니라, 기독교도들이 있었음에도 불구하고 복음의 힘을 통해 승리했다".

로마 제국에서 기독교도의 입장은 1950년대 미국에서 공산당의 처지와 유사했다. 이것은 현존하는 로마 문서 두 개로 설명할 수 있다. 하나는 비티니아 지역의 총독인 플리니우스(Plinius)가 112년에 트라야누스 황제에게 보낸 편지이고, 다른 하나는 트라야누스 황제가 보낸 답장이다. 플리니우스는 다음과 같이 썼다.

폐하, 제가 잘 모르는 문제에 관해서는 당신께 묻는 것이 저의 원칙입니다. 제가 망설일 때 누가 폐하보다 더 잘 지시할 수 있으며, 제가 모를 때 누가 폐하보다 더 잘 가르칠 수 있겠습니까? 저는 한 번도 기독교도 재판에 참석한 적이 없습니다. 그러므로 그들에게 통상적으로 내려지는 처벌이 무엇인지 알지 못합니다. …… 처벌에 나이 차를 고려해야 하는지, 병든 자도 건강한 자와 똑같이 처벌해야 하는지, 기독교도가 아니라고 주장하면 풀어주어야 하는지, 아니면 그에 관계없이 기독교에 빠진 적이 있다면 처벌해야 하는지, 죄를 짓지 않았더라도 기독교도라는 이유만으로 처벌할 수 있는지, 아니면 그들이 지은 범죄 행위만을 처벌해야 하는지 같은 문제를 고민하고 있습니다.

한편 다음은 제게 소환된 기독교도들에게 내린 조치입니다. 저는 먼저 그들이 기독교도인지를 묻습니다. 그들이 일단 그렇다고 인정하면

두세 번 그 질문을 반복합니다. 그때 기독교도임을 철회하지 않으면 죽을 수도 있다고 경고합니다. 그래도 굽히지 않으면 사형을 언도합니다. 그들이 자백한 죄가 어떤 것이든지 그들의 고집과 완고함은 반드시 처벌되어야 한다고 확신합니다. …… 많은 이름이 적힌 익명의 문서가 돌아다녔습니다. 제가 볼 때 기독교도였거나 기독교도임을 부정한 모든 사람은 풀려나야 합니다. …… 소식통이 언급한 다른 사람들은 처음에는 그들이 기독교도라고 했지만 나중에 부정했습니다. 기독교도였으나 이제는 아니라고 선언한 사람들 가운데, 이미 3년 전에 그렇게 고백한 자도 있습니다. 심지어 한두 명은 20년 전에 그렇게 말했다고 합니다. 그들은 모두 폐하의 신상과 다른 신들의 신상에 예배했고 그리스도를 저주했습니다. ……

이 문제에 관해 폐하께 여쭙는 것이 옳아 보였습니다. …… 연령이나 신분이나 성별에 관계없이 많은 사람이 이 고소 사건으로 위험에 처해 있고, 고소는 계속될 것입니다.

다음은 황제 트라야누스의 답장이다.

친애하는 플리니우스여, 기독교도로 고소당한 사람들을 조사할 때 너는 올바른 절차를 따랐다. 이 문제에 보편적이고 절대적인 규칙은 없다. 기독교도를 색출할 필요는 없다. 그러나 그들을 고소하는 고소장이 접수되었고 그 내용이 신빙성이 있으면 다음의 경우를 제외하고는 처벌해야 한다. 누구든지 자신이 기독교도임을 부정하고 다른 신에게 경배함으로써 그것을 증명하면, 그는 신앙을 철회했으므로 과거와 상관없이 용서받아야 한다. 익명으로 돌아다니는 투서는 신경쓰지 마라. 그것에 근거해 재판하는 것은 나쁜 선례를 남길 것이고, 이 시대와는 맞지 않는다.[1]

트라야누스의 시대는 박해의 짧은 휴지기였다. 기독교도 박해는 그의 뒤를 이은 황제들 때 더 심해졌다. 기독교도는 주류 사회에서 더욱 철저히 배제되었다. 박해와 고립을 당한 초기 기독교도에게는 일정한 특징이 형성되었는데, 그것은 중세 시대 때 기독교도들이 유대인들에게서 발견한 특징과 유사하다. 에드워드 기번은 자신의 책《로마 제국 쇠망사》에서 그 특징을 다음과 같이 표현한다.

점점 많은 (기독교도들이) 어떤 직업이나 직종에 종사하게 되면서 그들은 종교인을 대하는 세속인의 편견을 없애야 한다고 느꼈다. 세상의 편견은 그들에게 겸손과 온순과 인내의 태도를 길러주었다. 또한 그들은 박해받으면 받을수록 더욱 내적으로 단결했다.

그러나 결국 복음의 힘이 승리했다. 기독교도들이 일 보 후퇴할 때마다 복음의 힘이 그들을 이 보 전진시켰다. 그들은 1세기에 사자 밥이 되었고, 2세기에 국가 전복 세력으로 낙인찍혔고, 3세기에 경멸의 대상이 되었지만, 4세기에는 로마 제국의 주인이 되었다.

우리가 물어야 할 것은 이런 일이 어떻게 가능했느냐 하는 것뿐 아니라 기독교도는 왜 로마인에게 철저히 멸시당하고 지속적으로 박해받았는가 하는 것이다. 앞서 로마인의 종교적 관용에 관해 에드워드 기번의 글을 인용해 다루었다. 로마인은 모든 종교를 참으로, 동등하게 거짓으로, 그리고 유용한 것으로 간주했다. 기독교도를 제외하고는 그 누구도 그 시대에 종교적 박해의 대상이 되지 않았다. 로마인이 유대인을 억압한 것은 유대인이 그들의 정치적 지배에 반란을 일으켰기 때문이다. 유대인에게 가한 잔혹 행위는 유대인처럼 로마 권위에 도전한 카르타고인에게 가한 잔혹 행위와 다르지 않았다.

그러나 역사가들은 로마인이 왜 기독교도를 박해했는지에는 그다지 관심을 기울이지 않는다. 대부분은 기독교 박해 사실만을 진술할 뿐이다. 이런 경향에서 예외인 학자는 에드워드 기번인데, 불행히도 그는 이 문제에 공정하지 못했다. 불가지론자들은 초대 교회의 성장과 역사에 관한 그의 냉소적인 글을 무척 좋아한다. 믿음이 깊은 기독교도들은 기독교에 관한 기번의 관찰은 무지의 소산으로 치부하며 무시하지만, 유대인에 관한 기번의 냉소적인 글은 매우 심오하다고 느낀다. 한편 유대인은 기독교에 관한 기번의 냉소적 관찰은 심오한 진리를 담고 있다고 생각하지만, 유대인에 관한 그의 말은 무지의 소산으로 취급한다.

그럼에도 불구하고 로마인이 왜 기독교도들만 박해했는지에 관한 기번의 설명에는 일리가 있다. 기번에 따르면 유대인에게는 나라가 있었다. 따라서 로마인의 관점에서 유대인은 자신의 종교적 특성을 유지할 권리가 있는 것이다. 한편 기독교도들은 나라 없이 다른 나라들을 전복한 분파였다. 유대인은 적극적으로 시민의 의무를 다했다. 로마의 부정의에 항거하지 않을 때에는 로마군과 나란히 제국의 보존을 위해 싸웠다. 반면 기독교도들은 주류의 삶에서 이탈했고, 시민의 책임을 지지 않고 군 복무의 의무도 피했다. 기번에 따르면, 이런 이유 때문에 로마인은 기독교도의 죄가 그들이 한 어떤 행위에 있는 것이 아니라 그들의 존재 자체에 있다고 생각했다.

기독교도들이 언제 어떻게 로마 제국에서 권력을 장악했는지는 이미 잘 알려져 있다. 때는 324년이었고, 그들에게 권력을 준 것은 콘스탄티누스(Constantinus) 황제였다. 4세기 초에 기독교는 로마 제국에서 가장 큰 종교 집단이었다.(그렇다고 기독교도의 수가 인구의 다수를 차지했다는 말은 절대 아니다. 기독교도들은 여전히 소수자였다.) 이 크고 결집력 있는 공동체가 콘스탄티누스의 무너지는 제국을 일으켜 세워줄 지지대가 되었을 것이다. 콘스탄티누스 황제는 다음과 같은 속담을 따랐다. "이길 수 없으면 함께하라." 콘스탄티누스 황제는 기독교의 합법성을 인정했을 뿐 아니라 기독교를 로마 제국의 유일한 합법 종교로 만들었다. 당시 기독교도는 전체 인구의 20퍼센트도 되지 않았다.

기독교도가 정치 권력을 쥐었다고 해서 교회에 평화가 온 것은 아니었다. 계속된 내분이 교회의 숨통을 조였다. 교회에 정치 권력을 준 콘스탄티누스는 미심쩍은 유산, 즉 근동의 전제 정치도 함께 물려주었다. 325년, 콘스탄티누스가 소집한 니케아 공의회(소아시아의 니케아에서 열린 가톨릭 최초의 종교 회의)에서 '니케아 신조'로 알려진 신경(信經)이 채택되었다. 그 후 모든 기독교도는 그 신조를 믿어야 했고, 다른 의견은 금지되거나 이단으로 몰렸다. 고대 교회가 배타적 성격을 띠기 시작한 것이다. 과거에 기독교도는 자신들의 교리 차이를 타협으로 해결했으나, 이제는 '신앙'의 일치를 강요하기 위해 검을 사용했다. 에드워드 기번은 기독교도가 정치 권력을 손에 쥔 후 1백 년간 죽인 형제 기독교인의 수가 로마가 지난 3백 년간 죽인 기독교인의 수보다 많았다고 말한다.

하나로 통일된 교회의 문제는 하나로 통일된 성경의 문제와 궤를 같이했다. 《신약 성경》의 정전화 역사는 《구약 성경》의 역사와 유사하다. 내용이 모순되고 모두 서로가 사실이라고 주장하는 혼란 속에서 유통된 많은 복음서에 질서를 가져오려는 첫 번째 시도가 170년에 이루어졌다. 이때 《신약 성경》에 포함될 책들의 첫 번째 시험적 목록이 작성되었다. 그 목록표를 무라토리 단편*이라 한다. 우리가 알고 있는 《신약 성경》은 예수가 죽은 후 362년이 지난 395년에 생겨났다. 공식 신약 정전에 잘 들어맞는 책들만 《신약 성경》에 포함되었고 나머지 책들은 금지되었다. 금지된 복음서의 내용이 무엇인지는 알 길이 없다. 금서를 소지하는 것은 이단 행위였고, 이단 행위를 한 자에게는 사형을 내릴 수 있었다.

《신약 성경》이 최종적으로 정전화된 것은 로마 제국이 완전히 분열된 시점과 일치했다. 395년 테오도시우스(Theodosius) 황제가 죽자, 그의 아들 아르카디우스(Arcadius)가 제국의 동쪽 영토를 얻어 콘스탄티노플을 수도로 정한다. 그리고 또 다른 아들 호노리우스(Honorius)는 나머지 절반인 서쪽 영토를 얻어 로마를 수도로 정했다. 비록 줄어든 영토였지만 제국은 여전히 건재했다. 그러나 유대인,

---

무라토리(Muratori) 단편 현존하는 최고(最古)의 신약 성경 목록표. 신약 정전의 역사를 파악하는 데 중요한 자료로 2세기 후반의 것으로 추정된다. 18세기 초에 이탈리아의 역사가 무라토리(Lodovico Antonio Muratori)가 밀라노에서 발견했다.(역주)

로마인, 기독교인, 그리고 야만인이 일으킨 네 가지 상황이 제국의 내부를 좀먹었기 때문에 로마는 다음 세기에 무너졌다.

유대인들이 일으킨 첫 번째 상황은 이미 이야기한 바 있다. 즉 세 번에 걸친 로마-유대 전쟁이다. 이 전쟁들 때문에 로마의 식민지인들이 들고일어났고, 국경 지역의 적들은 침략의 기회를 호시탐탐 노렸다. 이 때문에 로마는 증세를 하거나 국경 지역의 군비를 강화할 수밖에 없었고, 군비 증가는 로마의 자원을 더욱 고갈시켰다. 제1차 유대 전쟁 이후 로마의 국경은 더 확장되지 않았다. 제3차 유대 전쟁이 끝났을 때는 로마의 국경이 줄어들기 시작했다.

로마 제국을 약해지게 한 두 번째 상황은 로마인이 스스로 유발했다. 노예 제도가 중산층을 붕괴시켰고, 노동은 경멸받게 되었다. 느슨한 성(性) 윤리관이 가족 제도를 밑에서부터 흔들었다. 유대인의 반란을 유발했던 타락하고 부정한 세금 제도는 로마 제국 자체를 망가뜨렸다.

많은 역사가들은 로마의 멸망에 기여한 세 번째 상황을 기독교도와 연관 짓는다. 고대 기독교도는 세상의 종말이 가깝다고 믿었기 때문에 현실 정치의 책무를 심각하게 생각하지 않았다. 그 결과 중앙 정부가 붕괴했다. 흡사 수도 생활 같은 삶과 순결 강조는 결혼을 해도 성관계를 맺지 않는 극단적 입장으로 이어져 인구 감소라는 결과로 나타났다. 지나치게 내세를 강조하고 신학에 집착한 기독교도들은 시민적 의무, 애국심, 학습을 등한시했다.

이 세 가지 상황은 기원후 첫 4세기 동안 로마에 파괴적으로 영향을 끼쳤다. 5세기에 접어들면서는 네 번째 상황, 즉 야만족의 침입까지 엎친 데 덮쳤다.

5세기에 야만족이 서부 유럽에 침입한 사건의 배경은 5백 년의 역사를 거슬러 중국까지 올라간다. 기원전 1세기에 중국 황제들은 국경 내의 불안 요소를 모두 제거하려 했다. 즉 농장에 정착하거나 도시에서 직업을 구하지 않는 유목민을 없애려 한 것이다. 그 무해한 떠돌이들을 상대로 연속해서 벌인 전쟁의 목표는 그들을 절멸하는 것이 아니라 중국 국경 밖으로 쫓아내는 것이었다. 그리고 이 전쟁은 '코르셋의 원리'라 불리는 물리 법칙을 작동시켰다. 코르셋의 한쪽을 조이면 다른 쪽이 부풀어 오르는 것처럼, 중국에서 쫓겨난 유목민들(중국 한 나라에서 '훈족'으로 불린 사람들)이 다른 나라로 밀려들었다.

쫓겨난 유목민들은 인도 북부, 러시아 남부, 발칸 반도로 밀려들었다. 그러나 그곳에는 이미 다른 유목 민족—서고트족, 반달족, 동고트족—이 살고 있었다. 중국 황제들이 훈족을 중국에서 몰아낸 것처럼 훈족도 서고트족과 반달족과 동고트족을 서유럽, 즉 독일, 프랑스, 이탈리아, 에스파냐로 밀어냈다. 서고트족은 4세기에 로마 제국을 침입한 최초의 야만족이었다. 이어 반달족과 북쪽의 골족이 5세기에 그 흐름에 동참했다. 이 야만족들이 차례로 로마 제국을 공격한 것이다.

그러나 모든 야만족의 공격을 무색하게 할 새로운 위협의 그림자가 유럽에 드리워졌다. 숫자의 힘으로 반달족과 고트족을 강제로 이동시켰던 훈족이 직접 유럽 대륙의 국경을 넘은 것이다. 그들은 새 지도자 아틸라(Attila)를 만났다. 아틸라는 오합지졸의 아시아 유목민을 특수 정예 부대로 탈바꿈시켰다. 말과 안장 사이에 날고기를 식량으로 저장한 그들은 피와 파멸의 융단 위를 내달려 프랑스로 진입했다. 훈족의 기마 부대가 지나간 자리에는 풀이 자라지 않았다는 말이 생길 정도였다. 인류 역사에 처음이자 마지막으로 유럽이 아시아에 조공을 바치는 속국이 될 위험에 처했다. 그때 놀랍게도 1백 년 전에 프랑스를 침입하여 인류의 쓰레기로 멸시받던 서고트족과 반달족이 유럽을 구하러 왔다. 그들은 훈족을 451년 트루아 전투(살롱 전투로도 알려졌다)에서 무찔렀다. 아틸라는 자신의 부대를 이탈리아로 철수시켜 로마를 위협했다. 그러나 아틸라가 갑작스럽게 죽으면서 로마는 엄청난 재난을 피할 수 있었다. 지도자를 잃은 훈족은 흩어졌고 그대로 역사에서 사라졌다.

그러나 훈족의 침입으로 로마 제국은 힘을 소진했고 국경은 파괴됐으며 정부 조직은 무너졌다. 동쪽과 북쪽에서 내려온 다른 야만족 침입자들은 훈족이 시작한 일을 기꺼이 마무리했다. 로마가 침략당하는 일은 이제 흔해졌다. 그리고 로마가 침략을 버티는 데에도 한계가 있었다. 이전 로마 제국의 서쪽 절반이 완전히 붕괴했다. 로마 제국 거주민들은 침략자들과 완전히 섞이게 되었고 새로운 나라들이 만들어졌다. 권력을 승계한 고트족과 반달족 왕은 정치를 몰랐기 때문에 로마 제국의 나머지는 수백 개의 작은 나라와 왕국으로 붕괴되기 시작했다. 그리스의 영광과 로마의 웅장함이 종언을 고했다. 이제 유럽에서는 봉건 제도가 시작된다.

교회는 야만족들에 대항하여 용감하게 싸움을 이어 갔다. 무기의 힘으로는 야만족들을 막을 수 없었던 교회는 신앙으로 그들을 흡수하기 시작했다. 그러나 이방인 침입자를 개종시키자 교회 자체가 위험에 처하게 되었다. 짧은 시간에 너무 많은 이방인 개종자를 얻은 교회는 교리의 순수성을 잃을 위험에 처했다. 예수 그리스도의 동방 신앙은 서방에서 실제로 적용될 수 있어야 한다는 압박 때문에 변하게 되었다.

6세기 교황 제도의 설립은 교회에 강한 중앙 집권적 구심점을 제공했다. 옛 반(反)체제 분파들은 모두 제거되었다. 제국의 서쪽에 있던 이방인들도 결국 개종했다. 교회는 이제 더 쉽게 숨쉴 수 있었고, 조용히 제국의 영토를 조망할 수 있었다. 그러면서 기독교도들에게 거의 무시당했던 유대인이 이제 재발견되기에 이른다.

왜 그런가? 이 질문의 답은 이미 나와 있다. 콘스탄티누스가 공인할 때까지 기독교도는 로마로부터 자신을 보호하는 데 급급해 유대인에게 신경을 쓸 여유가 없었다. 콘스탄티누스가 죽고 3백 년간, 기독교도는 이단적 신념을 품고 신을 믿지 않는 야만족과 싸우느라 유대인에게 그다지 신경 쓸 수 없었다. 이제 유대인의 '재발견'은 기독교도에게 어려운 과제를 던져주었다. 유대인은 기독교의 홍수에서 유일하게 개척되지 않은 비기독교적 요소였다. 기독교도는 유대인을 어떻게 해야 하는가? 필요하다면 기독교를 믿지 않는 이방인에게 했던 것처럼 강제로 세례를 해야 하는가? 참된 믿음을 받아들이지 않는 야만인들에게 했던 것처럼 모두 죽여야 하는가?* 아니면 그냥 내버려 두어야 하는가? 그러면 기독교 신앙을 위태롭게 만들 불씨가 되진 않을까? 기독교도의 이런 딜레마와 유대인의 복잡한 상황은 중세에 유

---

* 강제 개종은 교황 제도가 견고했던 7세기에 교황들에 의해 금지되었다. 나중에 논하겠지만, 중세 시대에 유대인을 보호한 것은 교황들이었다.

대인과 관련된 가장 큰 문제였다.

기독교의 초반 6세기 역사는 유대인에게 다소 고요한 시기였지만, 많은 유대 역사가들은 그 기간에 유대인 박해가 잦았다고 주장한다. 그 증거로 그들은 여기저기로 흩어져 있던 법령들을 인용한다. 그 법령들에 따르면 유대인은 특정 직업군에서 배제되었고, 특정 권리를 누리지 못하게 제한받았다. 그러나 역사가들이 유대인이 당한 부당한 일을 찾으면서 잊은 것은 유대인이 살았던 세상은 거의 모든 사람에게 부정의와 폭력이 가해진 시대였다는 점이다. 6백 년은 매우 긴 시간이며, 그 긴 기간 동안 가끔 부당한 처우를 받았다 해서 유대인이 정부로부터 지속적으로 널리 박해를 받았다고 말할 수는 없다.

212년에 카라칼라(Caracalla) 황제는 로마 제국에 사는 유대인에 대한 차별 정책을 폐지했을 뿐 아니라 유대인에게 시민권도 부여했다. 기독교 교회를 공인한 콘스탄티누스 황제는 유대인의 권리를 일부 제한했지만, 그들의 시민권을 박탈하지는 않았다. 그리고 역사의 우연이 기독교도가 누리던 모든 기득권을 제거하고 유대인을 예루살렘과 성전과 산헤드린으로 되돌려놓았다. 율리아누스(Julianus) 황제가 361년에 제위에 올랐을 때, 그는 기독교를 금지하고 기독교의 관행을 폐지했다. 그리고 유대인의 특권을 전부 회복한 후, 유대인이 예루살렘과 성전을 재건할 수 있도록 돕겠다는 약속까지 했다. 율리아누스 황제는 유대교로 개종할 수도 있었다. 그러나 얼마 되지 않아 그가 죽었고, 그의 죽음과 함께 기독교도의 두려움과 유대인의 희망은 사라졌다.

유대인과 기독교도가 결정적으로 결별한 때는 성전이 파괴된 이후

세대에 이르러서이다. 바울이 유대교의 기독교 분파를 이방인에게 전파했을 때, 기독교도는 로마의 박해를 피하기 위해 디아스포라에 있는 유대인 회당에 모여들었다.(당시 로마는 유대인에게는 관용 정책을 실시했고, 기독교도에게는 박해 정책을 실시했다.) 그러나 이 회당에서도 기독교도는 계속 유대교도를 상대로 하여 개종 활동을 했다. 자신들이 품어준 기독교도에게 배반당했다고 느낀 유대 지도자들은 유대교 제의에 기독교 이단에 대한 기도를 넣었다. 기독교도는 이 기도를 할 수 없었기 때문에, 그들이 유대교 회당을 피난처로 삼는 관행은 사라졌다. 바르 코크바를 메시아로 인정할 수 없었기 때문에 참여하지 않았던 제3차 로마-유대 전쟁에서 기독교도는 그들의 왕국이 또 다른 세상의 왕국이라고 선포하면서 유대교와 그와 관련된 모든 것들과 결별했다. 이로써 유대교와 기독교의 분립이 완성되었고 마침내 그들은 완전히 다른 종교가 되었다.

유대인과 결별한 후 기독교도는 딜레마에 빠졌다. 그들은 그리스인과 로마인에게 여전히 매우 존중받는 《구약 성경》을 폄하해야 하는 동시에 《신약 성경》의 계시를 정당화하기 위해서 《구약 성경》이 필요했다. 특히 예수를 아티스(Attis), 오시리스(Osiris), 아도니스(Adonis) 같은 이교도의 신과 동일시하려는 숱한 시도에 맞서려면 《구약 성경》이 필요했다. 이 이교도의 신들은 예수처럼 모두 한 가지 혹은 여러 형태로 치러지는 부활 의식의 중심에 있었다. 교회는 기독교의 도래에 관한 예언을 《구약 성경》에서 찾아 이 문제를 깔끔하게 해결했다. 한 유대 학자는 이 상황을 다음과 같이 요약했다.

그러므로 그들(기독교도)은 자신들과 교회를 진정한 '약속의 상속자'라고 선언하면서, 가능한 한 모든 호의적인 언급과 축복은 자신들에 관한 것으로 적용했고 모든 책망과 저주는 유대인에 관한 것으로 적용했다. 이 터무니없는 설명은 유대 역사의 공식 버전으로 승계되었다. 후자는 유대인을 모세, 아론, 다윗, 사무엘, 예레미야, 이사야의 제자가 아니라 다단, 아비람, 아합, 므낫세의 제자로 그렸다. 열성적인 기독교도들은 예언자의 소중한 말씀을 유대인을 폄하하는 증거로 사용했다. 오해와 미움의 벽이 양쪽 종교의 근본주의자들에 의해 세워졌다. 격정적인 혼란 속에서 한 종교의 빛에 어려서부터 익숙해진 사람들의 눈에는 다른 종교의 선한 빛이 보이지 않게 되었다. 중세의 어둠 속에서 그 철학자(마이모니데스Maimonides)만이 교리와 제의의 다양성 저변에 있는 유대교-기독교 전통의 통일성을 알고 있었다.[2]

기독교 학자 제임스 파크스(James Parkes)가 말했듯이, "어떤 민족도 자기 자신의 종교 지도자를 위대하게 만들기 위해 그렇게 많은 대가를 지불하지 않았다."

대체로 300년에서 600년까지 약 3백 년 동안 로마 제국 내에서 유대인 차별을 목적으로 한 네 개의 법이 제정되었다. 콘스탄티누스 대제의 법(315년)은 앞에서 이미 언급했다. 콘스탄티우스의 법(339년)은 유대인 남성과 기독교 여성의 결혼을 금지했다. 테오도시우스 2세의 법(439년)은 유대인이 높은 관직에 오르지 못하도록 했으며, 유스티니아누스의 법(531년)은 유대인이 기독교도를 고소하는 증인으로 서는 것을 막았다.

겉보기에 이 법들은 차별적이고 모욕적이고 수치심을 주는 것 같다. 그러나 이어지는 중세 유대인의 삶을 제대로 이해하려면 이 법들의 의도를 분명히 이해해야 한다. 그래야만 이 법들과 이후에 제정될 법들의 차이를 알 수 있다. 이 법들을 제대로 평가하려면 현재가 아닌 6세기 사람들의 눈으로 보아야 한다. 이 법들은 유대인에게만 적용된 것이 아니다. 법을 제정한 사람들에 따르면 그 법들은 유대인, 사마리아인, 마니교도*, 이단들, 이교도인 모두에게 동등하게 적용되었다. 이 법들에는 두 가지 목적이 있었다. 하나는 신생 종교를 다른 종교와의 경쟁에서 보호하고, 다른 하나는 기독교도들이 핵심 직위를 차지할 수 있게 하는 것이었다. 유대인이 이 법안들의 유일한 피해자라고 생각하는 것은 법의 의도를 잘못 이해한 것이다.

이 법들의 정신은 오늘날 미국의 법과 그리 다르지 않았다. 한 가지 다른 점은 후자는 민족주의를 전제로 삼고, 전자는 기독교를 전제로 삼는다는 것이다. 오늘날 미국에서 공직을 얻으려면 반드시 미국 시민이어야 하는 것처럼, 중세 기독교 국가에서는 교인 자격을 공직의 선결 조건으로 삼았다. 미국이 초기에 보호 관세를 붙여 자국의 신생 기업을 유럽의 경쟁사로부터 보호했던 것처럼, 고대 교회는 경쟁 관계에 있는 동방 종교들로부터 스스로를 보호하기 위해 법적 보호 조치를 취했던 것이다.

유대교는 2세기에 개종 활동을 자발적으로 포기했지만 여전히 많은 이교도인과 기독교도에게 매력적인 종교였다. 유대교로 개종하는

마니교도 로마군이 소아시아로부터 유럽으로 전파한 동방 신비 종교의 일원들. 마니교는 대중에게 큰 인기를 누려 한동안 새 교회에 위협이 되었다.(역주)

것을 막기 위해 교회는 유대교로 개종한 기독교도들에게 사형을 내렸다. 많은 노예들이 유대인 주인이 베푼 인간적인 대접에 감동해 유대교로 개종했다. 유대인은 7년이 지나면 노예를 자유롭게 해주었다. 노예들이 유대교로 개종하자 교회는 유대인의 노예 소유를 금지하는 법을 통과시켰다. 기독교도 여성들에게 유대인은 매력적인 신랑감이었다. 왜냐하면 유대인 남성은 자녀 교육에 신경을 많이 쓸 뿐 아니라 돈도 잘 번다고 알려졌기 때문이다. 콘스탄티우스의 법은 유대인 남성과 기독교인 여성이 결혼하는 것을 금지했다. 한편 기독교도 남성과 유대교 여성의 결혼은 금지되지 않았다. 왜냐하면 기독교 집안에 시집 온 유대인 여인들은 일반적으로 기독교로 개종했기 때문이다. 유대인은 이런 차별적인 결혼법에 그다지 영향을 받지 않았다. 오히려 많은 유대인이 그 법을 환영했다. 왜냐하면 유대인은 오랫동안 다른 종교인과 결혼을 금지하는 법을 지켜 왔기 때문이다.

최근 기독교로 개종한 문맹 유목민인 반달족, 동고트족, 골족, 서고트족, 훈족은 그리스의 과학과 문학과 철학을 배운 지적이고 세련된 유대인들과 상대가 되지 않았다. 교육받은 유대인들이 높은 직위를 얻는 것은 자연스러운 일이었지만, 황제들은 이 자연 법칙을 인공적인 법령으로 막으려 했다. 그러나 이 법령들은 거의 지켜지지 않았다. 영국에서 유대인이 상원에 진출하는 것이 금지되던 시절에 벤저민 디즈레일리(Benjamin Disraeli)가 당시 영국의 총리가 되었던 것처럼, 기독교 세계에서 유대인도 다른 사람들처럼 판사, 행정 관료, 학자, 상인, 노동자, 농부 같은 직업에 종사할 수 있었다.

300년에서 600년까지 3백 년 동안 유대인 박해는 여기저기에서 가끔 발생했다. 반(反)유대인 칙령이 유대인의 자유를 일부 제한했고 유대인에게 부당한 세금을 강요하기도 했다. 그러나 이 모든 법은 가끔 시행되었으며, 일반적으로는 무시되었다. 그러나 이 3백 년이 기독교도와 이교도인에게는 권력을 잡기 위한 생사를 건 유혈 투쟁의 기간이었음을 기억해야 한다. 놀라운 것은 서고트족, 반달족, 훈족, 골족, 기독교도, 이교도가 서로를 아무렇지도 않게 학살하는 와중에 유대인은 무사했다는 것이다. 막 개종한 반달족 기독교인이 개종하지 않은 유대인과 개종하지 않은 골족을 달리 대접하리라고 기대했다면 너무 많은 것을 바라는 일이다.

그러나 유대인은 그 혼란의 시대에 살아남았다. 6세기에 그들은 새롭게 일어나는 세 개의 문명권, 즉 비잔틴, 이슬람, 중세 봉건제라는 세 문명권 전역에서 살고 있었다. 비잔틴 제국에서 유대인은 자신들의 문화를 철저히 배척당하고 추방될 운명에 처한다. 이슬람 세계에서는 놀라운 학문적 성취를 이루게 된다. 중세 봉건 세계에서는 슬픔의 순간과 위대함의 순간을 맛본다. 문제는 이 모든 상황에서 그들이 '어떻게' 생존했는가 하는 것이다.

4부

탈무드와 랍비의 시대

4부에서는 기원전 500년부터 1700년까지 이어진 《탈무드》 시대를 다룬다.

세계사		《탈무드》의 역사
페르시아가 바빌로니아를 무찌르고 유대인에게 자유를 주다. 그리스가 페르시아를 무너뜨리다. 유대인이 헬레니즘의 영향권에 들어오다.	기원전 500~200년	토라에 관한 설교적 해석인 미드라시와 함께 《탈무드》의 첫 번째 씨앗이 뿌려지다.
유대인이 그리스의 지배를 벗어나 하스모니안 왕조를 세우다. 로마가 유대를 병합하다. 기독교가 창시되다. 유대인이 로마에 대항하다. 예루살렘이 파괴되다.	기원전 200~기원후 200년	타나임의 시대. 토라의 첫 번째 개정법인 미시나 등장. 구전 율법의 시작.
기독교가 로마의 국교가 되다. 사산 왕조가 옛 바빌로니아와 페르시아 영토에 세워지다. 로마가 쇠퇴하다. 반달족의 첫 번째 침입이 시작되다.	200~400년	아모라임의 시대. 미시나가 정전이 되고 추가적인 정전화가 금지된다. 게마라로 알려진 미시나의 주석 작업이 시작된다. 최초의 유대인 학교가 바빌로니아에 세워지다.
유럽에서 야만족 왕이 권력을 잡다. 로마 제국의 동쪽 지역에 비잔틴 제국(동로마 제국)이 세워지다. 이슬람교가 창시되다. 사산 왕조가 무너지다.	400~700년	팔레스타인 게마라가 끝나고 바빌로니아 게마라가 계속 성장하여 학문 세계를 지배하다. 사보라임이 미시나와 게마라를 합쳐 《탈무드》로 편집하는 일을 맡다.
무슬림이 근동, 팔레스타인, 이집트, 북아프리카, 에스파냐를 정복하다. 기독교의 암흑기. 샤를마뉴가 서로마 제국의 황제가 되다.	700~1000년	게오님의 시대. 게마라가 금지되다. 레스폰사 문학의 발달.
이슬람 제국이 여러 술탄 왕국으로 분열되다. 외적의 침입과 첫 번째 십자군 운동으로 인해 이슬람 제국이 더 약해지다.	1000~1200년	마이모니데스의 시대. 《탈무드》가 디아스포라 유대인의 법전이 되다.

이슬람 제국이 십자군과 몽골의 침입으로 무너지다. 튀르크족이 이집트를 점령하다. 기독교도가 에스파냐를 되찾다. 유대인의 삶의 터전이 동방에서 서방으로 이동하다. 이슬람 제국이 멸망하다.	1200~1500년	라시가 프랑스에 예시바를 세우다. 알파시가 《탈무드》를 법전화하다. 예시바가 유럽 전역에 창설되다.
비잔틴 제국이 튀르크로 넘어가다. 르네상스가 끝나고 종교 개혁이 시작되다. 종교 전쟁의 시대. 서유럽에서 봉건제가 끝나다.	1500~1700년	'슐칸 아루크'라 불리는 세 번째 《탈무드》 법전이 나오다. 《탈무드》는 더 늘어나거나 외부의 영향을 받아 수정되지 않는다.

《탈무드》 형성 과정

토라—모세 오경(《창세기》, 《출애굽기》, 《레위기》, 《민수기》, 《신명기》)

연도	사건	설명
기원전 445년	토라의 정전화	히브리어. 예루살렘에서 에스라와 느헤미야에 의해 정전화되었다.
기원전 400~200년	미드라시	탈무드학의 초기 형태. 모세 율법에 관한 비공식 히브리어 해설과 성경 주해.
기원전 200~기원후 200년	미시나	히브리어. 할라카 법과 아가다 주해로 구성.
미시나가 끝나고 게마라가 시작되다.		
200~400년	팔레스타인 게마라	아람어로 쓰였으나 일부는 히브리어로 쓰였다. 할라카 법, 아가다 주해, 미드라시 설교, 세 부분으로 구성되었다.
200~500년	바빌로니아 게마라	아람어로 쓰였으나 일부는 히브리어로 쓰였다. 팔레스타인 게마라와 대체로 같은 형태이나 학문적 완성도가 더 뛰어나다.
게마라의 끝. 《탈무드》 시대 개막.		
500~700년	사보라임	미시나와 게마라를 편집하고 기록할 역할을 맡은 학자들을 '사보라임'이라고 불렀다. 그들의 작품이 오늘날의 《탈무드》가 되었다.
700~1100년	게오님	바빌로니아 대학들의 총장을 부르는 명목상 명칭. 이들은 탈무드학을 널리 유포했다.
1100년경	라시 주석서와 토사포트	프랑스 태생인 라시가 현대적으로 재해석한 《탈무드》가 히브리어로 쓰였다. 그의 자녀와 손주들이 뒤를 이어 작업한 주석서를 토사포트라고 한다.
법전화 시작.		
1100년경	알파시	북아프리카 페스 출신 랍비 알파시가 《탈무드》를 법전화했다. 히브리어로 쓰였다.

1200년경	미시나 토라	에스파냐 코르도바 출신 마이모니데스가 《탈무드》의 두 번째 법전화 작업을 했다. 히브리어로 쓰였다.
1600년경	슐칸 아루크	에스파냐 톨레도에서 태어난 랍비 요셉 카로가 《탈무드》를 세 번째로 법전화했다. 팔레스타인에서 히브리어로 쓰였다.

13장

바빌로니아의 유대인 학교들

사산 제국(구 파르티아, 구 셀레우코스, 구 페르시아, 구 바빌로니아)의 중심에서 4세기와 12세기 사이에 독특한 유대 학문 연구 기관 세 곳이 번성했다. 하나는 수라(Sura)에, 또 하나는 품베디타(Pumbedita)에, 마지막 하나는 네하르데아(Nehardea)에 있었다. 이 '아이비리그' 예시바, 즉 유대인 학교는 오늘날 서구 사회의 하버드대학, 옥스퍼드대학, 소르본대학처럼 당시 유대 문화에서 지적인 역할을 담당했다. 그리고 12세기에 세워진 최초의 유럽 대학의 원형이 되었다. 이 학교들에서 유대 사상이 《탈무드》 또는 '지혜'라고 불리는 지식 체계로 구체화되었다.

《탈무드》는 유대인의 생존 도구였고, 1천5백 년 동안 사산 문명, 이슬람 문명, 중세 문명을 거친 유대 역사의 항로에 결정적 영향을 끼쳤다. 또 동방에서 벌어졌던 유대인의 과거와 서방에서 일어날 유대인의 미래를 연결한 다리이기도 했다. 다리의 한쪽은 모세 율법에, 다른 한쪽은 구두 율법에 걸쳐 있었다. 이 다리 위를 레스폰사의 전달자들이 건너다녔다. 그들은 이집트, 그리스, 이탈리아, 에스파냐, 프랑스, 독일 등 유대인이 사는 곳이라면 어디든지 '율법'을 전했다. 이것이 유대교의 《탈무드》 시대이다.

탈무드 연구 혹은 탈무드학은 다음 세 가지 성취를 이루었다. 첫째, 여호와의 성격을 바꾸었다. 둘째, 유대인의 성격을 바꾸었다. 셋째, 정부에 대한 유대인의 개념을 바꾸었다. 예언자들은 여호와를 정의와 도덕의 신, 자비와 공의의 신으로 바꾸었다. 《탈무드》 연구자들은 하느님을 일상적인 활동에 받아들여, 유대인의 행동이 하느님의 성품으로 물들어야 한다고 주장했다. 토라가 종교적 유대인을 만들었다면, 《탈무드》는 유대인의 관심을 과학과 이론의 영역으로 확장했다. 성경이 민족주의적 유대인을 만들었다면, 《탈무드》는 어디에서나 적응 가능한 유대인을 창조했다. 이를 위해 《탈무드》는 유대인에게 인간 통치 방식의 보이지 않는 틀을 제공했다.

《탈무드》가 언제나 그 이름으로 불린 것은 아니었다. 《탈무드》의 씨앗이 뿌려진 것은 기원전 5세기였지만, '탈무드'라는 이름이 점점 커져 가는 지식 체계에 적용된 것은 기원후 6세기 이후였다. 바빌로니아 예시바의 역사적 기능은 과거의 전통을 미래의 유대 문화에 접목하여 수 세기 동안 빠르게 급변할 유대인의 운명을 보호하기 위해 유대인의 법에 융통성을 부여한 것이었다. 지금부터 《탈무드》가 어떻게 팔레스타인에서 처음 생겨났는지를 살피고, 그것이 바빌로니아 예시바에서 어떻게 발전하여 18세기 유럽의 게토에서 최종적으로 폐기되었는지를 추적해보자.

《탈무드》의 씨앗은 우연히 뿌려졌다. 두 페르시아계 유대인 에스라와 느헤미야가 모세 오경을 정전화했을 때 《탈무드》의 씨앗이 뿌려졌다. 즉 기원전 5세기 오경의 정전화를 통해 하느님과 모세는 할 말을 다했고 더는 새로운 율법이 없다며 계시의 문을 닫았을 때 《탈무드》의 개념이 싹을 틔웠다. 그러나 유대인의 삶은 이 정전화가 암시하는 것에 관심이 없는 듯했다. 여호수아의 명령에 따라 태양이 멈추었지만 유대인의 삶은 느헤미야와 에스라의 명령에도 멈추지 않았다. 계속 이어진 유대인의 삶은 모세 율법에 대한 신뢰를 잃어 가는 아브라함 자손들의 무릎 위에 새 문제들을 던져주었다. 모세 율법이 이 새로운 요구에 응답하지 못하자, 다음과 같은 의문이 뒤따랐다. "유대인은 이제 구식이 된 토라를 버려야 하는가, 아니면 여전히 토라의 영역 안에서 삶을 제한해야 하는가?"

기독교도들도 예수의 죽음 이후 똑같은 딜레마에 빠졌다. 또 다른 '의의 교사'가 구약의 예언을 인용하며 자신을 메시아로 선포하지 못하도록 그들은 유대인을 따라 《신약 성경》을 정전화하며 앞으로 나올 모든 계시를 금지했다. 이 조치는 기독교를 하나의 틀에 고착화하는 결과를 낳았다. 변화는 허락되지 않았다. 새로운 삶의 방식도 용인되지 않았다. 이단과 혁명이라는 내부의 압력이 봉건 세계를 파괴하기 전까지 서구 문명은 약 천 년 동안 '닫힌 사회'가 된다.

유대인은 기독교인처럼 덫에 걸리지 않았다. 그들은 삶의 방식을 하나로 뿌리박지 않았고 토라를 던져버리지도 않았다. 그 대신 그들은 모세 율법을 개정하고 재해석했다. 오늘날 미국인들이 새로운 문제를 처리하기 위해 헌법을 개정하거나 재해석하는 것과 마찬가지다.

유대인들은 새로운 도전을 과거의 형식에 맞추기보다 새 형식을 만들어 달라진 상황에 대처했다.

토라의 개정은 비체계적으로, 그리고 의도 없이 이루어졌다. 에스라와 느헤미야는 회당에서 토라를 큰 소리로 낭송할 때 해석가들이 곁에 서서 그 의미를 풀어주어야 한다고 선언했다. 그러나 사람들이 던진 질문은 이 페르시아계 유대인 개혁가들이 바랐던 것은 아니었다. 뜻이 모호한 히브리어 단어나 어구의 의미를 물어보는 대신, 사람들은 모세 오경의 옛 명령이 어떻게 전혀 다른 현재의 상황과 조화를 이룰 수 있는지에 더 관심이 있었다.

누가 현자가 되고자 하는 유혹을 거부할 수 있을까? 자신들에게 부여된 현자라는 호칭에 우쭐해진 토라 해석가들은 사람들이 제기한 질문에 답하기 시작했다. 가장 지혜로운 자가 가장 대중적인 현자가 되었다. 그들의 동시대인들, 즉 기원전 5~6세기의 그리스 철학자들처럼 토라 해석가들은 사상이 거래되는 시장에서 손님을 놓고 경쟁하기 시작했다. 모세 오경이 현실에 부합하지 않는다고 주장하는 대신, 그들은 모세 오경이 삶의 모든 문제에 답을 줄 뿐 아니라 그런 질문을 미리 예견하고 있다고 주장했다. 그들은 모세 오경으로부터 답을 얻으려면 뛰어난 지혜로 성경을 연구해야 한다고 생각했다.

모세 율법에 대한 최초의 재해석은 순전히 '재치'를 뽐내는 것에 지나지 않았던 것 같다. 그러다 보니 해석가들이 '창의적인' 해석을 하는 데 지나치게 열중하는 부작용도 발생했다. 그래서 남보다 더 좋은 해석을 내놓기 위해 그들은 창의성과 깊이를 동시에 추구하게 되었다. 그리고 이렇게 탄생한 새로운 성서 연구 방법이 미드라시이다. 당시 누구도 눈치채지 못했지만 미드라시에서 미래의 《탈무드》를 싹 틔울 씨앗이 자라고 있었던 것이다.

페르시아의 통치를 받으며 이어진 평온한 삶은 기원전 4세기 말 그리스의 득세과 함께 끝났다. 우리는 이미 헬레니즘의 영향 속에서 유대인의 삶이 얼마나 흔들렸는지 살펴보았다. 그리스적 회의주의에 빠진 유대 젊은이들은 더는 미드라시의 성경 해설을 받아들이지 않았다. 그들은 단도직입적으로 물었다. "토라가 지금 여기의 문제를 해결할 수 있습니까, 없습니까?"

유대인은 그리스인을 공개적으로 비난했으나 그리스의 철학과 과학은 몰래 공부했다. 플라톤의 사상, 아리스토텔레스의 논리학, 유클리드의 과학으로 무장한 유대 학자들은 토라를 새로운 도구로 연구했다. 그들은 헬레니즘의 문화에 맞도록 모세 오경의 모습을 바꾸는 더 정교하고 체계적인 방법들을 개발했다. 그들은 유대적 계시에 그리스적 '이성'을 더했다. 그렇게 개선된 성경 연구 방법이 미시나(Mishna)였다. 미시나는 '반복'을 뜻하는 히브리어에서 유래했다.

바빌로니아와 팔레스타인에서 독자적으로 발생한 미시나는 기원전 200년경에 유대인의 삶에 깊이 스며들기 시작했다. 사두개인은 미시나를 격렬히 반대했지만 바리새인은 열렬히 지지했다. 사두개인이 미시나를 반대한 이유는 초기 기독교 교회가 이단 교리에 반대한 이유와 유사하다. 그들에 따르면 하느님의 말은 성경에 명확하게 계시되었으므로 어떤 인간의 권위도 그 위에 있지 않으며, 본문의 명확한 의미를 자의적으로 해석해서는 안 된다는 것이다.

바리새인은 사두개인의 견해에 반대했다. 바리새인은 토라가 제사장에게만 주어진 것이 아니라고 여겼다. 토라는 모든 사람에게 주어졌다. 제사장은 성전 제의를 수행하기 위해 선출된 것이지 하느님의 말을 해설하는 배타적인 권리를 지닌 사람이 아니었다. 만약 하느님이 토라를 사람에게 주면서 인생의 모든 해답이 그 안에 있도록 의도했다면, 인간이 즉각적으로 모든 진리를 이해하지 못한다고 해서 토라에 문제가 있는 것은 아니다. 오히려 인간에게 그 진리를 깨달을 지혜가 없는 것이다. 바리새인은 미시나가 하느님이 의도한 진리를 찾아가는 방법이라고 주장했다.

바리새인의 논리가 사두개인의 논리를 이겼다. 이로써 유대교는 평신도 중심의 종교가 되었다. 토라를 연구한 사람이라면 누구나 유대교의 대변인이 될 수 있었다. 그때부터 부자나 가난한 자, 귀족이나 농민 할 것 없이 모든 계층에서 토라의 현자가 나올 수 있었다. 유대교에서는 오로지 '배움'이 중요했다. 유대의 일반 대중은 이 지적인 성취에 놀랐다. 사람들에게 미시나는 전능하신 하느님의 또 다른 증거가 되었다. 하느님은 아브라함과 모세의 시대에 그들이 겪고 있는 문제를 미리 내다보았기 때문이다.

미시나의 인기는 랍비들의 걱정거리였다. 그들은 미시나가 궁극적으로 토라의 권위를 대체하고, 사람들이 미시나의 근원인 토라를 잊고 토라에서 나온 미시나를 더 인정할까 봐 염려했다. 이것을 방지하기 위해 미시나를 글로 남기는 것이 금지되었다. 미시나는 암송만 가능했고, 그래서 '구전 율법'으로 알려지게 되었다.

기원전 35년에 미시나의 두 학파가 생겼다. 하나는 힐렐(Hillel) 학파였고, 다른 하나는 샴마이(Shammai) 학파였다. 양쪽 모두 유대인의 삶에 큰 영향을 끼쳤지만 그들의 견해차는 매우 컸다. 샴마이 학파는 모세 율법을 좁게 해석했으며 재산권에 큰 관심을 두었다. 반면 힐렐 학파는 율법의 크고 유연한 원리에 관심을 두었고 인권 문제를 강조했다. 샴마이 학파의 해석은 보수적이고 분파적인 성격을 띤 반면에, 힐렐 학파의 해석은 자유로웠고 보편적 가치와 맞닿아 있었다.

랍비 벤 자카이가 지키고자 했던 것은 구두 율법의 자유로운 전통, 즉 힐렐 학파의 전통이었다. 그에게 70년 예루살렘이 멸망한 후 야브네에 학교를 세우는 것이 그렇게 중요했던 이유가 바로 여기에 있었다. 야브네에서, 그리고 나중에는 바빌론에서 벤 자카이와 그의 제자 랍비들, 공동체 장로들, 현자들은 이방인의 땅에서 생존해야 하는 유대인을 위한 법을 제정했다. 이 법은 제10장에서 이미 논했다.

유대인은 135년에 일어난 제3차 로마-유대 전쟁의 여파로 하드리아누스 황제가 가한 보복에서 빠르게 회복했지만, 팔레스타인의 학문 활동은 치명타를 입었다. 하드리아누스의 보복에 굴복한 유대 지식인들은 팔레스타인을 떠나 바빌론으로 망명하여 그곳에서 바빌론의 학문을 풍요롭게 만들었다.

팔레스타인이 2천 년간의 정치적 동면—이 동면은 19세기에 '시오니즘'이라는 구애자의 키스로 끝나게 된다.—에 들어가기 전에 배출한 위인이 한 사람 있었는데, 바로 유다 하나시(Judah Ha-Nasi)이다. 그는 로마 황제 마르쿠스 아우렐리우스 안토니누스(카라칼라)의 친구이자 학자였다. 유다 하나시는 미시나의 큰 인기를 놀라운 눈으로 바라보았다. 그는 그 당시의 키르케고르(Søren Kierkegaard)였다. 그는 과학적 세계관에 지배받는 20세기 사람이 겪는 딜레마를 직관적으로 예언했다. 유다 하나시는 미시나의 선생들이 토라가 아니라 이성에 근거한 윤리 철학을 개발함으로써 하느님의 계명 대신 과학에 근거한 노력을 만들 것이라고 염려했다. 그런 사태가 발생하면 인간은 궁극적으로 윤리와 도덕 둘 다 거부할 것이다. 왜냐하면 윤리와 도덕은 하느님의 감화를 받아 만들어진 것이 아니라 인간이 만든 것에 불과할 것이기 때문이다. 이런 위협을 미연에 방지하기 위해 유다 하나시는 미시나의 추가적인 개발을 금지했다. 다시 말해, 그것을 '정전화' 하여 구전 율법이 앞으로 더 성행하는 것을 방지하는 조치였다. 그는 자신의 조치가 성공했다고 믿고 죽었으나 그의 조치는 절반만 성공했다. 그는 앞문은 잠갔으나 뒷문 잠그는 것은 소홀히 했다.

바빌로니아에 예시바가 생겨난 것이 바로 이 즈음이었다. 3세기에 유대인이 로마의 보복을 피해 팔레스타인에서 탈출했을 때 랍비 유다의 가장 똑똑했던 후배 둘과 제자 하나가 바빌론으로 쓸려 들어갔다. 거기서 그들은 각각 학교를 세웠는데, 그때 세워진 예시바 세 곳이 훗날 큰 명성을 떨친다. 이 학교를 졸업하면 좋은 집안과 결혼으로 맺어질 수 있었고 부유층으로 진입하는 기회를 얻을 수 있었다. 이 학교의 졸업생들은 7백 년 동안 유대 사회의 유명 인사로 이름을 날렸다.

미시나가 정전화되어 더는 미시나를 개발하는 것이 금지된 상태였지만, 디아스포라 유대인 수백만 명이 여전히 더 많은 레스폰사를 요구하는 현실을 외면할 수 없었던 랍비 유다의 후배 아리카(Arrika)와 사무엘(Samuel), 그리고 제자 에스겔(Ezekiel)은 아직 잠기지 않는 뒷문으로 '미시나의 집'에 입성했다. 그들은 게마라('보충')라 불리게 된,

토라에 대한 새로운 해석을 개발했다. '음식'에 비유하자면 게마라는 미시나를 따뜻하게 데운 것이다. 다만 히브리어 대신 아람어로, 기록 대신 구전으로 접대된 변형 미시나에 지나지 않았다. 일련의 훌륭한 학자들이 게마라를 토라와 같은 지위로 끌어올렸다.

기원전 2세기 '보수적인' 유대인들이 미시나가 토라의 신성함을 침해했다고 항의한 것과 마찬가지로, 그때 미시나를 변호했던 이른바 '자유주의자'들이 이제는 게마라가 미시나의 신성함을 침해한다고 불평했다. 그러나 그들의 불평은 공감을 얻지 못했다. 레스폰사의 전달자들은 새 게마라를 유대 세계의 구석구석으로 전달했다. 이 단계에서 게마라는 아무것도 기록되지 않고 그저 구전되었다. 게마라는 저절로 성행했다. 미드라시와 미시나와 함께 모든 게마라가 암송되었다.

유대 사회에서 학자는 점점 더 큰 지위를 얻게 되었다. 학자들은 오늘날 기업 총수나 스타 영화 배우보다 더 크게 존경받았다. 유대 전설에서 영웅은 칼로 난폭한 괴물을 죽이는 기사가 아니라, 지식으로 무지의 용을 죽이는 사람이 되었다. 무지는 부끄러운 것이었고, 부자든지 가난한 자든지 무식하면 경멸의 대상이었다. 유대 랍비들은 학식 있는 평민이 배우지 못한 귀족 자제보다 낫다고 생각했다. 임신한 여자들은 배 속의 아이가 학자의 영으로 충만하기를 원하며 예시바에 모여들었다. 마술적 힘을 지닌 묘약이 여인을 유혹하는 수단이 아니라 토라 공부를 주저하는 젊은이들을 장려하는 수단으로 사용되었다. 이처럼 토라를 연구하는 데 미신이 사용될 정도로 토라 연구의 가치가 사회적으로 인정받았다.

300년에서 600년까지 3백 년 동안 바빌론의 유대 학교들은 줄곧 유대인의 사고와 학문을 지배했다. 그런데 갑작스러운 상황의 변화가 유대인의 정치적 운명에 급격한 변화를 가져와, 랍비들로 하여금 구전 율법의 기록을 금했던 기존의 원칙을 철회하도록 만들었다. 종교적 불관용이라는 상황이 새롭게 나타나고 있었다.

기원전 8세기에 창설된 페르시아와 사산 왕조의 계몽 종교인 조로아스터교는 처음에 예언자들이 주창한 유대교의 영향을 많이 받았고, 이후에는 기독교의 영향을 받았다. 6세기에 마기(Magii)라 불린 강경한 조로아스터교 분파가 정치 권력을 잡으면서 종교 관용의 시대가 끝나고 기독교도와 유대교도를 상대로 한 성전(holy war)이 시작되었다. 마기의 통치가 시작되자 옛 종교의 자유가 사라진 것이다.

사산 왕조뿐 아니라 로마 제국에서도 소요 사태가 빈번하게 발생했다. 이 시대는 야만족들의 침략이 잦았다. 사람들이 무리 지어 여기저기로 이동하면서 옛 규범이 뿌리째 뽑혔고, 새로운 세력이 권력을 잡으면서 제국들이 붕괴했다. 이 과정에서 폭력이 사회 덕목들을 끊임없이 파괴했다.

이런 재난 상황에서 랍비들은 유대 학문이 소멸될까 걱정했다. 사라센인이나 반달족의 칼이 학자의 두개골을 둘로 쪼갤 때마다, 미시나와 게마라 250만 자가 하수구로 들어가게 되는 셈이었다. 이 때문에 불가피하게 그들은 미시나와 게마라가 기록되는 것을 허락했다. 이 작업은 히브리어와 아람어에 정통한, 이른바 사보라임(Saboraim)이라 불리는 학자들에게 맡겨졌다. 그들이 편찬한 책이 다름 아닌 《탈무드》였다.

《탈무드》편찬 작업은 2백 년이 넘게 걸렸다. 구전 율법을 공부한 학생들이 몰래 남긴 기록이 없었더라면 더 많은 시간이 걸렸을 것이다. 많은 학생이 율법을 암송하기 위해 노트를 만들었다. 하느님이 하시는 일은 정말 경이로워서 그런 죄를 통해서도 선한 일을 이룰 수 있었다. 그들의 선배처럼 사보라임도 '입법자'가 되고 싶다는 유혹을 뿌리치지 못했다. 해결되지 않은 분쟁을 다룰 때마다 그들은 자신들의 학식을 이용해 그것을 해결했다. 이런 식으로 다소 비공식적인 게마라 문서가 공식적인 '정전(토라와 미시나)'에 더해졌다. 이런 시도는 그들의 뛰어난 창의성의 훌륭한 증거가 된다.

유대 사상의 큰 세 줄기가 《탈무드》를 관통해 흘렀다. 첫 번째와 두 번째 줄기는 머리를 관통했고, 세 번째 줄기는 가슴을 관통했다. 1만 5천 페이지로 된 35권의 책(이것은 추정치다)을 구성하는 것은 첫째 할라카(Halacha, '법')로 불리는 머리가 터질 정도로 복잡한 판례들, 둘째 아가다(Aggada, '이야기')로 불리는 윤리, 도덕, 행동, 신앙에 관한 철학적 담론들, 마지막으로 미드라시로 불리는 성경 이야기에 관한 아름답고 다정한 글, 그리고 지혜의 말과 이야기이다.

법과 판례, 윤리와 도덕이 인간 삶의 다양한 면을 다루기 때문에 《탈무드》가 약학, 위생, 천문, 경제, 정부와 관련된 학문을 다루는 것에 놀랄 이유는 없다. 《탈무드》의 다양한 내용은 유대인에게 새로운 시야를 열어주었고, 그들의 지적 지평을 넓혀 옛것을 버리고 새것을 취할 수 있게 허락했다. 《탈무드》연구는 유대인을 율법 전문가로 만들었을 뿐 아니라 그들을 물리학자, 수학자, 천문학자, 문법학자, 철학자, 시인, 사업가로 만들었다. 보편 교육 제도를 누리며 10~15년 동안 《탈무드》를 공부한 유대인이 과학적인 것, 지적인 것, 그리고 이론적인 것과 매우 가까워진 것은 어쩌면 당연한 일이다.

이제 《탈무드》 편찬자들이 어떻게 모세 율법을 당시의 윤리 체계로 확장했는지 추적해보자.

유대인의 관습 중에서 코셔*, 즉 제의적으로 정결한 물품들을 다루는 관습은 비유대인에게 가장 난해하다. 일반적으로 기독교인에게 복잡한 코셔 음식법은 다음과 같은 단편적인 지식으로 축약된다. "유대인은 돼지고기를 먹지 않는다." 일반적으로 카슈루트(코셔 음식법의 히브리어 명칭)는 모세 율법 가운데 다음 세 가지 명령에 근거를 둔다. 첫째, 어미 염소의 젖으로 새끼 염소를 삶지 말 것. 둘째, 시체를 먹지 말 것. 셋째, 되새김질하지 않고 발굽이 갈라지지 않은 동물과 날지 못하거나 깃털이 없는 새와 지느러미와 비늘이 없는 물고기를 먹지 말 것. 돼지는 발굽이 갈라졌다는 점에서는 먹을 수 있는 동물이지만, 되새김질을 하지 않기 때문에 먹을 수 없다. 재미있게도, 많은 유대인이 오랫동안 돼지가 되새김질하지 않는다는 사실을 모르고 기독교도 곁에 앉아 탄산음료와 햄 샌드위치를 즐겨 왔다.

어미 염소의 젖으로 새끼 염소를 삶지 말라는 명령은 선사 시대의 제의에서 비롯된 것이다. 원시 부족 사회에서는 어미의 젖으로 새끼 염소를 삶는 일이 일반적인 관습이었지만 유대인은 이 부족 사회적 관습을 동물 학대를 보편적으로 금지하는 규정으로 발전시켰다. 《탈

코셔(kosher) 유대교 율법에 따라 식재료를 선정하고 엄격한 조리 절차를 거친 음식. 사전적으로는 '적당한', '합당한'이라는 의미이며, 유대교 율법에 맞는 정결한 음식을 가리킨다. (역주)

무드》에서는 고운 살과 부드러운 육질을 얻기 위해 동물 새끼를 강제로 조산하게 하는 관행을 금지했다. 또《탈무드》에서는 동물이 새끼를 낳으면 그 새끼가 젖을 뗄 때까지 어미나 새끼를 짐 나르는 수단으로 사용하지 말라고 규정한다. 유대인이 동물 학대 금지 규정을 잊지 않도록 하기 위해《탈무드》는 도살당한 동물의 고기를 그 동물의 다른 산물, 즉 우유나 버터로 요리하는 것을 금하며 다른 산물과 함께 소비하는 것도 금한다. 그러나 오늘날 많은 유대인은 3천 년 동안 동물 사랑의 교훈을 충분히 얻었기 때문에 이제는 안심하고 우유와 고기 샌드위치를 함께 먹을 수 있게 되었다고 생각한다.

토라는 '시체'를 먹는 것을 금지한다. 그런데 '시체'란 무엇인가? 미시나와 게마라는 이렇게 묻는다. 그리고 미시나와 게마라의 답은 동물을 도살하는 적절한 방법에 관한 질문으로 이어졌다. 동물을 도살할 때는 가장 편리하고 이익이 되는 방식이 아니라, 고통을 주는 것은 악이라는 윤리 원칙에 근거한 방식을 사용해야 한다.《탈무드》에 따르면 도살을 포함한 어떤 방법이든지 동물이 죽을 때 고통을 느꼈으면 그렇게 죽은 동물의 고기는 '시체'이다. 그렇다면 어떤 것이 고통 없는 죽음인가? 의학에 정통한 랍비들은 한 번에 깨끗하게 베어질 때, 즉 목 정맥과 목 동맥을 흠 없는 날카로운 칼로 찢어짐 없이 자르면 동물이 고통 없이 죽는다고 생각했다. 이런 도살 방법은 피 음용을 금지한 성경의 계명을 따르도록 고기에서 피를 완전히 빼는 방법이기도 하다. 오랫동안 유대인은 이방인 이웃이 잔인하게 동물을 도살하는 것을 보고 경악을 금치 못했다. 즉 비유대인은 두들겨 패서 죽이든, 총을 쏴서 죽이든, 구멍을 내서 죽이든, 손에 든 연장으로 반복적으로 상처를 내어 죽이든 그들이 원하는 방식으로 동물을 죽여 왔다. 미국에서도 1920년대에 와서야 그런 방식으로 동물을 도살하는 것을 금지했다. 미국 의회가 인도적인 도살을 위한 법을 제정한 것은 업턴 싱클레어(Upton Sinclair)의 비평 소설 《더 정글(The Jungle)》이 대중의 분노를 일으켰기 때문이다.

당시 레스폰사가 어떻게 작동했는지를 오늘날의 사례로 설명해보자. 바빌론의 예시바들이 여전히 존재한다고 가정하자. 그리고 세인트루이스 교외에 있는 유대인 마을이 바빌론에 있는 한 예시바에 '자동차, 교외, 회당'에 관한 매우 어려운 질문을 해결해줄 것을 요청했다고 가정하자. 이것은 딜레마이다. 토라는 안식일에 노동을 금지한다. 1900년경에 어떤 예시바 법정은 차를 운전하는 것은 노동이라고 판결했다. 그때로부터 오랜 세월이 지난 후 미국에서는 교외가 발달했다. 회당이 더는 가까이 있지 않고 멀리 떨어져 있어서 걸어서는 도저히 갈 수 없다. 유대인은 안식일에 텅 빈 회당을 마주하거나, 운전의 죄를 범하더라도 예배 장소로 가야 할 것이다. 어떻게 행동해야 할까?

이 문제는 예시바 법정에 넘겨졌고 사건 번호도 부여받았다. 차례가 되면 대법원이 사안을 심의하듯 예시바 법정은 공청회를 개시할 것이다. 논쟁은 다음과 같이 진행될 수 있다. "분명히 하느님은 회당이 텅 비는 것도, 그의 계명이 무시되는 것도 원치 않으실 것이다. 그러나 누가 회당으로 운전해 가는 것이 노동이라 말했는가? 하느님도 모세도 그렇게 말한 적이 없다. 고령자를 뜨거운 태양 아래 혹은 혹독한 추위 속에서 수 킬로미터를 걷게 하는 것은 건강에 해를 가하는 일이다. 예배 참석은 두려움과 떨림보다는 기쁨으로 여겨져야 한다. 현자들께서 성경에 명시적으로 말하지 않은 것을 의무로 지키는 사람은 멍청이라고 말하지 않았는가? 더구나 3세기 랍비 유다는 '자신의 삶 전체를 엄격하고 문자 그대로인 성경 해석에 따라 사는 사람은 바보'라고 말하지 않으셨는가?"

그다음 예시바 법정은 전례를 찾기 시작할 것이다. 변호사들이 최종 진술을 마친 후 대법원이 그 사안에 호의적인 전례들을 찾는 것과 마찬가지다. 적절한 심의를 거쳐 법정은 1900년도의 판결이 잘못되었고, 회당에 가기 위해 차를 운전하는 것은 노동이 아니라 '쉬는 것'이라고 판결할 것이다. 미국 대법원이 1890년대에는 흑인에 대한 동질 시설의 분리 운영(동일한 질의 두 시설을 하나는 백인만, 다른 하나는 흑인만 사용할 수 있도록 하는 것)이 합헌이라고 판결했지만, 1950년대에는 그 판결을 뒤집으면서 위헌이라고 판결한 것과 유사하다. 판결이 내려지면 다른 예시바들에 판결 내용이 보내지고, 그곳에서 유사한 심리가 진행된다. 그리고 합의된 내용이 레스폰사를 통해 모든 유대인 공동체에 전달된다.

그러나 오늘날에는 모든 유대인이 공통적으로 권위를 인정하는 기관이 존재하지 않기 때문에 랍비 개개인 혹은 각 회당이 모두 권위를 지닌다. 예를 들어 정통파 유대인은 회당에 걸어서 다닐 수 있도록 교외에 살지 않는다.* 보수파 유대인은 혼란을 느끼며 회당까지 운전해 온다. 개혁파 유대인은 안식일에 회당에 운전해 가는 것이 '쉬는 일'

---

* 정통파 랍비들이 최근 내린 결정에 따르면 안식일에 운전하는 것보다 회당에 참석하지 않는 것이 더 낫다.

일 뿐 아니라 종교적 의무라고 자신 있게 말한다.

이제 미시나와 게마라를 《탈무드》로 편찬한 사보라임의 이야기로 돌아가자. 6세기가 유대인에게 암울한 시대였다면 7세기는 희망의 시대였고, 8세기는 유대인을 권력과 명예라는 높은 위치까지 올려놓는다.

14장

《탈무드》,
유대 정체성을 지킨 위대한 책

5세기 페르시아에서 시작해 그리스, 로마, 이슬람, 중세를 거쳐 1800년까지 지속된 탈무드학(새로운 환경이 주는 도전에 맞서기 위해 성경을 개정하고 재해석하는 학문)은 유대인을 하나로 통일된 종교 공동체로, 그리고 밀집력 있는 시민 공동체로 묶는 역할을 했다. 유대 역사를 통틀어 탈무드학은 변화된 삶의 조건에 맞는 새로운 종교적 통찰을 제공해야 했을 뿐 아니라, 옛 제국들이 무너지고 새로운 국가들이 생겨났을 때 공동체 정치에 관한 새롭고 유연한 패러다임도 제공해야 했다. 유대인의 세계가 확대되면서 《탈무드》 사상과 활동의 틀도 넓어져야 했다. 그러지 않았더라면 《탈무드》는 역사의 도전에 때에 맞는 올바른 대답을 할 수 없었을 것이며, 유대인의 꿈도 계속될 수 없었을 것이다.

13장에서 유대인의 일상이 역사적 환경에 따라 변하면서 유대인의 종교적 성향도 변했다는 점을 살펴보았다. 이번 장에서는 탈무드학이라는 동전의 다른 측면을 살펴보자. 즉 유대인의 국가 개념이 어떻게 지역 국가에서 보편 국가로 발전하게 되었는지 알아볼 것이다. 그러려면 기원전 500년 유대인이 페르시아의 지배를 받던 때로 돌아가야 한다. 왜냐하면 '탈무드식' 활동이 국가 영역으로 확장된 것은 페르시아 시대에 시작되어 이후 유대인이 살았던 문명에서도 지속된 역사적 조건과 관련되기 때문이다.

역사적 사건은 무(無)에서 발생하지 않는다. 역사의 전개는 꿈의 전개와 유사하다. 꿈꾸는 자는 처음에 명확한 내용—깨어났을 때 생생하게 기억하는 부분—만을 의식한다. 그러나 기억된 꿈 뒤에는 더 깊은 내용, 즉 그가 기억하지 못하는 꿈이 숨어 있다. 우리는 명확한 내용을 통해서만 역사를 보려는 경향이 있어서 역사를 형성하는 더 깊은 요인을 통해 표면적 사건을 해석할 기회를 놓친다. 탈무드학 뒤에 있는 더 깊은 요인은 유대인 자치 정부이다. 유대인이 자신들의 통치자에게 더 큰 이익을 주는 방식으로 자치할 수 있을 때 통치자들은 유대인에게 자치권을 부여했다.

우리는 유대 역사를 관통하는 역설을 이미 언급했다. 유대인은 독립을 잃었지만 자유를 얻었다. 그들은 땅을 잃었지만 민족성은 잃지 않았다. 그들의 나라는 황폐해졌지만 그들의 정치는 훼손되지 않았다. 한 세대는 전쟁터에서 절멸했지만 다음 세대는 교황과 황제, 왕과 귀족, 술탄과 칼리프의 식탁에 친구이자 의사이자 학자로서 함께했다. 코르크 마개가 누르는 힘이 없어지는 순간 위로 튀어 오르듯이, 유대인은 억압하는 힘이 제거될 때마다 각 문명의 표면으로 불쑥 솟아났다. 유배 중인 유대인 정부의 수장들은 그들의 지배자에게 굽실

거리지 않았다. 유대인에게는 나라가 없었지만 유대인 수장은 외교관의 지위를 얻었으며, 나라의 수장에 합당한 대우를 받았다.

처음으로 팔레스타인 땅을 떠났을 때 유대인은 바빌로니아에서 높은 관직에 올랐다. 바빌로니아를 이어 유대인의 새 주인이 된 페르시아 정복자들도 유대인의 학식과 지성에 크게 감명받았다. 《구약 성경》에서는 느헤미야가 팔레스타인 총독으로 임명되기 전에 페르시아 왕의 '술 따르는 관원'이었다고 밝힌다. 또 그리스인, 프톨레마이오스 왕조, 셀레우코스 왕국 모두 유대인의 자치 능력에 감명받아 페르시아인의 유화 정책을 계승했을 뿐 아니라 유대인에게 더 큰 정치적 표현의 자유를 주었다. 심지어 로마의 총독 시대 전까지 유대인들은 자신들만의 왕을 추대할 수 있었다.

70년에 제1차 유대 반란과 함께 로마의 총독 시대가 끝났을 때 로마인은 유대인에게 새로운 형태의 자치, 즉 족장 정치를 허락한다. 족장은 힐렐 가문 출신의 랍비들이었으며, 그들은 예수를 다윗의 후손으로 주장한 복음서 족보만큼이나 복잡한 족보를 내세우며 다윗 가문의 후손이라 주장했다. 족장은 나시(Nasi)라는 이름으로 불렸으며, 마치 실제 국가를 대표하듯 로마로부터 '다윗의 후손들'이라는 공식 명칭도 부여받았다. 이 명칭은 85년 가말리엘 2세 때부터 425년에 후손 없이 사망한 가말리엘 6세 때까지 사용되었다.

유대인은 로마 제국에 세 번이나 반란을 일으켰는데도 그들에게 유화 조치를 취한 로마인에게 감사해야 한다. 로마인이 보복을 할 때도 그 동기는 반유대적 '감정'이 아니라, 국가 내부의 문제 때문이었다. 유대인이 네 번째 봉기를 일으킬 가능성을 없애려고 하드리아누스 황제가 유대인 추방이라는 선제 조치를 했지만, 그의 후계자 안토니누스 피우스(Antoninus Pius)는 곧 유대인의 귀환을 허락했다. 그는 유대인을 무척 존경했기 때문에 유대인은 로마 최고 위원회의 일원이 되었다.

탈무드학이 뿌리내린 곳은 바로 기원전 500년에서 기원후 500년 사이에 나타났다가 사라진 여러 문명의 유화적인 토양이었다. 이런 유화적인 토양이 없었다면 보편 국가에 관한 유대 사상은 자라날 수 없었을 것이며 탈무드학의 성장도 불가능했을 것이다.

3세기에 페르시아 제국을 이어받은 사산 왕조는 그리스나 로마인이 그랬던 것보다 더 큰 자유를 유대인에게 주었다. 약 4백 년간의 평온했던 사산 왕조 시절에 유대인에게는 자신들의 '황제'인 정치적 지도자와 자신들의 '교황'인 영적 지도자가 있었다. 유대인의 정치적 수장은 엑사일아크(Exilarch), 즉 '디아스포라의 왕자'로 불렸다. 엑사일아크는 국가 수장에 해당했고 그의 직위는 상속되었다. 엑사일아크는 자신의 왕궁에서 화려한 삶을 누렸고 언제든지 사산 황제 앞에 나아가 이야기할 수 있었으며, 세금을 걷고 판관도 임명할 수 있었다. 한편 유대인의 영적 지도자는 바빌로니아 예시바의 학장들이었다. 그들은 게오님*('고상한 자')으로 불렸고 유대인들과 사산 사람들에게

게오님(Geonim) 중세 유대교 신도들에게 영적 지도자로 여겨진 사람을 가리킨다. 히브리어로 자신감과 신뢰를 뜻하며, 단수 명사로 쓸 때는 가온(Gaon)이라고 한다. 바빌로니아 예시바의 학장들도 게오님으로 추앙되었으며, '뛰어난 자'라는 의미로도 쓰였다. 게오님은 토라를 가르치고 유대교 경전을 가르치는 데 주도적이고 결정적인 역할을 했으며 《탈무드》를 가르치며 실제 정치에 《탈무드》를 적용하는 법을 설명하기도 했다. 이런 이유로 유대교에서 《탈무드》가 널리 교육되던 이 시기를 '게오님의 시대'라고 부르기도 한다.(역주)

큰 존경을 받았다. 엑사일아크는 행정 권한과 사법 권한을 지닌 반면, 게오님은 입법 권한을 지녔다.

7~8세기에 이슬람교도들이 사산 제국, 비잔틴 제국, 로마 제국의 영토 일부를 차지했을 때, 그들은 그곳에 살던 기독교도와 유대인을 함께 떠안게 되었다. 유대인은 사회에 잘 동화되지 않기 때문에 통치자의 입장에서 골칫거리였다. 역설적이게도 유럽에 살면서 기독교로 개종하지 않았던 유대인을 이해하지 못하던 기독교도들이 유대인처럼 이슬람 세계에 살면서 이슬람으로 개종하기를 거부했다. 유대인의 잘못이었던 것이 기독교인에게는 미덕이 되었다. 한편 이슬람교를 거부한 기독교도와 유대인을 향한 이슬람인의 증오가 사라졌을 때, 기독교인은 이슬람인에게 삼류 시민으로 멸시당했지만 유대인은 한 정치 집단으로 인정받았다. 이슬람의 지배에서 게오님(사산 왕조 시기에는 게오님의 역할이 영적 지도자로 국한되었다)은 유대인의 정치 수장이 되었다. 즉 바빌로니아 예시바의 수장이 유대교의 최고 지도자가 된 것이다. 어떻게 이런 예상치 못한 일이 일어났을까?

12세기에 바그다드를 방문한 투델라의 베냐민(Benjamin)이라는 유대인 여행가는 유대인과 이슬람교도가 게오님에게 보인 존경을 다음과 같이 생생하게 증언한다.

게오님이 대칼리프를 방문하는 매주 목요일, 기마병 —유대인과 비유대인 가릴 것 없이—이 그를 호위하고 전령들이 그에 앞서 "길을 비켜라. 우리 주님, 다윗의 아들이 나가신다(아밀루 타리크 라 시이드나 벤 다우드)."라고 아랍어로 외친다. 말을 탄 게오님은 수놓은 비단 옷을

입고 머리에는 커다란 터번을 두르고 있다. 터번으로부터 무함마드의
인장을 새긴 사슬로 장식된 길고 하얀 천이 흘러내린다.

그다음 게오님은 칼리프 앞에 나아가 칼리프의 손에 입맞춘다. 칼리
프는 일어나 그를 무함마드가 그를 위해 준비한 보좌에 앉힌다. 그러면
칼리프를 섬기는 모든 이슬람 왕자들이 그 앞에서 일어선다.[1]

이 기간에 '정부'에 관한 《탈무드》의 개념은 여호와 개념에 가해진
변화에 상응하는 변화를 겪었다. 예언자들이 여호와를 유대인의 신에
서 보편적 신으로 바꾼 것처럼, 《탈무드》 학자들은 정부에 대한 유대
적 개념─유대인만을 위한 통치─을 인간에 대한 보편적 통치 개념
으로 확장했다. 예언자들은 유대교를 유대인을 위한 특정 계명뿐 아
니라 인류 보편을 위한 일반 원리도 포함한 것으로 이해했다. 《탈무
드》 학자들은 유대인이 유대인으로서뿐 아니라 보편적 인류로서도
살아갈 수 있도록 율법을 개정했다. 《탈무드》 학자들은 각 나라에 흩
어져 사는 유대인이 인류가 여러 국적으로 나뉜 경우와 유사하다고
생각했다. 율법은 각 국가의 요구에 적응할 수 있어야 하며, 그 모든
국가가 하나의 공동체로서 더불어 살 수 있도록 제정되어야 했다. 보
편 정부에 대한 《탈무드》의 개념은 휴머니즘에 관한 예언자 이사야의
꿈에서 비롯한 것이라 할 수 있다.

강한 통일 왕국이 존재하는 동안 《탈무드》는 보편적으로 기능할
수 있었다. 그러나 세계의 제국들이 무너지면서 《탈무드》의 보편적
영향력도 줄어들었다. 12세기 이슬람 제국이 붕괴하기 시작했을 때,
게오님의 영화도 천일야화의 궁전처럼 사라져버렸다. 한때 계몽의 정

신이 다스렸던 곳은 이제 '불관용'이 대세가 되어 바그다드로부터 에스파냐까지 온 세계를 재빠르게 물들였다. 다행히 유대인은 그보다 한발 앞서 서방으로 피신했다. 동방에서 서방으로 옮겨 가는 유대인의 이동은 15세기에 완결된다.

유대인이 서구 유럽에 처음 살기 시작한 것은 로마 시대였다. 9세기와 10세기에 유대인이 세운 최초의 예시바가 이탈리아와 독일과 에스파냐에 생겨났다. 이 유럽의 예시바들이 동방에서 망명해 온 학자들 때문에 더 발전하면서, 쇠퇴해 가던 바빌로니아의 예시바들을 학문적 명성에서 앞서기 시작했다. 이탈리아와 독일에 있는 예시바가 큰 명성을 얻었지만 그들의 영향력은 오래가지 못했다. 에스파냐의 예시바는 당시에는 상대적으로 덜 알려졌지만 미래에 중요한 역할을 하게 된다. 15세기 탈무드학은 크게 두 방향으로 갈라졌다. 바빌로니아의 전통을 이어받은 이탈리아와 독일의 학교들은 과거의 가치를 긍정하는 경향이 있었다. 그리스 전통을 부활시킨 에스파냐의 학교들은 미래 지향적인 문제 의식을 지녔다. 이탈리아와 독일 학교들에서는 훌륭한 《탈무드》 학자가 그다지 많이 배출되지 않았고 그들의 영향력도 당대에 한정됐다. 그러나 에스파냐의 학교들은 마이모니데스와 바뤼흐 스피노자 같은 철학자들을 배출했고 그들의 영향력은 당대를 훌쩍 뛰어넘었다. 《탈무드》의 새로운 합리주의 학파를 논하기 전, 먼저 전통적 탈무드학이 어떻게 없어졌는지를 살펴야 한다.

전통적 탈무드학의 쇠퇴 현상은 프랑스에서만은 예외였다. 게오님들의 권위가 프랑스의 한 유대인에게 이어졌다. 그의 이름은 랍비 슐로모 이츠하키(Shlomo Itzhaki)였는데, 그는 이름의 첫 자를 따 만든 별명인 라시(Rashi)로 더 잘 알려졌다. 라시는 《탈무드》 학자들 가운데 가장 위대하고 사랑받은 사람이었는데, 그에 관한 속담이 생겨날 정도였다. "라시가 없었더라면 《탈무드》는 이스라엘에서 완전히 잊혀졌을 것이다." 그리고 그의 전기를 쓴 작가는 "보통 죽은 사람에게 주어지는 영예를 라시는 살아 생전 얻었다."라고 기록한다.

라시는 1040년 프랑스 북부의 트루아에서 태어났다. 그는 독일의 예시바에 유학했다. 졸업 후에는 고향에 정착해 자신의 예시바를 세웠다. 좋은 예시바를 만들면 유대인이 몰려들었다. 트루아는 프랑스인 1만 명과 유대인 1백 가구만 살던 보잘것없는 마을이었지만 라시의 예시바 때문에 전 세계의 유대 학자들이 그곳으로 몰려들었다. 그들은 기독교도들과 함께 생활했다. 중세에 유대인과 기독교도가 적대 관계에 있었다는 상식과 달리, 라시와 트루아의 유대인들은 기독교도 이웃과 적극적으로 사귀며 살았다. 라시는 유학 시절부터 기독교의 노래를 무척 좋아했다. 교회의 찬송에 큰 관심이 있었고 마을 목사에게 유대 찬송을 가르쳐주기도 했다. 또 프랑스 자장가를 히브리어로 번안하기도 했다.

언제나 유대인은 적당한 때에 적당한 사람이 나타나리라고 믿었다. 라시가 바로 그 시대에 적당한 사람이었다. 11세기 유럽에서의 삶은 《탈무드》의 많은 규정과 관련이 없어 보였다. 사람들은 더는 아람어를 이해하지 못했고 《탈무드》의 숙어도 이해하지 못했으니, 실제 삶에 《탈무드》를 적용하기는 더욱 힘든 일이었다. 레스폰사가 사라지고 있었다. 따라서 전문 해석가의 도움 없이도 이해할 수 있는 보편적 《탈무드》를 바라는 목소리가 그 시대에 있었다. 라시는 바로 이런 시대적 요구에 응답한 것이다. 유대인의 삶에 라시가 기여한 바는 《탈무드》를 곧바로 삶에 적용할 수 있게 당시의 언어로 재해석했다는 것이다. 그의 해설은 또렷하고 분명한 언어로 쓰였을 뿐 아니라 따뜻함과 인간미까지 겸비했다. 그러면서도 학문적으로 깊이가 있었다. 이때문에 라시의 《탈무드》 해설은 성경처럼 존중받은 동시에 하나의 문학 작품으로도 사랑받았다. 라시는 프랑스어처럼 재치 있으며 우아한 히브리어를 구사했다. 히브리어로 정확히 표현할 수 없을 때는 히브리어로 음역된 프랑스어를 사용했다. 그가 사용한 3천 개 이상의 프랑스 단어가 현대 프랑스어에서 사라졌기 때문에 라시의 글은 중세 프랑스어에 관한 중요한 자료이기도 하다.

라시의 《탈무드》 해설과 성경 주해는 기독교 신학자들에게도 큰 영향을 주었다. 특히 니콜라 드 리라(Nicholas de Lyra)는 라시의 책을 광범위하게 인용했다. 리라의 신학은 청년 마르틴 루터의 신학 발전에 깊은 영향을 끼쳤다.

위대한 인물의 자식이 아버지의 뒤를 잇는 일은 드물지만, 라시의 경우 자녀들뿐 아니라 손주들까지 그의 뒤를 따랐다. 1105년 그가 죽은 후 자녀들과 손주들은 그가 남긴 일을 계속했다. 라시 덕분에 《탈무드》를 향한 관심이 다시 생겨났고, 새로운 레스폰사를 요구하는 목소리가 커져 라시의 후손들은 게마라를 각주의 형태로 바꾼 탈무드학을 가르치는 새로운 학교를 창설했다. 라시 후손들의 저술은 토사포트(Tosaphot, '보완하다')로 알려졌다. 《탈무드》가 최종적으로 완성된 때가 바로 이 시기였다. 기원전 2세기의 랍비들이 두려워했던 일이 12세기에 발생했다. 《탈무드》가 토라보다 더 자주 권위 있는 출전으로 인용되었다. 원전보다 원전에서 파생된 것이 더 존중받게 된 것이다. 이때 랍비들은 추가로 개정할 수 있는 모든 가능성의 문과 창문을 닫아버렸다. 이제 개정도, 각주도, '정전화'도 없다. 방대한 탈무드를 휴대 가능하도록 축약판으로 만드는 《탈무드》의 법전화 시대가 도래했다.

12~15세기는 유대인의 운명에 매우 중요한 시기였다. 이 기간 동안 이슬람 제국이 사라졌고 십자군이 여덟 번 출정했다. 르네상스가 쇠퇴의 길로 들어섰으며 종교 개혁의 기운이 힘을 얻고 있었다. 유럽의 봉건 제도는 무너지고 있었고 민족주의 운동이 새롭게 자라났다. 이때 서유럽에서 추방당한 유대인이 동유럽으로 밀려들었고 그곳에서 유대인은 게토에 갇혀 생활하게 된다. 이렇게 시대가 변화하면서 《탈무드》의 기능도 변했다. 이전에 《탈무드》는 확장되는 유대 세계를 섬겼지만 이제는 축소되는 유대 세계를 섬겨야 했다. 유대인들 사이의 소통이 단절되고 예시바들이 문을 닫는 이 위기의 시대에 유대인에게는 '하느님의 뜻'을 알려주는 매우 간편한 표준 법전이 필요했다. 그들이 겪는 문제에 관해 신속히 대답해줄 수 있는 휴대용 법률 참고서 말이다.

표준 법률의 필요성은 이미 11세기에 예견되고, 당시에 세 단계의 해법이 연이어 제시되었다. 첫 번째 해법은 11세기에 알파시(Alfasi)라 불린 일흔다섯 살의 모로코 유대인이 《탈무드》를 법전화한 것이다. 알파시는 부랑자가 쓰레기를 뒤지듯 《탈무드》를 뒤져 필요한 법들, 즉 아주 기본적인 게마라 규정만 남기고 다른 것은 모두 버렸다. 알파시의 노력은 가상했지만 율법에 대한 그의 선별적 접근은 자의적

이어서 놓친 것이 많았다. 그보다 더 종합적이지만 간단한, 그러면서도 현대적이며 색인도 첨가된 《탈무드》 축약본이 필요했다. 다시 유대 역사는 적절한 때에 적합한 인물을 보내주었다. 그의 이름은 랍비 모세 벤 마이몬(Mose ben Maimon)이었으며, 유대인에게는 람밤(Rambam)으로 불렸지만 기독교인에게는 마이모니데스로 더 잘 알려진 유대인 철학자였다. 그를 기점으로 하여 이후에 서양 세계를 일깨운 위대한 합리주의 철학자들이 유대인에게서 많이 배출되었다.

마이모니데스는 이슬람과 기독교 두 문명을 모두 경험한 학자였다. 그는 에스파냐 코르도바의 유복한 집안에서 태어났다. 그의 집안에는 판사, 학자, 재력가가 즐비했다. 그러나 그가 태어났을 때는 에스파냐의 무어 제국이 망해 가던 때였다. 진보적 기독교도들과 무어인들과 유대인들이 북쪽에서 침입해 오는 과격파 가톨릭교도와 남쪽에서 침입해 오는 잔인한 야만족 알모하드(Almohade)를 피해 도망쳤는데, 박해가 두려워서가 아니라 침략자들이 문화적으로 열등하다고 판단했기 때문이다. 그때 마이모니데스의 가족은 북아프리카의 도시 페스(Fez)에 정착했다. 당시 학문의 중심지였던 페스에서 마이모니데스는 《탈무드》와 의학을 공부했다. 알모하드 사람들이 아프리카까지 세력을 넓혔을 때 마이모니데스 가족은 더 동쪽으로 피난해 이집트 카이로에 정착했다. 당시 카이로는 파티마 왕조의 통치를 받고 있었다. 여기서 마이모니데스는 이집트의 칼리프와 살라딘(Saladin)의 주치의가 되었다. 마이모니데스의 명성이 널리 퍼져 사자왕으로 불린 영국의 리처드(Richard) 왕이 그를 주치의로 삼으려 했다. 그러나 봉건 유럽의 야만적 환경보다 아랍 문화를 더 편히 여겼던 마이모니데스는 그 제의를 거절했다.

마이모니데스의 역사적 성취는 예언자적 유대교를 유대인의 영적 생명선으로 회복시킨 것이었다. 그는 자신의 《탈무드》 법전을 《미슈네 토라》, 즉 제2의 토라로 명명함으로써 독자들에게 그 권위가 모세오경에 근거한다는 것을 상기시켰다. 그는 《탈무드》를 정확하게 요약하여 중요한 게마라 교훈과 법을 14권의 책에 모두 담아냈다. 또 그는 미신을 공격하여 기적을 합리적으로 설명했다. 마이모니데스를 향한 신뢰가 너무나 커서 마이모니데스와 《탈무드》는 거의 동의어가 될 정도였다.

유대인에게 마이모니데스는 저서 《미슈네 토라》로 유명하지만, 다른 사람들에게는 철학적 저술들로 더 잘 알려져 있다. 그중 가장 유명한 것이 《혼란스러운 사람들을 위한 안내서》이다. 이 책에서 그는 유대 제도나 그리스 제도 모두 동일하게 참이라고 주장했다. 마이모니데스는 그리스 철학자들에게 매우 심취했기 때문에 그의 종교적 저작에도 아리스토텔레스의 견해가 스며들어 있다. 사람들은 12세기에 살았던 마이모니데스의 계몽 수준, 관용, 그리고 합리성에 놀랄 것이다. 그는 르네상스 인문주의의 선구자였기에 그의 철학 저술은 유대인보다 이슬람이나 기독교도에 의해 더 열심히 연구되고 있다. 그는 시대에 부합하는 예언자이자 시대를 앞서 간 예언자이기도 했다. 일부 유대인은 1232년에 그의 철학 저서를 불태웠는데, 그 사건은 12년 후에 발생한, 기독교도들이 《탈무드》를 역사상 최초로 소각한 사건을 예언하는 듯하다.

마이모니데스는 배운 사람을 위해서만 글을 쓰는 '속물' 지식인이었다. 그는 아무도 자신을 이해하지 못할 것이라고 생각했다. 그러나 그의 글은 위대한 소설 작품에서 볼 수 있는 아름다움과 명료함을 지 녔고, 가장 복잡한 논리도 매우 단순하게 느껴지도록 쓰였다. 그의 철학적 저술이 대중에게 무시된 것만큼 그의 종교적 저술은 대중의 존경을 받았다.

기독교도의 영역은 15~16세기를 거치면서 국가에서 대륙으로, 그 리고 전 세계로 확장되었고 유대인의 세계가 전 세계에서 대륙으로, 그리고 국가와 지역과 도시로, 마침내 게토로 축소되면서 한때 인류 보편의 가치를 논했던 《탈무드》는 이제 일상생활에 집착하게 되었다. 그 배움의 뿌리가 《탈무드》로부터 단절되자 나무 자체가 시들기 시 작했다. 새로운 사상은 이미 굳어버린 혈관을 따라 흐를 수 없었다. 예시바의 시대는 끝났다. 유대인이 기대할 수 있는 최선은 지역 학교 를 통해 문맹과 싸우는 것뿐이었다. 모든 사람을 위한 《탈무드》 축약 판이 필요했다. 모든 것에 관하여 정답을 말해주는 포켓판 《탈무드》 가 필요했다.

이 요구에 멋지게 응답한 사람은 유대교에서 가장 온화한 학자들 중 하나였다. 그는 모험을 좋아해서가 아니라 상황에 밀려 거처를 여 러번 옮긴 '국제적인' 유대인이 되었다. 그러나 그가 실행한 《탈무드》 의 세 번째 법전화는 축복인 동시에 저주였다. 에스파냐 톨레도에서 태어난 요세프 카로(Joseph Caro)는 1492년 유대인 대추방 때 다른 유대인과 함께 추방당했다. 그의 부모는 당시 튀르크 제국의 지배를 받던 콘스탄티노플에 정착했으나, 유대인을 팔레스타인으로 이주시 키는 튀르크족의 정책에 따라 카로는 예루살렘 북쪽 사페드(Safed)로

1525년에 이주하게 되었다. 그는 그곳에 예시바를 세웠다.

1565년에 출판된 카로의 《모든 사람을 위한 탈무드》는 '슐칸 아루크'(Shulchan Aruch, 차려진 식탁)라는 이름을 얻게 되었다. 그 이름대로 이 책은 바쁜 사람을 위한 재정 설계 회사이자 법률계의 뷔페였다. 거기에서 모든 유대인은 자기에게 필요한 법을 손쉽게 찾을 수 있었다. 《탈무드》의 신비함이 《슐칸 아루크》에 먹을 수 있는 크기로 성문화되고, 설명되고, 요약되고, 색인까지 실려 있었다. 이 책에 담긴 '공식들'을 외우기만 하면 유대인이라면 누구든지 위대한 학자의 반열에 오를 수 있었다. 《슐칸 아루크》 덕분에 모든 유대인 게토에서 자치가 가능해졌다. 즉 모든 유대 공동체는 보편적 유대 공동체의 권위에 의존하지 않고도 자기 문제에 스스로 해답을 얻을 수 있었다.

그러나 철학적 입장에서 판단하자면 《슐칸 아루크》는 멸망의 씨앗도 품고 있었다. 이제 유대인은 삶을 《슐칸 아루크》의 허용치에 끼워 맞추어야 했다. 이제 유대교는 16세기 게토의 이미지로 굳어졌다. 《탈무드》에 기록된 것은 무엇이든지 유대교 그 자체로 인식되었다. 다른 의견을 주장하면 이단으로 취급받기 일쑤였다. 그것은 유대교의 보편적 가치를 옥죄는 코르셋이 되었다. 역설적이게도 나폴레옹 제국이 게토의 벽을 허물었을 때, 그 일은 유대인의 생존에 긍정적인 역할을 하기도 했다. 웃음기 없는 황량한 교실에서 게토 학생들은 《슐칸 아루크》를 통해 법과 논리의 정교한 법칙을 배웠다. 어린 나이에 유대인은 라시의 인문주의와 마이모니데스의 합리주의를 만났다. 그들은 추상적으로 사고하는 법, 폐기된 법을 존재하지 않는 상황에 적용하는 법, 추상적 개념을 구체적 상황으로 표현하는 법을 배웠다.

게토의 벽이 무너졌을 때 이 유대 학자들은 바깥 세상의 밝은 햇빛에 눈을 깜박이더니 그곳에서 그들이 《탈무드》를 통해 배웠던 원리로 형성된 많은 직업을 보게 된다. 일부는 《탈무드》로부터 정의, 자유, 평등에 대한 열정을 배워 더 좋은 세상을 위해 싸우는 이상주의자가 되었다. 다른 학자들은 《탈무드》로부터 공감과 겸손의 덕, 생명과 아름다움에 대한 존중을 익혀 인문 철학자와 위대한 문학가가 되었다. 또 다른 학자들은 《탈무드》로부터 그리스 철학자들의 추상적 사고를 배워 이론 과학자나 수학자가 되었다. 《탈무드》에서 지나간 시대의 무미건조한 사실들 이외에 아무것도 볼 수 없었던 사람들은 유대교에 반란하여 '유럽 문명으로 가는 길'을 발견했다.

5부

이슬람교의 새로운 여호와

5부에서는 500년부터 1500년까지 이어진 이슬람 시대를 다룬다.

이슬람 역사		유대인 역사
이슬람이 생기기 이전. 유목 민족이 아라비아 반도를 누비며 달과 별, 카바 스톤(검은색 큐브 모양의 돌)을 숭배하다.	기원전 5000~기원후 1년	기원전 5000~2000년 : 유대인 등장 전. 기원전 2000~기원후 1년 : 아브라함에서 예수까지의 역사.
아라비아 문명의 시작. 최초의 체계적 상업 활동. 마을의 성장.	1~500년	유대인이 아라비아 반도로 소규모 이주하다. 무역 확대. 수공업 발달. 아랍인이 유대인의 유일신교를 존경하다. 유대인이 '책의 민족'으로 알려지다.
도시의 성장. 상업과 산업의 확장. 무함마드가 이슬람의 교리를 창시하다. 아부 바크르가 검으로 이슬람의 세력을 넓히다.	500~700년	비잔틴 제국과 사산 제국의 전쟁이 길어지자, 유대인이 대규모로 아라비아로 이주하다. 새 도시를 세우는 일을 돕다. 무함마드 신앙을 거부하다. 짧은 박해의 시기.
무함마드 신앙이 카스피 해에서 북아프리카를 건너 에스파냐까지 전파되지만 프랑스에서 마르텔에게 저지당하다. 무함마드 신앙의 황금기. 제국이 여러 술탄 왕국과 칼리프 왕국으로 분열되다.	700~1000년	유대교의 황금기. 종교적 관용의 시대. 유대인들이 높은 지위에 오르다. 카라이트 유대교의 반란이 시작되다. 유대교가 국제적인 종교가 되다. 그리스 문학 번역이 시작되다.
유럽 십자군의 공격. 동쪽에서 몽골 침입. 이집트가 튀르크족에 병합되다. 알모하드인이 북아프리카를 장악하다. 기독교도가 에스파냐를 탈환하다. 이슬람 제국의 몰락.	1000~1500년	유다 할레비의 시대. 기독교도와 유대인이 이슬람 제국의 야만스러운 침략자들을 피해 도피하다. 유대인 인구의 중심이 동방에서 서방으로 옮겨가다. 라시와 마이모니데스의 시대. 카라이트 반란 종식. 유대교 황금기가 끝나다.

15장

이슬람 문명에서 맞은 유대 황금기

마르크스주의 역사가들과 유물 사관 역사가들은 7세기에 아라비아 사막에서 무함마드의 제국이 갑자기 등장한 현상을 설명하기 힘들어한다. 그 당시 베두인족의 생산 수단은 이전 시대와 별반 다르지 않았다. 기후도 그전과 똑같았다. 이 현상을 하느님의 신비한 뜻으로 이해하지 않으면 우리는 '역사의 영웅'에 관한 이론으로 설명할 수밖에 없다. 이 이론에 따르면 한 개인이 알맞은 때에 기회를 잡아 그 기회를 통해 자신의 뜻을 이루어 역사를 창조한다. 무함마드 신앙(이슬람 신앙)은 그런 영웅이었던 무함마드의 창조물이다.

무함마드가 메시아가 되는 과정은 유대인이 처음 도입한 '겸손'의 전통 위에 서 있다. 겸손의 전통 이전에 모든 종교 지도자들은 귀족이거나 왕자였다. 예를 들어 붓다, 공자, 조로아스터는 모두 왕자였거나 귀족이었다. 아브라함 역시 하란으로 여행을 시작할 때까지만 해도 바빌로니아의 거상이었을지 모른다. 그러나 《구약 성경》은 그를 양치기로 만들어버렸다. 모세도 이집트 궁에서 왕자로 자랐지만 신의 소명을 받았을 때 그는 장인의 양 떼를 치는 목동이었다. 예수도 목수였다. 이런 겸손의 전통에 따라 무함마드도 메시아가 되기 전 '낙타를 모는 사람'이었다.

무함마드는 역사상 가장 불가사의한 인물 중 하나다. 그는 유대교를 향한 열정이 가득한 아랍인이었다. 모든 아랍인은 아브라함의 후손이라고 말하면서 유대인이나 기독교인 모두 알라의 이름으로 참된 박애 정신에 동참해줄 것을 호소했다. 그는 성공한 돈키호테이자 칼로 무장한 예언자였다. 그는 자신의 망상에 확신을 품고 오로지 이성으로 무장한 편협한 인간들을 무찔러 자신의 망상을 현실로 만들었다. '낙타를 모는 사람'의 종교는 무서운 속도로 퍼져 나갔다. 1백 년채 안 되어 이슬람 제국은 당시 세계의 절반을 차지했다. 이슬람은 기독교가 실패한 곳에서 성공했다. 한 세기 만에 이 새로운 종교는 지중해 세계의 남쪽 절반을 모두 휩쓸게 된다.

세계에서 가장 큰 반도인 아라비아는 이스라엘을 거쳐 이집트로, 시리아를 거쳐 터키로 연결된다. 반도 대부분은 홍해, 아라비아해, 페르시아만 위에 떠 있다. 중세 수도승의 머리처럼 몇몇 도시로 장식된 녹지가 반도의 가장자리를 두르고, 그 안쪽은 약 130만 제곱킬로미터의 사막이 차지한다. 아라비아는 인류 역사가 시작된 이래로 베두인족과 쿠라이시족의 고향이었다. 이들은 특별한 문명을 이루지는 않았지만 생명력이 넘치는 여인들이 5천 년 동안 수메르, 아카드, 바빌로니아 도시 국가들에 수출될 아랍 셈족을 풍성히 생산해 기력이 다한 문명에 야만적 활기를 불어넣었다.

아랍인의 종교는 널리 퍼진 자연 숭배였다. 하늘, 별, 나무, 돌 같은 자연을 골고루 섬겼다. 그들의 상상력은 어떤 것이든 신의 지위로 올릴 수 있었다. 이런 다양화는 메카의 카바 신전에 안치된 검정 운석, 즉 블랙 스톤 숭배로 통일되었다.

베두인족은 사막 거주민이었다. 쿠라이시족은 해안 지역에 거주하며 대상 이동로의 종점에 교역 마을을 이루었다. 여기서 베두인족은 대상들에게 강탈한 사치품을 생필품과 교환했다. 그러나 상업과 산업이 부흥하고, 도시가 번성하고, 예술이 꽃핀 때는 유대인이 그곳에 이주한 1세기 말부터이다. 70년부터 유대인이 조금씩 아라비아로 이주하기 시작하여, 사산 제국과 비잔틴 제국의 분쟁 때문에 유대인이 시리아와 팔레스타인에서 더는 살 수 없게 된 5~6세기에는 유대인이 홍수처럼 밀려들었다.

과거에 프톨레마이오스 왕조와 셀레우코스 왕국이 그랬던 것처럼 사산 제국과 비잔틴 제국은 시리아와 팔레스타인을 놓고 격돌했다. 짓궂은 운명은 누구에게도 결정적인 승리를 허락하지 않았고, 마침내 양쪽 모두 지쳐 상호 관용의 협정이 맺어졌다. 그러나 분쟁 지역에 살던 유대인, 시리아인, 레바논인, 그리고 다른 민족들은 군대가 충돌하는 과정에서 붙잡힌 사람들이 겪는 전형적인 운명, 즉 불명예스럽고 비인간적인 죽음을 맞았다. 전쟁이 길어질 것을 확신한 유대인 일부는 비잔틴 제국이 자유의 나라가 아니라는 동료 유대인의 경고를 받고 서쪽의 로마 제국을 향해 이동했다. 그러나 더 넓은 관점에서 사태를 분석한 다른 유대인들은 역사적으로 전쟁이 거의 없었던 동쪽으로 이동하기로 결정했다. 그래서 아라비아를 정착지로 선택한 것이다.

새 고향인 아라비아에서 유대인은 이슬람교도들에게 수공예, 금세공 기술, 야자나무 따위를 처음 소개했다. 유대인은 아라비아에 메디나(Medinah)를 세웠고, 쿠라이시족이 시골 마을을 도시로 바꾸는 것을 도왔다. 많은 인구와 2천5백 년의 경험을 바탕으로 삼아 유대인은 메카를 국제 도시로 탈바꿈시켰다.

자신들에게 주어진 안식처에 감사하는 마음을 품었던 유대인은 아랍인이 개종과 약탈을 위해 침범한 기독교도와 싸울 때 적극적으로 돕기도 했다. 기독교가 아라비아에 발도 들이지 못할 때, 유대인은 칼이 아니라 선행을 통해 아라비아에 들어왔다. 그리스인과 로마인처럼 많은 아랍인은 유대교의 성적이지 않은 상징, 금욕적인 유일신 신앙, 가족과 교육에 대한 헌신을 높이 샀다. 아랍인은 유대인을 '책의 민족'이라 불렀으며, 평화롭게 공존했다.

《70인역 성경》 덕분에 바울의 가르침이 로마 제국의 이방인들에게 쉽게 전해졌던 것처럼, 《구약 성경》에 대한 아랍인의 지식─유대인과 함께 생활하면서 얻은 것이다.─은 이슬람교의 탄생을 준비했다. 이제 새로운 종교의 탄생을 위한 모든 준비가 갖추어졌다. 영웅이 나타나 아랍인의 자연 숭배, 기독교도의 구원 교리, 유대인의 유일신 사상을 새로운 신 개념으로 통합하기만 하면 되었다. 그 영웅이 바로 무함마드였고, 그 종교가 이슬람교였다. 이 종교가 탄생하는 데 원인을 제공한 이념은 유대교였다.

예언자들은 적어도 2천 년 이상이 지난 후에 평가해야, 인간적 특질이 신적인 것으로 인식될 수 있다. 이런 관점에서 예언자 무함마드에 대한 평가는 조금 이르다. 이 시점에서 역사가는 믿음 깊은 사람들에게는 명확히 보이는 그의 신성을 잘 보지 못할 수 있다.

무함마드는 여섯 살 때 부모를 잃었다. 할아버지 밑에서 자라다가 나중에는 삼촌이 그를 길러주었다. 할아버지와 삼촌 모두 그에게 글을 가르치는 것을 잊었다. 나중에 무함마드는 계시를 통해 속독 기술을 배웠다. 아브라함과 모세와 예수처럼 우리는 무함마드가 열두 살때 겪은 일을 제외하고는 그의 유년 시절에 대해 아는 바가 전혀 없다. 무함마드는 대상(Caravan)들에 의해 시리아로 끌려가서 그곳에서 처음으로 유대교와 기독교를 접한다. 만남 이후 그는 평생 유대인의 '그 책(The Book)'을 존경했다. 유대 족장들은 그의 영웅이 되었고, 이후에 이슬람교의 성경인 《코란》에도 그 영웅들 이야기가 들어가게 된다. 무함마드는 스물다섯 살에 마흔 살의 부유한 과부와 결혼해 약 25년간 일부일처 관계를 유지했다. 아내와 사별하고 그가 쉰한 살이 되던 해, 일곱 살에서 스무 살까지의 젊은 여인을 향한 애정이 참을 수 없이 샘솟았다. 그는 다양한 나이대, 다양한 경험을 한 여인 열 명을 아내로 삼고 첩 두 명을 두었다.

무함마드는 중간 정도의 키와 길고 검은 머리를 지녔으며, 구레나룻을 길렀고, 턱수염은 허리까지 내려왔다고 한다. 그는 거의 웃지 않았지만 유머 감각이 뛰어났으며 품위를 해치는 일은 결코 하지 않았다. 무함마드는 아랍 문화를 자랑스럽게 생각했고, 성숙하지 못한 다신교 사상을 따르는 데다 애국심까지 결여된 그의 형제들에게 매우 민감하게 반응했다. 모세처럼 그는 의견이 달라 전쟁하는 부족들을 한 민족으로 통일하여 그들에게 한 종교를 주었고, 그들을 세계가 존경하는 민족으로 끌어올리는 이상을 품었다. 이런 이상은 행동으로 이어졌다. 그는 자신이 이 모든 것을 실현할 예언자라고 확신했다.

무함마드와 하느님의 상호 공감적 만남은 마흔 살이 된 무함마드가 그의 백성들을 어떻게 구원할지 고민하던 동굴 안에서 발생했다. 여기서 그는 이슬람교도에게 무함마드가 모세와 예수의 참된 후계자였다는 결정적 증거가 되는 경험을 했다. 하지만 불신론자들에게 그 경험은 무함마드가 성경을 잘 알고 있다는 증거에 불과했을 것이다. 아브라함, 모세, 예수에게 그랬던 것처럼 신은 무함마드에게 천사 가브리엘의 모습으로 나타났다. 무함마드가 저술한 《코란》에 따르면 가브리엘이 무함마드에게 토판을 주었는데, 그는 글자를 몰랐지만 가브리엘의 명령으로 갑자기 그 토판을 읽을 수 있게 되었다고 한다. 토판의 메시지는 알라, 즉 참 하느님이 무함마드를 그의 전달자로 임명했다는 내용이다.

무함마드는 자신의 새 종교를 처음에는 아내와 가까운 친척들에게 전했고, 나중에는 더 먼 친척들과 낯선 이들에게 전했다. 이때 그는 최초의 저항에 부딪힌다. 기독교도처럼 무함마드의 종교를 처음 믿었던 사람들도 노예들이었다. 이 때문에 쿠라이시족은 무함마드가 국가 경제를 위협하는 과격분자가 아닌가 하는 의심을 품었다. 10년간의 노력에도 불구하고 쿠라이시족의 의심은 사라지지 않았고, 622년에 무함마드는 메카를 떠나 메디나로 피신해야 했다. 그곳에서 그는 유대 공동체의 지지를 기대했다.

무함마드는 모세와 예수의 후계자라는 자신의 주장을 유대인이 인정해주고 이방인과의 투쟁에 동참해주리라고 확신했다. 왜냐하면 그가 전하는 종교는 유대교에 토대를 두었기 때문이다. 그러나 유대인이 무함마드를 거부했을 때 무함마드는 유대인의 적이 되었다. 비록 그는 글은 몰랐지만 명석함을 타고났다. 유대인이 그를 돕지 않자 그는 유대인의 부를 강탈해 자신의 목적에 쓰기로 결심했다. 그는 유대인과 전쟁을 벌이는 것이 쿠라이시족의 의심을 사지 않을 방법이라 확신했다. 왜냐하면 쿠라이시족은 유대인의 종교를 허용했지만 그들의 부는 마뜩찮게 여겼기 때문이다. 그러나 유대인에게서 강탈한 부를 쿠라이시족과 나누는 대신 무함마드는 1만 명의 군인을 모아 메카로 진격했다. 쿠라이시족이 유대인과 손을 잡지 않은 것을 후회했지만 때는 늦었다. 무함마드의 군대를 본 그들은 곧 항복했다. 2년 만에 모든 아라비아가 무함마드의 통치를 받게 되었다. 무함마드의 새로운 종교인 이슬람은 아라비아 반도의 종교가 되었다. 무함마드는 632년에 사망한다.

"위대함을 영향력의 크기로 판단한다면 무함마드는 역사상 가장 큰 거인 중 하나였다."라고 미국의 문명사학자 윌 듀랜트(Will Durant)는 말한다. 무함마드가 알라의 '정복하는 말씀'이었다면, 무함마드의 친구이자 후계자인 아부 바크르(Abū Bakr)는 알라의 '정복하는 검'이었다. 그는 검으로 많은 사람을 강제로 개종시켰다. 그는 《코란》을 기다리지는 않았지만 검 소리에 귀를 기울인 세상에 《코란》을 안겨주었다.

6세기 아랍인은 사막 유목민들이었고, 7세기 아랍인은 정복자들이었고, 8세기 아랍인은 지중해를 이슬람의 호수로 만든 제국의 주인이었고, 9세기 아랍인은 눈부신 문명의 기수이자 예술, 건축, 과학의 선도자였다. 반면 서유럽은 스스로 자초한 어둠의 늪 속으로 깊이 빠져들고 있었다. 아랍인이 지나는 길에 있던 나라들이 몰살을 면하기 위해 차례로 항복했다. 635년 다마스쿠스, 638년 팔레스타인, 640년 시리아, 641년 이집트가 무너졌다. 636년 사산 왕조의 멸망에는 안타까운 상황을 보여주는 추가 설명이 필요하다. 수적으로 열세였던 아랍인이 공격하던 날 모래 폭풍이 수적으로 우세한 사산 왕조 군대의 시야를 가렸다. 그들의 패배는 예상치 못한 일이었다. 사산 제국도 복수의 기회가 있었지만, 그 결과는 재앙이었다. 15만 명의 군사가 아랍인 3만 명에게 궤멸되었다. 이것이 사산 제국의 최후였다.

700년에 비잔틴 제국의 동쪽 절반과 북아프리카가 모두 이슬람교도의 손에 넘어갔다. 711년, 노예 출신 타리크(Tariq)가 이끄는 아랍인과 베르베르인의 연합 군대가 에스파냐를 침공했고, 719년에는 피레네 산맥을 넘었다. 그들을 막을 수 있는 것은 불운밖에 없는 것처럼 보였다. 트루아 전투에서 프랑스인에게 저지당했던 훈족처럼, 732년 샤를 마르텔(Charles Martel)이 이끄는 프랑스 군대가 투르(Tours)에서 이슬람 군대를 막아냈다. 이 전쟁의 결과로 이슬람교와 기독교의 힘이 균형을 이루었다. 이슬람의 확장은 동방에서는 비잔틴 제국에 제지당하고 서방에서는 프랑스에 제지당했지만 기독교가 아프리카와 아시아로 전파되는 것을 제지한 것은 이슬람교였다.

이슬람교도는 제국의 신민을 지적인 면에서 두 그룹—과학에 관심 있는 사람과 그렇지 않은 사람—으로 나누었다. 첫 번째 그룹에는 유대인, 그리스인, 페르시아인이 포함되었고 두 번째 그룹에는 중국인, 튀르크인, 기독교인이 포함되었다. 이슬람 세계에서 기독교인은 수적으로 유대인을 압도했지만 위대한 인물이나 자신들만의 독특한 문화를 생산하지 못했다. 반면 유대인은 이 기간에 문화적 황금시대를 이루었다. 예술을 제외한 모든 분야, 예를 들어 철학, 의학, 과학, 수학, 언어학 분야에서 위대한 학자들을 배출했다. 예술에 대한 유대인의 관심은 근대에 생겨났다.

무함마드가 죽자 정치 논리로 생겨난 유대인에 대한 적대감이 곧 사라졌다. 비(非)이슬람교도에 차별적인 법안들은 사문화되었다. 이슬람교도는 로마인보다 다른 민족의 종교에 더 관용적이었다.

여기서 흥미로운 것이 우마르 협정(637년)이다. 이것은 우리가 알고 있는 무함마드 법률의 몇 안 되는 차별적인 법인데, 기독교도가 살던 시리아와 팔레스타인을 정복한 이후에 시행되었다. 이 법안에서 놀라운 것은 기독교인만을 언급한다는 점이다. 유대인에게도 적용되었을 것으로 추정하나 확실하지 않다. 이 법안에 따르면 기독교도는 교회나 거리에서 십자가를 전시할 수 없고, 공공장소에 성상을 가져올 수 없으며, 장례 행렬에서도 크게 노래할 수 없었다. 이슬람교도를 구타할 수 없었고, 머리의 앞부분을 면도하거나 눈에 띄는 옷을 입는 것도 허락되지 않았다. '진실된 신자'를 흉내 낼 수도 없었다. 기독교도는 이슬람교로 개종할 수 없었고, 이슬람교도를 기독교로 개종해서도 안 되었다. 교회에 첩자를 숨겨서는 안 되고, 이슬람교도의 집보다 더 높게 집을 지을 수 없었다. 그뿐만 아니라 모임에 이슬람교도가 입장하면 기독교도는 일어나 경의를 표해야 했다.

엄밀하게 말하면 모든 비이슬람교도는 군역에서 면제되는 대신 인두세를 내야 했고 공직에 오를 수 없었다. 그러나 유대인에게는 이 법이 적용되지 않았다. 즉 유대인은 인두세를 거의 내지 않았고, 이슬람 군대에 장교로 복역했으며, 총리나 귀족 같은 정부의 최고 직위에도 올랐다.

이슬람 문명에서 유대인의 황금기는 이슬람 제국의 수명과 궤를 같이했다. 이슬람 제국이 무너지자 유대인의 황금기도 끝이 났다. 이슬람 제국은 로마 제국처럼 오랜 시간에 걸쳐 서서히 죽어 갔다. 1000년경 붕괴의 조짐이 보이더니 1500년에 완전히 붕괴했다. 여기에서는 그 붕괴 과정을 간단하게만 언급할 것이다.

이상한 정신 분열적 양상이 지배 왕조들을 관통하며 끝이 없는 낭비와 극단적인 빈곤이 번갈아 나타났다. 한 칼리프가 사치품에 엄청난 재원을 낭비해 국고를 탕진하면, 그의 후계자는 극단적으로 긴축 정책을 펴 국고를 불려놓았다. 탕진한 자는 유능한 통치자였고 구두쇠는 무능한 행정가였기 때문에, 탕진한 자들은 국가의 문화를 끌어올린 반면 재정을 망쳤고 구두쇠들은 바람직한 재정 상태를 유지했지만 국가의 위신을 떨어뜨렸다. 제국이 팽창하여 금이 계속해서 유입되는 한 그런 사치는 문제되지 않았다. 곧 이슬람교도는 세계에서 가장 아름다운 도시, 가장 사치스러운 지배자, 그리고 가장 불안한 정부를 두게 된다. 지방의 총독들은 이 힘의 공백을 이용해 자신들의 지방 권력을 장악하고 자신을 왕으로 선포했다. 1000년이 되면 건실한 이슬람 제국은 사라지고 여러 개의 칼리프 왕국이 생겨난다.

제국의 분열과 함께 야만족들이 침입해 왔다. 13세기에 칭기즈 칸이 이끄는 몽골족이 북서쪽으로부터 제국을 침입했다. 몽골족이 서쪽으로 이동한 것은 신기한 일이 아니다. 그들은 자신들이 기르는 가축을 따라왔다. 몽골족은 소가죽 옷을 입었고 고양이, 개, 쥐, 이까지 살아 있는 것은 무엇이든 다 먹었다. 몽골과 첫 대면에서 이슬람군 40만 명이 패했다. 칭기즈 칸은 중앙 아시아의 도시 부하라(Bokhara)를 파괴하고, 시민 3만 명을 죽였다. 그리고 문명 권역으로 진입하여 그곳의 도서관들을 불태우고, 도시를 공격하고, 사람들을 참수한 후 그 머리들로 거대한 피라미드를 만들었다. 바그다드가 함락되었을 때 민간인 80만 명이 살해되었고 도시는 파괴된 후 약탈당했다. 여자들은 강간당한 후 노예로 팔려 갔다. 계속되는 몽골의 승리에 질투한 운명의 신은 그들에게 예기치 못한 곳에서 타격을 입혔다. 이집트가 1303년 다마스쿠스 전투에서 몽골을 제지했다. 그러나 때는 이미 늦었다. 몽골이 준 피해가 너무나 커서 그들이 파괴한 중동 지역은 완전히 회복되지 못했다.

이슬람 제국 가운데 몽골의 공격을 피한 지역은 다른 야만족들에게 희생되었다. 티무르 제국과 무굴 제국이 아라비아 반도에 들어섰다. 오스만 튀르크가 이집트, 팔레스타인, 시리아, 이라크를 병합했다. 알모하드인으로 알려진 야만족은 북아프리카의 지배자가 되었다. 페르난도와 이사벨이 이끄는 에스파냐인들이 무어인으로부터 에스파냐를 재탈환했다. 1500년이 되면 이 놀라운 제국—관용적이고 계몽된 문명, 화려하고 쾌락을 즐기는 문명, 수학자와 시인과 용사와 아첨꾼이 그득한 문명—은 역사에서 사라진다.

16장

아랍에 그리스 문화를 전하다

현대인이 생각하는 이슬람 시대의 유대인 이미지는 실제와 아주 다르다. 당시 유대인을 성경 속의 유대인으로 생각해서는 안 된다. 마치 뉴욕 상류 사회 '카페 모임'의 유대인을 게토의 유대인같이 생각해서는 안 되는 것과 마찬가지다. 르네상스, 즉 새로운 각성이 성경 속 유대인을 과거와는 완전히 단절된 새로운 사람으로 바꾸었다. 이 시대의 유대인은 쾌락주의자이자 바람둥이였고, 사치스러운 삶과 패션을 즐겼으며, 세속의 철학자이자 과학자이자 문학가이자 시인이었다.

그러나 이 유대인의 '르네상스'에는 더 이상한 점이 있다. 바로 유대적이 아니었다는 것이다. 새로운 무함마드 무프티(Mufti)에 숨어 있는 것은 유대교가 아니라 헬레니즘이었다. '유대인 르네상스'는 유대교의 각성이 아니라 헬레니즘의 부흥이었다. 그리스-로마 시대에 헬레니즘과 싸웠고 쾌락주의를 신랄하게 비판했으며 그리스 철학자들을 혐오했던 유대인이 이제는 그리스의 해방자들을 환영했고 사치스러운 생활에 길들여졌고 합리주의를 찬양했다. 이전에 들어보지 못했던 직업들이 유대인 사이에서 존경받게 되었다. 유대인은 천문학자, 수학자, 화학자, 건축가, 번역가, 새정 행정관이 되었으며 바그다드, 카이로, 코르도바에 지사를 둔 국제 무역업자가 되었다. 포도주는 예배 의식뿐 아니라 여인의 입술에 건배하는 데에도 사용되었다. '사랑'은 더는 토라 연구만을 의미하지 않고 여인의 호의적 미소를 얻기 위해 사용되었다. 애가뿐 아니라 삶의 즐거움을 찬양하는 노래도 불렀다. 이렇듯 이슬람으로 동화되는 문이 활짝 열렸는데도 불구하고, 유대인은 유대교의 집에 머물렀다.

아랍 세계에서 헬레니즘은 유대인의 삶에 어떻게 다시 들어왔는가? 가장 단순한 이유는 유대인이 아랍인을 위해 그리스 서적들을 번역하면서 처음으로 헬레니즘의 겉모습이 아닌 본질에 매료되었기 때문이다. 초기 기독교도가 이방인 그리스인의 서적을 무시했고 야만족 침략군들도 그리스어를 전혀 사용하지 않았기 때문에 그리스 서적들은 대부분 사라졌고 그리스어는 잊혀졌다. 그러나 그리스 문학과 과학은 시리아어 번역본을 통해 전해지거나 부유하고 교양 있는 유대인과 비기독교 로마인의 도서관에 보존되었다. 아랍인이 이 지식의 보고에 관해 알게 되었을 때, 그들은 그리스 서적들의 아랍어 번역을 장려했고 그 임무는 대개 유대인에게 맡겨졌다. 당시 여러 문화를 경험한 유대인은 히브리어, 아랍어, 그리스어, 라틴어, 시리아어, 페르시아어에 능통했기 때문이다.

이로써 현대의 학자 모지스 해더스(Moses Hadas)가 그리스 과학과 인문주의를 유럽에 전달하는 일을 가리켜 이른 '유럽으로 통하는 터

널'이 8세기 유대인에 의해 재개통되었고, 그 터널은 1400년까지 유지되었다. 최초의 번역서들은 그리스어와 시리아어를 아랍어로 번역한 것이었지만 곧 그리스어와 아랍어 저술들도 히브리어로 번역되기 시작했다. 나중에는 히브리 문학과 철학도 아랍어로 번역되었다. 즉 쌍방향의 문화 소통이 발생한 것이다. 그리고 이 소통은 곧 제3자를 포함하게 된다.

유럽의 계몽 군주들이 유대인의 능력에 관한 소문을 듣고 유대 학자와 언어 전문가와 번역가를 자신의 수도로 초청해 그리스인과 아랍인의 저술과 히브리 문학을 당시 유럽 학자들의 공용어인 라틴어로 번역해줄 것을 요청했다. 1212년에 로마인의 왕이 되었고 1220년에 독일인의 왕이 되었으며 1225년에는 예루살렘의 왕이 되었다가 두 번이나 추방당한 프리드리히 2세(Friedrich II) — 교만하고 무자비했지만 매우 똑똑한 지배자였다. — 는 유대 학자들로 하여금 나폴리대학에서 히브리어를 가르치게 했다.

서유럽 군주들이 받아들인 유대 지식인 가운데 초기에 가장 두드러진 사람은 이븐 다우드(Ibn Daud)였다. 그는 히브리어, 그리스어, 아랍어 문학을 라틴어로 번역했을 뿐 아니라 아라비아 숫자와 '0'의 개념을 유럽 수학계에 소개했다. 유클리드의 기하학과 바빌로니아의 탈무드 학자 사디아 가온(Saadiah Gaon)의 저서들도 유대 학자들이 라틴어로 번역하여 소개되었다. 이들은 이슬람교도나 기독교도와 회당이나 모스크나 교회에 나란히 앉아 플라톤, 소포클레스, 아랍의 수학자들과 천문학자들, 유대인 철학자들과 시인들의 저서를 신성 로마 제국의 언어로 번역했다.

이 모든 것이 유대인에게 어떤 영향을 끼쳤을까? 유대인은 그리스인처럼 되어버렸다. 알렉산드로스 대왕의 군대에 정복당한 후 그리스 문화를 처음 접했을 때 유대인은 그 도전에 맞설 준비가 되어 있지 않았다. 성경 시대 유대인은 그들의 종교가 유일하게 참된 것이라고 굳게 믿었으며, 그들이 가진 하느님의 책인 성경이 그 사실을 증명해 주리라 생각했다. 유대인에게는 더는 증거가 필요치 않았다. 의심하지 않았던 그들에게 그 믿음을 굳건히 할 철학, 논리학, 과학은 필요하지 않았다. 한편 알렉산드로스 대왕과 그의 그리스인 백성도 유대인과 조우했을 때 유대인에 대비하고 있지 않았다. 처음으로 그리스의 이성이 신앙과 충돌했으며, 처음으로 유대 신앙이 이성과 충돌했다. 유대 지도자 중 영리한 사람들은 자신들의 원시적 사상이 그리스의 사상과 일대일로 붙어서는 승산이 없음을 즉시 깨닫고, 그리스인에게서 철학과 논리학의 무기를 빌려 왔다. 이렇게 그리스 사상으로 더 풍성해진 유대 신앙은 무신론적 그리스 사상을 이길 수 있었다. 그리스인들이 패하고 유대인들은 살아남아 그리스의 교육과 문화 전통의 우연적 계승자가 된다.

유대인은 자신들의 지적 호기심을 제외한 모든 것에 저항할 수 있었다. 이제 헬레니즘에 흡수될 위험이 사라졌기 때문에 그들은 '헬레니즘 사상'을 더 자세히 들여다보기 시작했다. 유대인들은 이성이라는 판도라의 상자를 열었다. 이제 그들은 맹목적 믿음이라는 옛 안경을 벗고 합리적 신앙이라는 새 안경을 써볼 참이었다. 결과는 불가피했다. 신앙과 이성이 분리되었다. 이것을 보고 보수주의자들은 이성과 신앙은 같은 동전의 양면에 불과하다고 설명했던 반면에 진보주의자들은 이성과 신앙은 양립이 불가능하다는 증거라고 주장했다. 유대 공동체에 새로운 긴장이 발생했다. 이 긴장으로부터 유대인의 철학과 과학이 발달했다.

이 긴장은 새로운 경향도 만들어냈다. 그때까지 유대인의 모든 저술은 성경과 관련된 것이었다. 이제 유대인의 저술은 세속 세계나 개인과 관련된 것들까지 지평이 넓어졌다. 저자들의 관심이 확대되자 새로운 어휘가 필요해졌다. 저자들은 새로운 어휘를 개발했다. 문법학자들도 세속 문학의 언어에 적응하는 새로운 규칙을 고안해냈다. 사전도 생겨났다. 히브리어가 다시 생명을 얻은 것이다.

이제 유대인은 자신의 역사를 운명의 전개로 이해했다. 시인들은 유대인의 생존 역사를 상징과 비유로 설명했다. 그들은 '추방당한 유대인'이라는 수사를 만들었고, 그것은 오랜 세월을 거치면서 '방랑하는 유대인'이라는 상투구가 되었다. 기독교도는 나라 없이 생존한 유대인을 경이롭게 생각했지만 정작 유대인은 나라 없이 생존해야 한다는 것을 두려워했다. 시인들은 디아스포라를 자연적 요인의 결과가 아닌 유대인의 죄에 대한 신의 심판으로 해석했다. 그들에 따르면 죄 때문에 유대인은 방랑하는 신세가 되었고, 그것은 하느님이 그들을 고향으로 돌려보낼 때에만 끝난다고 여겼다. 유대인은 이런 생각에 강하게 영향받았고, 19세기 시온주의가 '귀향'의 부담을 하느님에게서 유대인의 어깨로 옮겨놓을 때까지 유대인은 정치에 관심을 잃었다.

유대 역사에서 이 이성의 시대는 수백 년 후 찾아온 기독교 이성의 시대와 유사한 과정을 거쳤다. 프랑스 백과전서파*와 함께 18세기 유럽에서 발생한 기독교 이성의 시대가 20세기 전체주의의 혁명 시대에 붕괴한 것처럼, 위대한 《탈무드》 학자들과 함께 8세기에 발생한 유대교 이성의 시대도 16세기 종교 개혁의 혁명 시대에 붕괴했다. 유럽의 기독교 이성 시대와 마찬가지로 유대교 이성 시대는 영원한 요새가 아니라 신기루를 만들었다. 신앙의 온기가 유대인의 사상을 유지하는 데 필요하지 않았는가? '차가운 이성'이 유대교의 여호와를 얼어붙게 한 것일까? 점점 진자의 추가 믿음으로 돌아왔다. 사람들은 합리주의 철학자들의 기계적인 여호와를 거절하고 낭만주의자들의 인간적인 여호와에 반응했다. 이슬람 제국이 무너졌을 때 유대인은 이성에서 믿음으로 회귀했고, 그것이 유럽의 게토에서 유대인을 지탱한 힘이었다. 게토에서 합리적 유대교가 유지되었다면, 유대인은 모두 거기서 목매달아 자살했거나 예언자 이사야가 예언한 '인류를 형제애로 이끌 운명의 민족'이라는 장대한 포부를 포기했을 것이다.

시인 유다 할레비(Judah Halevi)의 삶은 합리주의에서 낭만주의로의 이동을 상징적으로 보여주면서, 이슬람 제국에서 유대인의 삶이 어떠했는지 밝힌다. 할레비는 1075년 에스파냐 톨레도에서 태어났다. 유복한 가정 형편 덕분에 그는 최고의 학교에서 대수학, 문법, 아랍어, 천문학, 문학 같은 여러 학문을 공부할 수 있었다. 졸업 후 그는 《탈무드》를 공부하기 위해 남부 에스파냐 루세나에 있는 유명한 예

백과전서파 18세기 프랑스 계몽 시대에 《백과전서》의 집필과 간행에 참가하였던 계몽 사상가들을 통틀어 이르는 말. 가톨릭 교회와 절대 왕정에 반대하는 개혁을 지향하였으며, 이성적·합리주의적 태도로 근대적인 지식과 사고 방법을 전파하여 프랑스 대혁명의 사상적 배경이 되었다. 디드로, 달랑베르, 볼테르, 케네, 마르몽텔이 대표적 인물이다.(역주)

시바에 진학했다. 루세나는 유대인이 세운 마을일 뿐 아니라 그곳의 유명한 예시바 때문에 많은 유대인 유학생이 거주하고 있어서 '유대인 마을'이라는 별칭도 있었다. 스물네 살에 유다 할레비는 성공한 의사가 되었고 톨레도의 가장 명망 높은 유대인 가문으로 장가를 갔다. 존경과 위엄, 그리고 부가 모두 그의 것이 되었다.

그러나 유다 할레비의 내면은 걱정으로 썩어 가고 있었다. 그의 걱정은 자신을 표현하고 발견하려는 정의되지 않는 열망의 형태로 나타났다. 폴 고갱(Paul Gauguin)이 은행원이라는 직업을 포기하고 아내와 자녀들을 버리고 타히티로 가 그림을 그리며 운명을 따라 살았듯이, 할레비는 의사로서 자신의 경력을 포기하고 아내와 아이들을 버리고 방랑 시인으로서 삶을 시작했다. 그는 에스파냐를 도보로 횡단하면서 자신의 시를 사랑하는 사람들을 위해 곡을 만들고 노래했다. 떠도는 도중에 그는 당시의 '파리'로 여겨진 도시 코르도바에 도착했다. 할레비는 모든 선악과 미신과 지혜의 고향인 이 부도덕하고 비도덕적이며 사치스러운 국제 도시에 뿌리를 내렸다. 그는 쾌락에 자신을 던졌고, 재치에서 위로를 얻었다. 그는 오마르 하이얌(Omar Khayyām)이 지은 시집 《루바이야트(Rubáiyát)》와 셰익스피어(William Shakespeare)의 소네트를 떠올리게 하는 연시를 다수 지었다. 다음은 그가 지은 연시의 일부이다.

깨어나라, 내 사랑아, 그대의 잠으로부터!
깨어난 그대의 얼굴을 보자꾸나.
누군가가 그대의 입술에 키스하는 꿈을 꾼다면,

내가 그대의 그 꿈을 해석해주리다.

그러나 곧 감각의 쾌락은 시시해졌다. 시와 사랑보다 더 깊은 물결이 그의 양심에 밀려 들어왔다. 그는 유대교와 유대교의 의미, 그리고 유대인의 사명 같은 문제에 사로잡히게 되었다. 할레비는 연시 작가에서 '신의 트루바두르(음유 시인)'가 되었다. 이제 그가 갈망하는 것은 여인의 사랑이 아니라 하느님의 사랑이었다.

하느님, 내가 당신으로부터 떠날 때,
나는 살아도 죽은 것입니다. 그러나
당신에게 꼭 붙어 있으면, 나는 죽어도 산 것입니다.

낭만주의 시가 한참 유행할 때에 할레비는 사람들에게 이성 때문에 정체되지 않도록 경고했다.

그리스인의 지혜가 그대들을 속이지 못하게
하세요. 그것에는 열매가 없어요.
꽃만 화려하지요.

예루살렘에 대한 19세기 유대 민족주의는 할레비의 위대한 철학 저술인 《쿠자리(Kuzari)》에 이미 나타나 있다. 〈욥기〉를 본뜬 이 저술의 주제는 유대 역사의 한 일화에 근거를 두고 있다. 그 일화는 너무 믿기 힘들어서 사료로 충분히 입증되지 않았다면 꾸며낸 이야기로 치부되었을 것이다.

740년 타타르족은 그들의 왕 불란(Bulan)이 열정적으로 전도하여 유대교로 개종했다. 볼가강과 돈강 사이 카스피해 서부 해안에 있는 카자르 왕국에 살았던 타타르족은 그리스어로 말하고 기독교와 이교를 동일한 비율로 절충한 종교를 믿었다. 타타르족이 유대교로 개종했다고 해서 그들의 전통 관습이나 천성이 바뀐 것은 아니었다. 그들은 스텝 지역의 무서운 용사들이었으며 페르시아인, 비잔틴 제국, 키예프의 대공들도 두려워하던 존재였다. 이들은 해마다 타타르족에게 상당한 양의 조공을 바쳐 우정을 증명해야 했다.

운명이 카자르에 약한 왕을 배출하고 키예프에 강한 대공을 배출할 때까지 250년간 카자르인의 힘과 영향력이 이어졌다. 969년 스뱌토슬라프(Sviatoslav) 대공이 카자르인과 싸워 이겼고, 카자르 왕국의 영토를 그가 건국하려던 러시아에 편입했다. 그의 어머니 올가(Olga) 공주는 두 번이나 기독교로 개종했다.(일부 학자들은 그것이 진정실한 개종이었다고 주장하는 반면 다른 학자들은 콘스탄티노플로 여행을 가기 위한 핑계에 불과했다고 말한다.) 그러나 올가 공주와 스뱌토슬라프 대공은 기독교를 귀족의 특권이라고 생각했기 때문에 러시아 농부들은 여전히 이교를 믿게 했다. 스뱌토슬라프 대공의 후계자인 블라디미르 1세는 이 종교 정책에 공감하지 않았다. 그는 기독교를 모든 러시아인의 종교로 만들었다. 이에 대한 보답으로 교회는 그에게 성자 칭호를 부여했다. 그래서 유대교를 믿던 카자르 왕국이 이제 러시아 기독교의 일부가 된다. 카자르의 유대교도들은 '셰마 이스라엘(이스라엘아 들어라)'에 경의를 표하는 대신, 러시아 정교의 방식인 '고스포디 포밀

루이(주여 불쌍히 여기소서)'를 읊조리며 성호를 그었다.

할레비 저작의 주제는 카자르 내의 이교도들이 유대교로 개종한 사건이었다. 종교를 찾으려고 고심하던 불란 왕은 이슬람교도와 기독교도로 하여금 각각 자신의 종교를 전파하게 한다. 그런데 그 둘 모두 유대교를 아버지 종교로 언급하자 유대교에 관심이 생긴 그는 곧장 유대 학자를 불러 유대교에 관한 설명을 들었다. 그 유대 학자는 유대교를 한 개인에게 계시된 교리가 아니라, 율법을 받기 위해 시나이산에 모인 60만 명 유대 공동체에 하느님이 스스로 계시하신 역사적 사건으로 설명한다. 유대 학자에 따르면 유대교는 유대인 모두에게 주어진 종교이며 그 자체로 완전하고 최종적이다. 유대교의 성장은 다양한 개인에게 신비한 계시가 연속적으로 주어졌기 때문이 아니라, 하느님과 인간의 인격적 만남의 결과라는 것이다. 하느님의 가시적 현현은 도처에 있지만 비가시적 현현은 하느님의 도시 예루살렘에서만 발견된다. 할레비의 저작에 따르면 불란 왕을 개종시킨 후 그 유대 학자는 예루살렘으로 간다.

자신의 이야기에 매료된 듯 할레비도 하느님의 영과 유대인의 운명과 다시 하나가 되기 위해 예루살렘으로 떠났다. 그가 다마스쿠스에 도착한 사실은 역사적 사료로 증명이 되지만 그 후의 행적은 묘연하다.

할레비의 삶은 이슬람 문명에서 유대인의 삶을 상징하는가? 할레비처럼 유대인은 《탈무드》를 배우며 자랐다. 할레비처럼 그들은 새로운 직업 분야에서 부를 얻고 유명해져, 인생의 쾌락에 자신을 맡기고 합리주의 정신에 푹 빠졌다. 할레비처럼 유대인은 합리주의를 버리고 신앙을 택한 후 토라로 회귀했다. 그러나 할레비는 유대 정신의 수도이자 여호와의 비가시적 임재의 성소인 예루살렘에 도착했는가? 유대인은 예루살렘에 도착할 것인가? 아니면 할레비처럼 사라질 것인가?

할레비의 시에 암시된 하느님과 맺는 새 '계약'의 정신은 유대인들의 상상력을 자극했고, 그 정신은 생존을 향한 저항할 수 없는 힘이 되었다. 이로써 새로운 사상이 유대인을 사로잡았다. 즉 유대인의 운명이 예루살렘에서 완성된다는 생각이 역사상 처음으로 유대인의 마음속에 생겨난 것이다. 이처럼 새로운 '유대 역사 사상'이 19세기 이후 새로운 유대 역사를 창조했다.

17장

《탈무드》와 토라의 대결

가톨릭과 개신교를 나뉘게 한 사건과 매우 유사한 분열 현상이 일어나 이슬람 시대의 유대교를 둘로 갈라놓을 뻔했다. 《탈무드》의 지혜, 그리스의 합리주의, 이슬람의 관용이 합해져 유대 문학과 문명의 번영을 이루었지만 영적인 통일을 가져다주지는 못했다. 8세기에 카라이트(Karaite)로 알려진 유대교 이단이 랍비 유대교에 맞서 봉기했다. 카라이트 운동은 15세기까지도 완전히 진압되지 않았다. 16세기 종교 개혁 당시 가톨릭 교회가 개신교도를 카라이트라는 별칭으로 부르며 모욕했을 정도로 프로테스탄트 운동과 카라이트 운동은 매우 유사하다.

얀 후스(Jan Hus)와 지롤라모 사보나롤라(Girolamo Savonarola)의 화형(1415년과 1498년)이 개신교의 선구자 루터의 입장을 알렸듯이, 가짜 유대인 메시아 두 명의 처형(710년과 740년)이 카라이트 유대교의 선구자 아난 벤 다윗(Anan ben David)의 입장을 널리 알렸다. 개신교와 카라이트 운동의 시작은 유사했지만 서로 완전히 다른 길로 나아갔다. 기독교의 경우는 가톨릭의 반(反)종교 개혁 조치가 너무 늦어진 탓에 기독교의 분열을 끝내 막지 못했지만, 유대교 랍비들은 재빠르게 행동해 유대교의 분열을 막아냈다. 그들은 카라이트 운동의 장점들을 모두 취했고, 자신들의 적폐를 개혁하고, 카라이트 운동의 주장을 논박함으로써 대중에게 개혁된 유대교의 이미지로 다가갔다. 그리고 "무엇 때문에 혼란스러운 것인가?"라고 순진한 척 질문했다. 그러나 카라이트 운동이 점차 잦아들어 마침내 전통 유대교에 위협이 되지 않을 때까지 거의 7백 년 동안 카라이트 유대교와의 경쟁은 간헐적으로 계속되었다.

다른 유대 사상과 마찬가지로 카라이트 유대교도 바빌로니아에서 발생했다. 카라이트 유대교는 도시 유대인에 대항해 지방 유대인이 일으킨 봉기로 시작되었다. 이슬람 제국의 외딴 마을과 시골의 삶은 수백 년 전과 크게 다르지 않았다. 그곳의 유대인들은 복잡한 도시 생활에 필수인 복잡한 유대 법전이 필요하지 않았다. 지방 유대인들에게 《탈무드》 운동은 그들을 토라로부터 분리하려는 도시 랍비들의 속임수에 불과했다. 그들은 복잡한 해석이 아니라 '말씀'의 의미를 명확하게 밝히는 모세 오경의 단순함으로 돌아가려는 열망이 있었다. '카라이트'라는 말은 히브리어 '카라(성경을 읽다)'에서 온 것인데, 그 말을 문자적으로 해석하면 '율법주의'에 반대한 '성경주의'이다.

카라이트 운동의 초기 국면은 악감정과 흐릿한 사실 관계로 가려져 있다. 카라이트 운동의 '그 사도'가 나타나기 전에 몇몇 자칭 메시아들(메시아라고 주장했지만 허위로 드러난 사람들)이 나왔다. 자칭 최초 메시아(700년)의 이름은 남아 있지 않다. 그는 (신의 것이든 아니든) 나쁜 조언을 따랐다. 그는 자신을 유대인의 예언자일 뿐 아니라 이슬람교도의 예언자라고 선포했으며, 유대인을 《탈무드》로부터 해방시키고 이슬람교도를 《코란》으로부터 해방시켜줄 '말씀'을 가지고 있다고 주장했다. 그러자 아랍인과 유대인이 한편이 되어 그에게 반대했다. 아랍인이 그를 체포했고 유대인과 함께 그를 이단으로 정죄했다. 자칭 메시아는 유대인과 아랍인의 법정에서 사형을 언도받았다. 이렇게 유대교의 '후스'는 최후를 맞았다.

40년 후인 740년 무렵에 두 번째 메시아가 등장했다. 그도 앞선 메시아와 같은 페르시아 출신이었다. 아부 이사(Abu Isa)로 불린 그는 보잘것없던 양복사였다. 그러나 그는 말주변과 군대 지휘에 타고난 재능을 발휘했다. 아부 이사는 《탈무드》를 거부했고, 랍비들의 학문을 무시했으며, 유대인을 자신의 깃발 아래 불러들였다. 그리고 순식간에 1만 명의 유대인 군대가 일어났고 그를 예언자이자 메시아로 추앙했다. 이런 성공에 정신이 흐트러진 아부 이사는 올바른 판단력을 잃게 되었다. 신이 자신을 도우리라 확신한 그는 페르시아와 아랍에 전쟁을 선포했다. 이것이 유대교 '사보나롤라'의 최후였다. 그는 마지막까지 유대교를 향한 자신의 믿음을 선포하면서 죽어 갔다.

이 두 메시아가 실패한 반면 유대교의 '루터'인 아난 벤 다윗은 성공을 이루었다. 아난 벤 다윗은 종교 창시자들이 보통 미천한 태생이라는 전통을 깼다. 그는 부유한 귀족이었다. 다윗 집안의 후손이었으며 게오님의 '보좌'를 합법적으로 이어받을 수 있는 사람이었다. 그의 삶에 관해 완전히 모순적인 두 이야기가 전해진다. 이 두 이야기에는 그의 이름을 제외하고 공통 분모가 없기 때문에, 역사가는 두 이야기를 모두 소개하고 독자에게 어느 쪽이 역사적 진실에 더 가까운지 판단하도록 맡기는 것이 좋다. 물론 이것은 이슬람교도가 가톨릭 버전의 루터 이야기와 개신교 버전의 루터 이야기 중 어느 것이 더 역사적 진실에 가까운지를 가리는 일만큼이나 매우 어려울 것이다.

먼저 랍비들이 들려주는 아난 벤 다윗의 이야기는 다음과 같다. 아난의 천재성이 이단적 교리에 물드는 것을 두려워한 랍비들이 우둔한 그의 동생을 게오님으로 임명했다. 그에 대한 복수로 아난은 랍비들이 염려한 것처럼 이단 교리를 설교함으로써 의도적으로 유대교를 분열시키려 했다. 이 때문에 이슬람 칼리프에 체포되어 신문받던 아난 벤 다윗은 결국 사형을 언도받는다. 감옥에서 그는 이슬람교에 비슷한 죄를 범해 그와 마찬가지로 사형을 기다리는 이슬람교 이단자를 만났다. 그는 아난에게 다음과 같은 지혜로운 조언을 한다. "분명히 유대교 안에는 차이가 있다. 총독에게 뇌물을 주고 칼리프 앞에 납작 엎드려라. 그리고 그에게 네 동생이 한 종교의 지배자인지 아니면 두 종교의 지배자인지를 물어라. 칼리프가 '한 종교의 지배자다.'라고 답하면, 그에게 말해라. '그러나 나와 내 형제는 완전히 다른 두 종교를 이끌고 있소.' 그리고 칼리프에게 너의 새 종교와 네 동생의 종교의 차이를 자세히 설명해주어라."

곧 아난은 환상 속에서 엘리야 예언자를 만났다고 주장한다. 그 환상에서 엘리야가 아난에게 《탈무드》를 버리고 그의 백성들을 토라로 회복시키라고 명령했다는 것이다. 이 작전은 성공했고 칼리프는 그를 풀어주었다. 카라이트 유대교는 이렇게 탄생했다.

그러나 카라이트 운동을 변호하는 사람들은 "그렇지 않다."라고 외쳤다. 아난은 모든 학자들 중에서 가장 뛰어났고, 하느님을 사랑하고 악을 멀리했으며, 경건하고 겸손한 사람이었다. 이스라엘의 의로운 자들이 아난을 게오님으로 선출했고 그는 게오님으로서 토라의 이전 영광을 회복하려 했다. 그러나 랍비들은 자신들의 《탈무드》 해석보다 토라를 인용하는 이 의인을 두려워했다. 그 때문에 아난을 비방하고 중상했으며 칼리프에게 이단 죄로 그를 죽여 달라고 요구했다. 그러나 아난의 온화함에 감명받은 칼리프는 아난이 메시아임을 직감하고 그를 풀어주었다. 아난은 랍비들이 그의 말에 귀 기울이지 않고 오히려 그를 적대시하기로 마음먹었다는 것을 깨달았다. 아난은 게오님 직을 버리고 칼리프의 허락을 얻어 성지로 가 새 복음, 즉 토라의 우수성을 알렸다.

독자들은 이 두 가지 해석이 어떻게 과거와 미래에 투영되는지 간파했을 것이다. 몇 가지 요소만 바꾸면 이 이야기는 예수의 삶을 재연한 것이다. 몇 가지 요소만 바꾸면 가톨릭교도들이 루터에게 던진 비난과 루터교도들이 가톨릭교도에게 던진 역비난을 재연한 것이다. 아난의 새 종파는 랍비들의 완고함 때문에 어쩔 수 없이 생겨난 것인가, 아니면 감옥에서 얻은 허위 계시 때문에 발생한 것인가? 우리는 정답을 알 수 없다. 그러나 그 기원이 무엇이었든 간에 2백 년도 채 못 되어 카라이트 유대교는 디아스포라 유대 사회의 각계각층에 침투했다.

예수의 메시지처럼 아난의 메시지는 처음에는 단순했지만, 점차 제자들이 체계적인 교리로 확대했다. 제자들에 따르면 아난은 토라에 계시된 하느님의 나라가 가까이 왔다는 복음, 즉 메시아에 대한 희망을 설교했다. 바울 시대의 기독교도가 바리새파의 가르침을 거부했던 것처럼, 카라이트 유대교도는 《탈무드》의 가르침을 전부 부정했다. 《탈무드》의 많은 음식법이 철회되었다. 더는 성구함도 착용하지 않았다. 카라이트 유대교도는 모든 의학을 거부하고 의사를 찾아가지 않았다. 왜냐하면 성경이 "나는 주, 곧 너희를 치료하는 하느님이다."(《출애굽기》15:26)라고 말했기 때문이다.

8세기에 모든 탈무드 법을 거부하는 것과 기원전 1200년에 받은 토라를 문자적으로 지키며 사는 것은 전혀 다른 문제였다. 곧 카라이트 유대교도는 자신들이 쳐놓은 덫에 걸렸다. 8세기에 살면서 2천 년 전의 토라를 따르고 있으니 예상된 결과였다. 미시나를 처음 가르쳤던 랍비들처럼 카라이트 유대교 학자들 중에서 좀 더 계몽되고 현실적인 사람들은 성경을 보충한다는 명목으로 '구전 율법'을 발전시키기 시작했다. 그러나 카라이트 유대교에는 기준 교리가 없었기 때문에 모든 사람이 구전 율법을 자기 식대로 해석할 수 있었다. 곧 무정부 상태가 되었다. 아난의 후계자인 베냐민 나하완디(Benjamin Nahawandi)는 스승의 견해를 수정하여 다양한 분파들을 모아 하나로 통일된 카라이트 운동을 전개했다.

처음에 랍비들은 카라이트 운동을 무시하면 자연히 사라질 것이라 생각했다. 그러나 카라이트 운동의 급격한 성장은 그들을 놀라게했다. 카라이트 운동을 봉쇄하려고 랍비들이 그들과 설전을 벌였으나 소용이 없었다. 카라이트 이단은 계속 세를 넓혔다. 가톨릭이나 개신교와 달리, 랍비 유대교와 카라이트 유대교는 공개적으로 전쟁을 벌일 처지가 아니었다. 국가 없는 디아스포라로 살고 있었기 때문이다.

만약 유대인이 팔레스타인에 국가를 이루고 살았다면 전쟁과 유혈 사태가 발발했을까? 헬레니즘 시대에 헬레니즘 찬성론자들과 반대론 자들 사이의 분쟁, 하스모니안 왕조 시대에 바리새파와 사두개파 사이의 분쟁, 로마 시대에 열심당과 평화당 사이의 분쟁으로 이어진 다양한 분파 갈등을 고려할 때 전쟁이나 유혈 사태가 발생했을 가능성이 있다. 그러나 이 당시 유대인은 군대가 없었기 때문에 카라이트 유대교를 둘러싸고 치열한 활자 전쟁이 벌어졌다.

랍비 유대교와 카라이트 유대교의 설전은 성자의 외모와 마키아벨리의 책략을 갖춘 한 학자가 등장하면서 탈무드주의자들에 유리한 방향으로 전개되었다. 사디아 가온은 최초의 '유대-그리스-아랍 르네상스' 지식인이었고, 아리스토텔레스의 철학을 《탈무드》에 도입한 최초의 합리주의 철학자였다. 882년 이집트에서 태어난 그는 어린 나이에 바빌로니아에서 가장 우수한 유대인 학교의 교장이 되었다. 치열한 싸움을 좋아하는 타고난 승부사였던 사디아 가온은 먼저 카라이트 유대교를 봉쇄한 후 점점 약화시키는 전략을 짰다.

사디아 가온은 카라이트 유대교의 많은 장점을 보았다. 그리고 사람들이 왜 그쪽에 가담했는지도 이해했다. 그래서 그는 제일 먼저 《구약 성경》을 아랍어로 번역해 히브리어를 모르는 사람들이 카라이트 설교자들에게 의존하지 않고 스스로 토라를 읽을 수 있도록 했다. 마치 16세기 루터가 라틴어 성경을 독일어로 번역해 독일인들이 성경에 기록된 내용을 스스로 읽을 수 있게 한 것과 유사하다. 그다음 사디아 가온은 카라이트 유대교의 가장 좋은 교리를 《탈무드》에 통합했다. 마지막으로 카라이트 유대교 자체에 효과적이고 치명적인 공격을 개시했다.

카라이트 유대교도는 바로 코앞에서 카라이트 운동이 사라지는 것을 보고 비슷한 방법으로 역공을 시도했다. 그들도 스스로 개혁했다. 카라이트 유대교에는 새 교인을 끌어들일 만큼 명망 있는 훌륭한 학자들이 있었다. 이 학자들은 히브리어를 과학적으로 탐구하여 히브리어 문헌학을 크게 발전시켰다. 그들은 바울이 기독교도가 되는 길을 넓혔던 것처럼 카라이트 유대교도가 되는 길을 활짝 넓혔다. 이에 랍비들은 카라이트 유대교의 최대 장점을 공격했다. 랍비들은 히브리어를 더 열심히 공부하여 더 좋은 문법서들을 만들었다. 사람들이 성경을 더 쉽게 읽고 이해할 수 있도록 했고, 율법은 더 느슨하게 해석했다. 14세기가 되면 전세가 카라이트 유대교도에 불리하게 전개된다. 유대교를 집어삼킬 것 같았던 카라이트 운동이 18세기에는 거의 사라진다. 오늘날 리투아니아와 크림 반도에 카라이트 유대인 약 1천5백 명이 남아 있고, 이스라엘에는 카라이트 유대인 약 4만 명이 소화되지 않는 음식처럼 역사에 남아 있다.

그러나 카라이트 운동이 완전히 실패한 것은 아니다. 카라이트 운동은 당시 탈무드 운동이 정체되는 것을 막아주었으며, 탈무드 운동이 자신의 논리에 함몰되지 않고 현실의 삶에 진지하게 적용될 수 있도록 도와주었다. 카라이트 운동은 유대교에 건강한 교훈이 되었다. 유대교는 새로운 사상으로부터 자신을 봉쇄하는 대신 오히려 그것들을 적극적으로 수용함으로써 자신을 지키는 법을 배웠다. 카라이트 운동은 유대인에게 두 가지 교훈을 주었다. 첫째, 일방적 진보주의는 무정부 상태와 다름없다. 둘째, 일방적 보수주의는 죽음과 다름없다.

이슬람 시대의 유대인 이야기는 이렇게 끝이 난다. 이 이야기는 운명에 의해 잉태되어 눈부신 지지를 받고, 지성으로 양육되고, 다시 운명에 의해 땅 속에 묻혔다. 15세기가 되면 유대인 삶의 중심이 서유럽으로 이동한다. 이때부터 유대인의 운명은 게토를 향해 움직였다. 유대 역사 중 이슬람 시대를 마무리하고 로마 제국이 멸망한 6세기 유럽으로 돌아가기 전, 사막에서 눈부신 계몽 문명을 이룩한 멋진 아랍 사람들을 칭찬하는 것도 나쁘지 않을 것이다.

비록 이슬람 제국은 멸망했지만 제국의 위대함을 구성했던 휴머니즘의 요소는 여전히 살아 있다. 아랍의 문화는 다른 나라에서 빼앗은 노획물이나 다른 사람들의 지혜를 훔쳐 이룬 것이 아니다. 아랍 민족 안에 있는 창조성의 깊은 우물로부터 솟구쳐 나온 것이다. 7백 년 동안 아랍인과 유대인은 평화롭게 서로를 존중하면서 함께 살았다. 오늘날 아랍 세계 안에서 유대인이 매우 불편한 환경에서 살고 있다면, 그것은 아랍인이 그들을 그런 처지로 밀어넣었기 때문이 아니다. 이런 불편한 환경은 유대인이나 아랍인이 만든 것이 아니라 이후의 정복자들이 만든 것이다.

6부

종교 전쟁과 게토 유대인

〈역사적 시기〉

기독교 중세 시기: 500~1500년

유대교 중세 시기: 500~1800년

유럽 역사		유대 역사
로마 멸망. 동고트족이 이탈리아를 세우고, 서고트족이 에스파냐를 세우고, 프랑크족과 부르군트족이 프랑스를 세우다. 서부 야만족들이 기독교로 개종하다. 암흑 시대와 봉건 제도가 시작되다. 구원의 시대.	500~800년	유대인이 에스파냐에서 강제로 개종당하다. 이탈리아, 프랑스, 독일에 정착하도록 초청되어 그곳에서 도시를 건설한다. 무역 증진을 도와 달라는 요청을 받다. 유럽의 중산층으로 성장하다.
샤를마뉴 대제가 유럽의 중앙 지역을 프랑크 제국으로 통일하다. 교황이 세속 권력을 얻다. 바이킹의 침입. 중앙 집권적 통치의 붕괴. 암흑기 심화. 더 큰 구원의 시대.	800~900년	샤를마뉴 대제가 유대인을 자기 영토로 초청하다. 유대인이 유럽에 거대한 상업 조직을 건설하다. 최초의 카발라(유대교 신비주의) 작품 등장.
동유럽과 북유럽이 기독교화되다. 정복왕 윌리엄이 영국을 침입하다. 암흑 시대가 걷히기 시작하다. 신성 로마 제국 건설. 더 큰 구원의 시대.	900~1100년	유대인이 정복왕 윌리엄과 함께 영국에 들어오다. 고리대금업 확장. 유대인이 유럽의 은행가가 되다. 그리스 서적을 계속해서 번역하다. 유럽에서 최고의 교육 수준을 자랑하다.
2백 년간의 십자군 원정. 그리스 정교의 콘스탄티노플이 로마 가톨릭 십자군에 공격을 당하다. 알비주아 이단 발흥. 제4차 라테라노 공의회가 열리다. 최초로 유럽에 대학이 설립되다. 더 큰 구원의 시대.	1100~1300년	유대인이 십자군의 뒤를 따라 라인란트를 빠져나가다. 진보적인 폴란드에 정착하여 그곳의 경제를 발전시키다. 최초로 인신 제의와 성만찬 훼손을 비난하는 목소리가 생겨나다. 최초의 《탈무드》 소각. 영국에서 추방되다. 카발라의 경전인 《조하르》 등장.
르네상스 시대. 새 인문주의의 토대가 마련되다. 새로운 이단들 때문에 교회가 오염되다. 상업주의의 성장. 중산층이 더 큰 힘을 얻다. 봉건 제도가 붕괴되기 시작하다. 구원의 시대가 끝나다.	1300~1500년	프랑스에서 추방되다(14세기경). 에스파냐와 포르투갈에서 추방되다(15세기경). 경제적 동기로 말미암아 박해를 받다. 유대인의 상업 이익이 서부에서 감소한 반면 동부에서는 증가하다. 카발라 저작들이 형이상학적인 성격을 띠다.

르네상스가 끝나다. 종교 개혁의 시대. 종교 전쟁의 시기. 반(反)종교 개혁. 베스트팔렌 조약 체결. 민족 국가의 발흥. 시민의 힘이 강해지다. 과학적 발견이 유럽의 사상을 변화시키다.	1500~1700년	이탈리아, 독일, 중앙 유럽에서 게 토로 추방되다. 유대인이 러시아 에 정착하다. 러시아에 유대인 전 용 마을이 설치되다. 더 많은 카 발라 작품 등장. 사바타이 이단의 발흥. 유대인이 영국, 네덜란드, 프랑스에 다시 들어가다. 왕실 유 대인의 등장.
러시아, 프로이센이 강대국이 되 다. 폴란드의 분열. 루소의 《사회 계약론》이 새로운 국가관의 토대 를 놓다. 루이 16세가 처형되다. 프랑스 혁명이 유럽 제도권을 뒤 흔들다. 나폴레옹이 정권을 잡다. 산업 혁명 시대.	1700~1800년	프랑크 이단이 발흥하다. 하시딤 등장. 유대 학문 쇠퇴. 심리적 반 유대주의의 시작.

18장

십자군 원정, 르네상스, 종교 개혁

코즈모폴리턴 유대인

대부분의 기독교 학자에게 중세의 유대 역사는 태피스트리 속의 가느다란 실에 불과하다. 많은 유대 역사가는 이 실을 유대인을 질식 시키는 밧줄로 여긴다. 우리의 눈에 중세 유대 역사는 이 태피스트리 전체의 없어서는 안 될 일부를 이루는 다채색 문양의 굵은 실이다. 이 모습을 눈에서 놓치면 유대 역사도 의미 없는 사건과 이유 없는 박해 의 연속, 즉 지루한 애가로 전락한다. 반면 그 모습을 정확히 파악하 면 종교, 경제, 그리고 심리적 동력으로 구성된 흥미로운 문양이 그 태피스트리에 떠오르게 된다. 중세 유대 역사는 중세 기독교의 역사 와 반비례하여 발전한다. 기독교도들의 운이 약해지면 유대인의 운은 흥한다. 기독교도의 운이 성하면 유대인의 운은 쇠한다.

중세 세계에는 유대인을 대하는 세 가지 태도—이것들은 본질적으로 서로 겹친다. ─가 만들어졌다. 첫 번째 태도는 6세기에 구체화되기 시작해 11세기에 사라졌다. 두 번째 태도의 수명은 4백 년─십자군 원정 2백 년과 르네상스 2백 년─이었다. 종교 개혁과 함께 시작된 세 번째 태도는 1500년에서 1800년까지 3백 년 동안 중세 세계를 지배했다. 이 태도들을 중세 유대-기독교의 드라마 같은 역사를 배경으로 삼아 하나씩 살펴보자.

폼페이우스가 유대(유다 왕국)를 정복한 이후 유대인과 로마인은 '분리할 수 없는 관계'가 되었다. 제국의 깃발을 든 로마 군대의 뒤를 따라 자유 사업의 깃발을 든 유대인이 행진했다. 유대인은 기원전 2세기에 이탈리아, 기원전 1세기에 프랑스, 수백 년 뒤에는 에스파냐까지 진출했다. 3세기 말에는 유럽 북쪽의 독일 쾰른까지 침투했다. 동쪽에서 온 야만족들이 서유럽을 침입했을 때 유대인은 이미 그곳에서 수백 년 동안 정착해 살아온 것이다.

6세기까지 동고트족, 서고트족, 반달족, 훈족, 프랑크족, 부르군트족 같은 야만인들의 침입이 이어졌고 유럽은 큰 피해를 입었다. 무지(無知)가 보편화되었으며 인권이 사라지고 가난이 모든 사람을 공동의 불행으로 묶어버렸다. 8세기 말이 되면서 유럽의 네 왕국, 즉 오늘날의 이탈리아, 프랑스, 에스파냐, 독일이 발흥하기 시작한다. 비록 힘의 균형은 조금씩 변해 갔지만, 11세기에 다섯 번째 회원국이 된 영국과 함께 이 네 나라는 1500년까지 유럽 역사의 중심을 형성한다.

이탈리아에 정착한 동고트족은 이탈리아를 혼돈에서 구출한 위대한 왕 테오도리크(Theodoric)를 배출했다. 서고트족은 약탈의 여정 끝에 에스파냐에 정착했다. 그곳에서 왕국을 건설하고 589년 레카레드(Reccared) 왕의 지도를 받아 기독교로 개종했다. 반달족은 프랑스를 침략해 먹을 수 있는 것은 모조리 먹어치우고, 강간할 수 있는 자는 모두 강간하고, 팔 수 있는 것은 죄다 팔아 치우고, 나머지는 파괴했다. 그들은 북아프리카에 초라한 왕국을 건설했지만 그 왕국은 6세기에 '안락사'했다. 반달족은 프랑크족, 부르군트족과 함께 최초의 프랑크 왕국을 형성했으며 5세기 말경 클로비스 1세(Clovis I) 때 가톨릭으로 개종했다. 독일은 훈족, 슬라브족, 알라만족, 프리슬란트족, 색슨족, 바이에른족—모두 야만족들이다.—의 혼합 국가였다. 남부 독일은 6세기까지 기독교화되었으나 7세기에 다시 세속국이 되었다가 8세기에 다시 '세례를 받았다'. 그리고 샤를마뉴로 알려진 샤를 대제—약 183센티미터의 큰 키였으며, 라틴어를 유창하게 구사했고, 그리스어로 대화가 가능했으며, 글은 쓸 줄 몰랐지만 예술과 과학과 유대인을 장려한 계몽 군주였다.—가 유럽의 중심부를 통일하여 한 왕국을 이루었다. 800년 성탄절에 화장한 얼굴에 수염을 길게 기른 샤를마뉴가 황제로 즉위했다. 그때 교황은 그에게 무릎을 꿇고 경의를 표했다. 새로운 카이사르가 신부에게 선물을 가져올 청혼자처럼 유럽에 문명을 되돌려놓을 것인가? 그러나 슬프게도 그를 계승한, 경건한 척하면서 교만하고 허영심 많은 아들과 손자들의 서툰 손가락 사이로 샤를마뉴의 잘 다져진 제국은 부서져 내렸다.

바로 그 세기에 또 하나의 재앙이 유럽을 덮쳤다. 새 야만족이 침입한 것이다. 북쪽 스칸디나비아의 안개 속에서 이상한 무기를 든 사람들이 매의 형상을 한 배를 타고 내려왔다. 바이킹('바다의 남자들')은 노 저으며 나아가 도시들을 약탈했다. 배를 끌어당기고 두개골을 쪼개는 데 최적화된 날카로운 도끼와 외날검으로 무장한 바이킹은 온 유럽을 약탈하며 유대인과 이방인들을 죽이고 열심히 성전과 교회를 불태웠다. 그리고 그들은 처음 나타났을 때처럼 갑자기 사라졌다. 이때 성직자 옷을 입은 수도승이 그리스도의 십자가를 북유럽의 복잡한 해안가까지 가져갔다.

처음에 남유럽과 서유럽을 장악한 기독교가 이제는 동쪽과 북쪽까지 전해졌다. 기독교 복음은 10세기 초까지 오늘날의 폴란드, 보헤미아, 불가리아, 러시아 지방에 뿌리를 내렸다. 10세기 말이 되면 북부 독일, 덴마크, 스웨덴, 노르웨이와 아이슬란드까지 전해졌다. 핀란드와 리투아니아는 가장 늦게 기독교화되었다. 1백 년 동안 스웨덴 십자군이 그들의 이웃인 핀란드 사람들을 개종시키려 했지만 실패했다. 천둥의 신 우코(Ukko)가 마법으로 스웨덴 군대를 핀란드의 늪에 빠뜨렸다. 그러나 결국 기독교의 기적이 이교도의 마법을 이겼다. 그 일은 1155년 핀란드의 성스러운 호수 퓌헤예르비(Pyhäjärvi)에서 발생했다. 핀란드인들은 그곳에서 강제로 '세례'를 받았다. 이 '세례' 의식으로 핀란드인의 몸은 익사했지만 그들의 영혼은 구원받았다. 이 기적을 보고 우코는 달아났다. 이후 핀란드인은 기독교로 개종했고, 그들은 곧 스웨덴 군주의 충성스러운 신민이 되었다. 리투아니아는 1250년경에 정치적 이유로 기독교로 개종했다. 십자군의 열정을 품은 튜턴 기사단에 희생되고 싶지 않았던 것이다. 그러나 10년 후 리투아니아는 다시 이교국이 되었다. 두 번째 개종은 한 세기가 지나서 이루어졌다. 리투아니아의 대백작 야기에우워(Jagiełło)가 폴란드의 로마 가톨릭 여왕 야드비가(Jadwiga)와 결혼하자 두 나라의 귀족이 점점 동화되면서 기독교가 리투아니아 대중에게 전파되었다.

그러나 기독교 개종자가 그토록 많았던 10세기는 유럽 암흑기의 정점이었다. 12세기까지 유럽 대륙에는 기독교 대학이 단 하나도 설립되지 않았다. 6세기의 무지는 둔한 무감각으로 발전했고, 인권을 주장하는 일은 교회와 국가에 대한 범죄로 여겨졌으며, 가난은 비천함이 되었다. 이 시대는 영혼의 구원만이 중요한 시대였다. 1000년은 이방인과 유대인 모두에게 전환점이었다. 그러나 변화의 방향은 정반대였다.

유대인들은 놀라운 행운으로 중세 경험의 첫 단계인 이 총체적 파국을 피해 갔다. 이 4세기 동안 죽은 유대인의 수―이 숫자는 물론 적지 않다!―가 유대인에 관한 통계를 업으로 삼는 사람들에게 너무 많게 느껴지지 않도록 그들을 몽테뉴의 격언인 "우리 친구들의 불행에는 전적으로 불쾌하지 않은 것이 있다."라는 말로 위로하고, 야만족의 침략 전에는 1백만이던 로마의 인구가 야만족들이 로마의 도시들을 차례로 파괴한 후에는 5만으로 줄었다는 역사적 사실을 말해주자. 기독교로 개종하기 전까지 고트족, 반달족, 프랑크족, 바이킹족은 사람들을 죽일 때 그들의 종교를 묻지 않았다.

이탈리아에서는 테오도리크 대제가 유대인을 자신의 왕국 어느 도시―로마, 나폴리, 베네치아, 밀라노, 그리고 새 수도인 라벤나까지―에서건 정착해 살 수 있도록 배려했다. 이탈리아에 정착한 유대인들은 상인, 은행가, 판사, 농부, 보석상, 장인이었다. 그중의 약 3분의 1은 아브라함과 모세의 후손이 아니라 로물루스와 레무스의 후손이었을 것이다. 그들의 조상은 100년경에 유대교로 개종한 이방인이었다.

프랑스나 독일의 사정도 마찬가지였다. 샤를마뉴 대제는 다른 나라에 살고 있던 유대인들을 자신의 제국으로 초청했다. 구체적으로 그는 유대인들이 도시에 살면서 산업을 일으키고 상업의 국경을 넓히기를 원했다. 따라서 그는 유대인에게 관대한 자치 정책을 허용했다. 많은 유대인이 샤를마뉴 정부의 고위 공무원이 되었다. 특히 외교 분야에서 활약을 했는데, 유대인에게 이런 특혜를 준 이유는 단순했다. 봉건 제도는 단 세 계급만을 위한 것이었다. 11세기 유머를 빌리면 "전쟁했던 귀족들, 기도했던 성직자들, 마지막으로 노동했던 농노들"이 바로 그 세 계급이다. 시민이나 상인 계급은 없었다. 이 틈을 채운 것이 유대인이었다.

에스파냐의 초기 상황은 조금 달랐다. 레카레드 왕이 초심자의 엄청난 열성을 품고 기독교를 무력으로 전파했다. 그 검이 너무 무서워 서고트족뿐 아니라 많은 유대인이 기독교 세례를 받았다. 이후에 이슬람교도가 에스파냐를 정복하고 모두에게 종교적 자유를 주었을 때, 강제 개종을 당했던 유대인이 모두 모세의 종교로 돌아온 것은 아니다. 많은 '비밀 유대인들'이 세계 시민이 되어 고관대작들의 저택을 우아하고 자신 있게 오가면서 결혼을 통해 그 가문의 일원이 되었다. 그들은 에스파냐에서 가장 골치 아프고 논쟁적인 문제의 핵심을 형성할 자들이었다. 그 문제는 15세기에 폭발해 재앙으로 이어진다.

우리는 이제 봉건 시대 초기의 유대 역사를 형성하는 요인들이 두 역설에서부터 시작했음을 알 수 있다. 유대인은 기독교 세계 전체에서 유일하게 개종하지 않은 민족이었을 뿐 아니라, 모순되게도 이방인들이 봉건 제도 안에 갇혀 지낼 때 그 제도 밖에서 자유롭게 살았다.

왜 유대인은 개종당하지 않았을까? 왜 그들은 다른 이방인과 비기독교인들처럼 살해되지 않았을까? 왜 그들은 특별 대접을 받았을까? 왜 교회는 그들을 보호했을까?

교회는 스스로 자신의 논리에 갇혀 이런 역설에 빠져들었다. 중세 문명은 종교적 성격을 띠었기 때문에 유대인이 기독교로 개종하는 것이 중요했다. 만약 예수의 민족이 기독교를 부정하면 어떻게 교회가 예수가 보편적 신이라고 주장할 수 있겠는가?

처음에는 유대인들이 기독교를 받아들이도록 온갖 유화책을 사용했다. 그러나 유대인은 개종하려 하지 않았다. 교회는 딜레마에 빠졌다. 만약 유대인이 개종하지 않으면 그것은 예수가 보편적 신이 아니라는 것을 인정하는 꼴이 된다. 반면 이교도에게 그랬던 것처럼 유대인을 말살한다면, 교회는 유대인이 예수를 신으로 인정했다고 절대로 주장할 수 없게 된다. 유대인은 서구 사회에서 양면적인 존재였다. 개종시키기도 어려웠고 그렇다고 죽일 수도 없었다. 유대교가 기독교도에게 의심병을 전염하지 않도록 유대인은 중세 봉건 제도에서 제외되었다. 교회는 그 조치가 자기 쪽 사람들은 감옥에 가두고 유대인은 해방시켰다는 것을 깨닫지 못했다.

이 시대에 제정된 유대인 차별법 가운데 일부는 새로운 것이 아니었다. 비유대인에 관한 《구약 성경》과 《탈무드》의 차별적 법을 따른 것이다. 옛 유대인 법은 비유대인이 이스라엘의 왕이 되는 것을 금지했고, 유대인을 다스리는 직책을 맡는 것도 금지했다. 유대인과 그리스인이 지나치게 섞이는 것을 막기 위해 팔레스타인의 법은 유대인이 비유대인에게 땅을 피는 것도 금지했다. 기독교도는 비슷한 차별법을 유대인에게 적용했다. 이 법들은 오늘날의 기준으로 보면 옳고 그름을 판단할 수 없다. 그 법들은 당시 사회의 한 지표였다.

초기 중세 유대 역사를 순교라는 틀에 넣기를 원하는 사람들을 위한 역사적 사료는 거의 없다. 콘스탄티누스, 콘스탄티우스, 테오도시우스, 유스티니아누스의 법처럼 유대인에 대한 차별 조치는 대개 지켜지지 않았다. 유대인의 번영에 안달난 부지런한 비버들이 급속히 전개되는 역사의 여기저기에, 가끔 이 도시 저 도시에서 유대인을 추방하는 법을 발의했다. 그러나 유대인은 곧 다시 복권되었다. 봉건 사회가 아직 자체적으로 상인 계급을 만들어내지 못했기 때문이다. 유대인을 예외로 취급하는 것이 교회의 공식 정책은 아니었다. 마치 흑인을 죽이는 것이 70년 전 미국의 공식 정책이 아니었던 것과 마찬가지다. 교황 그레고리우스 1세가 유대인의 강제 개종 금지를 선포한 때(591년)로부터 인노켄티우스 3세가 제4차 라테라노 공의회(1215년)에서 유대인은 노란 배지를 달아야 한다는 법을 제정하여 선포할 때까지, 유대인들은 상대적으로 자유와 번영을 누리며 살았다.

11세기까지 교회는 개종을 거부하는 완고한 유대인들에게 관대한 태도를 취할 수 있었다. 시간이 지나면 자신들이 잘못되었음을 깨달으리라 기대하면서 말이다. 교회는 최고의 권위를 누렸고, 군주들은 교회에 순종했으며, 백성들도 온순했다. 11세기가 지나자 중세 유대인의 삶을 근본적으로 바꿀 일들이 발생했다. 그 일들의 결과는 누구도 예상치 못한 것이었다. 굴욕감을 주는 복장, 인신 제사와 성소 신성 모독에 대한 비난, 고립된 게토 생활은 초기 암흑 시대의 유산이 아니라 십자군 원정, 르네상스, 그리고 종교 개혁의 유산이다.

르네상스에 기여한 유대인

'구원'이 중세 역사 첫 단계의 핵심어라면, 두 번째 단계인 십자군 원정의 핵심어는 '더 큰 구원'이다. 황금처럼 '구원'도 가지면 가질수록 더 가지고 싶은가 보다. 십자군 원정의 요인은 그 당시의 종교, 정치, 사회 상황에 깊이 뿌리내리고 있었지만 유대인과는 아무런 관련이 없었다. 하지만 십자군 원정 자체는 그렇지 않다.

이 시대의 역사를 살필 때 우리는 초점을 제대로 맞추어야 한다. 우리가 계속 유대인에만 초점을 맞추면 이 중간 단계는 유대인 마을을 약탈하고 유대인을 죽이고 유대인의 재산을 약탈할 뿐 아니라 강간이 자행된 피비린내 나는 역사에 불과해진다. 그러나 초점을 넓혀 유대인과 기독교도를 함께 보면 완전히 다른 그림이 떠오른다.

상당수의 십자군은 경건한 기독교도였다. 그들은 성지를 이교도들로부터 해방해 예루살렘을 기독교 성지로 회복하려는 열정으로 불타올랐다. 또한 많은 이들이 단지 처벌받을 걱정 없이 약탈하고 살인을 저지르려고 십자군에 참여하기도 했다. 오직 기사와 그들의 종만이 전장터에서 죽는 것이 허용되던 기사의 시대는 이미 끝났다. 이제 평민들도 명예롭게 죽을 특권을 지니게 되었지만, 기사들의 특권이 그들을 기쁘게 하지는 못했다. 따라서 징집 제도가 없던 시대에 십자군을 모집하기 위해 지원자들에게 다양한 혜택이 약속되었다. 농노들은 자유를 약속받았고, 범죄자들은 형을 면제받았고, 죄인들은 교회로부터 죄를 사면받았다.

이런 선전 공세 덕분에 열정과 힘은 뛰어나지만 기강과 보급품이 부족한 제멋대로인 무리들이 곳곳에서 나타났다. 십자군이 성지에 도달하기 훨씬 전에 식량이 떨어진 무장한 소대가 진군 경로에 있던 민간인 마을을 습격했다. 처음에는 유대인 마을을 집중 공격했다. 서유럽이 이 범죄를 교황에게 항의했고, 많은 경우 다른 기독교인들도 유대인 편에 섰다. 그러나 십자군의 약탈이 보편화되면서 기독교도 마을도 습격받게 되었고, 그 결과 전투는 십자군과 유대-기독교도 마을의 전투로 확대되었다. 성지로 가는 도중에 죽은 십자군의 수가 성지에 도착해 전쟁을 치른 수보다 훨씬 많았을 정도였다.

십자군은 완전히 실패하거나, 그렇지 않으면 반쪽의 성공만을 거두다 보니 대중의 지지를 얻기가 점점 어려워졌다. 십자군 원정의 성격이 성지를 이교도로부터 해방하는 것에서 잘사는 비잔틴 제국을 약탈하는 것으로 바뀌면서, 십자군의 적은 이슬람교도가 아니라 그리스 정교가 되었다. 유대인 마을을 우발적으로 약탈하던 것이 이제는 정교회 기독교도를 대량 학살하는 것으로 변질됐다.

콘스탄티노플과 로마의 관계는 5세기 비잔틴 제국 성립 이후 한 번도 좋았던 적이 없었지만, 십자군 원정 이후에는 증오 관계로 발전했다. 1094년에 두 도시의 교회 수장들은 서로에게 저주를 선포했다. "정치적 불신이 라틴인으로 하여금 그리스 분리주의자들을 증오하고 의심하게 만들었다. 한편 그리스인도 교양 없는 라틴의 이단들을 경멸하고 혐오했다.”[1] 역사가 에드워드 기번에 따르면 비잔틴 제국의 역사는 “일관되게 재미없는 유약함과 불행의 이야기”다. 군사력은 지성의 유약함으로 상쇄되었다. 1천1백 년의 역사 동안 비잔틴 문명은 단 세 개의 예술 작품—비잔틴 교회 건축, 비잔틴 미술, 그리고 거세된 비잔틴 소년 합창단—을 배출했다. 그 기간 동안 새로운 사상이나 주목할 만한 철학자, 문학가, 과학자는 단 하나도 배출하지 못했다.

십자군 원정이 시작되기 전에 유대인이 비잔틴 제국에서 추방된 것은 유대인에게 삼중의 축복이었다.* 첫째로 그들은 대량 학살을 피했으며, 둘째로 책임을 면했으며, 마지막으로 그 싸움판을 또 다른 유대인 박해의 표현으로 그렸을 역사가들을 피할 수 있었다. 1183년 비잔틴의 그리스인은 제국 내의 모든 이탈리아인을 죽였고, 이에 대한 복수로 1204년에는 제4차 십자군 원정에 참여한 이탈리아인이 그리스인에게 역사에 전례 없는 대량 학살을 감행했다. 십자군의 야만성은 교황, 군주, 일반인에게 충격을 주었지만 학살이 멈추지는 않았다. 비잔틴 제국은 십자군에 의해 해부되는 시신처럼 해체되었으며, 제국의 마을은 십자군 원정을 재정적으로 지원한 이탈리아 도시 국가들에 전리품으로 헌납되었다. 그리스인이 50여 년 후에 콘스탄티노플을 되찾았지만, 제국은 이미 많이 약해져 있었다. 그리고 마침내 1453년 이슬람 튀르크족의 공격 앞에 제국이 무너졌다. 이로써 동방의 기독

---

* 역사가 스티븐 런시먼(Steven Runciman)에 따르면 로마노스 1세(919~944년)가 통치하던 때에 유대인이 비잔틴 제국에서 추방되었지만 이후에 다시 복귀했다. 기번의 말을 빌리면, 비잔틴 제국에서 유대 역사는 박해와 불행의 “지루하고 뻔한” 이야기였다. 런시먼은 다음과 같이 덧붙인다. “박해자들이 세속 권력자였고 교회가 아니었다는 것이 주목할 만하다.”(*Byzantine Civilization*, p. 105)

교 거점이 사라지게 된다.

제5차 십자군 원정의 성공은 사람들의 관심을 끌지 못했으며, 제6차와 제7차 원정 때에는 십자군 운동에 대한 열정마저 사라졌다. 제8차 원정 이후에는 그 불이 완전히 꺼졌다. 기독교도와 유대인 모두 십자군 운동이 끝났다는 데 기뻐했다. 역설적이게도 십자군은 의도한 것과 정반대의 효과를 냈다. 처음에는 예루살렘 탈환이 성도들을 더욱 친밀한 기독교 공동체로 만들어낼 것으로 기대했지만, 실제 십자군 원정의 결과는 자신들이 우월하다고 믿었던 기독교도의 믿음을 심하게 흔들었다. 많은 기독교도가 더 우월한 이슬람 문화에 노출되었다. 십자군 원정 동안 해방되었던 농노들은 콘스탄티노플과 사라센(아랍인을 가리키는 로마식 명칭)의 영광을 본 이후 다시 농장으로 돌아가기를 거부했다. 그들은 마을을 이루어 정착했고, 마을은 곧 도시로 발전했다. 변혁의 정신이 온 유럽에 퍼졌다. 이 정신은 다음의 두 가지, 즉 르네상스의 새로운 문화와 종교 개혁의 프로테스탄트 운동으로 표출되었다. 유대인은 전자에 온전히 참여하여 성공을 거두었다. 그러나 기독교 내부 싸움인 종교 개혁으로부터는 거리를 두려고 애썼지만 실패하고 말았다.

온 유럽이 르네상스를 맞을 준비가 되었지만 그것을 먼저 보고 손에 쥔 사람들은 이탈리아인이었다. 때마침 이탈리아에서 태어난 천재들은 그 시대 초기의 열망을 1320년부터 1520년까지 2백 년 동안 유럽 전체를 계몽할 지적 세력으로 구체화했다. 온 이탈리아가 이 인문 부흥에 참여한 것은 아니다. 르네상스 운동은 남쪽의 나폴리, 북쪽의 밀라노, 동쪽의 베네치아, 서쪽의 제노바를 네 꼭짓점으로 하는 사각 지역 안에 국한되었다. 르네상스는 (단테, 페트라르카, 보카치오 같은) 인문주의자들과 함께 시작해 (첼리니, 티치아노, 미켈란젤로 같은) 예술가들과 함께 끝났다. 또한 르네상스 하면 언급하지 않을 수 없는 인물로 레오나르도 다빈치(Leonardo da Vinci), 프라 필리포 리피(Fra Filippo Lippi), 조반니 벨리니(Giovanni Bellini)가 있다. 유대인 역사가의 슬픔은 이들 가운데 유대인이 한 명도 없다는 사실을 기록하는 일이다.

이탈리아에서는 르네상스가 비종교적인 성격을 띠었고 개인을 강조했다. 반면 약 1백 년 정도 늦은 북부 유럽의 르네상스는 종교적 성격을 지녔다. 대표적인 예가 독일의 요하네스 로이힐린(Johannes Reuchlin)이다. 로이힐린은 유럽 역사에 심오한 영향을 끼친 사람이다. 그의 저서들은 루터 신학 사상의 발전에 영향을 주어 프로테스탄트 운동의 토대가 되었다. 로이힐린의 인문 철학은 누가 보아도 히브리적이다. 비록 라틴 문학을 공부한 기독교도였지만 그는 히브리어를 유창하게 구사했으며, 히브리 문학에 조예가 깊었을 뿐 아니라 유대교의 신비주의적 형이상학인 카발라에 심취했다. 카발라는 르네상스기 유대인과 기독교 학자들의 저술 곳곳에 배어 있다. 기독교 교리에서 벗어나는 것이 자살 행위와 같던 때에 로이힐린은 죽음을 무릅쓰고 유대인과 《탈무드》의 명예를 보호했으며, 기독교 지식인들 사이에 유대적 사고를 유행시켰다.

로이힐린의 영향 덕분에 독일 인문학의 발전에 히브리 사상이 매우 분명한 역할을 하게 된다. 그러나 르네상스의 기원에 유대인이 감당한 역할은 분명하지 않다. 학자들은 유럽 문화 속에 다시 소개된 그리스 사상이 르네상스를 창조했다는 데에, 그리고 유대인이 아닌 이탈리아의 시인 프란체스코 페트라르카(Francesco Petrarca)가 그리스 사상을 유럽에 소개했다는 데에 동의한다. 그러나 르네상스가 유대인이 가장 활발하게 활동한 분야에서 꽃피운 것이 단순한 우연은 아닐 것이다. 르네상스가 영국이나 프랑스, 혹은 독일이 아니라 이탈리아에서 시작된 것은 그곳에서 유대인이 3백 년 동안 그리스, 아랍, 히브리 고전들을 라틴어로 활발하게 번역했기 때문이다. 기억해야 할 것은 르네상스의 중심지인 나폴리로 프레데리크 2세가 유대인을 초청해 그리스 책들을 번역하게 했고, 기독교 학자들에게 히브리어를 가르치게 했다는 것이다.

에스파냐의 개종 유대인 박해

르네상스가 아름다울 뿐 아니라 위험하다는 것을 교황과 황제들은 너무 늦게 발견했다. 르네상스는 인간의 정신을 해방했다. 르네상스는 인간을 생각하게 만들었다. 르네상스는 기존 질서를 의심하게 만들었다. 특히 과학의 발전은 기독교도를 흔들었다. 그들은 자신이 소중히 여겼던 믿음을 의심하기 시작했다. 이 판도라 상자를 열도록 허락받은 사람들이 뚜껑을 다시 덮으려 했지만 때는 늦었다. 에스파냐만이 그 일에 성공했는데, 그것은 에스파냐에서 르네상스가 확립되지 않아 에스파냐의 순결한 정신을 아직 망치지 않았기 때문이다. 1305년 에스파냐는 모든 과학 연구를 금지했다. 그곳에서 최초로 종교 재판을 받은 사람도 유대인이 아니라 기독교 과학자들이었다.

르네상스의 위험한 흐름이 기성 교회에 항의하는 이단적 흐름과 합류했다. 12~13세기의 알비주아(Albigeois) 기독교도가 특히 흥미롭다. 그 이단들은 종교 재판을 일으켰고, 유대인이 에스파냐로부터 추방당하는 데 간접적으로 기여했다.

군주들은 남부 프랑스의 알비(Albi)에서 대담하게 교회 교리에 도전한 알비주아 기독교도들을 적극적으로 처벌했다. 일반적으로 생명을 잃으면 재산도 함께 잃기 때문에, 군주들은 이단을 숙청할수록 자신의 금고에 금이 쌓인다는 것을 알았다. 이단 사냥은 의심할 여지 없이 돈이 되는 일이었다. 한 프랑스 마을에서 2만 명에 달하는 알비주아 기독교도가 신앙 때문에 죽임을 당했고, 그들의 재산은 모두 몰수되었다.* 교황청은 이 모든 유혈 사태에 놀라, (이후 유대인 사냥이 금지되듯이) 개인의 이단 사냥을 금지했다. 그리고 고소당한 자가 정말로 이단인지를 가리기 위해 종교 재판소(라틴어 명칭인 'inquisitio'는 '질문inquiry'을 뜻한다)를 설치했다. 처음 1백 년 동안 종교 재판소는 유대인, 이슬람교도 혹은 다른 이교도들을 재판할 권리를 얻지 못했다. 종교 재판소는 오로지 기독교도만 재판할 수 있었다.

교회가 피 흘림을 혐오했기 때문에 이단으로 정죄받은 사람들은 화형에 처해야 한다는 결정이 내려졌다. 종교적 신념 때문에 누군가를 화형시킨 일을 혐오스럽게 생각하는 현대인이 정치적 신념이 다르다는 이유로 아무렇지도 않게 누군가를 총살하거나 교수형에 처하는

---

* 역사가들은 십자군이 알비주아 기독교인으로 의심된 프랑스인 1백만 명을 30년간 살해했다고 추정한다. 십자군 원정 2백 년 동안 살해당한 유대인의 최대 추정치는 10만 명에 불과하다.

일에서 어떤 모순도 보지 못하는 것은 역설적이다. 마찬가지로 당시 교회의 이단 처벌에서 역설적인 것은 사형의 근거를 《구약 성경》, 특히 〈신명기〉 17장 2~5절에서 가져왔다는 점과 관련 있다. "너희 가운데서, 남자이든 여자이든, 주 당신들의 하느님의 눈에 거슬리는 악한 일을 하여, 그의 언약을 깨뜨리고, 다른 신들을 찾아가서 섬기며, …… 이런 일이 네게 보고되어 내가 알게 되거든, …… 너는, 남자이든 여자이든, 이런 악한 일을 한 사람을 네 성문 바깥으로 끌어내어 돌로 쳐서 죽이되……" 그런데 교회의 관점에서는 기독교도만이 이단의 죄를 저지를 수 있기 때문에 이 모세 율법은 다소 변형된 처벌 방식(돌로 쳐 죽이는 방식이 아니라 불로 태워 죽이는 방식)으로 기독교도에게만 적용되었다. 이 때문에 운명의 장난이 발생하여, 역설적이게도 유대인은 상대적으로 종교 재판에서 자유로워지고 기독교도가 서로를 화형시키게 된 것이다.

알비주아 이단이 프랑스에서 독일로, 다시 동유럽으로 퍼지자 에스파냐는 자신도 그 이단에 오염될까 걱정하기 시작했다. 에스파냐는 특별한 걱정거리가 있었다. 에스파냐에는 기독교로 개종한 유대인이 많았다. 그들은 후에 '콘베르소스(Conversos, 개종자들)'로 알려졌으며 유대인 동족으로부터 마라노(Marrano), 즉 '돼지' 혹은 '돼지 새끼'로 불렸다. '마라노'라는 이름을 붙인 사람이 누구인지, 왜 그 이름이 유행했고, 오늘날까지 유대인은 자신들의 비극적 운명을 크게 한탄하면서도 에스파냐의 비밀 유대인(속으로는 유대교를 신봉하면서 겉으로는 다른 신앙을 믿는 유대인)을 왜 '마라노(돼지)'라고 부르는지를 알면 매우 흥미로울 것이다.

개종한 유대인 문제는 레카레드 왕이 유대인 9만 명을 기독교로 개종한 6세기로 거슬러 올라간다. 이슬람의 무어족이 8세기에 에스파냐를 침공했을 때 얼마나 많은 사람들이 기독교인으로 남아 있었는지, 얼마나 많은 사람들이 유대교로 복귀했는지, 그리고 얼마나 많은 사람들이 양쪽 신앙을 모두 고백했는지 알 수 없다. 콘베르소스와 마라노라는 별명이 에스파냐 비밀 유대인에게 적용된 것은 14세기의 일이다.

기독교도가 무어족에게서 에스파냐를 재탈환하는 동안 십자군은 처음에 유대인과 이슬람교도를 구분하는 데 애를 먹었다. 그 둘은 비슷하게 옷을 입었고 같은 언어로 말했다. 재정복자들은 유대인과 아랍인을 차별 없이 죽였다. 그러나 유대인의 학문과 근면함에 주목한 에스파냐의 고관들은 유대인을 에스파냐에 머물게 하기 위해 다양한 유화책을 펼쳤다. 유대인이 재기독교화된 에스파냐에서 무역을 일으키고 문화를 발전시켜주리라 기대했다. 그러나 에스파냐가 다시 기독교 국가가 된 이후 전국적으로 개종 운동이 시작되었다. 개종 운동은 매우 성공적이어서 15세기 말이 되면 (정통 유대교도가 아니라) 기독교로 개종한 유대인, 즉 마라노들이 에스파냐 정부의 문젯거리가 되었다.

높은 학문 수준과 세련된 문화로 마라노들은 권력의 자리에 올랐다. 에스파냐의 귀족 가문과 결혼하여 스스로 고관이 되거나 왕족의 허물 없는 사촌이 되었을 뿐 아니라 주교나 추기경이 되기도 했다. 이것은 높은 자리에 가고 싶어도 가지 못한 많은 모태 기독교인에게 화가 나는 일이었다. 그들은 정통 기독교가 멸시받는 데 분노했다. 그리고 그것은 정통 유대교도에게도 짜증스러운 일이었다. 마이모니데스와 라시가 마라노들을 더 친절하게 대해야 하며 유대교로 돌아오려 할 때 특히 배려해야 한다는 내용의 특별 칙령을 발표했던 사실은 마라노에 대한 당시 유대인의 분노를 간접적으로 보여준다.

마라노 문제는 에스파냐 교단에 골칫거리가 되었다. 교회는 마라노의 늘어나는 영향력을 불안하게 관찰했다. 마라노는 육체를 죽이는 일보다 삶을 즐기는 일을 중요하게 여겼다. 많은 사람이 알비주아 이단의 경우처럼 종교 재판을 열어 마라노의 문제를 완전히 없애버려야 한다고 느꼈다. 마침내 1482년 종교 재판이 열렸고, 그 권한이 에스파냐 교회가 지명한 토마스 드 토르케마다(Thomás de Torquemada)에게 주어졌다. 그는 처음에 마라노에게서 발견되는 이단적 요소를 없애고, 그 후에 다른 이단들을 처리할 사명을 받았다.

유대인은 토르케마다를 아직까지 원수로 여기고 에스파냐의 종교 재판을 유대인을 고문하기 위해 특별 고안된 도구로 생각한다. 토르케마다를 변호하거나 그 공포스러운 종교 재판을 과소평가할 의도는 없다. 그러나 유대 역사를 박해의 연속 이상으로 이해하려면 토르케마다와 그의 역할을 그 시대의 사회 구조적 관점에서 보아야 하며, 종교 재판도 더 크고 공포스러운 차원에서 이해해야 한다. 토르케마다의 광기는 20세기의 합리적 인간을 공포스럽게 하지만 그는 야만적 백정이 아니었다. 그는 유대인을 박멸하는 것보다 가톨릭 기독교를 지키는 데 더 관심이 많았다. 개종을 거부하며 계속 유대교도로 남은 유대인은 종교 재판소의 관할 밖에 있었다. 아우토스다페(autos-da-fé, 정죄당한 이단이 화형당하기 직전 사람들 앞에서 죄를 회개하는 의식)의 화염 혹은 믿음 행위에 던져진 사람들은 이단으로 정죄당한 기독교도와 마라노였다. 그들은 오랫동안 고문을 당한 후 죽음을 당했다. 고문이 너무 고통스러워 죽음이 자비로 느껴졌다. 물론 일부 유대인도 이 시절에 폭력적 죽음을 맞았다. 그러나 그것은 주로 통제되지 않은 폭도들에 의한 것이었고, 대부분의 유대인은 공식 교회로부터 재판을 받지도 않았고 정죄되지도 않았다.

'마라노 이단'이 제거된 후 토르케마다는 유대인을 에스파냐로부터 추방할 권한을 교황에게 요청했다. 그 근거는 유대인이 에스파냐에 머무는 한 유대교가 가톨릭 신앙을 위협한다는 것이었다. 그러나 교황은 그의 요청을 거절했다. 자신이 옳고 교황이 틀렸다고 확신한 토르케마다는 이사벨 여왕―토르케마다는 여왕 부친의 고해 신부였다.―에게 유대인을 추방하기 위한 압력을 넣었다. 이사벨 여왕과 페르난도 왕―아브라함 세뇨르(Abraham Senior)라 불린 에스파냐계 유대인이 두 사람의 결혼을 주선했다.―은 그닥 탐탁치 않았지만 에스파냐 교회의 불평이 너무나 컸기 때문에 마지못해 유대인의 추방을 허락했다. 유대 역사서에 언제나 언급되는 이야기가 옳다면, 유대인 추방 계획은 돈 이삭 아브라바넬(Don Isaac Abravanel)의 중재로 거의 중단될 뻔했다. 아브라바넬은 큰 돈을 버는 재주를 지닌 학자이자 랍비였다. 유대인 추방 계획을 알게 된 당시 에스파냐 정부의 재무장관이었던 아브라바넬은 왕과 왕비가 그 추방 명령을 철회한다면 엄청난 양의 금을 보상으로 주겠다고 제안했다. 이 순간 문 뒤에서 엿듣고 있던 토르케마다가 갑자기 방으로 들어와 황당한 행동을 한다. 십자가를 머리 위로 높이 쳐들고 "악한 유다가 은 30냥에 팔아넘긴 구세주를 보라! 유다의 행위가 옳다고 생각하면 그 많은 금을 받고 그분을 팔아라!"라고 외쳤다. 겁먹은 왕과 왕비는 콜럼버스가 아메리카 대륙 항해를 명령받은 같은 달, 같은 해(1492년 3월)에 유대인 추방을 명령하는 문서에 서명했다.

모세가 이스라엘인을 이집트에서 이끌어냈듯이 아브라바넬은 에스파냐로부터 유대인을 이끌어내었다. 당시 에스파냐에 살던 유대인 15만 명 중 에스파냐에서 약 1천5백 년 동안 살아온 5만 명은 고향을 떠나기를 원치 않아 체류 대가를 지불하고, 즉 기독교로 개종한 후 정착했다. 나머지 10만 명 중 약 1만 명은 죽고, 약 4만 5천 명은 튀르크에 정착했고, 1만 5천 명은 북아프리카와 이집트에, 1만 명은 남부 프랑스와 네덜란드에, 1만 명은 이탈리아 북부에, 5천 명은 유럽, 아프리카, 아시아의 기타 지역으로 흩어졌다. 그리고 나머지 5천 명의 방랑자들은 남아메리카에 최초로 정착한 유대인이 되었다. 아브라바넬은 이탈리아에 정착해 그곳에서 나폴리 왕을 위해 봉직했다. 그후에 베네치아의 최고 행정관에 오르기도 했다.

북아프리카, 이집트, 오스만 제국 전역에서 유대인들은 수 세기 동안 거의 완벽한 종교적·경제적 자유를 누렸다. 기독교도는 튀르크인을 기독교 세계에 대한 하느님의 징벌이라고 생각했지만, 유대인에 대한 튀르크인의 오랜 정책은 이전의 이슬람 제국의 정책과 유사했다.

포르투갈도 자국 내 마라노들에게 종교 재판을 실시하여 1496년에 유대인을 추방하겠다고 위협했다. 추방당한 포르투갈 유대인들은 북아프리카, 이탈리아의 북부 도시들, 오스만 제국에 정착했다. 에스파냐와 포르투갈에 남아 있던 많은 마라노도 16세기 후반에 네덜란드와 남아메리카로 망명했다.

유대인 대부분이 에스파냐에서 추방당하고 포르투갈에서 빠져나간 후 종교 재판의 화살은 개종한 무어족을 향했다. 그들도 1502년에 에스파냐 전역에서 추방된다. 이제 종교 재판에 의해 심판받는 사람은 기독교도들이 되었다. 16~18세기에 아우토스다페('믿음의 행위들')의 화염이 유럽 전역을 붉게 물들였다. 교회는 종교 재판과 아우토스다페의 통제권을 모두 상실했고, 유대인과 기독교도는 같은 운명을 맞았다. 그러나 유대인이 한 명 살해될 때마다 비슷하게 살해된 기독교도는 훨씬 많았다.

유대인 차별법과 게토의 탄생

중세에 유대인의 정치사가 기독교도의 정치사와 반비례해 발전한 것과 유사한 현상이 경제 분야에서도 나타났다. 이 시대의 기독교도의 물질적 복지가 좋은 방향으로 나아가면 유대인의 물질적 복지는 나쁜 방향으로 나아갔다. 이 현상을 설명하는 데 마르크스 경제 이론이나 고급 사회학 이론은 필요 없다. 이 현상은 보편적이고 매우 단순한 옛 법칙에 따른 것이다. 봉건 제도에 속한 사람들이 유대인의 사업 방식이 더 우월하다는 것을 알게 되면, 유대인의 노하우를 배운 뒤에 경쟁자를 제거하기 위해 유대인을 내쫓고 사업을 독자적으로 운영했다. 13~15세기에 '봉건제의 게토'에서 나오기 시작한 기독교도는 모든 자리가 이미 유대인에게 잠식된 것을 보고 유대인의 직업을 빼앗고 그들을 게토에 살도록 하는 법을 제정했다. 즉 과거에 유대인이 수행한 경제적 기능을 기독교인이 강제로 빼앗은 것이다.

이것은 유대인 문제에 관해 교회가 생각을 고친 시점과 일치했기 때문에 교회는 이 새로운 현상에 반대하지 않았다. 이단 종파의 세력이 약하고 고립되어 있기만 하면 교회는 사랑에서 우러나오는 엄격함으로 그것을 쉽게 제거할 수 있다고 느꼈다. 그러나 이단의 수가 증가했을 때 교회는 덜 관대해졌다. 교회는 소수 유대교에 더는 관대할 수 없었다. 개종을 거부함으로써 유대인은 종교적 자유 사상을 계속 유지했기 때문이다. 점점 많은 기독교 지식인들이 히브리어와 《구약성경》을 배우기 위해 유대인에게 의존하자 개종을 거부한 유대인의 완고함이 교회의 인내심을 한계에 이르게 했다. 유대인은 기독교 사회의 주류 영역에서 제거되어야 했다. 게토에 고립시키는 것이 좋은 해결책처럼 보였다.

교회의 염려는 1215년 교황 인노켄티우스 3세가 소집한 제4차 라테라노 공의회에서 처음으로 공표되었다. 공의회의 의제는 교리의 재정의, 알비주아 이단 문제, 개종하지 않은 유대인 문제까지 세 가지였다. 제4차 라테라노 공의회에서 유대인 차별법이 제정되었다. 이 법의 목적은 유대인을 기독교도의 공동체로부터 분리하는 것이었다. 이 법에 따르면 유대인은 옷에 노란 배지를 달아 자신들이 유대인임을 표시해야 했다.

이것으로 유대인에게 새로운 시대가 시작되었다. 유대인에 대한 적대감이 심화되었다. 《탈무드》가 처음으로 소각되었고, 인신 제사 혐의가 씌워졌다. 사실 교회는 그렇게까지 할 의도는 없었다. 교회는 그 혐의가 잘못된 것임을 소명하는 칙령을 반복해서 반포했지만 효과는 미미했다. 반(反)유대인 정서를 바꿀 수는 없었다. 새 기독교 중산층은 유대인의 재산이 몰수되길 원했다.

영국은 반유대인 정서를 보여주는 좋은 예이다. 왜냐하면 유대인이 사람을 제물로 바친다는 혐의가 처음으로 제기된 곳이 영국이었으며, 최초로 유대인을 추방한 나라도 영국이었기 때문이다. 유대인은 1066년에 영국으로 이주했다. 강한 영국을 건설하는 데 유대인의 재능을 이용하려 했던 정복왕 윌리엄이 그들을 초청했던 것이다. 프랑스, 이탈리아, 독일에서처럼 유대인은 영국에서도 부자가 되었고, 영향력 있는 인물이 되었다. 정복왕 윌리엄의 후계자인 윌리엄 루퍼스(William Rufus)는 유대인이 기독교로 개종하는 것을 금지했다. 그렇게 되면 "그는 귀중한 자산을 잃고, 신민을 얻을 뿐이기" 때문이었다. 1200년까지 영국과 이탈리아의 은행업자들이 유대인 은행가들을 대체하기 시작했다. 1290년이 되자 영국은 유대인 없이도 잘할 수 있다고 판단해 유대인을 추방했다.

경제와 역사의 통제할 수 없는 거대한 힘이 움직이기 시작했다. 영국에서 유대인이 추방된 사건은 다른 나라에서 유대인이 추방당할 전조였을 뿐 아니라 기독교 세계 내부의 사회 종교적 세력 간의 중대한 충돌의 전조였다. 14세기가 되자 프랑스에서 더는 유대인을 볼 수 없었다. 15세기에는 다양한 독일 국가들에서도 유대인이 사라진다. 15세기 말에 유대인은 에스파냐로부터 추방되고, 포르투갈로부터 도망 나온다. 유대인을 추방함으로써 이 나라들은 들끓는 반란을 피할 수 있을 것이라 희망했다. 그들은 자신들의 사회 경제적 적폐가 아니라 유대인이 문제라고 편하게 생각했다. 그러나 유대인 추방이라는 처방은 암 때문에 생긴 두통을 아스피린으로 치료하는 것과 같았다. 마르틴 루터가 〈95개조 반박문〉을 비텐베르크 성(城) 교회 정문에 붙였을 때(1517년), 가톨릭 교회의 최고 권위에 대한 도전—이 도전은 오랫동안 예고된 것이었다.—은 교회의 몸에 다시는 뽑을 수 없는 못이 되어 박혔다. 마치 로마인들이 그리스도의 몸을 십자가에 못 박은 사실을 바꿀 수 없는 것처럼 말이다.

이제 르네상스와 유대인을 위한 여유가 사라졌다. 둘은 모두 사치이며 사라져야 했다. 1516년에 베네치아는 유대인을 완전히 고립시키기 위해 최초의 유대인 게토를 조성했다. 1550년에 유대인은 제노바에서 추방되었다. 1569년이 되면 유대인은 대부분의 가톨릭 국가에서 추방된다. 16세기 중엽이 되면 지난 천 년 동안 유대인이 활발히 활동했던 서유럽에서 유대인이 거의 사라지게 된다. 그렇다고 유대인들이 살해되거나 박멸된 것은 아니었다. 그들은 추방되었다. 그렇다면 유대인은 어디로 갔을까?

그들은 동쪽으로 이동했다. 독일, 폴란드, 오스트리아, 리투아니아로 갔다. 그곳의 공작들과 군주들은 16~17세기 서유럽 군주들이 유대인을 초청했던 것과 정확히 같은 이유로 유대인을 초청해 자신의 영토에 정착하게 했다. 예를 들어 폴란드의 샤를마뉴로 불리는 카지미에시(Kazimierz) 대제는 유대인을 폴란드에 정착하도록 초청했고 그들에게 땅과 마을을 임대해주었다. 그리고 유대인이 폴란드의 상업과 산업을 발전시키고, 도시들을 세우고, 폴란드 경제를 튼튼히 해주기를 희망했다. 1500년이 되면 유대인 삶의 중심지는 완전히 동유럽으로 이전한다.

종교 개혁은 유대 역사에 깊은 영향을 끼쳤다. 종교 개혁은 유대인 사회의 종교적 특징뿐 아니라 경제적 특징도 변화시켰다. 따라서 이를 이해하려면 종교 개혁의 성격을 들여다보아야 한다.

종교 개혁은 제우스의 머리에서 태어난 아테네처럼 독일 땅에서 성체로 생겨난 것이 아니었다. 그것은 1백 년 가까운 세월 동안 예고되었다. 1415년 후스의 화형과 1498년 사보나롤라의 화형이 잠시 반항의 정신을 위축시켰지만 완전히 소멸시키지는 못했다. 기독교 세계에는 신앙과 이성을 탈무드 학자들처럼 정치적으로 무해하지만 사회적으로 유용하게 혼합할 인물이 없었다. 이 때문에 16세기 유럽 대륙에서는 종교 개혁 운동이 연이어 폭발적으로 일어났다. 독일에서는 마르틴 루터가, 스위스에서는 울리히 츠빙글리(Ulrich Zwingli)가, 프랑스에서는 장 칼뱅(Jean Calvin)이, 스코틀랜드에서는 존 녹스(John Knox)가 개혁 운동을 주도했다.

가톨릭 교회는 유럽 전역에서 프로테스탄트 운동의 확산을 막으려고 노력했지만 허사였다. 스칸디나비아 전역, 영국, 스코틀랜드, 북부 독일, 네덜란드가 프로테스탄트에 넘어갔다. 반란은 프랑스까지 번졌다. 1572년 8월 24일 성 바르톨로메오(바돌로매)의 날에 가톨릭교도들은 열두 시간 동안 3만 명의 잠자는 위그노(프랑스 칼뱅파 개신교도)를 학살했다. 중세를 통틀어 유대인 학살은 종종 있었지만, 이 정도의 대규모 학살은 없었다. 많은 유대인 마을은 30년 전쟁(1618~1648년) 중 파펜하임, 틸리, 발렌슈타인의 기병대에 의해 마그데부르크 같은 도시가 쑥대밭이 되었을 때 일어났던 엄청난 잔혹함을 경험한 적이 없었다. 가톨릭과 개신교도는 유대인이 과거에 경험했던 불행의 일부를 이제 경험하게 되었다. 즉 같은 기독교도가 신앙이 다르다는 이유로 다른 기독교도를 추방하고 살해한 것이다. 이렇게 말하는 것은 유럽을 고통으로 몰아넣은 종교 전쟁의 시대에 살해당한 유대인 희생자를 과소평가하려는 것이 아니라, 이후에 객관적인 역사와 반유대적 행위를 구분하는 토대를 마련하기 위한 것이다.

가톨릭과 프로테스탄트의 전투가 교착 상태에 빠졌을 때 유대인은 양쪽 진영 모두에 큰 의미를 지녔다. 유대인의 학문, 이상주의, 윤리적 행위는 유대인에 관한 유언비어를 믿지 않았던 수백만 기독교도들의 존경을 받았다. 가톨릭교도와 개신교도는 유대인을 자기편으로 끌어들일 수 있다면, 가톨릭과 개신교 사이에서 동요하는 수백만의 사람을 자기편으로 설득할 수 있을 것이라고 생각했다.

루터는 유대인들에게 루터파와 함께해줄 것을 자신 있게 요청했다. 〈유대인으로 태어난 예수〉(1523년)라는 글에서 루터는 이렇게 쓴다.

그들(가톨릭교도들)은 유대인을 인간이 아닌 개처럼 취급해 왔다. 그들은 유대인을 저주하고, 유대인의 재산을 빼앗았다. 모든 사람에게 바라고 부탁하는 것은 유대인을 환대하고 그들에게 성경을 가르치라는 것이다. 그렇게 하면 유대인은 우리에게 넘어올 것이다. …… 우리는 반드시 유대인을 친절히 영접해야 하고 그들이 우리와 경쟁하며 돈 버는 것을 허용해야 한다. …… 유대인 가운데 일부가 개종하지 않으려 해도 그것이 무슨 문제인가? 모든 사람이 좋은 기독교도가 되는 것은 아니다.

유대인이 루터의 진지한 제안을 거부한 일은 루터에게 예상치 못한 잔인한 충격으로 다가왔다. 루터는 그 후로 유대인에게 악감정을 품기 시작했다. 루터에게 좀 더 공정하려면 다음의 사실이 언급되어야 한다. 당시 루터는 많이 아픈 사람이었다. 숱한 실패로 낙담했고 많은 친구들에게 배신도 당했다. 그는 유대인을 반대했을 뿐 아니라, 개신교도를 이용해 농노의 신분에서 벗어나려 한 독일 농민들에게도 악감정을 품었다. 믿음이 깊은 루터파를 제외하면 아무도 루터의 말에 귀를 기울이지 않았다. 나머지 사람들은 개신교를 자신의 경제적·정치적 목적을 위해 이용할 뿐이었다.

가톨릭과 개신교의 대규모 충돌이었던 30년 전쟁은 유럽의 종교적 지형뿐 아니라 정치적·경제적 지형도 바꾸어버렸다. 유럽 북부는 대개 프로테스탄트였으며 공업이 발달했다. 남부는 대개 가톨릭이었고 농업 중심 경제를 유지했다. 북유럽의 서쪽 나라들은 자본주의를 택했다. 동쪽 나라들에는 봉건 제도, 상업주의, 자본주의가 혼재했다. 프로테스탄트가 결정적으로 승리한 지역이라면 어디든지 봉건 제도가 무너지기 시작했다. 종교 개혁의 여파로 새로운 사회 계급이 등장했는데, 그들은 근대 산업 사회를 형성한 사람들이었다.

종교 개혁과 유대인 추방

유대 역사를 새롭게 만든 현상을 이해하려면 종교 개혁을 둘러싼 사회 세력들을 이해해야 한다. 핵심은 교회와 봉건 국가의 특정한 관계에 있다. 교회와 봉건 체제는 함께 성장했다. 교회가 봉건 제도를 보호하고, 봉건 제도는 교회를 보호했다. 교황과 황제의 갈등은 교회와 봉건 국가를 둘러싼 것이 아니라, 누가 누구에게 얼마만큼의 영향력을 발휘하는가에 있었다. 어느 쪽도 다른 쪽과 관계를 끝내는 것을 생각조차 하지 않았다. 교황들과 황제들은 거리낌없이 서로를 추방했지만, 봉건 제도 자체는 지속되었다.

가톨릭 교회와 봉건 제도의 굳건한 체제는 십자군 원정과 르네상스로부터 첫 번째 충격을 받았다. 이미 살펴봤듯이 십자군은 농노들의 몸을 영지와 영주로부터 해방시켰다. 르네상스는 사람들의 마음을 교리와 스콜라 철학으로부터 해방시켰다. 자유를 얻은 농노들은 마을에 정착했고 땅을 일구는 일에서 물건을 생산하고 파는 일로 직업을 바꾸었다. 그들은 자유 시장에서 이윤을 남기고 물건을 팔았다. 이것은 과거 유대인이 담당한 사회적 기능이었다. 기독교도의 이런 직업 변화는 봉건 제도의 끝과 자본주의의 시작을 알렸다. 재화와 돈의 교환을 돕는 모든 일이 '선'한 것이 되었다. 이 교환을 방해하는 것은 '악'이 되었다. 교회가 아니라 시장이 이제는 선과 악을 결정하게 된 것이다.

이 새로운 상인 계층은 더 많은 재화를 생산할 노동력과 더 넓은 자유 시장이 필요했다. 봉건법의 제한에서 벗어나 더 큰 자유를 누리고 싶어 했다. 그러나 이런 새로운 요구들은 봉건 귀족의 이익과 상충했다. 봉건 귀족들은 자신들이 주인이며 지주 노릇하는 옛 질서를 보존하려 했다. 그렇다고 그들이 악한 사람들은 아니었다. 그들은 자기에게 이익이 되는 봉건 제도를 보존하기를 원했던 짓궂은 사람들일 뿐이다. 우리도 우리의 기득권을 빼앗아 갈 새로운 실험으로부터 기존의 경제 체제를 지키려 하지 않는가?

상업이 계속 증가하면서 더 많은 부가 새로운 중산층에 집중되었고, 따라서 새로운 중산층은 더욱 강한 영향력을 누리게 되었다. 곧 그들은 봉건 군주들에게 공개적으로 도전했다. 그리고 봉건 제도를 지지하는 교회도 그 권력 투쟁에 개입했다. 사회적 투쟁과 나란히 종교적 투쟁이 발생한 것이다.

교회가 개혁되어야 했음은 의심할 여지가 없다. 이것은 가톨릭 교회가 이전의 과오를 청산하기 위해 취한 반종교 개혁 조치를 통해 알 수 있다. 그러나 너무 늦었다. 프로테스탄트 운동은 순수한 종교 개혁 운동으로 시작되었지만 새로운 경제 세력은 종교 개혁을 자신의 경제적 이익을 얻는 데 이용했다. 새 종교인 개신교는 과거의 종교인 가톨릭교가 금지했던 것을 허락하기 시작했다. 1521년 루터가 교황에게 노골적으로 도전한 보름스 의회로부터 1648년 가톨릭과 개신교가 유럽 중앙을 가르는 동서 휴전선을 그은 베스트팔렌 조약까지 종교적 저항 운동은 눈에 띄지 않게 사회 혁명으로 변해 갔다. 유럽에서 생산 수단이 변하면서 이 변화에 책임이 있던 사람들이 자신들의 직업을 합법화해줄 국가를 찾았고, 그들의 직업을 신성하다고 말해줄 종교를 찾았다. 그들은 개신교를 받아들였고 개신교는 자본주의 국가를 변호했다. 이 둘은 손을 잡고 함께 나아갔다.

십자군 원정 시작부터 종교 개혁이 마무리될 때까지 일어난 사건을 시간순으로 살펴보면 흥미로운 사건 일지가 만들어진다. 이 사건 일지에 따르면 유대인의 운명은 이방 세계의 사회 변혁과 밀접히 연관되어 있다. 유대인은 1290년 가톨릭 봉건 영국에서 추방되었고 1655년 개신교 자본주의 영국에서 다시 받아들여졌다. 1400년과 1500년 사이에 가톨릭 봉건 프랑스에서 쫓겨난 유대인은, 17세기에 자신을 스스로 개혁한 가톨릭이 상업을 장려하면서 프랑스에 다시 정착할 수 있었다. 14~16세기에 가톨릭 봉건 독일 국가들에서 추방된 유대인도 16~17세기에 개신교-자본주의를 수용한 독일 국가들에서 다시 받아들여진다. 그러나 15~16세기에 에스파냐와 몇몇 이탈리아 도시로부터 추방된 유대인은 근대가 될 때까지 다시 받아들여지지 않았다. 다시 말해, 서유럽의 가톨릭 봉건 국가들은 종교적인 이유뿐 아니라 경제적인 이유로도 유대인을 원치 않아 유대인의 귀환을 허락하지 않았지만, 개신교 국가들은 경제적으로 유대인 상인들이 필요했기 때문에 유대인을 다시 맞이했던 것이다.

동유럽 국가들은 여전히 가톨릭의 영향을 받았지만 유대인을 다시 받아들였다. 그 이유는 당시 그들의 경제가 유대인의 경제적 역할을 이어받을 중산층을 성장시키지 못했기 때문이다. 많은 동유럽 봉건 군주는 서유럽의 예를 통해 중산층이 자신들의 존재에 위협이 되리라는 것을 알았으므로 기독교 시민 계급의 발흥을 원치 않았다. 그들은 '유대인을 수입하여' 나라의 중산층으로 삼았다. 이 때문에 기독교 농노들은 봉건 제도의 감옥에 갇혀 있어야 했고, 유대인은 그들의 게토에 갇혀 있어야 했다. 그 사이 군주들은 나라를 빼앗길 염려 없이 자유롭게 사냥을 갈 수 있었다. 그러나 유대인이 군주를 섬기는 역할을 했기 때문에 농노들은 유대인을 착취 계급으로 인식하여 증오하게 되었다. 그리고 혁명의 파도가 동유럽에 밀려왔을 때, 유대 상인은 가톨릭 귀족과 함께 학살되었다.

이런 배경에서 16~18세기에 제정된 정신 나간 반유대적 법령들이 비로소 이해되기 시작한다. 사람들이 보통 중세 전체와 연결하는 법령들—예를 들어 유대인을 점점 기독교 주류 사회로부터 쫓아내고 게토 안에 고립시킬 뿐 아니라, 그들을 비난과 조소의 대상으로 만들어 사람들로 하여금 과거에 유대인에게 받은 학문의 빚을 잊게 만드는 법령들—이 생겨난 것은 16세기의 일이다. 이 새 법령들은 유대인에 대한 박해를 점점 더 추상적으로 만드는 경향이 있었다. 시간이 흐르면서 그 박해의 이유가 무엇인지 모르게 되고, 나중에는 잊혀져 결국 '유대인은 마땅히 경멸받아야 하는 존재'라는 편견을 강화하는 기계적 상징만이 남게 되었다. 처음에는 유대인에게 노란 배지가 주어졌다. 그런 다음 게토에서 격리된 생활을 하도록 강요받았다. 땅을 소유할 수 없었고, 정해진 특정한 옷만을 입어야 했다. 기독교도가 지나가면 길을 비켜야 했고, 회당도 지을 수 없었다. 기독교도와 친구가 될 수 없었고, 매우 제한된 직업과 사업에만 종사해야 했다.

자부심 있고 깊은 학식을 갖추었던 이전 시대의 유대인에 관해 알지 못하는 새로운 세대의 기독교도들은 이제 이상하게 차려 입은 가난한 유대인만을 보게 되었다. 검은 망토를 입고, 치욕스러운 노란 배지를 달고, 우스꽝스럽게 위로 솟은 모자를 쓴 유대인은 경멸과 조롱의 대상이 되었다.

이런 차별 법령들을 떠오르게 하는 다른 예가 있다. 이 차별 법령이 절대로 독창적인 것은 아니었다. 이슬람 국가에서 기독교도의 권리를 제한한 우마르 협정에서 우리는 비슷한 법안들을 만났다. 입장이 바뀐 기독교도들이 그 차별 조항을 유대인에게 적용한 것이다. 그러나 한 가지 중요한 차이가 있다. 우마르 협정의 법들은 기독교도의 사법적 권리만을 제한했다. 즉 그 법안들은 적어도 기독교도의 인간으로서 존엄성을 빼앗지는 않았다.

이것이 중세 유대인의 끝이었다. 중세 초기에 유대인은 서구 사회의 '모호한 사람'이었다. 유대인의 중세가 끝났을 때, 그들은 서구인의 눈에 '혐오스러운 사람'의 상징이었다.

그러나 '그 어둠도 충분히 밝았다'. 기독교도가 게토 유대인을 혐오스럽고 우스꽝스럽게 여겼지만 유대인도 자신을 비웃는 사람들을 경멸의 눈으로 보았다. 여전히 유대 공동체는 유럽에서 가장 학식이 높았다. 유일하게 보편 교육을 시행한 민족이기도 했다. 게토에 격리되었지만 그들에게는 3천5백 년 된 문화와 《탈무드》와 《구약 성경》이 있었다. 이것들은 어두운 삶을 사는 유대인에게 지적으로나 종교적으로 위로가 되었다.

서구인은 유대인에게 온갖 나쁜 욕을 다하면서도 자신의 경제적 문제를 해결해야 할 때에는 유대인에게 애원했다. 유대인에게 중상모략을 일삼으면서도 나라의 일원이 되어 달라고 유대인을 초청했다. 서구인은 유대인에게 침을 뱉으면서도 유대인에게 거절당했다. 단 한 마디나 행동 하나만으로, 즉 개종만 했다면 유대인은 유럽에서 가장 존경받는 민족이 되었을 것이다. 유대인이 세례를 받는 순간 그들의 '악'은 더는 악이 아니며, 그들의 '악의'는 더는 악의가 아니며, '더러운 개'는 더는 더러운 개가 되지 않았을 것이다. 유대인은 매우 훌륭한 기독교도가 되었을 것이다. 비록 일부 유대인이 개종을 통해 유럽 문명으로 통하는 기회를 얻었지만, 대부분의 유대인은 그렇게 하지 않았다. 그들은 자신들에게 쏟아지는 모든 모욕을 자신들의 가치가 자신들을 욕하는 자들의 가치보다 우월하다는 강한 확신으로 극복했다.

셰익스피어는 신비하게도 이 모든 유대교-기독교의 복잡한 역학을 그의 희곡 〈베니스의 상인〉에서 정확하게 요약한다. 안토니오와 바사니오는 샤일록에게 온갖 악한 욕을 다 하지만, 어느 날 바사니오가 샤일록을 저녁 식사에 초대한다. 그러나 샤일록은 이 친절한 제안을 다음과 같은 이유로 거절한다.

나는 너에게 물건을 사고, 너에게 물건을 팔며, 너와 함께 이야기하고, 너와 함께 걷고 뒤따라 갈 수 있다. 그러나 나는 너와 함께 식사를 하지는 않을 것이다.

포샤에게 속은 후 안토니오의 생명을 빼앗으려 한 샤일록은 어떤 형벌을 받았는가? 보통이라면 사형이 선고되어야 했다. 그러나 그러지 않았다. 재판관이던 공작은 안토니오의 제안을 받아들여 샤일록에게 기독교도로 개종할 것을 명령했다. 다시 말해, 기독교도가 됨으로써 샤일록의 모든 '악성'이 덕성으로 탈바꿈할 것이다. 마치 고리대금업이 유대인에게서 기독교도에게 넘어갔을 때 갑자기 고결한 직업이 되었던 것처럼 말이다. 그러나 알다시피 샤일록은 개종을 약속하지 않는다. 몸을 굽히거나 위축되지 않고 꼿꼿하게 여전히 유대인으로서 재판장을 떠난다.

이 시대에 관해 할 말이 한 가지 남았다. 유대인을 조롱하던 기독교도가 유대인이 이루어낸 성취의 훌륭함을 보지 못했다면, 자신들을 핍박하던 자들을 경멸한 유대인은 중세의 훌륭함을 보지 못했다. 중세에 후베르트 반에이크(Hubert Van Eyck)와 알브레히트 뒤러(Albrecht Dürer), 로렌초 기베르티(Lorenzo Ghiberti)와 안드레아 델 베로키오(Andrea del Verrocchio), 단테(Dante)와 제프리 초서(Geoffrey Chaucer), 윌리엄 오컴(William of Ockham)과 코페르니쿠스(Copernicus), 레오나르도 다빈치와 미켈란젤로 같은 천재가 나왔다. 그들의 천재성 아래에서 돌이 살아났고, 물감이 유창하게 연설했으며, 언어가 사람들의 정신에 사상을 아로새겼다. 하늘로 뻗은 높은 첨탑이 있는 고딕 성당들은 한 신앙에 대한 증거가 아니라 인간의 영혼과 신에 대한 경의의 표시였다.

19장
기독교 세계의 유대인 박해

유대 역사를 통틀어 기독교 중세 시대만큼 유대인이 기독교로 개종하라는 압력에 시달린 적은 없었다. 그리고 기독교 중세 시대만큼 개종을 거부한 대가로 유대인이 그토록 심한 박해를 받은 때도 없었다. 바빌로니아인, 아시리아인, 페르시안인은 유대인에게 세금을 잘 내는 착한 시민이 되어주기만을 요구했다. 그리스인과 로마인은 경의의 표시로 자신들이 믿는 신의 발에다 향을 조금 던져주기만을 요구했다. 누구도 유대인이 이교로 개종하든 말든 관심이 없었다. 역사상 사람들이 온갖 이유로 살해당하고 교수형당하고 십자가형을 당하고 대량 학살을 당하고 참수당하고 고문당한 것처럼, 유대인도 같은 이유로 살해당하고 교수형당하고 십자가형을 당하고 대량 학살을 당하고 참수당하고 고문당했을 뿐이다. 다시 말해, 단순 분노 때문에, 정당한 분노 때문에, 전쟁 중에, 단순히 오락거리로, 본보기를 삼기 위해, 반역에 대한 형벌로, 혹은 세금을 내지 않은 데 대한 벌로 유대인이 살해된 경우는 있어도 개종하지 않았다고 살해된 적은 한 번도 없었다.

이슬람 제국 시대의 이슬람교도가 기독교도와 유대인이 그리스도나 여호와보다 알라가 위대하다는 것을 알지 못한다는 이유로 그들을 무시했을 수는 있다. 그러나 이슬람교도는 기독교도나 유대교도를 이슬람 신앙으로 개종시키는 것을 인생의 시명으로 삼은 적이 없다. 로마인은 기독교도의 개종 노력을 완전히 미친 짓으로 간주했을 수 있다. 그리스인은 기독교도의 시도를 미친 짓이라 말하면서 은근히 재미를 느꼈을지도 모른다. 다른 이방 종교인들은 크게 당혹스러워했을 수도 있다. 유대인은 그런 기독교도를 그냥 내버려 두는 데 전적으로 동의했다. 그러나 문제는 기독교도가 유대인을 내버려 두려 하지 않았다는 데 있었다.

중세 시대의 폭력을 위한 콘체르토(협주곡)에서 유대인 박해를 위한 악보는 매우 뻔한 악장 진행을 따랐다. 이 협주곡은 세 악장으로 구분되는데, 제1악장은 엄숙한 종교적 아다지오였고, 제2악장은 광기의 경제적 알레그로였으며, 제3악장은 무시무시한 심리적 안단테였다.

세 악장 중 첫 번째 악장인 종교적 아다지오가 가장 재미있다. 왜냐하면 사람이 다른 사람의 생명을 빼앗기 위해 지어낼 수 있는 온갖 의로운 구실을 보여주기 때문이다. 중세 교회는 근대 국가처럼 사람의 목숨을 빼앗는 것을 가벼이 여기지 않았다. 심지어 무식한 평신도조차 마땅한 이유가 없는 한 유대인을 선뜻 죽이지 못했다. 양심의 가책 없이 유대인 수백만 명을 살해하는 일은 12세기에 처음으로 생겨난 현상이다.

11세기까지 유대인 박해는 우발적이었고 역사적으로도 의미가 크지 않았으나 12세기에 들어서 종교적인 이유로 유대인을 박해하기 시작했을 때 다음의 네 가지 동기가 두드러졌다. 사람을 제물로 바쳤다는 의혹과 성체를 훼손했다는 의혹,《탈무드》소각, 그리고 교리 논쟁이다.

인신 제사에 관한 의혹은 해마다 유월절에 유대인이 기독교도 남자아이를 죽여 그의 피를 무교병(유대인들이 유월절 기간에 먹는 누룩을 넣지 않은 빵) 위에 뿌린다는 미신에서 유래했다. 그런 미신을 중세 사람들이 쉽게 믿을 수 있었던 이유는《구약 성경》이 16세기까지 그들의 언어로 번역되지 않았기 때문이다. 그때까지 사람들은 성경의 모든 이야기를 누군가를 통해 들어야 했다. 즉 누군가가 각색한 이야기로 성경을 배웠다. '이집트 탈출' 이야기, 즉 하느님이 파라오로 하여금 이스라엘 사람들을 이집트에서 내보내게 하기 위해 이집트의 모든 남자아이를 죽였다는 사실도 간접적 방법을 통해서 알았다. 남이 들려주는 이야기로만 성경을 배운 중세 사람들에게 유대인이 이집트를 탈출할 때와 마찬가지로 당시에도 기독교도 아이들을 죽인다는 이야기가 개연성 있게 들리지 않았을까? 중세 기독교인들에게는 1세기에도 영국과 독일에서 드루이드 교도들이 여전히 행하던 인신 제사가 아브라함 시대부터 유대인이 반대해 왔다는 사실, 또는 기독교도들은 동물의 피를 오늘날까지 먹고 있지만 유대인은 구약이 금하는 것처럼 절대 동물의 피를 먹지 않는다는 사실은 전혀 알려지지 않았다.

1144년 영국의 노리치라는 마을에서 한 소년이 실종됐다. 기독교로 개종한 한 유대인이 '유월절 피의 의식'을 지키기 위해 유대인이 그 아이를 죽였다고 증언했다. 집단적 분노가 영국을 휩쓸었다. 그러나 유대인을 향한 어떤 보복 행동이 발생하기도 전에 소년의 시신이 발견되었는데 유대인에게 살해되었다는 증거는 전혀 없었다. 오늘날 우리는 잘 이해할 수 없는 이유로, 그 소년은 성인으로 추앙되어 자신의 고향 교회에 모셔졌다.

1백 년 후 노리치 사건이 재현되었다. 유대인이 또 다른 소년을 납치해 십자가형에 처한 후 소년의 피를 유월절 빵을 물들이는 데 썼다는 소문이 돌았다. 대량 학살을 염려한 왕은 모든 유대인을 체포하라고 명령하고 군중들을 진정시키기 위해 유대인 스무 명에게 죄를 물었다. 유대인을 제외한 모두의 마음에 들도록 그들에게 유죄가 확정되었고, 고문에 시달리다 미리 준비된 자백서에 서명했던 유대인 스무 명 모두 사형에 처해졌다. 훗날 소년의 시신이 발견되었는데, 십자가형을 당하지 않았을뿐더러 피도 소년의 몸속에 그대로 있었다. 그런데도 사람들은 그 상황을 기적으로 이해했다. 그리고 그 소년도 성인으로 추앙되어 교회에 모셔졌다.

사람을 제물로 바친다는 유언비어의 원형이 만들어졌다. 그 후 약 2세기 동안 유대인들이 인신 제사를 지낸다는 유언비어는 전 유럽 대륙에 전염병처럼 퍼져 나갔다. 거짓 소문이 퍼져 나가는 속도에 놀란 교황은 그렇게 유대인을 비난하는 것은 그리스도를 모욕하는 일이라고 분명히 밝히며 그것을 금지하는 수많은 칙령을 내렸다. 신성 로마 제국의 계몽 군주 프리드리히 2세는 교황과 연대하여 거짓 소문을 퍼뜨리는 사람을 사형에 처했다. 15세기가 되면 유대인이 인신 제사를 지낸다는 주장은 사라진다. 그러나 17세기 폴란드와 제정 러시아에서 그 주장이 잠시 되살아나기도 했다.

성체 훼손에 관한 유언비어도 인신 제사 유언비어와 매우 유사하다. 성체를 훼손했다는 유언비어는 12세기에 체계화된 화체설이 배경이다. 화체설이란 성찬식 때 먹는 포도주와 빵, 즉 성체가 그리스도의 피와 몸으로 변한다는 교리이다. 당시 널리 퍼진 소문에 따르면 유대인이 성찬 의식에 쓰는 빵을 훔쳐서 그것을 날카로운 도구로 찔러 피를 내 그리스도의 십자가형을 재연했다는 것이다. 성체 훼손에 대한 보복으로 기독교도는 유대인을 약탈하는 것은 물론이고, 특히 다음 두 방법으로 응수했다. 첫 번째 방법으로 회당을 불태우고 그 자리에 교회를 세웠다. 그렇게 세워진 교회는 종종 기적이 일어나는 장소가 되었다. 두 번째 방법은 기독교도가 유대인에게 자신들의 빚을 뒤집어 씌우는 것이었다. 이것은 매우 인기 있는 보복 방법이었다.

성체 훼손에 대한 분노는 14세기 독일에서 절정에 달했다. 린트플라이슈(Rindfleisch)라는 미치광이는 유대인이 손절구에 빵을 으깨버리는 것을 목격했다고 주장해 군중을 흥분시킨 후, 군중을 이끌고 유대인 마을로 쳐들어가 닥치는 대로 유대인들을 죽였다. 린트플라이슈의 힘이 점점 강해지는 것을 경계한 독일 당국은 시기를 놓치면 호미로 막을 것을 가래로도 막지 못한다고 생각해, 그를 인정사정없이 교수형에 처해버렸다. 14세기 말이 되자 성체 훼손에 대한 광기도 사그라들었다. 유대인들이 독일을 빠져 나가기 시작했을 때, 나라의 경제가 침체되는 것을 본 군주들이 허위로 유대인을 비방하는 사람들을 교수형에 처함으로써 성체 훼손에 대한 유언비어를 재빨리 끝냈던 것이다. 독일 군주들은 유대인에게 앞으로는 그런 악의적 유언비어가 없을 것이라고 약속하면서 다시 돌아와 달라고 청했다.

1244년 파리와 로마에서 처음으로 《탈무드》가 소각되는 사건이 발생했다. 14세기에는 프랑스에서 네 번이나 《탈무드》가 소각되었으나, 그 후 2백 년 동안은 잠잠했다. 《탈무드》가 가장 많이 소각된 해는 1553년과 1554년이나. 이탈리아의 여러 도시에서 《탈무드》가 열두 번이나 불에 던져졌다. 1558년과 1559년 로마에서 《탈무드》는 두 번 더 불길에 휩싸였다. 동유럽에서도 《탈무드》 소각 사건이 발생했지만 1757년에 단 한 차례에 불과했다.

《탈무드》 소각과 관련해 재미있는 측면은 《탈무드》가 소각되었다는 사실이 아니다. 왜냐하면 중세 시대에는 라틴어 이외의 《신약 성경》 번역서들이 《탈무드》보다 더 자주 불길에 던져졌기 때문이다. 재미있는 측면이란 히브리어 《구약 성경》은 절대로 소각되지 않았다는 것이다. 회당에 보관된 오경 두루마리 문서가 회당을 약탈한 폭도들에게 짓밟히거나 회당이 불에 탈 때 함께 소각되기도 했지만, 교회는 그런 행위들을 한 번도 지지한 적이 없었다. 오경은 한 번도 공식적으로 비난의 대상이 되지 않았다. 유대교가 신성 모독적이라고 비난받았고 유대인은 불신자라는 이유로 사형당했지만, 하느님의 율법인 오경 자체는 존중받았다. 어느 교황은 이 사실과 관련해 다음과 같이 설명했다. "우리는 율법을 찬양하고 귀히 여긴다. 왜냐하면 그것은 전능하신 하느님이 모세를 통해 우리에게 주신 것이기 때문이다. 그러나 우리는 너희의 종교와 너희의 잘못된 율법 해석은 비난한다."

여기서 주목할 만한 점은 이런 반유대적 행위, 즉 인신 제사나 성체 훼손에 관한 유언비어와 《탈무드》 소각 같은 일을 처음 생각해낸 것이 기독교로 개종한 유대인들이었다는 점이다. 그들이 이전의 형제였던 유대인을 왜 그토록 적대시했는지를 분석하는 것은 매우 흥미로운 심리학적 연구가 될 것이다. 아마 그 연구는 《신약 성경》의 저자들 — 이들의 일부는 기독교로 개종한 유대인이었다. — 이 자기들과 함께 세례받지 않은 유대인을 왜 그토록 심하게 비난했는지에 관한 실마리를 제공할지도 모른다.

'교리 논쟁'도 기독교로 개종한 유대인이 고안한 박해 방법이었다. 많은 개종 유대인이 《탈무드》에 정통했다. 그들은 새로 사귄 기독교 형제들에게 자기 지식을 자랑하고 싶었거나 교회의 환심을 얻고 싶었는지, "만약 공개 토론에서 유대교가 얼마나 잘못되었는지를 증명하면 유대 공동체 전체가 개종할지도 모른다."라고 권력자들을 부추겼다.

'신과 믿음의 토너먼트'로 불린 이 교리 논쟁은 지적인 체스 게임과 러시안룰렛을 혼합한 형태였다. 만약 유대 학자들이 기독교 학자들의 공격을 막아내지 못하면 유대 공동체의 모든 사람이 세례용 수조에 강제로 들어가야 했다. 반면 그들이 우월한 유대 학문으로 기독교 학자들을 조롱한다면 그들은 살해될 위험이 있었다. 여기서 살아남으려면 아주 정교한 게임 기술이 필요했다. 상대방에게 승리를 양보하면서도 주요 논점에서는 양보하지 않는 줄타기를 해야 했기에 강한 정신력을 지닌 자만이 살아남았다. 교황 혹은 황제가 포함되기도 했던 심판단은 종종 유대인의 학문, 용기, 지혜에 놀라 입을 다물지 못했다. 유대인은 논적들을 완파하는 것이 아니라 그들을 이기지 않음으로써 승리했다. 묘수는 적을 논리적 딜레마에 빠지게 하는 것이었다. 즉, 적이 승리를 주장하면《구약 성경》의 권위를 부정하는 결과가되게 만드는 것이다. 기독교에서《구약 성경》의 권위를 부정하는 일은 이단 행위이다. 이런 논쟁에 정통했던 루터도 가톨릭 학자 요한 마이어 폰 에크(Johann Mayer von Eck)와의 논쟁에서 이 기술을 사용했다. 4세기 성인을 자신의 권위로 인용한 후 에크가 루디에게 "너의 권위는 누구냐?"라고 물었을 때, 루터는 의기양양하게 "사도 바울."이라고 대답했다. 누가 감히 사도 바울을 이길 수 있겠는가?

바로 이런 교리 논쟁 중 하나가 첫 번째《탈무드》소각으로 이어졌다. 랍비 네 명이 니콜라스 도닌(Nicholas Donin)이라는 개종 유대인과 그와 함께한 전문가 패널과 토론했다. 이 토론에는 프랑스의 황후와 대주교도 참석했다. 비록 토론 심판단이 랍비들의 패배를 선언했고 사탄의 책인《탈무드》를 불태우라 판결했지만, 황후와 대주교들은 토론이 랍비들에게 불리하게 진행되었음을 깨닫고 그 판결을 뒤집으려 했다. 그러나 도닌은 프랑스 왕에게 호소했고, 본래의 판결이 시행되기까지 4년이라는 줄다리기가 필요했다. 1244년 마침내 정치적 이유로 원래의 판결이 존중되었고《탈무드》는 소각되었다.

가장 유명한 교리 논쟁은 1263년에 아라곤 왕국의 왕 제임스 1세 앞에서 행해진 것이다. 유대 학자 모세 벤 나흐만(Moses ben Nachman)이 개종 유대인 프라 파블로 크리스티아니(Fra Pablo Christiani)와 메시아의 오심이라는 주제를 놓고 맞붙었다. 나흐만은 품위를 유지하면서 재치 있게 토론했다. 왕은 나흐만을 보호하려고 그를 패자로 선포했지만, 그에게 엄청난 상금을 내리면서 다음과 같은 칭찬을 남겼다. "나는 올바르지 못한 교리가 이렇게 훌륭히 변호되는 것을 들어본 적이 없다!"

중세의 유대인은 아마 세계 최초로 '포로가 된 청중'이었을 것이다. 15세기에 교황은 집단 개종 설교를 계획했다. 유대인을 성당에 몰아넣고 그곳에서 주교와 대주교, 심지어 종종 교황이 직접 나서서 그들에게 유대교의 악과 기독교의 덕을 설교했다. 이 집회에서 살아남으려면 눈을 뜨고 있어야 했다. 잠이 드는 것은 오직 죽음으로 대가를 지불해야 하는 불손의 죄였다. 유대인들은 두려움에 질려 설교를 들었고 열정적으로 박수도 쳤지만, 설교가 끝나면 곧 설교 내용을 잊어버렸다. 이 강제 개종 설교는 18세기 말까지 계속되었다. 그 집단 개종 설교가 실제로 개종자를 만들어냈기 때문이 아니라, 자리를 뜰 수 없는 청중에게 설교하는 것이 설교자에게 매우 즐거운 일이었기 때문이다.

심지어 유럽 인구의 3분의 1을 앗아간 흑사병(1348~1349년)도 유대인을 죽이는 도구로 사용되었다. 흑사병은 유럽을 휩쓸기 전 몽골과 이슬람 제국을 강타했다. 몽골인과 이슬람교도, 그리고 유대인까지 모두 흑사병으로 죽었고, 그 일을 유대인의 책임으로 돌리는 사람은 없었다. 그러나 중세 유럽인들은 달랐다. 병균의 개념이 생소하던 시대였기 때문에 중세 사람들은 흑사병이 누군가 인위적으로 퍼뜨린 전염병이라고 생각할 수밖에 없었다. 그리고 유대인이 우물에 독을 넣어 흑사병이 발생했다는 주장이 특히 독일인들에게 매력적이고 과학적인 설명으로 다가왔다. 선한 독일인들이 흑사병으로 죽어 가고 있을 때 독일인들은 마찬가지로 흑사병으로 죽어 가는 유대인들을 사형대로 끌고 갔다. 1348년 9월 교황 클레멘스 4세는 다음과 같은 말로 유대인을 향한 의심을 꾸짖었다. "유대인이 그런 범죄에 …… 원인을 제공했다는 주장은 전혀 개연성이 없다."

1200년에서 1600년 사이의 기간은 유대인에게 매우 고통스러운 4백년이었겠지만, 일부 기독교도들에게도 마찬가지로 고통스러운 시간이었다. 유대인을 향한 공격에는 '주술'이나 '이단'이라는 말 내신 '인신 제사'나 '성체 훼손'이라는 말이 사용되었지만, 이 말들에 속아서는 안 된다. 동일한 심리, 동일한 논리, 동일한 재판, 동일한 증거, 동일한 고문이 기독교 이단 박해와 유대인 박해에 모두 사용되었다. 심지어 인간을 제물로 바쳤다고 고발당한 유대인들이 형장으로 끌려갈 때, 사탄의 마술을 사용했다고 고발당한 기독교도들이 근처 광장에서 화형당하기도 했다. 산 채로 화형당하는 유대인과 기독교인의 외침이 하늘에 계신 아버지에게도 전해졌을 것이다. 그분은 이 땅에서 도대체 무슨 일이 벌어지고 있는지 궁금했을 것이다.

유대인이 지금까지 한 번도 공식적으로 불평하지 않았던 차별 정책이 하나 더 있다. 처형당한 기독교도의 망자를 배웅하기 위해 사람들은 칸타타, 키리에, 알렐루야, 입당송, 유빌라테 같은 미사곡을 부르며 거창한 장례식을 거행했다. 반면 유대인의 장례식은 삼류로 치러졌다. 음정이 맞지 않는 애가만 울려 퍼졌다.

폭력을 위한 콘체르토의 두 번째 악장인 '경제적 알레그로'는 첫 번째 악장이 채 끝나기도 전에 시작되었다. 종교 개혁이 천천히 종교적 저항 운동에서 경제 혁명으로 변화해 갈 때, 반유대적 폭력도 종교적 색채를 덜어내고 점점 경제적 성격을 띠게 되었다. 서유럽에서 차례로 유대인을 추방한 결과 종교 개혁의 시대인 16세기가 되면 유대인 삶의 중심은 동유럽으로 완전히 옮겨져 있었다. 1000년에서 1800년 사이에 동유럽에서 발생한 유대인 박해의 역사는 600년에서 1600년 사이에 서유럽에서 발생한 유대인 박해의 역사를 그대로 반복하므로, 여기서는 그 둘 사이의 유사성을 보여줄 동유럽의 세 나라인 폴란드, 러시아, 프로이센의 예만을 간단히 살필 것이다.

라인란트의 유대 공동체에 십자군이 침입했을 때 그들을 피해 달아난 독일 유대인은 1100년부터 폴란드에 정착했다. 폴란드에서 그들은 성공을 거두었고, 더 많은 유대인이 독일과 오스트리아를 떠나 폴란드로 이주했다. 그리고 폴란드 귀족들은 유대인을 두 팔 벌려 반겼다. '순결한 자' 볼레스와프 5세(Bolesław V)는 유대인에게 관대한 자치 헌장을 부여했다(1264년). 왜 안 그랬겠는가? 유대인은 도시를 건설하고, 산업과 상업을 일으키고, 서유럽과 경제적으로 경쟁할 수 있는 힘을 폴란드에 제공했다. 그들은 도시와 시골에 살았다. 폴란드의 샤를마뉴로 불리는 카지미에시 3세는 대학을 설립하고, 무역을 장려하고, 더 많은 유대인을 받아들여 상업과 산업의 엔진을 가속시켰다. 리투아니아의 대공 비타우타스(Vytautas)도 유대인에게 나라를 개방했다.

그러나 1400년이 되면 서유럽의 유대인을 강타했던 불행이 동유럽을 덮친다. 기독교 성직자들이 유대인이 인신 제사를 지낸다는 혐의를 제기하자 그 혐의는 곧 집단 공포가 되어 폴란드 전체를 휩쓸었다. 카지미에시 4세가 불안해하는 유대인을 안심시키려 했지만, 서유럽을 휩쓸고 있는 이단들에 놀란 로마 가톨릭 성직자들은 유대인을 서유럽에 생겨난 이단들과 연결 지었다. 성체를 훼손했다는 비난은 유대인과 개신교도에게 똑같이 쏟아졌다. 1500년경에는 첫 번째 집단 학살, 즉 유대인을 상대로 한 조직적인 공격이 폴란드에서 발생한다.

성직자들에게 위협당하지 않는 더 강한 군주들이 일시적으로 이 전의 질서를 회복했다. 지그문트 1세(Zygmunt I)와 지그문트 2세 (Zygmunt II)는 성체 훼손 혐의를 씌운 것에 격노했다. 지그문트 2세 는 그 혐의를 거짓으로 규정하고, "나는 이 무서운 악행에 충격을 받았다. 나는 성체(성찬식 빵)에 피가 있을 거라고 믿을 만큼 상식이 없는 사람이 아니다."라고 말했다.

폴란드는 15세기에 전성기를 누렸다. 그러나 연속해서 유약한 왕과 강한 귀족이 나오면서 16세기 폴란드는 쇠퇴하고 있었다. 당시 상황은 복잡했고 혼란스러웠으며, 심지어 매우 불안정했다. 강한 귀족과 광신적인 성직자가 약한 왕권 정치를 지배했다. 폴란드 시장을 곤경에 빠뜨리기 위해 독일 상인들은 반유대 정서를 이용해 유대인을 몰아냈다. 귀족에게 억압받고, 독일인에게 사기당하고, 폴란드 귀족의 세리로 근무한 유대인들에게 세금을 착취당하고, 성직자들에 의해 감옥 같은 봉건제에 갇혀 있던 소작농들은 이 네 계층 모두에 분노했다. 그들은 데어 타크*, 즉 복수의 날을 기다렸다. 그리고 1648년, 마침내 그날이 찾아왔다.

중세 폴란드와 리투아니아 국경 지역에 살면서 그리스 정교를 믿

데어 타크(der Tag) '그날(the day)'이라는 뜻. 독일이 '동방으로 진격(Drang nach Osten)'을 개시하는 날을 가리키며, 구(舊)독일 국가주의자들이 쓴 말이다.(역주)

던 카자크*는 로마 가톨릭 폴란드인에 대항하여 봉기를 일으켰다. 그들을 이끈 사람은 민첩하고 무자비한 군사령관 보그단 흐멜니츠키(Bogdan Khmelnitski)였다. 그의 어린 아들은 폴란드 귀족의 손에 산 채로 가죽이 벗겨져 목숨을 잃었다. 꾀죄죄하고 냄새는 나지만 날카로운 칼로 무장한 보그단의 초원 기병대에 맞서 화려한 의복을 입고 향수 냄새를 풍기는 폴란드 귀족 기병대가 승리할 가능성은 전혀 없었다. 마치 1939년에 히틀러의 전차 부대 앞에 폴란드 기병대가 맞서 승리할 가능성이 없었던 것처럼 말이다. 폴란드 귀족 기병대는 제1차 세계대전 때 플랑드르 들판의 보병들처럼 무력하게 넘어졌다. 복수의 기회라고 생각한 폴란드 농노들은 카자크에 동참했다.

카자크의 잔혹함은 끝을 몰랐다. 그들의 적은 폴란드 귀족, 로마 가톨릭 성직자, 독일 상인, 그리고 유대인이었다. 왜 유대인이 적이었는가? 그도 그럴 것이, 유대인은 폴란드에 살았고 그리스 정교 신자가 아니었다. 카자크는 포로들을 톱으로 잘라 죽였고, 산 채로 가죽을 벗기거나 뭉근한 불에 바삭해질 때까지 구웠다. 또한 갓난아이들을 칼로 반으로 갈랐고 수녀, 귀부인, 유대 여인들의 배를 칼로 가른 후 그 안에 살아 있는 고양이를 집어넣어 다시 꿰매곤 했다. 그들이 자주 쓰는 교수형 방법에는 두 가지가 있었다. 하나는 폴란드 귀족 한 명, 로마 상인 한 명, 로마 가톨릭 신부 한 명, 유대인 한 명으

카자크(cossacks) 15세기 후반에서 16세기 전반에 걸쳐 러시아 중앙부에서 남방 변경지대로 이주하여 자치적인 군사 공동체를 형성한 농민 집단. 코사크라고도 한다. 러시아어 '카작(Kasak, Kazak)'이 바뀐 말이며, 터키어의 '자유인'을 뜻하는 말을 기원으로 삼는다.(역주)

로 구성된 '사중주' 교수형이다. 다른 하나는 유대인 한 명, 성직자 한 명, 개 한 마리로 구성된 '삼중주' 교수형이었다. 만약 개가 없다면 돼지를 사용하기도 했다. 시체를 톱으로 토막 내는 하루 일과가 끝난 후, 그들은 함께 매달았던 돼지를 구워 먹었다.

유대인은 초원에서 온 악마를 피해 도시로 도망쳤다. 그러나 그곳에서 그들을 기다린 것은 마찬가지로 대량 학살이었다. 교활한 카자크는 유대인을 넘겨주면 살려주겠다고 도시에 있는 폴란드인을 회유했다. 폴란드 도시민들은 그렇게 했다. 그러나 일단 유대인이 사라지자 도시의 폴란드인들은 손쉬운 먹잇감이 되었고 카자크는 신이 나서 그들을 도살했다. 못해도 유대인 10만 명이 10년간 이어진 흐멜니츠키 봉기에서 살해당했을 것이다. 얼마나 더 많은 폴란드인이 잔인하게 죽어 갔는지는 통계조차 내기 힘들다. 폴란드의 들판에는 학살당하고 고문당한 사람들의 흩뿌려진 사지로 가득했다. 폴란드는 거대한 도살장 같았다. 10년 후 카자크가 제풀에 지쳤을 때 평화 아닌 평화가 폴란드에 찾아왔다.

그러나 폴란드의 고통은 끝날 줄 몰랐다. 17세기 후반에 또 한번의 카자크 봉기가 있었다. 이 봉기는 첫 번째 봉기, 두 차례 이어진 스웨덴의 침략, 튀르크와 치른 재앙에 가까운 전쟁보다 더 많은 피를 보았다. 18세기에도 쉼이 없었다. 러시아가 폴란드를 침략했고, 곧이어 내전이 발발했다. 위험한 러시아-프로이센-오스트리아 연합이 폴란드를 세 차례에 걸쳐 나누어 가졌다. 이로써 폴란드 유대인들은 러시아, 독일, 오스트리아 역사의 궤도로 진입하게 된다.

러시아 유대인의 초기 역사는 매우 독특한 희비극이었다. 러시아가 유대인을 제거하려 하면 할수록 더 많은 유대인이 러시아에 들어왔다. 러시아는 마침내 유대인 제거 계획을 포기했고, 서쪽 국경 지역에 '저지선'을 치고 "여기까지만이다. 더는 안 돼."라고 선포했다. 그러고는 가만히 앉아서 그 결과를 기다렸다. 결과는 오랫동안 나타나지 않았다.

오늘날 우리가 아는 러시아는 1700년 표트르 1세와 함께 생겨났다. 그 이전의 러시아는 타타르족과 카자크를 신민으로 둔 여러 공국의 혼란스러운 연합에 불과했다. 유대인은 서부 국경에 있는 여러 공국과 도시에 정착해, 엄청난 사건이 모스크바 교회에 경종을 크게 울린 1500년까지 평화롭게 살았다.

리투아니아 유대인 두 명이 그리스 정교 성직자 두 명을 유대교로 개종시켰다. 개종한 성직자들은 새 종교에 무척 심취하여 사도 바울처럼 러시아 오지로 나가 러시아인을 전도했다. 그때 누구도 예상하지 못했던 일이 발생했다. 러시아인이 유대교를 좋아해 아주 많은 수가 개종했던 것이다. 새로운 러시아 유대교는 모스크바의 상류층에서도 인기가 높아져, 모스크바 공작마저 유대인을 며느리로 맞았다. 겁에 질린 러시아 정교회는 유대교 이단을 잔인하게 말살하기로 결심한다. 마치 로마 가톨릭 교회가 프랑스의 알비주아 이단을 말살했던 것처럼 말이다. 처음에는 유대교로 개종한 모든 러시아인을 죽였다. 죽은 사람은 전도를 할 수 없기 때문이다. 그다음에는 유대인을 겨냥했다. 유럽 전역에 기독교를 전파한 스웨덴의 왕 에리크 9세의 집단 개종 기술에 익숙한 러시아인들은 가장 먼저 집단 개종을 시도했다. 그러나 유대인 3백 명이 기적 없이 폴로츠크와 비테브스크 강에서 익사하자 초조해진 러시아인들은 개종시키기를 포기하고 러시아 영토에서 모든 유대인을 추방했다. 그리고 다시 돌아오지 말라고 명령했다.

그 명령대로 유대인은 돌아오지 않았다. 그들은 억지로 끌려 러시아로 돌아왔다. 과거에 유대인을 추방한 속도보다 더 빠르게 유대인을 얻은 것은 러시아에 행운이었다. 1655년에 러시아 교회가 마침내 모든 유대인을 제거했다고 믿었을 때, 러시아는 폴란드에서 빼앗은 리투아니아 영토의 일부를 병합하는 과정에서 더 많은 유대인을 얻었다. 그래서 다시 유대인 추방이 시작되었다. 새로 온 유대인이 대부분 추방되었을 때, 표트르 1세는 뉘스타드 조약*에 따라 러시아의 일부가 된 발트 해안의 스웨덴 영토에 살던 수많은 유대인을 새롭게 떠안게 되었다. 표트르 1세는 그의 조상들만큼이나 유대인을 두려워했지만 그들의 권리와 자유를 보호했다. 1762년 예카테리나 2세는 이른바 펜대 하나를 굴려 전 러시아를 유대인 출입 금지 구역으로 만들었다. 그러나 10년 후에는 온 유럽에 있는 유대인을 합친 것보다 러시아에 있는 유대인의 수가 더 많아지게 된다. 폴란드가 분할되는 과정에서 유대인 90만 명이 러시아에 유입되었기 때문이다.

예카테리나 2세와 그의 후계자들은 유대인을 추방하려는 노력을 포기했다. 그들도 새롭게 편입한 지역의 경제를 일으키는 데 유대인의 존재가 꼭 필요하다는 것을 깨달았기 때문이다. 그러나 무지크

뉘스타드 조약 1721년에 핀란드의 뉘스타드에서 제정 러시아와 스웨덴이 북방 전쟁을 끝내기 위해 체결한 조약. 이 결과로 러시아는 에스토니아 등지를 얻어 발트 해안에 진출하게 되었고, 스웨덴은 러시아로부터 배상금을 받고 핀란드를 회복하는 데 그쳤다.(역주)

(muzhik), 즉 러시아 소작농들의 정신은 다루기 쉽고 무지한 상태에 머물러 있어야 했다. 유대인은 폴란드, 리투아니아, 우크라이나에서는 자유롭게 돌아다닐 수 있었지만, 인구 95퍼센트가 무지크인 신성한 러시아에서는 그럴 수 없었다. 예카테리나 2세와 그의 후계자들은 무지크의 정신을 순수하게 유지하는 데 성공했다. 1917년 러시아 혁명 이후 무지크들이 모스크바에 도착했을 때 그들은 자동차를 보자마자 무릎을 꿇고 "고스포디 포밀루이(주여 불쌍히 여기소서)."라고 외치면서 성호를 그었다. 그들은 악마 아니면 유대인을 보았다고 생각했던 것이다.

유대인이 정착한 러시아 서부 국경에 맞닿은 영토는 '정착의 울타리(Pale of Settlement)' 또는 간단히 '울타리'로 불렸다. 이곳에서 유대인은 자치 체제를 구성했다. 1700년에서 1800년 사이 러시아의 학문은 수면 상태였다. 러시아 유대인의 활동도 마찬가지였다. 빌나 가온(Vilna Gaon) 같은 위대한 탈무드 학자와 그보다는 조금 덜 위대한 몇몇 학자 일부를 제외하면 이 시기의 유대인은 식물인간 같았다. 러시아에서 일어난 대량 학살과 러시아 유대인의 학문적 번성은 19세기에 갑자기 발생한다.

독일에 정착한 유대인의 경험은 완전히 달랐다. 많은 역사가는 2세기에 유대-로마인 군인들이 로마 제국의 북쪽 국경에 배치되었다는 증거가 충분하다고 생각한다. 그 국경 부대는 독일 야만족들의 침략에 대비한 것이었다. 로마 황제는 독일인을 인간 이하의 존재, 즉 정복할 가치가 없는 존재로 여겼다.

아마 유대인이 독일에 정착한 최초의 문명 민족이었을 것이다. 유대인들은 마인츠, 쾰른, 그리고 로마 시대의 라인란트 같은 도시에 거주했다. 18세기 유대인은 마그데부르크, 보름스, 아우크스부르크 같은 도시에도 있었지만, 대부분의 독일 대도시에서 번영한 유대인 공동체에 관하여 쓴 문서 증거는 주로 10세기의 것이다. 유럽의 나머지 지역에서처럼 독일 안에서 유대인 박해에 관한 소식은 십자군 원정 때까지 거의 없었다. 신성 로마 제국의 특정한 정치 역학이 13세기에 유대인 박해가 독일에서 시작되었을 때 유대인들이 완전히 추방되는 것을 막았다. 신성 로마 제국―이 이름은 바르바로사, 즉 '붉은 수염'이라는 별명을 가진 황제 프리드리히 1세가 만든 것이다.―은 자주권을 지닌 다채로운 국가들의 연방체였다. 한 공국이 유대인을 추방하면, 다른 공국이 그들을 받아들였다.

독일인은 유대인을 가장 야만적으로 박해했다. 그들을 길러준 야만족과 여전히 가장 가까웠기 때문일 것이다. 일반적으로 중세의 유대인 박해 방법으로 알려진 것은 독일-오스트리아에서 시작된 것인데, 독일 땅에서만 행해졌다. 예를 들어 인신 제사와 성체 훼손 혐의, 사탄 마술에 대한 고발을 통해 대중은 한바탕 미쳐 유대인을 박해하는 가학 성애자나 물신 숭배자가 되곤 했다. 물신 숭배자들 가운데서 아름레데르(Armleder, 팔 가죽)라고 알려진 이들은 가죽 끈을 팔에 두르고 다녔다. 그들이 살인을 저지른 방식은 유대인을 향한 증오보다 그들의 정신병적 상태를 잘 나타낸다.

유대인에 대한 거짓말이 가장 순수하고 고상한 형태에 이른 것도 독일이었다. 독일 지방 군주들은 유대인을 보호하고 그들에게 자치법을 허락하겠다는 신성한 맹세를 하고 유대인을 자국으로 유인했지만, 나중에는 그들의 재산을 강탈하고 땅을 압수한 뒤 깡패가 자릿세를 받는 것처럼 보호비를 명목으로 돈을 뜯어 갔다. 이 모든 고난 속에서도 유대인의 정신은 죽지 않았고, 유대인의 문화 생활이 지속되었다는 사실에 놀라지 않을 수 없다. 《탈무드》 교육이 여전히 힘을 발휘했다. 이런 상황을 1762년에 장자크 루소(Jean-Jacques Rousseau)는 《사회 계약론》에서 다음과 같이 기록한다.

이 특별한 민족은 그렇게나 많이 정복되고, 흩어지고, 외적으로 파괴되었으면서도 그것(《탈무드》와 《탈무드》의 제의법)을 통해 자신의 법을 언제나 신성시하여 오늘날까지 생존할 수 있었다. …… 《탈무드》의 도덕과 종교 의식이 지속된다면 세상 마지막 날까지 살아남을 것이다.

종교 개혁에 영향을 끼친 이상한 논쟁이 16세기 독일에서 발생했다. 바로 요하네스 로이힐린이 요하네스 요제프 페퍼코른(Johannes Joseph Pfefferkorn)이라는 개종 유대인과 논쟁해 《탈무드》를 변호한 사건이다. 페퍼코른의 직업은 본래 백정이었다. 도적질하다가 체포되었을 때 그는 유대 법정의 심판을 피하기 위해 세례를 받고 기독교인이 되었다. 유대인에게 그는 일자무식이었지만, 무식한 독일 대중의 눈에 그는 학자였다. 페퍼코른이 《탈무드》가 기독교를 폄하한다고 말했을 때, 그에게 유대교 문헌에서 반기독교적 요소를 제거할 임무가 주어졌다. 유대인은 이 일을 황제에게 탄원했고 황제는 그 문제를 조사할 사람으로 로이힐린을 임명했다.

이 논쟁은 종교와 아무 관련 없이 지성과 반지성의 대결이 되었다.

페퍼코른의 편에 선 것은 파리와 마인츠의 대학 같은 세속 기관이었다. 로이힐린의 편에 선 것은 빈 대학 같은 신학교들과 많은 추기경과 대주교였고, 심지어 작센의 선제후*도 로이힐린을 지지했다. 마르틴 루터도 이 논쟁에 개입해 로이힐린의 편에 섬으로써 이 논쟁이 종교 개혁의 정강 중 하나가 되었다. 논쟁 자체는 로이힐린에게 불리하게 결론 났지만, 실질적으로는 페퍼코른이 대패한 셈이었다. 《탈무드》공부에 내려졌던 금지 조치가 해제되었고, 페퍼코른의 도움 없이도 유대인 문학이 번성하게 되었다.

페퍼코른 세력의 패배와 함께 독일 정서의 흐름이 가학적으로 유대인을 박해한 사람들에게 불리하게 흘렀다. 이들의 마지막 주자는 빈센트 페트밀히(유지방 우유)라는 제빵사였다. 그는 폭도를 이끌고 프랑크푸르트의 유대인 마을을 습격했다. 페트밀히의 동조자들의 수가 유대인보다 압도적으로 많았기 때문에 그들은 뻔뻔하게 여자들과 어린아이들도 죽였다. 그러나 2년 후 황제의 명에 따라 페트밀히와 그의 폭도 두목이 체포되었고, 그들은 프랑크푸르트의 시장 광장에서 참형당했다. 독일에서 자기 자신을 법보다 위에 두는 시대는 일시적이지만 끝났다.

폭력을 위한 콘체르토의 마지막 악장인 심리적 안단테는 17세기에 시작되었다. 이때 유대인은 다시 서유럽으로 이동했다. 이 '서유럽 복귀' 현상은 네덜란드가 에스파냐의 전제적 통치를 전복한 후에 네덜란드에 정착한 유대인(1693년)을 필두로 하여 올리버 크롬웰(Oliver

---

선제후 신성 로마 제국에서 독일 황제의 선거권을 가졌던 7명의 제후. 황제 다음의 권력을 지녔다.(역주)

Cromwell)의 초청을 받아 영국으로 돌아간 유대인(1655년), 30년 전쟁을 끝낸 베스트팔렌 조약에 따라 알자스 지방이 프랑스령이 되자 프랑스에 살게된 유대인(1648년)과 관계 있다.

심리적 반유대주의 정서는 중세에 시작되었지만, 그것의 전적 효과는 근대에 와서야 느껴졌다. 산업 혁명으로 유럽에 새 계급이 탄생하면서 유대인을 향한 개인적 반감은 천천히 반유대주의적 인종 차별로 변해 갔다. 물론 이 변화의 동기는 경제적 이유였지만, 거기에는 유대인을 향한 뿌리 깊은 심리적 두려움도 분명 있었다. 이 모든 악장들 가운데 심리적 안단테, 즉 반유대주의가 가장 해롭다. 반유대주의는 유대인뿐만 아니라 인류 문명 자체에 가장 치명적이었다.

20장

세파르디 유대교와
아슈케나지 유대교

중세는 두 종류의 유대교를 생산했다. 이들은 같은 여호와를 섬겼지만 각각 독특한 삶의 방식, 문학, 철학을 지녔다. 그중 하나는 기원후 600년에서 1500년 사이에 유대인의 삶을 지배했다. 다른 하나는 16세기 유대인의 삶에 두드러졌다. 첫 번째가 '세파르디(Sephardi)', 다시 말해 에스파냐 유대교이고 두 번째가 '아슈케나지(Ashkenazic)' 즉 독일 유대교이다.

둘 중에서 세파르디 유대교가 더 오래되고 정교하다. 세파르디 유대교는 토라와 《탈무드》, 아리스토텔레스와 아베로에스(Averroës)*, 형이상학과 과학, 교회 문학과 세속 문학을 혼합한 것이었다. 바빌로니아, 페르시아, 그리스, 로마, 이슬람 문명을 통과하며 정제된 삶의 방식이었다. 900년에서 1500년까지 의복, 예의, 도덕, 학문 분야에서

---

* 아베로에스는 이슬람 세계가 배출한 탁월한 학자였지만 교회가 그의 저서를 금서로 지정했기 때문에 중세 기독교인은 그에 관해 전혀 몰랐다.

유대인 문화의 표준을 세운 것이 바로 이 세파르디 유대교였다.

아슈케나지 유대교가 자신만의 독특한 형태로 유대 문화를 발전시킨 것은 16세기 초였다. 역사가 유대인을 서유럽에서 동유럽으로 몰아갔을 때, 변화된 삶의 환경은 유대 문화의 새로운 형태를 만들어냈다. 세파르디 유대인의 세계는 느긋한 세계였다. 그들은 감상적인 시를 쓰고, 지성과 물질의 비밀을 탐구할 시간과 여유가 있었다. 그러나 새로운 아슈케나지 유대인들의 세계에는 시를 쓸 시간도 없거니와 과학을 연구할 필요도 없었다. 종교는 생존에 직접적인 도움이 되어야 했다. 물론 탈무드 운동이 원시적인 형태로 후퇴하여 일상의 사소한 일에 집착한 것은 맞다. 그러나 그런 점이 유대인의 생존을 도운 것도 분명하다. 세파르디 유대인은 에스파냐어, 프랑스어, 이탈리아어를 사용해 자신들의 지평을 확장했고, 아슈케나지 유대인은 기독교도의 횡포로부터 자신들을 지키기 위해 히브리어, 토라,《탈무드》로 자신들의 좁아진 영역을 채웠다.

16세기에 세파르디 유대교는 아슈케나지 유대교에 잠식당했다. 따라서 세파르디 유대교의 역사는 본질적으로 에스파냐로부터 추방될 때까지 서유럽 유대인의 역사이며, 아슈케나지 유대교의 역사는 15세기 이후 라인강 동쪽 지역에 정착한 유대 역사이다. 이제부터 중세 유대 문화의 이 두 형태를 자세히 살펴보겠다.

우리는 이미 기독교 봉건 사회를 거대한 감옥에 비유했다. 철창은 일상의 모든 영역에 부과된 규제들이었다. 그 철창 안에 전체 인구의 95퍼센트를 차지하는, 이른바 '제3계급'으로 불리는 소작농이 있었다. 철창 밖에 있지만 보이지 않는 쇠사슬로 철창에 묶여 있는 다른 두 계급은 성직자와 귀족이었다. 유대인은 철창 안에 있지도 않았고, 철창에 묶여 있지도 않았던 비공식적인 '제4계급'이었다.

중세 농노들—소작농들—에게 부과된 제약은 '요람에서 무덤까지' 그들을 괴롭혔다. 한 영지에서 다른 영지로 옮기는 것은 성직자 '연줄'이 있거나 특별한 재능이 있지 않으면 불가능했다. 여행의 자유도 없이 농노들은 자기 영지에 묶여 있어야 했다. 그들의 세계는 대개 걸어 다닐 수 있는 거리 정도였다. 엄밀하게 말하면 자유인이었지만 사유 재산을 소유할 수 없었다. 영주는 농노를 영지와 함께 다른 사람에게 팔 수 있었다. 심지어 해방된 농노도 1500년까지 영주의 허락 없이 자신의 재산을 팔 수 없었다. 소작농은 영주의 곡식 저장소에서 자신의 밀가루를 갈고 영주의 부엌에서 빵을 구워야 했다. 물론 대가를 지불해야 했는데, 보통 물품이나 노동으로 지불했다. 그가 소유할 수 있는 것은 나무로 된 접시들이었고, 가족 수에 관계없이 한 가족당 숟가락 한 개만 허용되었다. 소작농이 사고 팔고 입을 수 있었던 천의 종류도 제한적이었다. 영주는 배우자를 포함해 그의 농노들이 가진 모든 것을 시험 삼아 사용할 수 있었다. 그러나 세 가지 면에서 농노나 귀족은 다를 바 없었다. 그들은 똑같이 무식했고, 똑같이 문맹이었으며, 똑같이 미신에 잘 속았다.

귀족들도 각종 규제에 발이 묶여 있었다. 그들은 봉건 사회가 엄격하게 정의한 역할을 부여받았고, 그 역할을 철저하게 수행해야 했다. 옷을 바르게 입어야 했고, 싸울 때도 올바른 이유가 있어야 했으며, 올바른 게임에 참여해야 했고, 올바른 방법으로 경의를 표해야 했고, 올바른 여자와 결혼해야 했다. 삶이 끝없는 의식의 연속이었다. 사회의 규제로부터 벗어나는 것은 계급 상실이나 추방을 의미했으며, 종교적 규제로부터 벗어나는 것은 저주나 화형을 의미했다.

유대인에게는 이런 규제들이 적용되지 않았다. 그들은 자유롭게 여행했고, 자유롭게 결혼하거나 이혼했으며, 원하는 대로 물건을 사고 팔았다. 봉건 제도를 '설계'한 사람이 누구인지는 모르지만 그는 봉건 제도에 상인, 수공업자, 무역가, 의사, 은행가 같은 직업을 공급하는 것을 잊어버렸다. 성직자는 노동으로부터 제외되었고, 귀족은 노동하기를 원치 않았으며, 농노에게는 부르주아, 즉 중산층 직업을 갖는 일이 허락되지 않았다. 유대인 외에는 그 일을 할 사람이 없었던 것이다. 그래서 유대인은 군주들에게 꼭 필요한 존재가 되었다. 그들은 삐걱거리는 중세 사회에 윤활유 역할을 했다. 이 때문에 유대인은 교황, 황제, 군주로부터 자유 헌장을 부여받았다. 유대인은 그들의 도회지와 마을과 지방에 정착해 살아 달라는 요구를 받았다.

이 '고요한 시기'에 유대인의 삶은 박자에 맞춰 규칙적으로 흘러갔다. 중세 유대인의 삶에 관하여 사람들이 일반적으로 하는 오해가 있다. 유대인이 중세 1천2백 년 동안 격리되어 줄곧 어둡고 습한 감옥과 같은 게토에서 살았다고 생각한다. 그러나 실제로 중세 유대인 게토는 1500년에서 1800년 사이 일부 지역에만 있었다. 다시 말해 북부 이탈리아와 독일어권 국가들, 그리고 몇몇 폴란드 도시에서만 유대인 게토가 운영되었다. 그런 오해는 '유대인 거주지'라는 말을 '게토'라는 말과 구분 없이 사용한 데서 생겨났다. 유대인 집단 거주지와 게토는 매우 다르다. 유대인 거주지가 자발적이고 자생적인 것이라면, 게토는 밖으로부터 강요된 비자발적인 현상이다. 유대인 거주지의 삶은 자유롭지만, 게토의 삶은 수감 생활에 불과하다.

처음에 유대인은 기독교도 이웃과 함께 어울려 중세의 도회지와 마을에 흩어져 살았다. 삶이 좀 더 도시화되자 유대인들은 유럽의 대도시에 모이기 시작했고, 여기서 그들은 자발적으로 유대인들이 모여 사는 마을을 형성하게 된다. 그들은 유대인 거주지를 자랑스럽게 생각했으며, 새 도시에 정착할 때마다 왕에게 유대인 자치구를 허용해 달라는 특별법을 청원했다. 한편 유대인 거주지에 유대인만 산 것은 아니었다. 많은 귀족과 부유한 시민들이 당시 유대인 거주지에 사는 것을 선호했다. 오늘날 많은 기독교도가 유대인의 지적인 분위기를 좋아해서 유대인 마을에 살고 싶어 하는 것과 마찬가지다. 유대인의 가정집은 성당들과 궁전들 사이에 있었다. 1555년 최초의 로마 유대인 게토가 티베르강 왼편에 설치되었을 때, 교황은 완전히 새로운 것을 만든 것이 아니었다. 이미 유대인 거주지가 그곳에 있었다. 문제는 유대인이 아니라 그곳에 살고 있는 기독교인들을 추방하는 것이었다. 기독교도들이 그곳을 좋아했으므로 종교 재판의 압력이 몇 차례 가해진 후에야 기독교인들을 그곳에서 추방할 수 있었다. 로마의 유대인 거주지가 완벽한 유대인 게토가 되는 데 약 1백 년이 걸렸다.

1500년까지 독일, 오스트리아, 보헤미아에 있던 대다수의 이른바 유덴슈타트(Judenstädte, 유대인 도시)는 서유럽의 유대인 거주지와 동일한 자유를 누렸다. 프라하의 유덴슈타트는 특히 유명했다. 미국인은 보통 '타운 홀(Town Hall)'이라는 개념─타운 홀의 벨이 울리면 마을의 자유민들이 자신들의 양도 불가능한 투표권을 행사하기 위해 모였다.─을 청교도가 처음 고안했다고 믿는다. 그러나 프라하의 유대인들이 그들보다 약간 앞선다. 15세기에 이미 유덴슈타트에 유대인 타운 홀이 있었다. 그곳에 설치된 거대한 종이 울리면 유대인들은 레스폰사가 다루지 않은 법률에 대해 투표하는 특별 타운 홀 모임에 참석했다.

중세 역사의 처음 절반 동안 유대인의 일상은 어떠했는가? 이를 잘 이해하려면 유대인의 르네상스를 좀 더 자세히 살펴야 한다. 물론 그것이 모든 나라와 모든 시기에 들어맞는 것은 아니다. 분명한 차이를 고려하더라도 그 동기가 되는 정신과 삶의 방식은 동일했다.

이탈리아인은 유대인을 지식 있는 민족으로 인정했고, 공식적 초대 없이 직관적으로 유대인을 르네상스로 흡수했다. 그들은 철학과 과학, 의학과 수학을 유대인으로부터 배웠지만 예술과 건축에서는 유대인을 앞질렀다.

유대인은 농업을 제외하고 당시 존재했던 거의 모든 전문직, 사업, 직업에 종사했다. 유대인들 가운데 내과 의사, 외과 의사, 학자, 시인, 천문학자, 약사, 재무 담당자, 궁전장관, 은 수공업자, 금 수공업자, 과학 기구 개발자 등이 있었다. 사자 조련사, 곡예사, 당나귀 판매상, 군인, 신발 수선공, 재단사, 선원, 보따리장수도 있었다. 또한 털옷과 비단옷 상인, 전당포 업자, 향료 상인, 직조공, 수입업자, 수출업자도 있었다. 철 수공업자, 금속 수공업자, 일용노동자 같은 육체 노동에 종사하는 유대인들도 있었다. 르네상스 유대인 가운데는 극작가, 무대 감독, 배우, 댄서, 화가, 조각가도 있었다. 유대인은 코렐리나 비발디 같은 음악가를 배출하지는 못했어도 다성 음악에 도전했고, 소나타와 마드리갈, 칸초네, 발레티를 작곡했다. 그들은 미국이 만든 가장 좋은 드라마와 견줄 만한 통속극도 썼다.

유대인 여성들도 높은 직위까지 올라갔다. 그들은 의사나 은행가가 되었고, 연극 무대에 섰고, 노래와 춤과 연기 분야의 직업을 얻으려 했다. 큰 부가 유대인들의 손에 집중되었기 때문에 그들은 동시대의 귀족들처럼 예술 후원자가 되었고, 첼리니와 베로키오의 작품을 사기 위해 고위 관리들과 경쟁했다. 그들은 유명한 건축가에게 자신들의 집과 회당의 디자인을 맡겼다. 오늘날까지 남아 있는 건물들은 천재의 손길이 닿은 르네상스 건축의 장엄함과 아름다움을 잘 보여준다.

르네상스 시대 유대인의 관습과 도덕의 문제는 헬레니즘 시대와 유사하게 전개되었다. 르네상스 시대의 유대인 청년은 헬레니즘 시대의 유대인 청년이 경험한 것과 똑같은 마음의 줄다리기를 경험했다. 즉, 쾌락주의의 유혹과 《탈무드》 연구의 소명이 동시에 유대인 청년의 마음을 잡아당겼다. 정통 유대인이 '비도덕적인 이탈리아인'에 대해 강력히 경고하고 항의했지만, 그들의 외침에는 이전 시대의 열의와 자발성이 없었다. 유대인 여성의 삶도 더는 사춘기에서 첫날밤 침대까지 순결을 지키는 것이 아니었다. 세실 로스(Cecil Roth)는 《르네상스 시대의 유대인》에서 한 랍비의 말을 인용하는데, 그 랍비는 1487년 시칠리아를 지나면서 "대부분의 신부들이 이미 임신한 후에 결혼식장에 들어섰다."고 냉소했다. 유대인 거주지 바깥뿐만 아니라 안에도 유대인과 기독교도의 '사교 클럽'이 많았다. 여기서 기독교와 유대교 젊은이들은 종교를 초월한 관계를 경험할 수 있었다. 기독교나 유대교의 첼리니, 카사노바 혹은 돈 후안 같은 인물이 자신의 회고록에다 르네상스 '거리의 창녀들'의 직업적 재능에 관하여 어떤 질적인 차이도 언급하지 않았기 때문에, 적어도 이 수준에서는 기독교와 유대교 사이에 어떤 심각한 분열도 존재하지 않았다고 생각해야 한다.

공공연한 비밀은 많은 능력 있는 유대인 남성이 유대인 거주지에는 사랑스러운 아내를, 도시에는 애인을 누었다는 사실이다. 이따금 불거지는 유명한 유대인 지식인과 학자 사이의 동성애 스캔들은 재미없었을 저녁 파티를 무료함에서 구출해내는 이야깃거리가 되었다. 그러나 유독 한 분야에서는 유대인들이 그들 인구에 비례하는 수치를 내지 못했다. 바로 폭력 범죄이다. 가끔 다혈질의 유대인 청년이 르네상스식으로 자신의 라이벌을 단도로 찌를 수는 있어도 가학적인 범죄, 계획된 살인, 강간, 아동 성추행을 저지르는 유대인은 거의 전무했다. 예를 들어 유대인이 에스파냐에서 추방될 때, 그들이 기독교도가 아니었다는 것 이외에 추방의 다른 구실은 없었다.

당시 인쇄물에 유대인을 풍자하고 경멸하는 내용이 많았는데도 대부분의 유대인은 동시대 사람들에게 경멸당하지 않았다. 《탈무드》가 이탈리아에서 소각되었을 때 한 기독교인은 "이제 《탈무드》가 신성 모독적인 금서가 되었으니, 유대인은 자유롭게 《데카메론》(중세 이탈리아의 작가 보카치오가 쓴 사랑에 관한 소설집)의 법칙대로 살 수 있겠구나."라고 그 사건을 풍자했다.

르네상스기 이탈리아에서 절정에 달한 세파르디 유대교는 유대인이 13세기 영국, 14세기 프랑스, 15세기 에스파냐, 그리고 16세기 이탈리아에서 추방당하면서 함께 사라졌다. 16세기 종교 개혁이 르네상스와 충돌했을 때, 교회는 루터파와 투쟁할 태세를 갖추어야 했다. 이 투쟁은 매우 중요했고 유대인은 그 게임의 부수적인 인질이었다. 가톨릭을 수용하지 않으려 한 유대인은 게토로 추방되어 그곳에 갇혀 지내야 했다. 좋은 친구이던 시대는 지났다. 한 세기 동안 지속될 종교 전쟁이 임박했다.

아슈케나지 유대인의 게토 생활이라는 새로운 삶의 방식이 독일을 태풍의 눈으로 한 중앙 유럽에서 형성되고 있었다. 게토의 무력한 유대인들에게 거의 모든 불명예가 씌워졌다. 단 3백 년 만에 이 작은 땅 덩어리 안에서 유대인을 대하는 새로운 개념, 즉 멸시받는 '게토 유대인'이 창조되었다.

빈민촌을 뜻하는 '게토'라는 말은 이탈리아에서 유래했다. 그러나 그 단어의 어원은 여전히 잘 밝혀지지 않고 있다. 어원에 관한 설은 많다. 예를 들어 '게토'가 히브리어 '게트(get, 이혼)'를 라틴어로 음역한 것인데, 이탈리아에서 '구에토(gueto)'가 되었다는 설이 있다. 또한 '작은 지역'을 뜻하는 이탈리아어 '보르게토(borghetto)'에서 유래했다는 설도 있다. 그러나 가장 일반적으로 받아들여지는 설은 '게토'가 '대포 공장'을 의미하는 이탈리아어 '게타(gheta)'에서 유래했다는 설이다. 베네치아에 세워진 최초의 유대인 게토가 실제로 대포 공장 곁에 있었기 때문이다.

본래 유대인이 유대인 집단촌으로 옮겨 간 것은 기독교인으로부터 자신들을 분리하기 위해서가 아니라 자신들의 필요 때문이었다. 도시가 점점 커지자 그들은 공공시설, 즉 회당, 공동묘지, 타운 홀에 가까이 살기 위해 이사했다. 유대인의 삶과 죽음은 그 시설들과 밀접히 연결되어 있었기 때문이다. 황제와 군주가 게토 생활을 강요했을 때 유대인들은 처음으로 기독교도로부터 강제 분리되었다.

독일, 오스트리아, 보헤미아의 전형적인 게토는 일반적으로 대로를 중심으로 하여 그 대로의 한쪽 끝에 회당을 두고, 다른 쪽 끝에 공동 묘지를 두었다. 유대 공동체의 인구는 평균적으로 1백~5백 명 사이였다. 게토에 1천 명이 거주하는 것은 예외적인 일이었다. 게토 전체는 벽으로 둘러싸여 있었고, 단 하나의 문이 출입구 기능을 했다. 현대인은 이것을 두고 일종의 유대인 감금 사건으로 여기는 경향이 있다. 그러나 중세 때 모든 도시는 벽으로 둘러싸여 있었으며 밤에는 문을 잠갔다. 유대인도 1700년까지는 이런 환경을 불평하지 않았다. 그러나 1700년 이후 기독교도 마을에서는 벽과 문이 사라졌으나 유대인의 게토에서는 사라지지 않았다.

게토 생활은 쉽게 불결한 생활로 타락할 수 있었다. 그러나 《탈무드》의 법과 선견지명이 있는 랍비들이 그렇게 되는 것을 방지했다. 오늘날 가난한 흑인 동네의 부동산을 부유한 백인들이 소유하고 있듯이, 게토의 땅 대부분은 부유한 기독교도들이 소유하고 있었다. 유대인이 그들에게 저항하지 않았다면 인구 과밀 게토의 임대료가 유대인 목에 무거운 맷돌을 걸었을 것이다. 랍비들은 유대인에게 집을 두고 경쟁하지 말라고 가르쳤다. 유대인은 다른 유대인을 집에서 쫓아내서는 안 되었다. 기독교 지주도 자기 땅을 다른 기독교도에게 팔면서 기존의 세입자를 쫓아내고 다른 세입자를 들여 임대료를 높여 받을 수 없었다. 왜냐하면 그들이 한 유대인 가족을 몰아내면 그 가족은 친척 집에 들어가 살 것이며, 다른 유대인들은 그 빈집을 절대로 임대하지 않을 것이기 때문이었다. 지주가 유대 공동체의 법을 따르지 않는 한 그 집은 세상이 끝나는 날까지 비어 있을 것이다. 교황들은 유대인이 이런 법을 제정하게 된 이유에 공감하여 법을 지지했다. 유대인은 게토를 언제나 깨끗하고 온전한 상태로 유지했다.

폴란드의 몇몇 대도시를 제외하고 동유럽의 비독일어권 국가에는 게토가 존재하지 않았다. 동유럽 비독일어권의 유대인들은 대부분 '슈테틀(shtetl)'이라 불리는 작은 마을이나 촌에서 살았다. 슈테틀에는 끝이 막힌 대로, 성벽, 밤이면 잠기는 성문도 없었다. 유대인은 러시아에만 들어가지 않으면 일을 따라 자유롭게 왕래할 수 있었다.

게토는 유대인을 고립시켰지만 슈테틀에서는 비유대인과 유대인이 함께 살았다. 슈테틀은 지역의 중심 마을이거나 미국의 '메인 스트리트'처럼 마을의 중심가였을 것이다. 유대인은 유대인이 아닌 이웃들처럼 닭, 염소, 양, 소, 말 같은 가축을 길렀다. 그들의 비유대인 이웃들은 돼지도 키웠다. 이 돼지들은 유대인 집에서 나오는 '코셔' 쓰레기를 좋아했다. 유대인의 습관에 익숙해진 암퇘지가 새끼들을 이끌고 근처의 코셔 쓰레기통으로 가서 버려진 안식일 음식인 게필테 피시, 쫄른, 치메스 따위를 먹는 광경은 흔히 볼 수 있었다. 기독교도 농부들은 새끼 돼지들이 유대인의 냄비 속으로 사라질 것을 염려할 필요가 없었기 때문에, 그것은 모두에게 편안한 거래였다. 유대인은 쓰레기를 없앴고, 비유대인은 돼지 먹이를 무료로 얻었다. 그리고 돼지들은 기독교도 주인이 매일같이 주는 양배추 수프, 감자, 다랑어와는 다른 새로운 음식을 먹을 수 있었다.

《중세 유대인의 삶》에서 이즈리얼 에이브러햄스(Israel Abrahams)

는 1600년경 프라하의 게토에서 살았던 유대인의 60가지 직업을 나열하고 있다. 그 직업 가운데 의사, 금 세공업자, 인쇄업자, 서점업자, 작가, 건축가, 음악가, 가수가 포함되어 있지만 대부분의 유대인은 재단사, 구두 수선공, 가죽 수선공, 털 가공업자, 도살업자, 수레 제조업자, 이발업자였다. 1700년이 되면 직업의 종류가 크게 줄어드는데, 당시 유대인을 노동 시장에서도 몰아내려는 입법 조치들 때문이었다. 그 후 이런 경향이 지속되어 1800년이 되면 유대인 대다수가 보따리 장수를 하거나 구멍가게를 운영하며 생계를 유지했다.

게토와 슈테틀 생활의 공통 목표는 이쿠스(yichus)였다. 이쿠스는 '위신', '지위'에 가까운 의미를 지닌 단어인데 그 뜻을 정확히 옮길 번역어가 없다. 이쿠스는 가족 배경, 전통, 학식, 직업 같은 개념을 통합한 개념이다. 이쿠스는 보통 세습되지만 교육을 통해 획득할 수도 있다. 좋은 행실은 가문의 이쿠스를 유지하는 데 필수 덕목이다. 이쿠스를 지닌 사람은 태도, 학문, 자선 행위에 관한 높은 기준을 지켜야 한다. 알코올 의존자나 사기꾼이 되어서는 안 된다. 이쿠스를 지닌 사람이라는 말은 법을 잘 지키는 사람이라는 뜻이다. 법을 어겨야 한다면 그는 차라리 고문받기를 선택할 것이다. 그는 일찍이 유대인을 비난하는 비유대인을 위엄 있는 눈으로 똑바로 쳐다보는 법을 배웠다. 그의 위엄은 비난하는 비유대인들을 불안하게 만들 정도였다. 프로스트(prost), 즉 평범한 유대인들이 비유대인 앞에서 굽신거리는 행동은 용서받을 수 있었지만, 이쿠스 유대인이 그랬다면 그는 그 지위를 잃게 된다.

프로스트는 배움을 통해 이쿠스가 될 수 있었다. 유대인 가정의 예산에서 가장 중요한 부분은 교육이었다. 아무리 가난한 집안이라도 예외는 아니다. 아버지보다 어머니가 아들 교육에 열정적이었다. 유대인 어머니는 '막내까지 학교에 다닐 수 있도록' 얼마 안 되는 생활비를 쪼개서 매주 저축했다. 기독교도도 유대인의 이런 점을 존경했다. 피에르 아벨라르(Pierre Abélard)의 제자는 교육열을 다음과 같이 표현했다.

> 기독교도가 아들을 교육한다면, 그것은 하느님을 위해서가 아니라 돈을 위해서다. 즉 기업에 취직한 아들이 아버지, 어머니, 그리고 나머지 형제를 도와주리라 기대한다. …… 그러나 유대인은 아들 열 명이 있다면 아무리 가난해도 아들 열 명 모두 교육시킬 것이다. 그것은 기독교도처럼 성공을 위해서가 아니라 자식이 하느님의 법을 이해하도록 하기 위해서이다. 그리고 아들뿐 아니라 딸들도 교육시킬 것이다.[1]

유대인의 교육은 12세기 유럽에서 정점에 달했다. 예를 들어 평범한 유대인의 교과 과정에는 성경, 히브리어, 시문,《탈무드》, 철학과 계시의 관계, 아리스토텔레스의 논리학, 유클리드의 기하학과 수학, 아르키메데스의 수학 이외에도 광학, 천문학, 음악, 기계공학, 의학, 자연과학, 형이상학이 포함되었다. 다음은 아일랜드 역사가이자 윤리주의자인 W. E. H. 레키(W. E. H. Lecky)가 중세 유대인의 학문적 위치에 관하여 말한 것이다.

> 주변 사람들이 뿌리 깊은 무지의 어둠에서 뒹굴고 있을 때, …… 기

독교 세계의 지성이 수많은 미신에 홀려 죽음의 잠에 빠졌을 때, 탐구에 대한 사랑과 진리 추구를 모두가 포기했을 때, 유대인은 지식의 길을 추구했고 배움을 축적했으며 신앙 생활에서 흔들리지 않는 일관성을 보여줌으로써 진보를 장려했다. 그들은 가장 실력 좋은 의사였고, 가장 능력 있는 금융업자였으며, 가장 심오한 철학자였다.[2]

그러나 어머니가 절약한 생활비로 더는 과거와 같은 질 좋은 교육을 할 수 없게 되었다. 14세기가 되자 유대인 교육은 쇠퇴하기 시작했다. 15세기에는 기독교 교육이 질적인 면에서 유대인 학교를 앞질렀다. 17세기가 되면 유대인의 교과 과정은 읽기, 쓰기, 성경, 《탈무드》로 축소되어버린다. 더 높은 수준의 교육을 시키려면 유대인도 이제 자녀들을 비유대인 대학에 보내야 했다.

게토와 슈테틀 생활은 유대인과 비유대인 사이의 심리적 간격을 더욱 깊게 했다. 그 둘을 갈라놓은 것은 각자가 중요하게 생각하는 영적이고 문화적인 가치의 차이였다. 유대인 자녀들은 자신들이 가치 있게 여기는 것과 맨발로 안식일에 헛간이나 빗물 수로에서 뒹구는 비유대인 친구들이 가치 있게 여기는 것이 다르다는 것을 알게 되었다. 유대인 자녀들은 지적이고 학문적이고 영적인 모든 것을 가치 있게 여겼다. 반면 비유대인의 자녀들은 관능적이고 더럽고 천한 모든 것을 가치 있게 여겼다. 게토 교육의 범위는 제한적이었지만 유대인은 유럽에서 가장 교육을 많이 받았다. 아무리 비유대인이 유대인을 경멸해도 유대인은 더 큰 경멸로 비유대인을 바라보았다. 왜냐하면 유대인의 마음 속에는 자신들의 문화와 가치와 도덕이 자신들을 비난하는 자들의 것보다 우월하다는 확신이 있었기 때문이다.

　게토 생활에서 무기력증 다음으로 유대인이 가장 싫어한 것은 유대인이라는 이유로 언제나 착용해야 했던 특별 배지였다. 슈테틀에 사는 유대인은 그 배지를 착용할 필요가 없었다. 교양 있는 기독교도는 배지를 착용한 유대인을 괴롭히지 않았지만, 그 배지는 불량배들의 괴롭힘을 유발하는 요인이 되었다. 그러나 유대인은 이 배지를 착용했다. 배지의 색깔은 대개 노란 색이었고 형태는 보통 별 모양이었지만, 배지의 모양과 색깔은 나라와 시대마다 조금씩 달랐다. 위험과 수치를 무릅쓰고 배지를 착용한 유대인의 신앙은 기독교인의 존경을 받았다. 왜냐하면 기독교인도 유대인이 다른 것도 아닌 기독교식 세례만 받으면 그런 수치와 위험을 당하지 않는다는 것을 잘 알았기 때문이다.

　대다수의 기독교도가 유대인을 미워했다고 생각해서는 안 된다. 오히려 그 반대였다. 일부 기독교도만이 유대인을 적극적으로 박해했다. 그런 사람들이 없으면 유대인과 기독교인은 평화롭게 공존했다. 대다수의 기독교도는 비록 유대인을 이상한 민족이라고 생각했지만 지식을 향한 그들의 열정을 존경했으며, 그들의 강한 가족 의식을 높이 샀다. 게다가 인신 제사와 성체 훼손에 대한 유언비어와 그에 따른 대량 학살은 7백 년이라는 시간 동안 유럽 대륙 전체에서 발생한 것이었음을 잊어서는 안 된다. 전체적으로 볼 때 게토와 슈테틀 대부분은 학살이나 약탈에 영향을 받지 않았다.

　겉보기에는 유사한 삶을 사는 듯 보였지만 게토의 유대인과 슈테틀의 유대인 사이에는 거대한 심리적 간격이 존재했다. 게토는 국제

도시 생활을 의미했지만, 슈테틀의 삶은 시골 생활을 의미했다. 줄어드는 삶의 영역에도 불구하고 게토의 유대인은 바깥세상, 학식 있는 사람들, 과학, 세상사를 접했지만, 슈테틀에 사는 그들의 형제는 무식한 농부들과 허영심 많고 교만하고 교양 없는 봉건 영주만을 상대해야 했다. 서유럽 유대인들은 새로운 과학적 성취를 알고 있었다. 그들은 새로운 정치 운동에도 참여했다. 동유럽 유대인들은 신비주의와 미신으로 더 깊이 빠져들었다. 독일, 오스트리아, 프랑스, 네덜란드, 영국의 유대인들이 과학, 산업, 경제의 첨단에서 살아갈 때, 폴란드 러시아, 헝가리, 리투아니아의 유대인들은 여전히 촌락과 소작농의 세계에 머물러 있었다.

21장

중상주의를 꽃피운 유대 자본가들

유대인의 천재성은 시대마다 다른 영역에서 그 모습을 드러냈다. 이교도 시대에는 종교의 영역에서 천재성이 발휘되었고, 그리스-로마 시대에는 인문주의에서 나타났다. 이슬람 시대에는 철학에서, 근대에는 이론 과학에서 천재성을 떨쳤다. 중세에는 경제 활동에서 유대인의 천재성이 두드러졌는데, 일부 기독교 학자들은 그 당시 유대인으로부터 자본주의가 시작되었다고 주장한다.

유대인은 자신들이 기독교와 공산주의의 창시자라는 명성은 마지못해 수용하지만, 사람들이 그들의 머리에 자본주의의 왕관을 씌우려 할 때에는 그 왕관을 벗어던지며 자신들이 자본주의를 만들었다는 평을 강하게 부정한다. 독일의 경제학자 베르너 좀바르트(Werner Sombart)가 매우 논쟁적인 책 《유대인과 근대 자본주의》(1911년)를 출판한 이후(이 책은 자본주의로 가는 길이 유대인 게토에서 시작되었다고 지적한다), 대부분의 유대 학자는 베르너의 흥미로운 추정을 증명하려하기보다 반박하는 데 열정을 쏟았다. 논쟁의 열기가 완전히 사라진 지금이야말로 좀바르트의 주장 가운데 몇몇 가치 있는 측면을 재검토할 필요가 있다. 아직 양쪽 진영 모두에 명확하게 판정이 내려지지는 않았다.

유대인이 자본주의의 창시자라는 명성을 꺼리는 이유를 찾아내기는 쉽다. 오늘날의 반유대주의자나 공산주의자는 유대인을 '약탈적 자본주의자'로 묘사한다. 좀바르트 자신도 1933년 나치가 되었다. 그러나 기억해야 할 것은 이 반유대주의자들은 모순된 태도를 보인다는 점이다. 유대인을 약탈적 자본주의자로 비난하다가도, 자신들의 목적에 부합하면 유대인을 '약탈적 공산주의자'로 그린다. 나치도 유대인을 '기독교와 같은 질병'을 세상에 가져온 자들로 폄하한다. 이런 주장들은 정신병자와 살인자의 악다구니이므로 논할 가치조차 없다. 어떤 것을 창시했다는 사실과 어떤 것을 받아들이는 것은 전혀 다른 일이다. 어떤 '주홍 글씨'가 기독교, 자본주의, 공산주의에 붙든, 그것들은 유대인의 낙인이라기보다 '기독교도의 낙인'이다. 왜냐하면 기독교도가 유대인보다 광범위하게 이 세 철학을 받아들였기 때문이다.

유대인이 실제로 자본주의를 만들었다는 생각을 너무 쉽게 무시해서는 안 된다. 자본주의는 유대인이 터전으로 삼고, 장사하고, 은행 업무를 수행했던 정확히 그때에 서유럽에서 생겨났다. 이 책은 '유대인 역사에 관한 생각'을 다룬 역사서이기 때문에 여기서 이 주제를 좀 더 자세히 검토하는 것이 좋을 것이다. 유대인이 자본주의의 창시자라는 주장이 참인지 거짓인지는 미래의 학자들이 결정할 일이지만 말이다.

상업, 산업, 무역은 옛 이교도 시절부터 모든 민족과 모든 나라가 종사해 온 일이다. 그런데 어째서 인도, 중국, 이집트, 그리스, 로마에 서 자본주의가 생겨나지 않았는가? 이 나라들과 제국들은 중세 유럽 보다 훨씬 많은 자본, 즉 금과 은을 소유하지 않았던가? 또 한 가지 떠오르는 질문은, 만약 유대인이 자본주의를 발명했다면 왜 더 일찍 발명하지 않았는가 하는 것이다. 예를 들어 그리스-로마 시대에는 왜 자본주의가 생겨나지 않았는가? 많은 유대인이 그리스-로마에서 오랫동안 삶을 일구었다. 다른 문제들도 있다. 중세의 무역은 다른 모든 시대의 무역과 어떤 차이가 있는가? 중세 문명에 유대인이 특별 히 기여한 바는 무엇인가?

앞서 살핀 것처럼 유대인은 그들이 정착한 여러 문명에서 자기 나 름의 독특한 유대 문화를 창조할 수 있었다. 그 유대 문화들은 유대 인이 거주한 문명의 색을 반영했다. 중세 이전까지 유대인은 언제나 스스로를 자신들이 거주하는 문명의 일원으로 생각했다. 중세 문명 은 그 첫 번째 예외이다. 중세에 유대인은 봉건 제도 밖에서 살았다. 봉건 제도에는 성직자, 영주, 농노라는 단 세 계층만 존재했다. 따라 서 상인 계층을 맡는 일이 유대인에게 떨어졌다. 그러나 유대인은 봉 건 제도에 속하지 않았을뿐더러 국가 권력의 보호를 받지 못했기 때 문에(오로지 왕의 재산으로서 개별적으로 보호를 받았다) 유대인은 봉건 제도 밖에서 작용하는 '추상적 경제'를 창조해야 했다. 이 추상적 경 제는 유대인이 다른 문명에서 살았을 때 국가 조직 안에서 일군 '구체 적 경제'와 대조된다.

역사적으로 유대인은 '추상적 세계'에서 생존하는 일에 잘 준비되어 있었다. 외부 조건이 그런 변화에 유리했다. 디아스포라는 이미 유대인의 경제 거점을 세 대륙과 세 문명에 펼쳐놓았다. 따라서 유대인들은 국제적으로 상업 활동을 할 수 있었다. 그러나 이것이 충분 조건은 아니었다. 자유 기업 자본주의가 뿌리를 내리려면 다른 조건들도 갖추어져야 했다. 그것들은 무엇일까?

일부 경제학자들은 '자본주의'라는 말을 매우 느슨하게 모든 형태의 경제 활동을 통칭하는 데 사용한다. 그렇다면 자본주의는 태곳적부터 존재해 온 것이 된다. 부를 모으고, 이자를 받고 돈을 빌려주고, 투기하고, 전쟁의 약탈물로 부를 쌓듯이 '자본주의'는 언제나 우리와 함께 있어 왔다. 그러나 이는 경제학적으로 진정한 의미의 자본주의는 아니다. 경제학적 의미에서 자본주의는 일반적으로 '잉여적 부'를 생산하기 위해서 부를 특정하게 사용하는 것을 말한다. 그렇게 생산된 부는 몇 가지 확립된 원칙에 따라 더 많은 부를 창조하는 데 사용된다. 이런 자본주의가 발생하려면 임금을 받는 자유민 계층이 존재해야 하며, 노동과 자본의 이동이 가능해야 하고, 자유 시장이 있어야한다. 또 국제법, 계약의 신성함, 신용 거래의 유효성, 유가 증권, 유동성 자산도 존재해야 한다.

이전 시대에는 무역이 '구체적'이었다. 다시 말해 '현찰 거래'였다. 무역상은 한 나라에서 물건을 산 후, 다른 나라에서 더 높은 가격에 처분했다. 중세 초기에 유대인은 신용과 유가 증권을 토대로 한 새로운 거래 방식을 도입했다. 오늘날의 관점에서 보면 매우 단순하고 기초적인 방식이지만, 로마와 중세에는 낯설고 위험한 생각이었다. 오블리가티오(obligatio)라 불리는 로마법과 그것에 근거한 중세법에 따르면, 모든 채무 관계는 개인과 개인의 관계이고, 채권자가 돈이 급하다고 해서 아직 만기되지 않은 채무 증서를 다른 사람에게 돈을 받고 양도할 수 없었다. 예를 들어 독일법은 이 점을 매우 구체적으로 서술했다. 채무자는 원채권자 이외의 사람에게 돈을 갚을 의무가 없었다. 만약 채권자가 죽으면, 채무자는 빚을 갚지 않아도 된다. 영국에서도 1850년경까지 빚을 받을 권리는 한 개인에서 다른 개인에게 양도할 수 없었다. 반면 《탈무드》의 법은 '특정인이 없는' 신용 거래를 인정했다. 그래서 채무자는 원채권자가 아니더라도 그의 권리를 양도받은 사람에게 빚을 갚아야 했다. 오늘날 제대로 된 모든 금융 기관들이 하는 것처럼 말이다. 왜 유가 증권 제도가 부의 운영과 축적에 더 큰 유연성을 제공하는지에 관한 복잡한 이야기는 생략하겠다. 그 대신 오늘날 모든 재정 거래가 로마법이나 중세법에 근거해 이루어진다면 어떻게 되겠는지 상상해보라. 수표도 없고, 환어음도 없고, 약속어음도 없고, 할부나 대출도 없다고 생각해보라.

새롭고 간편한 신용 거래 방식과 모든 어음의 지불을 인정한 덕분에 국가 간 사업이 매우 쉬워졌음은 말할 것도 없고 국제 자본주의의 길도 열리게 되었다. 국제 자본주의라는 말에 사악한 의미는 전혀 들어 있지 않다. 단순히 국가 간의 자유로운 기업 무역을 의미할 뿐이다. 그러나 그런 국제 자본주의가 번성하려면 몇 가지 추가적인 조건이 갖추어져야 한다. 정부가 모든 국제 조약을 준수해야 하고, 자유 무역의 흐름을 보호해야 하고, 통화의 교환을 허용해야 하며, 계약서를 존중하고, 외국인 투자를 보호하고, 임의로 압수하지 않겠다고 보증해주어야 한다. 디아스포라는 유대인이 그런 조건들을 충족할 수 있게 했으며, 《탈무드》는 그 조건들을 갖추는 데 법률적 틀을 제공했다.

디아스포라 유대인은 비록 세 대륙과 세 문명에 흩어져 살았지만, 결국은 한 법을 준수했다. 그들이 거주한 나라의 여러 이방인 정부의 허락을 받아 '국가 안의 국가'를 형성했다. 이 '유대인 국가들'은 《탈무드》의 법과 정신에 지배받았고, 《탈무드》를 통해 한 연방 국가를 이루었다. 따라서 유대인은 《탈무드》 안에서 종교는 물론, 그들의 도덕, 윤리, 사업 행태까지 규제하는 국제법을 지니게 된 것이다. 불법 행위, 무역 규제, 손해 배상, 부동산, 상업, 맹세의 신성함, 계약 이행 같은 내용을 다루는 《탈무드》 제6부는 유대인 기업을 규제하는 이상적인 국제법으로 기능했다. 랍비들은 제사법뿐 아니라 상업 규칙도 공부해야 했다. 학자들과 철학자들은 경제와 관련한 질문에 답해야 했다. 덧붙여 마이모니데스는 이자를 받고 돈을 빌려주는 것이 '현대(1300년)' 사업의 필수 조건이라는 견해를 표명했다.

이처럼 《탈무드》를 통해 유대인들은 유대인과 유대인, 유대인과 국가, 유대인과 비유대인 사이의 사업 행위를 규제하는 국제법을 갖추게 되었다. 《탈무드》에 따르면 유대인은 비유대인과 맺은 약속을 더 잘 지켜야 하는 의무가 있었다. 봉건 제도 자체가 유대인에게서 자본주의가 발전하는 데 크게 기여한 측면도 있다. 유대인은 성직자도, 영주도, 농도도 아니었기 때문에 대부분의 유대인은 상업, 산업, 전문직으로 몰릴 수밖에 없었다.

유대인의 광범위한 상업 네트워크는 10세기에 이미 존재했다. 유대인은 유럽, 북아프리카, 중동에만 있었던 것이 아니라 인도와 저 멀리 중국에도 무역 거점을 설치했다. 인도와 중국에서 유대인이 상업적으로 이룬 성취는 13세기 해당 지역을 여행한 마르코 폴로에게 관찰되기도 했다.

사업 거래를 용이하게 하기 위해 유대인은 비공식적 어음 교환소를 운영했다. 그곳에서 대출을 받거나 어음을 현찰로 교환할 수 있었다. 남부 프랑스의 항구 도시 몽펠리에가 그런 어음 교환소의 예를 잘 보여준다. 12세기의 유대인 '마르코 폴로'라 불리는 투델라의 베냐민은 몽펠리에를 다음과 같이 설명했다. "당신은 여기서 전 세계에서 온 기독교도 상인과 이슬람 상인을 만난다. 포르투갈, 랑고바르드 왕국, 로마 제국, 이집트, 팔레스타인, 그리스, 프랑스, 영국에서 온 상인들이 여기에 있다." 몽펠리에는 크고 번성한 유대인 마을이 있었을 뿐 아니라 전 세계 학생들이 모여든 유명한 예시바도 있었다.

실은 11~13세기에 대부분의 지중해 항구 도시들은 유대인의 상업 활동이 매우 활발한 '벌통'이었다. 투델라의 베냐민은 자신의 책에서 유대인이 운영하는 유리 제조 공장과 새 무역선이 만들어지는 조선소를 언급한다. 1500년까지, 그러니까 에스파냐로부터 추방당하기 전까지 유대인은 모직과 비단 무역을 독점하다시피 했고 설탕과 후추를 포함한 향신료도 거의 독점적으로 수입했다. 이탈리아의 유대인은 국외로 추방되거나 게토에 격리되기 전까지 이탈리아의 실크 산업과 염료 산업을 주도했고 인도와의 광범위한 상거래를 지속했다. 동유럽으로 이주하면서 유대인은 자신들의 사업 기술도 가지고 왔다. 유대인이 오기 전에는 국내외 무역이 전무했던 폴란드가 유대인이 정착한 이후부터 산업 활동으로 분주해졌다. 곧 유대인은 내륙 무역로를 개척하여 강력한 한자 동맹*과 경쟁했다. 바르샤바, 프라하, 빈 같은 동유럽 도시들도 중요한 무역 중심지가 되었다.

W. E. H. 레키에 따르면[1] 수백 년 동안 유대인들은 국제 무역을 굴러가게 하는 (유일한 요인은 아니었을지라도) 가장 중요한 요인이었다. 유대인에게는 조직적인 환전 체계, 각 나라의 수요와 생산품에 관한 지식, 또한 자본 손실 위험에도 기꺼이 장기 투자를 하는 대범함이 있었다. 그렇다면 우리는 유대인의 경제 활동을 부끄러워할 필요가 없다. 세계가 유대인을 모범으로 삼아 따르고 있으니까 말이다.

그러나 중세 초기에는 유대인의 부끄러운 활동들도 있었다. 이 때문에 유대인은 (그들의 직업이 '유대인에게 지나치게 좋은' 것이 되어 기독교인에게 직업을 빼앗길 때까지) 기독교도로부터 수치스러운 명칭으로 불렸다. 유대인의 부끄러운 활동 가운데 가장 지탄받은 것이 고리대금업이었다. 한편으로 고리대금업은 중세 사회에 유대인이 기여한 것 중에서 가장 중요한 것이기도 했다. 고리대금업이 없었다면 봉건 체제 전체가 붕괴되었을 것이다.

농사에 실패해 다음 해에 파종할 곡식을 살 돈이 없는 봉건 농노들은 유대인을 찾아갔다. 역병으로 가축이 죽어 새로 사야 할 때, 혹은 병이 들어 음식 살 돈이 없을 때, 세금 낼 돈이 없어 약탈적인 영주에게 얼마 안 되는 재산마저 압수당하게 생겼을 때 그들은 유대인들에게 도움을 구했다. 귀족 영주들도 유대인의 돈이 필요했다. 새 성을 구입할 때, 값비싼 갑옷을 살 때, 봉건 방식으로 영주 생활을 유지

한자 동맹(Hanseatic League) 13~15세기에 독일 북부 연안과 발트해 연안의 여러 도시 사이에 이루어진 도시 연맹. 해상 교통의 안전 보장, 공동 방호, 상권 확장 따위를 목적으로 삼았다.(역주)

하는 비용이 부족할 때 유대인을 찾아갔다. 교회는 새 성당을 짓거나 새 벽화를 그리는 데, 또는 신생 수도원에 재정을 지원하는 데 유대인의 돈을 사용했다. 유대인 대출이 당시 얼마나 중요했는지를 보여주는 일화는 라벤나(Ravenna)가 베네치아 공화국에 통합되기를 요청했을 때, 통합 조건 중의 하나가 유대인을 불러들여 대출 은행을 여는 것이었다. 유대인이 파산 직전에 있는 가난한 사람들에게 도움을 줄 수 있게 하기 위한 것이었다. 피렌체도 유대인들에게 자신들의 도시로 와서 자본의 흐름을 유지시켜 달라고 간청했다.

왜 유대인만 대부업에 종사했을까? 기독교인은 왜 은행 사업에 뛰어들지 않았을까? 유대인은 꼭 필요한 서비스를 제공하면서도 왜 그렇게 욕을 먹었을까? 이 질문들의 답은 대부업을 어떻게 정의했느냐와 관련이 있다. 교회는 돈을 빌려주는 행위를 '은행업'이라고 부르지 않고 '고리대금업'이라고 불렀다. 현대인에게 '고리대금업'이라는 말은 지나치게 높은 이자로 돈을 빌려주는 행위를 뜻한다. 그러나 중세에 고리대금업은 이자를 받고 돈을 빌려주는 모든 행위를 의미했다. 이자를 아주 적게 받아도 고리대금이라고 불렀다. 은행 예금이나 정부 채권으로 3퍼센트의 이자 수입을 올리는 오늘날의 기독교인을 중세 교회는 파렴치한 고리대금업자로 여겼을 것이다. 교회는 이자를 받고 돈을 빌려주는 행위 자체를 매우 심각한 죄로 보았다. 이렇듯 이자를 받고 돈을 빌려주었다가 지옥에 간다면 어떤 기독교도가 고리대금업에 종사하겠는가? 그러나 유대인에게는 적용되지 않았다. 유대인은 기독교도가 아니었고, 교회의 관점에서 유대인은 어차피 지옥에 갈 사람들이었기 때문에 죄를 하나 더 범한다고 해도, 다시 말해 고리대금업에 종사한다고 해도 그들이 저 세상에서 받을 형벌이 더 가중되는 것은 아니었다. 중세 교회는 유대인이 '은행업자'가 되는 것을 허락했다. 마치 오늘날 유대인이 자신들이 안식일에 할 수 없는 일을 기독교도에게 시키는 것과 마찬가지다.(안식일에 노동할 수 없는 유대인들을 대신해 노동해주는 기독교인들을 '사바스고이Sabbath-goys', 즉 '안식일 이방인'이라고 부른다.)

대부업에 대한 중세 유대인의 입장은 오늘날 서구의 입장과 정확히 일치한다.《탈무드》가 금지하는 고리대금의 개념은 오늘날 고리대금 이라는 단어가 주는 어감과 일치한다. 즉《탈무드》는 지나치게 높은 이자를 취하는 것을 금지하며, 지나친 이자를 받는 은행업자를 살인 자에 비유한다. 2천 년 전《탈무드》는 오늘날 윤리적인 기독교 은행 업자들만큼이나 합리적이었다.《탈무드》는 사업과 상업의 도구로 대 부업을 장려했고, 이율을 정하는 일은 랍비들에게 맡겼다. 오늘날 은 행들이 금융 시장의 상황에 따라 이율을 정하는 것처럼,《탈무드》는 랍비들이 당시 사용 가능한 돈의 양에 따라 이율을 조정하게 했다. 그러나 실제로 중세에 유대인이 기독교도에게 부과하는 이율을 정한 것은 랍비가 아니라 교황, 황제 혹은 군주였다.

일부 기독교도가 중산층을 형성하고 유대인의 직업을 빼앗았을 때, 그때까지 경멸받던 유대인들의 직업은 훌륭한 직업이 되었다. 기 독교도들이 가장 먼저 빼앗은 유대인의 직업은 당시 교회가 여전히 금지하던 고리대금업이었다. 기독교도들은 냉소하며 어깨를 으쓱하 고는 당시의 경구를 인용했다. "이자를 받는 사람은 지옥에 간다. 그 러나 이자를 받지 않는 사람은 구빈원에 간다." 유대인과 경쟁하여 이길 수 없게 되었을 때, 그들은 주변의 귀족이나 군주와 암묵적으로 동맹을 맺었다. 그리고 귀족이나 군주는 '나쁜' 유대인들 대신 '좋은' 기독교도들이 대부업에 종사할 수 있도록 손을 썼다.

그러나 유대인이 추방되자마자 이율이 지나치게 높아졌고 교황조차 기독교도 대부업자들이 비정하다고 공개적으로 비난했다. 그들은 엄청난 이자를 요구하는 현대적 의미의 고리대금업자가 되었다. 단테가 《신곡》에서 이 기독교도 고리대금업자는 연옥의 가장 깊은 층에 가게 된다고 쓸 정도로 기독교도 대부업자들의 탐욕은 매우 악명 높았다. 영국, 프랑스, 이탈리아의 마을들이 자신의 왕과 군주에게 유대인 대부업자들이 다시 돌아올 수 있도록 탄원을 넣었다. 그러나 때는 너무 늦었다. 대부업은 기독교 고리대금업자들에게 매우 수지맞는 사업이었고, 그들의 뇌물을 받은 군주들은 기독교 고리대금업자들을 보호해주었다. 설상가상으로 유대인은 이미 그들의 사업을 감사하게 생각하는 동유럽의 폴란드로 이주한 뒤였다.

종교 개혁은 이방인과 유대인 모두에게 엄청난 사회적·경제적 변화를 불러왔다. 종교 개혁이 서유럽에서 먼저 일어났기 때문에 가장 극적인 변화가 발생한 곳도 서유럽이었다. 30년 전쟁의 폐허로부터 새로운 경제 계층이 일어났다. 그들은 사회 질서를 새롭게 세웠다. 일반적으로 경제학자들은 이 시대에 자본주의의 기초가 놓였다고 파악한다.

종교 개혁 운동은 어떻게 사회 혁명으로 변화했는가? 막스 베버가 주장하듯이 프로테스탄티즘이 자본주의를 탄생시켰는가? 아니면 변증법적 유물론자들이 주장하듯이 자본주의가 프로테스탄티즘을 탄생시켰는가? 아니면 베르너 좀바르트의 주장처럼 유대인이 자본주의를 창조했는가? 아니면 일부 대학의 경제학 교과서에서 주장하듯이 스스로 생겨났는가? 그것도 아니면 이 모든 것이 자본주의 탄생에 조금씩 기여했는가? 아마 여기서 유물론 철학자가 우리에게 해결의 실마리를 던져줄 수 있을 것이다.

유물론 철학사는 우리가 물건을 생산하는 방식, 우리가 물건을 다른 사람에게 만들어 파는 방식이 우리의 정치와 종교를 결정한다고 믿는다. 그에 따르면 사람들이 생산적 활동에 종사할 때 그들은 자동적으로 타인과 특정한 관계를 맺는다. 이 특정한 관계는 사람들의 의지와 관계없이 발생한다. 새로운 생산 방법에서 나오는 이 새로운 관계들의 총합이 그 사회의 경제 구조를 형성한다. 우리가 사업하는 방식은 경제적 의미에서 우리가 행동하는 방식을 결정하고, 우리가 행동하는 방식은 우리가 사업하는 방식의 표현 가운데 하나에 불과하다.

바로 이 점에서 유물론 철학자는 자기 주장의 난관에 봉착한다. 그의 주장에 따르면 경제 구조는 우리가 사회적·사법적·정치적·종교적 제도를 세우는 궁극적 기초인데, 이 제도들을 세우는 목적은 '우리가 하고 있는 경제 행위'를 보호하는 것뿐만 아니라 '우리가 경제 행위를 하는 방식'도 보호하려는 것이다. 예를 들어 미국의 사업 방식은 '자유 기업'이라는 체제 위에 서 있다. 우리의 법은 그것이 합법적 사업 방식이라고 말하고, 우리의 정치가들은 자유 기업을 지지하는 정강으로 운영된다. 우리의 종교는 자유 기업이 유일한 도덕적 방법이라고 말한다. 그러나 우리의 생산 수단이 변화하면 사회적·사법적·정치적·종교적 법칙, 다시 말해 우리의 이념도 변화할 것이다. 그리고 우리는 새로운 사회를 얻게 될 것이다.

이것은 간단한 예로 설명할 수 있다. 미국의 생산 시설들을 짓는 데 많은 자본이 필요하던 때에 가장 강조되던 덕목은 절약과 저축이었다. 벤저민 프랭클린의 신조가 이를 잘 반영한다. "안 쓰는 것이 버는 것이다." 오늘날 우리에게는 생산 시설에서 쏟아져 나오는 엄청난 물건을 소비하는 일이 매우 중요해졌다. 우리는 저축이 아니라 돈을 쓰는 것이 덕이 된 시대에 살고 있다. 소비에 대한 가치 판단도 '낭비'에서 '경제에 대한 믿음'으로 바뀌었다. 유물론 철학자는 인간의 존재를 결정하는 것은 인간의 의식이 아니라 인간의 의식이 결정하는 것이 사회적 존재라고 말한다.

그렇다면 경제 발전에 관한 유물론 이론에서는 영웅도 악당도 없다. 프로테스탄트 혁명으로 형성된 자본주의는 새로운 삶의 방식으로 쉽게 수용되지 못했다. 가톨릭과 루터파 교회가 초기 자본주의자들에게 퍼부은 비난을 1백 퍼센트라 한다면, 20세기에 미국 상공회의소가 공산주의에 던진 비난들은 3퍼센트에 불과하다. 자본주의는 기독교인의 교회 만찬회에서 존중받는 단어가 되기까지 2백 년 넘게 싸워야 했다.

30년 전쟁은 종교 전쟁인 동시에 사회 혁명이었다. 30년 전쟁의 결과로 새로운 국가 개념이 탄생했고, 이 새로운 국가 개념은 새로 일어난 중산층의 구미에 잘 맞았다. 종교에 충성하는 인간에서 국가에 충성하는 인간으로 사회적 이상이 변화했다. 프랑스인, 영국인, 네덜란드인이 되는 것이 기독교인(프로테스탄트나 가톨릭)이 되는 것보다 더 중요해졌다. 또한 종교 개혁 전에 왕의 권력은 귀족들에게서 나왔지만, 종교 개혁 후에는 새로이 성장하는 중산층에서 나왔다. 중산층의 성장은 매우 느리고 잘 느껴지지 않았지만, 멈추지 않고 진행되었다. 과거에 귀족들은 왕에게 사람, 무기, 돈을 제공했을 뿐 아니라 자신의 지역을 운영하는 비용도 지불했다. 이제 이런 활동들은 국가의 역할이 되었다. 국가는 군대를 유지할 돈을 스스로 모아야 했고, 행정 관료를 유지할 돈과 근대 국가에 필수적인 관료 조직을 유지할 돈이 필요했다. 언제나 그렇듯이 돈 문제에 빠진 유럽의 지배자들은 유대인을 찾아갔다. 역사가 베르너 좀바르트는 다음과 같이 말한다.

> 피상적으로 보면 근대 국가 형성에 유대인의 역할이 매우 미미한 것처럼 보인다. 근대 국가를 창설한 정치인 가운데 유대인은 한 명도 없다. 카를 5세, 루이 11세, 리슐리외, 마자랭, 콜베르, 크롬웰, 프로이센의 프리드리히 빌헬름, 프리드리히 대왕까지 이들 가운데 유대인은 없다. 그러나 우리는 유대인을 생각하지 않고 이 근대 정치가와 지배자들을 논할 수 없다. …… 유대인과 지배자들은 역사가들이 '근대'라고 부르는 시대를 팔짱을 끼고 함께 걸어갔다. …… 그들의 관심과 마음이 일치했다. 유대인은 근대 자본주의를 구현했고, 지배자들은 유대인과 연대하여 자신의 지위를 세우거나 지켰다. 그러므로 내가 근대 국가 형성 과정에서 유대인이 기여한 역할을 말할 때 염두에 두는 것은 국가 설립과 같은 직접적 영향력이 아니라 그 과정에서 필요한 간접적 조력이다. 나는 유대인이 신생 국가들에게 스스로를 유지하고 발전시키는 데 필요한 물질적 도움을 주었다는 것이 사실이라고 생각한다. 유대인이 각 나

라의 군대를 지원했고…… 그 군대는 새 국가들의 보루였다.[2]

17~18세기 유럽의 군주들은 재정 문제에서 유대인의 천재성을 재빨리 간파했다. 유대인은 서유럽에 다시 초청되어 그곳에서 역사적인 국제 은행들을 창설했다. 그러나 아마 이 시기는 유대 역사에서 근대에 속할 것이다.

더 정확하게 중세 유대 역사에 속하는 부분은 '왕실 유대인'이라는 새로운 현상이다. 이 놀라운 현상은 중앙 유럽, 특히 독일어권 나라에서 발생했다. 역사가들이 유대인의 이런 역할에 관심을 기울인 것은 최근에 들어서이다. 왕실 유대인과 그들의 성취를 연구하는 현대 역사가들은 그 현상에 관해 새로운 평가를 내리기 시작했다.

왕실 유대인은 1900년대 국제 은행가의 원형이라기보다는 오늘날 미국 재무장관의 원형이라 말할 수 있다. 왕실 유대인의 역할은 군의 병참 대장이나 군주의 재무관 혹은 조폐국의 역할뿐 아니라 수입을 늘릴 새로운 수입원을 창출하고, 투자를 협상하고, 채권을 발행하고, 새로운 과세 정책을 고안해내는 것을 포함했다. 다시 말해 왕실 유대인은 현대 금융의 기법으로 지배자들을 귀족(에 대한 의존)으로부터 해방하는 역할을 했다.

30년 전쟁 후 신성 로마 제국에 속했던 2백 개의 주요 공작령과 공국과 백작령* 가운데 왕실 유대인을 두지 않은 곳은 거의 없었다. 황제 가운데 가장 독실한 가톨릭교도이자 예수회에 은혜를 입었던 카를

---

* 베스트팔렌 조약 후에 신성 로마 제국은 독립 영지 2천 개를 거느렸다. 일부는 면적이 5~7제곱킬로미터에 불과했다.

5세도 호프유데(Hofjude), 즉 왕실 유대인을 두었다. 카를 5세의 왕실 유대인이었던 로세임의 요셀(Josel)은 조폐국 서기이자 재정가로서 카를 5세가 그의 도움 없이는 국가를 운영할 수 없었을 정도로 매우 큰 영향력을 발휘했다.

왕실 유대인들은 자신을 보호해주는 군주에게 절대적으로 충성했다. 그들은 마음대로 여행할 수 있었고, 국가 수장들과 함께 와인을 마시며 식사했다. 그들은 높은 지위에 있었지만 절대 게토에 있는 형제들을 잊지 않았다. 왕실 유대인은 게토 유대인의 입장을 대변하는 중재자였고 그들의 안녕에 크게 기여했다. 대부분의 왕실 유대인들은 개종하기만 하면 국가의 최고 지위까지 쉽게 오를 수 있었지만 놀랍게도 그들은 개종을 거부했다. 그러나 이런 태도는 그들에게 도움이 되지 않았다. 그 일로 인해 귀족들의 마음에는 그들을 향한 미움의 씨가 자라게 되었다. 왕실 유대인은 귀족들의 권력과 특권을 제거해버릴 급진적인 자본주의 국가의 도래를 선언하는 혁명적 인물이었다. 귀족들은 왕실 유대인에게서 자신들의 멸망을 보았다.

왕실 유대인의 3백 년 역사는 많은 수의 화려한 개인들과 모험 가득한 이야기들을 생산해냈다. 그중에서 가장 흥미롭고 화려한 이야기는 요제프 쥐스 오펜하이머(Joseph Süss Oppenheimer)와 관련된 것이다. 뷔르템베르크의 공작 카를 알렉산더(Karl Alexander)의 재무장관이었던 오펜하이머는 지혜로운 금융 혁신으로 왕들을 귀족으로부터 해방했으며, 근대 금융 전문 정치인의 원형으로 여겨진다. 이 때문에 오펜하이머는 뷔르템베르크 귀족들에게 큰 증오를 샀다. 귀족들은 자기들의 사회 제도가 이미 역사의 뒤안길로 밀려났다는 것을 깨닫지 못하고 자신들의 고난을 모두 오펜하이머의 탓으로 여겼다.

오펜하이머의 극적인 인생은 리온 포이히트방거(Lion Feuchtwanger)의 역사 소설인 《권력》의 주제가 되었다. 포이히트방거에 따르면 요제프 쥐스 오펜하이머는 아름다운 유대인 배우 미하엘레 쥐스(Michaele Süss)와 볼펜뷔텔의 공작이자 잘생긴 기독교인 마르샬 하이더스도르프(Marshal Heydersdorff) 사이에 태어난 혼외 아들이었다. 쥐스의 남편은 유대인 유랑 극장 회사의 사장이었다. 유대인 법에 따르면 그 아들은 유대인이다. 왜냐하면 유대인 어머니에게서 태어난 아이는 혼외 자식이라도 유대인으로 인정되었기 때문이다. 한편 기독교 법에 따르면 오펜하이머는 뷔르템베르크의 왕실에 속한 기독교도였다.

진짜 아버지에 대해 알 리 없는 청년 요제프는 튀빙겐대학에서 언어, 수학, 법을 공부했다. 그는 부유했고 잘생겼으며 유머 감각에 두뇌까지 겸비했기 때문에 귀족들과 왕족들은 유대인인 그를 곁에 두는 것을 허용했을 뿐 아니라 그와 적극적으로 함께 있기를 원했다. 그는 처녀, 유부녀 할 것 없이 귀족 여인의 침실을 들락거리며 많은 시간을 보냈다. 그러다가 한 백작령에 인지세 처리를 도와준 일과 어느 자유도시를 위해 조폐 계약을 한 일을 포함한 일련의 재무 처리가 알려지면서 '오펜하이머'라는 이름이 왕들의 귀에까지 들어갔고, 왕들은 그를 고용하려고 경쟁하기에 이르렀다. 오펜하이머가 뷔르템베르크 왕실로 들어가게 된 것은 그의 출생과 관련이 있다.

왕실에서도 오펜하이머는 여자들의 침실에서 매우 인기 있었고, 응접실의 환담 상대로도 인기가 높았다. 기독교 귀족과 끊임없이 교제하면서도 그는 종종 유대인 게토를 방문했고, 어려움에 처해 있는 유대인들을 돕기 위해 그가 할 수 있는 모든 일을 했다. 그리고 높은 정부 관직을 얻으려고 기독교로 개종한 그의 이복 형제를 멀리했다.

자신들의 권력이 약해지고, 자신들이 누리던 특권이 점점 사라져 가는 것을 깨달은 귀족들은 '유대인 쥐스'에게 증오를 집중했다. 카를 알렉산더의 죽음으로 요제프 쥐스를 처낼 기회를 얻은 귀족들은 음모를 꾸며 오펜하이머를 반역 혐의로 체포했다. 선고를 기다리는 감옥 안에서 오펜하이머는 자신의 정체를 알게 된다. 자유를 얻고 유럽의 왕실 생활을 누리기 위해 그가 해야 할 일은 오직 자신이 누구인지를 밝히는 것뿐이었다. 즉 자신이 존경받던 마르살 하이더스도르프의 아들임을 말하면 된다. 그러나 그는 그렇게 하는 대신 침묵 속에서 사형 선고를 받아들였다. 그는 유대인으로 살아 왔고, 유대인으로 죽을 것이었다. 1738년 눈 내리는 어느 날 기독교도들이 그에게 오물을 투척하고, 유대인들은 "셰마 이스라엘, 아도나이 엘로헤이누 아도나이 에하드.(이스라엘아, 들어라. 우리 하느님이신 주님은 오직 한 분이신 주님이시다.)"를 외치는 가운데, 그는 단두대로 올라갔다.

그날 밤, 죽음을 무릅쓰고 유대인들은 마르살 하이더스도르프 아들의 시신을 내리고 익명의 시신을 대신 올려놓았다. 그들은 오펜하이머의 시신을 다른 공작령으로 빼돌려 좋은 비단 옷을 입혀 유대인 무덤에 안치했다. 그의 비석에는 아브라함의 하느님, 이삭의 하느님, 야곱의 하느님의 축복이 새겨졌다

그와 함께 묻힌 것은 새 자본주의 정신이 아니라 중세의 정신이었다.

22장

신비주의 카발라 유대교의 도전

우리는 봉건제라는 체스판에서 유대인이 위험 지역에서 안전 지역으로, 또 안전 지역에서 위험 지역으로 이리저리 옮겨 다니다 마침내 중세를 벗어나게 되기까지, 유대인의 중세 역사를 통해 그들의 생존을 추적했다. 그러나 유대교는 어떻게 중세 1천2백 년 동안 영적으로 생존할 수 있었을까? 중세 유대 역사에서 유대교에 정신적 통합을 제공한 공통의 요소가 있었을까? '구원', 그리고 '더 많은 구원'이라는 표현이 중세의 기독교 정신을 요약한다면 '카발라'*, 그리고 '더 많은 카발라'라는 말은 중세의 유대교 정신을 요약한다.

신비주의는 유대인의 삶에서 새로운 것이 아니다. 유대교의 시작과 더불어 신비주의도 시작되었고 기원전 12세기 시나이산에서 토라

---

* '카발라(kabala)'라는 말은 '받다'라는 뜻의 히브리어 '카베일(kabeil)'에서 유래했으며, '전통' 혹은 '계시'를 받는 것을 의미한다. 이것은 유대교 신비주의 철학에 붙여진 이름이다.

를 받기 전에도 신비주의가 존재했다. 그러나 토라를 받은 이후 신비주의는 유대교에서 별로 중요하지 않는 위치로 강등되었다. 카발리스트, 즉 유대교 신비주의자들에 따르면 카발라는 토라와 동시에 주어졌다. 그러나 토라는 모든 이에게 주어졌지만, 카발라는 몇몇 선택된 성인에게만 계시되었다. 전통에 따라 그들은 매우 적은 무리의 신비주의사들에게 카발라를 전수했다.

오랜 세월 동안 이 신비주의의 흐름은 토라, 《탈무드》와 나란히 흘러갔지만, 언제나 토라와 《탈무드》의 장엄한 성취 아래에 있었다. 신비주의 추종자들은 카발라를 제2의 구전 율법으로 여겨 그것의 권위를 성경에서 찾으려 했다. 카발라는 토라와 함께 성장했지만 그 그늘에 가려 있었고, 유대교 신비 철학의 뒷골목에 머물렀다. 카발라는 정전으로 인정받지 못한 예언서, 조로아스터교의 부활 신화, 그리스 과학, 수비학, 영지주의적 이단들로부터 영감을 얻었다. 카발라는 주목할 만한 유대인 성인들과 학자들이 수 세기 동안 정제하고 다듬고 생명을 불어넣는 공을 들인 것이다.

8세기에 《형성의 서》가 남부 이탈리아에서 출판되면서 신비주의의 저류가 최초로 표면으로 올라오게 된다. 13세기에 에스파냐에서 쓰이고 편집된 《조하르(Zohar)》와 함께 신비주의 저류가 두 번째로 중세 유대 문명에 모습을 드러낸다. 《형성의 서》는 주로 신에 대한 몰아적 경험을 다룬다. 《조하르》는 신, 우주, 과학에 대한 형이상학적 고찰이며, 가장 뛰어난 신비주의 백과사전이라고 할 수 있다. 이 두 책이 결합해 카발라, 즉 유대교의 독특한 형이상학 철학이자 신비주의 사상의 핵심인 카발라가 만들어졌다.

카발리즘은 유대인의 생활 속에서 통일된 흐름으로 그다지 오래 지속되지 못했다. 《조하르》가 출연하면서 곧 두 갈래로 갈라졌다. 한 갈래는 합리적이고 과학적인 것을 추구하여 형이상학의 성격을 띠게 된다. 이는 스피노자와 서양 철학의 합리주의 학파와 과학자들로 이어졌고, 유대 학자와 기독교 학자 모두 이 신비주의의 추종자가 되었다. 다른 갈래는 독일에서 시작되었는데, 수 세기 동안 동유럽에서 세력을 넓혔으나 신비주의로 시작해 킨난호라*를 중심 주제로 한 미신으로 전락했다.

《조하르》와 《형성의 서》는 모두 라틴어와 다른 서양 언어로 번역되었다. 그리고 카발라에 영감을 받은 유대인, 기독교인 학자들, 인문학자들, 과학자들의 저작도 대학을 통해 널리 유포되었다. 이런 신비주의 저작들은 17세기 과학의 갑작스런 발전에 큰 기여를 했을지도 모른다. 17세기는 카발리즘이 가장 큰 영향력을 행사한 시기인 동시에 쇠퇴하기 시작한 시기이기도 하다. 과학이 태어난 이후에는 더는 신비주의가 필요하지 않았기 때문이다.

논리만으로는 '숭고한 신 체험'이라는 카발리즘의 교리를 설명할 수 없었기 때문에 카발리스트들은 상징적 사고와 상징적 언어를 그들의 사고에 도입했다. 그들은 단어의 일반적 의미를 버리고, 글자들에 숫자의 가치를 부여하고, 그 글자들과 숫자들에 신비주의적인 속

---

* '킨난호라(kinnanhora)'는 하나의 이디시어와 두 개의 히브리어를 줄인 이디시어이다. '케인 아인 하라아(kein ayyin ha'ra'ah)', 다시 말해 '악마의 눈은 없다'로 해석된다. 이것은 중세 유대인의 미신을 상징했다. 이것으로부터 브롱크스 사람들의 축약어 '카나리(canary)'가 생겨났다. "나에게 카나리를 주지 말라."라는 표현은 "나에게 악마의 눈을 주지 말라."라는 의미이다.

성을 부여했다. 1에서 10까지의 숫자와 모든 히브리어 자모로 이루어진 서른두 개의 상징 언어는 지혜에 이르는 서른두 개의 신비한 길을 구성한다. 이 추상적 속기법으로 카발리스트들은 환상의 형이상학적 세계를 개발했다. 이 형이상학의 세계에서는 한 요소가 다른 요소로 변신하고, 숫자들이 물건의 특징을 대신하고, 세계는 그 축을 따라 회전한다. 카발리스트들은 언어 재능이 뛰어났고, 문학에 소질이 있었다. 그들은 히브리 제의와 문학에서 오늘날에도 여전히 사용되는 위대한 시들을 지었다.

우리가 중세 카발리스트를 일종의 과학자로 여기면, 17세기 서유럽에서 과학의 천재성이 갑작스럽게 분출한 경위를 밝히는 데 실마리를 얻을 수 있을 것이다. 그들의 저작이 갈릴레오 갈릴레이(Galileo Galilei)나 아이작 뉴턴(Isaac Newton) 같은 후대의 비유대인 과학자들의 빛에 가려졌다 해서 이 유대인 과학자들의 기여를 평가하지 않을 이유는 없다. 새로운 아이디어는 진공에서 나오지 않는다. 그것들은 잘 준비된 지성의 토양에서만 꽃을 피운다.

12세기에 유대인 과학자 아브라함 바르 히야(Abraham bar Hiyya)는 그리스와 아랍의 과학 저작들을 라틴어로 번역했을 뿐 아니라 지리, 천문, 수학, 과학적 방법론에 관한 독창적인 작품을 썼다. 이 작품들은 모두 라틴어로 번역되었다. 최초의 히브리 과학 방법론을 개발한 사람도 바로 그였다.

카발리즘과 과학을 통합한 학자는 에스파냐계 유대인 이삭 이븐 라티프(Isaak ibn Latif)였다. 그는 카발리즘, 아리스토텔레스 철학, 수학, 그리고 자연과학을 통일된 체계로 묶어냈다. 그의 저작들은 라틴어로 번역됐으며 기독교 학자이자 13세기 에스파냐의 뛰어난 과학자인 라몬 유이(Ramon Llull)의 관심도 끌었다. 스콜라 철학*이 과학에 씌운 속박을 깨뜨릴 방법을 찾던 유이는, 카발라와 이븐 라티프의 저작들을 논리에 관한 자신의 책 《위대한 기술(Ars Magna)》의 기초로 사용했다. 유이의 책은 중세 유럽의 대학에서 널리 사용되었다. 북아프리카에서 이슬람교도들은 복음 전도를 이유로 들어 그를 돌로 쳐 죽였다.

프랑스계 유대인 수학자이자 천문학자인 임마누엘 봉피스(Immanuel Bonfils)는 유럽 학자들이 십진법을 받아들이기 150년 전인 14세기에 십진법을 발명한 학자로 여겨진다. 그의 저작은 새로운 수학 개념을 소개했고 그의 천문 지도는 항해사들 사이에서 널리 이용되었다. 같은 세기에 레비 벤 게르숑(Levi ben Gershon)은 당시 과학 이론들의 잘못된 방법론을 비판했다. 그리고 현대 삼각법의 기초가 된 새로운 삼각법을 소개했다. 그는 마젤란, 콜롬버스, 바스코 다가마(Vasco da Gama) 같은 항해사들이 사용한, 이른바 '야곱의 지팡이'로 알려진 사분의(quadrant)도 개발했다.

카발리즘이 기독교 세계에서 가장 넓게 퍼진 때는 15세기와 16세기였다. 예를 들어 15세기 말에 르네상스 인문주의자이자 철학자였던 조반니 피코 델라 미란돌라(Giovanni Pico della Mirandola)는 《조하르》를 라틴어로 번역했다. 그러나 카발리즘을 대중화하는 데 가장 큰 공헌을 한 기독교 학자는 요하네스 로이힐린이었다. 그는 16세기

---

* 정통 기독교를 아리스토텔레스 철학과 조화시킨 중세 철학 체계. 스콜라 철학은 기독교를 해방시키는 대신에, 과학의 목을 졸랐다.

초에 그의 신학적 철학이 카발라에 기초하고 있다고 공공연히 주장했다.

16세기 가장 위대한 카발라 학자인 이삭 루리아(Isaac Luria, '사자'를 의미하는 '아리'로도 알려졌다)는 카발리즘에 새로운 형이상학적 철학을 더했다. 루리아는 모든 물질과 사상이 세 단계의 순환—즉 '찜쭘(tzimtzum)', 직역하면 '축약', 의역하면 '정(正)'. '세비랏 하케일림(shevirat hakeilim)', 직역하면 '그릇의 깨짐,' 의역하면 '반(反)'. 마지막으로 '티쿤(tikkun)', 직역하면 '회복,' 의역하면 '합(合)'—을 통해 진화한다고 생각했다.

2세기에 그리스-로마인들과 함께 죽었던 서양의 철학과 과학이 16~17세기에 재탄생했다. 1천5백 년 동안 이어진 철학과 과학의 암흑 시대는 에픽테토스(Epictetos)와 마르쿠스 아우렐리우스(Marcus Aurelius)의 죽음으로 시작되어 프랜시스 베이컨(Francis Bacon), 르네 데카르트(René Descartes), 존 로크(John Locke), 고트프리트 라이프니츠(Gottfried Leibniz), 니콜라우스 코페르니쿠스(Nicolaus Copernicus), 요하네스 케플러(Johannes Kepler), 갈릴레오, 뉴턴의 활약으로 끝이 났다. 서양 철학과 과학의 재탄생에 불씨가 된 것은 과연 무엇이었을까? 혹시 라티프, 유이, 피코 델라 미란돌라, 로이힐린 같은 유대-기독교 학자들(1300~1600년)의 형이상학적 카발리즘 사변과 히야, 봉피스, 게르숑 같은 유대 과학자들(1200~1500년)의 연구가 17세기 서유럽에서 철학의 재탄생과 과학적 방법론 확립에 지적 기초가 되지 않았을까?*

우리는 역사의 신기한 우연 하나와 다시 만난다. 기독교 과학과 철학의 폭발적 부흥이 1100년에서 1500년 사이에 발생하지 않았다는 점이다. 또 동유럽에서 발생하지도 않았다. 그것은 유대교 신비주의 학자들과 과학자들이 4백 년 동안 번성했던 17세기 서유럽에서 발생했다. 코페르니쿠스, 케플러, 갈릴레오, 뉴턴, 베이컨, 데카르트, 로크, 라이프니츠 같은 과학자들이 유대교 신비주의에 익숙했고 유대인의 과학 저술을 잘 알고 있었다는 데는 의심할 여지가 없다. 17세기에 이 모든 유대인 저작들은 라틴어로 번역되었고, 유럽의 대학과 도서관에 널리 유포되어 있었다.

물론 이런 우연의 일치가 유대교 신비주의와 과학 혁명의 관계를 증명하는 것은 아니다. 그러나 왜 서양 철학과 과학이 17세기에 그런 대담한 도약에 성공했는가는 여전히 가치 있는 질문이다. 학자들은 우리의 논증을 두고 '포스트 호크 에르고 프로프테르 호크(post hoc ergo propter hoc)', 즉 "이것 이후에, 따라서 이것 때문에."(선행하는 것이 곧 원인이라고 믿는 일종의 논리 오류)라고 하겠지만, 여전히 우리는 이 부분에서 학자들이 지금까지 한 대답들보다 더 의미 있는 대답을 얻기 위해 그들의 학자적 촉수를 더 많이 사용해야 한다고 주장한다.

앞서 언급한 것처럼 동유럽에서 카발라는 완전히 다른 방향과 색

---

* "과학 혁명에 관한 한 가지 놀라운 사실은 그것의 처음 단계, 어떤 의미에서 가장 중요한 단계가 망원경과 현미경, 온도계와 정밀 시계 같은 새로운 측량 기구들이 발명되기 전에 완수되었다는 것이다.(이 기구들은 첨단 과학에서 제기되는 질문의 정확한 과학적 대답을 얻는 데 필수 불가결한 것이었다.) 과학 혁명의 처음 단계를 이끈 것은 기술 도구의 발달이 아니라 세계관의 조직적 변화, 즉 질문의 종류가 바뀐 것이다. 왜 그런 사고의 혁명이 일어났는지는 분명하지 않다."(A. C. Crombie, *Medieval and Early Modern Science*, vol. 2, p. 122)

채를 떠었다. 13세기에서 16세기 사이에 유대인 삶의 중심이 서유럽에서 동유럽으로 옮겨 갔고, 유대 역사도 서유럽이 아니라 동유럽에서 만들어지고 있었다는 것을 떠올려보자. 동유럽에서 카발라는 유대인들의 불행을 달래는 데 사용되었다. 메시아가 곧 나타난다는 교리를 통해 카발라는 고통을 겪는 유대인들에게 희망을 주었다.

8세기 《형성의 서》가 출간된 이래로, 유대 신비주의자들은 비밀스러운 공식을 사용해 유대 메시아의 도래를 앞당기려 했다. 유대교 카발리스트들은 사람들이 하느님에게 가까이 갈 수 있으면 메시아를 더 빨리 보내도록 (그래서 유대인들의 고통을 더 빨리 끝내고, 압제자들의 계획을 무너뜨릴 수 있도록) 하느님에게 영향력을 행사할 수 있다고 주장했다. 이런 신비주의 교리는 사람들의 상상력에 불을 지폈고, 사람들은 메시아의 도래를 준비했다. 그들은 실망하지 않았다. '메시아'는 중세의 모든 세기에 출현했다. 물론 카발라 예언자들이 희망했거나 기대했던 방식은 아니었지만 말이다.

그러나 카발라는 점점 대중들로부터 동떨어져 소수의 열성 신봉자들만 믿게 되었다. 앞서 언급한 것처럼 서유럽에서 카발라는 형이상학자, 철학자, 과학자들의 것이었다. 그들은 물질과 우주의 본질을 성찰하는 데 카발라를 사용했다. 동유럽에서도 카발라는 하느님과 천국의 본성을 사색한 학자들과 신비주의자들의 전유물이 되었다. 카발라 과학자들, 철학자들, 신비주의자들이 대중이 원하는 것을 주지 않을 때, 돌팔이와 사기꾼은 학자들이 가려 하지 않았던 영역으로 진출했다. 그들은 자신들만의 형태로, 사람들이 이해할 수 있는 형태로 카발라를 대중에게 보급했다. 이런 미신의 토양 위에서 카발라는 타락하기 시작했다.

지금까지 유대 역사는 존경할 만한 예언자들, 랍비들, 학자들로 가득했다. 그래서 그런 성스러운 역사가 주는 따분함을 세계 최고의 사기꾼, 모험가, 돌팔이 들의 이야기로 달래는 것도 나쁘지 않을 듯하다. 이들은 카발라 운동의 부산물이기 때문에 유대 역사의 일부라 할 수 있다.

아브라함 아불라피아(Abraham Abulafia)는 아주 중요한 가짜 카발라 예언자였다. 명망 있는 에스파냐 유대인 가문의 후손이었던 아불라피아는 이른 나이에 카발라에 푹 빠졌다. 예루살렘을 순례하던 중에 그는 에스파냐로 돌아가 자신이 예언자임을 선포하라고 명령하는 신의 목소리를 듣는다. 하지만 아무도 그의 말을 믿지 않았다. 왜냐하면 모두 그가 부잣집 아들이라는 사실을 알았기 때문이다. 1280년 그는 또다시 목소리를 듣는다. 이번에는 더 충격적인 메시지였다. 목소리는 그에게 교황 니콜라우스 3세를 유대교로 개종시키라고 명령했다. 명령은 명령이다. 사람들은 신의 명령에 따르기 위해 최선을 다하기 마련이다. 그래서 아불라피아도 교황을 만나러 갔다. 실제로 교황은 그를 만나주었다. 그러나 니콜라우스 3세는 아불라피아의 의도를 알고는 분노해 아불라피아에게 화형을 언도했다. 그런데 충격이 너무 컸는지 교황은 사흘 후에 숨을 거두고 만다. 아불라피아는 판사들을 '카발라로 매료해' 화형을 면했다. 그 후 그는 시칠리아로 갔고 그곳에서 그 목소리가 그를 예언자에서 메시아의 지위로 승격시키겠다고 다시 말했다. 그러나 아불라피아는 메시아라는 칭호를 주장할 정도로 뻔뻔하지는 못했다. 그는 자신을 사기꾼이라고 비난하는 랍비들의 괴롭힘을 감당할 수 없었다. 그래서 다른 지역으로 도망쳤다. 그곳에서 마지막이자 또 한번의 목소리가 들려왔고, 그 목소리는 아불라피아를 역사에서 사라지게 했다.

1502년 어느 봄날 아침, 베네치아의 젊은 카발라 학자 아셰르 레믈린(Asher Lemmlin)은 자신이 엘리야 예언자라는 깨달음을 얻고 잠에서 깼다. 그는 자신을 사람들이 금식하고 스스로 정결히게 히면 그해에 메시아가 나타나리라는 것을 알리기 위해 돌아온 엘리야라고 주장했다. 유대인들이 벌 떼처럼 몰려들어 그의 옷 자락에 입 맞추고 그를 예언자로 숭배했을 뿐 아니라, 그가 다름 아닌 '그 메시아'인데 겸손함 때문에 그 사실을 감추고 있는 것은 아닌지 의심까지 했다. 예언자는 고향에서 존경받지 못한다는 속담에도 불구하고 그의 할아버지조차 그의 예언을 믿고 유월절 무교병을 굽는 화덕을 부수어버렸다. 그 이듬해 유월절에는 팔레스타인에서 새 메시아와 함께 무교병을 굽게 되리라고 확신했던 것이다.

하지만 1502년은 기독교인들에게도 풍요로운 해였다. 많은 유대인이 기독교로 개종했기 때문이다. 약속된 메시아가 오지 않자 실망한 경건한 유대인들이 그해에 메시아가 올 것을 대비해 금식한 것을 완전히 헛되이 만들지 않으려는 듯 기독교 세례를 받은 것이다.

같은 세기에 또 한 명의 화려한 모험가가 한 정신 나간 성인(聖人)과 팀을 꾸려 메시아의 도래를 연출했다. 그들의 거대한 계획에는 교황, 왕, 그리고 황제도 포함되었다. 1523년 어느 맑은 날 베네치아에 어딘가 어색한 한 인물이 번쩍이는 하얀 아랍 말을 타고 등장했다. 말에 타고 있던 인물은 동화에 나올 법한 검은 피부의 난쟁이 다비드

르우베니(David Reuveni)였다. 그는 자신이 르우벤 부족의 왕―튀르크 군대와 후방에서 싸우는 수천 명의 유대인 정예 부대를 통솔하는 장군―의 동생이라고 주장했다. 그는 야만족들을 무찌르는 유대교 '십자군'에 교황의 지원을 받기 위해 자신이 형을 대신해 왔다고 말했다.

이 난쟁이의 성격이 무척 매력적이어서 교황 클레멘스 7세가 르우베니의 알현을 허락했다. 그러나 르우베니의 말을 들은 교황은 확신이 필요했다. 당시 가톨릭 세계는 많은 문제에 시달렸다. 이단자 프로테스탄트들은 공공연한 문제가 되었고, 기독교 세계는 위기에 처해 있었다. 튀르크족은 유럽으로 진군하고 있었는데 그 튀르크족과 후방에서 싸우는 군대를 그리스도 예수의 민족, 유대인들이 이끌고 있었던 것이다! 심지어 교황의 점성술사들도 르우베니에 관해 호의적인 점괘를 내놨다. 교황은 극동 문제 전문가인 포르투갈의 왕과도 상의했다. 그는 르우베니가 실제 있는 왕국에서 파견된 진짜 외교관임을 확인해주었고 르우베니에게 도움을 주겠다고 자청했다. 교황의 축복을 받으며 르우베니는 유대교 깃발을 돛대에 달고 포르투갈로 향했다. 유대인들은 기쁨에 찼다. 교황이 12지파 중 잃어버린 10지파의 왕이 보낸 사절과 알현했다! 포르투갈 왕도 그의 진위 여부를 확인해주었다. 유대인의 눈에 르우베니는 이제 메시아처럼 보였다.

한편 리스본에서는 주앙 3세(João III)와 르우베니가 아라비아 오지의 튀르크족 후방에서 싸우는 르우벤 부족의 용감한 군인들에게 어떤 무기를 빌려줄 것인지를 두고 깊은 대화를 나누고 있었다. 주앙 3세는 회담 중에 마라노 박해를 중지했을 정도로 유대인을 배려했다.

그러자 포르투갈에 대혼란이 일어났다. 마라노들이 은신처에서 거리로 나와 르우베니를 메시아로 환영했다.(이때 종교 재판을 담당한 성직자들은 미래를 대비해 바쁘게 그들의 이름을 기록했다.) 그리고 기독교인들도 유대교로 개종하기 시작했다. 왕과 성직자들은 당황했고, 의심의 눈초리가 자신에게 쏠릴 것을 감지한 르우베니는 재빨리 이탈리아로 도망쳤다. 주앙 3세는 다시 마라노들을 핍박하기 시작했고, 유대교로 개종했던 기독교도들을 화형시켰다.

이탈리아에서 르우베니는 디오고 피레스(Diogo Pires)와 연대했는데, 그는 포르투갈 마라노였지만 비밀 기독교도였다. 유대교에 무지했던 디오고는 유대교로 개종하고, 할례를 받고, 이름도 솔로몬 몰코(Solomon Molko)로 개명했다. 그리고 유대교에 관한 모든 것을 즉시 성령의 힘으로 계시받는 기적도 체험했다. 그러나 종교 재판소는 계시를 좋게 생각하지 않았다. 그래서 몰코는 팔레스타인으로 도망쳤고, 그곳에서 카발라를 공부했다. 이로써 그는 성령으로 배운 탈무드학에 학문적 신비주의까지 섭렵했다. 몇 년 후 그는 이탈리아로 돌아와 임박한 심판의 날에 대해 설교했다. 그는 확신에 가득 찬 나머지 스스로 메시아로 선포했다. 메시아에 관한 '옛 전통'에 따라 그는 가난한 자, 병든 자, 장애인, 맹인, 피부병 환자, 나병 환자들에게 설교했다. 이런 그의 명성이 퍼지자 교황은 그를 종교 재판에서 사면했다.

이제 르우베니와 몰코는 베네치아에서 의기투합하여 하나의 깃발을 들고 레겐스부르크(당시에는 라티스본Ratisbon으로 불렸다)로 함께 떠나, 그곳에서 신성 로마 제국의 황제 카를 5세에게 튀르크족을 상대로 공동 전선을 꾸리자고 제안했다. 또 그들은 아라비아 내륙에서 싸우는 유대인 왕을 위해 카를 5세의 도움을 얻어내려 했다. 그러나 카를 5세에 대해 그들이 조금만 더 잘 알았다면 그런 제안은 하지 않았을 것이다. 어머니가 지적 장애인이었던 카를 5세는 엄청난 뇌물을 써서 황제 자리를 얻었고, 로마를 침공해 교황에 의해 왕위에 올랐다. 그는 로마의 교황에 의해 즉위한 마지막 독일 황제였다. 읽고 쓰는 법을 배우지 못한 카를 5세는 어릴 적부터 '무관용'을 체득했다. 개신교도가 빠르게 증가하자, 카를 5세는 종교 재판소를 급조하여 "오류를 고집스럽게 주장하는 모든 개신교도를 산 채로 화형에 처하고, 회개한 개신교도는 교수형에 처하라."고 선포했다. 매주 금요일과 사순절 동안 카를 5세는 수도사들이 지켜보는 가운데 피가 날 때까지 스스로에게 채찍질을 하곤 했다.

이런 카를 5세에게 르우베니와 몰코가 찾아온 것이다. 그들의 이야기를 모두 들은 황제는 둘에게 쇠사슬을 채우고 종교 재판에 회부했다. 몰코는 당시 자신의 유대교 신앙을 철회할 기회를 얻어 화형은 면했지만, 자신이 메시아라는 확신은 지우지 않았다. 1532년에 그는 인류를 구원하는 희생양이 되겠다고 결심하고 불 속에 뛰어들었다. 그 후 오랫동안 그의 추종자들은 그가 부활했다고 믿었으나 지도력이 없는 탓에 '몰코파'는 결국 역사에서 완전히 사라졌다.

한편 르우베니의 운명은 확실하지 않다. 어떤 사람은 그가 화형당해 죽었다고 말하고, 다른 사람은 감옥에서 생을 마감했다고 말하고, 또 다른 사람은 그가 유창한 언변으로 곤경에서 벗어났다고 말한다. 그러나 그 누구도 르우베니의 진짜 정체가 무엇이며, 그가 결국 어떻게 되었는지 알지 못한다. 그의 일기로 미루어볼 때 그는 폴란드계 유대인이었을 가능성이 있다. 여하튼 르우베니는 르네상스 정신으로 가득한 모험가였다.

카발라 운동이 낳은 메시아 가운데 가장 흥미롭고 복잡하면서, 유대인 역사에서 가장 중요한 인물은 사바타이 제비(Sabbatai Zevi)이다. 그는 유럽이 30년 전쟁 후 무력해졌을 때, 즉 기독교인과 유대인 모두 인간 학살을 뼛속 깊이 혐오하고 있을 때 등장했다. 사바타이 제비가 스스로 메시아라고 주장했을 때 그는 모든 사람의 기도에 내려진 응답 같았다. 부자, 가난한 자, 학자, 노동자 할 것 없이 튀르크에서 영국까지 흩어져 사는 1백 만 명이 넘는 유대인이 그를 오랫동안 기다려 온 구원자로 여기고 환영했다.

사바타이는 튀르크 스미르나(오늘날의 이즈미르)에서 태어났다. 아버지는 영국 상인들의 중개인이었다. 사바타이는 일류 학교에서 공부하여 히브리어와 아랍어를 유창하게 구사했다. 이른 나이에 카발라에 영향을 받은 그는 오늘날이라면 편집증으로 여겨졌겠지만, 당시에는 신성함의 발현으로 여겨진 증상들을 보이기 시작했다. 그는 하늘로부터 이스라엘을 구원하라는 목소리를 들었다. 이 목소리에 응답하기 위해 그는 하느님의 신성한 이름을 발음함으로써 신성 모독죄를 범했고, 모든 유대교 금식을 폐지했으며, 8세기 카라이트 유대인처럼 《탈무드》를 비판했다. 그는 스스로 자신을 메시아로 선포했고 사람들은 새 복음을 들으려고 그의 집으로 몰려들었다.

전도 여행을 떠난 사바타이는 이집트를 방문했다. 그리고 그곳에서 세기의 결혼이 이루어졌다. 그는 여러 나라를 떠돌아다니는 창녀인 사라(Sarah)와 혼인했다. 사라의 삶은 너무나 황당하여 일부러 꾸몄을 가능성은 희박하다.(꾸몄다면 좀 더 그럴싸하게 꾸몄을 것이다.) 사라는 여섯 살 때 폴란드 유대인 학살로 부모를 잃은 후 수녀원으로 들어갔다. 십 대 초반에 수녀원을 탈출한 그녀는 한곳에 정착하기 전에 유럽을 구경하기로 결심했다. 영리한 재치, 청순한 아름다움, 성숙한 몸이 사라가 폴란드에서 암스테르담까지 여행하는 동안 그녀의 목숨을 지켜주었다. 암스테르담에서 사라는 두 번의 환상을 보았다. 첫 번째 환상에서 그녀는 사바타이 제비의 존재를 알게 되고, 두 번째 환상에서 그의 신부가 되라는 명령을 듣는다. 성자와 창녀의 결합이 성경에 없는 것은 아니다. 호세아는 창녀 고멜과 결혼했고, 전설에 따르면 메시아도 순결하지 못한 신부와 결혼할 것이다.

결혼 후에 사바타이는 팔레스타인으로 갔다. 그곳의 대중들은 열광적으로 그를 메시아로 추종했다. 랍비들은 더는 두고 볼 수 없다고 판단해 사바타이를 추방했다. 그는 튀르크로 돌아갔고, 그곳의 유대인들은 기쁘게 자신들의 구원자를 맞이했다. 그런데 마침 아라비아에 머물러 있는 유대인 군대가 튀르크족을 공격하라는 메시아의 명령을 기다리고 있다는 소문이 돌았다. 사바타이는 그 소문을 믿고 콘스탄티노플로 진군하여 그곳의 술탄을 폐위시키겠다고 선포했다. 이 정신 나간 사람을 어떻게 처리해야 할지 난처해하는 동시에 사바타이를 처형하여 순교자로 만들기 두려웠던 술탄은 그를 감옥에 던져 넣는다. 수천 명이 사바타이를 보려고 감옥을 방문했다. 그는 감옥에서 강론을 열고 자신의 영향력을 확대해 갔다. 당황한 술탄은 그에게 죽음과 이슬람교로 개종하여 얻을 자유 중 하나를 선택할 것을 명령했다. 사바타이는 개종하여 자유를 택했다.

그의 개종은 사바타이 운동을 기초부터 흔들었지만 운동을 완전히 소멸시키지는 못했다. 유대교 신비주의자들은 개종이 카발라의 예언, 즉 메시아는 "속은 선하지만, 겉보기에는 악하다."는 예언 그대로라고 주장했다. 이슬람교로 개종했는데도 불구하고 사바타이는 계속 유대인의 메시아로서 추앙받았다. 심지어 사바타이 운동이 새로운 동력을 얻으려는 징조가 나타나자, 술탄은 사바타이를 다시 감옥에 집어넣었고 그는 죽을 때까지 감옥에 있었다. 마지막까지 그의 추종자들은 사바타이의 감옥으로 찾아가 그를 숭배했다. 사바타이 운동에는 그것을 체계화할 바울이나 아부 바크르 같은 인물이 없었기 때문에, 그의 죽음 이후 사바타이 운동은 점차 사라졌다.

사바타이는 미친 성자인가 아니면 사기꾼인가를 두고 아직까지 논쟁이 계속되지만, 그의 후계자를 자처하는 야콥 프랑크(Jacob Frank)가 완전한 사기꾼임에는 의심할 여지가 없다. 프랑크의 동판화를 보면 그가 매우 잘생긴 외모였다는 것을 알 수 있다. 강력하게 찌르는 듯한 검은 눈, 긴 매부리코, 관능적인 입술 위를 덮은 수염, 페즈(터키에서 주로 쓰는 원통형 모자)를 한쪽 귀 위로 삐딱하게 쓴 모습이 인상적이다. 그는 1726년 우크라이나에서 태어난 상인이었다. 그는 일 때문에 온 튀르크에서 카발라를 공부하여 '돈메(Dönmeh)'라는 사바타이파의 일원이 되었다. 여기서 프랑크는 새로운 개념의 사바타이 종파를 창설했다. 그는 누구나 순결을 통해 구원을 얻을 수 있다고 주장했지만 그의 종파에서 구원을 찾는 유일한 방법은 불순결이었다. 따라서 프랑크의 신비주의 집회는 집단 성교를 동반했다.

종교를 빙자한 프랑크의 성적 일탈 행위를 알게 된 랍비들은 그를 유대교에서 출교했다. 프랑크를 부적합한 외부인으로 판단한 튀르크인들도 그를 멀리 추방하는 데 협조했다. 프랑크는 폴란드로 갔다. 그곳에서 자신을 사바타이 제비의 화신으로 선포하고, 기독교의 삼위일체와 유사한 자신의 교리—성부, 성령, 사바타이로 구성된 삼위일체—를 설파했다.

추종자들이 금과 은을 헌금 통에 쏟아부었으므로 프랑크의 생활 수준도 향상되었다. 그는 공작의 성에 살면서 왕자처럼 옷을 입었고, 화려한 마차를 탔으며, 자신을 '프랑크 남작'으로 명명했다. 폴란드의 유대 공동체는 그를 이단과 성적 타락 혐의로 추방했지만, 프랑크 추종자들은 자신들이 유대교도가 아니라 탈무드주의자들과 격렬히 싸우는 '조하르주의자'라고 주장하면서 지역의 기독교 주교에게 항소했다. 주교가 주재한 항소 재판이 열렸다. 그 결과 《탈무드》가 폴란드에서 처음이자 마지막으로 소각되는 일이 벌어졌다. 두 번째 항소 재판은 프랑크교도들의 개종으로 마무리되었다. 추종자들은 폴란드 귀족들을 대부로 삼고, 프랑크는 폴란드 국왕을 대부로 삼아 한꺼번에 세례를 받았다.

개종한 프랑크교도들이 세례를 받으면서 자신들의 유대적 배경을 잊은 것은 아니다. 그들은 폴란드와 러시아에서 고위 정부 관리가 되었고, 귀족들이나 왕족들과 결혼했으며, 이후 두 나라의 역사에서 진보적 요소들을 창안했다.

프랑크는 그 후 더 화려하게 생활했다. 그러나 그의 영광은 곧 끝나게 된다. '삼위일체 교리'를 알게 된 교회가 그를 감옥에 가두었다. 그가 최근에 폴란드 국왕을 대부로 삼은 개종자가 아니었다면 화형당했을 것이다. 그는 감옥에서 13년간 고통받다가 러시아인들이 폴란드를 침략했을 때 러시아인들에 의해 풀려났다. 그후 프랑크는 오스트리아로 가서 빈 사회의 스타가 되었다. 여왕 마리아 테레지아(Maria Theresia)도 그를 '새 복음의 사람'으로 평가했다. 그의 마부들은 '폴란드의 창기병'처럼 옷을 입은 채 길고 뾰족한 창을 들고 카발라 표식을 새긴 목걸이를 휘날리며 달렸다.

프랑크는 1791년 뇌졸중으로 죽었으나 그의 종파는 몇 년 더 명맥을 유지했다. 그의 매력적인 딸 이브(Eve)가 아버지의 전통을 이어 갔다. 당시의 초상화를 보면 그녀는 목둘레가 깊이 파인 옷을 입었으며, 풍만한 가슴 일부를 수줍게 가리고 있다. 그녀는 조하르 학문 운동과 그녀의 침실에서 벌어지는 은밀한 일을 결합하여 프랑크 종파의 유료 회원들을 유지했다. 그녀는 돈이 되는 종교를 만들어냄으로써 아버지가 죽은 후에도 화려한 생활을 계속할 수 있었다. 그러나 카발라는 그녀에게 어떻게 젊음을 유지할 수 있는지는 가르쳐주지 못했다. 그녀가 중년이 되고 뱃살이 늘면서 종파의 회원 수는 줄어들었다. 이브는 디킨스 소설에 나올 법한 빚과 가난에 허덕이다 1817년에 죽었다. 이브는 젊은 시절을 기억하는 사람들에 의해 그녀는 사랑스럽고 '신성한 여인'이 되었다.

카발라와 사바타이 운동의 어떤 점이 유대인들을 그토록 강하고 집요하게 사로잡았을까? 사기꾼들이 유대인을 이용했지만, 그 명백한 코미디 뒤에는 잠재적 드라마가 쌓여 자신을 표출할 방법을 찾고 있었다. 이런 점이 유대인의 삶에 큰 영향을 끼쳤음을 부정할 수 없다. 카발라의 신비주의 요소들은 원시적 감정으로의 회귀, 즉《탈무드》의 엄격한 논리로부터 탈출하는 것을 의미했다. 카발라 철학은 《탈무드》 철학과 달랐다. 후자가 이성의 도움으로 진리를 추구했다면, 카발라는 직관으로 진리를 경험하려 했다. 즉, 진리와 지혜가 상징화된 '신화(mythology)'로의 회귀였다. 삶에 찌든 유대인들은 중세에 그들에게 강요된 치욕들로부터 탈출하는 법을 신화 속에서 발견했다. 카발라는 유대인에게 그들이 다시 한번 자기 운명의 주인이 될 수 있다는 느낌을 주었다. 그들은 메시아를 한없이 기다리는 대신 카발라를 통해 메시아의 도래를 앞당길 수 있었다.

사바타이 운동이 지닌 또 다른 매력은 무의식적인 수준에서 유대인 됨의 이전 단계로 되돌아가는 것을 의미했다는 점이다. 이때 유대인 됨은 논리의 문제가 아니라 감정의 문제였다. 카라이트 운동은 《탈무드》에 제한받지 않고 토라를 자유롭게 연구하기 위한 투쟁이었다. 사바타이 운동은 한 걸음 더 나아가 《탈무드》와 토라를 초월한 유대인 됨을 추구했다. 사바타이 분파의 관점에서 유대교를 구성하는 것은 토라도 아니고 《탈무드》도 아니다. 오히려 유대교가 토라와 《탈무드》를 구성한다. 사바타이가 613개의 모든 계명, 즉 토라의 계명을 없애버린 것은 바로 이런 점에서 이해할 수 있다. 그는 '유대교라는 관념' 자체가 유대인을 하나로 묶을 수 있다고 생각했다. 우리는 이 모든 것이 유대인이 이집트에서 탈출한 이후 사막에서 방황할 때 발생했던 것을 희미하게 기억한다. 당시 유대인들은 그들의 새로운 신 여호와로부터 받은 엄격한 계명에 반란을 일으켜 이전의 원시적인 의식들, 즉 신화로 회귀했었다. 프랑크 분파는 이런 류의 무의식적인 반란을 풍요제를 지내는 원시 시대까지 지나치게 멀리 끌고 간 것뿐이다. 너무 지나쳐 유대인들에게도 이해받을 수 없었다.

그러나 사바타이 운동에 내재된 정신은 쉽게 잊히지 않았다. 무의식적으로 동유럽 유대인들은 이 내재된 감정을 표현해줄 누군가를 기다리고 있었다. 그 누군가는 음란이라는 진흙 속에서 정신을 더럽히지 않으면서, 하느님의 신비주의로 영혼을 고양해야 했다. 18세기 유럽, 유대인의 중세 끝무렵에 바로 이런 심리적 토양 위에서 새로운 유대인 종교 운동이 일어났다. 동유럽 유대인들이 기다려 왔던 구원자가 예고도 없이 유대 역사에 나타났다. 그는 바로 바알 셈 토브(Baal Shem Tov)였다. 그와 함께 하시디즘(Hasidism)*의 복음이 태어났다.

어떤 의미로 1700년대 동유럽의 상황은 1세기 예수 시대의 고대 팔레스타인 상황과 유사했다. 당시 로마인의 억압적 통치 아래에서의 삶은 하루하루가 생존 투쟁이었다. 당시 팔레스타인은 유대교 분파들 간의 싸움으로 혼란스러웠다. 유대교의 엄격한 도덕주의는 외래문화, 즉 조로아스터교의 부활 신앙, 이방의 풍요제, 아도니스와 오시리스 같은 죽음과 부활의 신 숭배, 동방의 신비주의, 그 외 다양한 교파들과 혼재했다. 서로 갈등하는 이 모든 생각과 열망이 기독교 안에서 통일되었다. 기독교는 부활 신앙, 죽음과 부활의 신 숭배, 신비주의, 신화, 제의 중 최선의 것을 취해 인간 구원과 천국을 약속하는 새롭고 고결한 종교를 만들어냈다.

마찬가지로 하시디즘의 새로운 종교는 비슷한 토양―정치적 억

---

* 하시디즘을 마카비 반란 때의 하시딤 운동과 혼동해서는 안 된다. 이 둘 사이에는 어떤 연관도 없다.

압, 사회적 불안정, 사바타이 분파의 메시아 숭배, 프랑크 분파의 성교 제의, 신비주의 제의, 계시, 회개—에서 자라났다. 기독교가 동방의 종교적 신비주의들을 초월했던 것처럼 하시디즘도 이 모든 것을 초월했다. 하시디즘은 사람들의 모든 열망을 유대교의 새로운 흐름으로 통합했다. 사바타이와 프랑크 분파의 음탕함과 더럽고 성적인 것은 떨쳐내고, 영혼을 고양하려 했던 새 종교들의 본질만을 받아들였다. 그러나 초기 형태의 기독교가 국가에 비현실적인 태도를 취했던 것처럼, 초기의 하시디즘도 인간이 이 땅에서 수행해야 할 이중 역할—국가와의 관계와 하느님과의 관계—에 비현실적인 태도를 견지했다.

하시디즘은 단순하지 않다. 그것은 매우 복잡한 징후다. 하시디즘은 지식에 대한 무지의 승리였다. 《탈무드》는 무지한 자는 경건할 수 없다고 가르쳤다. 하시디즘은 그 반대로 가르쳤다. 유대 전통과 관계없는 유대 정신을 긍정했다. 스스로를 유대인 됨 그 자체보다 더 유대적이라고 주장함으로써 자신만의 전통을 창조했다. 하시디즘은 기쁨으로 얻은 힘, 즉 황홀경을 받아들였다. 이는 프랑크 분파와 달리 감각의 황홀경이 아니라 신을 아는 것과 관련된 황홀경이었다. 바알 셈 토브는 한 번에 연약함을 힘으로 바꾸었고 패배를 승리로 바꾸었다. 예수가 바리새파의 지식에 반대했던 것처럼 바알 셈 토브도 《탈무드》의 지식에 반대했다. 하시디즘과 초대 기독교의 정신은 유사했다.

하시디즘의 창시자 이스라엘 벤 엘리에제르(Israel ben Eliezer, 제자들은 그를 바알 셈 토브, 즉 '좋은 이름의 주인'이라고 불렀다)은 야콥 프랑크와 동시대인이며 1700년에 우크라이나의 같은 지역에서 태어났다. 바알 셈 토브의 제자들이 증언한 그의 삶은 예수의 삶과 놀랍도록 일치한다. 천사가 나이 많은 바알 셈 토브의 부모 앞에 나타났다. 천사는 하느님이 아브라함과 사라에게 아들을 준 것처럼 늙은 그들에게 아들을 줄 것이고 이 아들이 주님의 메시지를 이 땅의 사람들에게 전할 것이라고 말했다.

바알 셈 토브의 부모는 그가 어렸을 때 죽었다. 그가 여섯 살 때 공동체의 장로들은 《탈무드》의 가르침에 따라 그에게 장학금을 주었다. 그는 황무지에서 청년 시절을 매우 가난하게 보내면서, 그의 제자들이 오늘날까지 진지하게 이야기하는 기적들―손을 대는 것만으로 아픈 사람을 고친 것, 깊은 물을 건넌 것, 응시만 했을 뿐인데 나무를 태워버린 것, 비밀의 '이름'을 말함으로써 귀신을 쫓아낸 것―을 행하면서 보냈다. 한번은 바알 셈 토브가 창녀를 비난하는 마을 사람들을 말렸다. 그가 그 창녀를 만지자, 그녀는 그 즉시 건강하고 신성해졌다. 그는 하늘의 하느님과 직접 소통했으며, 그의 입에서 나오는 말 한마디 한마디가 고통을 겪는 영혼을 지옥에서 끌어냈다. 그가 가는 곳 어디에나 광채가 그를 따라다녔다.

지금까지는 바알 셈 토브 제자들의 증언이다. 다른 증언들은 이보다 덜 친절하다. 한 반대자들은 바알 셈 토브가 게으르고 멍청하다고 주장한다. 그들에 따르면 바알 셈 토브는 하는 일마다 실패한 무책임한 인간이며, 일한 직장들에서 모두 해고당한 실패자였다. 이런 비난을 두고 그의 제자들은 바알 셈 토브가 밤에 공부를 했기 때문에 낮에는 잠을 잤고, 하느님이 그의 진짜 정체를 밝힐 때를 계시할 때까지 일부러 실패자의 이미지를 만들었다고 반박한다. 바알 셈 토브는 마혼두 살이 되어서야 자신이 정말 누구인지를 밝혔다.

바알 셈 토브는 아무런 기록도 남기지 않았지만, 우리는 그의 제자들을 통해 그의 말을 알 수 있다. 예수의 경우처럼 그의 말은 대부분 알레고리나 비유로 이루어져 있다. 바알 셈 토브가 죽은 1760년에 그의 추종자는 10만 명에 달했다. 전성기 때에는 동유럽 유대인의 절반이 하시디즘을 추종했다.

그의 제자 도브 베르(Dov Ber)는 하시디즘의 복음을 유럽 전체에 퍼뜨렸다. 그러나 하시디즘을 향한 극렬한 반대가 일찍부터 일어나 창시자가 죽은 후 한 세기 만에 하시디즘은 힘을 잃고 말았다. 외부의 공격 때문이라기보다 하시디즘 자체에 내재된 약점 때문이었다. 혁명처럼 새 종교 운동도 재빨리 제도화해야 한다. 왜냐하면 새 종교 운동은 자기 안에 파멸의 씨를 품고 있기 때문이다. 하시디즘도 예외가 아니었다. 전통을 세우거나 운동의 방향을 제시할 조직이 없었기 때문에 하시디즘 운동은 여러 갈래로 분열되었다. 하시디즘의 랍비들은 각자 영토를 차지했고 곧 하시디즘의 지도는 수백 개의 '공국', '공작령', '백작령'으로 나뉜 신성 로마 제국과 비슷해졌다. 랍비들이 군주, 공작, 백작처럼 자기 영토를 다스렸다. 이 직책은 세습되었으며, 곧 지혜와 능력은 족벌 인사와 정치 인사로 대체되었다.

기독교는 기독교를 체계화한 바울 덕분에 제도 종교로 살아남은 반면, 그런 인물을 얻지 못한 하시디즘 운동은 창시자가 죽은 지 150년 만에 소멸했다. 그러나 하시디즘의 영향력은 죽지 않았다. 하시디즘의 온기가 남아 있는 잿더미에서 '하스칼라(Haskala, 계몽)'로 불리는 유대인의 르네상스와 마르틴 부버로 대표되는 신학적 실존주의 학파가 생겨났다.

1천2백 년의 유대인의 중세 역사를 되돌아보면 유대인과 기독교인 모두에게 암흑 시대였다고 생각할 수 있을 것이다. 그러나 유대인의 중세는 종종 이야기되듯 그렇게 어둡거나 피비린내 나지는 않았다. 그런데도 질문은 남는다. 유대인은 어떻게 그런 역사 속에서 소멸하지 않고 살아남을 수 있었을까? 한 역사가가 이 질문의 답을 한 문장으로 요약한 바 있다. "한 민족의 생존 비밀은 패배를 받아들이는 능력과 관계 있다." 유대인은 절대로 포기하지 않았기 때문에 살아남은 것이다. 유대교는 패배주의적 종교가 아니다. 유대교에는 심판의 날에 관한 교리가 없다. 반대로 미래에 대해 절망하는 것은 죄라고 가르친다. 그들에게 삶의 자리는 단 한 곳뿐이다. 바로 여기 이 땅이다. 이 땅에서 기뻐하며 하느님의 이름으로 사는 것이 유대교이다.

유대 역사를 통틀어 유대인과 하느님의 열띤 대화는 누그러지지 않고 계속되었다. 《탈무드》 중심의 주류 유대교에서 벗어나려는 경향을 지닌 유대 철학의 변화하는 분위기를 반영하여, 그 대화의 곡조만 변했을 뿐이다. 그러나 약 한 세기 정도 후에 이 일탈적인 철학들은 보통 자신을 비우고 다시 《탈무드》로 돌아온다. 세 가지 예외가 있었다. 그리고 《탈무드》 유대교도들에게 이 세 가지 예외는 이단이었다.

유대 역사에서 일탈적인 유대 철학이 《탈무드》에 세 번 도전했다. 그 첫 번째 위협은 그리스-로마 시대의 기독교였다. 그러나 이 유대교 분파로부터 일찌감치 자신을 분리시킴으로써 《탈무드》 유대교는 스스로 독립을 유지할 수 있었다. 두 번째 위협은 이슬람 시대의 카라이즘 유대교였다. 카라이즘의 주요 주장들을 받아들임으로써 《탈무드》유대교는 위협을 누그러뜨릴 수 있었다. 중세에《탈무드》유대교에 세 번째 위협이 찾아왔다. 바로 카발라 유대교인데, 카발라 운동에 가담한 사람들이 너무나 많아《탈무드》유대교는 그것을 잘라낼 수도 없었고 그것을 삼켜 소화할 수도 없었다. 수백 년 동안 카발라 유대교는《탈무드》유대교와 함께 발전했다. 그리고 종종 둘 중에 어느 것이 유대인 삶에서 주류인지 헷갈릴 정도였다. 오늘날에는 그 영향력을 잃어버렸지만, 당시 카발라 유대교의 도전이 매우 거세서《탈무드》유대교가 생존할 수 있을지 의심될 정도였다. 오늘날《탈무드》유대교는 유대인의 삶에 적은 영향력만 행사한다. 그러나 그것의 저류는 여전히 강하고 샘은 여전히 마르지 않았다.

중세는 유대 역사에 유용한 경험이 되었다. 중세의 경험은 유대인을 근대에 대비하게 했다. 유대인은 봉건 체제에 속하지 않았기 때문에 특정 제도에 묶이지 않았고, 세계 시민으로서 살아갈 수 있었고, 사상 면에서 보편주의자가 될 수 있었다. 그들은 세계의 다양한 언어를 사용했고 세계의 다양한 문화를 귀하게 생각했다. 어떤 편견도 품지 않았기 때문에 한 나라에서 다른 나라로 사상과 상품을 옮길 수 있었다. 그들은 교양 있는 외부인이었기 때문에 자기가 사는 사회를 객관적으로 보고 그곳의 장단점을 평가할 수 있었다. 그들은 사회 비평가이자 새로운 사회 정의를 외치는 예언자였다.

중세의 교황들과 군주들이 마음만 먹었다면 유대인을 완전히 소멸시킬 수 있었다. 그러나 그들은 유대인이 자신들에게 꼭 필요한 존재임을 알았다. 유대인은 의사, 상인, 사업가, 재정가, 암흑 시대를 밝히는 지식을 갖춘 사람들이었다. 그러나 유대인이 쓸모없었다면 소멸되었으리라는 인상을 남기는 것은 중세 정신에 누를 끼치는 것이다. 사회적, 경제적, 심지어 종교적 압력 때문에 유대인을 지키는 것이 바람직하지 않게 되었을 때에도 그들은 학살당하지 않고 추방되었을 뿐이다. 교회는 모든 인간에게 영혼을 부여했고, 영혼을 살리는 목적으로만 인간의 목숨을 앗아 갔다. 서양 사회가 쓸모없다고 여긴 수백만의 사람을 잔인하게 살해하겠다는 생각을 품을 수 있게 된 것은 종교가 인간에 대한 존경심을 잃었을 때이다.

언젠가 중세 유대인의 참된 역할이 역사의 정당한 평가를 받게 될 것이다. 그때 유대인은 더는 노란 배지를 달고 다니는 소모품으로 여겨지지 않을 것이며, 1천2백 년 유대인의 중세 경험이 화려한 중세 태피스트리에서 더는 의미없고 눈에 뛰지 않는 실 가닥으로 여겨지지도 않을 것이다. 그때 유대인은 유럽에 계몽 시대를 들여온 민족으로, 또 중세 역사라는 거대한 작품의 다채롭고 핵심적인 부분으로 인정될 것이다.

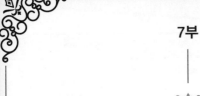

7부

반유대주의와
시온주의의 탄생

7부에서는 근대를 다룬다.

세계 역사		유대인 역사
아메리카 대륙을 발견하다. 에스파냐와 포르투갈이 남아메리카를 탐험하고 그곳에 사람들을 정착시키다. 영국과 프랑스는 북아메리카를 탐험하고 사람들을 정착시키다. 네덜란드가 개신교를 받아들이고 에스파냐로부터 독립하다. 영국이 에스파냐 함대를 물리치다. 네덜란드가 상업으로 부흥하기 시작하다.	1500~1600년	에스파냐와 포르투갈에서 도망치다. 남아메리카에 정착하다. 네덜란드가 서유럽에서 최초로 유대인을 다시 받아들이다.
네덜란드가 유럽을 부흥시키다. 렘브란트와 상업의 시대 개막. 크롬웰이 영국에서 정권을 잡고, 원시 자본주의를 확립하다. 네덜란드가 해상 패권과 북아메리카 식민지들을 영국에게 빼앗기다. 영국이 북아메리카에서 식민지를 확장하여, 열세 개 식민지를 형성하다.	1600~1700년	유대인이 네덜란드에서 금융과 상업의 최고 공직에 오르고, 학문 분야에서 명성을 얻다. 세계가 스피노자의 저작을 침묵 속에서 환영하다. 유대인이 영국으로 다시 돌아가다. 프랑스가 유대인의 정착을 허락하다. 유대인이 최초로 영국의 열세 개 아메리카 식민지에 도착하다.
오스트리아, 러시아, 프로이센이 유럽 열강이 되다. 계몽의 시대가 열리다. 나폴레옹이 유럽의 지도를 바꾸다. 식민지들과 영국의 분쟁이 미국 혁명과 미합중국의 성립으로 이어지다.	1700~1800년	유대인이 오스트리아와 독일의 게토를 떠나다. 기독교로 개종하기 시작하다. 모제스 멘델스존이 개혁파 유대교를 설립하다. 하시디즘이 러시아와 폴란드에 퍼지다. 프랑스 혁명으로 유대인이 프랑스 시민권을 얻다. 나폴레옹이 유대인을 프랑스에 통합하다. 춘초와 필나 게오님의 시대. 독일계 유대인이 미국으로 흘러들어 가다.

로마노프 왕조의 차르들이 러시아를 '계몽' 직전에 장악하다. 나폴레옹의 패배. 신성 동맹으로 이전 왕국들이 회복되고, 혁명으로 억압된 자유를 되찾아 오다. 민족주의가 유럽을 휩쓸다. 튀르크족으로부터 그리스 독립. 이탈리아 통일. 독일 통일. 산업 혁명이 유럽의 경제 전선을 재구성하다. 증권 거래소가 권력을 쥐다. 아프리카가 유럽 제국주의자들의 손에 분할되다. 프로이센-프랑스 전쟁. 미국이 태평양으로 세력을 확장하다. 수백만의 이민자가 미국으로 몰려들다.	1800~1900년	러시아 유대인의 운명이 지배자들의 변덕에 따라 좌지우지되다. 빈민 생활을 하던 유대인들이 결국 대량 학살되다. 하시디즘의 전파가 저지되다. 유대교 계몽 운동인 하스칼라 탄생. 세속 히브리어와 이디시어 문학의 번성. 서유럽에서 계몽주의가 유대인을 문학, 금융, 정치 분야에서 높은 위치에 서게 하다. 유대인이 유럽의 엘리트, 지식의 전위가 되다. 반유대주의가 정치 운동으로 번지다. 카를 마르크스가 공산주의를 창시하다. 드레퓌스 사건. 헤르츨이 정치적 시온주의를 창시하다. 독일계 유대인과 러시아계 유대인이 이민 물결을 따라 미국으로 건너가다.
노벨상 신설. 8백만 명이 제1차 세계대전에서 사망하다. 러시아 혁명. 국제연맹 창설. 히틀러가 독일에서 정권을 잡다. 제2차 세계대전, 인류 역사에서 가장 큰 대량 학살 사건이 연합군의 승리로 끝나다. 국제연합(유엔) 창설. 중국이 공산화되다. 미국이 패권국이 되어 소련과 냉전에 돌입. 한국 전쟁과 베트남 전쟁 발발. 독일과 일본이 경제 대국으로 성장하다. 유럽의 공산국가들 붕괴. 소련의 분열.	1900년 이후	로젠츠바이크와 부버가 유대적 실존주의를 제시하다. 프로이트와 아인슈타인이 현대 지식에 혁명을 가져오다. 밸푸어 선언. 팔레스타인이 영국령이 되다. 시온주의가 수십만 유대인을 팔레스타인으로 이주시키다. 사막에서 땅을 빼앗다. 나치가 학살한 1천2백만 명 중 5백만 명이 유대인이었다. 미합중국이 독일계 유대인 난민 30만 명에게 피난처를 제공하다. 이스라엘 건국. 유대인이 아랍 군대를 물리치고, 국경을 안정시키다. 미국계 유대인들이 유럽계 유대인들로부터 지식의 왕관을 이어받다. 증가하는 테러리즘이 이스라엘을 위협하다. 세 번의 아랍-이스라엘 전쟁이 이스라엘의 승리로 끝나다. 이집트와 평화 조약 체결. 레바논 전쟁. 러시아 난민의 대량 유입. 걸프 전쟁의 끝과 함께 평화 회담이 시작되다.

23장

근대 유럽 혁명과 유대인

중세 유럽의 역사가 최고 권위의 교회, 교황에 순종하는 군주, 고분고분한 민중과 함께 시작되었다면, 근대 유럽의 역사는 권력 있는 왕, 아첨하는 교회, 봉기하는 민중으로 시작되었다. 인간과 신의 관계라는 개념에 기초해 세워진 중세 국가는 가톨릭 신앙 하나로 결속된 인류의 보편적 형제애를 이상으로 추구했다. 한편 근대 국가는 인간과 국가의 '사회 계약'이라는 개념 위에 세워졌다. 정치 권력은 교회에서 세속 정부로, 신앙에서 이성으로, 귀족에서 은행가로 이동했다.

유대인의 중세 역사는 영국에서는 1300년에, 프랑스에서는 1400년에, 에스파냐에서는 1500년에 끝났다. 이 나라들로부터 유대인이 차례차례 쫓겨나면서 유대인의 '중세'도 끝났다. 유대인의 근대는 17세기에 이 나라들이 유대인을 다시 받아들이면서 시작된다. 독일에서는 18세기에 계몽주의의 첫 물결이 게토의 벽을 허물면서 유대인의 근대가 시작되었고, 동유럽에서는 19세기에 유대인의 근대가 시작되었다.

중세의 유대 역사가 기독교 역사와 반비례로 전개되었던 것과 반대로, 근대에는 두 역사가 유사하게 진행된다. 기독교도를 삼킨 사상들은 유대인도 삼켜버렸다. 기독교인과 유대인 사이에서 종교의 가치 하락 현상이 똑같이 나타났다. 그 둘은 민주주의 투쟁에서 연대했다. 동일한 전제 정치의 희생양이 되었고, 새로 등장한 신(神)인 과학의 제단 앞에 무릎을 꿇었다. 때로는 화려하게, 때로는 비극적으로 펼쳐진 유대 역사 드라마 중 '근대'의 장(chapter)은 서양 문명의 변화된 인간과 신의 관계 안에서 일어났다.

유대인의 근대사는 다섯 가지 증상―서유럽의 망상, 동유럽의 쇠퇴, 미국의 건망증, 나치 악몽, 이스라엘의 자각―을 동반한 실존주의 신드롬으로 정의할 수 있다. 이 엉킨 실타래를 풀려면 먼저 17세기로 돌아가 유대인을 유럽으로 되돌아오게 한 역사적 사건들을 추적해야 한다. 그다음 유대인의 직접 행동이 아니라 기독교도의 태도 변화에서 비롯된 유대인 해방의 해부도를 살피기 위해 동유럽으로 이동할 것이다. 우리는 약간 임의적이긴 하지만 유대 역사를 세분화해 각 부분을 차례로 살핀 후, 유대인이 주도해 만들어진 국가 이스라엘에 관한 설명을 더할 것이다.

새로운 예루살렘, '암스테르담'

샤를마뉴의 제국이 쇠퇴하자, 유럽의 지도는 전쟁터가 아니라 왕들의 침실에서 바뀌었다. '누가 누구와 결혼하는지'가 '누가 어느 나라를 다스리는지'를 결정했다. 에스파냐는 네덜란드 왕실을 포함해 유럽 대륙의 모든 왕실에 왕족을 심어놓았다. 〈창세기〉의 어떤 족보보다 더 복잡하게 여러 번 결혼한 에스파냐의 펠리페 2세─그는 합스부르크가(家)의 관료적 독재자이자 복수심 강한 광신도였다.─는 1556년 개신교 국가이자 자본주의 국가인 네덜란드를 이어받았다. 가톨릭 신자이자 봉건주의 왕이었던 펠리페 2세는 네덜란드의 이중 '이단 교리'를 제거하기 위해 종교 재판소를 설치하고 알바(Alba) 공작을 고용했다. 알바 공작은 유대의 로마 총독처럼 대량 학살로 사상을 제거할 수 있다고 믿었다. 그러나 네덜란드인은 저항했고, 청교도였던 영국의 엘리자베스 1세는 강해지는 에스파냐와 가톨릭을 견제하기 위해 네덜란드인들을 도왔다. 영국과 네덜란드의 연대를 깨기 위해 펠리페 2세는 전함 132척과 함포 3165문을 갖춘 무적 함대를 조직했다. 그러나 이후 역사는 초라하다. 프랜시스 드레이크(Francis Drake) 경이 에스파냐의 무적 함대를 1588년에 물리쳤다. 그리고 살아남은 배들도 폭풍우를 만나 헤브리디스 제도 해안에 침몰했다. 이때 에스파냐 해군 수백 명이 아일랜드 해안으로 떠밀려 왔고, 많은 에스파냐 병사들이 자신들을 따뜻하게 환대해준 아일랜드 처녀와 결혼식을 올렸다. 아마 이것이 오늘날 아일랜드에 에스파냐식 이름에 검은 머리를 한 사람들이 많은 이유일 것이다.

우리는 네덜란드에서도 역사가들이 거의 관심을 두지 않는 설명할 수 없는 우연의 일치와 만나게 된다. 독립한 지 20년 만에 이 작은 국가는 전 유럽 국가의 해상 무역 패권에 도전했다. 1602년 네덜란드는 제국주의 앞잡이 역할을 할 동인도 회사를 설립한다. 1650년이 되면 네덜란드는 유럽의 상업 중심지가 되고 수도 암스테르담은 세계 금융의 중심지가 된다. 신기하게도 네덜란드가 이렇게 세계의 중심으로 부상한 시기가 유대인이 네덜란드에 들어가 무역과 금융을 부흥시킨 때와 일치한다. 에스파냐에서 1593년에 네덜란드로 처음 들어온 유대인들은, 1492년 유대인 대추방 때 에스파냐를 떠나지 않고 기독교로 개종하여 그곳에서 마라노가 된 유대인들의 후손이었다.

전설에 따르면 네덜란드에 드러나지 않게 비공식적으로 정착한 최초의 유대인 이민자들은 비밀스러운 유대교 의식 때문에 개신교 네덜란드인들의 의심을 샀다. 교황이 음모를 꾸민다고 의심한 네덜란드 당국은 가톨릭의 둥지를 봉쇄한다는 생각으로 암스테르담에서 열린 대속죄일 기도회에 모인 유대인을 습격했다. 네덜란드어를 몰랐던 유대인들에게 재앙이 닥쳤다. 다행히도 그들의 대변인이었던 라틴어 학자가 네덜란드인 라틴어 학자를 찾아 그에게 신성한 로마 교회의 언어로 상황을 설명했고, "당국이 유대인의 거주를 허락하면, 에스파냐와 포르투갈에 있는 다른 마라노들을 설득해 네덜란드로 데려와 네덜란드가 에스파냐를 상대로 싸울 때 네덜란드에 협력하겠다."고 약속했다. 당황한 네덜란드 당국은 법률 전문가들에게 자문을 구한 뒤, 유대인이 가톨릭교도나 교황 숭배자가 아니며 히브리 민족의 일원임을 확인했다. 그리고 네덜란드는 기독교도 여성과 결혼하지 않고 국가 종교를 공격하지 않는다는 조건을 내걸며 유대인의 네덜란드 거주를 허락했다. 이 두 조건이 유대인의 세계관과 일치했기 때문에 상호 협의가 이루어졌다. 유대인이 포르투갈과 에스파냐, 그리고 가까운 독일 게토에서 네덜란드로 밀려들었다.

얼마 지나지 않아 암스테르담은 '새로운 예루살렘'으로 알려졌다.

에스파냐와 포르투갈 마라노들은 자신들의 광대한 학문, 기술, 인맥을 암스테르담으로 옮겨 왔다. 그들은 지중해, 인도, 오스만 제국, 뉴욕—당시에는 '뉴암스테르담'으로 불렸다.—을 포함한 남북아메리카의 모든 항구에 상업 거점을 세웠다. 또 새 산업을 일으키고, 새 무역로를 개척하고, 새 공장을 짓고, 저명한 은행을 설립했다. 유대인은 네덜란드 동인도 회사의 이사직을 차지했고, 암스테르담을 세계 보석 무역의 중심지로 만드는 데 일조했다. 유대인은 렘브란트 그림의 주제가 되기도 했다. 17세기 말에는 암스테르담에 사는 유대인이 1만 명에 달했다.

네덜란드의 세계 무역 패권은 17세기 중엽에 영국에서 올리버 크롬웰이 정권을 잡으면서 끝난다. 안 맞는 옷을 입은 평범한 사람이었던 크롬웰은 반란, 개혁, 자본주의를 결합해 한 번에 승리를 얻었다. 루터가 독일에서 자본주의를 옹호했던 것처럼 크롬웰은 영국에서 자본주의를 옹호했다. 그의 '철기대(Ironsides)'—부하 군인들의 별명—의 외투 아래에서 자유 기업이 영국인의 삶에 견고하게 자리 잡았다. 크롬웰은 영국의 '호국경'*이 되었다. 중세 유대인이 부상하는 기독교 중산층에게 자신들의 자리를 양보해야 했던 것처럼, 영국과 아일랜드에서 가톨릭교도들도 자신들의 좋은 직업을 개신교 정복자들에게 빼앗겼다. 자본주의는 개신교의 새로운 질서 안에서 견고하게

호국경(Lord Protector) 1653~1659년에 존재한 영국 혁명 정권의 최고 행정관. 원래 영국에서 왕권이 약했을 때 왕을 섭정하던 귀족에게 붙이던 호칭이었다. 입법권, 행정권, 관리 임명권, 군사권, 외교권 등의 권리를 지니며, 임명은 세습에 따르지 않고 선거로 이루어졌다.(역주)

자리 잡았고, 부당 이익은 새로운 주인들이 모두 챙겼다. 영국은 본격적으로 무역에 힘을 쏟았고, 곧 영국의 배가 세계의 화물을 나르게 되었다.

네덜란드의 유대인들은 크롬웰이 다스린 영국의 새 자본주의 정신을 감지했다. 암스테르담의 유대인들은 1290년에 자신들을 추방한 섬나라로 다시 돌아가기 위해 사절단을 영국에 보내 그 가능성을 타진했다. 크롬웰은 부흥하는 자신의 사업을 맡길 좋은 일꾼을 고르는 고용인의 눈으로 유대인을 바라보았다. 그는 암스테르담에서 일하던 유대인들을 지켜봐 왔다. 중요한 직책에서 바쁘게 상업의 복음을 전파하던 유대인들을 보았다. 이제 크롬웰은 유대인의 대표자인 랍비 므낫세 벤 이스라엘(Manasseh ben Israel)을 만나기를 고대했다.

렘브란트의 동판화에 따르면 므낫세는 1650년대의 일반적인 유대인과는 거리가 멀고, 뒤마(Dumas) 소설에 등장하는 삼총사 중 하나인 포르토스(Porthos)를 떠올리게 하는 외모와 옷차림을 했다. 콧수염과 잘 어울리는 반다이크 수염이 풀 먹인 하얀 옷깃 위에 깔끔히 보이고, 넓은 챙 모자가 무심하게 머리에 놓여 있는 모습은《탈무드》를 든 유대인보다 말에 탄 사람의 모습에 가까웠다. 천재 소년 므낫세는 열여덟 살에 암스테르담 유대인 회당의 랍비가 되었다. 그곳에서 그는 최초의 유대인 인쇄소를 설립했다. 그는 자신의 저작을 라틴어와 에스파냐어로 번역하여 기독교인들에게 당시 유대인의 학문 수준을 보여주었다.

므낫세는 청교도 운동을 정확하게 평가함으로써 영국의 개신교 정신에 호소했다. 크롬웰과 회담 자리에 배석한 귀족들은 유대인이 영국 상업에 얼마나 크게 기여할 수 있는지에 관해 듣기를 기대했지만, 정작 그들이 들은 것은 영국인이 유대인을 다시 받아들임으로써 예수의 재림을 앞당길 수 있다는 설교였다. 므낫세의 논리는 매우 단순했다. 〈다니엘서〉가 유대인이 지구의 한쪽 끝에서 다른 쪽 끝까지 퍼지지 않으면 구원이 오지 않을 것이라고 예언하지 않았는가? 그는 계속해서 물었다. 그렇다면 영국에 유대인이 들어오지 않으면 어떻게 구원이 오겠는가?

므낫세의 설교는 효과가 있었다. 영국 대중이 그들과 경쟁하게 될 유대인을 어떻게 받아들일지는 예측할 수 없었지만, 유대인이 그들의 구원과 그들의 경제에 필수적인 존재임을 확신한 크롬웰과 귀족들은 유대인을 두고 어떤 공식적인 결정도 하지 않기로 결정했다. 대신 공식적 초청 없이도 유대인이 영국에서 다시 살 수 있다는 소문이 유대인들 사이에 퍼져 나갔다.

다시 우리는 신비한 우연의 일치와 마주친다. 법에 따라 소매업에 종사할 수 없게 된 유대인은 은행업, 금융업, 국제 무역에 진출했다. 그리고 네덜란드에서처럼 영국에서도 유대인은 금방 높은 직위에 올랐다. 곧 그들은 대규모 영리 기업의 주인이 되었고, 런던 증권 거래소에서 일했고, 큰 부를 획득했다. 곧 영국은 네덜란드에 도전하기 시작했다. 영국 해군이 라이벌 함대를 격파한 이후, 영국은 무역에서 다른 유럽 강국들을 앞질렀다.

17세기 영국의 지배자들은 유대인에게 매우 구체적인 요구를 했다. 예를 들어, 그들은 13세기에 유대인이 추방된 후 영국의 금융 시장을 지배해 온 억압적인 기독교 고리대금업자 무리를 제거해 달라고 요청했다. 유대인 은행가 솔로몬 메디나(Solomon Medinah)는 이 요청을 성공적으로 수행했고, 그 공로를 인정받아 윌리엄 3세(오렌지 공)로부터 기사 작위를 받았다. 윌리엄 피트(William Pitt)는 유대인들에게 영국의 대프랑스 전쟁, 즉 '7년 전쟁'에 금전적인 지원을 요청했다. 그는 또한 엄청난 이율로 모든 재무 관계를 독점하고 있던 기독교 은행가들과 싸우는 영국 정부의 노력에 힘을 보태 달라고도 했다. 이 일에 공을 세운 유대인 몇 명은 기사 작위를 받았다. 은행업에 종사하는 유대인들은 높은 이율을 적용해 돈을 벌 수도 있었지만, 높은 이율을 금하는 사회 법안을 제정하기 위해 투쟁했다. 궁극적으로 유대인 은행가와 기독교 은행가의 경쟁은 이율을 끌어내리는 효과로 나타났다.

첫 번째 마라노들이 영국에 정착한 지 1백 년이 지나자 독일과 러시아의 게토 유대인들이 영국으로 들어오기 시작했다. 그러나 그 두 부류의 유대인은 절대 하나가 되지 못했고 각자의 길을 갔다. 에스파냐계 세파르디 유대인은 자신들이 독일계, 즉 아슈케나지 유대인보다 우월하다고 생각했다. 마치 보스턴 상류층이 자신들이 이탈리아 이민자들보다 우월하다고 생각하는 것처럼 말이다. 그들은 하나가 되지 못했을 뿐 아니라 분열했다. 세파르디 유대인이 학문과 사업에서 성공을 거두면서 더 많은 영국 문화를 흡수했다. 에스파냐인들이 무력으로 이룰 수 없었던 것을 영국인은 손쉽게 성취했다. 세파르디 유대인은 영국 성공회 교회에서 세례받기를 원했다. 교회는 이 유대인 '이탈자'들을 두 팔 벌려 환영했고, 유대인들은 세례 증명서에 동반되는 귀족의 특권을 반갑게 받아들였다. 한편 독일과 러시아계 유대인은

'그들의 거주지에 틀어박혀' 지냈다. 그들이 영국 상류 사회에 처음 등장한 것은 19세기가 지나서이다.

유대인이 루이 14세가 통치하던 프랑스로 다시 들어간 것은 순전히 역사의 우연 때문이다. 베스트팔렌 조약 체결(1648년)과 함께 프랑스는 오스트리아로부터 알자스 지역을 얻었을 뿐 아니라 상당한 규모의 유대인 게토까지 이어받았다. 그러나 이렇게 유입된 유대인들은 그 후 150년 동안 프랑스의 문화, 과학, 금융에 아무런 영향력도 끼치지 못했다. 소규모 대부업과 중고 의류 소매업이 150년 동안 유대인들의 생계 수단이었다. 물론 그 가운데서도 유명한 왕실 유대인들은 부르봉 왕조의 네 왕(루이 13세~루이 16세)을 모두 섬겼다. 왜 프랑스 유대인은 영국이나 네덜란드의 유대인들처럼 그 사회에서 번성하고 성공하지 못했을까? 답은 간단하다. 당시 프랑스는 개신교 국가도 아니었고 자본주의 국가도 아니었기 때문에 유대인과 유대인의 기술이 필요 없었다.

유대인 계몽주의자 멘델스존

서유럽에서 유대인의 과제가 '들어가는 것'이었다면 동유럽에서 유대인의 과제는 '나가는 것'이었다. 다시 말해 그들이 1600년 이래로 살아온 게토에서 벗어나는 것이었다. 오스트리아 유대인의 게토 탈출은 에스파냐 태생의 황후 마리아 테레지아가 아버지인 카를 6세(Karl VI)로부터 전쟁으로 상처난 가톨릭 국가를 물려받았을 때 시작되었다. 활기 넘치는 여장부이자 교활한 야심가였으며 계몽되었으나 미신을 잘 믿던 그는 자녀 열여섯 명을 낳았고, 볼테르(voltaire)와 편지를 교환했으며, 유럽에서 가장 좋은 포병 부대를 두었으나 여전히 개신교도와 유대인을 두려워했다. 헬레니즘 정책을 폈던 그리스인처럼 마리아 테레지아는 그의 신민들—보헤미아인, 슐레지엔인, 마자르인, 모라비아인, 폴란드인, 루마니아인, 유대인—에게 오스트리아 문화를 입히려 했으나 실패했다. 그러자 그는 강제 정책과 회유 정책을 택했다. 많은 봉건적 규제가 철폐되어 농민의 삶이 개선되었다. 마리아 테레지아는 프라하와 빈에서 유대인을 추방했지만 몇 년 후 복잡한 심경으로 다시 그들을 불러들여야 했다. 고갈 직전의 재정, 세계 여론의 압력, 양심의 가책 따위가 유대인을 다시 불러들이게 했다. 이와는 별개로 그는 군대와 흑자 재정을 유지하기 위해 유럽에서 가장 유능한 왕실 유대인들을 곁에 두었다.

마리아 테레지아는 세례받지 않은 유대인을 두려워한 만큼 세례받은 유대인을 사랑했다. 개종한 유대인들은 실제로 원하는 어떤 자리에도 오를 수 있었다. 개신교 성직자나 귀족이 될 수도 있었다. 게토에서 태어난 요제프 폰 존넨펠스(Joseph von Sonnenfels)의 생애는 개종한 유대인이 18세기 오스트리아에 끼친 문화적·인문적 영향이 얼마나 컸는지를 잘 보여준다. 폰 존넨펠스는 이른 나이에 개신교로 개종해 오스트리아 군대에서 사병으로 복무했고, 법을 공부해 고문을 폐지하는 법안을 기초했으며, 오스트리아 국립 극장을 세웠고, 왕립 예술 학교의 학장이 되었다. 마리아 테레지아와 그의 후계자 요제프 2세(Joseph II)의 문학 선생이자 친한 친구이기도 했다.

"나는 인간을 제한 없이 사랑한다." 요제프 2세는 오스트리아의 왕위를 이어받았을 때 이렇게 외쳤다. 그 말에 유럽의 왕실이 전율했다. 그러나 계몽주의를 설교하는 것은 우아한 일이었지만, 그것을 실천하는 것은 전혀 다른 문제였다. 왕위에 오른 후 1년이 되던 해에 요제프 2세는 유대인과 개신교도에게도 적용되는 '관용 칙령(Patent of Tolerance)'을 선포했지만, 그 두 집단을 가톨릭교도와 완전히 동등하게 취급하려는 의도는 아니었다. 그러나 많은 유대인은 그 관용 칙령을 게토를 자유롭게 떠날 수 있고, 원하는 직업에 종사할 수 있으며, 자유롭게 장사하고, 공장을 열고, 자녀들을 공립 학교에 보내고, 심지어 대학에도 다닐 수 있다는 뜻으로 해석했다.

요제프 2세의 관용적 통치 아래에서 '살롱 유대인'으로 불린 새로운 유형의 유대인이 오스트리아 사회에 등장했다. 그리스-로마 시대와 이슬람 시대처럼 유대인은 교육을 성공의 지렛대로 사용했다. 유대인은 부유하고 재능 있고 똑똑하고 재치 있고 극장, 음악, 문학에 관심이 있었기 때문에 기독교 지식인들은 유대인의 응접실에 매력을 느꼈다. 일요일 아침, 감동적인 예배가 끝난 후 유대인 응접실에서 우아하고 세련된 분위기를 즐기며 휴식을 취하는 것은 최고의 사치였다. 그곳에서는 왕족, 귀족, 가장 잘나가는 연극 배우, 예술가, 문학가도 만날 수 있었다.

그러나 모든 유대인이 그렇게 살았던 것은 아니다. 극소수의 운 좋은 유대인만 그런 삶을 누릴 수 있었다. 1800년이 되면 오스트리아에서 유대인의 삶은 세 계층으로 나뉘어 굳어진다. 첫 번째 계층은 게토에 거주하는 대다수의 유대인이다. 이들은 게토를 떠날 자유가 있었지만, 가난 때문에 그러지 못한 사람들이다. 두 번째 계층은 소수의 살롱 유대인이다. 마지막 세 번째는 개종하여 성직자, 귀족, 고위 공무원이 된 유대인이다. 이들은 살롱 유대인보다 더 소수였다.

개신교 국가 프로이센에서 유대인의 운명은 가톨릭 국가인 오스트리아에서와 유사했다. 근대 프로이센의 창시자는 호엔촐레른(Hohenzollern)가의 프리드리히 왕 네 명이었다. 그들은 폭정과 계몽정치를 계산적으로 혼합해 프로이센 국가를 세웠다. 그리고 유럽에서 가장 강력한 상비군이 프로이센을 지켰다. 250만 인구 가운데 8만 3천 명이 상비군에 속했다. 고문이 폐지되었고, 농노들에게 어느 정도의 자유가 주어졌으며, 의무 기초 교육이 도입되고, 종교적 관용이 가톨릭교도와 유대인에게 주어졌다.

베를린에 유대인이 처음 정착했던 시기는 대(大)선제후 프리드리히 빌헬름의 통치 때였다. 그리고 1712년에 베를린의 유대인은 첫 회당을 공식적으로 헌당했다. 대선제후가 유대인에게 관심을 보인 이유는 여전히 논쟁의 대상이다. 프로이트 학파는 그 이유를 유대인 궁전 보석 세공인의 아름답지만 그다지 조신하지 않았던 아내와 대선제후의 로맨틱하지만 불법적인 관계에서 기인했다고 주장한다. 마르크스 학파는 유대인이 산업을 장려하여 프로이센에 불러들였던 상당한 수입 때문이라는 주장을 고집한다. 원인이 무엇이든 모든 유대인에게 자유의 문을 열어주기에는 충분하지 않았다. 일부 유대인만이 행운을 만나거나 인맥을 통해 게토를 벗어나 확장해 가던 독일의 도시들로 이주했다. 사업과 학문은 이 해방된 독일계 유대인의 능력이었다. 그리고 자유를 얻은 다른 모든 나라에서처럼 그들은 곧 정상까지 치고 올라갔다.

프로이센과 다른 독일 연방 국가들에서도 살롱 유대인이 등장했고, 그들은 자발적으로 세례반으로 나아가기 시작했다. 게토 울타리 너머에서 유대교에 의미를 부여한 해방 지도자들이 없었기 때문에 유대인들은 게토에서 해방되는 순간 주변 사회에 동화되고 말았을 것이다. 그러나 이 모든 것을 바꾸는 데 제격인 사람이 알맞은 때에 나타났다. 그는 최초의 유대교 개혁 운동을 단신으로 이룩한 역사의 영웅이었다.

어떤 무대 감독도 유대 문화 드라마의 주인공으로 게토 출신의 못생긴 곱사등이를 선택할 엄두를 내지 못했을 것이다. 그러나 역사는 달랐다. 역사는 데사우(Dessau) 게토 출신의 곱사등이 모제스 멘델스존(Moses Mendelssohn)을 선택하여 유대교를 기독교도들에게 다시 소개하고, 나아가 놀랍게도 기독교의 문화적 가치를 게토 유대인에게 설파한다. 멘델스존은 게토의 고립 생활이 유대적 삶이라는 믿음을 깨뜨렸다. 그는 세속 학문을 유대인 학교에 재도입했고, 독일 유대인이 곧 찾아올 자유의 삶에 대비하도록 했다.

모제스 멘델스존은 세속 교육을 받기 위해 열네 살 때 돈 한 푼 없이 베를린으로 갔다. 그곳에서 그는 독일 계몽 사상에 푹 빠졌다. 루소와 볼테르에 영향을 받은 계몽주의 운동은 모든 전통적 믿음에 대한 저항이었다. 멘델스존은 이마누엘 칸트(Immanuel Kant)와 당시 독일 최고의 극작가 고트홀트 레싱(Gotthold Lessing)의 친구가 되었다. 멘델스존으로부터 영감을 얻은 레싱의 희곡 〈현인 나단〉은 유럽 무대를 휩쓸었고 유대인을 향한 대중의 인식을 바꾸어놓았다. 유대인은 더는 게토 사람들이 아니라 이전처럼 자랑스러운 유대인, 풍부한 문화 유산을 지닌 민족으로 인식되었다. 멘델스존의 철학적 저술은 그에게 '독일의 소크라테스'라는 별명을 붙여주었다. 멘델스존의 문학 비평은 그를 독일 최고의 문필가로 만들었고, 예술 비평은 그를 근대 미학 비평의 창시자로 만들었다.

멘델스존은 살롱 유대인이 되었고, 그의 계몽 사상은 그를 기독교 교회와 가깝게 만들었다. 그가 유대교로 다시 돌아온 것은 하느님과의 만남이 아니라 역사의 우연을 통해서였다. 그는 공개적으로 종교에서 양다리를 걸치지 말라는 도전을 받았다. 즉 기독교를 버리든지 세례를 받든지 둘 중에 하나를 선택하라는 것이었다. 양심과 한 판 씨름한 후 멘델스존은 유대교의 정신으로 다시 충만해졌다.

멘델스존은 유대인의 딜레마와 위험을 분명히 보았다. 게토에 머물면 그들은 의미 없는 존재로 남을 것이다. 반면, 계몽 사상에 준비되지 않은 그들이 봉건 제도를 부순 새로운 사회 세력에 이끌려 게토 밖으로 해방되어 나오면 당시 유행하던 주류 기독교 문화에 동화될 것이다. 멘델스존은 자신의 사명을 두 가지로 여겼다. 첫째는 유대인에게 스스로 자신을 해방할 도구를 주는 것이었다. 둘째는 옛 종교 규범들이 거부된 지금, 유대인의 가치에 관한 새로운 토대를 준비하는 것이었다. 헤라클레스가 강물을 아우게이아스의 외양간으로 돌려 수십 년간 그곳에 쌓인 오물을 청소했듯이, 멘델스존은 독일 계몽 사상의 흐름을 유대 게토로 돌려 수 세기 동안 쌓인 정통의 적폐를 쓸어버렸다.

독일어가 유대인을 게토에서 해방시킬 도구가 될 것이라고 확신한 멘델스존은 모세 오경을 아름답고 명확한 독일어 — 문자는 히브리어를 사용했다.—로 번역했다. 그리고 유대인들이 독일어를 배우면 독일의 세속 문학과 과학 서적을 읽으리라는 그의 생각이 옳았다는 것은 곧 증명되었다. 게토 교육이 유대인 청년들에게 끼치는 영향력은 점차 줄어들었다. 대신 그들은 서양의 과학, 수학, 문학, 철학을 접하게 되었다. 유대인 청년들은 게토를 떠났다. 그러나 그들은 무방비로 벌판에 나간 것이 아니었다. 멘델스존은 새롭게 계몽된 유대인들을 붙잡기 위해 다가올 개혁 유대교의 윤곽을 그려놓았다. 연이어 출간된 책과 소책자를 통해 그는 근대 유대교가 딛고 서야 할 기초 원리를 만들었다. 멘델스존은 루소의 《사회 계약론》을 응용하여 유대인에게 적용했지만, 그의 계약이 하느님을 배제하지는 않았다.

한 시대에 생존을 위해 만들어진 세속법들은, 그 법이 더는 필요하지 않게 된 다른 시대에 하느님의 법처럼 행세해서는 안 된다는 것이 멘델스존의 주장이었다. 죽어 가는 봉건 국가에서 '유대인 국가'라는 개념을 붙들 이유가 없었다. 모든 유대인은 각자 '게토 정부'와 유대를 끊을 자유가 있었다. 그리고 기독교도가 자신들의 봉건 관계를 청산하고 근대 국가의 시민이 되었던 것처럼, 유대인도 이방 국가의 '계약에 서명'할 수 있었다. 유대인의 해방은 그들을 과거 게토에 묶어놓았던 법률들을 벗어던짐으로써 성취할 수 있다고 멘델스존은 주장했다. 유대교는 영원한 진리에 관한 것이어야지, 사소한 일상생활에 대한 잔소리가 되어서는 안 된다는 것이다.

유대인으로서 생존하는 데 필요한 것은 일시적인 국가 계명에 영원히 충성하는 것이 아니라, 유대인을 신성한 과거와 연결하는 더 근본적인 계명들을 지키는 것이다.

지금까지 멘델스존의 주장은 그리스-로마 시대에 바리새인이 주장한 진보적인 미시나와 게마라를 현대적으로 재진술한 것에 불과하다. 여기에 멘델스존은 두 가지 생각을 새롭게 더했다. 첫째, 종교법을 어기는 것은 개인적 죄일 뿐 국가적 범죄는 아니다. 둘째, 출교의 권한은 종교적 통일을 강제하는 수단이 되어서는 안 된다.

멘델스존은 시대를 앞서간 예언자였다. 그가 근대 유대인과 근대 국가의 관계에 관하여 제기한 질문은 나폴레옹이 30년 후에 제기한 질문과 정확히 일치한다. 그리고 당시 유대인들이 내놓은 답도 본질적으로 멘델스존이 제안한 해결책과 다르지 않았다.

러시아 유대인의 '18세기 이야기'는 한 번도 독립된 주제로 다루어진 적이 없다. 러시아 계몽주의는 유대인의 삶에 영향을 끼치지 못했을 뿐 아니라, 러시아인의 삶에도 거의 영향을 끼치지 못했다. 네덜란드와 영국의 유대인이 크게 성공하고, 오스트리아와 프로이센의 살롱 유대인이 그들의 응접실에서 기독교 귀빈들을 접대하고, 멘델스존이 계몽주의 복음을 독일에서 전파하는 동안에, 러시아의 유대인과 리투아니아와 루마니아 같은 완충 국가의 유대인은 식물인간과 다를 바 없는 상태였다. 그들이 정신적 잠, 정치적 잠에서 깨어난 이유는 당시 아무도 그 의미를 감히 헤아릴 수 없었던 한 사건과 예수보다 더 많은 출판물의 주제가 된 한 남자 때문이었다. 그 사건은 바로 프랑스혁명이었고, 그 남자는 나폴레옹 보나파르트였다.

근대 유럽의 유대인 혁명가들

19세기 유럽과 그곳 유대인의 운명은 18세기 프랑스에서 만들어졌다. 당시 프랑스에 영향을 준 것은 어떤 것이든 전 유럽에 영향을 끼쳤다. 어느 역사가가 간략하게 표현한 것처럼, "프랑스가 기침을 하면 유럽은 감기에 걸렸다." 프랑스의 역사는 이제 왕이 아니라 지식인이 결정했다. 배고픔이 아니라 사상이 대중을 움직였다. 18세기 프랑스 지식인 네 명—그들 중 유대인은 없었다.—이 유럽의 사고를 개조하고 있었다. 볼테르의 통렬한 기지는 교회의 기초를 허물었고, 드니 디드로(Denis Diderot)의 이성, 과학, 예술의 백과사전은 신앙의 가치를 허물었으며, 장자크 루소의 《사회 계약론》은 국가에 대한 낡은 관념을 허물었고, 마르키 드 콩도르세(Marquis de Condorcet)의 '인간의 무한한 능력'의 철학은 새로운 이성적 인간을 향한 희망을 주었다.

이들 중 루소의 《사회 계약론》이 가장 큰 역할을 했는데, 이 책은 프랑스 혁명에 연료를 공급했을 뿐 아니라 19세기의 열정적인 민족주의 운동에 불을 지폈다. 《사회 계약론》에 따르면 최초의 정부는 상호 이익을 위한 시민과 지배자 간의 계약으로 시작되었다. 그러나 시간이 흐르면서 과학, 예술, 정치의 개입으로 이 계약이 훼손되어 없어졌다. 루소는 국가가 지배자의 뜻이 아니라 민중의 뜻을 발현하는 조직이어야 한다고 주장했다. 피지배자는 공공의 안녕을 위해 자신의 권리 일부를 국가에 양보해야 하지만, 피지배자에게는 민중이 위임한 권력을 지배자가 남용할 때 그 계약을 종료할 권리도 있다는 것이 루소의 주장이었다.

여기서 어느 것이 먼저냐는 질문이 생긴다. 새로운 사상이 옛 기관들을 전복했는가, 아니면 옛 기관들이 무너지면서 새로운 사상이 생겨났는가? 새로운 생산 수단이 기존의 질서를 폐기하는가, 아니면 죽어 가는 옛 질서가 새로운 사상의 탄생으로 이어지는가? 어느 것이 먼저이든, 프랑스 혁명의 지도자들이 이성주의자들의 이런 개념을 장악하고 민중을 선동하는 구호로 그들의 언어를 사용했다는 것은 의심할 여지가 없다. 루이 16세가 고용한 스위스 용병들의 총도 평등, 박애, 자유라는 박테리아가 프랑스 정치를 감염시키는 것을 막을 수 없었다.

프랑스 혁명은 민중이 이해할 수 없었던 왕에 대한 반란으로 시작되었지만, 이후에는 혁명 지도자들도 통제할 수 없는 집단 히스테리로 발전했다. 이성이 인간성을 가렸고, 공포가 이성의 도구가 되었다. 사건은 빠르게 전개되었다. 바스티유 감옥이 습격받았다. 프랑스는 공화국이 되었고, 왕과 왕비는 처형당했다. 공포 정치의 서막이 올랐다. 한 달에 귀족 350명이 단두대의 이슬로 사라졌다. 1793년, 신이 공식적으로 폐위되었으며 1794년 로베스피에르가 대제사장으로 추앙되었다.

그러나 혁명을 주도했던 인사들이 혁명의 동력에 의해 하나씩 스러져 갔다. 장폴 마라(Jean-Paul Marat)는 혁명을 배반했다는 이유로 욕조에서 샤를로트 코르데(Charlotte Corday)에게 암살당했다. 조르주 당통(Georges Danton)은 혁명을 방해한다는 이유로 로베스피에르에 의해 단두대로 보내졌다. 로베스피에르는 혁명에 충분히 물들지 않았다는 이유로 자신이 속한 분파에 의해 교수형을 당했다.

프랑스 혁명이 시작되었을 때 유대인은 혁명 공화국 제일의 적들 중 하나였다. 단순한 이유가 그 사실을 뒷받침했다. 교회는 혁명의 원수였다. 교회와 유대인은 같은《구약 성경》을 인정했기 때문에 유대인도 민족 국가의 원수라는 논리였다. 멘델스존의 혼령과 유명한 프랑스 귀족 미라보(Mirabeau) 백작이 없었더라면, 프랑스 유대인도 프랑스 혁명의 여파로 사라졌을 것이다. 유명한 웅변가이자 자연사한 몇 안 되는 혁명 지도자였던 미라보는 베를린에서 모제스 멘델스존과 만나, 그를 통해 3천5백 년이라는 긴 세월을 이어 온 유대 문화의 전통을 접했다.

바스티유 감옥 습격 직후, 유대인이 자신들의 시민권을 주장하기 위해 혁명 재판소에 출두했을 때 그들을 변론해준 사람이 미라보였다. 큰 논쟁이 이어졌고, 결국 이 문제는 국민 투표에 부쳐졌다. 결과를 확신했던 반(反)유대 분파는 뼈아픈 실패를 경험했다. 파리의 60개 구 가운데 53개 구가 유대인에게 시민권을 부여하는 데 찬성했다. 압도적 결과였다. 그렇게 해서 1791년 프랑스 유대인 7만 명이 평등한 권리를 지닌 시민이 되었다.

그러나 새로운 프랑스 공화국과 유대인의 새로운 자유는 위험에 처하게 된다. 유럽의 국왕들은 얼마 전 미국의 민중이 영국에 있는 자신들의 왕에게 반란을 일으키고 법을 멋대로 집행해 독립 선언서―이것은 국왕들이 보기에 광적인 과대망상자 루소가 쓴《사회 계약론》에서 영감을 받은 것이 분명했다.―로 알려진 선동적 교리에 근거한 과격한 혁명 공화국을 세우는 것을 두려운 마음으로 지켜보

왔다. 그런데 이제 그 일이 바로 자신들의 뒤뜰인 프랑스에서 벌어지고 있었다. 오스트리아, 프로이센, 에스파냐, 영국의 군대는 프랑스에 집결하여 '자유'라는 이단을 말살하려 했다.

침략군을 도우려 프랑스 귀족들은 프랑스 안에 제5열*을 조직하여 백색 테러를 단행함으로써 파리를 되찾기 위한 쿠데타를 준비했다. 그러나 그들은 스물네 살의 포병 장군 나폴레옹 보나파르트를 미처 계산에 넣지 못했다. 그가 "한바탕의 포탄 사격"이라고 표현한 것처럼, 나폴레옹은 귀족들의 진영에 근거리 집중 사격을 가해 쿠데타의 척추를 부러뜨렸다. 그때부터 1815년까지 유럽의 역사는 이 키 작은 코르시카인이자 '가난한 아작시오 귀족의 아들'의 전기(biography)였다.[1] 그는 유럽 국가들을 차례차례 집어삼켰고, 각국의 왕관을 수많은 친척에게 결혼 선물로 나누어주었다. 그는 밀라노의 유명한 '철제 왕관'을 머리에 쓸 때, "나는 루이 16세의 후계자가 아니라 샤를마뉴의 후계자다."라고 말했다.

나폴레옹은 스스로 왕관을 썼고 폐위된 왕과 신이라는 두 역할을 자처했다. 사람들의 충성은 비공식적으로 신에서 물건으로 옮겨졌다. 나폴레옹은 성직자들을 길들였으며, 자신의 법전('나폴레옹 법전')으로 혁명의 사회적·물질적 이득을 견고히 했으며, 국가의 통제를 받는 교육 기관들을 설립하고, 부르주아의 미덕을 장려하기 위해 레지옹 도뇌르(Légion d'Honneur) 훈장을 만들었다.

제5열(fifth column) 내부에 있으면서도 외부의 반대 세력에 호응하여 활동하는 집단. 에스파냐 내전 때 네 개 부대를 이끌고 마드리드를 공격한 프랑코 장군이 시내에도 자기들에게 호응하는 또 한 개의 부대가 있다는 말을 퍼뜨린 데서 유래한다.(역주)

이 모든 일은 유대인에게 어떤 영향을 끼쳤는가? 중세 유대인은 분리된 독립적인 집단이었으며, 거의 완전한 자치를 이루고 있었다. 중세에는 평등이라는 것이 없었기 때문에 유대인이 평등한 대우를 받지 못했다는 주장은 의미가 없다. 그럼에도 중세 유대인에게는 자신들만의 법정, 경찰, 판사, 세금 제도 따위가 있었다. 다시 말해, 그들은 국가 속의 국가를 이루었던 것이다. 그들은 봉건 사회의 대다수 기독교도가 누리지 못한 자유와 권리를 누렸다. 비록 유대인의 평균 생활 수준이 귀족이나 고위 성직자에는 미치지 못했지만, 게토로 추방되기 전까지는 노예, 농노, 시민보다 생활 수준이 높았다. 프랑스에 더는 봉건 국가가 존재하지 않자, 나폴레옹은 제국 내에 있는 '유대인 국가'와 그가 정복하여 제국의 일부로 병합한 나라들에 있던 '유대인 국가'를 처리해야 하는 문제에 봉착했다.

특유의 쇼맨십을 발휘한 나폴레옹은 유대인 귀족 전국 회의를 소집했다. 그리고 겉보기에 의미 없는 열두 가지 질문을 던짐으로써 참석한 유대인들을 당황하게 만들었다. 그가 던진 질문은 다음과 같다. 유대인은 일부다처제를 허용하는가? 유대인은 이혼을 허락하는가? 유대인은 기독교도와 결혼하는 것을 허용하는가? 프랑스에서 태어난 유대인은 스스로 프랑스인이라고 여기는가? 유대인은 프랑스법을 따르려 할 것인가? 랍비는 어떤 경찰력을 행사하는가? 이 상황을 정확히 파악하지 못해 유대 귀족들은 분노했지만 자신들에게 그다지 이득이 없어 보이는 질문들을 진지하게 다루려 했다. 그리고 몇 주 만에 그들은 나폴레옹이 원하는 답을 가져왔다. 즉 유대인은 일부다처제를 옹호하지 않고, 이혼을 허락하며, 프랑스는 프랑스 유대인의 조국이고 프랑스 유대인은 모든 적으로부터 프랑스를 보호할 것이며, 랍비는 어떤 경찰력도 행사하지 않으며, 유대인의 결혼 금지는 이방인에게만 적용되며, 유대인은 기독교도를 이방인으로 보지 않는다고 대답했다.

그러자 나폴레옹은 자신의 카드를 펼쳐 보였다. 그는 거의 1천8백 년 만에 최초의 대산헤드린 의회를 소집했다. 대산헤드린 의회는 로마가 성전을 파괴한 기원후 70년 이래로 한 번도 열린 적이 없었다. 나폴레옹은 유대인이 특별 대산헤드린 의회에서 자신들의 대답을 재천명함으로써, 그 대답이 모든 유대인에게 법으로 받아들여지기를 원했다. 유대 지도자들은 이제야 나폴레옹의 의도를 알아챘지만, 대산헤드린이라는 유서 깊은 의회가 다시 한번 유대인의 삶의 중심에 서게 되었다는 생각에 감격의 눈물을 주체할 수 없었다. 이 소식은 유대인 세계에 급속도로 퍼졌다. 나폴레옹이라는 이름이 모든 유대인에게 알려졌고, 전 유럽과 미국의 회당에서 그를 위한 특별 예배가 진행되기도 했다.

대산헤드린 의회는 나폴레옹이 최후를 맞이한 후 사라지지만 유대인 귀족 회의가 나폴레옹의 질문에 내놓은 답을 확인했다. 이렇게 세계의 유대인들에게 모세 율법은 본질상 세속적이 아니라 종교적인 것임을 선포했다. 아울러 랍비의 영향력은 시민적·사법적 문제에 미치지 않고, 유대인은 자기들만의 특별 국가를 이루지 않으며 거주 국가의 구성원이라는 사실을 확인했다. 그때부터 중세 유대 사회의 특징은 시간이 지나면 사라져야 할 시대 착오적인 유산이 되었다.

나폴레옹의 군대는 워털루에서 패했다. 오스트리아의 프란츠 2세

(Franz II)가 유럽의 반동적 군주들을 불러모아 개최한 빈 회의(1815년)와 함께 나폴레옹의 정치 생명도 끝났다. 반동적 군주들은 빛나는 제복을 옷장에 든 채로 가져오고, 번쩍이게 치장한 여인들을 거느리고, 시곗바늘을 되돌릴 굳은 결심을 한 채 빈에 도착해 신성 동맹으로 불린 조약에 서명했다. 옛 세계 질서로 되돌리려 한 것이다. 그들은 앞으로의 사회적·경제적 진보를 원천적으로 봉쇄하려 했고, 민주 혁명 세력이 군주정을 전복하려 할 때 서로 도울 것을 맹세했다.

그 결과 유럽이 그때까지 보지 못한 유형의 혁명이 연속해서 일어났다. 반란의 불길을 유럽 대륙 전역으로 퍼뜨린 자유의 훈풍이 1820년, 1830년, 1848년의 반란에 불을 지폈다. 민주주의 세력이 계속해서 패했지만 그들은 포기하지 않고 버텼고, 결국에는 승리를 거머쥐었다. 프랑스인들이 부르봉 왕조의 복귀에 반대해 봉기했고, 그리스인들은 튀르크 제국의 통치를 전복했으며, 이탈리아 반도가 통일되었고, 비스마르크가 통일 독일 국가를 세웠다. 유대인은 기독교인과 연대해 투쟁했고, 때로는 반혁명의 편에 섰지만 대부분의 경우 민주주의 세력의 편에 섰다. 유대인은 모두 민족주의라는 동일한 이상을 공유하고 프랑스인, 이탈리아인, 독일인, 오스트리아인, 영국인으로서 싸웠다. 사람들은 각자 자기 민족의 깃발을 흔들고 휴머니즘을 이야기하는 동시에, 서로에게 총을 겨누었다. 증기와 전기가 새로운 삶의 방식을 만들어주는 동안에 산업 혁명이 증권 거래소를 왕좌보다 더 높이 올려버렸고, 새로운 독일이 영국의 세계 패권에 도전할 정도로 성장했다. 어느새 세계는 제1차 세계대전의 시대로 돌진하고 있었다.

이탈리아 유대인들이 해방된 과정은 19세기 유럽 역사의 오르락내

리락하는 운명과 비슷했고, 나머지 서유럽 국가들에서 유대인 해방의 전형이 되었다. 나폴레옹 군대를 통해 이루어진 로마 유대인들의 해방은 극적이었다. 횃불 행렬에서 프랑스 사령관은 환호하는 군중에게 나폴레옹 선언을 읽어주었다. 선언의 내용은 이탈리아인과 유대인에게 자유, 평등, 종교적 관용을 허락한다는 것이었다. 이탈리아 전역에 있던 게토의 문이 무너졌다. 이탈리아 사람들은 랍비를 '시민 랍비'로 환영했고, 당황한 유대인들과 손을 맞잡고 자유를 향한 승리의 행진을 시작했다. 이날을 기념하는 '자유의 나무'가 곳곳에 심어졌다.

나폴레옹의 워털루 전투 패배는 유대인과 이탈리아의 민주주의 세력에게도 패배를 안겨주었다. 나폴레옹이 무너지자 추방된 지배자들이 자신들의 제복에 쌓인 먼지를 털고 신성 동맹을 맺은 군주들의 조력을 얻어 갈기갈기 찢겨진 이탈리아의 영지로 돌아갔다. '자유의 나무'들은 잘려 나갔다. 유배 갔던 교황이 돌아왔고, 종교 재판소가 다시 설치되었고, 유대인들은 다시 게토로 들어갔으며, 이탈리아인의 시민권도 철회되었다.

그러나 그런 반동 흐름이 대세를 거스르기에는 너무 늦었다. 이탈리아 민중은 개인의 자유라는 사상을 선호했다. 혁명의 분위기가 무르익었고, 반동 세력과 싸우는 비밀 결사가 늘어났다. 가장 영향력이 큰 단체는 기독교적 이상을 추구하고, 유대인이 재정을 후원하며, 유대교-기독교 전사로 구성된 카르보나리(Carbonari)였다. 1820년에 첫 반란이 발생했지만 신성 동맹이 개입하여 실패할 수밖에 없었다. 군주들은 자유와 생계에 대한 요구에 단검과 탄환으로 답했다. 비록 싸움에서 패했지만 자유를 위한 투쟁은 계속되었다. 주세페 마치니

(Giuseppe Mazzini)는 새 혁명 조직을 만들었다. 조직의 목표는 이탈리아를 교황 권력과 외국 통치로부터 해방하는 것이었다. 랍비들은 조직원을 모으는 설교를 했고, 유대인들은 마치니의 청년 이탈리아당에 새 떼처럼 몰려들었다. 두 번째 혁명(1830~1831년)이었다. 그러나 이것도 쓴 패배로 끝났다.

이때 새로운 민족 영웅 주세페 가리발디(Giuseppe Garibaldi)가 역사의 무대에 등장했다. 1848년 혁명에서 가리발디는 마치니와 함께 이탈리아를 통일하는 데 성공했다. 유대인들은 전국에서 로마로 몰려들어 해방자들을 환영했고 새 이탈리아 공화국이 선포되는 현장을 지켜보았다. 유대인의 헌신과 희생을 높이 평가한 덕분에 새 공화국에서 유대인은 높은 직위를 얻었다. 문제는 이 공화국이 금방 무너졌다는 것이다. 신성 동맹이 공화국을 무너뜨렸고 이탈리아는 다시 분할 통치되었다. 통일을 위한 지하 투쟁이 계속되었다. 유대인들은 카보우르(Cavour) 백작의 리소르지멘토*에 동참했고, 가리발디의 '붉은 셔츠단'과 함께 행진해 시칠리아와 나폴리를 탈환했으며, 마치니의 새 군단에서 싸우며 이탈리아인과 함께 목이 터져라 고함을 쳤다. 마침내 이들의 노력이 결실을 맺어 1861년에 이탈리아의 새 입헌 군주국이 성립되기에 이른다.

새로운 이탈리아에서 유대인들은 높고 화려한 관직에 선출되거

리소르지멘토(Risorgimento) 19세기 중엽에 있었던 이탈리아의 국가 통일 운동과 독립 운동. 카르보나리당과 청년 이탈리아당의 활동, 이탈리아 통일 전쟁, 가리발디의 나폴리 왕국 점령을 거쳐 사르디니아 공국 총리 카보우르의 지도 아래 1861년에 이탈리아 왕국이 성립했으며, 1870년에 교황령의 병합으로 통일을 이루었다.(역주)

나 임명되었다. 이것은 유대인을 향한 이탈리아인의 믿음을 명백히 보여준다. 이탈리아 민중 은행의 창시자인 유대인 루이지 루차티(Luigi Luzzatti)는 이탈리아의 총리는 물론이고 재무장관을 다섯 번이나 지냈다. 이탈리아군 최초의 유대인 장군이 된 주세페 오톨렝기(Giuseppe Ottolenghi)는 리소르지멘토에서 싸웠고, 전쟁장관이 되었다. 또 한 명의 유대인 시드니 손니노(Sidney Sonnino)는 두 번이나 총리를 지냈고, 제1차 세계대전 때 이탈리아의 외무장관으로 일하면서 독일, 오스트리아, 이탈리아의 연합을 깨고 이탈리아를 연합국의 일원으로 전쟁에 참여시키는 데 일조했다. 가톨릭인 로마는 에르네스토 나단(Ernesto Nathan)을 시장으로 선출했다. 이탈리아의 시민법을 체계화한 로도비코 모르타라(Lodovico Mortara)는 이탈리아 대법원장과 법무장관을 지냈다.

19세기 독일의 유대인 이야기는 이탈리아와 매우 유사했다. 1798년 베토벤의 고향인 본(Bonn)에서 유대인 게토가 최초로 무너졌다. 그때 독일인들은 노래를 부르며 게토 정문까지 행진해 그 문을 제거해버렸다. 유대인 게토가 차례차례 사라져 갔고 유대인은 독일 시민이 되었다. 이탈리아에서처럼 유대인은 독일에서 벌어지는 혁명과 반혁명에 참여했다. 그들은 모든 사람이 자유롭게 사는 근대 국가를 만들기 위해 싸우는 독일인들을 도왔다. 유대인은 장교와 사병으로, 혹은 정치가와 관료로 프로이센 제국을 섬겼다. 빈 회의 이후 신성 로마 제국을 대체한 독일 제국에 프로이센을 통합하기 위해 독일 황제와 비스마르크에 협력했다. 나폴레옹 3세가 1870년 프로이센에 선전 포고를 하자, 유대인 7천 명이 비스마르크 군대와 함께 프랑스까지 행군했다. '가장 뛰어난 독일(Deutschland über Alles)'의 정신이 독일 유대인은 물론 독일 기독교인들에게 전염병처럼 퍼졌다. 독일 유대인은 독일 기독교 전우들과 함께 승리를 즐겼고, 프랑스 유대인은 프랑스 기독교인들과 함께 복수를 다짐했다.

오스트리아 유대인의 해방은 처음에는 걸림돌을 만났지만, 곧 독일과 비슷한 양상으로 전개되었다. 신성 로마 제국의 황제 요제프 2세가 죽자 '관용 칙령'은 그와 함께 땅에 묻혔고, 반동 세력의 자유로운 통치가 관용 칙령을 대체했다. 유대인과 기독교인이 얻은 것은 압제의 헌금통으로 던져졌고, 빈 회의 참석자들과 신성 동맹 군주들이 헌금통 뚜껑을 쾅 닫고 그 위에 앉아버렸다. 그러나 오스트리아 내의 기독교도와 유대인 진보주의자들은 1848년 혁명을 모의해 헌금통을 깔고 앉은 왕들을 날려버리고 권좌에서 내려오게 했으며, 오스트리아인들이 이전에 성취한 것들을 되돌려주었다. 한 가지 역설적인 것은 빈 회의를 주재한 클레멘스 폰 메테르니히(Klemens von Metternich)의 운명이다. 교수형을 당할 위험에 처하자 메테르니히는 19세기 마지막 궁중 유대인이었던 살로몬 로스차일드(Salomon Rothschild) 남작의 도움을 구했다. 로스차일드는 메테르니히의 망명을 도왔고, 그의 영국 망명 생활을 경제적으로 지원했다.

로마노프 왕조의 유대인 박해

유대인의 해방이 비스와강(폴란드 남북으로 흐르는 강) 서쪽으로 빠르게 퍼져 나가는 동안 러시아와 완충 국가들에 사는 유대인의 정치 상황도 같은 속도로 퇴보하고 있었다. 폴란드 분립 후 유대인은 유대인 강제 거주지(Pale of Settlement)를 마음대로 돌아다닐 수 있었지만, 러시아의 문맹 농부들과 무지한 지주들과 함께 바깥 세계로부터 고립되어 있었다. 그들의 삶은 계속 정체되어 있었고, 그들의 유산은 의미 없는 시골의 일상에 묻혀 있었으며, 그들의 자녀도 세속 학문으로부터 단절되어 있었다. 그런 환경은 몸을 안전히 보호해주지만 지성을 죽게 만드는 막다른 골목과 같았다. 그러다 갑자기 19세기에 러시아 유대인의 역사가 변하기 시작했다. 그들의 신체는 위험해졌지만, 지적 자극은 풍성해졌다.

19세기 러시아는 로마노프 왕조의 다섯 차르가 지배했다. 그들은 계몽 시대로 나아가려던 러시아를 잡아채 봉건적 폭정 속으로 다시 던져넣었다. 정책은 일관되지 못했고, 통치는 변덕스러웠으며, 무자비함과 온정주의가 혼합되어 있었다. 다섯 차르는 농노들에게 자유를 주었지만 땅은 주지 않았다. 고문은 폐지했지만 경찰국가를 만들었다. 계몽을 설교했지만 대중에게 글은 가르치지 않았다. 유대인 정책도 역설적이었다. 그들은 유대 공동체를 없앴지만 유대인에게 시민권은 주지 않았다. 유대인에게 농업을 장려했지만 땅의 소유는 허락하지 않았다. 유대인을 러시아인과 통합하려 했지만, 유대인을 점차 사라져 가는 강제 거주지에 가두어놓았다. 좋은 의도였든 나쁜 의도였든, 결국 차르들은 러시아인, 폴란드인, 유대인에게 증오를 샀다.

러시아의 1백만 유대인은 알렉산드르 1세(Aleksandr I)를 해방자로 환영했다. 알렉산드르 1세는 1801년 왕위에 오르자 정치범을 사면했고, 고문을 폐지했으며, 원하는 자는 자신의 농노를 해방할 수 있게 해주었다. 유대인도 원하는 직업에 종사할 권리를 얻었다. 러시아 학교와 대학에 다닐 수 있었고, 심지어 모스크바와 러시아 본토에 거주할 수도 있었다. 물론 이런 자유를 실제로 모두 누릴 수 있었던 것은 아니다. 그러나 보따리상이나 목동을 아버지로 둔 많은 유대인이 나중에 상인과 제조업자, 교수, 학자가 될 수 있었다. 비록 대부분이 강제 거주지에 살았지만, 보통 유대인은 19세기 초까지만 해도 초가집에서 가축과 함께 생활한 보통 러시아인들보다 더 잘살았다. 러시아인들은 보통 주인에게 억압당하는 무식하고 미신을 잘 믿는 소작농이었다.

그러나 빈 회의에서 알렉산드르 1세는 반동의 와인을 너무 많이 마셨고, 자신의 진보 정책을 두렵게 여겼다. 그는 경찰국가라는 옷을 온 러시아에 꽉 끼게 입혔고, 모든 유대인을 좁은 강제 거주지로 되돌아가게 하는 정책에 착수했다. 알렉산드르 1세는 이 정책들을 시행하기 전에 사망했지만, 그의 후계자이자 동생인 니콜라이 1세(Nikolai I)역시 형의 두려움을 나누었다. 그가 통치하는 동안 러시아인, 폴란드인, 유대인은 모두 그의 전제적 힘을 느꼈다.

유대인은 직장에서 쫓겨났고 도시에서 추방되어 강제 거주지로 돌아갔다. 하루아침에 유대인 10만 명이 집 없는 알거지가 되었다. 특별 군인 징집 정책은 열두 살에서 열여덟 살 사이의 유대인 소년들을 25년 동안 병역 의무를 지게 했다. 이렇게 징집된 유대인 소년들은 다시는 부모와 만날 수 없었다. 그들은 복무 기간 중에 사망하거나 조롱과 고문에 못 이겨 개종했다. 유대인들 사이에 시민 불복종 운동이 일어났다. 그러나 이 운동의 반작용으로 러시아에 새로운 직업이 생겨냈다. 바로 군인 납치범이다. 이 군인 납치범 — 유대인들은 이들을 '차퍼('채가는 자')'라고 불렀다. — 은 유대인 마을에 잠복해 있다가 유대인 소년을 납치하여 군복무 기간을 채웠다.

유대인의 지혜가 없었다면 또 다른 칙령이 유대 공동체를 완전히 소멸시켰을 것이다. 나폴레옹의 프랑스에서처럼 러시아에서 유대인의 자치 공동제는 해체되고 유대인은 러시아 행정부의 직할 통치를 받아야 했다. 서유럽의 유대인은 자치 정부를 포기한 대가로 시민권을 받았다. 그러나 러시아는 봉건 국가를 포기하지 않았고 유대인에게 시민권도 주지 않았다. 유대인이 러시아의 사법 체계와 행정을 경멸한 것은 당연했다. 러시아 사법 체계에 자비를 구했다면 아마도 유대인은 궤멸했을지도 모른다. 에스파냐에 주둔한 나폴레옹 군대를 통해 유럽 전역에 성병이 퍼져 나간 것처럼 부패와 타락이 러시아 곳곳으로 퍼져 나갔다.

그렇다면 러시아 유대인은 자기 정부나 자신들을 보호해줄 국가도 없이 어떻게 생존할 수 있었을까? 그들은 '헤브라(hevra, 위원회)'로 불린 작은 규모의 즉결 행정 기관을 고안했다. 유대인은 정부의 기능을 몇 부분으로 나누어 각 기능을 담당하는 위원회를 만들었다. 고아들을 위한 위원회, 장례 위원회, 교육 위원회, 결혼 적령기의 가난한 여성들을 위한 위원회, 구제 위원회, 예술과 기술 위원회까지 각 위원회는 회원들이 준수해야 할 정관과 규정이 있었다. 분쟁이 일어날 때마다 유대인은 재판을 위해 해당 위원회에 찾아갔다. 각 헤브라에는 판결을 내려줄 한두 명의 회원 랍비가 언제나 있었다. 이 때문에 유대인들은 러시아 법정에 거의 호소하지 않았다.

1850년이 되면 유대인 강제 거주지가 본래 크기의 반으로 줄었다. 대부분의 유대인은 가난, 굶주림, 절망 속에서 살았다. 러시아 황제 니콜라이 1세는 러시아인, 폴란드인, 유대인의 미움을 받으며 1855년 무덤으로 들어갔다. 이것으로 로마노프 왕조 역사의 첫 번째 막이 끝났다.

러시아는 이 예측 불가능한 왕실 드라마의 제2막을 놀란 눈으로 예의 주시했다. 알렉산드르 2세는 대담하게 4천만 농노를 해방했고, 그리스 정교의 권력을 제한했으며, 귀족들을 규제했고, 부패한 사법 체제의 적폐를 말끔히 청소했다. 그는 유대인 청소년 징병을 금지했고, 모든 이가 교육을 받을 수 있게 했으며, 강제 거주지에서 생활하는 3백만 유대인에게 러시아를 개방했다.

다시 한번 유대 역사는 친숙한 형태를 띠었다. 유럽 은행들과의 관계와 유대인의 돈 때문에 황제 알렉산드르 2세(Aleksandr II)는 러시아 산업을 육성할 목적으로 유대인에게 도움을 청했다. 그는 유대인들에게 러시아의 금융 체제를 건설하는 일을 맡겼다. 러시아의 '철도왕'으로 불리는 사무엘 폴랴코프(Samuel Polyakov)는 러시아 동부와 서부를 철도로 연결했다. 이 공을 인정받아 그는 기사 작위를 받았다. 은행업, 법, 건축, 의학, 산업은 러시아 유대인들이 담당했다. 그러나 이 새로운 삶의 방식은 유대인 인구의 단 5퍼센트만 누렸다. 그렇지만 자녀를 위협하는 25년 의무 복무가 사라지고 교육의 길이 열리자, 러시아의 유대 공동체는 다시 한번 희망으로 가득 찼다.

그러다 갑자기 하룻밤 꿈처럼 해방의 제2막이 끝났다. 무대는 공격받았고, 계몽주의라는 배경이 무대에서 치워지고, 제1막의 배경이 다시 설치되었다. 반혁명의 물결이 러시아를 휩쓸었다. 유대인들은 다시 강제 거주지로 던져졌고, 진보주의자처럼 보이는 사람은 누구나 군대 혹은 우랄 산맥으로 보내졌다. 알렉산드르 2세에게는 모든 것이 안 풀렸다. 교황이 반발했고, 러시아의 광대한 땅이 가난한 소작인, 땅 없는 농노, 저임금 공장 노동자, 억압적인 노동 환경, 불만 가득한 소수 민족들 때문에 덧난 상처처럼 빨갛게 물들었다. 러시아는 영혼까지 병들었다.

전혀 혁신적이지 못했던 알렉산드르 2세는 '아스피린 치료법'에 기댔다. 조국의 병든 슬라브 영혼을 치료하기 위해 그는 러시아판 민족주의인 '슬라브주의'를 처방했다. 슬라브주의자들은 러시아가 서방을 흉내 내는 것을 멈추고 자신의 위대함의 원천인 '슬라브 영혼'으로 돌아가야 한다고 생각했다. 그것은 현실 도피적인 통일 운동이었다. 슬라브주의자들은 무지, 문맹, 가난을 숨길 러시아 이미지를 만들어냈다. 이를 지적하는 사람들은 근시안적이고 불온하다고 취급받았다. "하나의 러시아, 하나의 신조, 하나의 차르"가 슬라브주의자들의 구호였다. 차르(러시아의 작은 아버지)와 교회(러시아의 성모)에 대한 순종이 범슬라브 국가들을 하나로 묶는 신비로운 접착제였다. 물론 이 접착제가 제 역할을 하려면 비밀 경찰과 테러리스트 집단의 도움이 약간 필요했다.

러시아인들은 테러에 테러로 대응했다. 1881년 어느 맑은 날 니힐리스트들이 수제 폭탄을 터뜨려 알렉산드르 2세를 산산조각 냈다. 그러나 러시아인들의 절박한 상황이 나아지기는커녕 유약한 알렉산드르 3세(Aleksandr III)가 그들의 차르가 되었다. 새 차르는 자신들의 특권밖에 모르는 귀족들의 손에 완전히 놓아났다. 귀족들의 우두머리는 콘스탄틴 포베도노스체프(Konstantin Pobedonostsev)였는데, 그는 최고 주교회(Holy Synod)의 의장이었으며 민주주의를 피부 전염병으로, 투표를 위험한 것으로 여긴 슬라브주의자였다. 그는 대량 학살을 자행했고, 공식적으로 유대인에 반대하는 봉기들을 이용해 러시아인이 자신의 비참한 상황에서 눈을 돌리도록 만들었다. 그가 '유대인 문제'를 해결하는 방식은 '3분의 1 개종, 3분의 1 추방, 3분의 1 빈민화'였다. 그가 장려한 대량 학살은 로마의 원형 경기장같이 대중의 관심을 돌리기 위한 것이었다. 기독교도들을 사자에게 던진 로마와 달리, 포베도노스체프는 유대인들을 소작농에게 던졌다. 계산된 대량 학살이 러시아 전역에서 연이어 발생했고, 전 세계가 그 일에 항의했다. 유대인 2만 명이 모스크바에서 쫓겨났다. 유대인 수십만 명이 유대인 이민에 제한을 두지 않은 미국으로 이민을 갔다. 그러나 러시아를 탈출할 수 없었던 수백만 유대인은 두려움과 가난 속에서 살았다. 그들은 유럽과 미국에 있는 자발적 유대인 구호 기관의 쏟아지는 도움으로 연명했다.

로마노프 왕조도 부르봉 왕조와 다르지 않았다. 러시아의 마지막 독재자 니콜라이 2세(Nikolai II)는 빵을 달라는 민중의 요구에 총탄으로 답했다. 절망 속에서 러시아인들은 의회 개혁 운동부터 공산주의 운동에 이르기까지 다양한 혁명 운동에 참여했다. 최후 심판의 날이 그리 멀지 않았다.

제1차 세계대전이 발발했을 때 "민주주의를 위해 세상을 안전하게 만들겠다."라는 약속은 서유럽 전선에만 해당되었다. 왜냐하면 동유럽 전선에서는 러시아 군대가 후퇴하자 러시아 반혁명 세력들이 진전했기 때문이다. 진보 정당들은 애국적으로 단결하여 정부의 노력을 지지했지만, 니콜라이 2세는 오만하게 그들을 인정하지도 않았고 그들의 열망을 지지하지도 않았다. 군사적 패배가 잇따르면서 러시아의 위신이 떨어지고 힘이 마비되자, 차르는 자신이 친히 러시아 군대를 지휘하겠다고 선언한다. 이것은 러시아 전체를 경악하게 만든 선언이었다. 왜냐하면 가장 아첨을 잘하는 귀족들이라 하더라도 차르에게 군사적 재능이 있다고는 전혀 믿지 않았기 때문이다.

니콜라이 2세가 전장으로 떠나자 민주주의의 '민' 자도 모르는 황후 알렉산드라 표도로브나(Aleksandra Fyodorovna)가 내치를 담당하게 되었다. 그는 그리고리 라스푸틴(Grigorii Rasputin)이라는 무식하고 욕정 많은 수도사의 손안에 있었다. 그는 최면을 통해 혈우병을 앓는 알렉산드라의 아들이 피 흘려 죽지 않게 할 수 있었다고 전해진다. 라스푸틴은 구원을 얻으려면 성적 죄를 지어야만 한다고 가르친 흘리스티(Khlysti) 분파의 일원이었다. 긴 손톱 아래 시커먼 흙이 껴 있던 그의 손에 러시아 통치권이 넘어갔다.

러시아는 죽어 가고 있었다. 질병, 기근, 죽음이 러시아인을 괴롭혔다. 전쟁 사상자 수는 늘어났다. 무질서, 부족한 물자, 파업이 러시아를 괴롭혔다. 의회 개혁이 러시아를 구하리라 희망을 품었던 많은 러시아인도 이제는 현 왕조의 전복만이 살 길이라고 확신하게 되었다. 곧 라스푸틴은 암살당했고 얼어붙은 네바강의 구멍 속으로 던져졌다. 의회가 권력을 잡았고, 강제로 차르를 폐위했다. 공산당은 곧 그 임시 정부를 전복하고 소비에트사회주의공화국연방을 세웠다. 차르

니콜라이 2세와 그의 가족은 모두 예카테린부르크에서 총살당했다. 이로써 로마노프 왕조의 통치가 끝났다.

마지막 두 차르의 통치 기간 동안 러시아에 대한 유대인의 태도가 변했다. 새 이념이 유대인 강제 거주지에 침투했다. 1백 년 동안 유대인은 이랬다저랬다 하는 차르를 수동적 태도로 인내해 왔다. 그들은 '러시아의 작은 아버지(차르를 이르는 말)'에게 먹고살 수 있는 길을 만들어 달라 청원했다. 유대인은 정치로부터 멀리 떨어져 있었다. 그러나 유대인 청년들은 점점 유대인 장례식에 가는 일을 싫증 냈다. 그들은 조심하는 것에 염증을 느꼈다. 1백 년 동안 눈치를 보았지만 남은 것은 모욕, 가난, 그리고 대량 학살뿐이었다. 가진 것이 많았고 싸울 의지도 있었던 당시 유대인들은 자유를 구걸하는 대신 자유를 요구하기 시작했다. 그들은 정치에 입문했다. 또 여러 지하 운동에도 가담했다. 그리고 차르가 마지못해 두마(Duma), 즉 의회 소집을 허락했을 때 온갖 만류에도 불구하고 그들은 공직 선거에 출마했다. 차르가 두마를 해산했을 때, 진보적 유대인들은 다른 진보적 러시아인과 교류했다. 그리고 일부는 레온 트로츠키(Leon Trotsky)가 조직한 적군(Red Army)에 들어가, 로마노프 왕조의 통치를 회복하려 일어난 백군 러시아 장군들의 다섯 개 침략 군대들과 싸웠다.

동유럽의 유대 역사는 이제 서유럽의 유대 역사와 섞였다. 전쟁터에서 러시아 군복을 입은 유대인이 독일군 제복을 입은 유대인과 싸웠다. 사상의 영역에서 좌익 정치가 우익 정치와 부딪혔다. 신학의 영역에서는 보수파와 개혁파가 충돌했다. 그러나 유대교의 영역에서 유대인들은 서로를 형제로 받아들였다.

근대 유대 역사는 초초하게 18세기의 문을 두드리며 온전한 시민권을 획득하려는 유대인으로 시작한다. 유대인 해방은 프랑스 혁명의 도가니 밑에 남겨진 침전물이었다. 나폴레옹의 군대가 전진했을 때 게토의 벽이 무너져 내렸다.

그러나 다행히도 해방된 유대인들은 인류의 새로운 타락이 된 인종 차별주의 때문에 그들에게 가해진 공격을 알지 못했다. 앞으로 이어지는 장에서 우리는 먼저 반유대주의 증상, 즉 인종 차별주의를 분석할 것이다. 그리고 유대인 세계의 두 가지 새로운 흐름을 추적할 것이다. 서유럽의 흐름은 주변의 이방 문화와 일치를 꾀하는 것인 반면, 동유럽의 흐름은 유대적 가치를 새롭게 확인하는 것으로 이어졌다. 이후 우리는 이 두 흐름이 정(밀려드는 이민 물결을 통한 미국에서의 융합), 반(히틀러의 강제 수용소에서 죽음과 만남), 합(재창조된 이스라엘 국가에서 형제들의 재회)의 변증법적 세 단계를 거쳐 합쳐지는 것을 보게 될 것이다.

24장

반유대주의와 드레퓌스 사건

19세기 말 우리는 1850년 이후 유대 역사의 향방에 다른 어떤 요인보다 더 결정적으로 영향을 끼친 독특한 현상과 처음으로 마주하게된다. 바로 반유대주의다. 민족주의와 인종 차별주의가 결탁하여 우리 시대의 야만성을 창조한 반유대주의는 5백만 유대인을 대량으로학살한 주범이기 때문에, 우리는 반유대주의의 본질뿐 아니라 그것의기원을 이해할 필요가 있다. 언제, 그리고 왜 반유대주의가 생겨났을까? 반유대주의의 본질은 무엇인가? 어떻게 반유대주의가 사람들 사이에 퍼졌을까?

대부분의 사람은 반유대주의가 4천 년 동안 존재해 왔다고 생각한다. 즉 유대 역사의 시작과 더불어 반유대주의 정서가 시작되었다고믿는다. 그러나 이것은 많은 역사가가 반유대주의라는 용어를 겉보기에 반유대주의와 비슷한 과거 사건들에 잘못 적용해서 생긴 오해이다. 유대인에 관한 모든 폭력 행위는, 아마도 '반유대적(anti-Jewish)'

행위로 분류되어야 하는 때에도, 그 이유가 무엇이든 간에 반유대주의로 분류되었다. 이런 대중적 오해와는 달리 반유대주의는 1800년까지 존재하지 않았다. '반유대주의'는 1879년에 와서야 생겨난 말이다.* 어느 독일인이 유대인과 기독교인 사이에서 발생한 완전히 새로운 형태의 관계를 묘사하기 위해 만들어냈다.

반유대주의라는 용어는 의미의 혼란을 겪고 있다. 명백히 다른 동기에서 비롯된 다양한 폭력 행위가 동일한 기술적(descriptive) 용어 하나로 표현되었다. 결과적으로 유대 역사가 근대에 대처한 그 독특한 행보를 이해하려면, 그리고 유대인의 근대 역사가 그 이전 역사와 어떻게 다른지 이해하려면 '반유대주의'와 '반유대적' 행위를 구분해야 한다. 왜냐하면 이들은 완전히 다른 가치 판단을 담고 있기 때문이다.

개념 구분은 가치 판단에서 매우 중요하다. 이는 간단한 예를 들어 증명할 수 있다. 한 사람이 다른 사람을 죽인 경우를 가리키는 단어가 '살인' 하나만 있다고 가정하자. 그렇다면 모든 죽이는 행위는 살인으로 분류될 것이다. 이것은 '정당방위', '과실치사', '우발적 살인' 같은 다양한 종류의 살인 행위가 인정되는 차이를 제거하게 될 것이다. 그러나 법은 살인 행위들 사이의 차이를 인정한다. 그리고 그 행위들의 동기가 그 차이를 결정한다. 계획적 살인과 우발적 살인 너머

---

* '반유대주의(anti-Semitism)'라는 용어는 1879년에 출판된 《독일 정신에 대한 유대주의의 승리》라는 책에서 처음 사용되었다. 이 책은 기독교로 개종한 혼혈 유대인 빌헬름 마르(Wilhelm Marr)가 유대인을 거칠고 무례하게 공격하는 내용을 담고 있다.

에 상반된 행동 동기가 있는 것처럼, 반유대주의와 반유대적 행위 너머에는 서로 다른 심리적 동기가 있다. 그렇다면 그 차이는 무엇일까?

반유대주의와 반유대적 행위를 구분 짓는 특질을 네 가지로 나누어볼 수 있다. 첫째, 반유대주의는 비논리적이고 비이성적인 동시에 무의식적 원인에서 기인한다. 편견이 먼저 존재하고, 그다음에 편견을 합리화하는 과정이 시작된다. 반면 반유대적 행위는 논리적이고 그 나름대로 이유가 있으며 의식적인 동기에서 비롯한 것이다. 즉, 동기가 먼저 있고 그다음에 보복 행위가 뒤따른다. 둘째, 반유대주의는 '유대 인종'을 겨냥하므로 유대인 개인의 잘못이나 성품과는 무관하다. 반유대적 행위는 유대인 개인을 겨냥한다. 이런 종류의 폭력은 다른 종교를 믿거나 다른 민족에 속한 사람들에게도 가해진다. 셋째, 반유대주의는 의도적으로 유대인을 색출하고 그들만을 목표로 한다. 유대인과 비슷한 '죄'를 저질렀을지도 모르는 다른 사람들은 제외된다. 반유대적 폭력은 폭력 행사자의 여러 폭력 행위 가운데 하나일 뿐이다. 넷째, 반유대주의는 문제 해결책을 강구하지 않는다. 다시 말해, 유대인에게 '구원의 길'을 제시하지도 않고 대안을 제시하지도 않는다. 유대인을 특정해서 겨냥한 반유대적 폭력은 그들을 공격자의 종교로 개종시키는 것이 목적이었다.

유대인을 좋아하지 않는 사람과 반유대주의자를 혼동해서는 안 된다. 모든 사람이 미국인이나 영국인이나 프랑스인을 좋아하지 않는 것처럼 모든 사람이 유대인을 좋아할 수는 없다. 볼테르는 유대인을 좋아하지 않았지만 반유대주의자는 아니었다. 그는 모든 유대인이 무지하고 미신에 빠져 있다고 생각했지만 그런 이유 때문에 유대인을 모두 화형에 처해야 한다고 생각하지는 않았다. 바로 여기에 반유대주의와 반유대적 행위의 차이가 있다. 사람은 보통 누군가가 마음에 들지 않으면 그 사람과 사귀지 않는다. 어떤 사람이 마음에 들지 않는다고 그 사람을 인간 이하의 존재로 취급하거나 죽여야 한다고 주장하지 않는다. 진정한 반유대주의자에게 반유대주의의 가장 중요한 본질은 유대인이라는 사실 자체가 '범죄'라는 점이다. 유대인이라는 이 '범죄'는 유대인이 설사 자신의 종교를 버리더라도 그 죗값을 치르거나 죄의 책임을 없앨 수 없다. 이런 의미에서 중세는 반유대 주의적이지 않았다. 중세의 유대인은 세례를 받는 순간 명예로운 시민이 되었다. 결국 반유대주의는 반유대주의자들의 마음에 존재하는 정신적 문제이다. 몇몇 역사적 사례가 이 점을 더욱 분명히 보여줄 것이다.

로마 정치가 마르쿠스 카토(Marcus Cato)가 로마인에게 카르타고인을 몰살시키자고 주장했던 동기는 두려움이었다. 세 번이나 로마에 도전한 카르타고가 두려웠던 것이다. 네 번째 포에니 전쟁을 미연에 방지하기 위해 로마인들은 카르타고를 완전히 폐허로 만들었다. 그 결과 카르타고 시민들은 죽거나 노예로 팔려 갔다. 이와 비슷한 유대 역사 사건을 동등하게 객관적으로 바라본다면, 로마인이 기원후 1세기에 예루살렘을 폐허로 만들고 유대인을 팔레스타인 땅에서 추방한 것이 반유대주의 편견 때문이 아님을 알게 될 것이다. 카르타고인처럼 유대인도 세 번이나 로마에 반란을 일으켜서 카르타고인과 동일한 처분을 받은 것이다. 그 정치적 행위가 인종에 대한 편견 없이 행해졌다는 것은 그 이후에 로마가 모든 유대인에게 자랑스러운 로마 시민권을 부여했다는 사실에서도 분명히 드러난다.

에스파냐 유대 역사도 비슷한 사례를 제공한다. 18장에서 강조한 것처럼 에스파냐 종교 재판소는 유대인을 기소하기 위한 것이 아니라 이단으로 의심되는 기독교도를 기소하려고 설치한 기관이었다. 교회는 기독교로 개종한 유대인, 즉 마라노를 기독교도로 여겼고 다른 기독교도처럼 그들도 똑같이 종교 재판을 받았다. 마라노는 다른 기독교도처럼 이단이라고 의심을 받은 때에 종교 재판에 회부되었다. 종교 재판의 대상이 될 수 없었던 유대인은 추방 처분을 받았다. 화형의 불길은 유대인이 추방된 이후에도 3백 년이나 지속되었다. 그 피해자는 대개 기독교도였다. 개종한 마라노 유대인은 그 시대의 우연한 피해자였으며, 그들의 인종 혹은 유대인이라는 '타고난 범죄' 때문에 선별된 희생양이 아니었다.

오늘날 아랍 세계의 반유대 정서는 비논리적이고 비합리적인 원인에서 기인한 것인가? 아니면 객관적이고 당파적이고 정치적인 이유로 발생한 것인가? 옳고 그름을 떠나 아랍인은 그들이 유대인을 미워할 합당한 이유가 있다고 믿는다. 아랍인의 입장에서는 유대인이 자신들의 땅을 빼앗았기 때문이다. 그래서 아랍인은 전통적인 방식으로 정치 게임을 하는 것이다. 반대 세력을 결집하기 위해 공포를 조장하는 것처럼 말이다. 그들의 행위는 분명 반유대적이지만, 반유대주의는 아니다.

이처럼 다양한 두려움에서 기인한 반유대적 폭력 행위들을 반유대주의에서 기인한 히틀러 시대의 유대인 박해와 비교해보라. 유대인은 독일에 반란을 일으킨 적이 없다. 이단을 퍼뜨린 적도 없다. 독일 영토를 빼앗은 적도 없다. 오히려 유대인은 독일 문화의 발전에 기여했고 세계대전에서는 독일 편에서 명예롭게 싸웠다. 유대인의 '범죄'는 나치의 마음속에만 존재했다. 유대인의 '죄'는 그들이 유대인이라는 것이었다. 10분의 1이라도 유대인의 피가 섞였다고 의심되면 그 사람은 범죄자였다. 나치 철학은 '유덴라인(Judenrein)', 즉 '유대인 없는' 독일을 꿈꾸었을 뿐 아니라 유대인 없는 유럽 대륙을 꿈꾸었다. 그 꿈은 중세 때처럼 개종 권유나 추방이 아니라 살인으로 실현되었다. 이런 관점에서 보면 반유대주의는 더는 사람이 받아들일 수 있는 의견으로 보이지 않는다. 그것은 정신병이다.

　이유 없는 인종 차별적 반유대주의는 유대인이 기원전 2000년에서 1800년까지 거쳐 온 이교도 문화, 그리스-로마 문화, 이슬람 문화, 중세 문화에 없던 것이었다. 우리는 이 3천8백 년 동안 유대인이 살해되고, 대량 학살되고, 고문당하고, 노예로 팔려 가는 것을 보았다. 그러나 당시에는 많은 민족이 비슷한 일을 겪었다. 반유대적 폭력은 다른 소수 민족이나 집단에 가해진 폭력과 본질에서 다르지 않았다. 이 3천8백 년 동안 얼마나 많은 민족이나 집단이 역사에서 사라졌는지를 알면 인류 역사에 자행된 폭력의 정도를 짐작할 수 있을 것이다. 중세에 유대인에게 가해진 폭력의 역사는 그 이전 시대보다 복잡하지만, 그것이 앞서 설명한 네 가지 특질을 지닌 이유 없는 반유대주의의 산물은 아니었다. 중세에 기독교도가 유대인에게 폭력을 가한 이유는 그들이 기독교로 개종하기를 거부했기 때문이다. 반유대주의는 이런 개념과 완전히 정반대인 것에서 기인한다. 반유대주의자들은 유대인 개인이 아니라 유대적이라는 것 자체를 증오한다. 그들이 증오하는 것이 유대적이라는 개념이기 때문에, 유대인이 개종한다고 해서 달라지는 것은 없다.

그렇다면 어떻게 반유대적 증오가 반유대주의적 편견이 되었을까? 어떤 과정으로 사고에 이런 변화가 발생했을까? 그 변화는 연속적이지만 서로 겹치는 세 단계에 걸쳐 이루어졌다. 첫째, 근대의 반유대주의 토양은 변화된 경제 상황이 만들어낸 불안정한 새로운 사회 계층 내부에서 마련되었다. 둘째, 이 새로운 사회 계층에 우월성의 철학을 제공하기 위해 민족주의가 인종 차별주의로 교묘하게 조작되었다. 셋째, 새로운 계층의 내적 불안을 없애기 위해 반유대 정서는 반유대주의로 정제되어 정치적 안정제로 사용되었다.

우리는 앞서 종교 개혁이 봉건 제도에 치명타를 입히는 과정을 살펴보았다. 그리고 새로운 상인 계층과 자유 무역과 산업의 정신이 개신교 운동의 여파로 생겨나는 것도 보았다. 이 새로운 정신은 인간의 윤리적 사고에도 영향을 끼쳤다. 과거의 종교적 가치들이 약화되었고, 대중은 교회가 더는 사회에 간섭해서는 안 된다고 생각했다. 종교는 정치와 분리되었다. 종교가 의미를 잃자, 유대인이 기독교로 개종하느냐 마느냐는 그다지 중요하지 않게 되었다. 오늘날 많은 사람이 한때 개종 문제가 그렇게 중요한 문제였다는 것 자체를 잘 이해하지 못한다.

1800년이 되면서 자본주의와 식민 제국주의는 전성기를 맞이한다. 이때 또 하나의 중요한 변화가 일어났다. 바로 산업 혁명이다. 오늘날 사람들은 산업 혁명이 일어난 지 불과 2백 년 남짓 되었다는 사실에 다소 놀란다. 또한 1850년대의 일반 기업들이 50명 미만의 노동자를 고용했다는 사실도 놀랍게 들린다. 산업의 성장과 함께 노동자와 소유주 사이의 사적 관계가 사라졌다. 감독관과 관리자가 이제 그 둘 사이에 자리 잡았다. 부재 경영(absentee management)이 생겨났다. 여러 공장이 건설되었고, 고용인들은 서로 소외되었다. 한 공장의 노동자 5천 명은 '외로운 군중'이 되었다.

산입 분야에서 이 같은 새로운 발전과 함께 또 다른 소외가 발생했다. 수공업이 사라진 것이다. 옛 사람들은 자신이 만든 물건 — 자신이 만든 말발굽, 자신이 짠 신발, 자신이 지은 옷 — 에 자부심이 있었다. 그들은 완제품의 창조자였다. 생산 라인이 분업화되면서 그런 자부심은 사라졌다. 노동자는 완제품의 창조자가 아니라, 완제품의 아주 작은 부분의 생산에만 관여했다.

이런 경제적 변화들은 인간의 삶에 큰 사회적 함의와 깊은 심리적 효과를 불러왔다. 기계화가 노동자의 수를 줄이면서 새로운 사회 계층이 생겨났다. 물건을 만드는 것이 아니라 서비스를 제공하는 계층이다. 과거 1백 년 동안 노동자 집단의 몸집은 작아지고, 서비스 산업 계층이 점진적으로 성장해 왔다. 우리 사회에서 실제 물건을 생산하는 사람들은 점점 줄고, 서류 작업에 종사하는 사람들 — 이들은 모두 물건의 소비자이다. — 의 수는 계속 늘었다.

성장하는 새로운 사회 계층에는 관료, 경리, 삼류 작가, 하급 학자, 비주류 광고업자나 홍보업자나 전문가, 하급 공무원, 사무실 말단 직원 등이 속했는데, 그들의 발은 노동자의 거실에 있었고 그들의 머리는 관리자의 응접실에 있었다. 이들이 근대 사회의 무정형적 대중의 핵심을 형성하는 집단이다. 한나 아렌트(Hannah Arendt)는 《전체주

의의 기원》에서 그들을 '데클라세(déclassé)', 즉 '몰락 계층'으로 정의
했다. 그들이 이전의 계급적 지위와 안정을 잃어버렸기 때문이다. 우
리는 이 계층을 '해진 화이트칼라 계급(frayed-white-collar class)'으
로 부르며 전문직 혹은 관리직 사람을 가리키는 '(해지지 않은) 화이트
칼라 계급'과 구분할 것이다. 이 몰락 계층, 즉 해진 화이트칼라 집단
에서도 가장 불안정한 사람들 가운데 반유대주의의 잠재적 추종자들
이 있었다. 히틀러는 이 집단에서 자신의 가장 열렬한 추종자들을 얻
었다.

사회를 유지하던 종교적 힘이 약해지면서 인간의 무의식적 적대감
을 제어하던 정신적 힘도 약해졌다. 사회 붕괴는 불안정을 불러왔고,
정신적 붕괴는 불안을 불러왔다. 당시 일어나던 경제적 변화에 가장
큰 피해를 받은 사회 집단, 과거의 가치와 신분의 상징으로부터 가
장 멀리 소외된 집단이 바로 그 '해진 화이트칼라 계층'이었고, 지금
도 그것은 변함없다. 그들은 근대 사회에서 가장 불안정한 계층이기
때문에 가장 큰 불안에 시달렸다. 불안정과 불안이라는 이 무서운 느
낌을 없애고 달래고 줄이기 위해 '해진 화이트칼라 계층'은 자신들의
잃어버린 위신과 이전의 안정을 되돌려줄 지도자와 불안을 없애줄
사상을 찾아 주위를 두리번거렸다. 과거에는 종교가 그 기능을 담당
했지만, 종교의 힘이 약해진 지금은 그 빈 자리를 채울 다른 것이 필
요했다.

샤를의 법칙*은 기체에만 적용되는 것이 아니라 정치에도 적용된
다. 정치인들은 '해진 화이트칼라 계층'의 정치적 가치가 점점 커지자
그들에게 아첨하기 시작했다. 근대 국가에서 선거권을 부여받은 이

계층은 권력을 추구하는 정치인에게 매우 중요한 존재였다. 서유럽에서 새로운 권력 투쟁이 전개되었다. 한편에는 강한 중앙 정부를 지지하는 세력이 있었는데, 그들은 봉건 국가가 부상하는 중산층과 싸웠던 것처럼 부상하는 노동자 계층과 싸웠다. 다른 한편에는 진보적이고 민주적인 세력이 있었다. 그들은 노동자 계급을 더 많이 국정에 참여시키고 노동자 계급에 더 많은 몫을 분배해줌으로써, 새로운 사회에 그들을 동화시켜야 한다고 주장했다. 한편 산업의 침체와 구조 조정은 '해진 화이트칼라 계층'을 사회 비주류로 더욱 몰아넣었다. 그들은 자신들이 그렇게도 싫어하는 노동자 계급으로 떨어지는 것이 아닌지 걱정해야 했다. 이 계급 탈락자들은 권력을 노동자 계급에 넘기려는 사회주의와 공산주의라는 새로운 사상도 두려워했다.

유럽에 혁명이 전염병처럼 돌고 사회주의와 공산주의가 탄생한 19세기는 '해진 화이트칼라 계층'과 유대인이 갑자기 정치인들에게 중요해진 시기였다. 몰락 계층은 정치인의 완충 역할로 이용되었다. 우익 정치인들은 좌익 정치인들의 세력 확장을 막기 위해 몰락 계층에게 지지를 호소했다. 그들은 몰락 계층의 불안정한 삶을 당시 사회적·경제적 조건이 아니라 유대인의 악행 탓으로 돌렸다. 몰락 계층이 자본주의를 두려워하면 유대인은 착취적인 자본주의자로 매도되었고, 몰락 계층이 공산주의를 두려워하면 유대인은 사회 전복을 꿈꾸는 공산주

샤를의 법칙 일정량의 기체 부피는 압력이 일정하면 절대 온도에 비례한다는 법칙. 온도가 1℃ 올라갈 때마다 0℃일 때 부피는 273분의 1씩 증가한다. 1787년에 프랑스의 물리학자 자크 샤를(Jacques Charles)이 발견했고, 이어 조제프 게이뤼삭(Joseph Gay-Lussac)이 이를 발표했다.(역주)

의자로 그려졌다. 우익 정치가들은 '유대인만 없다면 몰락 계층의 모든 사람이 사회의 중요한 기둥이 될 것'이라고 주장했다.

이것이 반유대주의의 시작이었다. 그것은 누군가의 주장처럼 정치 운동이 아니라 정치적 무기였다. 중세의 잔재인 반유대 정서가 자꾸 정치적으로 이용되면서 그것은 점점 반유대주의로 변질되었다. 중세의 종교적 정치가들은 기독교 신자에게 의심을 품지 않으려면 유대인을 추방해야 한다고 요구했다. 반면 근대의 세속 정치가들은 유대인의 추방을 요구하지 않았다. 왜냐하면 그것이 자신들의 정치적 이익에 부합하지 않았기 때문이다. 유대인이 모두 추방되면 몰락 계층 사람들은 자신이 겪는 곤란이 유대인 때문이 아니었음을 금방 깨닫게 될 것이다. 따라서 반유대주의를 최초로 조작한 자들이 보기에 유대인은 사회에 남아 지속적인 희생양이 되어야 했다. 그러나 최초의 반유대주의자들이 예상하지 못했거나 바라지 않았던 일이 발생했다. 유대인을 실제로 박멸해야 한다고 주장하는 전체주의 정치인이 등장한 것이다. 그들은 자신들의 무책임한 정치 선전이 신경증 환자들과 사디스트들의 손에서 살인의 철학으로 탈바꿈할 줄은 꿈에도 몰랐을 것이다.

그 과정은 암이 자라나는 것처럼 자각 증상 없이 시작되었다. 몰락 계층이 정치인들의 반유대적 독설에 귀를 기울였을 때조차, 몰락 계층 자신들의 반유대 감정은 점점 불편한 것이 되어 갔다. 심지어 반유대주의가 필요하다고 느낀 사람들도 반유대주의적 독설을 불편하게 생각했다. 폭력적인 반유대주의 언어의 이면에는 또 하나의 불안이 숨어 있었다. 그것은 유대인을 혐오하는 이유가 유대인과는 아무런 상관이 없고, 자신들 내면의 문제임을 깨달은 데에서 오는 불안이었다. 이런 불안을 달래줄 지도자가 있다면, 이 불편한 증오의 감정을 '괜찮은 것'으로 만들어줄 지도자가 있다면! 마침내 그들의 기도는 이루어졌다.

몰락 계층에게 그들을 위로할 '인종 종교(race religion)'가 주어졌다. 19세기 말 인종 이론가 세 명은 '해진 화이트칼라 계급'의 볼품 없는 덕목들을 최고의 덕목으로 치장해주었다. 더욱이 불편한 불안을 '품어도 괜찮은' 증오로 탈바꿈하는 능력을 지닌 책 세 권을 통해 반유대주의는 '과학'의 가면까지 쓰게 되었다. 그 인종 이론가들은 프랑스인 아르튀르 드 고비노(Arthur de Gobineau), 독일인 프리드리히 니체(Friedrich Nietzsche), 영국인 휴스턴 스튜어트 체임벌린(Houston Stewart Chamberlain)이었다. 가짜 과학서 저자들은 프랑스인 에두아르 드뤼몽(Édouard Drumont), 러시아인 세르게이 닐루스(Sergei Nilus), 독일인 알프레트 로젠베르크(Alfred Rosenberg)였다.

'인종 사상(Race thinking)'은 독일에서 탄생한 것이 아니라 1800년대 초 유럽 민족주의라는 죽은 시체 위에서 시작되었다. 인종 이론가들은 처음에는 경멸의 대상이었으나, 19세기 말이 되면 존경받는 인물이 된다. 시류가 앞으로 어떻게 변할 것인지에 대한 섬뜩한 징조였다. 본래 민족주의는 루소, 에드먼드 버크(Edmund Burke), 토머스 제퍼슨, 요한 고틀리프 피히테(Johann Gottlieb Fichte), 존 로크, 주세페 마치니 같은 선한 의도를 품은 존경스러운 부모들에 의해 잉태되었다.(한편 이들 가운데 유대인은 없다.) 1712년에 태어난 루소에서부터 1872년에 죽은 마치니까지 이 사회철학자 여섯 명의 생애는 그들의 철학처럼 서로 겹쳤다. 이들의 철학은 신의 종이 아니라 국가의 시민으로서 인간 개념을 중심으로 하여 형성되었다. 가짜 지식인들은 기생충처럼 이 민족주의 철학에 착 달라붙어 거기에서 휴머니즘을 빼버리고, 인간의 평등권에 기초한 민족주의가 아니라 인종에 기초한 맹렬한 민족주의를 퍼뜨렸다. 이 인종 철학자들은 '피'를 은혜의 샘으로 만들었고, 복음 대신 '초인'을 힘의 원천으로 삼았다.

인종 철학자들 중 첫 번째 인물인 고비노 백작은 프랑스 외교부의 말단 공무원이었다. 그는 중요한 위치로 승진할 수 없는 것을 분해했다. 1853년에 출판된 《인종의 불평등》에서 그는 최초로 백인 인종의 우월성에 대한 이론을 체계적으로 펼쳤다. 한나 아렌트는 그를 "좌절한 귀족이면서 동시에 인종 차별주의를 우연히 발명한 낭만주의 지식인"이라고 표현했다. 고비노는 모든 문명의 몰락 뒤에는 공통 원인이 있다고 주장했다. 귀족의 우월한 피가 평민의 열등한 피로 희석되었기 때문이라는 것이다. 본질적으로 고비노는 엘리트 아리아인의 피가 민주주의 과정을 거쳐 비(非)아리아인 대중의 피로 희석되고 있다고 생각했다. 그는 유대인을 언급하지는 않았다. 그가 두려워하는 것은 프랑스의 중산층과 하류층이었다. 그들이야말로 북유럽 아리아인의 후손인 프랑스 귀족들을 오염시키는 열등한 피가 흐르기 때문이다. 처음에 프랑스인은 고비노를 무시했지만, 독일인은 즉각 그의 이론을 받아들였다. 《인종의 불평등》 덕에 그는 초인 개념의 창시자 프리드리히 니체의 친구가 되었다.

최근에 한 무리의 학자들이 일어나 니체를 변호하면서 그가 인도주의자의 윤리적 후예라고 주장했다. 그러나 신경과민적이지만 매우 훌륭한 니체의 문체는 가치가 있다 하더라도, 그는 나치즘의 '아버지'이며 그의 윤리는 토라와 성경의 윤리가 아니라 나치당의 축약된 법전에 불과하다. 니체는 다음과 같이 말한다. "피로 글을 쓰라. 그리하면 그대는 정신이 곧 피임을 알게 되리라." 《선과 악을 넘어서》라는 책에서 니체는 자신이 생각하는 초인의 도덕적 기초를 다음과 같은 격언의 형태로 서술했다. "나는 그대에게 일하지 말고 싸울 것을 조언한다.", "남자는 병사로 교육받을지니라. 여자는 병사의 노리개로 길러져야 한다." "여자들에게 가느냐? 회초리 가져가는 것을 잊지 마라." 니체의 초인은 선과 악을 초월한 자다. 니체는 다음과 같이 설명한다. "한 의견의 그릇됨은 그것을 반대할 이유가 되지 못한다. …… 그리고 우리는 근본적으로 가장 그릇된 의견이 우리에게 가장 필요한 것이라고 주장하기를 원한다." 그의 철학은 결국 기독교에 대한 전면적 도전과 복음과 십계명의 가르침에 대한 전면적 거부로 이어졌다. 나치 국가의 초석이 된 그의 책들은 그가 미치기 10년 전에 쓰였고, 그는 미친 상태에서 사망했다. 니체가 자신이 쓴 글을 옹호하지 않았을 수도 있다. 그러나 그는 예언자의 통찰력으로 다가오는 새 시대의 도덕을 예언했다. 여기서 우리는 니체를 판단하려는 것이 아니라, 그의 철학이 끼친 영향을 논하고 있다. 니체가 역사를 만든 것이 아니라 그의 저작들이 그리한 것이다.

독일에 살던 영국인 체임벌린은 1899년에 독일어로, 1911년에 영어로 출간된 그의 책 《19세기의 토대》에서 고비노의 사회 이론과 니체의 철학과 반유대주의를 통합했다. 이 책에서 고비노가 말한 귀족의 우월성은 북유럽인의 우월성으로 변했고, 인종과 혈통에 관한 이론은 가짜 사회과학으로 땜질되어 아리아인 우월주의와 초인 이론의 기초가 되었다. 다른 많은 인종 차별주의자처럼 체임벌린도 조국을 배반하고 제1차 세계대전 중에 독일로 망명했다.

인종 이론가들이 자신들의 철학을 확대 생산하고 있을 때, 반유대주의자들은 그 철학들을 현실에 적용하려 했다. 유대 역사는 왜곡되어 품격을 잃었고 새로운 요구에 맞추어 수정되었다. 인종 차별주의와 반유대주의를 종합한 최초의 책은 1886년에 출판된 드뤼몽의 《유대인의 프랑스》이다. 이 책은 반유대주의 정서를 품은 사람들에게 그런 정서를 품어도 좋은 이유를 제공했다.

3천9백 년의 유대 역사에서 처음으로 유대인에 대한 완전히 다른 이미지가 생겨났다. 유대인에게 '음모자' 이미지가 붙었다. 중세에 유대인은 멍청하고 무례하고 이가 득실거리는 부랑아로 묘사되었다. 자부심 있는 기독교도라면 절대로 유대교로 개종하지 못하도록 혐오스러운 유대인 이미지를 만들어낸 것이다. 반유대주의의 새 교리에서 유대인은 뛰어난 지성, 학문, 기술, 성공 능력을 지녔다고 인정된다. 그러나 이 덕목들이 이제는 악덕이 되었다. 왜냐하면 그것들은 '해진 화이트칼라 계층'에게는 없는 덕목들이었기 때문이다. 이 자질들을 악덕으로 만듦으로써 드뤼몽은 평범함을 덕으로 만들었다. 드뤼몽은 책에서 유대인이 지성과 학문과 기술을 이용해 프랑스를 지배할 것이고, 곧 프랑스는 유대인 국가가 될 것이라고 주장한다. 드뤼몽은 몰락 계층의 정신에 필요한 것을 정확하게 평가했다. 중세의 비하된 유대인 — 노란 배지를 단 꼽추 행상인 이미지 — 은 더는 유효하지 않은 중세의 상징일 뿐이다. 이런 부류의 유대인은 위협이 될 수 없다. 그러나 드뤼몽이 하룻밤 새에 창조한 상징인 '뛰어난 계략을 지닌 악마적 유대인'은 그들의 적이 될 수 있었다. 《유대인의 프랑스》는 몰락 계층의 바이블이 되었다.

드뤼몽의 책에서 유대인의 음모는 프랑스에 국한되었다. 이는 다른 나라의 반유대주의자들에게는 유감스러운 일이었다. 프랑스인만 유대인을 걱정해야 할 이유가 있다는 말이기 때문이다. 그러나 독일인, 오스트리아인, 루마니아인, 헝가리인은 어떠한가? 세르게이 닐루스는 드뤼몽의 책이 지닌 단점을 보완했다. 그는 드뤼몽이 말한 유대인의 '음모'를 전 세계로 확장했다.

1903년에 출간된 닐루스의 악명 높은 저서 《시온 장로 의정서》가 쓰인 배경은 너무나 황당하여 진실이라고 믿기 매우 어려울 정도이다. 가난한 삶을 벗어나려면 죄 없는 유대인을 죽여야 한다는 논리로는 무지한 러시아 농민을 설득하기가 어려워지자, 러시아 황제 니콜라이 2세는 수도사 닐루스에게 유대인을 죽일 명분을 만들라고 명령했다. 닐루스는 유대인이 한 명도 등장하지 않는 어떤 프랑스 소설을 바탕 삼아 일련의 문서를 만들어냈다. 닐루스가 만들어낸 이 엉터리 문서는 '시온의 장로'로 알려진 유대인 음모자들이 세계 정복 음모를 꾸미고 있다고 주장한다. 이 위조 문서는 러시아 농민들은 설득하지 못했지만, 세계의 반유대주의자들을 설득하는 데는 성공했다. 그 엉터리 문서가 반유대주의자들의 욕구를 채워주었던 것이다.

유대인이 세계 정복 음모를 꾸민다는 드뤼몽과 닐루스의 황당한 이야기는 반유대주의자들에게 그들의 공포스럽고 염려스러운 불안을 걸어 둘 옷걸이를 제공했다. 이제 그들은 "우리는 유대인을 증오하지 않아. 우리가 가장 좋아하는 친구들 중에 유대인도 있어.* 그러나 우리는 유대인의 음모로부터 우리 자신과 우리 조국을 지켜내지 않으면 안 돼!"라고 말할 수 있게 되었다.

이것은 편집증적 피해 망상(이하 편집증)을 앓는 정신병자가 사고하는 방식이다. 편집증 환자는 자신이 박해받고 있다고 느낀다. 그리고 그는 자신이 느끼는 무서운 감정을 어떻게 설명해야 할지 모르기 때문에 더욱 불안해한다. 그래서 그 불안한 느낌에 관한 '논리적' 이유를 만들어낸다. 즉 특정인이나 특정 단체가 자신을 '죽이려' 한다는 것이다. 그의 논리는 분명하고 일관성이 있다. 그러나 논리의 전제가 망상에 토대를 두기 때문에 다른 대답들은 절대로 그를 만족시키지 못한다. 그는 자신의 논리가 정확하다고 스스로 확신하기 위해 자신을 '비난하는 자'를 공격함으로써 그들로부터 자신을 '변호한다'. 이런 현실과 망상 사이의 갈등은 편집증 환자가 알맞은 때에 약물 치료를 받지 않으면 끝내 무고한 사람을 살해할 수 있을 정도로 커졌다. 서양인은 자신들 중에 있는 편집증적 반유대주의자들을 감옥에 가두지 않았기 때문에 그들의 사회적 피해 망상증이 결국에는 서구 사회에서 대량 학살로 분출된 것이다.

드뤼몽과 닐루스의 책은 반유대주의자들에게 그들이 느끼는 감정을 합리화할 방어 기제를 마련해주었다. 그러나 여전히 그들에게는 반유대주의에 불을 댕길, 즉 폭력을 시민의 의무로 승화해줄 철학이 없었다. 그런 위안이 되는 철학을 나치당의 골수 당원인 알프레트 로

---

* 오토 아돌프 아이히만(Otto Adolf Eichmann)은 수백만 명의 유대인을 살해하는 순간에도 '유대인 친구들'을 자랑했다.

젠베르크가 공급해주었다. 그는 1930년에 출간된 자신의 책《20세기의 신화》에서 완전한 반유대주의로 가는 길을 열었고, 벨젠(Belsen)과 아우슈비츠(Auschwitz)의 가스실로 통하는 도로를 놓았다. 가톨릭교도들과 개신교도들조차 그것이 얼마나 위험한지 알지 못했다. 왜냐하면 그 책에는 "유대인을 죽여라."라는 구절만 반복되었기 때문이다. 그러나 그들이 그 경고성 노래를 제대로 이해했을 때, 그제야 경고음이 울렸다.

간단히 말해, 로젠베르크 책의 주제는 독일이 기독교 원리 대신 니체 철학 위에 재건되어야 한다는 것이었다. 초인의 나라, 규범이 없는 나라가 되어야 한다는 것이다. 로젠베르크에 따르면 기독교는 유대인의 병폐이며, 근절되어야 할 대상이다. 독일인, 그리고 독일인과 '영적으로' 가까운 사람들은 죄의식, 죄악, 도덕과 같은 '기독교의 헛소리'를 버려야 한다. 그들은 사도 바울을 제외한 '새로운 기독교'를 만들어냈다. 예수는 북유럽화되었고, 시리아인 어머니와 로마인 아버지를 둔 완전한 이교도인이 되었다. 아리안 혈통의 신비한 힘에 관한 새로운 신화가 만들어졌다.

이것은 나치 미치광이의 헛소리였지만, 1천5백만 무장한 독일인에 의해 섬뜩한 현실감을 부여받았다. 세계는 이미 인종 차별주의자와 반유대주의자의 가짜 과학책에 취해 있었다. 그들은 말도 안 되는 이유로 살인이 자행되는 것을 보아도 항의의 목소리를 내지 않았다.

이렇게 18세기 인문주의자들의 희망이었던 민족주의는 자기도 모르는 사이에 19세기의 인종 차별주의 철학으로 변해 가고 있었다. 중세의 반유대 정서는 인종 차별적 반유대주의로 변해 갔다. 1870년 독일에서는 반유대주의를 공개적으로 내세우는 정당이 결성되었다. 정치인들은 반유대주의자들의 불안을 채찍질해 두려움으로 탈바꿈시키며 그들의 표를 얻으려 경쟁했다. 몰락 계층은 독일에서 정치적으로 매우 중요한 존재였기 때문에 처음에 그들을 경멸했던 비스마르크도 나중에는 권력을 유지하기 위해 그들의 표를 구걸했다. 이로써 독일에서 반유대주의는 최초로 '꽤 쓸 만한 사상'으로 용인되었다. 반유대주의는 동유럽과 프랑스의 몰락 계층에도 확산되었다. 그곳에서 벌어진 드레퓌스 사건은 반유대주의가 20세기에 극단적 형태로 발전하는 계기가 되었다.

유대인 육군 대위 알프레드 드레퓌스(Alfred Dreyfus)는 중심 인물로 역사에 등장했지만, 개인이 당한 부정의라는 좁은 주제만으로 투쟁했기 때문에 곧 '드레퓌스 사건'의 보조 역할로 강등되었다. 진정한 영웅은 드레퓌스 사건이 개인을 향한 국가의 음모임을 깨달은 두 기독교도였다. 한 사람은 육군 대령이었고 또 한 사람은 소설가였는데, 그들은 드레퓌스에게 행해진 국가의 부정의한 행위에 문제를 제기했을 뿐 아니라 스스로를 정의보다 높이 두려는 국가에 도전했다. 1894년에 한 개인에게 국가가 저지른 부정의는 여전히 세계에 분노를 일으켰다. 드레퓌스 사건은 법정 싸움으로 번졌을 뿐 아니라 선거에 영향을 끼치는 이슈가 되었고 동네 카페에서 화젯거리가 된 것은 물론이고 전 세계의 헤드라인이 되었다. 드레퓌스 사건은 프랑스를 정치적으로 분열시켰지만, 이 사건을 통해 프랑스는 정신적 승리자가 되었다.

이 극적인 사건은 1893년에 멋진 콧수염을 기른 잘생기고 가난한 프랑스 태생의 헝가리계 귀족의 방탕한 생활에서 시작된다. 육군 소령 페르디낭 에스테라지(Ferdinand Esterhazy)는 다른 사람의 인생을 망치면서도 해칠 의도가 없었다고 말하는 재미있는 악당이었다. 그는 교황 군대에 복무하며 이탈리아의 리소르지멘토와 싸웠다. 또한 1870년에는 프랑스인과 함께 프로이센을 무찌른 공로를 인정받아 훈장을 받았다. 그다지 매력적이진 않았지만 흠잡을 데 없는 귀족 가문 출신의 돈 많은 여자와 결혼까지 했다. 그러나 에스테라지는 곧 아내의 돈을 모두 탕진한다. 그 후 그는 성행하는 매음굴의 공동 소유주가 되었지만, 이것만으로는 자신이 합당하다고 생각하는 정도로 생활 수준을 유지할 수 없자, 독일 대사관에 군사 기밀을 팔아 넘겨 수입을 늘렸다.

내부 첩자를 밝혀내는 프랑스 방첩 활동부는 에스테라지가 작성한 문건을 입수했다. 그 문건은 이후에 '보르데로(Bordereau, 비망록)'라고 알려진 것인데, 에스테라지가 독일에 팔아넘긴 다섯 점의 군사 정보가 담겨 있었다. 참모 본부 안에 기밀 누설자가 있다고 의심한 프랑스 정보부 장교들은 참모부 인사 서류철을 뒤져 대원들의 필체를 '비망록'의 필체와 일일이 비교했다. 알프레드 드레퓌스의 인사 서류가 나오자 수색은 자동적으로 끝났다. 알프레드 드레퓌스는 프랑스 참모 본부의 유일한 유대인 장교였기 때문이다. 여전히 극렬하게 친군주적이며 반공화국적이었던 참모 본부는 공화당 정부가 그들에게 억지로 떠넘긴 그 유대인 대원을 제거하기 위해 무엇이든지 할 요량이었다.

육군 대위 알프레드 드레퓌스라는 인물에 관해서는 그다지 말할 것이 없다. 다만 역사는 그가 무죄임을 증명해주었다. 그는 평범한 유대인이었다. 파란 눈에 하얀 피부를 지녔지만 뻣뻣하고 내성적이며 말이 없는 성격 탓에 드레퓌스는 사람들의 눈에 교만하며 고압적이고 우월감에 젖어 있는 사람처럼 보였다. 아내와 두 아이를 제외하면 그에게는 친구도 없었다. 그는 군대 일을 무척 좋아했기 때문에 군에 입대했다. 평균 이상의 재능과 탁월한 일 처리 능력 덕분에 포병대 중위로 임관한 그는 대위로 승진까지 했다. 그는 부유했고 언제나 옳게 행동하며 사악함이 없는 사람이었다. 요약하면 그는 따분한 사람이었다. 유대인이 아니었다면 그는 일상 행정 업무를 하는 이상적인 장교가 되었을 것이다.

그런 드레퓌스가 간첩 혐의로 체포되었다. 체포 직후 참모 본무는 드레퓌스가 아니라 에스테라지가 진짜 범인임을 알게 되었다. 그러나 프랑스 귀족 육군 장교를 간첩으로 기소하는 일은 도저히 용납할 수 없었다. 그것은 군대의 위신을 떨어뜨리는 일이었다. 드레퓌스를 희생시키자는 결정이 내려졌다. 드레퓌스는 군사 재판에 회부되었고, 불명예 제대 후 '악마의 섬'으로 유배당하는 종신형을 선고받았다. 군사 법원의 판결은 폭동까지 이끌며 드레퓌스의 유죄 판결을 요구했던 에두아르 드뤼몽의 승리였다. 이는 유대인이 프랑스를 점령하려 한다는 드뤼몽의 주장이 공개적으로 확인받은 사건이었다. 군대는 판결에 흡족해했다. 스스로 명예를 회복했기 때문이다. 대중도 기뻐했다. 군대가 변절자로부터 자신들을 보호했기 때문이다. 유대인들은 그 판결을 어떻게 받아들여야 할지 몰랐기 때문에 혼란스러웠다.

아무도, 그리고 적어도 군대 당국은 그들의 적이 홀쭉하고 금욕적인 외모의 믿음 깊은 가톨릭 신자였던 육군 대령 조르주 피카르 (Georges Picquart)였을 줄은 꿈에도 몰랐을 것이다. 드레퓌스 판결 이후 대령으로 승진한 피카르는 그 유명한 '비망록'을 작성한 사람이 드레퓌스가 아니라 에스테라지라는 사실을 우연히 알게 되었다. 그는 흥분해서 자신이 발견한 것을 상관들에게 보고했지만 상관들은 그에게 "입 다물고 있으라."고 잘라 말했다. 한 장군은 피카르에게 다음과 같이 조언했다. "왜 이까짓 유대인에게 마음을 쓰지?"

군 당국에 맞서는 것은 실직을 뜻했다. 유대인을 돕기 위해 나서는 것은 지위의 상실을 뜻했다. 그러나 피카르는 사태의 본질을 꿰뚫고 있었다. 그 사건은 한 유대인이 유죄인가 무죄인가의 문제가 아니라 국가가 개인을 모함할 권한을 지니는가 하는 문제였다. 구약의 예언자처럼 피카르는 정의를 자신의 개인적 안전보다 중요하게 생각했다. 그는 공개적으로 사건 재조사와 재심을 요구했다. 군 당국은 그를 강등시키고 아랍 부족과 싸우다 죽기를 기대하며 튀니지 전선으로 보내버렸다.

그러나 피카르의 공개 발언은 국가 편의보다 정의를 우선시하는 사람들을 일깨웠다. 단시간에 프랑스가 두 진영으로 갈렸다. 한 진영은 정의를 요구하는 소수의 '친드레퓌스'파였고, 다른 한 진영은 군대를 범죄자로 모는 사람들을 변절자로 낙인찍는 '반드레퓌스'파였다. 반드레퓌스파는 교회, 국가, 군대, 언론의 후광을 입었다. 신문들은 반드레퓌스의 슬로건을 연일 실었고, 길거리에서는 싸움도 발생했다. 유대인들은 '폭도는 절대로 달래지지 않는다'는 사실을 깨닫지 못하고, 싸움에 개입하지 않으면서 폭도를 달래려 했다.

그러나 집단적 흥분은 가라앉지 않았다. 친드레퓌스파의 문제 제기로 인해 사람들의 의심이 커지자, 군 당국은 자신의 무죄를 입증하려는 척했다. 피카르 대령이 밝힌 간첩 혐의로 에스테라지는 재판에 회부되었다. 교묘히 조작된 법정에서 에스테라지의 변호사는 에스테라지의 무죄를 입증하는 수많은 자료를 제출했다. 그러나 제출된 자료들은 사건과 무관한 것이었다. 그런데도 재판부는 반대 신문 때 적에게 군사 기밀을 누설한다는 핑계를 들어 특정 질문은 아예 하지도 못하게 했다. 에스테라지 소령은 만장일치로 무죄를 선고받았고 튀니지 전선에서 죽지 않았던 피카르 대령은 에스테라지를 무고한 죄로 체포되었다.

드레퓌스가 유죄라고 믿었던 많은 사람들이 이제는 의심을 품기 시작했다. 공직에 있는 사람이나 그렇지 않은 사람 모두 드레퓌스 사건의 본질을 보게 되었다. 반혁명주의자들이 반유대주의라는 명분 뒤에 숨어서 공화국 정부를 무너뜨리려 모의한 것이다. 이런 사기극을 꿰뚫어본 또 다른 이들이 있었다. 세계적인 소설가 에밀 졸라(Émil Zola)와 일간지 〈로로르(L'Aurore)〉의 발행인이자 율리시스 그랜트(Ulysses S. Grant) 장군과 함께 미국 남북 전쟁에 종군 기자로 참여한 조르주 클레망소(Georges Clemenceau)였다. 드레퓌스 사건의 전말이 완전히 알려지게 된 것은 이 두 사람의 노력 덕분이었다.

1898년 1월, '나는 고발한다(J'Accuse)'라는 제목의 졸라의 유명한 편지가 〈로로르〉 일 면에 사설로 실렸다. 이 신문을 사기 위해 파리 시민들이 싸우다시피 해서 50만 부 이상을 인쇄해야 했다. 이 편지에서 졸라는 정부와 군 당국이 자신들의 악행을 은폐하기 위해 드레퓌스 음모에 공동 가담했다고 공개적으로 고발했다. 그는 정부와 군대가 사기를 치고 정의를 짓밟았다고 고발하면서 드레퓌스 사건을 '인류에 대한 반역 범죄'로 규정했다.

정부는 졸라를 체포해 반정부 시위자들을 협박하려 했다. 졸라는 영국으로 도망쳤지만, 그의 편지는 반드레퓌스파의 척추를 꺾어버렸다. 사실 관계에 무지하여 폭동에 가담한 사람들이 이제는 드레퓌스를 지지했다. 드레퓌스를 기소하려고 증거를 조작한 위베르조제프 앙리(Hubert-Joseph Henry) 대령은 자살했다. 에스테라지 소령도 마침내 자신이 그 비망록을 작성했다고 시인했다. 1898년 드레퓌스를 위한 새로운 재판이 프랑스 서북부의 렌(Rennes)에서 열렸지만, 드레퓌스는 5대 2의 결정으로 다시 반역죄로 몰려 유죄 판결을 받았다. 그러나 '정상 참작의 사유로 인해' 10년 징역만을 선고받았다.

예상치 못한 유죄 판결보다 드레퓌스 지지자들을 더욱 놀라게 했던 것은 드레퓌스의 행동이었다. 그는 자신을 범죄자로 몰려 했던 장군들에게는 공손한 반면 자신의 누명을 벗기려 했던 피카르 대령에게는 무척 오만하게 굴었다. 한 보좌관이 실망스러워 드레퓌스가 얼마만큼 자기 사건을 이해하고 있는지 클레망소에게 물었을 때 클레망소는 다음과 같이 대답했다. "아무것도 모릅니다. 그는 그 사건을 전혀 이해하지 못한 유일한 사람입니다. 그는 드레퓌스 사건에 전혀 합당하지 않은 인물입니다." 이후에 프랑스 총리가 된 유대인 레옹 블룸(Léon Blum)은 다음과 같이 말했다. "만약 드레퓌스가 드레퓌스 사건의 당사자가 아니었다면, 그는 드레퓌스 사건을 지지하지 않았을 것이다." 드레퓌스를 지켜본 사람들은 그가 군사 재판 위원이었다면 군대의 명예를 구하기 위해 피고에게 유죄를 선고했을 것이라고 확신했다.

그러나 드레퓌스는 상징이 되었고, 그의 소시민성은 그다지 중요한 것이 아니었다. 세계가 렌에서 열린 우스꽝스러운 군사 재판에 항의했다. 새로운 프랑스 대통령도 드레퓌스 사건을 다시 조사할 것을 명했다. 1906년 프랑스 대법원은 드레퓌스의 모든 혐의를 벗겨주었고, 그를 자유롭게 풀어주었다. 그는 소령으로 승진했고, 레지옹 도뇌르 훈장을 받았다. 드레퓌스는 1935년에 죽었다. 그는 자신을 둘러싼 상징의 그늘에 가려지는 것을 허락한 아주 평범한 사람이었다. 피카르 대령의 이후 삶은 매우 훌륭했다. 그는 장군으로 승진한 후 전쟁장관이 되었다. 에밀 졸라는 국가로부터 정의를 향한 그의 두려움 없는 분투를 인정받았다. 클레망소는 공화국의 총리가 되었고 베르사유 평화 회의에 프랑스 대표로 참여했다.

격렬히 드레퓌스에 반대했던 한 사람의 운명은 이 유명한 사건에 흥미로운 빛을 던진다. 그의 이름은 앙리 필리프 페탱(Henri Philippe Pétain)이다. 그는 제1차 세계대전 때 프랑스 육군 참모 총장이 되었고, 1918년에 프랑스 육군 원수가 되었으며, 프랑스가 독일에 패배한 1940년에는 나치에 협력한 비시 정부의 수장이 되었다. 제2차 세계대전이 끝나고 1945년에 반역죄로 프랑스 정부에 기소되어 사형을 언도받았으나, 이후 감형받아 종신형을 살았다.

이렇게 국가 규모의 최초 반유대주의 정치 조작은 실패로 끝났다. 그때까지 세계는 부정의에 그다지 무관심한 편은 아니었다. 그러나 프랑스에서 실패한 반유대주의는 독일에서 성공했다. 반유대주의 기제는 이미 리허설을 마쳤다. 약간의 시험만 더 거치면 그것은 완성된 공식이 될 것이었다. 1900년이 되면 반유대주의는 동유럽의 정치 공식이 되며, 독일은 반유대주의적 교리의 중심 생산지가 된다.

그러나 20세기 인종 차별주의에 대비한 19세기의 우발적 리허설은 유대 지성주의의 부흥을 위한 무대이기도 했다. 유대인에게 19세기는 이탈리아의 르네상스와 매우 유사했다. 서양 문명의 틀 안에서 유대인은 두 문화를 만들어냈다. 하나는 지배적인 기독교 가치에 독특한 기여를 한 것이며, 다른 하나는 혼돈의 시대에 유대인의 생존을 위해 고안된 것이었다. 독일에서 완성되어 나타난 20세기 인종 차별주의의 서막을 열기 전에 이 창조물의 성격과 원천에 관해 알아보자.

25장

스피노자부터 아인슈타인까지, 유럽 문화의 창조자들

19세기는 작은 흐느낌이 아니라 쾅 하고 울리는 굉음과 함께 그 마지막을 고했다. 제1차 세계대전 때문에 19세기는 1900년으로 깔끔히 끝나지 못하고 1918년까지 연장되었다. 19세기는 베르됭(Verdun)의 폐허 속에서 죽었고 플랑드르(Flandre)의 전장에서 축적된 19세기의 가치와 함께 묻혔다. 유대인의 '디아스포라 탈리온 법(Law of Talion, '문화에는 문화로')'이 이 시대보다 더 완벽히 적용된 때는 없었다. 서유럽이 공리주의와 과학 문화를 발전시키며 외향적이 되면서 서유럽의 유대인도 외향적이 되었고, 공리주의적 문화와 과학 문화를 발전시켰다. 동유럽이 자기 영혼을 살펴보고 과거에서 새 힘을 얻으며 내성적이 되면서 동유럽의 유대인도 내성적이 되었고, 지적 관심을 과거 유대인의 문화 유산으로 돌려 그로부터 미래에 대한 확신을 발견하려 했다. 서유럽 유대인은 서유럽화된 문화를 만들어냈고 동유럽 유대인은 유대 문화를 만들어냈다. 그리고 그 둘은 모두 현대 문명이라는 태피스트리의 일부가 되었다.

지금까지 우리는 근대 서유럽 유대인이 겪은 운명의 성쇠를 추적하면서 그들의 사상적 측면은 다루지 않았다. 문화 창조자로서 유대인은 서유럽 문화에 어떻게 기여했는가?

일반적인 민족은 사건에 수동적으로 영향받는다. 역사에 남는 민족은 사건을 만들어낸다. 유대인은 수동적 방관자가 아니라 능동적 참여자였기 때문에 언제나 역사적인 민족이었다. 근대에도 예외는 아니다. 유대인은 역사적 요인에 영향을 받았을 뿐 아니라 자신들 스스로 역사를 만들어 갔다. 그들은 세계에 자신들을 강하게 아로새기고 인류의 미래에 영향을 줄 사상을 창조했다.

서유럽에서 근대는 인류 역사에서 무척이나 인상적인 시기였다. 아마 인류 역사상 가장 중요한 시기였을지도 모른다. 이 시기에 인류는 지난 역사에서 이룬 그 어떤 혁신보다 더 큰 혁신을 이루었다. 심지어 그리스-로마 시대의 성취를 훨씬 뛰어넘었다. 이 시대에 게오르크 헤겔, 아르투어 쇼펜하우어(Arthur Schopenhauer), 존 스튜어트 밀(John Stuart Mill), 찰스 다윈, 허버트 스펜서(HerbertS pencer) 같은 인물이 등장했고 프란시스코 고야(Francisco Goya), 윌리엄 터너(William Turner), 외젠 들라크루아(Eugéne Delacroix), 피에르 오귀스트 르누아르(Pierre Auguste Renoir), 폴 세잔(Paul Cézanne), 폴 고갱, 빈센트 반 고흐(Vincent Van Gogh)의 그림이 처음으로 세상에 나왔다. 루트비히 판 베토벤, 프란츠 슈베르트(Franz Schubert), 프레데리크 쇼팽(Frédéric Chopin), 빌헬름 바그너(Wilhelm Wagner), 주세페 베르디(Giuseppe Verdi), 요하네스 브람스(Johannes Brahms)의 음악도

이 시대의 산물이다. 또 요한 볼프강 폰 괴테(Johann Wolfgang von Goethe), 존 키츠(John Keats), 오노레 드 발자크(Honoré de Balzac), 조지 버나드 쇼(George Bernard Shaw), 윌리엄 예이츠(William Yeats)의 문학을 읽을 수 있었다. 연소 엔진이 개발된 것도, 엑스레이가 발견되고 저온 살균법이 널리 알려지게 된 것도 이 시대였다.

그러나 이런 문화 창조자들을 거론하면서 유대인의 이름을 생략한다면 근대 문명을 정확히 보지 못하는 것이다. 이 시기에 카를 마르크스, 지크문트 프로이트, 앙리 베르그송(Henri Bergson), 알베르트 아인슈타인 같은 인물들이 활동했다. 또 카미유 피사로(Camille Pissarro), 생 수틴(Chaim Soutine), 마르크 샤갈(Marc Chagall), 아메데오 모딜리아니(Amedeo Modigliani)의 그림이 세상에 나왔다. 야코프 멘델스존바르톨디(Jakob Mendelssohn-Bartholdy), 자크 오펜바흐(Jacques Offenbach), 카미유 생상스(Camille Saint-Saëns), 조르주 비제(Georges Bizet), 구스타프 말러(Gustav Mahler)의 음악도 이 시대의 산물이다. 그리고 하인리히 하이네(Heinrich Heine), 마르셀 프루스트(Marcel Proust), 앙드레 모루아(André Maurois), 쥘 로맹(Jules Romains)의 문학도 읽을 수 있었다. 독일인이 '유대 물리학'이라고 부른 이론 물리학도 이 시대에 개발되었고, 아우구스트 폰 바서만(August von Wassermann), 파울 에를리히(Paul Ehrlich), 벨러 시크(Béla Schick)의 작업으로 이룬 의학의 발전도 흥미롭다. 이 시대에 유대인은 수학, 생물학, 화학의 지평을 넓혔으며, 과학 분야에서 다른 어떤 민족보다 더 많은 노벨상 수상자를 배출했다. 그들은 총독, 총리, 장군, 지식의 전위가 되어 유럽의 지도를 재편하고, 세계 역사의 항로를 결정했다. 이 모든 것에도 불구하고 당시 서유럽과 중앙 유럽에 살았던 유대인의 인구는 전체 인구의 0.5퍼센트에 불과했다.* 유대인이 게토에서 막 해방되고 반유대주의가 점점 강해지던 때였다는 점을 고려하면, 유대인이 이룬 문화적 성취는 실로 놀랍다.

만약 누군가가 방금 언급된 사람들이 창조한 문화 중 '유대적'이지 않은 것이 있다고 주장한다면, 혹은 그들 중 일부는 혼혈이거나 다른 종교로 개종한 유대인이거나 유대교를 거부한 유대인이었다고 주장한다면, 그에 대한 우리의 대답은 이렇다. 우리는 그들이 만든 문화가 '유대적'인가 '비유대적'인가가 아니라, 단지 그 문화 창조자들이 유대인인지 아닌지에 관심이 있다. 혼혈 유대인이든 개종 유대인이든, 혹은 유대교를 떠난 유대인이든 그들이 유대인의 전통 유산에 영향을 받았다는 사실은 변하지 않는다. 그들은 중국 전통이나 힌두 전통, 혹은 뿌리 깊은 기독교 전통의 수혜자들이 아니었다.

19세기 유대적 계몽주의는 프리즘을 통해 다양한 빛으로 굴절되어 서유럽 전체를 수놓는 한 줄기 빛 같았다. 1632년 암스테르담에서 태어난 한 유대인이 유대 사상의 프리즘 역할을 했다. 그의 사상은 매우 현대적이어서 20세기 중반까지 여전히 사람들은 그의 사상을 연구했다. 17세기에 유대 공동체에서 추방되고 18세기에는 기독교도로부터 혐오를 받았지만, 19세기에 '위대한 학자'로 추앙받은 바뤼흐 스피노자는 20세기에도 그 사상의 전모를 다 이해하지 못할 정도로 대

---

* 1870년에 독일, 오스트리아, 헝가리, 프랑스, 영국, 네덜란드, 에스파냐, 포르투갈, 이탈리아, 스위스, 스칸디나비아에 살았던 유대인은 채 1백만 명도 되지 않았다. 이 나라들의 총 인구는 2억 명이 조금 넘었다.

단한 학자였다. 확실한 것은 스피노자의 철학이 새로운 근대인을 위한 세계 종교의 기초가 되었다는 사실이다.

스피노자의 아버지는 성공한 사업가였다. 그러나 스피노자는 사업에 재능이 없었다. 대신 그는 토라, 《탈무드》, 카발라를 공부했다. 곧 그는 스승 랍비들을 뛰어넘어 마이모니데스로, 그다음에는 그리스 철학자들로, 데카르트로, 그리고 합리주의자들로 관심을 넓혀 갔다. 이제 그의 스승은 프란시스 반 덴 엔데(Francis van den Ende)였다. 반 덴 엔데는 학문적 재능과 음모를 꾸미는 재능이 위험하게 결합된 네덜란드인이었는데, 프랑스 국왕에 대한 음모를 꾸미다 실패해 목숨을 잃었다. 스피노자는 그의 아름다운 딸에게 청혼했지만, 그녀는 더 부유하고 적극적인 구혼자와 결혼해버렸다. 그것이 스피노자의 마지막 로맨스였고, 그 후로 그는 평생 혼자 살았다.

한편 스피노자가 신을 믿지 않는 철학자들의 철학을 기웃거리는 것을 네덜란드의 유대 공동체는 우려하며 바라보았다. 그들은 네덜란드인이 모든 유대인을 무신론자로 오해할까 봐 걱정했다. 암스테르담 유대 공동체는 스피노자에게 회당과 공식적인 관계를 유지한다는 것을 전제로 하여 연금 지급을 제안했다. 스피노자가 이 제안을 거절하자 유대 공동체는 그를 출교했다. 스피노자는 나머지 인생을 고독하게 보냈다. 그는 광학용 렌즈를 깎으며 생계를 유지했다. 이런 와중에 그가 쓴 책 네 권은 그에게 세계적인 명성을 안겨주게 된다. 스피노자는 히브리어와 에스파냐어에 정통했지만 네덜란드어와 라틴어로 자신의 사상을 정확하고 간결하게 정리했다. 그러나 그렇게 쓰여진 그의 책은 여전히 이해하기 힘들다.

여기서 스피노자의 철학을 해설할 수는 없지만 스피노자 철학을 간단하게 살필 필요는 있다. 그의 철학은 신의 본성을 위배하지 않으면서 법에 지배받는 새롭고 자유로운 사회의 기초를 놓으려고 시도했다. 한편으로 스피노자는 종교를 대개 경건한 삶으로 이끄는 상상력의 산물로 여겼다. 다른 한편 스피노자는 이성과 직관이 인간을 만물의 근원과 합일의 상태로 이끈다고 생각했다. 그는 이것을 신을 향한 지적 사랑이라 불렀다. 신을 앎으로써 신을 사랑하게 된다. 신에 대한 지식이 인간의 지성을 불멸의 것으로 만든다. 당시 이 사상은 부도덕하고 위험한 것이었다. 스피노자는 오해와 욕설에 시달렸다. 그러나 스피노자의 모든 저술에는 언제나 신이 등장한다. 그래서 한 주석자는 그를 "신에 취한 사람"이라고 불렀다.

스피노자는 인간 정서와 바른 행동에 관한 수많은 공리도 남겼다. 인간의 바른 행동을 유클리드 기하학의 형식을 빌려 '선, 면, 입체를 다루는 것과 동일한 방식으로' 증명해냈다. 그것은 하나로 통일된 '만능 과학(master science)'의 원리를 진술하려는 대담한 시도였다. 스피노자가 마흔네 살이라는 젊은 나이에 세상을 떠나지 않았다면 그는 그 원리를 윤리, 정치, 종교에 적용한 것처럼 계획대로 물리학과 수학에도 적용했을 것이다.

스피노자의 철학은 《탈무드》와 카발라에서 직접 영향을 받았고, 마이모니데스와 기독교 학자들과 데카르트의 영향도 받았다. 1677년 스피노자가 죽었을 때 그의 철학은 곧바로 묻혔다. 그러나 스피노자의 조각상이 헤이그에서 발견된 1882년에 에르네스트 르낭은 "신을 향한 가장 진실한 계시가 여기에 왔던 것 같다."라고 말했다. 다소 모순적이지만 다음과 같은 추측이 가능하다. 스피노자가 기독교도로 태어났다면 그는 이탈리아 철학자 조르다노 브루노(Giordano Bruno)처럼 이단으로 정죄받고 화형당했을 것이다. 5백 년 앞서 이슬람 시대에 태어났다면 그는 위대한 철학자로 추앙받았을 것이다.

스피노자 철학의 몇 줄기—경건한 삶의 필요성, 자유와 정의를 향한 열정, 모든 사상의 합리적 체계화, 모든 것을 아우르는 만능 과학 개념—는 위대한 유대 사상가 네 명에게 스며들었다. 바로 레오폴트 춘츠(Leopold Zunz), 카를 마르크스, 지크문트 프로이트, 마지막으로 알베르트 아인슈타인이다.

스피노자의 사상적 줄기 가운데 유대인의 삶에 가장 직결된 것은 '합리적 신앙' 혹은 '신앙의 과학'이라는 개념이다. 해방의 열기가 서유럽으로 퍼졌을 때, 점점 많은 유대인이 모제스 멘델스존의 개혁 사상을 이용해 게토에서 빠져나와 주변의 풍부한 문화로 진출했다. 그러나 멘델스존의 모호하고 이상주의적인 개혁파 유대교는 충분히 실용적이지 않았고, 유대교 울타리 안에 있는 모든 해방 유대인을 아우를 만큼 유연하지도 않았다. 시대 정신은 유대교에 관한 학문적 기초를 요구했다. 이때 스피노자가 제시한 유대교 개념, 즉 진화하는 지성이자 보편적 이성의 한 형태로서 유대교 개념이 그 기초를 제공했다.

그런 유대교를 빚어내는 임무는 레오폴트 춘츠의 몫이었다. 독일 게토 유대인이던 그는 하얀 구레나룻과 목을 덮는 높은 목깃 탓에 미국의 사상가이자 시인인 랠프 월도 에머슨(Ralph Waldo Emerson)이 연구실에 앉아 있는 모습을 떠올리게 한다. 가난하게 태어나 장학금으로 공부한 춘츠는 명성을 얻은 후에도 오랫동안 수치의 빵을 먹었다. 그러나 아흔둘의 나이로 눈을 감기 전에 그는 '유대교의 과학'을 구체화했다. 그의 폭넓은 저술은 랍비 문학에 관한 짧은 논문에서 시작되었다. 유대교 학자를 자처한 기독교도들이 유대인에 관하여 쓴 엉터리 내용을 바로잡는 책이었다. 춘츠는 유대인이 많은 문명에 크게 기여한 부분을 인정해야 한다고 주장했다. 그는 유대인 최초로 '문화와 과학을 위한 조직(Organization for Culture and Science)'을 결성했고, 유대 학자를 다룬 최초의 체계적 연구인 라시의 전기를 출간했다. 그러나 그에게 커다란 명성을 안겨준 것은 대작 《유대 설교의 역사》이다. 이 책은 19세기에 출간된 가장 중요한 '유대인 저작'이라 할 수 있을 것이다. 이 책에서 춘츠는 회당과 회당의 기능이 시간의 흐름에 따라 어떻게 성장했는지를 추적했고 기독교가 생기기 전부터 유대인이 오랫동안 신에게 기도해 왔다는 것을 보여주었다. 이 책은 유대교 교리와 행위가 언제 어떻게 시작되었는지를 정확히 밝혔다. 춘츠에 따르면 유대교는 예수의 탄생 이후 역사의 화석으로 전락한 것이 아니라 살아 있는 신앙이자 성장하는 민족이자 가치 있는 학문으로서 생명을 이어 갔다.

이후의 책들은 유대 문학에 관한 해석과 성경 주해를 다루었다. 그 중에는 보통 기독교적이라고 여겨진 이름을 포함해 많은 이름의 기원을 유대교 자료에서 추적한 책도 있었다. 춘츠는 유대인을 향한 기독교인의 편견—고답적이며, 틀에서 벗어나지 못한 중세적 유대인 이미지—을 누구보다 성공적으로 고치는 데 기여했다. 그의 과학적 유대교는 개혁파 유대교의 신앙 변증을 위한 지적 요새였을 뿐 아니라 '적지'를 과감히 개척할 수 있는 전초 기지 역할도 했다.

세례반으로 흐르던 유대인의 강물이 조금씩 느려졌다. 개혁파 유대교는 하시디즘처럼 가난한 사람과 무지한 사람의 종교는 아니었다. 오히려 부자, 교양인, 학자의 종교가 되었다. 회당은 다시 예술적으로 치장되었다. 예배는 현대화되었고, 묵상 시간에 음악도 흘렀다. 민족어로 기도하는 것도 허용되었다. 남자와 여자가 함께 앉을 수 있었고 예배 시간에 더는 모자를 쓸 필요도 없었다. 춘츠가 정통 게토 관습이 유대교의 영원한 형태가 아님을 증명했기 때문에 개혁파 유대교도는 이런 식으로 예배할 수 있었다. 춘츠는 묵상 시간에 음악을 사용하거나 민족어로 기도하거나 다양한 순서로 기도하는 것이 신성을 모독하는 일이 아니며, 역사의 어느 시점에서는 그것이 유대교 성전과 회당 관습의 일부였음을 증명했다.

춘츠가 근대적 유대교를 위한 과학 공식을 추구했던 것처럼, 마르크스는 사회 정의를 이루는 과학 공식을 추구했다. 마르크스에 관한 모든 논쟁에서 필수적인 것은 그의 이론이 세계사에 끼친 영향을 다루는 것이다. 그러나 지금까지 예수나 무함마드의 교리를 다루면서 가치 판단에 얽매이지 않으려 했던 것처럼 마르크스 이론에 관한 가치 판단 역시 유보할 것이다.

유복한 유대인 부모를 둔 카를 마르크스는 1818년 성인 암브로시우스(Ambrosius)의 고향인 독일 트리어(Trier)에서 태어나 여섯 살 때 기독교 세례를 받았다. 두 문화 사이에서 성장한 마르크스는 일찍이 유대교와 기독교의 가치를 버렸다. 그는 그 두 가치 체계가 잘못된 사회 체제의 잔여물이라 느꼈다. 국가를 공격했다는 혐의로 프로이센에서 추방당한 마르크스는 파리로 갔다가 이후 런던으로 이주했다.

잠시 〈뉴욕 데일리 트리뷴(New York Daily Tribune)〉지의 특파원으로 일했지만, 그는 인생의 대부분을 대영박물관에서 보내며 세계 공산주의의 '세속 성경'인 《자본》을 저술했다.

마르크스는 역사가 경제적 요인에 의해 움직인다고 주장했다. 그의 견해에 따르면 종교적 · 정신적 요소는 인간의 경제적 투쟁에 따른 부산물에 불과했다. 사회 질서를 바꾸면 인간의 종교적 · 정신적 상황도 바뀔 것이라고 말했다. 그는 사회적 불평등이 인간 내면의 악이나 죄를 처벌하는 미리 정해진 교리에서 오는 것이 아니라, 욕심 많은 사회의 본성 때문에 생기는 것이라고 설명했다. 또 자본주의 질서를 사회주의 국가로 변화시킴으로써 새로운 사회가 창조될 것이라고 주장했다. 기독교의 경우와 유사하게 공산주의도 초기에는 이방인과, 마르크스가 전혀 기대하지 못했던 사람들에게 받아들여졌다. 마르크스는 자본주의가 매우 발달한 국가에서만 공산주의가 성공할 것이라고 확신했다. 왜냐하면 공산주의가 제대로 정착하려면 매우 발달된 기술이 필요하기 때문이다. 그러나 선진국은 자본주의를 유지했고*, 러시아나 중국처럼 경제가 발달하지 못한 후진국이 공산주의를 받아들였다. 공산주의가 필요로 했던 산업 경제는 노예화된 사람들이 건설해야 했다. 마르크스가 꿈꾸었던 사회 정의는 버려졌다.

---

* 그 이유는 간단하다. 카를 마르크스가 《자본》을 썼을 때 복리 후생을 제공하고 강한 노조가 있는 대기업은 존재하지 않았다. 노동자가 자신의 생산품을 다시 사들일 만큼 높은 임금을 받는 것은 마르크스에게 유토피아적 이상처럼 느껴졌다. 마르크스가 비판한 자본주의는 사라졌고, 그가 추천한 공산주의는 오래전에 없어졌다. 그러나 1850년에 태어난 이 개념들은 그들이 존재하지 않는 세계에서 여전히 실재하는 것처럼 사람들 사이에 회자되었다.

1883년 카를 마르크스가 세상을 떠났을 때 공산주의는 사도 바울의 죽음 직후의 기독교처럼 세계사에서 그다지 영향력이 크지 않은 운동이었다. 그러나 기독교는 유럽의 이방인을 개종시키는 데 1천 년이라는 세월이 필요했지만, 10억 기독교도와 아시아인이 공산주의자가 되는 데에는 단 10년밖에 걸리지 않았다. 그리고 초기 기독교 전파와 마찬가지로 공산주의 전파는 대개 폭력, 정복, 개종 활동을 거쳐 이루어졌다. 거의 세계 인구의 3분의 1이 공산주의자가 되었다. 그들은 공산주의가 결국 저세상에서가 아니라 이 땅 위에 구원을 가져올 것이라는 믿음으로 하나가 되었다. 그러나 20세기 말, 공산주의는 원래의 이념에서 전체주의로 타락한 후 대부분 나라에서 무너져 없어졌다.

모든 사람이 모든 것을 마르크스주의의 탓으로 돌리는 경향이 있지만 그것을 정신분석학의 탓으로 돌리는 사람은 거의 없다. 그러나 정신분석학은 마르크스주의가 인간이 사회를 보는 관점에 영향을 준 것만큼 인간이 자신을 보는 관점에 영향을 주었다. 파리와 빈에서 교육받은 오스트리아 유대인 지크문트 프로이트는 정신분석학으로 심리학의 모든 분야를 혁명적으로 바꾸어놓았다. 프로이트는 이렇게 말했다. "나는 유대인이었기 때문에 다른 사람들이 지성을 사용할 때 그들을 제한했던 많은 편견에서부터 자유로울 수 있었다. 그리고 유대인이기 때문에 나는 '똘똘 뭉친 다수'의 합의를 거부하고 다수에 반대할 준비가 되어 있다."

프로이트가 의과 대학에 다녔을 당시 사회는 정신 질환 문제를 철학자, 성직자, '질병 분류학자(nosologist)'로 알려진 정신과 의사들에게 맡겼다. 이들은 원인에 관계없이 증상만 보고 정신 질환을 진단했다. 따라서 뇌종양, 치매, 편집증과 같은 다양한 원인으로 인해 환청이 들리는 환자들이 같은 병동에 수용되었다. 프로이트는 최초로 물리적 요인에 따른 기질적 정신 질환과 정신적 요인에 따른 기능적 정신 질환을 구분했다. 그와 함께 현대 심리학이 태어났으며, 정신 질환자에게 씌워진 죄와 타락의 혐의가 걷혔다. 정신 질환자는 악령 들린 사람이 아니라 환자로 여겨졌다.

프로이트가 정신 질환을 이해하는 데 최초의 돌파구였던 《꿈의 해석》을 출간했을 때 모두가 침묵했다. 그 황량한 침묵은 프로이트가 어린이의 섹슈얼리티와 섹슈얼리티가 정신 질환 발병에 끼치는 영향을 다룬 책을 출판했을 때 엄청난 독설이 섞인 비난 때문에 깨졌다. 무명에서 악명으로, 그리고 명성으로 변하는 과정을 거쳐 프로이트의 이름은 전 세계에 알려졌다. 프로이트 자신도 정신 질환 치료를 위한 의학적 기초가 반드시 마련되어야 한다고 자주 말했지만, 정신분석학은 치료에 사용되기에는 지나치게 주관적이기 때문에 프로이트의 어깨를 딛고 서 있는 현대 정신과 의사들도 자신들 분야의 지평을 넓혀준 프로이트의 기여를 무시한다. 오늘날 정신분석은 범죄학과 문화인류학에서 중요한 역할을 담당한다. 또한 예술, 종교, 인문학을 이해하는 데에도 큰 도움을 준다.

1938년 오스트리아가 독일에 합병된 후, 나치의 돌격대가 빈에 있는 프로이트의 서재에 들이닥쳤을 때 그의 평온하고 안정된 눈빛이 그들을 멈추어 세웠다. 프로이트의 명성이 너무나 커서 나치는 그를 감히 해칠 수 없었다. 프로이트와 그의 가족은 런던 이주를 허락받았고, 그는 그곳에서 1년 후에 사망했다.

스피노자 사중주단의 네 번째 멤버인 알베르트 아인슈타인은 독일-유대 계몽주의의 또 다른 산물이었다. 그는 스피노자가 반쯤 허물어놓은 기계적 우주 개념을 완전히 파괴함으로써 스피노자의 작업을 완수했다. 아인슈타인은 자신과 스피노자를 연결하는 사상적 끈을 분명히 인식했다. 보스턴의 주교가 미국의 젊은이들에게 아인슈타인은 무신론자이므로 그를 조심해야 한다고 경고했을 때, 뉴욕의 한 랍비가 아인슈타인에게 전화해 "당신은 신을 믿는가?"라고 물었을 때, 아인슈타인은 "나는 모든 존재의 조화 안에 스스로를 드러내는 스피노자의 신을 믿습니다."라고 대답했다. 오늘날 아인슈타인의 사상은 마르크스나 프로이트의 사상보다 더 강력하게 세계의 사상을 지배하고 있다.

아인슈타인은 1905년 상대성 이론을 발표하면서 세계 무대에 등장했다. 브라운 운동에 관한 견해, 광전 효과의 의미에 관한 해석은 아인슈타인에게 더 큰 명성과 노벨상을 안겨주었다. 이론화 작업의 전 과정에서 아인슈타인은 '카발라'적이었다. 그는 외적 실험보다 지성, 논리, 직관에 의존했다. 아인슈타인은 이렇게 말했다. "이론의 논리는 내적 일관성에서 유래해야 한다. 외적 증거가 그 이론을 다른 이론들을 뛰어넘는 가장 논리적인 것으로 만들지는 않기 때문이다."

1933년에 우월한 북유럽의 아리아인이 아인슈타인을 독일에서 추방했다. 아인슈타인은 미국으로 건너가 프린스턴대학의 첨단학문연구소에서 수학 교수로 재직하다 1955년에 세상을 떠났다.

프로이트와 아인슈타인은 과학 분야에서 새 지평을 개척했다. 유대인이 '실용인'이 아니라 '이론가'로서 서양 문명에 가장 크게 기여한 분야도 과학이다. 그들은 방법의 혁신가, 새로운 사상의 창조자, 새로운 분야의 선구자, 과학 출판의 창시자였다. 그들은 새로운 기관을 창립하는 일을 주도했다.

1850년에 유대인 과학자들은 의학 분야에서 이미 전염병을 옮기는 미생물제의 존재를 주장했고, 근대의 심장 치료, 박테리아 연구, 실험 병리학의 초석을 놓았다. 그들은 세포 내부의 화학 작용이 선(glandular) 활동과 관계 있다는 이론을 개진했고, 전염병을 예방하는 혈청 면역을 제안했으며, 포식 세포를 발견했고, 근육의 화학 작용을 최초로 연구했고, 다른 혈액 유형을 발견함으로써 수혈을 가능하게 했다. 성병 치료에 최초의 희망을 준 것도 유대인 과학자들이었다. 알베르트 나이서(Albert Neisser)는 임균의 존재를 발견했고, 아우구스트 폰 바서만은 매독을 초기에 발견할 수 있는 실험을 개발했고, 파울 에를리히는 매독 치료제인 살바르산을 최초로 발견했다.

자신의 천재성에 대한 프로이트의 설명이 유효하지 않다면《탈무드》를 손에 들고 게토에서 막 나온 유대인이 갑자기 최고의 수학자가 된 이유를 알 수 없다. 여기서 우리는 유대인 수학자들의 성취를 간략히 추려 그들의 광범위한 활동을 보여줄 것이다. 카를 야코비(Karl Jacobi)는 자신의 역학 이론과 편미분 방정식으로 현대 수리 물리학을 창시했고 타원 함수론, 아벨 함수론, '야코비안' 함수 행렬식을 발전시켰다. 게오르크 칸토어(Georg Cantor)는 유리수의 개념을 소개했고, 집합론에 대한 접근법을 개괄했으며, 논리적 실증주의자들과 수리 철학에서 비트겐슈타인 학파가 생겨날 수 있도록 길을 닦았다. 헤르만 민코프스키(Hermann Minkowskii)는 대수 기하학을 만들었으며, 시공간의 상대성 개념을 최초로 수식으로 정리했다. 레오폴트 크로네커(Leopold Kronecker)는 대수학 이론과 방적식 이론으로 명성을 얻었다. 루이지 크레모나(Luigi Cremona)는 종합 기하학을 창시했다. 툴리오 레비치비타(Tullio Levi-Civita)는 그레고리오 리치쿠르바스트로(Gregorio Ricci-Curbastro)와 함께 절대 미분학을 수식화했다. 아인슈타인에 따르면 절대 미분학은 일반 상대성 이론의 수학을 가능하게 했다.

유대인은 별을 관찰하는 데서도 명성을 얻었다. 태양에서 별까지의 거리를 최초로 계산한 천문학자 윌리엄 허셜(William Herschel)은 천왕성을 발견했을 뿐 아니라 쌍성의 움직임에 관한 이론도 만들었다. 카를 슈바르츠실트(Karl Schwarzschild)는 별의 내부 구조를 연구했다. 카를 마르크스가 유대인임을 거론하며 유대인에게 공산주의의 책임을 묻는 반유대주의 학파를 당황시키고, 정확히 이유도 모른 채 유대인에게 자본주의의 책임을 묻는 반유대주의 학파를 '위로'하려면 데이비드 리카도(David Ricardo)가 차액 지대론, 재산권 이론, 임금 이론, 화폐 수량설을 완성하여 자본주의의 아버지로 여겨진다는 사실을 지적해야 한다. 그러나 이 사실 때문에 반자본주의적 반유대주의자들이 너무 기뻐할 필요는 없다. 리카도의 아버지는 아들이 기독교로 개종하고 영국 귀족과 결혼했을 때, 아직 죽지도 않은 아들의 장례식을 유대식으로 거행했다.

근대의 화학 산업과 염료 산업도 독일 유대인의 성취에 빚지고 있다. 유대인 화학자들은 쪽빛 염료를 최초로 합성했고, 프탈레인 색소를 최초로 발견했으며, 최초로 암모니아를 인공적으로 합성하기도 했다.(이 공정은 독일의 화학자 프리츠 하버Fritz Haber의 이름을 따 하버 공정이라 부른다.) 독일의 탄산칼륨 산업을 창시한 것도 유대인이었다. 유대인 화학자들은 증기 밀도를 측량하는 방법을 고안했고, 가스 팽창 계수를 계산했으며, 원자가(valence) 이론을 만들었고, 분자 이론을 개발했으며, 유기 화합물도 분류했다. 노벨상 수상자인 리하르트 빌슈테터(Richard Willstätter)는 엽록소의 구성과 생명의 화학 작용에서 효소가 하는 역할을 연구해 밝혔다.

물리학 분야에서 유대인 이뤄낸 성취는 너무나 많아서 다른 분야보다 더 간략히 설명하지 않을 수 없다. 유대인 물리학자들은 헤르츠파를 발견했고, 광전 현상을 조사했으며, 감마선도 공동으로 발견했다. 그들은 동위 원소를 분리했고, 전자 역학을 발전시켰으며, 원자의 비밀을 밝혔다. 그들은 원자를 분리하는 데 성공한 상대성 이론 학파의 창시자들이었다. 물론 이 여정은 알베르트 아인슈타인과 함께 시작되었다. 이후 리제 마이트너(Lise Meitner)가 그 역할을 이어받았다. 그는 91번째 원소인 프로트악티늄의 공동 발견자였으며, 핵분열을 연구했다. 그의 뒤를 이은 사람은 엔리코 페르미(Enrico Fermi, 비유대인)와 레오 실라르드(Leo Szilard)였다. 그들은 열역학 제2법칙을 발전시켰다. 닐스 보어(Niels Bohr)는 원자의 구조와 원자로부터 방출되는 방사선을 연구했다. 이로써 원자 폭탄의 논리적·이론적 공식이 완성되었다. 아인슈타인, 페르미, 실라르드, 보어 모두 히틀러에 의해 유럽에서 추방되어 다른 나라로 건너갔다. 이제 미국 시민이 된 아인슈타인은 과학자로서 위신을 핵분열 에너지라는 '미친 생각'에 던져버렀다. 그리고 프랭클린 루스벨트(Franklin Roosevelt) 대통령에게 슈퍼 폭탄을 제조할 수 있다고 알렸다. 여기서부터는 기술의 문제다. 이후 역사가 증명하듯 어떤 나라든지 충분한 재정이 있다면 핵폭탄을 만들 수 있게 되었다.

예술과 인문학 분야에서도 유대인의 활약이 두드러졌다. 19세기 서유럽 지식인들의 살롱에 가면 반드시 유대인을 만날 수 있었다. 그들은 유럽의 음악회 무대에서 공연했고, 오케스트라의 지휘자로 활약했으며, 세계의 위대한 희곡들을 연출했고, 새로운 예술 장르를 개척했다. 나치가 나타나기 전 막스 라인하르트(Max Reinhardt)는 극장 연출을 지배했고, 사라 베르나르(Sarah Bernhardt)는 무대의 여왕이었으며, 로테 레만(Lotte Lehmann)과 조지프 시게티(Joseph Szigeti)와 아르투어 슈나벨(Arthur Schnabel)은 음악계를 주름잡았다.

정치, 금융, 산업 분야에서도 유대인의 부상은 놀라울 정도였다. 반복적으로 로마, 런던, 파리, 빈 같은 도시에서 기독교인이 압도적인 지지를 보내 유대인을 고위 관직에 선출했고, 그들을 정부의 일원으로 임명했을 뿐 아니라 대법관과 최고 사령관의 자리에도 오르게 했다.

영국 유대인 가운데 가장 잘 알려진 인물은 벤저민 디즈레일리이다. 그는 본래 소설가였지만, 나중에 영국 보수당을 만들고 당 대표가 되었으며 영국 총리 자리에도 올랐다. 디즈레일리는 대영 제국을 건설하는 데 가장 크게 공헌한 인물이었다. 빅토리아 여왕은 자신을 인도의 여제로 만들어준 데 감사를 표했다. 빅토리아 여왕의 재무 보좌관이던 모세 몬티피오레(Moses Montefiore) 경은 아일랜드 지방 은행을 설립했다. 박애주의자로서 그의 이름은 유대인과 기독교인 할 것 없이 억압당하는 모든 이들 사이에서 전설이 되었다. 그는 많은 사람에게 자선을 베풀었다. 영국의 최초 유대인 법무장관인 루퍼스 아이작스(Rufus Isaacs)는 후에 작위를 수여받고 인도 총독을 지냈다.

프랑스에서는 아돌프 크레미외(Adolphe Crémieux)가 법무장관을 맡으면서 식민지의 흑인 노예 제도를 폐지했고, 정치범 사형 제도를 폐지하는 법을 만들었다. 아이작 페레이르(Isaac Péreire)와 에밀 페레이르(Émile Péreire) 형제는 근대 은행업에 신용 제도를 도입했고 프랑스 최초로 철도를 놓았다. 아시유 풀드(Achille Fould)는 제2제정 시기에 내무장관과 재무장관을 지냈다. 레옹 블룸(Léon Blum)은 여러 차례 프랑스 총리를 지냈다.

독일의 전 분야에서 두드러지게 활약한 유대인들은 독일의 시대 정신(zeitgeist)을 창조하는 데 기여했다. 페르디난트 라살레(Ferdinand Lassalle)가 세계 최초의 무역 조합 운동을 시작한 곳이 독일이었다. 현실 정치가였던 라살레의 내면은 낭만주의자였다. 가브리엘 리서(Gabriel Riesser)는 헌법의 총체적 개혁과 모든 유대인이 평등한 기회를 얻어야 한다고 주장했다. 그는 프랑크푸르트에서 열린 의회에서 유대인 최초로 독일 판사로 선출되었다. 그 외에도 유대인은 각료, 독일 연방 의원, 대법관, 금융가, 기업가가 되어 두각을 나타냈다.

왕실 유대인은 사라지고 유대인 은행가가 그 자리를 대신했다. 그들의 신용과 국제적 대출 기관이 확장되자 유대인 은행가는 굵직한 정부 사업에 돈을 대거나 대규모 산업 확장 계획을 지원하고, 막대한 자본을 국가에 투자할 수 있었다. 유럽 여기저기서 일어난 유명

유대인 은행 가문의 원형인 로스차일드가의 역사는 다시 말할 필요도 없다.

그러나 이것이 곧 유대인이 그들이 거주했던 나라의 금융 구조를 장악했다는 뜻은 아니다. 전혀 그렇지 않았다. 유대인의 금융 기관과 유대인의 돈은 독일, 프랑스, 영국 경제의 아주 작은 부분만을 차지했다. 유대인이 유럽 경제에서 커 보였던 이유는 그들의 인구수나 유대인 기관의 시장 장악력이 아니라, 그들이 상업에 관한 유럽인의 생각에 불어넣은 새로운 은행업 개념 때문이다.

유대인 은행가들은 혁신가, 즉 '아이디어맨'이었다. 베르너 좀바르트는 《유대인과 근대 자본주의》에서 유대인이 증권 제도와 어음 할인 관행을 시작했다고 주장했다. 또한 그는 유대인이 증권 거래소를 창설하는 데 주요한 역할을 했고, 어음처럼 협상 가능한 채권 개념을 은행에 도입했다고 주장했다. 1812년까지 유대인은 베를린 증권 거래소에서 두드러진 역할을 했으며, 최초 회장 네 명 가운데 두 명이 유대인이었다. 로스차일드는 주식 시장을 국제화했다. 한때 이 때문에 유대인이 분노의 대상이 되었다는 사실을 오늘날 사람들은 잘 믿지 못할 것이다. 그러나 19세기 초 외국 기업에 대중의 투자를 가능하게 한 주식 시장은 유럽인에게 '신물(新物)'이었다. 이런 유대인의 혁신은 당시 불공정한 경쟁으로 치부되었다. 그러나 이후에는 모든 은행업, 금융업, 국제 무역업에서 표준 형식이 되었다.

서유럽 정부들이 정치적 이유 때문에 반유대주의 집단의 압력에 굴복했을지 몰라도, 재정적 어려움에 직면했을 때는 유대인의 충성심에 크게 의존했다. 그들은 유대인 은행가의 무거운 입과 아이디어와 충성심에 의지했다. 가장 중요한 것은 서유럽 정부는 유대인이 정직하다는 것을 암묵적으로 믿었다는 점이다. 왜냐하면 한 세기 동안 엄청난 액수의 돈이 유대인의 손을 거쳐 갔지만, 유대인과 관련한 금융 스캔들은 거의 없었기 때문이다. 유럽의 은행업과 금융업에서 유대인의 영향은 19세기 말까지 지속되었다. 이후에 정부들은 서서히 개인 은행이 맡았던 상당수의 책임을 스스로 지게 된다.

지금까지 살펴본 내용이 근대 서유럽 유대인의 참모습이다. 그럼에도 믿기 어려운 것은 소수이면서, 모든 시민적 권리를 최근까지 박탈당했으며, 속 좁고 속물이고 무지한 민족이라고 자주 경멸당하던 사람들이 정치, 산업, 과학, 예술, 인문학에서 그토록 뛰어난 성취를 이뤄냈다는 것이다. 어떻게 이런 일이 가능했을까?

이에 대한 대답은 복잡하다. 그러나 다음의 세 가지 주제로 요약할 수 있다. 유대인은 바빌로니아, 페르시아, 그리스, 로마, 이슬람, 그리고 중세 초기에 사용했던 것과 똑같은 방법을 사용했다. 즉, 교육이라는 생존 방법이다. 3백 년 게토 역사를 끝낸 후, 유대인은 외지인이자 후발주자라는 불리한 조건을 극복하기 위해 기독교인 경쟁자들보다 두 배 더 뛰어나야 했다. 그들은 어떤 분야든지 가리지 않고 연구했다. 그 안에서 성공하는 것이 아무리 희망 없어 보이더라도 말이다. 그들은 자기 분야에서 최고가 될 때까지 오랜 세월을 밤이고 낮이고 연구했다. 대학은 그들의 학자적 행보와 세계가 인정하는 성취를 무시할 수 없었다. 정부도 과학, 산업, 상업에 기여한 유대인을 무시할 수 없었다. 유대인이 자기 분야에서 명성을 얻게 되자, 더 많은 기독교도가 법적인 일, 환자를 고치는 일, 건물 디자인, 사업 운영에서 유대인의 조언을 구했다.

유대인은 어떻게 이런 학문적 재능, 이론적 사색에 대한 능력, 정의를 향한 열정, 사회를 관찰하고 정확하게 분석하는 능력을 지니게 되었을까? 답은 다음과 같다. 그런 학문은 하루아침에 이루어진 것이 아니라 생존 철학의 핵심에서 나온 것이다. 게토에 고립되었을 때, 즉 외부 세계의 교육 시설에 접근할 수 없었을 때에도 유대인은 자기 나름의 교육 기관을 세웠다. 비록 근대를 살아가는 데 필요한 모든 것에 답을 주지는 못했지만 《탈무드》는 여전히 그리스, 로마, 이슬람 시대의 지성을 날카롭게 연마시키는 추상적 사고와 사법적 논리의 요람이었다. 정의를 향한 유대인의 열정은 전수된 전통의 일부였다. 배움을 존중하고 삶에서 '정의'를 구하는 전통과 교리를 추상화하여 가르친 전통을 고려하면, 유대인이 학문 분야에서 뛰어나다는 것이 그렇게 놀랄 일도 아니다.

답해야 할 질문이 하나 더 있다. 유대인이 철학에서 스피노자를, 경제학에서 마르크스를, 의학에서 프로이트를, 물리학에서 아인슈타인을 배출했지만 문학, 음악, 회화에서는 그 정도 내공을 지닌 인물을 배출하지 못한 이유는 무엇일까? 아마 그 이유는 유대인이 외부인이었다는 사실과 관계있을 것이다. 유대인은 그들이 거주한 국가의 정신적 삶을 공유하지 못하도록 배척되거나 스스로를 고립시켰다. 괴테와 키츠, 베토벤과 브람스, 르누아르와 반 고흐 같은 거장들은 기독교 문화의 표현이었다. 자신들의 전통과의 연결이 그들의 작품에 개성을 부여했고, 그들의 천재성이 작품에 보편성을 부여했다. 유대인은 영적으로 다른 신앙과 연결되었기 때문에 기독교 문화에 동화될 수 없었다. 스피노자, 마르크스, 프로이트, 아인슈타인의 추상적 사상들은 보편적이지만, 어떤 특정한 신앙의 표현은 아니었다.

회화에서 위대함에 근접한 유대인이 근대 유대인이었다는 점은 흥미롭다. 그들은 과거처럼 경건한 모방자들이 아니었고, 추상적으로 자신을 표현했다. 그들에게는 우상을 만들지 말라는 계명이 방해가 되지 않는다. 추상화는 회화의 보편적 방식이기 때문에 유대인은 다른 종교 신념에 자신을 동일시하지 않고도 추상적이고 보편적인 캔버스에 자기 자신을 표현할 수 있었다.

유대인은 앞으로 그들의 괴테와 키츠, 베토벤과 브람스, 르누아르나 반 고흐를 배출할 것이다. 그 천재들이 4천 년의 생존 드라마를 소재로 다룰 때, 그들은 그 드라마를, 그 생존사를 인류의 보편적 신화로 정제해줄 것이다.

26장

동유럽의 유대 문학 르네상스

유럽에서 유대 역사의 중심은 밀물과 썰물처럼 서유럽과 동유럽을 왔다 갔다 했다. 지나간 자리에는 다채로운 문화가 남았다. 중세 유대인의 역사는 서유럽에서 시작되었다. 그러나 그 중심이 느리지만 저항할 수 없는 기세로 동유럽으로 옮겨 갔다. 근대 유대 역사는 동유럽에서 시작되었다. 그러나 그 중심이 느리지만 저항할 수 없는 기세로 서유럽으로 회귀했다. 동유럽 게토에서 해방되어 서유럽으로 이동한 유대인 ― 이중에는 과학자, 음악가, 미술가, 작가가 다수 있었다. ― 은 서유럽의 가치를 구현한 문화를 만들어냈다. 그들은 자기가 정착한 나라의 언어인 독일어, 영어, 프랑스어, 이탈리아어로 자신을 표현했다. 한편, 여전히 동유럽 게토에 고립되어 살던 유대인은 유대인의 가치를 구현한 하스칼라('각성' 혹은 '재탄생'을 의미하는 히브리어에서 유래한 말) 문화를 창출했다. 그러나 하스칼라 문화는 어떤 과학자나 음악가나 미술가도 배출하지 못했다.* 하스칼라가 생산한 인문적 문학은 러시아어나 폴란드어가 아니라 유대인의 전통 언어인 히브리어와 그것의 대중적 변형인 이디시어로 쓰인 것이었다.

이 두 문화 중 동유럽 유대인의 인문주의가 서유럽 유대인의 계몽주의보다 유대인의 생존에 더 중요했다. 서유럽에서 유대인이 기여한 바는 서양 기독교 문화라는 웅장한 건물에 곁들여진 장식용 기둥에 불과했다. 반면 동유럽에서 유대인이 보여준 혁신들은 디아스포라 유대인을 지탱해준 기둥이었다. 서유럽의 계몽 사상은 동유럽의 칙칙한 슈테틀로 이동하면서, 유대 인문주의자들의 손을 거쳐 하스칼라로 탈바꿈했다. 계몽 사상이 부자들의 철학이었고 하시디즘이 가난한 자들의 종교였다면, 하스칼라는 중산층의 문화 민족주의를 표방했다. 유대 르네상스가 3백 년 늦게 동유럽에 나타난 것이다.

무의식 속을 흐르는 프로이트의 리비도처럼 하스칼라는 유대교의 몸을 따라 흘렀다. 리비도가 과거의 무의식적 경험과 밀접하게 관련된 것처럼 하스칼라도 과거의 유대적 가치와 밀접한 관계를 유지하면서 새로운 가치를 창조했다. 하스칼라는 히브리어와 이디시어로 된 새로운 문학을 창조했다. 유대교와 연결되면서 유대 실존주의라는 새로운 사상을 창조했다. 정치와 연결되면서 시온주의(Zionism)를 창출했다. 시온주의는 동유럽과 서유럽의 유대인과 미국의 유대인을 결속해 새로운 이스라엘 국가를 만들어냈다. 이 거대한 변화와 통합은 하시디즘주의자들과 싸운 몇몇 탈무드 학자에게서 시작되었다. 하시디즘주의자들은 하느님과 교통하는 방법으로써 복원적 감성으로 돌

---

* 마르크 샤갈과 생 수틴 같은 그림에 재능이 있는 동유럽 유대인은 파리로 이주했고, 헤르만 민코프스키 같은 과학자들은 독일로 이주했다.

아갈 것을 주창했다.

　1760년에 하시디즘의 창시자 바알 셈 토브는 죽음을 맞았지만 하시디즘은 그와 함께 끝나지 않았다. 그의 제자 도브 베르가 하시디즘의 복음을 전하자 곧 동유럽 유대인 절반이 하시디즘 운동에 합류했다. 이 새로운 복음이 자신들의 권위를 약화시킬 것을 두려워한 랍비들은 하시디즘의 숨통을 끊어놓으려 했으나 유럽의 단 한 지역, 리투아니아를 제외한 모든 지역에서 실패했다. 리투아니아에서 거둔 성공은 엘리야 벤 솔로몬(Elijah ben Solomon)의 노력 덕분인데, 그는 유대 역사에서 상반된 평가를 받는 인물이다. 엘리야가 우연히 맡은 역사적 역할은, 《탈무드》 연구자들이 계몽 사상의 진영으로 침투해 현대의 무기로 하시디즘을 질식시킬 수 있도록 다리를 놓는 것이었다.

　엘리야 벤 솔로몬(빌나 가온, 즉 '빌나로부터 온 폐하'라는 별명이 있었다)이 20세기에 태어났다면 그는 위대한 철학자가 되었을 것이다. 18세기 정통 유대학과 과학 사이에서 갈팡질팡했던 그는 시대를 잘못 타고난 인물이었다. 그의 별명이 암시하듯이 그는 리투아니아의 빌나(Vilna)에서 태어났다. 그는 여덟 살에 토라를 익혔고 아홉 살에는 《탈무드》를 깨쳤다. 그러나 예상외로 그는 열 살 때 과학자가 되기를 원했다. 깜짝 놀란 그의 아버지는 아들의 진로를 과학에서 《탈무드》로 바꾸었다. 그 후 그는 당대 가장 유명한 정통 유대교 학자가 되었지만, 한 번도 어린 시절에 꿈꾸었던 과학에 대한 흥미를 잊은 적이 없었다.

　빌나 가온은 일찍이 하시디즘 논쟁에 말려들었다. 랍비는 아니었지만 그는 하시디즘 분파를 출교시켰다. 정통 유대교 안에서 학자로서 그의 명성이 높았기에 출교 명령은 효과적이었다. 그러나 그는 하시디즘에 내재한 심리적 동기를 이해하지 못해서 하시디즘주의자를 단지 유대교에 무지몽매한 사람으로 취급했다. 빌나 가온은 정통 유대교에서는 존경받지만 현대인에게는 무시받는 위대한 학자들 중 최후의 인물이었다. 그는 1797년에 죽었는데, 미래에 대한 어떤 예언도 내놓은 적이 없었다. 그러나 과학을 향한 그의 관심은 《탈무드》를 공부하는 학생들에게 서방의 계몽주의로 가는 길을 알려주었다. 곧 싹틀 하스칼라의 씨앗은 빌나 가온이 《탈무드》를 공부하는 학생들에게 과학 저서들을 예언자의 언어로 번역하라고 권했을 때 뿌려졌다.

역사는 반복된다. 그리스-로마와 이슬람 시대의 청년들이 그랬던 것처럼, 새로운 사상과 접촉한 18세기 유대인 청년들은 새로운 사상에 물들었다. 그들의 관심은 과학에서 서양의 철학, 사회과학, 문학으로 넓어졌다. 그들은 서유럽의 사상에 감명받았다. 동시에 그들은 유대의 문화 유산도 사랑했다. 그들은 기독교화되지 않으면서 서유럽화되기를 원했다. 그들은 아무것도 양보하지 않는 정통 유대교와 모든 것을 양보하는 동화주의자 사이에서 타협하기를 원했다. 그들은 유대인에게 소비되는 서유럽 문화 대신 서유럽에서 소비될 수 있는 유대 문화를 창조하고 싶어 했다.

초기 하스칼라의 선구자들은 동유럽 유대인 절반이 하시디즘의 구원론에 오염되어 있는 것을 보았다. 그들은 하시디즘주의자들이 그들의 적임을 깨달았다. 그리고 그 적을 약화시키기 위해 랍비들과 연대했다. 빌나 가온이나 랍비들과 달리 최초의 하스칼라 지식인들은 하시디즘주의자들을 무식한 자들로 보지는 않았지만, 하시디즘을 '대중의 아편', 즉 불행한 일상에서 도피하는 것에 불과하다고 보았다.

하스칼라 작가들이 자신의 사상을 대중에 전달하는 데 가장 필요한 것은 바로 독자였다. 사람들의 관심을 끌기 위해 그들은 19세기에 크게 유행했던 탈출 소설(escape novels)을 쓰기 시작했다. 그러나 서유럽 유대인의 계몽 사상이 본질상 독일적이었다는 사실을 반면교사 삼아 자신들의 소설이 러시아나 폴란드의 색채를 띠지 않게 하려고 히브리어로 소설을 썼다. 그들의 목적은 하시디즘의 영향을 없애는 것이었다.

이 히브리어로 된 탈출 소설은 대개 팔레스타인을 배경으로 삼았다. 유대인이 영웅이자 연인이자 악당이었다. 이슬람 제국에서 유대인의 황금기가 끝난 이후, 의학 책을 제외하고 유대 문학에서 성적인 것은 거의 언급되지 않았을 정도로 유대인은 금욕적인 이미지로 그려졌다. 당시 유대 역사는 사랑이 기쁨에 도취된 낭만적 과거(이슬람 시대)와, 성이 칙칙하고 볼품없는 긴 치마 아래 감추어진 불행한 현재로 나뉘었다. 탈출 소설들은 다음의 몇 가지 유용한 목적을 이루었다. 이 소설들은 유대인이 영원한 게토 거주자로서 자신이 스스로 부여한 이미지를 깨는 데 도움이 되었다. 이 소설들은 유대인이 언제나 조롱받는 존재는 아니었다고 암시한다. 과거에 그들은 낭만적 연인이었고, 용감한 전사였으며, 운명적인 인물이었다. 또한 수동적으로 메시아를 기다리며 앉아 있는 대신 정치적 행동에 나서면 현재의 상황을 바꿀 수 있다는 내용도 포함되어 있었다.

1850년이 되면 하시디즘 운동이 힘을 잃기 시작한다. 스스로 제도화하는 능력이 없었기 때문에 계속 성장하지 못하고 결국 옥신각신하는 분파들로 나뉘어 소멸했다. 낭만적인 탈출 소설들은 하시디즘의 소멸을 가속화했다. 많은 유대인이 하시디즘을 유대교로 회귀하는 것이 아니라 유대교로부터 퇴화하는 것으로 여겼다. 낭만적이고 용감한 소설 속 유대인의 이미지는 부흥 집회에서 찬송가를 부르고 춤을 추는 '경건한 신도(하시드)'의 이미지보다 더 사랑받았다.

하스칼라 작가들은 독자들이 똑똑해지자 더 학문적인 주제를 다루기 시작했다. 유대교의 본질 혹은 어떤 조건을 충족해야 '유대적'이라 할 수 있는지와 같은 주제를 다루었다. 이제 그들은 두 언어로 글을 쓰기 시작했다. 지식인을 위해서 히브리어로 썼고, 대중을 위해서는 이디시어로 썼다. 한 세기 만에 동유럽에서는 한 무리의 위대한 히브리어와 이디시어 작가가 탄생했다. 그들은 르네상스 인문주의자들처럼 문학과 삶에 영향을 주었다.

5천 년 기록의 역사는 단 네 번의 위대한 문학 시기를 만들어냈다. 성서 시대 유대인의 예언 문학, 페리클레스(Perikles) 시대 그리스의 비극, 엘리자베스 시대의 시극(poetic drama), 19세기 러시아의 인간 탐구적 소설이 그것들이다. 50년이라는 짧은 세월 동안 알렉산드르 푸시킨(Aleksandr Pushkin), 니콜라이 고골(Nikolai Gogol'), 이반 투르게네프(Ivan Turgenev), 표도르 도스토옙스키(Fyodor Dostoevskii), 레프 톨스토이(Lev Tolstoi)는 세상에 불멸의 문학을 선사했다. '문화에는 문화로'라는 디아스포라 유대인의 생존 공식에 맞게 러시아 유대인들은 앞서 거론된 러시아 문학 거인들의 성취에 비할 수는 없지만 그 나름의 독특한 성취를 이루었다.

러시아 소설의 영웅들이 러시아식 이름을 쓰지만 보편적 인간 드라마의 주인공인 것처럼, 유대인 소설의 영웅들도 유대식 이름을 쓰지만 보편적 인간 드라마의 주인공이었다. 위대한 러시아 작가들이 러시아인의 마음속 깊이 들어가 내적 가치를 찾아냈던 것처럼 히브리어와 이디시어 작가들도 유대인의 마음속에 들어가 내적 가치를 찾으려 했다. 주로 이디시어 작가들은 소설을 썼고, 히브리어 작가들은 에세이나 시를 썼다. 이디시어 작가들은 초기 히브리어 소설의 낭만주의를 버리고 사실주의로 전향했고, 히브리어 작가들은 팔레스타인에 정치적 조국을 세우려는 유대인의 새로운 열망인 시온주의로 전향했다.

초기 히브리어 에세이 작가 가운데 아하드 하암(Ahad Ha-Am)은 히브리어 문학을 풍성하게 만들었을 뿐 아니라 유대 역사의 방향을 바꾼 중요한 인물이다. 그는 우크라이나의 부유한 정통 유대교 가정에서 태어났다. 아하드 하암은 토라와 《탈무드》 교육을 빈, 베를린, 브로츠와프의 대학에서 받은 인문학 수업으로 보충했다. 비록 그 대학들 가운데 어느 한 곳을 졸업한 것은 아니지만 말이다. 그는 우크라이나 서남부 도시 오데사에서 살다가 런던으로 옮겼고, 1922년에 팔레스타인 텔아비브에 정착했다. 작품을 통해 그는 부상하는 정치적 시온주의에 문화적 책임감을 부여했다. 그가 보기에 시온주의의 기능은 유대교의 정치적 문제뿐 아니라 정신적인 문제, 즉 유대 문화의 통일과 지속에 관한 문제도 해결하는 것이었다. 개인을 국가에 묶어놓은 것은 유대 국가가 아닌 유대 문화였다. 디아스포라 유대인은 그들을 유기적 민족으로 봉합할 통일된 문화를 지녀야 했다. 팔레스타인에 있는 영적 중심지만이 그런 기능을 감당할 수 있었다. 랍비이자 교육자인 이스라엘 프리드랜더(Israel Friedlaender)는 다음과 같이 요약했다. "아하드 하암에 따르면 시온주의는 문화로 시작해 문화로 끝나야 한다. 그것은 유대교의 중심에서 완성된다."[1] 그는 비평가였지 지도자는 아니었다. 그는 테오도어 헤르츨(Theodor Herzl)이 구운 '시온주의'라는 빵에 버터를 발랐다.

아하드 하암이 에세이 작가 가운데 중요한 인물이었다면 러시아 태생의 하임 비알릭(Hayim Bialik)은 유다 할레비에 필적하는 명성을 떨친 당대 최고의 히브리어 시인이었다. 그는 독학으로 공부했는데, 《탈무드》 공부와 거리를 두었고 전통주의에 반항했다. 그는 평생 슈테틀의 정통파 유대교 세력에 맞서 싸웠다. 비알릭은 떠돌다 오데사에서 목재 무역 교직에 종사하기도 했지만, 베를린으로 피신했다가 결국 텔아비브에 정착했다. 그의 시 〈살육의 도시에서〉는 1903년 키시네프에서 발생한 러시아 대학살을 세계적인 비극의 서곡으로 묘사했다. 마치 1937년 피카소가 에스파냐 내전(1936~1939년) 당시 게르니카에서 발생한 독일군의 대학살을 묘사한 그림 〈게르니카〉로 전체주의적 전쟁의 공포를 예견한 것과 유사하다. 비알릭의 시는 수천 명의 유대인 젊은이로 하여금 평화주의를 버리고 러시아 지하 반군에 들어가 차르의 폭정에 맞서 싸우게 했다. 그는 셰익스피어의 작품, 프리드리히 실러의 《빌헬름 텔》, 미겔 데 세르반테스의 《돈키호테》를 비롯해 많은 유럽 문학을 히브리어로 번역하기도 했다. 특히 비알릭은 현대 히브리어에 생명과 활기를 불어넣었다.

샤울 체르니초프스키(Shaul Tchernichovsky)의 삶은 아하드 하암이나 하임 비알릭과는 매우 달랐다. 그는 크림 반도 태생의 유대인이었는데《탈무드》와 토라를 한 번도 본 적이 없었다. 그의 부모는 매우 믿음이 깊은 유대교도였지만, 아들을 러시아 동네 꼬마들과 함께 자라게 내버려 두었고 체르니초프스키는 그들과 함께 들을 뛰어다니며 놀았다. 그는 일곱 살 되던 해에 이디시어가 아니라 히브리어로 교육을 받기 시작했다. 히브리어를 통해 그는 자기 민족을 사랑하게 되었다. 1899년 체르니초프스키는 하이델베르크대학에 입학해 의학을 공부했다. 그는 재학 중에 끊임없이 연애 사건에 휘말렸다. 잘생긴 외모와 학벌 때문에 그는 유대인과 이방인 상류층에 모두 속할 수 있었다. 체르니초프스키가 쓴 다수의 아름다운 히브리어 시들은 그가 사랑한 기독교도 여인들을 향한 것이었고, 그는 결국 그리스인 여성과 결혼했다. 제1차 세계대전에 러시아 의무대의 군의관로 복무했고, 러시아 혁명에도 참여했다. 이후 독일로 이주했다가 1931년에 팔레스타인에 정착했다.

교양 넘치는 세계 시민이었던 체르니초프스키는 열정 가득한 시를 통해 유대인이 그들의 압제자에 맞서 싸우고, 탈무드주의자들이 '성구함 안에 가둔' 여호와를 해방해야 한다고 촉구했다. 모든 현대 히브리어 학자처럼 체르니초프스키도 언어학자였다. 그는《일리아스》와《오디세이아》는 물론이고, 몰리에르와 괴테의 작품도 히브리어로 번역했다. 그의 번역은 매우 뛰어나 그가 번역한 작품은 마치 히브리어 고전처럼 읽혔다. 또한 그는 이상하게도 격변화가 열다섯 개나 되는 핀란드어에도 정통했다. 압운 없이 강약과 두음으로만 운율을 내는 생소한 핀란드 민족 서사시 칼레발라(Kalevala)와 이 서사시의 운율에 영감을 받아 같은 운율로 쓰인 헨리 워즈워스 롱펠로(Henry Wadsworth Longfellow)의 〈하이어워사의 노래〉를 히브리어로 번역했다. 그러나 그 어떤 것보다도 체르니초프스키는 유대 민족주의자였다. 그는 여러 차례 정치적 각성과 유대인의 역사적 운명을 시의 주제로 다루었다.

세속 히브리어 문학과 함께 이디시어 문학도 성장했다. 이디시어 문학이 유대 역사에 처음 등장한 시기가 바로 이때다. 히브리어는 토라와 예언자의 언어였고, 4천 년이나 된 유대인의 고전어였다. 한편 이디시어는 7백 년이 채 되지 않은 유대 민중의 언어였다. 12세기 독일 중북부 라인 계곡에서 독일어와 히브리어 알파벳이 결합해서 태어났다. 당시 유대인은 독일어를 사용했는데, 글을 쓸 때에는 히브리어 알파벳을 사용했다. 세월이 흐르면서 독일어 단어에 변화가 생기고, 히브리어 어휘들이 첨가되었다. 이렇게 쓰였던 민중어는 제 나름의 문법도 발전시켰다. 유대인이 동쪽으로 이주하면서 그들은 이디시어로 불리는 새 언어를 함께 가져 갔다. 이디시어는 유대인이 정착한 지역의 언어인 폴란드어, 러시아어, 리투아니아어에도 영향을 받았다. 18세기 대부분의 유럽 유대인은 이디시어만을 사용했고, 히브리어는 학자의 언어와 기도의 언어로만 사용되었다.

유대인 대중과 소통하기 위해 많은 하스칼라 저자들이 이디시어로 글을 썼다. 이디시어는 유동적이고 엄밀함이 떨어지는 대중 언어였기 때문에 문학적으로 한계와 장점을 동시에 지녔다. 이디시어는 영웅적 서사시나 미묘한 심리적 분위기를 묘사하기에는 적절하지 않았지만, 풍자나 서정적 표현에는 완벽한 언어였다. 모호함을 표현할 수는 없었지만 공감을 불러일으키는 데는 탁월했다. 단테가 이탈리아어를 다듬고, 제프리 초서가 영어를 다듬고, 마르틴 루터가 독일어를 다듬은 것처럼 하스칼라 저자들은 이디시어를 다듬었다.

하스칼라 저자들의 천재성이 만들어낸 이디시어 문학은 독일 강제수용소에서 이디시어를 사용하던 유대인들과 함께 죽지 않았다. 역사의 변방인 팔레(Pale) 지역에서 발생하여 3백만 유대인을 위해 쓰인 이디시어 문학은 슈테틀의 유대인이 사라진 지 오랜 시간이 지난 후에도 여전히 공감을 이끌어내는 '주인공들'을 만들어냈다. '모욕당하고 상처받은' 이 영웅들에게서 하스칼라 작가들은 보편적 인물상을 창조한 것이다. 우연히도 최초의 하스칼라 이디시어 저자 세 사람이 가장 위대했다. 바로 멘델레 모체르 스포림(Mendele Mocher Sforim, '멘델레 서점 주인'), 숄렘 알레이헴(Sholem Aleichem), I. L. 페레츠(I. L. Peretz)이다.

멘델레 모체르 스포림은 하스칼라 때문에 '타락한' 전형적인 탈무드 학자였다. 그는 리투아니아에서 태어났는데, 그의 집안은 영국 성에 보관된 방패만큼이나 많은 랍비를 배출한 가문이었다. 반이 하나뿐이던 슈테틀 학교와 여러 예시바에서 《탈무드》만을 공부했던 그는 유대 문화의 주입식 교육에 반항하여 서유럽 문학을 혼자서 공부했다. 처음에 그는 히브리어로 글을 썼지만, 이후에는 히브리어를 버리고 당시 지식인들이 상스럽게 여기던 이디시어로 글을 썼다. 스포림은 팔레에 살던 유대인의 편협함과 교조주의를 비판했지만, 그의 독설 뒤에는 민족을 사랑하는 마음이 있음을 사람들은 느낄 수 있었다. 모든 저술에서 그는 잠재되어 있는 유대인의 공동체 감성을 일깨우려고 노력했다. 팔레 유대인의 삶을 소재로 한 그의 작품에는 보편성이 있다. 스포림의 작품이 나중에 적절히 번역된다면, 러시아 문학의 거장들에게 쏟아진 찬사의 일부를 받게 될지도 모른다.

19세기에 문학 작가라는 직업은 팔레에 살던 유대인 부모 대다수의 얼굴을 찡그리게 했다. 그들은 "쓸 만한 게 뭐가 있느냐? 이미 다 나오지 않았느냐?"라고 말했다. 그러나 숄렘 알레이헴의 아버지는 예외였다. 그는 아들의 작품 활동을 격려했다. 전통적인 슈테틀 교육을 받고 자란 숄렘 알레이헴은 열일곱 살 때 그에 반항하여 히브리어로 글을 쓰기 시작했고, 생계를 위해 러시아어를 가르쳤다. 그의 첫 번째 문학 작업은 의붓어머니의 화려한 이디시어 욕에 등장하는 폭넓은 어휘들을 사전식으로 정리하는 것이었다. 그는 부유한 지주의 딸과 결혼해 넓은 토지를 관리했지만, 주식 시장에서 재산을 잃고 다시 글을 쓰기 시작했다. 숄렘 알레이헴은 이번에 이디시어로 글을 썼다. 곧 러시아를 떠나 스위스에서 잠시 살다가 다시 덴마크로 이주한 후 제1차 세계대전이 발발하자 미국으로 건너갔다.

숄렘 알레이헴은 예술가이자 연예인이었다. 그는 유대인의 마크 트웨인(Mark Twain)이었다. 유대인을 너무나 사랑했기 때문에 그에게 유대인과 게토, 그리고 종교 제의를 풍자하는 것이 허락되었다. 그는 '선민'을 우스꽝스러운 이미지로 그렸으며, 그들이 자조 섞인 미소를 짓도록 만들었다. 그는 자신의 작품 속 등장 인물 가운데 우유 장수 테브예(Tevye)를 가장 좋아했는데, 그의 입을 빌려 팔레 지역 유대인의 곤란한 상황을 잘 요약했다. "나는 하느님의 도움으로 가난하게 태어났어." 숄렘 알레이헴은 무력한 대중에 관한 글을 썼으며 '모욕당하고 상처받은 사람들의 인간 존엄'을 변호했다. 테브예와 함께 유대인은 팔레에서 유대인으로 산다는 것의 어려움에 동의하며 다음과 같이 말할 수 있었다. "그분(신)의 뜻이 그렇다면 그래야지. 그러나 좀 다르게 된다고 무엇이 잘못될 것인가?" 유대인은 숄렘 알레이헴의 풍자에 웃으면서도 그것의 의미를 반추했다.

폴란드에서 태어난 페레츠는 한 발은 하시디즘의 전통에 두고 다른 한 발은 하스칼라에 두고 자랐다. 그는 대학을 나와 10년 동안 법률가로 일했다. 그 후 작가 겸 편집자가 되었다. 그가 최초로 펴낸 책은 히브리어 시집이었지만, 곧 이디시어 소설이 책의 대부분을 차지했다. 페레츠는 19세기 서유럽을 동유럽의 슈테틀 유대인에게 소개했다. 그의 소설은 슈테틀 유대인의 삶이 아니라 대도시 유대인의 삶, 도시에서 노동자로 일하는 유대인을 소재로 삼았다. 그는 현대 소설가처럼 빠르고 섬세한 문체로 글을 썼다.

한 세기 동안 이어진 하스칼라 작가들의 활동이 효과를 내기 시작했다. 팔레 유대인은 하스칼라 작품들의 메시지―즉 그들의 고난이 하느님의 영원한 뜻이 아니고, 죄에 대한 형벌도 아니며, 정통이 곧 하느님의 계명은 아니고, 하시디즘은 이 땅의 천국이 아니다.―를 이해했다. 점점 더 많은 유대인이 정통에 반항하자 랍비들은 영향력을 잃어 갔다. 유대인은 해방을 위해 더 많이 기도해야 하는 것이 아니라 더 잘 조직되어야 한다는 것을 깨달았다.

하스칼라가 해방된 동유럽 유대 청년들이 공감할 수 있는 유대적 가치를 성공적으로 창조했기 때문에, 유대인이 러시아나 폴란드 교회에서 세례를 받기 위해 줄 서는 일은 사라지게 되었다. 대신 그들은 이성의 시대에 던져진 신앙에 관한 어려운 문제들의 답을 찾았다. 그들은 춘츠나 춘츠 학파처럼 과학적인 답을 구한 것이 아니라 철학적인 답을 구했다. 이 과정에서 그들은 서유럽에 반유대주의가 확산되는 것을 보고 기독교로 개종하는 것이 답은 아니라는 서유럽 유대 지식인의 의견에 동의했다. 눈에 두드러지지는 않았지만, 동유럽의 하스칼라와 서유럽의 계몽 사상이 서로의 관점에 접근하기 시작했다. 1900년이 되면 그 둘 사이에 상징적 의미의 통합이 이루어진다. 이 통합에서 유대 실존주의가 생겨났다. 이 새로운 철학의 선구적 주창자인 프란츠 로젠츠바이크(Franz Rosenzweig)와 마르틴 부버가 동유럽과 서유럽의 접경 지역에서 태어났다는 것은 우연이 아닐 것이다. 그둘은 모두 서유럽 계몽주의의 산물인 동시에 유대교에 관한 자신들의 새로운 현대적 접근의 심리적 기초를 하시디즘에 두었다.

프란츠 로젠츠바이크는 동화주의적 독일 유대계 가정에서 태어났고, 프라이부르크와 베를린의 대학에서 철학과 의학 학위를 받았다. 그때쯤 그는 유대교에서 어떤 합리적 철학도 발견할 수 없어 개신교로 개종하려 했다. 그는 유대 교육을 받은 적이 없었고, 불가지론적 유대인으로 남는 것보다 기독교로 개종하는 것이 지적으로 정직한 일이라고 느꼈다. 기독교로 개종하기 하루 전날이 그에게는 유대적 속죄일이 되었다. 그는 그날 특별한 생각 없이 가장 가까운 회당에 처음으로 들어갔다. 회당의 기도를 들었을 때 로젠츠바이크는 유대적 '부흥'을 경험했다. 그는 기독교로 개종하는 대신 유대교에 다시 입교했다.

프란츠 로젠츠바이크는 자신의 주요 저서 《구원의 별》을 제1차 세계대전의 동부 전선에서 썼다. 그는 전투 중간중간 전진하거나 후퇴할 때 엽서나 자투리 종이 위에 글을 써 어머니에게 보냈다. 그의 어머니는 로젠츠바이크의 노트에 글을 옮겨 적었다. 로젠츠바이크는 저술 활동을 통해 유대교의 세 적으로부터 유대교를 구원하려 했다. 그는 유대교의 3대 적을 다음과 같이 정의했다. 첫째는 《탈무드》의 율법주의를 토라로 착각한 정통파 유대교, 둘째는 하느님에 대한 몰아적 체험을 하느님 자체로 혼돈한 하시디즘주의자, 마지막으로 유대교를 민족주의의 한 형태로 여기는 정치적 시온주의자였다. 과거에 로젠츠바이크는 믿음을 사람의 마음과 신적 계명 사이의 투쟁으로 여겼지만, 이제 믿음은 오직 사람과 하느님의 만남을 통해 이해될 수 있음을 깨달았다. 그에 따르면 믿음은 사람의 마음이 아니라, 사람의 전 인격과 관계된 것이다.

로젠츠바이크의 말년은 비참했다. 병에 걸려 온몸이 마비되고 엄지 손가락만 겨우 움직일 수 있었다. 그는 특별한 의자에 몸을 묶은 채 자신의 나머지 책을 '저술했다'. 손가락으로 아내에게 글자를 가리켜 단어를 만들고, 그로부터 문장과 문단을 만들어 마침내 책을 완성했다.

로젠츠바이크에게 큰 영향을 끼친 학자가 마르틴 부버이다. 마르틴 부버는 살아 있는 동안 예언자로 여겨졌으며, 유대인과 기독교도에게 가장 영향력 있는 현대 철학자 겸 신학자로 인정받았다. 부버는 유대 실존주의 철학을 개발하여, 개신교 신학자 파울 틸리히와 가톨릭 인문 철학자 니콜라이 베르댜예프에게 영향을 끼쳤다. 오늘날 부버의 사상은 프로이트의 사상처럼 서양 문명에 깊은 영향을 끼쳤고,

교육자, 사회학자, 정신과 의사, 심리학자, 철학자, 신학자, 문학가의 저술에 영감을 주었다.

마르틴 부버는 1878년 빈 태생의 부유한 부모에게서 태어나, 현재 폴란드와 우크라이나의 경계에 있는 갈리시아(Galicia)에서 할아버지의 손에 길러졌다. 그곳에서 부버는 어려서부터 하시디즘을 접했다. 전통적 유대교 교육을 받은 후 그는 빈과 베를린의 대학을 다니면서 철학과 예술을 공부했고, 베를린대학에서 철학 박사 학위를 취득했다. 그는 시온주의 운동에 참여했고, 가톨릭 신학자와 개신교 정신과 의사와 함께 종교와 관련된 사회 문제를 다룬 학술지를 편집했다. 그러나 그에게 세계적 명성을 안겨준 것은 하시디즘과 신학에 관한 그의 철학적 저서들이었다.

부버에 따르면 인간은 이중적 관계를 맺을 수 있다. 그가 '객관적'이라고 부르는 이 관계의 첫 번째 측면은 인간으로 하여금 주변 환경에 질서를 부여하도록 허락한다. 그가 '실현'이라고 부르는 두 번째 측면은 인간으로 하여금 자기 존재(독일 철학자들은 이것을 엑시스텐츠 Existenz라고 부른다)의 내적 의미를 파악하도록 한다. 또 부버는 과학을 종교 용어로 설명할 수 없듯이 종교를 과학 용어로 설명할 수 없다고 생각했다. 그는 인간의 정신을 이해하는 데 프로이트의 정신분석학적 통찰에 크게 기댔지만, 프로이트와는 달리 종교를 '환영'이라고 거부하지 않고 실재로 받아들였다.

부버는 인간에게는 영혼, 즉 무의식적 민족 혼이 있다고 주장한다. 유대인 각자에게 있는 이 무의식적 혼은 유대 민족의 집단 영혼, 즉 4천 년 유대 역사를 집약하는 영혼의 거울 이미지이다. 그러므로 자신을 알기 위해 유대인은 언제나 민족의 역사를 기억해야 한다. 부버의 견해에 따르면 《구약 성경》은 이스라엘인이 신과 함께한 집단적 경험을 확인해준다. 유대인 한 사람 한 사람은 자신의 무의식적 민족 혼 덕분에, 이 집단적 경험을 개인의 차원에서 다시 경험할 수 있다. 이것이 부버의 유명한 말 "나와 너의 만남(I and Thou encounter)"이 의미하는 바다. 따라서 구원의 핵심은 믿음을 통한 하느님과의 집단적이며 개인적인 만남이다. 이 믿음에는 교리가 필요 없다. 또 이 믿음은 이성과 모순되거나 과학에 반하지도 않으면서 믿음에 대한 인간의 욕구를 채워준다.

부버의 철학은, 인간과 사물 사이의 '나-그것(I-It)' 관계 때문에 현대 사회에서 발생하는 인간의 비인간화에 대한 저항이기도 하다. 참된 사회의 힘은 하느님과의 '나-너' 관계에서 나온다고 부버는 주장한다.

네가 능동적인 사랑으로 존재(Existence)에 침투하지 않으면, 그리고 네가 그렇게 존재의 의미를 스스로 찾아내지 않으면, 존재는 너에게 의미 없는 채로 남게 된다. …… 바로 이런 이유 때문에 현대 세계가 던지는 침묵의 물음에 대한 답은 여기서 발견된다. 세계가 그것을 알아차릴 것인가? 아니, 유대인이 자신들의 생존이 유대교의 존재적 부흥에 달려 있다는 것을 알아차릴 것인가? 유대인 국가는 고유 문화를 지닌 유대 민족의 미래를 보장할 수 있을지 모른다. 그러나 유대교가 생존할 수 있는 유일한 길은 하느님, 세계, 그리고 인류에 대한 태고의 유대적 관계를 회복하는 것이다.[2]

1938년 예순의 나이에 부버는 나치 독일에서 탈출해 팔레스타인에 정착했다. 그리고 예루살렘의 히브리대학에서 사회철학 교수가 되었다.

하스칼라는 제1차 세계대전의 폐허와 함께 19세기에 죽었다. 서유럽에서 독일 계몽주의의 아들로 태어나, 유대 지식인의 구역인 동유럽에서 길러진 하스칼라는 서유럽 계몽 사상 위에 덧칠된 유대적 인문주의였다. 하스칼라 저자들은 히브리어를 세속 언어로 부활시키고 이디시어를 문학의 지위에 올림으로써 유대 문화를 풍요롭게 했다. 서유럽의 계몽 사상과 동유럽의 하스칼라는 생존을 향한 유대인의 의지를 되살렸다.

유대인으로서 생존하겠다는 의지의 새로운 표현은 시온주의와 함께 태어났다. 시온주의는 동서유럽의 유대인을 미국의 유대인과 통합한 운동이다. 250년 동안 미국의 유대인은 유대인의 세계사에 미미한 영향력만을 끼쳤다. 그러나 20세기에 미국의 유대인은 유대인의 운명을 결정하는 세력이 되었다. 미국의 유대인은 디아스포라 유대교의 주도권을 얻으려는 경쟁에 뛰어들었다. 미국 유대인의 역사와 유럽 유대인의 역사가 뒤섞임에 따라, 미국에 사는 유대인을 좀 더 자세히 살피기 위해서는 대서양을 건너야 한다.

27장

미국에 세운 새로운 바빌론

친숙한 것과 예언적인 것의 낯선 조합인 미국의 유대 역사는, 16세기 에스파냐 탐험대와 함께 남아메리카에 도착한 유대인들이 17세기에 영국-네덜란드의 식민지 팽창 정책의 여파로 북아메리카로 이주하면서 시작되었다. 이상하게도 처음 250년 동안 미국의 유대 역사는 유럽의 유대 역사와 정반대였다. 1650년부터 1900년까지 미국의 유대인은 정신적으로나 학문적으로 유럽의 유대인에게 의존했고, 자신만의 독창적인 사상을 생산하지 못했다. 19세기 유럽의 지식인들은 1900년 이전의 미국과 미국인을 열등한 나라, 열등한 사람들로 여겼고, 유럽의 유대인도 미국의 유대인을 지적으로 열등한 부류로 생각했다. 그리고 제1·2차 세계대전 이후 미국이 서방 세계의 지도자로 부상하기 시작하면서, 20세기 미국의 유대인들도 세계 유대인의 지도자로서 역할을 모색하기 시작했다.

미국의 유대 역사가 유럽 유대 역사와 정반대로 흘러간 이유를 어떻게 설명할 수 있을까? 일부 학자들은 그 이유를 로마와 그리스의 관계에 빗대어 설명한다. 미국인의 세계관이 로마인처럼 반지성적이었다면, 다시 말해 문학의 추종자, 예술의 모방자, 과학의 기술자였다면, 유럽인은 그리스인처럼 문학의 선구자, 예술의 혁신가, 과학의 이론가였다. 이 비교는 이민 초기 미국과 유럽 유대인의 관계를 명확하게 설명한다. 1900년 이전에 미국의 유대인이 창조한 것은 전부 유럽의 진품을 복제한 형편없는 모조품에 불과했다. 또한 이것은 디아스포라 유대인의 탈리온 법, 즉 '문화에는 문화로' 원리와도 잘 맞아떨어진다. 왜냐하면 미국 유대 문화는 미국 기독교 문화만큼이나 반지성적이고 실용적이었기 때문이다. 이런 대조적 특징은 네 번에 걸쳐 미국으로 이민한 유대인의 운명에도 잘 나타난다. 1650년과 1880년 사이에 약 250년 동안 이루어진 제1·2차 이민 물결은 문화적으로 창조적이지 못했다. 반면 1880년과 1950년 사이에 일어난 제3·4차 이민 물결은 문화적으로 매우 생산적이었다.

일찍이 1621년에 도착한 에스파냐계 유대인은 식민지 문제에서 존재감을 드러내지 못했다. 또한 그들은 미국 혁명에서도 별다른 역할을 하지 못했다. 동시대 유럽의 유대인과 달리 유럽에서 미국으로 이주한 유대인들은 철학자도, 학자도, 정치가도 아니었다. 그들은 무역업자나 상인이 되었다. 1825년과 1880년 사이에 미국으로 이주한 독일계 유대인도 비슷한 운명이었다. 그들은 기존 이민자 사회에 잘 융화되었고, 잘 적응했으며, 심지어 번성했다. 그러나 1900년까지 그들은 미국 역사에 그다지 영향력을 행사하지 못했다. 미국 중공업 발전에도 기여하지 않았으며, 진보적인 사회 입법을 끌어내지도 못했다.

또한 유대인들은 '뉴잉글랜드의 문학 르네상스(미국의 문예 부흥)'에도 참여하지 못했다.

그런데 역설적이게도 가난에 찌들고 유럽에서 경멸당한 러시아계 유대인 2백만 명이 미국 해안에 도착한 1880년과 1920년 사이에 미국 유대인의 지적 생명력이 갑작스럽게 발아했다. 나치에게 고향과 나라를 잃어버린 독일계 유대인 30만 명을 데려온 제4차 이민 물결과 함께 미국 유대인의 지적 생명력이 번성하기 시작했다. 이로써 유대인의 지적 중심이 구세계에서 신세계로 이동했다. 기원전 6세기에 유다가 멸망한 이후 성서 시대 유대인의 지적 중심이 팔레스타인에서 바빌로니아로 옮겨 간 것과 유사하다.

신세계에서 유대 역사는 서반구의 발견과 함께 시작되었다. 신대륙의 발견과 탐험, 그리고 정착까지 유대인은 역사가들이 평가하는 것보다 더 큰 역할을 했다. 누가 유대인을 그 역사적 항해에 승선시켰는가? 누가 그 계획의 지분을 유대인에게 주었는가? 유대인 수학자들과 과학자들은 1백 년 동안 이 탐험을 위한 기초 작업을 했다. 에스파냐 마요르카 섬의 지도학자이자, 유럽에서 '지도와 컴퍼스의 장인'으로 알려진 아브라함 크레스케스(Abraham Cresques)는 유럽 항해사들이 바다를 횡단할 때 사용한 지도들을 그렸다. 그의 아들 예후다(Jehudah)도 '지도 유대인(Map Jew)'으로 알려졌으며 야코보 데 마요르카(Jacobo de Majorca)라는 이름으로 포르투갈 사그레스에 있는 해양 관측소 소장으로 근무했다. 포르투갈의 '항해 왕' 엔히크(Henrique)는 자신의 유명한 해양 학교에 교장이 필요하자, 마요르카의 명성 있는 유대인 과학 학교 출신이자 당시 최고의 지도학자였던 야코보에게 교장 직을 제안했다.

유대인이 에스파냐에서 추방된 후, 유대인 천문학자 아브라함 자쿠토(Abraham Zacuto, 그가 쓴 천문학 저서들이 에스파냐어와 라틴어로 번역되면서 유명해졌다)가 포르투갈의 왕 주앙 2세(João II)의 왕실 천문학자가 되었다. 포르투갈 항해사 바스쿠 다 가마(Vasco da Gama)는 인도 항해를 시작하기 전에 자쿠토에게 자문을 구했다. 이처럼 중세 유대인 과학자, 지도학자, 천문학자는 프랑스 학자 샤를 드 라 롱시에르(Charles de La Roncière)가 표현한 것처럼, "아프리카 항해에서 신대륙 발견에 이르기까지 온갖 위대한 발견들의 토대"였다.

미국의 유대 역사는 콜럼버스가 인도 무역로 개척을 위해 첫 닻을 올린 그 해 그 달에, 에스파냐에서 유대인이 추방되면서 시작되었다. 유대인들은 콜럼버스의 작은 함대에 유능한 선원, 의사, 통역가, 지도 판독자로서 승선했다. 재미있는 일화를 하나 이야기하자면, 콜럼버스의 함대가 카리브해의 섬에 상륙했을 때 함대에 타고 있던 유대인 통역가 루이스 드 토레스(Luis de Torres)가 원주민에게 히브리어와 아랍어로 인사했다는 것이다. 콜럼버스는 그곳의 원주민들이 히브리어나 아랍어를 쓰리라 믿었다고 한다. 최초로 유럽에 옥수수를 들여온 사람이 바로 토레스였다. 옥수수는 감자와 더불어 서양인의 식단을 풍성하게 만든 식재료였다. 유대인이 '모든 것'을 발견했다고 주장한다는 비난을 무릅쓰고라도 다음의 사실은 반드시 말해야겠다. 유럽에 담배를 도입한 것은 월터 롤리(Walter Raleigh) 경이 아니라, 토레스와 그의 기독교도 친구인 로드리고 드 헤레스(Roderigo de Jerez)였다.

유대인들은 포르투갈의 마누엘(Manuel) 대왕과 마라노였던 페르낭 드 로로냐(Fernão de Loronha)가 조약을 체결함으로써 최초로 신세계에 정착했다. 브라질 정착 특권을 얻는 대가로 로로냐는 매년 브라질 해안 1450킬로미터를 탐험하는 일과, 그와 그의 승객이 정착한 곳에 요새를 세우는 일에 동의했다. 1502년, 종교 재판을 피해 달아난 마라노들을 가득 실은 로로냐의 배 다섯 척이 브라질로 향했다. 몇 안 되는 기독교도 승객 중에 아메리고 베스푸치(Amerigo Vespucci)가 있었다. 그의 이름이 아메리카 대륙명의 유래가 되었다.* 1503년 로로냐의 마라노들은 브라질 땅에 그들의 첫 요새를 건설했다.

남아메리카의 유대인 정착촌들은 서유럽에서 추방당한 유대인들이 피난처를 찾아 남아메리카로 이주하면서 빠른 속도로 성장했다. 16세기 말, 그들은 대규모 담배 농장과 설탕 농장을 경영하면서 원자재를 수출하고 완제품을 수입하는 상당한 규모의 상인 계급과 금융 계급으로 발전했다. 그러나 그들의 뒤를 바짝 추격한 종교 재판소가 신대륙에 지사를 설치하려 했다. 종교 재판소는 새 경제가 자유롭게 발전하는 것을 막고, 에스파냐와 포르투갈 정부와 긴밀히 협조하여 남아메리카에 봉건 제도를 정착시켰다. 장사하고 경작하기 위해 도착한 유대인과 달리 기독교 정착민들은 빼앗고 약탈하기 위해 신대륙에

---

* 이것은 남아메리카로 향한 아메리고 베스푸치의 두 번째 항해였다. 첫 번째는 에스파냐에 고용되어 1500년대에 수행했던 항해다. 두 번째 항해 이후 아메리고는 항해 이야기를 책으로 출판했다. 그는 인도가 아니라 신대륙을 발견했다는 자신의 신념을 주장했다. 이 때문에 지질학자 마르틴 발트제뮐러(Martin Waldseemüller)는 신대륙을 '아메리카'로 부르자고 제안했다. 그러나 실제로 아메리고는 북아메리카에 한 발짝도 들여놓지 못했다.

왔다. 종교 재판소가 없었더라면 북아메리카가 아니라 남아메리카가 주도적으로 문명을 이루었을지도 모를 일이다.

에스파냐와 포르투갈은 신세계의 식민지를 그리 오랫동안 독점하지는 못했다. 에스파냐와 포르투갈이 신세계의 금은으로 국고를 채우고 있다는 소식을 들은 영국, 프랑스, 네덜란드가 자국 함대를 보내 자신들의 '엘도라도'를 찾으려 했기 때문이다. 네덜란드는 종교 재판을 피해 달아난 브라질 유대인과 연대하여 포르투갈로부터 브라질의 무역 거점들을 빼앗으려 했다. 곧 네덜란드인들은 브라질에 자신들의 거점을 마련했지만, 불행히도 1654년에 포르투갈에 패해 추방되었다. 그리고 유대인들은 사방으로 도망쳤다. 미국 유대 역사는 그해 가을부터 시작되었다. 스물세 명의 유대인이 브라질에서 뉴욕—당시 이름은 '뉴암스테르담'이었다.—까지 도망쳐 왔다. 그들은 다혈질인 식민지 총독 페테르 스퇴베산트(Peter Stuyvesant)에게 체류 허가를 요청했다. 당시 뉴암스테르담은 규모는 크지 않았지만 국제적인 도시였다. 주민 750명이 열여덟 개 언어를 사용했다. 그러나 그중에 히브리어는 없었다. 자기 조직에 유대인이 필요하지 않다고 판단한 능력 있는 조직의 수장이자 네덜란드 동인도 회사의 '부회장'이던 페테르는 네덜란드 본사에 편지를 써 그들을 추방하게 해 달라고 요청했다. 그러나 유대인은 자신들이 브라질에서 네덜란드인을 도왔다는 사실을 상기시키면서 뉴암스테르담에 체류할 수 있게 해 달라고 청원했고, 이 청원이 받아들여졌다. 1657년 그들은 네덜란드 시민이 되었지만, 새로운 정치적 지위에 거의 적응하지 못했다. 유대인이 전쟁으로 영국 신민이 될 수 없었던 것과 같다. 1664년 영국이 북아메리카에서 네덜란드인들을 추방했을 때, 브라질의 아우토스다페(종교 재판에 의한 화형)를 피해 온 유대 난민들은 영국의 식민지 주민이 되었다.

식민지에서 유대인의 역사는 유대 공동체의 역사라기보다 개인의 역사로 보는 것이 옳다. 왜냐하면 당시 유대 공동체의 상당 부분은 유럽에 남아 있었고, 개인과 가족 단위의 유대인만 신대륙으로 이민 왔기 때문이다. 새 유대인 이민자들은 신대륙에 도착하자마자 곧 방대한 미국 대륙 전역으로 흩어졌고 미국의 사회 제도 안으로 흡수되었다.

이 과정은 두 가지 조건 때문에 더욱 쉽게 진행되었는데, 하나는 미국의 사회 구조의 성격이고 다른 하나는 청교도주의이다. 식민지들은 봉건적 공동체 국가를 만들지 않았기 때문에 특별히 면제를 받는 '유대인 중산층'이 필요하지 않았다. 식민지 주민들은 스스로 중산층을 형성했다. 더구나 그 누구도 유대인의 존재를 위협하지 않았기 때문에 유대인은 자치 정부를 만들 필요도 없었다. 그들은 미국 법정에서 정의를 구현할 수 있었기 때문에 유대인 법정도 필요하지 않았다. 사실 유대인 자치 정부, 즉 국가 내의 국가라는 개념은 한 번도 미국에서 뿌리내린 적이 없다.

유대인이 미국에 빨리 동화된 또 하나의 이유는 새로운 영국의 청교도 정신의 본질이 유대적이었기 때문이다. 청교도들은 자기 자신을 구약의 영적 후손으로 생각했다. 신약은 단지 그리스도에 관한 이야기로 여겼다. 청교도들은 하느님을 발견하기 위해 구약을 읽었다. 이 때문에 영국의 청교도들에게는 '유대인의 길동무'라는 별명이 생겼다. 청교도들은 유대인이 미국으로 도망쳐 온 것을 과거 이스라엘 민족의 이집트 탈출에 비유했다. 그리고 그들은 매사추세츠 식민지를 새 예루살렘으로 여겼다. 하버드대학이 세워졌을 때 라틴어, 그리스어와 더불어 히브리어 강의도 개설되었다. 실제로 히브리어가 식민지의 공식 언어가 되어야 한다는 제안도 있었다. 청교도 성직자인 존 코튼(John Cotton)은 모세 율법을 매사추세츠 법의 기초로 채택하길 원했을 성도다. 미국 헌법에 모세 율법의 정신이 깊이 녹아들어 있는 것은 이 청교도 정신 덕분이다.

미국의 헌법 제정자들과 미국 국민들은 《구약 성경》을 확고히 믿었다. 여러 차례의 대법원 결정을 거쳐 발전한 헌법은 《탈무드》의 발전과 비슷한 과정을 거쳤다. 즉 대법관들은 헌법을 새로운 삶의 환경에 맞게 끊임없이 해석하고, 그 의미를 분명히 하는 작업을 했다. 그리고 그런 대법원의 결정은 《탈무드》가 유대인의 삶에서 맡은 것과 똑같은 역할을 미국 정치에서 맡았다. "이 땅에 있는 모든 주민을 위하여 자유를 공포하라."(〈레위기〉 25: 10)라는 문구가 '자유의 종'에 새겨져 있다. 미국 〈독립 선언서〉가 최초로 낭송되었을 때, 자유의 종소리와 함께 〈레위기〉의 설교가 울려 퍼졌다.

식민지 시대에 미국의 유대 공동체는 어떤 계획이나 조직 없이 아무렇게나 성장했기 때문에 발전 속도가 더뎠다. 1621년에 버지니아, 1649년에 매사추세츠, 1658년에 메릴랜드에 유대 공동체가 건설되었다. 조지아에 유대 공동체가 세워진 1733년에 이르면, 미 대륙 식민지의 유대 공동체는 모두 열세 개가 된다.

식민지 시대는 미국 혁명과 함께 끝났다. 다른 식민지 주민들과 마찬가지로 유대인 일부는 영국 편에 섰다. 그러나 유럽에 있을 때처럼 대부분의 유대인은 자유의 편에 섰다. 조지 워싱턴 장군은 자신의 군대에 보급품을 제공하고, 군대가 확보한 자산에 대해 발행한 명목뿐인 환어음의 가치를 유지하기 위해 기독교 금융가와 중개인뿐 아니라 유대인의 도움도 받았다. 그러나 하임 살로몬(Haym Salomon)이 개인 재산 30만 달러(당시에는 엄청난 액수다)를 미국 혁명 자금으로 지원했다는 전설은 근거 없는 이야기이다. 하임 살로몬은 자신을 '금융 기관 중개인'이라 소개했지만, 그의 직업은 오늘날의 은행가였다. 당시 그는 '전쟁 채권'을 사람들에게 팔았다.

식민지 미국으로 처음 밀려들어 온 유대인은 대부분 에스파냐계였다. 그러나 1700년 이후 독일계 유대인이 조금씩 식민지로 오면서 에스파냐계 유대인의 비율은 점차 낮아졌다. 1750년이 되면 독일계 유대인이 에스파냐계를 수적으로 앞선다. 물론 에스파냐계 유대인은 1800년까지 사회적 주류로 남아 있었다. 이 유대인 이민자 중 일부와 그 후손들은 잘나가는 선주(船主)가 되었다. 다른 이들은 기독교도와 함께 부흥하는 노예 사업에 뛰어들었다. 또 다른 이들은 선구자들과 함께 미국의 오지를 개척했다. 몇몇은 교양 있는 신사가 되었다. 이들은 18세기 미국 최고의 초상화가 길버트 스튜어트(Gilbert Stuart)에게 초상화를 그렸고, 자녀들을 유럽에 유학 보냈다. 그러나 유대인 대부분은 역사의 뒤안길로 사라져버린 소상공인이었다. 그들은 미국 헌법을 제정하는 데 기여하지 않았고, 의회 의원으로 선출된 적도 없으며, 중요한 사법적 위치나 관직에 오른 적도 없었다.*

---

* 1841년에 처음으로 유대인이 하원 의원으로 당선되었다. 최초의 유대인 상원 의원은 1845년에 선출되었는데, 모두 플로리다주 출신이다.

유대인 이민의 제1단계(1650~1825년)가 마무리되었을 때 미국의 유대인 인구는 약 1만 명이었다. 종교를 제외하면 그들은 일반 대중과 구별되지 않았다. 노란 배지를 착용하지 않았고, 우스꽝스러운 뾰족 모자도 쓰지 않았고, 머리를 귀 앞으로 늘어뜨리지도 않았으며, 검은색 카프탄(caftan)을 입지도 않았다. 그들은 이름도 미국식으로 지었다. 또 에스파냐어, 독일어, 히브리어, 이디시어를 버리고 영어를 사용했다. 1730년이 될 때까지 식민지에는 회당이 없었으므로 미국 유대인에게 종교의 영향력은 서서히 사라져 갔다. 그들은 점차 미국에 동화되기 시작했다. 유럽 유대인은 기독교로 개종했지만, 미국 유대인은 유대교와 공식적인 단절 없이 통혼을 통해 유대교로부터 서서히 멀어졌다. 그러나 이런 부정적인 요인과 반대로 1825년까지 유대인 인구가 안정적으로 유지되었던 이유는 당시 유대 여성의 출산율이 높았고, 이민 인구가 꾸준히 유입되었기 때문이다.

1820년부터 1880년까지 제2차 이민 물결 시기에 유대인 인구는 1만 명에서 25만 명으로 증가했다. 그 기간 동안 유럽을 흔들었던 피비린내 나는 혁명과 반혁명을 피해 탈출한 7백만 명의 기독교도와 함께 유대인도 미국으로 건너온 것이다. 이런 사건들은 신기하게도 당시 미국의 필요와 잘 맞아떨어졌다. 팽창하던 19세기 미국은 농부, 노동자, 상인이 되어줄 유럽의 피난민들이 필요했다. 미서부는 개척되면서 농지가 되었고, 동부는 농업에서 얻은 이익을 산업에 투자하고 있었다. 당시 미국은 서부에 정착해 농사지을 농부들이 필요했고, 동부와 서부 모두 서비스를 제공할 상인 계층이 필요했다. 대부분 소작농이었던 기독교도들은 서부로 이주해 농부가 되었다. 대부분이 중산층이었던 유대 이민자들은 자유 기업가가 되었다.

많은 유대인 중 특히 독일계 유대인은 동부 해안에 그다지 오래 머물지 않았다. 어깨에 총을 걸치고 등에는 가방을 메고 남쪽과 서쪽인 루이빌과 뉴올리언스로, 신시내티와 클리블랜드로, 시카고와 세인트루이스로 향했다. 골드러시* 때 미국에 온 유대인은 더 서쪽으로 가 샌프란시스코를 개척했다. 그 덕에 그들의 후손은 오늘날 샌프란시스코에서 가장 오래된 엘리트 가문이 되었다. 새로 이민 온 유대인들은 사업에 투자할 자금을 모으기 위해 밤낮으로 일했고, 검소하게 살았으며, 적은 돈도 저축했다. 노점이 상가가 되었고, 상가가 백화점으로 커졌다.** 그러나 부를 얻기 위한 쟁탈전에서 교육과 학문은 잊혀졌다.

노예 문제에서 국가는 물론이고 유대인도 둘로 나뉘었다. 비록 일부 유대인은 노예를 사고팔았지만, 대부분은 노예제 폐지를 강하게 주장했다. 남부 유대인은 남부 편에 섰다. 그러나 그들이 그렇게 한 이유는 노예제가 옳다고 믿어서가 아니라 남부를 사랑했기 때문이다. 남부 엘리트 유대인들은 북부 귀족보다 더 자유주의적이고 교양 있는 남부 귀족에 공감했다. 남북 전쟁이 발발했을 때 남부의 랍비들은 유대인에게 남부군에 지원하라고 촉구했고, 북부의 랍비들은 북부군에 지원하라고 촉구했다. 전쟁이 끝났을 때 유대인 장군 아홉 명

골드 러시(gold rush) 새로운 금 산지를 발견하여 많은 사람이 그곳으로 몰려드는 현상. 특히 1848년 미국 캘리포니아주에서 금광이 발견되면서부터 1855년까지의 금광 붐을 이른다.(역주)
** 현대 미국의 초대형 백화점들은 대부분 이 초기 유대인 상인들의 노력과 창의력의 결과이다.

과 유대인 장교 수백 명이 북부군에 있었다. 남부군에도 비슷한 수의 유대인 장교가 있었다. 남부 연맹을 이끄는 제퍼슨 데이비스(Jefferson Davis) 밑에서 국무장관으로 임명된 유다 벤저민(Judah Benjamin)은 유대인 가운데 최초의 미국 정치인이 되었다.

전후 미국의 산업이 팽창하면서 철강, 석유, 철도, 조선, 화학, 석탄, 금융 분야에 거대한 '제국'들이 세워졌다. 그러나 금융 분야의 일부 유대인을 제외하고 대다수 유대인은 철저히 배제되었다. 그러나 소매 분야에 틈새가 있었다. 유대인 이민자들은 그 틈새로 들어갔다. 그 결과 미국 유대인이 이룬 부의 대부분은 산업이 아니라 소매업을 통해서 축적되었다. 후대의 유대인은 이렇게 쌓은 부의 상당 부분을 예술과 자선 활동에 투자했다. 구겐하임(Guggenheim)가, 바르부르크(Warburg)가, 슈트라우스(Straus)가, 시프(Schiff)가, 로젠발트(Rosenwald)가 같은 가문들은 미국의 자선 사업계와 문화계의 전설이 되었다. 그들은 놀라운 그림과 다양한 예술 작품을 박물관에 기부했다. 그들은 교향악단이나 오페라 회사의 적자를 메워주었으며, 콘서트홀과 박물관 건물을 짓는 데 수백만 달러를 기부했다. 교육 신탁 기금을 설치했고, 예술과 과학 분야에서 석좌 교수 자리를 설치했다.

19세기 유대인은 미국의 사회적·문화적 의식을 고양한 주목할 만한 사업가였고 명망 있는 자선가였지만 여전히 위대한 정치가, 법조인, 학자, 과학자는 배출하지 못했다. 미국의 문예 평론가 버넌 루이스 패링턴(Vernon Louis Parrington)이 1800년에서 1860년 사이의 시기를 '낭만주의 혁명기'라고 불렀는데, 그 혁명에 가담한 유대인은 한 명도 없었다. 유대 지식계도 마찬가지로 암울했다. 어떤 계몽 운동도 일어나지 않았다. 유대 정신은 미국 문화에 전혀 기여하지 못했다. 미국 유대인의 삶을 풍성하게 할 하스칼라는 태어나지 않았다. 그러다 1880년대 미국에 러시아 유대인이 유입되었을 때, 이 모든 상황이 극적으로 변했다. 다시 한번 신의 섭리가 미국의 경제적 필요와 이민 물결의 시기를 맞추었다.

1880년대 역사의 연금술은 별개인 두 사건을 매우 의외의 결과로 조합해냈다. 동유럽 봉건 제도의 붕괴는 이민자 수백만 명을 미국으로 보냈는데, 그중 2백만 명이 유대인이었다. 알렉산드르 3세와 니콜라이 2세의 반유대적 조치—즉 집단 학살과 기근의 협공—를 피해 러시아 유대인도 도망쳐 나왔다. 러시아 유대인이 미국에 도착했을 때는 서부 확장이 끝나 가던 시기였다. 즉 차분히 앉아 이미 집어삼킨 엄청난 크기의 대륙을 소화하려던 때였고, 경제 기초를 튼튼히 하고 사회 구조를 혁신하려던 때였다. 도시가 시골 지역보다 정치적으로 우위를 점했고, 산업이 농업보다 중요해졌으며, 수도에서 관리자의 목소리가 커지기 시작했다.

그러나 경제의 큰 구멍이 메워져야 했다. 미국은 자신이 창조한 광대한 산업 현장을 채울 수백만의 미숙련 노동자가 필요했다. 또한 점점 커져 가는 대도시에서 음식 산업, 의류 산업, 유흥 산업 같은 '서비스 산업'에 종사할 수백만 명의 노동자가 추가로 필요했다. 1880년에서 1920년 사이에 이민한 사람들이 바로 이 필요에 꼭 들어맞았다. 마치 고용 회사가 계획적으로 그들을 모집한 것처럼 말이다. 폴란드인, 러시아인, 루마니아인—건장한 농부와 미숙련 노동자—이 피츠버그와 영스타운의 철강 공장에, 디트로이트와 클리블랜드의 자동차 공장에, 급속히 성장하는 중서부의 산업 현장에 투입되었다. 러시아계 유대인은 도시에 정착하여 상인과 장인, 학자와 전문직 종사자가 되었다. 그들은 비유대인이 산업의 첨단을 지배하고 있으며, 중요한 상업적 자리는 '기존' 유대인이 이미 차지하고 있음을 재빨리 알아차렸다. 그리고 전문직, 예술계, 과학계, 공직에 기회가 있다는 것을 깨달았다.

그러나 이런 것들은 장기 목표였다. 먹고사는 문제가 급했다. 러시아계 유대인들은 어떤 상황에서도 먹고사는 법을 아는 루프트멘셴* 이었다. 이들은 러시아 황제가 그들의 땅과 직업을 빼앗고, 빼앗긴 재산에 세금까지 강요했을 때도 살아남았다. 생존을 위한 사투 가운데 그들은 바느질, 담배 제조, 소매업 같은 기술을 완성했다. 그들은 생존을 위해서라면 어떤 기술이든지 습득했다. 모두가 공동의 빈곤과 생존에 도움이 되지 않는 비숙련 노동을 경멸하며 단합했다.

미국 경제가 필요로 하는 기술을 갖춘 사람들, 특히 바느질 기술이 뛰어난 사람들은 즉각 고용되었다. 구시대의 기술만 지닌 사람들은 노점상부터 시작해야 했다. 약간의 자본을 끌어모은 사람들은 사탕을 팔거나 옷을 수선하거나 식재료를 파는 '구멍가게'를 열었다. 누구도 자신들의 초라한 사회적 위치가 영원할 것이라 생각하지 않았다. 대부분의 유대인이 자기 세대에 나아지지 않으면 자식 세대에 가서는 더 나아지리라 희망했다. 삶은 변변찮고 힘겨웠지만 자립적이었다.

---

* 루프트멘셴(Luftmenschen)은 '공기로 만들어진 사람들'이라는 뜻이다. 유대인 정착촌에 고립된 유대인을 가리키던 표현이다. 딱히 눈에 보이는 생계 수단이 없는데도 어떻게든 살아간다는 뜻에서 붙여졌다.

러시아 유대인 이민자 대부분은 땡전 한 푼 없이 세간살이만 보따리에 싸서 미국으로 이민 왔다. 그러나 친척들의 도움을 포함한 다른 모든 수단을 써보기 전에는 다른 이들에게 도움을 청하지 않았다. 다른 사람에게 손 벌리는 일은 그들이 혐오하는 것이었다. 그들은 자선을 주는 것이라고 여겼지, 받는 것이라고는 생각하지 않았다. 병들었을 때, 재난이 닥쳤을 때, 그리고 위급한 상황일 때만 공동체에 구제를 요청했다. 그렇게 구제받을 때에도 그들은 받은 것의 일부를 러시아와 팔레스타인의 가난한 동족을 위해 따로 저축했다. 그들에게는 구제를 받으면서도 남을 돕기 위해 저축하는 것이 전혀 모순되지 않았다. 아무리 보잘것없어도, 직업을 얻으면 그들은 구제 명단에서 서둘러 빠져나왔다. 남의 도움을 받아야 했던 유대인들이 찾아간 곳은 공공 구제 기관이 아니라, 독일계 유대인이 조직한 유대인 구제 단체였다. 처음에 잘나가던 기존 독일계 유대인은 미국에 이민 온 러시아계 '게토 유대인'을 혐오스러운 눈으로 바라보았다. 미국화된 독일 유대인은 수염 기른 정통 유대교도의 가난한 모습에 뒷걸음쳤다. 그들은 가난한 유대인 이민자들을 무시하면 자연히 없어질 것이라고 희망하면서 자신들의 호화로운 아파트에 숨어 있었다. 그러나 미국 신문들이 러시아계 유대인의 비참한 상황을 연일 보도하면서, 독일계 유대인이 아무것도 하지 않고 가만히 있을 수 없도록 만들었다. 처음에는 가난한 유대 이민자들의 모습에 뒷걸음쳤던 독일계 유대인이 이제는 신속하게 그들을 돕는 데 손발을 걷어붙였다. 그들은 어느 장소에서도, 어느 시대에서도 유래를 찾을 수 없을 만큼 관대한 모습을 보였다. 가난한 유대인을 돕는 구호 기관을 설립했고, 직업 학교를 세웠으며, 오락 시설, 병원, 노인 요양원도 세웠다. 이때 그들이 세운 복지 기관과 서비스는 대공황 때 뉴딜 정책의 모델이 되었다.

대다수의 러시아계 유대인은 뉴욕으로 몰렸다. 일부는 필라델피아, 보스턴, 디트로이트 같은 도시로 갔지만, 대다수는 뉴욕 맨해튼 남동쪽에 정착했다. 이 지역은 남북 전쟁 때 매우 번성한 곳이었다. 하지만 전쟁 이후 빈곤해져 문화적으로는 중산층이지만 경제적으로는 부유하지 못한 사람들이 모여 살다가 나중에는 아예 빈민가로 전락한 곳이었다. 사회학자들은 화장실의 수, 방 하나당 거주 인구, 개인 소득을 보여주는 놀라운 지표들을 통해 맨해튼 남동쪽 지역의 삶이 얼마나 암울했는지를 잘 보여준다. 그러나 사회학자들의 지표는 그 지역의 독특함을 포착하지는 못한다. 가난은 결핵과 류머티즘을 가져왔지만, 범죄나 성병은 낳지 않았다. 가난은 문맹자나 혼외정사로 태어난 사생아들, 혹은 이혼한 여인들을 양산하지 않았다. 이 지역 사람들은 도서관을 끊임없이 드나들었다. 비록 아름다운 마호가니 상자에 담긴 정교하게 제본된 책은 아니었지만 집집마다 책이 넘쳤다. 모서리가 접힌 페이지가 있는 중고 책들이 투박한 널빤지로 만든 책장에 가지런히 꽂혀 있었다.

빈민가의 공립 학교에 다니는 유대인 이민자의 자녀들이 성적 우수상을 휩쓸면서, 부유한 동네의 공립 학교 명성이 상대적으로 떨어지기 시작했다. 유대인 가정은 푼돈을 저축하여 자식을 대학과 대학원에 진학시켰으며, 법학 전문 대학원과 의학 전문 대학원에 보냈다. 한 세대 만에 유대인 정착촌이 완전히 변했다. 오늘날 비숙련 노동에 종사하는 유대인은 그리 많지 않다. 유대인 인구의 33퍼센트 이하만

이 단순 점원이거나 판매원이다. 나머지는 사업가거나 전문직 종사자이다. 즉 제조업자, 공장장, 소매업자, 정부 관리, 의사, 변호사, 작가, 예술가, 교사, 교수, 과학자, 학자이다.

1920년대 빈민가에서부터 유대인의 엑소더스가 시작되었다. 유대인의 경제 상황이 나아지자 그들은 더 좋은 동네로 이사했다. 그러자 비유대인은 유대인을 피해 교외로 빠져나갔다. 1940년대에 유대인은 비유대인을 따라 교외로 나갔다. 이번에는 비유대인들이 도망가지 않았다. 유대인이 학식 있는 사람 혹은 잘나가는 사업가가 되어 있었기 때문이다. 오늘날 미국의 교외에서 기계로 잔디를 깎는, 무릎 길이의 반바지를 입은 신사가 유대인 사업가인지 비유대인 부회장인지를 구분하는 것은 매우 어렵다.

어떻게 유대인은 한 세대 만에 빈민촌 보따리상에서 복층 전원주택에 사는 사업가로 변신할 수 있었을까? 그 답은 기독교 이민 물결과 유대인 이민 물결의 질적 차이에 있다. 러시아, 폴란드, 루마니아에서 도망쳐 미국으로 온 기독교도들은 농민과 노동자였다. 부자, 지식인, 귀족은 고향을 떠나지 않았다. 그러나 유대인의 경우에는 달랐다. 유대 공동체 전체가 억압받았으므로 그들 모두가 탈출했다. 부자, 가난한 자, 노동자, 학자, 정통주의자, 급진주의자 할 것 없이 모든 유대인이 그들의 문화를 통째로 싸 들고 미국으로 왔다. 그들의 뿌리가 땅에서 뽑힌 것이 아니라, 새 땅에 뿌리째 이식된 것이다.

배를 전세 내어 유럽에서 미국으로 이민 오는 대량 이민은 제1차 세계대전과 함께 사라졌다. 대신 미군을 가득 실은 배들이 '민주주의를 수호하기 위해' 유럽으로 건너갔다. 전쟁이 끝나고 이민이 재개되었으나 그것도 미국인이 외국에서 벌어지는 사건들에 반응하면서 곧 끝이 났다. 공산주의가 동유럽을 휩쓸고 있었고, 삼등 선실을 가득 채운 이민자들이 엘리스섬*으로 쏟아져 나왔다. 많은 미국인은 한 손에는 《공산당 선언》을 들고 다른 한 손에는 폭탄을 든 수염 기른 '볼셰비키'를 보게 되었다. 이와 함께 반공 히스테리가 미 전역을 휩쓸었다. 미국의 대중들은 외국인 유입을 멈추라고 의회에 압력을 가했다. 우연의 일치겠지만, 당시 미국은 발전에 필요한 모든 노동력을 이미 확보한 상태였다. 결과적으로 의회는 대중의 뜻을 받아들여 1921년에서 1924년까지 관련 법안을 통과시켜 이민자의 유입을 막았다.

제1차 세계대전 이후에는 반공 히스테리에 반유대주의적 요소가 없었다. 단지 러시아 '볼셰비키', 동유럽인, 대학 지식인, 노동 운동가를 향한 혐오였다. 레온 트로츠키의 세계 혁명 계획이 실패하고 이오시프 스탈린이 '일국 사회주의'를 건설하기로 결정하자 반공 히스테리는 잦아들었다. 미국은 정상으로 돌아갔고 '울부짖는 20년대'로 불리는 풍자와 문학의 신명 나는 시대가 만들어졌다. 반유대주의가 미국으로 슬며시 기어들어온 것은 1929년 대공황 때였다.

1880년까지 미국에는 반유대주의가 존재하지 않았다. 간혹 유대인이 정당하지 못한 처우를 당한 것과 반유대주의를 혼동해서는 안 된다. 왜냐하면 유대인만 그런 부당한 대우를 당한 것이 아니었기 때문이다. 반유대주의는 1880년에서 1890년까지 지속된 농업 불황 동안

엘리스(Ellis)섬 허드슨강 하구에 있는 섬이다. 1892년 1월부터 1954년 11월까지 미국으로 들어가려는 이민자들이 입국 심사를 받던 곳으로 유명하다.(역주)

잠시 불붙었지만 농업의 침체가 끝나자 금방 사라졌다. 이 반유대주의는 농업 불황에 영향을 받은 농업 중심의 남부 바이블 벨트*에 국한된 것이었으며, 전국적인 규모는 아니었다. 바이블 벨트의 반유대주의는 공황을 벗어날 해답을 찾는 과정에서 발생한 두려움의 자연스러운 표현이었다. 어떤 의미에선 자생적인 증오라 할 수 있다.

1929년 대공황과 함께 발생한 반유대주의는 전혀 다른 성격을 띠었다. 그 반유대주의는 히틀러의 파시즘에 대항해 싸우는 미국인의 의지를 꺾기 위해 독일이 생산하고 독일계 미국 나치들이 수입한 것이었다. 세계에서 가장 부유한 국가에서 발생한 대공황의 의미를 이해할 수 없었던 많은 미국인은 히틀러가 지원한 선동꾼에게 설득당했다. 미국이 독일에 선전 포고한 것이 아니라, 독일이 미국에 전쟁을 선포했다.** 독일에서와 같이 미국의 반유대주의도 부자들이나 노동자들에게서 세력을 넓힌 것이 아니라 '몰락 계층'에서 그 세력을 넓혔다. 그들은 대학 강단, 언론, 라디오를 통해 전국에 증오의 교리를 설파하던 '거짓 예언자'들을 매우 열렬히 추종했다. 미국에서 반유대주의 운동은 그것을 받아들인 사람들이 그것이 잘못되었다는 것을 깨달아서가 아니라 대공황이 끝났기 때문에 사라졌다.

의도된 결과는 아니었지만 독일의 반유대주의는 결과적으로 미국

바이블 벨트(Bible Belt) 사회 문화적으로 보수적이며 프로테스탄트 복음주의의 성향이 강한 아메리카 연방 남동부 지역과 중남부 지역을 일컫는 용어이다.
** 얼마나 많은 미국인이 이 사실을 모르고 있었는지 놀라울 정도다. 1941년 12월 7일에 일본이 진주만을 공격했고, 다음 날인 12월 8일 미국이 일본에 선전 포고했다. 12월 10일에 독일은 자국 대사를 보내 미 국방장관에게 공문을 전달함으로써 미국에 전쟁을 선포했다. 같은 날 오후, 미국도 독일에 전쟁을 선포해 그에 응수했다.

의 문화 생활을 더 풍부하게 만들었다. 1935년 이후 의회는 이민법을 완화하여 나치 전체주의를 피해 미국으로 오는 유대인 30만 명과 유럽 기독교도의 이민을 허락했다. 이들이 미국으로 떠난 후 유럽은 학문적으로 매우 빈약해졌다. 예를 들어 1901년에서 1939년까지 38년간 열네 명의 미국인이 물리학, 화학, 의학 분야에서 노벨상을 받았나.* 독일의 지식인들이 미국으로 망명한 1943년과 1955년 사이의 13년 동안에는 스물아홉 명의 미국인이 같은 분야에서 노벨상을 받았다. 독일에서는 반대 현상이 발생했다. 첫 38년 동안 독일은 서른다섯 명의 노벨상 수상자를 배출했지만, 두 번째 13년 동안에는 다섯 명의 독일인만 노벨상을 받았다. 그 후 35년의 통계는 더욱 놀랍다. 1955년에서 1990년까지, 미국인들은 135종의 노벨상을 받았다. 반면, 같은 기간 동안 독일은 열세 명의 노벨상 수상자를 배출했을 뿐이다.

새롭게 미국에 정착한 유대인 엘리트들은 미국에서 태어난 유대인과 함께 미국 문화를 더 풍부하게 만들었다. 그러나 19세기 유대 계몽 사상의 성격이 서유럽적이었던 것처럼, 20세기 미국 유대인이 이룬 문화적 성취는 미국적이었다. 또한 미국 유대인의 성취가 놀라운 것이긴 해도 유럽 유대인이 이룬 성취에는 미치지 못했다. 유럽 유대인의 성취는 거의 전적으로 학문적이었지만, 미국 유대인의 성취는 대중 예술 쪽으로 더 치우쳤다.

근대 미국의 연극 무대는 찰스 프로먼(Charles Frohman)과 슈버트(Shubert) 형제, 에이브러햄 얼랭어(Abraham Erlanger)와 데이비드 벨

---

* 1940년과 1942년 사이에는 노벨상 수상자를 배출하지 못했다.

라스코(David Belasco)의 손에서 배양되었다. 유대인들은 '그룹 시어터(Group Theatre)'와 '시어터 길드(Theatre Guild)' 같은 초기 실험적 극장들도 창설했다. 조지 S. 코프먼(George S. Kaufman), 릴리언 헬먼(Lillian Hellman), 아서 밀러(Arthur Miller), 엘머 라이스(Elmer Rice), 클리퍼드 오데츠(Clifford Odets), 시드니 킹슬리(Sidney Kingsley), 어윈 쇼(Irwin Shaw)의 연극들이 국제적으로 명성을 얻었다. 유대인은 미국 영화 산업도 시작했다. 많은 훌륭한 감독들, 배우들, 시나리오 작가들이 유대인이었다. 현대 뮤지컬이 세계적인 예술이 된 것도 리처드 로저스(Richard Rodgers)와 오스카 해머스테인(Oscar Hammerstein) 2세의 천재성 덕분이었다. 시그먼드 롬버그(Sigmund Romberg), 제롬 컨(Jerome Kern), 어빙 벌린(Irving Berlin), 조지 거슈윈(George Gershwin)의 음악은 고전 음악에 가까운 지위를 획득했다. 베니 굿맨(Benny Goodman)은 카네기 홀에서 재즈를 연주하여 재즈를 대중에게 인정받는 음악 장르로 만들었다.

그러나 20세기와 함께 미국 유대인도 과학자, 정치가, 법조인, 출판업자가 되었다. 특히 앨버트 에이브러햄 마이컬슨(Albert Abraham Michelson)은 빛의 속도를 측정하는 연구와 물질과 에테르의 상대 운동에 관한 실험으로 유명해져 1907년 미국의 두 번째 노벨상 수상자가 되었다.* 이지도어 아이작 라비(Isidor Isaac Rabi)는 양자 역학에 관한 연구와 분자와 원자의 자기적 특성에 관한 연구로 명성을 얻어 노벨상을 수상했다. 화학자이자 생물학자였던 제이컵 리프먼(Jacob

---

* 시어도어 루스벨트(Theodore Roosevelt)가 1906년에 노벨 평화상을 수상했다.

Lipman)은 토질 화학 연구를 통해 미국의 과학 농업에 기여했다. 허먼 조지프 멀러(Hermann Joseph Muller)도 엑스레이를 통한 유전자 변이 분야를 선구적으로 연구하여 노벨상을 받았다. 셀먼 왁스먼(Selman Waksman)은 스트렙토마이신을 발견했고, 조너스 소크(Jonas Salk)는 소아마비 백신을 최초로 개발했다. 1969년부터 시작해 미국계 유대인 일곱 명이 노벨 경제학상을 받았고, 헨리 키신저(Henry Kissinger)는 노벨 평화상을 받았다.

벤저민 카도조(Benjamin N. Cardozo), 펠릭스 프랑크푸르터(Felix Frankfurter), 루이스 브랜다이스(Louis D. Brandeis)는 모두 대법관으로 임명되었다. 버나드 바루크(Bernard M. Baruch)는 우드로 윌슨(Woodrow Wilson)부터 드와이트 아이젠하워(Dwight D. Eisenhower)까지 미국 대통령의 보좌관을 지냈다. 오스카 스트라우스(Oscar S. Straus)는 미국 내각 각료가 된 최초의 유대인이었다. 허버트 리먼(Herbert H. Lehman)는 뉴욕 주지사를 네 번이나 지냈고 이후에 미국 상원에도 진출했다. 아돌프 오크스(Adolph S. Ochs)는 세계 최고 일간지인 〈뉴욕 타임스〉를 만들었다. 조지프 퓰리처(Joseph Pulitzer)는 〈세인트 루이스 포스트디스패치(St. Louis Post-Dispatch)〉를 창간했고, 컬럼비아대학에 언론학부를 만들었다. 또 언론, 문학, 음악 분야에서 뛰어난 성취를 기리기 위해 퓰리처상을 제정했다. 새뮤얼 곰퍼스(Samuel Gompers), 데이비드 더빈스키(David Dubinsky), 시드니 힐먼(Sidney Hillman) 같은 노동 운동 지도자의 사상은 사회 정의에 관한 미국인의 의식 일부가 되어, 어떤 정당도 그 시절 이전으로 시계를 거꾸로 돌릴 생각을 하지 못했다. 아이작 싱어(Isaac Singer)와 엘리

위젤(Elie Wiesel) 같은 작가들도 문학 분야에서 노벨상을 수상했다.

미국이 세계의 콘서트 무대에서도 명성을 얻은 것은 피아니스트 블라디미르 호로비츠(Vladimir Horowitz), 아르투르 루빈스타인(Artur Rubinstein), 바이올리니스트 미샤 엘먼(Mischa Elman), 에프렘 짐발리스트(Efrem Zimbalist), 야샤 하이페츠(Jascha Heifetz), 네이선 밀스타인(Nathan Milstein), 아이작 스턴(Isaac Stern), 이츠하크 펄먼(Itzhak Perlman), 첼리스트 그레고르 퍄티고르스키(Gregor Piatigorsky), 오페라 가수 베벌리 실즈(Beverly Sills) 같은 미국계 유대인 덕분이다. 세계는 보스턴 교향악단의 전 지휘자이자 버크셔 페스티벌의 창시자인 세르게이 쿠세비츠키(Sergei Koussevitzky)를 오래 기억할 것이다. 브루노 발터(Bruno Walter)와 프리츠 라이너(Fritz Reiner) 같은 지휘자들도 클래식 음악 애호가에게는 미국 태생의 지휘자 레너드 번스타인(Leonard Bernstein)과 바이올리니스트 예후디 메뉴인(Yehudi Menuhin)만큼이나 친숙하다.

제3·4의 이민 물결이 미국 문화와 학문에 큰 변혁을 불러왔다면, 제2의 이민 물결은 유대인의 종교 생활에 큰 변화를 불러왔다. 미국에는 전복해야 할 게토 전통이 없었기 때문에 유대인 이민자들이 가져온 멘델스존, 춘츠, 가이거*의 유대교 개혁 운동은 미국에서 빠르게 자리를 잡았다. 이 운동이 성공한 것은 랍비 아이작 마이어 와이즈(Isaac Mayer Wise) 한 사람의 주된 노력 덕분이었다. 뉴욕 올버니에 있는 정통파 베델 회당의 회중들은 1846년 와이즈를 고용했을 때, 그

---

* 독일 비스바덴에서 태어난 아브라함 가이거(Abraham Geiger)는 1837년에 자신이 소집한 개혁 랍비들의 첫 모임에서 개혁파 유대교를 공식화했다.

전 주에 아내와 아이 하나와 함께 뉴욕에 불법으로 들어온 그 스물일곱 살의 랍비가 폭풍의 뇌관이 될 줄은 전혀 몰랐다. 랍비 와이즈는 곧 그의 회중을 '개혁하기' 시작했지만 반란에 부딪혔다. 그 후 그는 신시내티 지역의 정통파 랍비직을 수락한 후, 이전의 실패 경험을 거울 삼아 개혁파 유대교를 선전 포고적 정문이 아닌 외교적 뒷문을 통해 들여왔다. 1875년 그는 최초의 랍비 양성 학교인 히브리연맹대학(Hebrew Union College)을 설립했다. 그는 1900년에 미국 개혁파 유대교의 아버지로 존경받으며 눈을 감았다.

　러시아의 정통파 유대인이 미국에 왔을 때 그들을 반긴 것은 이 개혁파 유대교였다. 러시아 유대인들은 모자도 쓰지 않고, 수염도 기르지 않고, 영어를 구사하는 미국화된 독일계 유대인을 배교자로 생각했다. 독일계 유대인들은 수염을 기르고, 카프탄을 입고, 이디시어를 구사하는 러시아 유대인을 중세의 혼령이라고 생각했다. 독일계 유대인이 러시아 유대인의 자녀들에게 끼친 영향은 헬레니즘 시대에 그리스인이 유대인 자녀들에게 끼친 영향처럼 매우 컸다. 러시아 유대인의 자녀들은 곧 독일 유대인의 습관, 예절, 복장을 따라 했다. 자신의 아이가 유대교를 버리게 될까 두려워 일부 정통주의 관행을 양보하지 않았던 부모들은 종교 대신 자녀를 잃었다. 자녀들은 반항의 뜻으로 개혁파 유대교 회당에 참여하거나 기독교도와 결혼하거나 아니면 불가지론이라는 뒷골목을 통해 유대교를 완전히 떠났다. 자녀를 붙잡아 두기 위해 정통파 유대인은 자신의 정통주의를 개혁했다. 그러나 미국 유대인 삶의 다른 영역에서처럼 이 '개혁파 정통주의'도 유럽에서 시작된 것이었다. 개혁파 정통주의를 다른 말로 하면 '신정통주의'

인데, 현대 유대교를 이해하는 데 이 신정통주의가 중요하기 때문에 그 기원을 잠깐 살펴볼 필요가 있다.

멘델스존, 춘츠, 가이거가 주도한 독일의 유대교 개혁 운동 이전에는 토라와 《탈무드》를 경전으로 한 단 하나의 유대교만이 존재했다. 유대인이 게토에서 고립 생활을 하기 전에는 《탈무드》가 매우 유동적이어서 위대한 랍비들은 변화하는 시대에 맞춰 유대인이 생존할 수 있게 《탈무드》를 개정하고 증보했다. 그러나 3백 년간의 게토 생활은 《탈무드》 운동의 동맥을 막아버렸다. 게토의 랍비들은 《탈무드》의 개정을 허락하지 않았다. 그러므로 게토의 랍비들이 서유럽의 계몽 사상을 받아들이지 않았을 때, 많은 유대인이 그들을 떠나 유대교 개혁 운동에 동참했다. 1850년에 개혁파 유대교는 독일에서 주류 유대교가 되었고, 옛 게토 정통파 유대교는 소멸의 위험에 처했다.

1850년 이후 유대인의 종교사가 서유럽에서 전개된 방식은 1550년 이후 서유럽 기독교도의 종교사와 유사하다. 종교 개혁의 확장에 놀란 가톨릭 교회는 트리엔트 공의회(1545~1563년)에서 자기 개혁적 조치를 단행했다. 핵심 교리는 그대로 유지하면서 가톨릭 교회의 외적 형식을 진보적으로 현대화했다. 마찬가지로 유대교 '종교 개혁' 확장에 놀란 게토 유대인도 자기 개혁적 조치를 단행하여, 핵심적 교리는 그대로 두고 정통파 유대교의 외적 형식을 현대화했다.

이렇게 19세기 말에는 두 종류의 유대교가 나란히 존재하게 되었다. 하나는 개혁파 유대교이고, 다른 하나는 앞으로 우리가 '정통파'라고 부를 신정통주의 유대교이다. 이 두 유대교는 같은 신을 믿고, 같은 토라와 예언자들을 믿었다. 그러나 정통파 유대교는 종교가 신적 계시의 산물이기 때문에 불변이라고 생각한 반면, 개혁파 유대교는 종교의 학문적 진화를 믿었다. 체감할 수 있는 이 둘의 차이는 음식법에 대한 태도, 안식일 규정, 예배 형식에서 가장 두드러진다. 그리스-로마 시대의 바리새인이 제사장의 제의와 제사가 유대교를 보존하는 데 핵심 사항이 아니라고 생각한 것처럼, 개혁파 람비들도 유대인이 햄샌드위치를 먹는다고 해서 유대교가 붕괴되거나 히브리어로만 기도한다고 유대교가 흥하는 것은 아니라고 생각했다.

정통파 유대교의 '자기 개혁'은 개혁파 유대교로 사람들이 몰리는 것을 막았다. 예시바에서 가르치는 학문의 수준을 높이고 세속 과목을 도입함으로써 정통파 유대교는 스스로 자신을 서구화했다. 회당 예배 때 성가대를 허락하고, 이디시어가 아닌 민족어로 설교하는 것도 허락했다. 많은 러시아계 유대인 이민자들은 자녀를 유대교 안에 머물게 하고 동시에 자신들이 유대교의 본질이라고 생각한 것을 고수하기 위해 신정통주의 유대교를 받아들였다. 18세기 유대인 정착촌의 러시아 유대인이 오늘날 미국의 정통파 유대인을 본다면 배교자라고 생각할 것이다.

한편 개혁파 유대교도 스스로 개혁했다. 현대화를 추구하던 초기 개혁파들이 너무나 많은 전통을 포기해 일부 개신교 교파와 거의 구분되지 않는 지경에 이르렀기 때문이다. 개혁파 운동을 유대교에서 거의 제거한 결정적 사건은 1876년 펠릭스 아들러(Felix Adler)가 윤리적 문화 학회를 가장한 '세속 종교'를 창시한 것이었다. 일상에 적용되는 유대교 도덕과 기독교 도덕의 종합인 이 세속 종교의 신조는 유대인과 기독교도를 공통된 하나의 윤리로 묶었다. 그 결과 개혁파 유대교는 점점 더 많은 신도를 개신교나 가톨릭 교회에 빼앗기게 되었다. 이 때문에 개혁파 랍비들은 재빨리 '히브리어 설교를 육화해' 자신들의 신도에게 더 적절한 제의 형식을 제공했다. 이후 개혁파 유대교는 점차 힘을 회복하여 오늘날 850개의 회당을 두고 29만 9천 명의 교도를 거느리고 있다.

무심코 미국은 보수파 유대교라 불리는 또 한 부류의 유대교를 만들어냈다. 그것은 루마니아 태생의 솔로몬 셰크터(Solomon Schechter)가 창시한 근대 종파이다. 하시디즘 종파를 따르는 부모님을 둔 셰크터는 렘베르크(리비프)와 빈의 예시바에 다녔다. 그곳에서 그는 하스칼라를 처음으로 접했다. 그의 관심이 《탈무드》에서 헤겔로 옮겨 가면서, 그도 예시바에서 대학으로 전학했다. 셰크터의 학문은 많은 사람들의 관심을 끌었고, 1890년에 그는 영국 케임브리지대학의 탈무드학 교수로 임용되었다. 그곳에서 그는 《탈무드》 논쟁에 영국식 해학을 도입하여 유명세를 탔을 뿐 아니라, 《구약 성경》 외경 가운데 하나인 〈집회서〉의 원본을 담은 필사본을 발견해 유명해졌다. 그는 카이로의 한 유대교 회당에서 다른 필사본들도 발견했다. 1901년 셰크터는 미국 유대 랍비의 학문 수준을 끌어올리기 위해 뉴욕의 유대교신학대학(Jewish Theological Seminary) 교장 직을 수락했다. 그리고 그의 명성 덕분에 유럽의 많은 명망 있는 유대 학자들이 미국으로 오게 되었다.

독일에 있을 때 사회학자 막스 베버의 주장에 영향을 받은 셰크터는 종교 자체의 내적 동력뿐 아니라, 외부의 사회 경제적 조건에 의해서도 유대교가 형성된다고 믿었다. 그래서 그는 유대교가 생존하려면 유대교 자체의 문화적 가치를 정립해야 할 뿐 아니라 유대교가 머물고 있는 문명의 일부를 흡수해야 한다고 주장했다. 토라와 현대 사회학의 이런 절묘한 조합은 셰크터가 이끄는 보수파 유대교의 기초가 되었다. 즉 보수파 유대교는 개혁파 안에 있는 보수적 자기 개혁 요소를 수용하고, 정통파 안에 있는 진보적 자기 개혁 요소를 수용한 것이다. 따라서 보수파 유대교는 음식법의 일부 규제를 풀고, 안식일과 관련된 규제도 없앴으며, 회당에서 오르간을 사용하는 것과 민족어로 기도하는 것을 허용했다. 동시에 신도들이 이방 사회에서 유행하는 관행, 예절, 유행의 일부를 수용할 수 있도록 허락했다. 오늘날 유대교의 주요 세 분파—정통파, 보수파, 개혁파—는 서로 맞물린 한 신앙이다. 이들 사이에 심각한 자기 파괴적 분열은 없다.

그렇다고 미국 유대교의 미래가 바위에 고정되어 있다는 말은 아니다. 역사의 한가운데에 서 있는 오늘날 미국의 유대교도는 유대교의 신도 수가 감소할 것이라고 염려한다. 그들은 여전히 자녀들을 교육시킬 좋은 방법을 모색한다. 꾸준히 진행되는 동화와 통혼의 피해—통혼으로 태어난 자녀들은 유대교를 떠나는 경우가 많다.—를 어떻게 극복할 것인가, 반유대주의와 어떻게 싸울 것인가, 신앙을 떠난 유대인 혹은 유대교 안에 있지만 종교 의식에는 참여하지 않는 유대인을 어떻게 다시 유대교로 이끌 수 있는지를 고민하고 있다.

19세기 프랑스에서 한 유대인이 다음과 같이 말했다. "할아버지는 믿고, 아버지는 의심하고, 아들은 부정한다. 할아버지는 히브리어로 기도하고, 아버지는 프랑스어로 기도하고, 아들은 기도하지 않는다. 할아버지는 다양한 절기를 지키고, 아버지는 욤 키푸르(유대교의 속죄일)를 지키고, 아들은 무신론자 혹은 …… 이신론자가 된다." 오늘날 사람들도 비슷한 이야기를 하지 않는가? 다른 많은 '종말적 예언자'처럼 그의 주장이 옳다면, 유대인은 오늘날 여기 있지 않았을 것이다. 그러나 그들은 여전히 건재하다. 아마 이 프랑스 유대인에게는 충분히 멀리 보는 능력이 없었던 모양이다. 그는 너무 일찍 포기한 것이다. 그는 우리에게 증손주가 어떻게 될지는 이야기하지 않았다.

오늘날 미국 유대인이 이야기하는 암울한 예언들이 과거에 우리가 듣던 비슷한 예언들보다 더 정확할까? 오직 미래만이 정답을 알 것이다. 그러나 적어도 우리가 확실히 아는 것은 과거의 예언들이 적중하지 않았다는 점이다. 역사에는 포기하기를 거부하는 지도자들이 항상 있었다. 이 '디아스포라 지도자'들은 유대인이 2천 년의 디아스포라 생활 동안 문화를 창조하는 창의적인 민족으로 계속 생존할 수 있게 돕는 각본을 만들어냈다. 오늘날에도 그 창조적인 힘은 건재하다. 1900년대 초반에 20세기 말이 되면 유대교도들이 제 나름의 지도자와 제의를 수반하는 형제회*를 조직하리라고 어느 누가 예상이나 할 수 있었겠는가? 그중 일부가 분파 회중의 지도자가 될 것이라고 누가 예상할 수 있었을까? 심지어 랍비 회의에서 여성 랍비들이 중요한 역할을 감당하리라고, 혹은 일부 사람이 정통파를 떠나려 할 때 다른 사람들은 유대교와 더 친밀한 관계를 탐색하며 정통파로 회귀하리라고 누가 예상했겠는가? 또한 신도들과 지도자 자리를 놓고 경쟁하는 회당들 사이에서 유대인커뮤니티센터협회(Jewish Community Center

---

형제회(Havurah) 유대교를 탐구하기 위한 친목 공부 모임.(역주)

Association)가 감당할 역할을 누가 예상할 수 있었겠는가? 이 모든 것은 오늘날에도 유대인의 창조적 힘이 건재하다는 사실을 보여준다.

미국의 유대 역사를 어떻게 평가할 수 있을까? 몇몇 사소한 사건을 제외하면, 20세기까지 미국 유대 역사는 진부한 사건들의 연속에 지나지 않았다. 즉 네 차례의 연이은 이민 물결을 거쳐 유대인의 인구가 늘어나는 역사였다. 1900년 이전에 미국의 '풍요로운 유대교'는 하스칼라 이전 러시아의 '가난의 유대교'만큼이나 문화적으로 불모지였다. 그 후 두 역사적 사건—러시아계 유대인의 대량 유입과 히틀러의 유대인 학살—으로 인해 미국의 유대인 인구는 5백만 이상으로 늘었으며 미국은 디아스포라 유대교의 중심이 되었다.

이것은 과거 사건들에 대한 피상적 유사성인가, 아니면 역사의 진정한 반복인가? 기원전 6세기 바빌로니아인들은 유대교의 팔레스타인 중심지를 파괴했다. 20세기에 히틀러는 유대교의 유럽 중심지를 파괴했다. 그러나 유대교의 사상이 그 같은 파괴와 함께 사라진 것은 아니다. 역사가 재건된 팔레스타인으로 돌아갈 여권을 바빌론의 유대인에게 제공했을 때 그들은 그 여권을 받지 않았다. 미국의 유대인이 재건된 이스라엘로 돌아가자는 제안을 거부했던 것과 마찬가지다. 재건된 팔레스타인으로 돌아가기를 거부한 바빌로니아 유대인은 디아스포라 유대교를 만들어냈다. 이스라엘로 돌아가기를 거부한 미국의 유대인은 그 디아스포라 유대교를 영속화했다. 바빌로니아에서 디아스포라 유대교는 사상 면에서 팔레스타인 유대교를 서서히 추월했다. 20세기 역사는 디아스포라 유대교의 패권을 미국 유대인의 손에 맡겼다.

미국의 유대교는 무(無)에서 창조된 것이 아니다. 그것은 과거의 전통에서 진화한 것이다. 미국의 유대교는 과거 유대인의 끈질긴 생존 노력의 결과인 동시에 미국 유대인이 새로 창조한 독창적인 브랜드이다. 식민지 시절 미국에 도착한 최초의 유대인들은 유대교의 본질을 고수하면서 비본질적 요소는 기꺼이 수정함으로써 유대인으로서 생존할 방법을 찾았다. 미국의 유대교는 유대인 역사상 최초이자 유일한 강제하지 않은 종교이다. 유대인이 보존하기 원했던 요소들만 유대교에서 살아남았다. 미국 내에서 종교를 대하는 태도가 급격히 변했다는 점도 유대인에게 영향을 끼쳤다. 미국 유대교 안에는 전보다 더 큰 다양성과 선택의 자유가 있다.

미국의 유대교는 첫 번째 유대 이민자들이 1654년 뉴암스테르담에 발을 딛은 직후부터 자신을 개혁해 왔다. 비록 오늘날에도 유대인에게는 과거 유럽에 있을 때와 똑같은 문제들이 일부 존재하지만 환경 자체는 매우 달라졌다. 유럽에서 필요했던 것은 유대인이 주변 문명에 동화되지 않도록 유대인을 유대인으로서 보존하는 것이었다. 그러나 미국에서 중요한 것은 유대인이 미국 사회에 참여하고 기여하는 동시에 유대인으로서 정체성을 지키는 방법을 찾는 것이었다. 즉 젊은이들에게 유대인으로서 사는 방법을 전수하는 것이 아니라 왜 유대인으로서 살아야 하는지를 가르치는 것이다.

미국의 유대인이 디아스포라 유대교를 지속하게 하는 사상을 창조할 만큼 능력 있는 지적 거인들을 배출할 수 있을까? 1900년 이전의 대답은 '아니오'였을 것이다. 1900년 이후, 유럽의 엘리트 지식인 대다수가 미국 유대교로 유입되자 그 질문에 대한 대답은 긍정으로 바꿰었다. 만약 이 이민 물결이 유럽의 지성과 미국의 실용주의를 단순히 혼합하는 것에 그친다면, 현재의 미국 유대인이 차지한 지적 패권은 일시적일 것이다. 이민해 온 지식인들이 죽으면 없어져버릴 신기루에 불과할 것이다. 그러나 그것이 화학 반응을 일으켜 미국의 유대인이 유럽 지식인의 생명력을 흡수하고 확장할 수 있다면, 미국은 21세기 유대교에서 (한때 디아스포라 유대교의 중심지였던) 바빌로니아의 역할을 할 것이다.

바빌로니아 땅에서 제사나 제사장 중심의 제의가 사라지고 랍비, 기도, 회당이 그 자리를 대신하는 새로운 유대교가 탄생한 것처럼 미국 땅에서도 새로운 유대교가 발흥할 것인가? 그 징조가 보이는가? 미국의 개혁파 유대교에서 랍비, 기도, 회당이라는 세 가지 요소는 다른 기능을 하기 시작했다. 랍비들은 더는 《탈무드》 유대교의 해석자가 아니다. 그들은 상담가이자 종파 간 중재자이다. 이제 기도는 하느님과의 사적인 대화가 아니라 창조주에 대한 찬양이다. 회당이나 성전은 예배만을 위한 장소가 아니라 사람들이 모여서 자신의 유대교 뿌리를 모색하는 사회적 공동체이다. 바리새인이 제사와 제사장을 다루는 토라와 《탈무드》의 3분의 1을 버린 것처럼, 개혁파 유대교는 음식법과 제의법을 다루는 토라와 《탈무드》의 또 다른 3분의 1을 버렸다. 그들이 유대교의 핵심으로 여기는 나머지 3분의 1은 윤리, 도덕, 정의에 관한 법이다. 미국의 유대인은 완전히 새로운 기관들을 조직했고, 전 세계 유대인이 그들의 뒤를 따랐다. 예를 들어 유대인연맹(Jewish Federations), 유대여성국민회의(National Council of Jewish Women), 유대인커뮤니티센터협회, 미국유대인위원회(American

Jewish Committee), 하다사(Hadassah), 브네이 브리스(B'nai B'rith), 반인종주의연맹(Anti-Defamation League) 같은 조직들이 유대교의 일부가 되었다. 미국 유대인의 역사적 사명은 스피노자가 꿈꾼 유대교—보편주의적 유대교—를 이룩하는 것일까?

이 질문에 대답하기 전에 우리는 1914년 제1차 세계대전에서부터 1948년 이스라엘 건국까지 유럽의 유대 역사를 살펴보아야 한다. 이 두 사건 사이에 인류 역사에 오점이 된 세계적 비극이 발생했다. 그것은 독일 국민에게 '카인의 표'* 같은 사건이었다.

카인의 표(the mark of Cain) 살인자의 낙인. 〈창세기〉 4장 15절에서 하느님은 동생 아벨을 죽인 카인에게 징표를 찍어 벌한다. "주님께서는 가인에게 징표를 찍어주셔서, 어느 누가 그를 만나더라도, 그를 죽이지 못하게 하셨다."(역주)

28장

히틀러의 반유대주의와 홀로코스트

1933년 1월 30일, 역사는 세계를 속이고 아돌프 히틀러를 독일 총리로 만들었다. 독일인들은 환호하며 거리로 쏟아져 나와, 운터 덴 린덴(Under den Linden) 거리를 의기양양하게 행진하는 갈색 나치 군복을 입은 돌격대원들에게 '하일(heil, 만세)'을 외쳤다. 그때까지만 해도 독일인들은 몇 년 후 그들이 세계를 피로 물들일 것이며, 역사에 야만인 중의 야만인으로 기록될 것임을 까맣게 모르고 있었다. 독일인들은 자신들이 10년 안에 사하라 사막의 모래를 먹게 될 것이며, 대서양 바다에 수장될 것이고, 러시아의 들판에서 죽게 될 것이고, 자신들의 고향이 폐허가 될 때 함께 사라질 것임을 전혀 예상하지 못했다.

히틀러가 권력을 잡은 첫날부터 베를린이 화염에 휩싸이자 총으로 자살한 1945년 4월의 그날까지, 독일인은 강제 수용소와 사살대와 가스실에서 남녀노소를 가리지 않고 조직적으로 1천2백만 명의 생명을 앗아 갔다. 그 가운데 7백만 명이 기독교도였고 5백만 명이 유대인이었다.* 유대인 1명이 살해될 때마다 1.4명의 기독교인이 죽어 갔던 것이다. 그러나 나치가 공개적으로 "유대인을 죽여라."라고 외쳤기 때문에 세계는 기독교도의 죽음을 보지 못했다.

모순적인 사실은 이 모든 살인과 유혈 참사가 유대 역사의 진보를 막지 못했다는 점이다. 히틀러가 천 년은 지속할 것이라고 자랑했던 제3제국은 12년 만에 사라졌다. 히틀러가 몰살하겠다고 공언했던 유대인은 생존하여 그들만의 새로운 독립 국가를 이루었다.

당혹스러운 점은 서유럽 문명에서 문화 창조자를 자처했던 독일에서 어떻게 나치의 망령이 태어났느냐 하는 것이다. 그 답은 독일이 두종류의 상반된 사상과 감성의 혼합체라는 사실과 관련되어 있다. 하나는 베토벤과 브람스, 괴테와 실러의 독일과 고상한 관념주의, 열린 세계, 인간 성취의 무한한 가능성을 인정한 독일이 있다. 이 독일이 독일의 인문주의, 예술, 음악, 문학을 이끌고 육성했다.

또 하나의 독일이 있다. 권위주의적 철학자와 장군, 피히테와 헤겔, 비스마르크와 카이저(독일 황제의 칭호)의 독일이 그것이다. 이 독

---

* 나치에 살해당한 유대인의 숫자는 보통 '6백만 명'이라고 제시되지만 엄밀하게는 5백만 명이다. 뉘른베르크 재판에서 로버트 잭슨(Robert H. Jackson) 판사는 독일인들이 유대인 450만 명을 죽였다고 인용했다. 오늘날은 최대 560만, 최저 420만 명의 유대인이 학살되었다고 인용된다. 이 차이는 옛 소련이 점유한 영토에서 얼마나 많은 유대인이 죽었는지에 대한 계산이 다르기 때문에 발생한 것이다. 제럴드 라이트린저(Gerald Reitlinger)는 '5백만 명'이라고 말하면서 "6백만 명의 유대인이 살해되었다는 것이 과장이라고 판명되어도, 생존 독일인의 죄가 더 가벼워지는 것은 절대 아니다."라고 덧붙였다.(*The Final Solution*, p. 469) 하워드 새커(Howard M. Sachar)는 희생자의 수가 420만 명에서 460만 명 사이일 것이라고 말하면서, "전쟁 직후 발표된 6백만이라는 숫자는 이제 믿을 수 없다."라고 말했다.(*The Course of Modern Jewish History*, p. 452)

일은 닫힌 세계와 '대중 인간(masse-mensch)'을 만들어냈다. 이 권위주의적 독일은 다른 진보적이고 관념적인 독일을 전복하면서 그것을 '유대화하는 세력'이라고 칭했다. 이 판단은 맞을지도 모른다. 왜냐하면 인간의 악을 순화하는 것 ― 한 사회의 생존에 필수적인 순화 기능 ― 이 종교의 보편적 기능, 특히 유대교의 기능이기 때문이다.

제1차 세계대전은 독일 역사의 뚜렷한 전환점이 되었다. 제1차 세계대전의 결과로 권위주의의 영향력이 패권과 정치 권력을 완전히 장악하게 된다. 윈스턴 처칠(Winston Churchill)은 그런 독일의 등장을 두고 "훈족이 코앞에 혹은 발 앞에 와 있다."라고 말했다. 제1차 세계대전에서 4년간 싸운 후 독일은 항복했다. 다른 나라 땅에서 싸울 때는 자신들이 저지른 파괴를 대수롭지 않게 생각할 수 있었지만, 그 싸움이 자기 나라 땅에서 벌어졌을 때 독일인은 프랑스인 같은 저력을 보이지 못했다. 독일 해군의 잠수함은 더는 최고가 아니었고, 수병들은 반란을 일으켰다. 독일 육군들도 총을 버렸다. 그리고 카이저는 패전의 순간에 네덜란드로 도망가버렸다. 베르사유 조약 체결 이후 독일은 나라가 어렵다고 우는소리를 하며 돈을 구걸했고, '체면'을 유지하기 위해 패전의 책임을 유대인에게 돌렸다. "우리 독일인은 전쟁에 지지 않았다. 유대인이 우리를 배반했을 뿐이다."라는 노래가 전후에 유행할 정도였다. 자기 연민이 지난날의 위대함을 모두 갉아먹어버리고, 남은 것이라고는 독일을 야만으로 몰고 갈 사람들의 제물이 될 빈껍데기뿐이었다.

제1차 세계대전으로 황폐해진 것은 독일만이 아니었다. 동유럽 전체가 전쟁으로 파괴되었다. 특히 유대인의 피해가 컸다. 그들이 거주하던 지역은 하필이면 4년 동안 독일군과 러시아군이 점령하려고 처절하게 전투를 벌인 지역이었다. 쓰라린 패배 후 후퇴하던 러시아군은 독일군에 동조했다는 이유로 유대인을 학살했다. 독일이 '전략적 철수'를 감행할 때도 유대인은 러시아의 첩자라는 이유로 살해당했다.

제1차 세계대전이 끝나자 기독교도나 유대인 할 것 없이 수백만 유럽인은 삶이 나아질 것이라고 희망을 품었다. 그러나 그들의 희망은 다른 희망과 함께 곧 사라졌다. 우드로 윌슨(Woodrow Wilson)의 긴박한 제안에 따라 민주주의를 전혀 모르는 민중들과 민주주의를 시행할 의지가 전혀 없는 지배자들에게 민주주의 헌장이 배부되었다. 하룻밤 사이에 윌슨은 에스토니아, 라트비아, 리투아니아, 폴란드, 헝가리, 유고슬라비아, 알바니아—모두 이전에 러시아, 오스트리아, 독일 제국의 속국이었다.—를 새로이 '민주주의 국가'로 만들었다. 후에 바로 이 스물네 시간 만에 만들어진 민주 국가들에서 독일의 반유대주의가 즉각 받아들여졌고, 최고의 정치적 수단이 되었다. 유일한 예외는 역시 당시 만들어진 국가인 핀란드와 체코슬로바키아였다.

왜 동유럽에서 반유대주의가 쉽게 받아들여졌을까? 당시의 경제 상황을 보면 그 답을 알 수 있다. 제1차 세계대전은 신생국들의 봉건 경제를 산산조각 내버렸다. 그 후 인위적으로 그어진 국경은 그 지역의 경제 생명줄을 끊어놓았다. 예를 들어, 오스트리아-헝가리 제국이 분리된 이후에 오스트리아는 경치를 얻었고 헝가리는 석탄과 철을 얻었다. 전쟁 이전에 노동을 천하게 여기고 전문직은 유대인에게나 어울리는 것으로 인식했던 지주와 귀족은 전쟁이 끝나자 일자리를 구하지 않으면 굶주려야 했다. 전후 중산층은 매우 가난했다. 사회 보장 정책이 없는 '민주주의' 체제에서 노동자는 급격히 줄어든 임금 때문에 굶어 죽을 지경에 내몰렸다. 그들은 이 모든 문제의 해결 방법으로 공산주의에 애정 어린 추파를 던졌다.

동유럽의 지배자들은 비슷한 상황의 핀란드나 체코슬로바키아가 민주주의라는 처방으로 이런 사회적 위협에 대처한 것과 달리, 극우 파시즘이라는 진통제에 의존했다. 공산주의라는 유령이 몰락 계층의 눈앞에 아른거렸고 정치가들은 그들에게 '유대인 문제'만 해결되면 그들의 문제도 자연히 사라질 것이라고 반복해서 선전했다. 불안과 가난에 시달리던 화이트칼라 계층은 정치가들의 감언이설에 넘어갔다. 반유대적인 법률이 제정되면서 유대인들은 직장에서 쫓겨나고 산업에서 밀려났다. 한때 노동과 전문직을 경멸했던 귀족들이 그 빈자리를 채웠다. 경제 상황이 악화되자 반유대적 법률이 증가했다. 역설적이게도 나치와 협력함으로써 공산주의로부터 스스로를 지키려 했던 나라들이 이제는 공산주의의 지배 아래 놓이게 되었다. 바로 이 동유럽 국가에서 1990년대에 공산주의의 붕괴와 함께 오랜 증오가 폭발하게 된다.

도망친 카이저가 남긴 혼란 속에서 태어난 독일 바이마르 공화국은 냉소적인 통치권자들 탓에 약해졌다. 그들은 새로운 민주주의 제도에 '립서비스'를 보냈지만, 공화국을 무너뜨리기 위해 살인도 서슴지 않았다. 1918년에서 1925년까지 우익 테러 단체들은 가톨릭, 개신교, 유대교 할 것 없이 3백 명 이상의 유명 진보 인사를 암살했다. 당시 바이바르 공화국의 권력자들은 이런 폭력 행위에 암묵적으로 동의했다. 그들은 체포되어 기소된 암살자들에게 가벼운 처벌만을 내렸다.

퇴역 장교 에리히 루덴도르프(Erich Ludendorff)와 싸구려 그림을 그려 팔던 아돌프 히틀러가 바이마르 정부를 전복하려는 의도로 1923년 악명 높은 뮌헨 맥주홀 폭동을 주도한 것도 바로 이런 테러리즘을 용인하는 분위기에서 이루어졌다. 폭동은 실패했다. 뮌헨의 교도관들은 루덴도르프를 풀어주었고, 히틀러는 징역 5년을 선고받았지만 1년도 채 지나지 않아 석방되었다.

'총통(Führer)' 히틀러의 삶이 시작되었다. 히틀러가 자신의 도구가 되리라고 착각한 독일의 몰락 귀족, 기업가, 군국주의자 들이 히틀러를 돕지 않았다면, 우리가 아는 히틀러는 역사에 없었을 것이다. 권력을 향한 히틀러의 여정은 매우 순탄했다. 그는 아주 단순한 정치 복음을 전했다. 즉 공산당원과 유대인과 베르사유 조약이 독일에 재앙을 불러왔다는 것이다. 공산주의를 불법화하고, 유대인을 말살하고, 베르사유 조약을 거부함으로써 히틀러는 독일을 다시 위대한 나라로 만들려고 했다. 점점 많은 몰락 계층이 히틀러의 당에 표를 주었다. 선거가 거듭되면서 히틀러 당이 독일 의회에서 차지하는 의석도 늘어났다. 1929년 노령의 파울 폰 힌덴부르크(Paul von Hindenburg) 장군—그는 카이저, 귀족, 군주다움의 상징이었다.—은 은퇴를 번복하고 히틀러의 대항마로 대선에 출마했다. 힌덴부르크가 선거에서 이겼지만, 4년 후 그는 히틀러의 협박에 굴복해 오스트리아의 싸구려 화가였던 히틀러를 독일 총리로 임명했다. 감옥에서 석방된 지 10년 만에 히틀러는 제3제국(당시 독일의 명칭)의 유일한 지도자가 되었고, 나치로 흔히 줄여 부르는 그의 정당 '국가사회주의독일노동자당

(National Sozialistische Deutsche Arbeiterpartei)'은 독일의 유일한 합법 정당이 되었다.

인간의 야만성을 이용해 인류 역사상 가장 끔찍하고 광적인 피의 향연을 벌였던 아돌프 히틀러는 과연 누구인가? 전기 작가들이 히틀러의 행동을 설명하기 위해 그의 인격 안에 깊이 숨겨진 동기를 찾으려 했지만 허사였다. 그가 저지른 사악한 범죄에도 불구하고 그에게서는 사람들의 관심을 끌 만한 것이 없었다. 왜소한 몸집에 평범한 얼굴을 한 그의 외모는 찰리 채플린 콧수염과 나폴레옹 가발이 없었다면 쉽게 잊힐 만한 것이다.

부랑자와 하녀 사이에서 사생아로 태어난 아돌프 히틀러의 아버지 알로이스 시클그루버는 세 번이나 결혼했다. 1889년 세 번째 결혼 상대인 스물세 살 연하의 시골 소녀에게서 히틀러가 태어났다. 그의 전 인생은 별 볼 일 없었다. 가난한 학생이었다가 평범한 군인이 되었고, 나중에는 성공하지 못한 화가가 되었다. 예술가가 되기를 원했지만 재능이 부족했다.

그렇다면 추종자들을 사로잡은 히틀러의 매력은 무엇인가? 그는 다른 인종 차별주의자와 어떤 점에서 다른가? 그에게 최면 능력, 즉 마법을 거는 능력이 있었다고 말하는 것은 터무니없다. 다른 인종 차별주의자들이 살인을 시민의 미덕으로 만들면 어떨까 하고 잠깐 생각한 사람들이라면, 히틀러는 인간의 무의식 속에 있는 판도라의 상자를 열어 그것을 현실로 만든 사람이다. 히틀러는 인간이 원시 상태를 벗어난 이후부터 줄곧 문명이라는 이름으로 제어하고 길들이려 했던 악의 충동을 해방시켰다. 히틀러의 측근에서 최고 직위에 이른 사람들이 헤르만 괴링(Hermann Göring) 같은 마약 중독자, 라인하르트 하이드리히(Reinhard Heydrich) 같은 가학성애자, 그리고 하인리히 힘러(Heinrich Himmler) 같은 살인자였다는 것은 우연이 아니다.

일단 히틀러가 권력을 잡자, 그를 견제하는 것은 불가능했다. 독일 전체가 잔혹성을 구현하기 위해 체계적으로 움직였다. 1935년 독일 의회는 이른바 '뉘른베르크 법'을 통과시켜 '유대인의 피'가 흐른다고 여겨지는 모든 사람의 시민권을 박탈했다. 이 법에 따르면, 삼대 중에 한 명이라도 유대인이면 유대인 혈통이었다. 재미있는 것은 히틀러는 유대인의 피가 아리아인의 피보다 네 배나 강하다고 믿었다는 것이다. 뉘른베르크 법은 유대인에게서 그들의 직장과 사업을 빼앗아 갔다. 협박을 동원해 유대인의 유동 자산도 박탈했다. 독일인은 유대인의 사업을 거의 공짜로 이어받았다. 유대인의 유동 자산은 나치당 간부들의 주머니로 들어갔다. 유대인은 수백 명씩 강제 수용소로 끌려갔고, 그곳에서 그들보다 먼저 수감된 기독교도들을 만났다.

"독일의 반유대주의가 반기독교주의로 진화했다는 사실은 매우 중요한 현상으로 보아야 한다." 이것은 러시아 정교의 가톨릭 신학자 니콜라이 베르댜예프의 말이다.[1] 독일 나치당의 반기독교주의는 대중 역사가들과 언론인들이 완전히 간과했던 것이다. 1919년 당이 창립된 이후 나치 이데올로기는 줄곧 반기독교적 정책들을 발표해 왔지만, 세계의 언론들은 머리기사로 반유대주의 슬로건만 강조했다. 그러나 나치당은 유대인을 숙청하고 싶어 했던 것만큼이나 기독교도를 말살하기 원했다. 나치가 보기에 기독교는 위험한 것이었다. 왜냐하면 전도 활동을 통해 아리아인의 순혈을 약하게 만들었기 때문이다.

그들은 '아리아인의 기독교'가 사도 바울에게 배신당했다고 생각했다. 그들에 따르면 기독교회들은 가짜이며 사기꾼들이었다. 그중 가톨릭 교회가 가장 위험한데, 그 이유는 가톨릭 교회가 유대적이며 동시에 국제적이기 때문이라고 주장한다. 나치는 국가 사회주의가 독일인의 참되고 유일한 복음이며, 아울러 유일한 신앙과 구원이고, 히틀러는 유일한 구원자라고 설파했다.

이런 헛소리가 반유대주의적이면서 반기독교적인 교리에서 기인한 나치의 공식 문서에 들어 있다. 나치의 반유대주의를 믿는 사람은 반기독교주의도 믿어야 한다. 왜냐하면 그 둘은 동일한 하나의 목표를 지향하기 때문이다. 히틀러의 목표는 독일 내 모든 종교 기관을 없애고 이교도주의로의 회귀를 장려하는 것이었다.

1933년 독일은 바티칸과 가톨릭 교회의 자유를 보장하는 협약을 맺었다. 그러나 1년 후 가톨릭 행동 조직의 수장인 에리히 클라우스너(Erich Klausner) 박사가 히틀러 돌격대원에게 살해당했다. 그리고 가톨릭 교회의 명예를 떨어뜨리려는 노력의 일환으로, 수도사들이 부도덕한 범죄를 저질렀다는 죄목으로 재판에 회부되었다. 1935년 개신교 교회들도 국가의 통제를 받았다. 항의하는 목사들과 신부들은 줄줄이 강제 수용소로 보내졌고, 유대인이나 공산주의자와 같은 수준의 '국가 전복 세력'이 되었다. 나치당의 반기독교적 성격을 깨달은 교황 피우스 11세는 "말살만이 목적인…… 위협적이고 파괴적인 종교 전쟁의 구름이 드리웠다."고 히틀러를 비난했다. 그러나 "유대인을 죽여라."라는 나치의 구호에 교황의 경고와 강제 수용소에서 고문당하는 자들의 고통에 찬 비명은 묻혀버렸다.

최초의 강제 수용소들은 독일의 비밀 경찰인 게슈타포가 겁을 주어 '길들이기' 원했던 사람들을 보내는 집결지였다. 대부분의 초기 수감자들은 이른바 '정치인들'—공산주의자, 사회주의자, 진보주의자, 공화주의자, 히틀러의 폭정에 반대한 일반 독일인들, 그리고 나치 간부들에게 개인적으로 미움을 산 사람들—이었다.

따라서 나치 정권의 처음 5년 동안 강제 수용소에 수감되었던 사람들은 대부분 기독교도였다. 유대인은 독일의 반유대주의 정책이 시행되고 상대적으로 나중에 수감된 사람들이었다. 독일의 반유대주의는 다섯 단계로 발전했다. 각 단계마다 그것의 내적 동력에 힘입어 폭력의 강도가 심해졌다. 첫 번째 단계는 나치당이 권력을 잡은 1933년에 시작되었다. 이 단계에서는 유대인이 운영하는 상점을 습격하거나, 이따금 유대인을 대상으로 한 폭력 사건이 발생하거나, 유대인 사업에 대한 불매 운동이 벌어졌다. 두 번째 단계는 1935년 뉘른베르크법이 시행되면서 시작되었다. 세 번째 단계는 1939년에 유대인 2만 명이 대량으로 체포되면서 시작되었다. 조직적인 물리적 폭력과 강제 수용소 집단 구금으로 이어졌다.

1939년까지는 유대인이 독일 정부에 일정한 몸값을 지불하면 독일을 떠날 수 있었다. 그리고 그해까지 독일 유대인 60만 명 가운데 30만 명이 독일을 떠났다. 1939년에는 이주 비용이 각 유대인이 소유한 전 재산으로 높아졌다. 당시 나치 정치인들은 남은 유대인 30만 명을 인질로 삼아 전 세계의 유대인들에게 몸값으로 15억 마르크(약 9천7백억 원)를 요구할 작정이었다. 제네바에서 협상이 시작되었지만, 독일이 체코슬로바키아와 폴란드를 침입하면서 모든 대화가 중단되었다.

반유대주의의 네 번째 단계는 1940년에 시작되었다. 독일과 오스트리아의 모든 유대인이 폴란드에 특별히 건설된 게토로 강제 이주되어 그곳에서 질병과 배고픔으로 죽어 갔다.

마지막 다섯 번째 단계는, 이른바 '최종 해결'이라 불리는, 히틀러가 직접 수립한 조치이다. 1941년 러시아 침공 이후 강제 수용소의 목적이 강제 수용에서 유대인 몰살로 변했다. 살인이 독일인의 직업이 되었다. 히틀러가 생각한 '최종 해결'에는 유럽의 모든 유대인을 살해하는 것뿐만 아니라, 러시아인, 폴란드인, 루마니아인, 헝가리인, 유고슬라비아인 같은 '인간 이하의 기독교도'를 노예로 만드는 일과 계획적이고 잔인한 말살 계획에 따라 그들의 인구를 줄이는 것이 포함되어 있었다. 노예화는 그 나라들의 국민을 독일에 노예 노동자로 수출하는 것을 가능하게 했다. 그들을 죽이는 일은 아인자츠그루펜 (Einsatzgruppen)으로 알려진 특수 부대에 할당되었다.

신체 건강한 독일인 수백만 명이 논밭이나 공장에서 징병되어 러시아 국경의 전장으로 보내졌을 때, 기독교도 시민 수백만 명은 정복된 나라에서 독일로 보내져 노예 노동자로 일했다. 그들이 병들거나 허약해져 일을 할 수 없게 되면 새로운 유형의 강제 수용소에 보내져 '처리'되었다. 그런 노예 노동자들이 끊임없이 독일로 흘러들었다. 이렇게 5년 동안 흘러든 노예 노동자의 수가 750만 명이었다. 독일과 그 주변 영토에서 급격히 불어난 1천여 개의 수용소에서 러시아인, 프랑스인, 폴란드인, 벨기에인, 유고슬라비아인, 네덜란드인, 그 밖의 유럽인들 수백만 명이 배고픔과 질병과 고문으로 끔찍한 최후를 맞았다.

동유럽인 수십만 명이 독일에서 노예 노동자로 일한 후 기독교도 노예 노동자와 같은 방식으로 '처리'되었지만, 대부분의 동유럽인은 러시아 내 독일 거점 네 곳에 배치된 아인자츠그루펜에 의해 (인간성이 말살된 용어를 사용하면) '청산'되었다. 아인자츠그루펜은 일반적으로 장군 한 명과 특수 부대원 5백~9백 명으로 구성되었다. 그들의 임무는 독일 정규군 베르마흐트(Wehrmacht)의 뒤를 따르면서 기독교도, 유대인 할 것 없이 민간인을 한곳에 모아 총살하는 것이었다. 대부분의 특수 부대원들은 이 위험한 일에 자원한 나치 당원들이었다.

대량 학살의 절차는 다음과 같다. 유대인, 체코인, 폴란드인, 러시아인을 모은다. 인적이 드문 지역으로 행군하여 간 후, 땅에 구덩이나 참호를 파도록 한다. 그러고 나서 옷을 벗게 하고 참호 앞에 나란히 세운 후 기관총을 난사했다. 참호 바깥에 쓰러진 사람들은 죽었든 살았든 병사들이 삽 또는 불도저로 참호 안으로 밀어넣었다. 산 자와 죽은 자, 어른, 아이, 젖먹이 할 것 없이 모든 이의 위에 흙이 던져졌다. 아인자츠그루펜은 수백만 기독교도와 1백만 유대인을 살해한 장본인이다.

나치 핵심부는 아인자츠그루펜의 용기나 노고를 의심하지는 않았지만, 그들의 학살 방법에는 불만이 있었다. 그 방법이 비인간적이어서가 아니라, 너무 느리고 비용이 많이 든다는 이유 때문이었다. 그래서 그들은 나치 과학자들에게 도움을 청했고, 과학자들은 해결책을 제시했다. '유대적 가치'에 전혀 구애받지 않던 나치 과학자들은 이일에 자신들의 재능을 온전히 발휘할 수 있었다. 그들은 인간을 상대로 한 다양한 생체 실험을 했다. 혈관에 공기를 주입하고, 동맥을 끊고, 여러 가지 독을 시험했다. 그러나 이 방법들은 시간과 노력이 든다는 이유로 거부되었다. 재능이 실패한 곳에서 우연이 성공했다. 한 나치당원이 환희에 차 자신이 우연히 발견한 완벽한 대량 학살 방법을 상부에 보고했다. 처리해야 할 러시아 죄수 6백 명을 상대로 삼아 그는 '치클론 B'로 알려진 저렴하고 제조하기 쉬운 사이안화수소(청산) 가스를 실험했다. 불과 몇 분 만에 러시아인 6백 명이 모두 죽었다. 이로써 수백만 명을 재빨리 처리할 수 있는 효과적인 방법이 발견된 것이다.

반유대주의의 마지막 단계인 '최종 해결'의 전 과정이 오토 아돌프 아이히만이라는 호리호리한 체격에 올빼미 안경을 낀 남자에게 맡겨졌다. 석유 제품을 판매하던 그는 나치당 안에서 빠르게 승진하여 촌스러운 아내와 매력 넘치는 애인을 둔, 냉소적이고 허세 많고 아첨 잘하는 나치 친위대 중령이 되었다. 전쟁이 끝나고 15년 후에 이스라엘 요원에게 체포되었을 때 아이히만은 겸손하게 자신이 이룬 '성취에 대한 공'을 거부했다. 그러나 우리는 독일 군대가 의기양양하게 러시아로 침입해 들어간 그 '신나던' 시절에 그가 맡았던 임무의 무게를 과소평가해서는 안 된다.

나치 독일은 포로를 대량으로 학살하기 위해 오래된 강제 수용소들을 현대화해야 했다. 유대인 수십만 명을 한꺼번에 '처리'하기 위해 추가로 수용소들도 지어야 했다. 동유럽 전역에서 수백만 유대인을 수용 시설들로 이송할 수단도 찾아야 했다. 수용소들이 철도 간선에서 벗어난 곳에 있었기 때문에 새로운 철도 지선을 놓아야 했다. 특별 수용소 간수 부대를 모집하고 훈련시켜야 했을 뿐 아니라 기록도 남겨야 했다. 곧 독일 인구 상당수가 전쟁 현장에서 빠져나와 대량 학살 수용소를 계획하고, 건설하고, 운영하는 데 참여하게 된다. 러시아 전선에서 싸우던 장군들은 열차가 수용소에 들렀다 오느라 군인들이 입을 겨울 군복이 늦게 도착한다고 불평했고, 기업가들도 숙련된 노동력이 수용소 운영에 차출되는 것을 불평했다. 그러나 어느 것도 '최종 해결'을 막을 수는 없었다.

전차와 비행기를 만들 강철은 부족해도 시체를 처리할 화로 건설에 쓸 강철은 전혀 부족하지 않았다. 베를린의 제조 회사 디디어 베르케(Didier Werke)의 총무가 보낸 다음의 서신에서, 독일 기업가들이 자신들의 제품이 어떻게 사용될지 알고 있었다는 점을 알 수 있다.

시체를 화로에 넣을 때는 원통형 용기 위를 이동하는 철제 트레이를 사용하기 바랍니다. 관은 사용하지 않을 것이므로 각 화로에는 가로 24인치, 세로 18인치 크기의 오븐이 설치될 것입니다. 시체를 저장소에서 화로로 옮길 때에는 바퀴 달린 가벼운 수레를 사용할 것을 제안합니다. 이와 관련된 설계도를 첨부합니다.

독일 특유의 효율성을 반영하여 치클론 B 가스가 살포될 방들이 대형 샤워장 형태로 지어졌다. 강제 수용소에 도착한 유대인들은 샤워를 할 것이라고 전달받았다. 그리고 옷을 벗은 채 '샤워장'으로 한꺼번에 들어갔다. 종종 아이들은 어른들이 들어간 이후에 들어갔다. 가스실의 철문이 닫힌 후, 푸른 자수정 색의 치클론 B 결정체가 샤워기 노즐의 큰 구멍들을 통해 밀폐된 방 안으로 분사되었다. 그 결정체로부터 나오는 사인안화수소가 천장으로 올라가면서 방 안의 사람들을 서서히 질식시킨다. 헐떡거리며 구토를 하던 사람들이 점차 밝은 분홍색으로 변하더니 피부에 초록색 반점이 생기고 경련을 일으키다 끝내 시체가 되었다. 벽과 천장에 구멍을 내고 유리 보호막을 설치해, 벌거벗은 남녀들이 고통스럽게 몸을 비틀며 질식하는 과정을 나치 관료들이 구경할 수 있게 했다. 관전 구멍을 통해 나치 관료들은 하루에 몇 번씩 넋을 잃고 그 광경을 구경했다.

새 산업은 새로운 기술을 발전시킨다. 강제 수용소 산업도 예외가 아니었다. 능숙한 특수 분견대는 갈퀴가 달린 고리를 이용해 시체를 분리하는 법을 익혔다. 훈련된 기술자들은 죽은 시체를 헤집어 금니를 능숙히 뽑아내는 법을 익혔다. 솜씨 좋은 이발사들은 죽은 여자들의 머리카락을 능숙하게 잘라냈다. 이 새로운 기술자들은 일 주일에 6일을 강제 수용소에서 일했다. 일요일에는 쉬었는데 그들은 아내와 아이들과 함께 교회에 갔다. 예배가 끝난 후 그들은 러시아인이 독일 군인들을 죽이고 있는 동부 전선의 참상에 관하여 이야기했고, 민간인에게 폭탄을 떨어뜨리는 미국의 야만성을 지적했다.

아우슈비츠 강제 수용소에 이런 목적으로 고용된 독일인이 약 7천 명에 달했다. 금 17톤이 시체에서 회수되었다. 시체에서 얻은 머리카락은 옷감과 매트리스 제작에 사용되었다. 시체를 태운 뒤에 남은 재는 '독일의 승리 정원'에 뿌려질 비료가 되었다. "멘스 사나 인 코르포레 사노(Mens sana in corpore sano)."라는 말이 있다. 건강한 몸에 건전한 마음이 깃든다는 뜻이다. 시체에서 얻은 지방산은 싸구려 비누를 만드는 데 사용되었다. 발트해 연안의 단치히(Danzig)에 있던 한 회사는 이 비누의 성분을 공공연히 자랑했다. "이 비누는 5.5킬로그램의 인간 지방에, 11리터의 물, 230~450그램의 수산화나트륨을 섞어 약 2~3시간을 끓인 후 냉각한 것입니다."

왜 유대인들은 저항하지 않았을까? 그 답은 일부 심리학자나 사회학자들이 제안한 것처럼 그렇게 복잡하지 않다. 그들은 유대인의 '평화주의'가 유대인의 죽음 본능, 집단적 죄책감 콤플렉스, 강박적 자기증오, 자기 처벌 욕구 같은 다양한 요인의 복합 작용 때문이라고 설명한다. 그러나 이런 대답은 당시 유대인의 딜레마를 설명하기보다는 그렇게 답한 학자들의 내적 상태를 더 잘 보여준다.

사실은 다음과 같다. 유대인은 마치 다른 세상 사람들처럼 '최종 해결'의 존재를 전혀 알지 못했다. 나치당은 '최종 해결'을 철저히 비밀에 부쳤다. 그 경악스러운 사실이 조금씩 알려지기 시작했을 때, 유대인은 그렇게 비인간적인 계획이 가능할 것이라고 생각하지 못했다. 유대인이 '죽음의 수용소'에 관한 소문이 사실임을 깨닫기 시작한 것은 1943년 들어서였다. 그러나 효과적인 저항을 하기에는 이미 늦었다. 유대 공동체들은 무너졌고, 유대인 사이의 소통의 끈도 끊어졌으며, 유대 지도자들도 모두 피살된 상태였다. 당시 유대인은 바탄 전투에서 패한 후의 미군들처럼 어떤 저항도 할 수 없었다. 일본군의 포로가 된 미군들이 죽음으로 가는 마지막 행군에 대해 알게 되었을 때, 그들이 할 수 있는 것은 아무것도 없었다.* 그들은 그저 행군하다가 기관총에 맞아 길가에 쓰러져 죽는 일밖에 할 수 없었다. 유대인 역시 저항하지 못하고 죽음의 행군 길을 걷다가 쓰러져 죽은 것이다. 그러나 결국은 생존을 향한 의지가 승리했다. 그리고 미군과 유대인 모두 그들의 적이 패배해 사라지는 것을 보았다.

그럼 왜 유대인은 몰살되기 전에 한두 명의 나치도 죽이지 못했을까? 처음에는 그렇게 했으나 오래가지는 못했다. 나치는 너무나 교활했다. 그들은 유대인이 자녀를 얼마나 사랑하는지 잘 알고 있었다. 뉘른베르크 재판과 아이히만 재판에서 분명해진 것처럼, 유대인이 반란의 기미를 보이는 순간 나치는 그들이 아니라 그들의 자녀를 고문했다. 부모가 보는 앞에서 갓난아이의 사지를 찢었다. 아이의 머리를 나무에 내친 후 피투성이인 아이를 어머니에게 건네주었다. 형제자매가 지켜보는 가운데 십 대 소녀를 강간한 후 총검으로 찔렀다. 그런데 놀라운 점은 유대인의 사기보다 독일인의 사기가 더 낮았다는 것이다. 독일인 심리학자들과 사회학자들을 부끄럽게 만드는 사실은 강제 수용소 내의 유대인 자살률이 강제 수용소 밖의 독일인 자살률보다 낮았다는 것이다. 유대 공동체, 소통 수단, 지도자가 유지되었던 일부 지역의 유대인은 독일인에 반란하고 맞서 싸웠다.

반란 가운데 가장 극적인 것은 1943년 바르샤바 게토에서 일어난 반란이다. 바르샤바는 동유럽에서 이송된 유대인들을 모아놓은 장소였다. 예루살렘 포위 당시 로마인들이 그 도시 주변에 벽을 쌓았던 것처럼, 독일인들도 바르샤바 게토 주변에 벽을 쌓아 그곳을 완

---

* '죽음의 바탄 행진'으로 불리는 이 사건은, 1942년 태평양 전쟁 초기 필리핀 바탄(Bataan) 반도에서 일본군이 포로가 된 미군과 필리핀군 7만 명을 물 한 모금조차 주지 않은 채 9일간 1백 킬로미터가 넘는 밀림 속을 강제 행군시킨 사건이다. 포로들은 30도가 넘는 폭염 속에서 굶주림과 말라리아 같은 전염병에 시달렸고, 낙오된 포로들은 일본군의 총검에 잔인하게 살해되었다. 결국 전쟁 포로 1만여 명이 행진 도중에 사망해, 처음 7만여 명이던 포로 중 5만 4천 명만이 수용소에 도착했다.(역주)

전히 봉쇄했다. 5만 명을 수용할 수 있는 마을에 갇힌 유대인은 45만 명이었다. 이곳에서 그들은 트레블링카(Treblinka), 벨젠, 마이다네크(Majdanek), 아우슈비츠의 가스실로 이송되기 전까지 집단 '저장'되었다.

1943년 첫 번째 무장 저항이 발생했던 운명의 날 바르샤바 게토에 남아 있던 유대인은 4만 명에 불과했다. 그중 7천 명만이 무기를 들고 싸울 수 있었다. 기지를 발휘하거나 뇌물을 주어서, 그것도 아니면 습격을 해서 얻은 무기로 유대인들은 작은 무기고를 구축했다. 그 무기고에는 제1차 세계대전에 사용된 소총, 기관총, 한 무더기의 화염병이 있었다. 이 유대인 봉기는, 대원 8백 명으로 구성된 네 소대의 독일 돌격대가 공장에서 일할 일꾼을 데려간다는 핑계 — 그들의 진짜 의도는 한 무리의 유대인을 강제 수용소로 데려가기 위한 것이었다. — 로 유대인 마을에 진입했을 때 발생했다. 돌격대원들을 맞이한 것은 유대인의 탄원이 아니라 탄환이었다. 검은 군화를 신은 놀란 나치 친위대 대원들이 총알을 피해 황급히 몸을 숨겼다. 전투는 사흘 동안 계속되었다. 결국 퇴각한 쪽은 유대인이 아니라 나치 군인들이었다.

나치당은 친위대의 퇴각에 격노했지만 무척 신중하게 행동했다. 게토 유대인들의 반란을 진압하는 작전은 위르겐 슈트로프(Jürgen Stroop) 장군의 손에 맡겨졌다. 바르샤바로 급히 소환된 그는 포병 소대가 포함된 특수 전투 부대를 지휘하게 되었다.

유대인들은 열심히 독일군의 반격에 대비했다. 음식 저장소를 벙커로 바꾸고, 길에 지뢰를 설치하고, 지하 하수구로 통하는 복잡한 연결 통로들을 만들었다. 그들은 최대 일 주일까지 버틸 수 있을 것으로 예상했다. 독일의 선전장관인 요제프 괴벨스(Joseph Goebbels)도 비슷하게 예상했던 것 같다. 다음은 그의 일기장에 기록되어 있는 내용이다. "유대인들은 게토를 방어 요새로 바꾸는 데 성공했다. 엄청난 교전이 그곳에서 진행 중이다. 심지어 유대인 최고 사령 본부가 매일 공식 성명을 발표한다. 물론 이런 재미는 오래가지 못할 것이다."[2] 그러나 유대인과 괴벨스 모두 틀렸다. 유대인들은 6주 동안이나 저항했다.

슈트로프 장군은 치밀한 계획을 세운 후 3월에 반격을 개시했다. 안전한 거리에 진을 친 그의 포병 소대가 게토에 포탄을 쏟아부었다. 구획마다 떨어지는 포탄은 건물들을 부수었고, 유대인 방어군은 지하실이나 하수구로 몸을 피하는 수밖에 없었다. 그다음에 검은색 군복을 입은 나치 친위대원들이 자동 소총과 기관총, 박격포와 전차를 앞세워 공격해 들어왔다. 소총과 몇 자루의 기관총, 수류탄, 그리고 화염병으로 무장한 유대인들은 나치의 공격을 성공적으로 막아냈고, 천천히 그들을 후퇴시켰다. 유대인 청년들은 불붙은 화염병을 독일군 전차에 던지면서 장렬히 전사했고, 유대인 유격병들이 불붙은 전차에서 빠져나오려는 나치 친위대원들을 정조준하여 사격했다.

게토에 포병 소대의 폭격이 재개되었다. 포탄의 폭발음, 무너지는 건물, 여기저기 일어나는 화염 기둥들이 게토를 지옥으로 바꾸었다. 다급해진 유대인들은 폴란드 정부에 도움을 요청했으나 허사였다. 폴란드는 독일이 자신들의 '유대인 문제'를 대신 풀어주기를 희망했다. 폴란드는 역사가 그들을 위해 준비한 깜짝 사건에 대해 전혀 알지 못했다. 1944년 7월 폴란드 지상군이 독일을 상대로 봉기를 일으켰을 때, 폴란드는 러시아에 도움을 요청했다. 그러나 폴란드가 유대인의 요청을 거부했던 것처럼 러시아도 폴란드인의 요청을 거부했다. 잘 무장된 폴란드 지상군 15만 명이 괴멸되었다. 독일은 러시아의 '폴란드 문제'를 러시아 대신 해결해주었다.

로마에 저항한 예루살렘의 끝이 뻔했던 것처럼, 독일과 게토 유대인의 싸움도 결과가 뻔한 것이었다. 질병, 배고픔, 포병대의 집중 포화에 사상자 수가 늘어나면서 유대인들은 크게 타격을 입었다. 싸울 수 있는 사람이 아무도 남지 않았고, 방어선은 무너졌다. 한 줌의 후줄근한 유대인 유격대원이 지키는 바르샤바 게토를 정복하는 데 독일군이 쏟아부은 포탄의 양이 1939년 폴란드 정규군이 지키던 바르샤바를 함락할 때 독일군이 사용한 것보다 더 많은 것으로 추산된다. 위르겐 슈트로프 장군이 75쪽에 달하는 전투 보고서를 베를린의 '총통'에게 보냈을 때, 그를 자랑스럽게 여긴 히틀러는 슈트로프에게 철십자 훈장을 수여해 그의 할스슈메르첸(Halsschmerzen)*을 달래주었다. 독일 육군 최고 사령부의 작전 사령관이었던 알프레트 요들(Alfred Jodl) 장군은 뉘른베르크 재판에서 이 보고서가 낭독되는 것을 듣고서 자신을 제어하지 못하고 "저 더럽고 오만한 나치 돼지!"라고 소리치며 이렇게 말했다. "잘 무장한 적의 정규군과 치른 주요 전투도 몇 장의 보고서로 충분한데, 형편 없는 살인 작전을 두고 75쪽

---

* 직역하면 '뒷목의 통증'이다. 이것은 독일 병사들이 철십자 훈장을 향한 장군들의 노력을 조롱하기 위해 사용한 말이다. 그들은 병사들의 목숨을 담보로 한 군사적 도박을 하면서도 그 '뒷목의 통증'을 위로해줄 훈장을 추구했다. 장군들이 철십자 훈장을 받는다는 것은 그들의 '뒷목의 통증'이 위로받는다는 뜻이다.

의 자랑으로 가득 찬 보고서를 쓰다니…… 돼지 같은 놈!"[3]

그러나 세계는 바르샤바 봉기에 거의 관심이 없었다. 세계는 두 전선에서 치러지는 세계대전에 관해 매일같이 쏟아지는 성명서를 읽기에도 바빴던 것이다. 그러나 아돌프 아이히만은 이 봉기에 주목했다. 그는 그 소식을 들은 독일 전역이 두려움에 떨었다고 일기를 남겼다. 심지어 괴벨스도 자신의 일기에 "그 사건은 유대인 손에 무기가 들어가면 어떤 일이 벌어지는지를 잘 보여준다."라고 걱정스럽게 적고 있다.[4] 강제 수용소에 있던 유대인, 미국에 있던 유대인, 러시아에 있던 유대인, 팔레스타인에 있던 유대인까지 그 소식에 주목했다.

바르샤바 유대인 봉기의 후속 조치로 독일에서는 대규모 유대인 수용소를 모두 철폐하라는 명령이 내려졌다. 하지만 유대인 박멸 계획은 비극의 결말을 향해 계속 진행되었다. 독일 군대가 러시아와 프랑스에서 후퇴하는 와중에도 인간 화물을 실은 죽음의 열차는 계속해서 독일의 가스실로 달려갔으며, 굴뚝은 계속해서 시체에서 나온 따뜻한 잿가루로 된 연기를 내뿜어 독일의 시골 하늘을 '제과점(독일인들이 화장터를 냉소적으로 부르던 말)'의 역하고 고소한 냄새로 채웠다. 연합군이 독일 국경을 넘어서자 그제야 독일은 강제 수용소 운영에 관련된 모든 흔적을 없애기 위해 미친 듯이 재빨리 움직이기 시작했다. 그러나 연합군이 무척이나 신속하게 진군했기 때문에 세계가 믿지 않으려 했던 것들이 만천하에 고스란히 드러났다.

유대인 3백만 명이 이 죽음의 수용소에서 사망했다. 일부 서유럽 유대인을 제외하면 대부분은 동유럽에서 온 유대인이었다. 프랑스, 벨기에, 네덜란드, 이탈리아는 자랑스럽게도 유대인을 추방하라는 나치 독일의 요구에 응하지 않았다. 교황은 독일의 잔혹한 행위를 규탄했으며, 이탈리아 국민에게 유대인을 넘기라는 독일의 요구를 거절하라고 촉구했다.

핀란드와 스칸디나비아의 세 국가는 세계로부터 기립 박수를 받을 자격이 있다. 독일과 내통한 비드쿤 크비슬링(Vidkun Quisling) 정권 아래에서도 노르웨이인들은 자기 나라의 유대인들을 스웨덴으로 피난시켰다. 덴마크에서는 나치당이 유대인에게 달도록 명령한 노란 '다윗의 별' 배지를 국왕이 달고 공개 석상에 나타났다. 또한 덴마크인들은 자국의 유대인들을 스웨덴행 어선으로 데려다주는 학생들의 '지하' 단체와 보이스카우트의 계획에 동참했다. 이때 스웨덴은 참된 그리스도의 정신으로 모든 유대인 피난민을 환영해주었다. 핀란드는 비록 러시아와 치른 전쟁에서 독일과 손을 잡았지만, 당시 핀란드의 육군 원수였던 카를 구스타브 만네르헤임(Karl Gustav Mannerheim)은 1천7백 명의 핀란드 유대인 중 한 명이라도 체포된다면 핀란드는 독일과 결성한 연합을 깨고 전쟁을 할 것이라고 경고했다. 그는 핀란드 시민 한 명이라도 살해당하는 것을 참지 않겠다고 말했다. 그리고 나치와 핀란드 연합 부대에 배치된 모든 유대인 군인을 본국으로 불러들였다.

그러나 동유럽의 상황은 전혀 달랐다. 폴란드의 행위가 가장 부끄럽다. 폴란드는 항의 한 번 하지 못하고 자국의 유대인 330만 명 중 280만 명을 독일에 넘겨주었다. 불쌍한 폴란드인들은 독일이 유대인보다 자신들을 더 경멸한다는 사실을 곧 알게 되었다. 독일인은 소를 도살하듯 폴란드인 150만 명을 학살했다. 루마니아와 헝가리에서도 마찬가지로 상황이 암울했다. 이 두 나라에 거주하던 유대인의 절반이 살해당했다. 나머지 절반은 소련군의 도움으로 간신히 목숨을 건졌다.

러시아 유대인의 운명은 다소 혼란스러웠다. 동유럽 국경 근처 국가에서 러시아로 도망쳐 온 수십만 유대인 난민을 러시아 유대인과 어떻게 구분할 수 있을까? 독일이 러시아를 침략했을 때, 독일군은 유대인 난민과 러시아 유대인을 러시아 게릴라들과 함께 한곳에 모아 아인자츠그루펜의 손에 넘겨 사살하거나 죽음의 수용소로 보냈다. 그러나 러시아 국민이나 정부는 한 번도 유대인을 독일에 넘겨준 적이 없다.

역사는 유고슬라비아, 그리스, 불가리아의 영웅적 행동에 주목해야 한다. 그들은 인간 존엄의 원리를 안전과 편의보다 더 중요하게 생각했다. 특히 유고슬라비아에 대한 나치의 보복은 유고슬라비아의 영웅적 행동에 앙심을 품고 저지른 것이었다. 나치는 전체 인구 약 10분의 1에 해당하는 유고슬라비아인 138만 명을 죽였다. 한 번도 반유대주의를 채택한 적이 없었던 그리스는 나치에 격렬하게 저항했다. 독일이 유대인을 숨겨주는 자들을 죽이겠다고 선포했을 때, 나치의 최고 '반동분자'였던 불가리아 왕 보리스 3세(Boris III)는 자국의 유대인들에게 불가리아 시민권을 부여하는 문서에 서명했다. 불가리아 사람들도 유대인을 기다리던 끔찍한 운명을 알게 되었을 때 대규모 반대 집회를 열었다. 교회도 함께 항의했다. 그러자 불가리아에서 더는 죽음의 기차가 떠나지 않게 되었다. 1944년 9월 독일인들은 불가리아에서 쫓겨났다.

제2차 세계대전도 막바지로 치닫고 있었다. 1945년 봄, 러시아는 독일군 1천2백만 명을 몰아가며 독일 국경을 건넜다. 서부 전선에서는 연합군이 라인강을 건너 독일로 진입했다. 독일의 도시들이 불타올랐으며, 히틀러는 총으로 자살했다. 독일인은 평화를 갈구했다. 자신들의 산속 요새에서 마지막 한 사람까지 싸우겠다고 세상을 향하여 큰소리치던 나치당은 저항다운 저항도 시도하지 않았다. 그들의 저항은 "동지, 쏘지 마시오."라는 말로 요약할 수 있다. 독일 정규군의 뒤를 따랐던 두려움을 모르는 아인자츠그루펜이 이제 퇴각을 선도했다. 독일 정규군은 항복할 때 군복을 입는 자존심을 보였지만, 나치의 친위대는 군복을 벗어 지하실과 논밭과 도랑에 던져버린 후 평화로운 농부의 '보호색' 옷으로 갈아입었다. 나치 친위대원들은 항복한 것이 아니라 탈영했다.

연합군에게 전범으로 낙인찍힌 대부분의 나치 당원들이 결국은 색출되어 재판에 넘겨졌다. 모든 나치 당원이 무죄를 주장했다. 모두가 죽어서도 충성하겠다고 맹세했던 그들의 지도자를 배반했다. 모두가 그를 최고의 살인마이고 원수라고 비난했다. 그리고 살인 명령을 수행한 것이 곧 살인죄를 저지른 것은 아니라고 주장하듯 자신들은 명령에 순종한 어린 '양'에 불과하다고 말했다. 어떤 이는 목숨을 구걸했고, 어떤 이는 자살했다. 떳떳하게 사형장으로 걸어간 사람은 거의 없었다. 히틀러는 자신을 암살하려 한 자들에게 선포한 형벌이 얼마나 적절한 것이었는지 알지 못했다. 1945년 7월 20일 나치 당원들은 히틀러를 암살하려던 자들처럼 옷이 벗겨지고 벽에 박힌 쇠갈고리에 고정된 피아노 줄로 교수형을 당했다. 그들의 시체는 정육점의 고깃

덩어리처럼 덩그러니 매달렸다.

제2차 세계대전은 인류 역사에서 가장 큰 규모의 대량 학살 전쟁이다. 한 번도 그렇게 짧은 시간에, 그렇게 많은 사람이 죽어간 적은 없으며, 그렇게 많은 비용을 쏟아부은 적도 없다. 전쟁이 끝나자 세계는 히틀러와 반유대주의 때문에 지불해야 했던 비용을 계산할 수 있었다. 6년의 전쟁 동안 젊은이 1천7백만 명이 전쟁터에서 죽었다. 민간인 1천8백만 명이 전쟁의 직접적 영향으로 사망했다. 그리고 1천2백만 명이 나치에게 살해되었다. 1933년에 의기양양하게 그들의 '지도자'를 '만세'라는 구호를 외치며 환영했던 독일인들이 이제는 눈물로 희생자들의 수를 헤아렸다. 전사자 325만 명, 민간인 희생자 335만 명, 부상자 약 5백만 명이 발생했다. 2천만 채 건물 중 7백만 채가 완전히 파괴되거나 심하게 부서졌다. 1차 세계대전 직후 가난해졌다며 미국과 영국에 끊임없이 돈을 구걸했던 독일은 6년 동안 전쟁으로 272만 달러를 썼다. 독일 국민들이 히틀러 때문에 지불한 대가는 결코 가볍지 않았다.

유대 역사의 수치의 장이 이제 끝났다. 유대인은 자신들의 역사에서 이 시기를 어떻게 느낄까? 그들의 감정은 대개 다음과 같이 간단히 요약할 수 있다. 나치에게는 인간을 짐승보다 못한 존재로 취급한 것에 대한 경멸을, 독일인에게는 그들을 감염시킨 암에 맞서 싸울 용기를 내지 못한 것에 대한 연민을, 세계에는 자기 생명이 위태로워지기 전에는 보편적 인간 존엄(타인의 존엄)을 위해 싸우지 못한 것에 대한 자책감을 느낀다. 그러나 유대인에 대한 이런 엄청난 배신에도 교훈은 있다. 나치당에 아첨했던 사람들은 유대인뿐 아니라 자국민도 배신했다. 결국, 나치당의 일원으로 가장 많이 협력했던 사람들이 대개 나치당의 희생양이 되었다.

전쟁이 끝나자, 전쟁 희생자들을 기리기 위해 유럽, 미국, 이스라엘을 포함한 전 세계에 홀로코스트 박물관이 세워졌다. 그러나 우리가 이 역사를 더 넓은 맥락에서 바라보지 않으면 나치 독일 아래에서 유대인 역사는 의미 없는 학살 에피소드에 불과할 것이다. 우리가 이 수백만의 희생자를 영예롭게 묻고, 그들의 존엄성을 지켜주고, 그들의 희생에 의미를 부여하지 않으면 미래 세대는 그들을 '역사의 도살장'으로 끌려간 많은 희생양 중 하나로 여길 것이다. 마치 훈족의 아틸라 왕에게 살해되고 잊혀진 수백만 명처럼 말이다. 우리는 나치즘이 단순한 반유대주의적 운동이 아니라, 반인륜적 범죄임을 인식해야 한다. 인종적 우월성에 대한 나치의 믿음은 전혀 사실에 근거하지 않았기 때문에, 나치즘은 끊임없이 움직이는 현재에 과거나 미래도 없이 펼쳐지는 악몽과 같았다. 나치의 견해에 따르면 아리안계 독일인만 살아갈 자격이 있기 때문에, 그들이 옳다면 나머지 사람들은 다 절멸되어야 할 것이다. 무서운 사실은 러시아가 폴란드의 강제 수용소를 점령했을 때, 그곳에서 2천만 명을 죽일 수 있는 양의 치클론 B 결정체를 발견했다는 것이다. 당시 유럽에 남아 있던 유대인은 3백만 명이 채 되지 않았다. 나치가 생각했던 대량 학살은 유대인 1명에 기독교도 1.4명이 아니라, 유대인 1명에 기독교도 5.3명이었던 것이다. 나치의 계획은 해마다 비독일인 1천만 명을 죽이는 것이었다고 한다.

세계는 한때 가스실이나 죽음의 수용소의 존재를 믿지 않았던 것처럼 이 사실도 잘 믿으려 하지 않을 것이다. 나머지 서유럽 국가들은 그런 반인륜적인 생각을 상상조차 할 수 없다. 왜냐하면 서유럽의 정신은 유대-기독교 휴머니즘과 그것의 정신적 가치에 여전히 영향 받고 있기 때문이다. 반면 독일에서는 나치즘이 이런 영향을 모두 없애버렸다. 만약 어떤 기독교인 독자가 독일에서 발생한 일을 그저 유대인 몇백만 명과 관련된 사건으로 이해한다면, 나치에 살해당한 7백만 명 기독교인을 멸시한 것일 뿐 아니라 자신의 기독교적 유산도 배반하는 것이다. 그리고 만약 이 책을 읽는 유대인 독자가 나치가 살해한 기독교인 7백만 명을 잊는다면, 그 역시 5백만 유대인의 죽음을 헛되이 한 것일 뿐 아니라 사랑과 정의라는 유대인의 유산을 배반하는 것이다. 나치의 반유대주의를 올바로 이해하는 것은 더는 유대인의 생존 문제가 아니다. 인류의 생존과 연결되어 있다.

나치의 '막다른 골목'에서 빠져나온 유대 역사는 다시 세력을 결집해 이전에 선포된 목적, 즉 새로운 유대 국가를 만드는 일로 전진하기 시작했다. 이 발걸음의 동력은 하스칼라와 서유럽의 계몽주의 운동에 기원을 둔 시온주의이다. 그러므로 우리는 유대 지도자들이 유대인 생존을 위한 계획으로 발전시킨 시온주의의 사상적 근본 줄기를 찾기 위해 19세기 유럽으로 다시 돌아가야 한다.

29장

현대 시온주의 운동과
이스라엘의 탄생

1948년 5월 15일은 유엔(국제연합)에는 일진이 좋지 않은 날이었다. 그날 아랍의 다섯 나라—이집트*, 요르단, 이라크, 시리아, 레바논—가 이스라엘을 침략했다. 그들은 전날 자랑스럽게 독립을 선포한 신생 국가 이스라엘을 전멸시키겠다는 의도를 공공연히 드러냈다. 물론 유엔이 할 수 있는 것은 아무것도 없었다. 무기력한 유엔은 그저 눈을 감는 것으로 피할 수 없는 운명에 대비했다. 불쌍한 유대인들! 그들은 다시 비극을 만난 것이다. 그러나 어쩌겠는가? 그것이 그들의 운명인 것을!

그러나 몇 주 지나자 유대인의 승리를 전하는 듯한 '불길한' 총성

---

* 엄밀히 말해, 이집트는 아랍 국가가 아니다. 하지만 인구의 90퍼센트가 이슬람을 믿는다. 오늘날 이집트인 대다수는 함족의 후손이며, 아랍인인 베두인족은 가장 큰 소수 민족 집단을 형성한다. 소수 민족인 콥트인만이 고대 이집트인의 진정한 후손이다.

이 들려왔다. 놀란 유엔이 눈을 뜨자, 전쟁터에서 도망치는 아랍인들이 보였다. 신속하게 행동하기 위한 조치들이 간구되었다. 유엔 특별 총회가 열렸고 조정관 폴케 베르나도테(Folke Bernadotte)가 평화 협상을 중재하기 위해 이스라엘로 급히 파견되었다. 유대인들은 카이로까지 점령할 기세였다.

역사의 다락방에서 유대인들이 꺼내 든 것은 다윗의 방패와 바르 코크바의 철갑이었다. 유대인은 2천 년 만에 다시 한번 히브리어로 명령하는 유대인 장군의 지휘에 따라 전쟁에 임했다. 온순한 민족이라는 유대인을 향한 서유럽의 고정 관념이 부서졌다. 무슨 일이 일어났는가?

정말로 무슨 일이 일어난 것일까? 유대인에게는 바르 코크바가 로마에 맞서 제3차 유대 전쟁을 이끈 135년 이래 자신들의 군대가 없었다. 지금 카이로로 진군하는 유대인 군대는 어디에서 나타난 것일까? 6세기 이후 유대인들은 팔레스타인 땅에서 소수 민족으로 살아왔다. 그런데 지금 그들은 재빠르게 팔레스타인 지역의 지배적 다수가 되고 있다. 1900년까지만 해도 팔레스타인은 버려진 돌과 선인장밖에 없는 사막이었다. 그러나 지금은 현대적 농업 국가이자 산업 국가이다. 사막은 비옥한 밭으로 일구어졌고, 아름다운 도시가 세워졌다. 이런 변화를 불러온 과학 영농가들, 산업 역군들, 행정과 전문 관료들은 도대체 어디에서 온 것인가? 어떻게 하루아침에 팔레스타인 땅에 의회, 대법원, 독립적 사법부를 갖춘 현대 민주 국가가 세워진 걸까? 세계는 숱한 혁명을 보아 왔지만 일찍이 이런 혁명은 본 적이 없었다.

일반 상식과 반대로 혁명은 억압당한 대중이 시작하는 것이 아니며 하루아침에 발생하는 것도 아니다. 혁명은 부르주아 혹은 귀족 출신 지식인들에게서 발발한다. 또한 혁명은 오랜 잠복기—보통 반세기 정도—를 거친 후에 전염성 있는 사상이 반란이라는 반점들로 드러나는 것이다.

혁명이 성공해 그 목적을 이루려면 세 단계의 잠복기를 거쳐야 한다. 각 단계는 우리가 '지식인', '정치가', '관료'로 부를 전문가 집단의 주도로 전개된다. 먼저 지식인이 기존 제도에 문제를 제기하여 그것의 비효율성을 밝히고, 새로운 사회의 청사진을 제시한다. 프랑스혁명 뒤에는 볼테르, 루소, 몽테스키외(Montesquieu), 콩도르세 같은 지식인들이 있었다. 미국 혁명의 씨앗이 된 사상은 네 명의 영국 철학자—로크, 홉스, 베이컨, 버크—에게서 나왔다. 러시아 혁명의 사상적 아버지는 마르크스와 엥겔스(Friedrich Engels)였다. 이 지식인들은 노동자나 농부의 후손이 아니었다. 그들은 부르주아와 귀족의 자제였다.

지식인의 사상은 다른 사람의 마음에서 서서히 싹을 틔워 정치가를 탄생시킨다. 정치가의 역할은 새로운 복음을 대중에게 전하고, 대중을 무장 봉기 세력으로 조직화하여 새 국가를 세우는 것이다. 일반적으로 이 정치가들은 '다혈질'이다. 그들은 언제나 일을 만들어 안정된 정부 건설을 방해한다. 프랑스, 미국, 러시아의 정치가들—프랑스에서는 로베스피에르, 당통, 마라, 미국에서는 애덤스(John Adams), 제퍼슨, 해밀턴(Alexander Hamilton), 매디슨(James Madison), 프랭클린, 러시아에서는 레닌, 트로츠키, 스탈린*—은 자신들에게 영감을 준 선각자의 혁명 사상을 부여잡아 혁명을 부추겼다.(프랑스, 미국,

러시아의 정치가들 가운데 노동자나 농민 출신이 없다는 것은 우연일 것이다.)

정치가들의 뒤를 이어 혁명을 성공적으로 완수할 사람은 관료들이다. 이들의 임무는 국가 내부의 안정을 회복하고 새로운 급진 사상을 제도화하여 정상적 삶의 방식으로 자리 잡게 하는 것이다. 나폴레옹 이후의 프랑스 역사는 매우 복잡하여 한 문장으로 요약할 수 없지만, 나폴레옹이 성문화한 혁명 사상은 프랑스인의 마음에 강하게 아로새겨져 혼란의 한 세기가 지난 후에도 여전히 프랑스인의 마음에 살아 있었다. 미국에서는 독립 혁명 이후 50년이 흐르자, 1776년의 혁명 원칙들이 국민 의식 속에 강하게 뿌리내려 '화합의 시대(Era of Good Feelings)'가 여러 인종으로 이루어진 미국의 이질적인 요소들을 잘 융합할 수 있었다. 러시아에서도 1917년 혁명 이후 30년이 지나자, 관료제가 확실히 안착되어 소련 서기장은 권력 찬탈에 대한 두려움 없이 다른 나라에 갈 수 있었다.

이스라엘 전쟁도 혁명—시온주의 혁명—의 한 증상이었다. 시온주의 혁명은 하나의 독특한 차이를 제외하고 전형적인 혁명 패턴을 따랐다. 그 차이는 시온주의 혁명에 네 번째 전문가 집단인 '선동가들'이 필수적이었다는 것이다. "달걀을 깨지 않고는 오믈렛을 만들

---

* 스탈린은 '정치가' 혹은 '관료'로 분류할 수 있다. 왜냐하면 그는 혁명 과정에서 그 두 단계의 중간에 있었기 때문이다. 그는 러시아 혁명을 일으킨 세 주역 중 한 명이었지만, 제도적 관료화를 시작한 장본인이기도 하다. 그는 숱한 숙청을 감행하여 그 신생 국가를 끝없는 혼란 속으로 밀어넣었다. 스탈린의 개인적 배경에도 비슷한 경향이 보인다. 그는 화이트칼라와 노동자 계급 중간에 선 인물이다. 그의 아버지는 가난한 구두 수선공이었지만, 스탈린은 성직자가 되기 위해 신학을 공부했다. 물론 그의 혁명적 성향 때문에 신학교에서 퇴학당했다.

수 없다."라는 로베스피에르의 격언에 우리는 다음의 격언을 추가해야 한다. "혁명은 사람 없이는 이루어지지 않는다." 시온주의자들은 팔레스타인에 나라를 건설할 만큼 충분한 수의 유대인이 거주하지 않음을 잘 알고 있었다. 시온주의 선동가들의 역사적 사명은 새 유대 국가를 세우는 데 필요한 '부속'들을 모으기 위해 디아스포라 유대인들을 팔레스타인으로 이주시키는 것이었다.

프랑스, 미국, 러시아의 혁명처럼 시온주의 혁명도 지식인들의 작업으로 시작되었다. 하스칼라 운동가들이 그 일을 했는데, 그들은 유대인의 현재 상태를 비판하고 새로운 국가의 이상적 청사진을 제시했다. 그리고 선동가들의 작업이 시작되었다. 그들은 유럽 이민자의 물결이 팔레스타인으로 흐르도록 노력했다. 그다음, 정치가들이 개입하여 시온주의의 새 복음을 유대인들 사이에 전파했다. 그들이 새 이스라엘을 건설한 후에는 역사적 선례를 따라 전문 관료 집단이 전면에 나섰다.

실은 '시온주의'라는 말은 기존의 신학에 붙여진 새 이름에 불과하다. 그 의미는 '시온으로의 복귀'*, 즉 예루살렘으로의 복귀이다. 이 복귀 사상은 디아스포라 유대교의 초기 시기부터 유대인들의 마음속에 새겨진 것이다. 유대인들은 팔레스타인에 대한 소유권을 잃어버렸지만 언젠가 시온을 수도로 삼아 한 나라를 이루겠다는 소망은 한 번도 버린 적이 없었다. 현대 시온주의는 과거 시온주의의 열망과 한 가지 면에서 다르다. 현대 시온주의가 생기기 전에 유대인은 언제나 메

---

* 시온은 예루살렘에 있던 여부스족의 요새 이름이었다. 다윗 왕이 '시온'을 함락하고 예루살렘의 상징으로 만들었다.

시아가 그들을 약속의 땅으로 인도할 것이라고 믿었다. 시온주의자들은 그 책임을 메시아의 어깨에서 유대인들의 어깨로 옮겨버렸다. 책임을 짊어진 시온주의자들은 유대인의 미래 고향인 '시온'을 재평가했다. 135년에 바르 코크바가 이끈 혁명이 실패한 이후부터 팔레스타인에서는 어떤 일이 있었는가?

2세기 하드리아누스 황제 때부터 20세기 이스라엘의 정치가 다비드 벤구리온(David Ben-Gurion) 때까지 팔레스타인의 역사는, 차분히 복종하거나 간단히 죽기를 거부한 한 나라를 상대로 벌어진 약탈과 정복의 역사이다. 하드리아누스가 죽자 유대인들은 예루살렘으로 돌아가 로마 시민권을 얻고, 3세기 로마 제국을 가득 채운 우정의 분위기에 동참했다. 모세와 그리스도의 신상을 자신의 개인 예배당에 둔 알렉산데르 세베루스(Alexander Severus) 황제의 진보적 정책 덕분에 찾아온 평화의 시대였다. 그러나 평화는 기독교도들이 권력을 잡은 325년에 끝이 났다.

40년 후 두 형제 발렌스(Valens)와 발렌티니아누스(Valentinianus)가 로마 제국을 둘로 갈라놓았다. 지난 6백 년간 그리스-로마의 영향을 받았던 팔레스타인은 동로마 제국, 즉 비잔틴 제국 아래서 '오리엔탈리즘'으로 회귀하게 되었다. 비잔틴 제국의 영향을 받은 250년 역사 동안 팔레스타인의 유대인이 살해되거나 이민을 떠나는 바람에 처음으로 유대인이 팔레스타인의 소수 민족이 되었다. 당시 팔레스타인은 비잔틴 군대와 페르시아 군대의 전쟁터이자 기독교 분파들의 싸움터였으며, 아울러 유물 도굴단들의 활동 무대였다. 유대인에게 처음 두 현상은 물리적인 위협이 되었으며, 마지막 현상은 심리적으로 맥이 빠지는 일이었다.

특히 격렬했던 것은 그리스도의 신성을 두고 벌인 아타나시우스(Athanasius)와 아리우스(Arius)의 논쟁이었다. 이 논쟁은 '호모우시오스(homoousios)-호모이우시오스(homoiousios)' 논쟁으로도 불리는데, 그리스도가 하느님과 '동일한 본질'(호모우시오스)인지 아니면 '유사한 본질'(호모이우시오스)인지에 관한 논쟁이기 때문이다. 역사가 에드워드 기번의 말을 빌리자면 "모음 하나의 차이가 일으킨 격렬한 논쟁"이 수만 명 기독교도와 그 논쟁에 참여한 '길 잃은' 유대인의 학살로 이어졌다.

기독교 교리가 굳어지면서 성인이나 순교자의 신체 일부가 교회나 성당에 안치되면 그 건물이 신성하게 된다는 믿음이 퍼졌다. 초기 성자들과 순교자들 대다수가 그 '신성한 땅'에서 죽었기 때문에, 팔레스타인에서는 인간 역사에서 유래를 찾기 힘들 정도로 활발하게 도굴이 자행되었다. 전국에서 팔, 손가락, 발가락 같은 뼈 조각을 비롯해 제단과 성구 보관실을 신성하게 만들 성자의 신체를 찾기 위한 수색이 계속되었다.

팔레스타인에 남아 있던 유대인과 기독교도는 614년 페르시아 정복군을 환영했다. 그러나 페르시아인과 친해지기도 전에 그들은 638년에 이슬람교도를 새 주인으로 맞이하게 된다. 그 후 5백 년 동안 이어진 아랍의 통치를 중단시킨 것은 1099년 예루살렘 성지를 탈환한 십자군이었다. 십자군은 거의 2백 년 동안 성지를 지켰지만, 맘루크(Mameluke)—이집트에 거주하는 튀르크 노예들에게 붙여진 아랍어 이름—로 알려진 놀라운 인종에 의해 예루살렘에서 추방되었다.

맘루크는 1250년에 자신들을 노예로 부리던 이집트인에 저항하여 이집트에서 권력을 잡은 후 십자군을 몰아내고 팔레스타인을 자신들의 영토로 만들었다. 그뿐만 아니라 칭기즈 칸의 침략을 막아내고 267년 동안 이집트의 국경을 안전하게 지켰다. 그들은 말타기에 능했지만 정치 조직력은 부족했다. 맘루크 술탄 47명 — 글을 몰랐거나 정신 이상자들이 대부분이었다. — 이 평균 6년 이하의 임기로 이집트를 다스렸다. 그들은 자신이 정권을 잡은 방식대로 정권을 잃어버렸다. 즉 암살로 정권을 잡았고, 암살로 정권을 넘겨주었다. 그러나 그들은 훌륭한 대학들과 모스크들을 세웠고 카이로를 세계적인 도시로 만들었으며, 이집트와 팔레스타인 인구의 3분의 1을 큰 어려움 없이 제거했다. 맘루크는 오스만 제국이 이집트와 팔레스타인을 그들의 신생 제국에 통합한 1517년에 몰락했다.

한 세기 동안 이어진 튀르크족의 훌륭한 통치로 팔레스타인은 점차 안정을 되찾았고 유대인들도 다시 돌와왔다. 마라노, 카발리즘 운동가, 《탈무드》 운동가들이 사업을 하고 학교를 세우고 책을 쓰기 위해 팔레스타인으로 무리 지어 모여들었다. 그 후 오스만 제국은 부패와 특권적 타성에 젖어 점차 쇠퇴의 길을 걸었다. 1798년, 짙게 깔린 안개 때문에 허레이쇼 넬슨(Horatio Nelson) 제독의 함대를 지나친 나폴레옹이 3만 2천 명 군사와 함께 알렉산드리아에 상륙했을 때 사태가 좋아질 것이라는 희망이 잠시 생겨났다. 3만 2천이라는 수는 알렉산드로스 대왕이 고대 근동 세계를 정복할 때 거느렸던 군사의 수이다. 나폴레옹은 예루살렘을 함락하고 아크레(acre)까지 북상했지만 그 요새를 함락하지 못하고 퇴각해야만 했다. 팔레스타인은 튀르크족에게 다시 함락되었고, 1860년까지 "젖과 꿀이 흐르는 그 땅"은 1만 2천 명의 유대인만을 겨우 품을 수 있는 황량한 사막이었다. 디아스포라 유대인의 역사에서 팔레스타인의 사막을 젖과 꿀이 흐르는 땅으로 바꾸려는 생각이 구체화된 것이 바로 이때쯤이다. 시온주의의 자극을 받은 유대인은 다시 팔레스타인 역사에 능동적으로 참여하기 시작했다.

세계사의 사건들과 시온주의자의 요구가 가장 적합한 시점에 서로를 부둥켜안았다. 마치 신이 미리 준비한 '계획 출산'처럼 다섯 번의 이민 물결이 적합한 시점에 적합한 순서로 팔레스타인으로 밀려들었다. 1880년에서 1900년 사이에 이민 온 최초 이민자들은 땅을 개척하는 농부가 되었다. 1900년에서 1914년 사이에 밀려든 두 번째 이민 물결에는 국가의 농업을 세울 과학 영농가들과 노동자들이 포함되었다. 세 번째 이민 물결이 밀려들었던 1918~1924년에는 청년들, 기업가들, 투자자들이 들어와 도시를 건설하고 기업을 설립하고 군대를 조직하고 교육 제도를 마련했다. 1924~1939년에는 네 번째 이민 물결과 함께 지식인들, 전문직들, 행정 관료들이 들어와 민주주의와 국가를 위한 청사진을 그렸다. 제2차 대전 직후 밀려든 다섯 번째 이민 물결은 사회 계층의 틈새를 모두 채워줄 전 계층의 유대인들이 들어왔다. 1948년까지 시온주의 사상가들과 선동가들과 정치가들은 자신들의 임무를 완수했다. 생존을 위한 사상이 생존을 위한 도구로 구체화된 것이다.

시온주의 사상에서 현대 이스라엘의 건설까지 이어진 이 연쇄 작용은 1860년에 시작되었다. 당시의 '시온의 회복'이라는 메시아적 개념이 '팔레스타인으로 복귀'라는 정치적 개념으로 탈바꿈했다. 유대인들의 이런 사상적 변화는 중세의 반유대적 성향이 근대의 반유대주의 이념으로 변화한 것과 같은 흐름이었다. 유대 지식인들은 반유대주의 이념이 과거의 반유대적 성향과는 질적으로 다른 것임을 직감했다. 따라서 그들은 유대인이 한 나라에서 도망쳐 다른 나라에 피난처를 찾는 식으로는 더는 평화로운 삶을 이룰 수 없다고 판단했다. 그들은 생존을 위해 유대인의 나라를 건설해야만 한다고 주장했다. 열정적 예언자들이 하느님은 제사가 아니라 바른 삶을 원한다고 가르쳤던 것처럼, 정치적 시온주의는 하느님이 순종적인 유대인이 아니라 자립적인 유대인을 원한다고 가르쳤다.

디아스포라에서 예루살렘으로 돌아가는 길을 닦은 것은 1860년에서 1900년 사이에 잇따라 출간된 책들 속에 담긴 사상이었다. 그중 가장 먼저 출간된 《로마와 예루살렘》이라는 예언적인 제목의 책은 1862년에 모제스 헤스(Moses Hess)가 썼다. 잘생기고 다혈질이었던 헤스는 정통주의 유대교 전통에 도전하는 의미에서 프랑스 창녀와 결혼했다. 심각한 우려를 딛고 헤스는 부인과 행복하게 살았다. 그녀는 존재한다고 생각지 못했던 사상의 세계에서 이방인으로서 유대인 남편과 살아가는 것을 무척 즐겼다. 스피노자에게 크게 영향을 받은 헤스는 1841년에 인간 중심적 유럽 합중국을 주장했으며, 사회주의 운동에 동참했고, 잠시 동안 마르크스, 엥겔스와 관계 맺기도 했다. 그는 1848년 독일 혁명에 참여해 사형을 선고받았지만, 파리로 도망쳐 목숨을 건졌다.

헤스는 사회주의를 인간 중심적 이상으로 이해했기 때문에 공산주의의 유물론적 역사 해석과 계급 투쟁 개념을 받아들일 수 없었다. 그는 좌파 운동과 단절하고 유대교로 회귀하여 유대인 문제에 골몰했다. 그 고민의 결과가 바로 《로마와 예루살렘》이다. 그 책에 담긴 사상은 시온주의의 길을 마련했고 시온주의 운동 지도자들에게 영향을 끼쳤다. 이 책에서 헤스는 유대인들이 팔레스타인으로 복귀하여 디아스포라 유대교의 영적 중심지를 건설해야 한다고 주장했다.

이 사상은 러시아 태생의 정통주의 유대교에서 온 또 다른 사상적 난민인 페레츠 스몰렌스킨(Peretz Smolenskin)의 손에서 연마되고 정제되었다. 스몰렌스킨은 11살 때 자신의 형이 '헬리콥터'*에 잡혀 러시아 군대에 입대하는 것을 보았다. 12살에는 매를 맞아 가며 《탈무드》를 모두 암기했다. 13살 성년식(바르 미츠바) 때 그는 게토 생활을 접고 고향에서 도망쳐 나와, 12년 동안 러시아 전역을 방황했다. 25살 때 스몰렌스킨은 빈에서 히브리어 문학 월간지를 발행하는 지식인이 되었다. 그 월간지를 통해 그는 유명한 수필 《영원한 민족》을 출간했다. 그는 《영원한 민족》에서 유대인은 히브리어를 통해 하나가 된 지식인이라고 주장했다. 스몰렌스킨은 유대인의 사상적 가치가 언젠가 인류의 소중한 자산이 될 것이며, 팔레스타인이 다시 유대인의 천재성이 꽃피는 세계의 중심지가 될 것이라고 예언했다.

1880년대, 시온주의 사상가들이 랍비 사무엘 모히레버(Samuel Mohilever) 같은 시온주의 선동가들과 만나기 시작했다. 모히레버는 팔레스타인으로 향하는 최초의 이민 물결을 일으킨 사람이다. 그는

---

* 유대인 소년들을 '잡아' 군인 모집 차량에 태워 보내는 군 장교들을 가리키는 말이다.

정치 운동 조직 '시온을 사랑하는 사람들(Lovers of Zion)'을 창설했다. 이 조직의 정강에 따르면 조직의 회원이 되려면 팔레스타인에 땅을 구입해야 했다. '시온을 사랑하는 사람들'의 슬로건인 "팔레스타인으로(On to Palestine)"라는 구호가 러시아와 폴란드의 게토에 울려 퍼졌다.

'시온을 사랑하는 사람들'의 가장 유능한 지도자는 하스칼라 학자 유다 핀스커(Judah Pinsker)였다. 그는 과거에 러시아 의무대 소속 장교였다. 유대인과 러시아인의 통합을 외쳐 왔던 핀스커는 동료 유대인들이 오데사에서 대량으로 학살되는 것을 보고 입장을 바꾸어, 동화주의는 반유대주의자들에게 아부하는 것이라고 비난했다. 〈자립 해방〉이라는 잡지에서 핀스커는 유대인에게 영토의 독립을 추구할 것과 유대 민족 의식을 회복할 것을 촉구했다. 핀스커에 따르면 반유대주의적 위협은 소수 민족인 그들이 한 나라에서 다른 나라로 이주한다고 해결되는 것이 아니다. 아울러 그는 랍비 힐렐이 로마 시대에 사용했던 다소 오래된 전쟁 구호를 외쳤다. "내가 나를 위하지 않는다면 누가 나를 위하겠는가?(Im ayn anee lee, mee lee?)" 이것은 무릎 꿇고 기도하지 말고, 자기 두 발로 서서 싸우라는 명령이다. 이로써 시온주의 운동의 창시자 테오도어 헤르츨의 등장을 위한 준비가 모두 끝났다.

부다페스트의 부유하고 세속적인 유대인 가정의 응석받이 아들이었던 헤르츨은 사치스러운 분위기와 독일 문화 안에서 자라났다. 그는 어머니를 향한 애착이 무척 강했다. 어린 시절 그의 유일한 친구는 누이였고 사춘기 때 영웅은 괴테, 나폴레옹, 비스마르크였다. 그는 빈에서 법을 공부하고 언론인이 되었다.

우아하게 재단된 옷을 입은 놀랍도록 잘생긴 이 무표정한 선지적 인물의 초상화를 보고서 그의 젊은 시절의 행적을 상상하기는 매우 어렵다. 그는 한때 매우 성공한 희곡 작가였다. 그의 작품은 주로 젊고 잘생긴 '한량'에게 끊임없이 유혹당하는 귀부인과 그것을 모르는 순진한 남편을 소재로 한 삼류 연애 희극이었다. 언론인이 된 헤르츨은 거만하고 냉소적인 문체를 즐겨 사용했는데, 그것이 그를 빈 사회의 '국민 기자'로 만들었다. 모든 빈 시민이 매일 아침 크루아상과 함께 커피를 마시며 헤르츨의 기사를 읽었다.

헤르츨의 인생에서 전환점이 된 것은 드레퓌스 사건이었다. 헤르츨의 회사가 그를 프랑스로 출장 보내 그 유명한 사건을 취재하게 했다. 처음에 그는 드레퓌스가 유죄라고 생각했지만, 드레퓌스가 무죄임을 확신하게 된 후로는 친드레퓌스 운동에 동참했다. 헤르츨에 관해 일반적으로 알려진 사실은 드레퓌스 사건으로 헤르츨이 반유대주의의 존재를 처음으로 깨닫게 되었다는 것이다. 실제로 반유대주의는 헤르츨이 계속 고민하는 문제가 되었고, 그는 심지어 기독교로 개종하는 것을 그 해결책으로 생각하기도 했다. 드레퓌스 사건은 그로 하여금 자기 문제를 고민하게 만들었던 것이다.

처음으로 헤르츨은 반유대주의가 사회 구조적 문제라는 사실과 개인의 구원은 세례를 통해 얻을 수 없음을 깨달았다. 일단 헤르츨이 유대교와 하나가 되기로 결심하자, 그는 거의 하루아침에 위대해졌다. 그가 유대인 생존 문제에 집중하자, 거만하고 냉소적인 태도가 그에게서 모두 사라졌다. "유대인에게 죽음을!"이라는 프랑스 폭도의 외침이 여전히 그의 영혼을 깊이 울리는 와중에 헤르츨은 《유대 국가(Der Juenstaat)》를 집필하여 1896년에 출간했다. 이 얇은 책에서 그는 시온주의 운동의 이상을 설명하고, 시온으로 복귀를 희망하는 메시아적 열망을 정치 세력으로 바꾸어놓았다. 그의 책은 돌풍을 일으켰다.

헤르츨은 국제 시온주의 운동을 조직했고, 1897년에 시온주의자들의 역사적인 첫 회의를 스위스 바젤에서 개최했다. 열렬히 환호하는 대표자들에게 헤르츨은 시온주의 운동의 목표를 다음과 같이 선포했다. "유대 민족을 위해 팔레스타인에 합법적인 조국을 건설하자." 시온주의는 개인적으로 돈을 마련한 유대인들이 팔레스타인으로 간헐적으로 이주하는 소규모 귀향 운동이 아니라, 농부, 노동자, 관리자, 기업가, 학자, 지식인이 유대 국가 건설을 목표로 삼고 팔레스타인으로 단체 이주하는 운동이다.

세계는 바젤에서 열린 시온주의 회의에 거의 주목하지 않았다. 밖에서 볼 때는 어떤 괴짜 유대인 조직이 회의를 한번 개최한 것에 불과했다. 세계는 시온주의 회의가 모든 회원에게 배포한 모조 '유대 동전'(바르 코크바 반란 때 로마로부터 독립한 것을 기념해 주조한 동전)에도 주목하지 않았다. 그러나 바젤 회의는 유대인 대중들에게 불을 지폈다. 부유한 유대인, 동화주의 유대인은 헤르츨과 시온주의를 거부했다. 많은 개혁파 랍비도 그를 공격했다. 그러나 가난한 자, 배우지 못한 자, 정통주의자들은 헤르츨의 깃발 아래로 모여들었다. 시온주의가 동유럽이 아니라 서유럽에서 발생한 것은 우연이 아니다. 즉 유대적 하스칼라가 아닌 유럽의 계몽 사상에서 시온주의가 탄생한 것은 우연이 아니다. 세속 정치적 시온주의는 유대인으로서 헤르츨이 아니라 보편적 인간으로서 헤르츨에게서 생겨났다. 한편 헤르츨의 시온주의에 깊이를 더해준 것은 동유럽 유대인들이었다. 그들은 시온주의를 단순한 민족주의 운동이 아니라 유대 전통의 연장선상에 있는 것으로 보았다. 이렇게 동유럽 유대인은 시온주의에 새로운 성격을 부여했다.

부유하고 잘생긴 동화주의자였던 헤르츨에게 동유럽의 가난한 유대인, 억압받던 유대인, 정통주의 유대인이 매료된 이유는 무엇일까? 세 가지 이유를 생각할 수 있다. 첫째, 자발적 탈출에 대한 헤르츨의 비전에는 웅대함과 위엄이 있었다. 헤르츨이 주창한 탈출의 목표는 광야가 아니라 유대인 국가였다. 국가가 있다면 유대인은 세계 의회에서 다시 한번 자신의 목소리를 낼 수 있을 것이다. 둘째, 전체적으로 그의 태도에는 몰아치는 위엄이 있었다. 그는 주저하지 않았고 사소한 것은 무시했다. 헤르츨의 장점은 그가 유대교에 관해 완전히 무지했다는 것이다. 그는 모든 옛 전통의 구속을 뛰어넘는 비전을 제시했다. 헤르츨의 시온주의 운동은 점진적인 행동 계획이 아니라 통합적 개념이다. 아직 존재하지 않는 유대 국가와 자신을 동일시함으로써 동유럽의 가난한 유대인은 스스로 자부심을 느낄 수 있었다. 마지막 세 번째 이유는 헤르츨에게서 풍기는 제왕적 이미지 때문이었다. 위엄 있는 외모와 고압적인 태도로 인해 그는 왕과 다름없이 보였다. 유대인들에게 이미 헤르츨은 앞으로 생겨날 국가의 지배자였다. 헤르츨은 그들의 하멜렉, 즉 '왕'이었다.

헤르츨은 죽기 전에 큰 실수 하나를 저질렀다. 다른 사람에게는 치명적이었을 실수가 엄청난 인기를 누리던 헤르츨에게는 아무것도 아닌 것이 되었다. 시온주의 운동에 분열이 발생했을 때의 일이다. 끈질긴 외교가 유대 국가를 향한 투쟁에 승리를 안겨줄 것이라는 헤르츨의 생각에 영향을 받은 사람들이 외교보다는 '어깨에 멘 총'이 팔레스타인 독립을 이룰 것이라고 생각한 정치적 시온주의자들과 대립했다. 1903년에 열린 시온주의 회의에서 헤르츨이 팔레스타인을 포기하고 우간다에 나라를 세우자고 제안했을 때*, 엄청난 분노가 일었다.(영국이 헤르츨에게 우간다에 유대인 국가를 건설할 땅을 마련해주겠다고 약속했었다.) 위대한 헤르츨이 반역자라는 비난을 받았다. 자신의 실수를 깨달은 헤르츨은 시온주의 조직의 분열을 막기 위해 뜻을 거두었다. 그는 그 다음 해 마흔넷의 나이로 생을 마감했다.

시온주의자들은 유대인 거주민을 위해 대규모로 땅을 매입하여 팔레스타인을 자기 것으로 만들려고 했다. 그때 팔레스타인의 거친 땅, 이방인들이 1천5백 년 동안 소홀히 여겨 온 그 땅의 몸값이 갑자기 높아졌다. 아랍과 터키 지주들이 요구한 가격이 터무니없이 높았지만 시온주의유대국가기금(Zionist Jewish National Fund)이 그 돈을 지불했다. 현대 이스라엘이 건국된 1948년까지 유대인은 약 1천 제곱킬로미터 사막 땅을 사는 데 수백만 달러를 지불했고, 유대인 8만 3천 명이 그곳에 정착했으며, 233개 마을을 건설했고, 불과 50년 전만 해도

---

* 1903년 영국이 팔레스타인 대신 우간다를 제안했다는 이야기를 들었을 때 차임 바이츠만은 다음과 같이 질문했다. "만약 제가 영국에게 런던 대신 파리를 주겠다고 제안한다면, 그 제안을 받아들이겠습니까?" 그러자 이런 대답이 돌아왔다고 한다. "바이츠만 씨, 우리(영국)는 이미 런던을 가지고 있습니다." 바이츠만이 다시 말했다. "그렇지요. 그런데 예루살렘은 런던이 늪지였을 때부터 우리 것이었습니다."

황무지에 불과했던 그 땅에 나무 5백만 주를 심었다. 1880년 이전에는 팔레스타인에 유대인 1만 2천 명이 있었다. 그들은 대개 여생을 성지에서 살다 그곳에 묻히길 희망한 경건한 정통주의 유대인이었다. 1880년부터 제1차 세계대전까지 헤스의 《로마와 예루살렘》, 스몰렌스킨의 《영원한 민족》, 핀스커의 〈자립 해방〉, 그리고 헤르츨의 《유대국가》를 읽고 감명받아 팔레스타인에 정착한 유대인은 11만 5천 명에 달했다. '지식인들'과 '선동가들'이 소임을 다한 것이다. 제1차 세계대전 후에는 '정치가들'이 나서게 된다.

제1차 세계대전은 시온주의 운동을 거의 무너뜨렸다. 영국은 오스만 제국이 연합군 편에서 싸워주기를 기대했지만 오스만 제국은 독일 편에 섰다. 이 선택은 영국인과 유대인 모두에게 재앙이 되었다. 튀르크가 독일 편에 서면서 영국인에게 생명선과 같은 수에즈 운하가 위험에 노출되었다. 팔레스타인 유대인에게는 재앙이 뒤따랐다. 연합군과 내통한다고 의심받는 모든 유대인—영어를 조금만 알아도 내통자로 의심받았다.—이 교수형에 처해졌다. 유대인 1만 2천 명이 튀르크 시민이 아니라는 이유로 팔레스타인에서 쫓겨났다. 그리고 시온주의 운동도 불법으로 선포되었다.

제1차 세계대전 중 그 유명한 밸푸어 선언이 나왔다. 영국 정부가 세계대전에서 자신들을 도와준 유대인에게 감사를 표한 것이었다. 영국의 훌륭한 화학자 차임 바이츠만(Chaim Weizmann)은 어느 날 영국의 전쟁 사령부로 소환되었다. 그리고 전쟁을 수행하는 데 필수적인 폭발물인 합성 코르다이트를 만들어 달라는 영국의 요청을 받았다. 전쟁 전에는 독일에서 수입한 화학 물질인 아세톤으로 코르다이트를 제조했지만, 전쟁이 시작되자 아세톤 수입이 불가능하게 된 것이다. 바이츠만은 코르다이트를 합성하는 법을 발견하여 영국 정부에 그 기술을 넘겨주었다.

바이츠만은 화학자인 동시에 시온주의자였다. 그리고 그는 이 두 분야 외에는 거의 아는 것이 없었다. 그는 당당하고 강인한 사람이었다. 유대인들은 그를 헤르츨처럼 경외의 눈으로 바라보았다. 영국 엘리트들과 어울릴 수 있는 유대인 과학자! 그는 영어를 완벽히 구사했지만, 유대인의 대중 언어인 이디시어도 사용했다. 그는 유대인이었지만 이방인들과 함께 일했다. 그의 재치는 게토 유대인의 그것처럼 토속적이지만 동시에 보편적이었다. 하지만 미국의 시온주의 유대인들은 영국에 대한 그의 애정을 의심스러워했다. 실제로 그는 영국의 민주주의를 상류층의 관점에서 바라보았다. 즉 그는 단검을 든 영국 군인들이 제국의 국경에서 어떻게 싸우는지 알지 못했다. 많은 유대인이 바이츠만을 걱정스럽게 생각했지만, 영국 장관들과 쉽게 교류할 수 있는 유일한 유대인이었기 때문에 그를 용납했다. 그리고 그는 겉보기에만 민주적이었지 실제로는 자신의 견해가 절대 틀릴 리 없다고 생각한 사람이었다. 그는 서민인 척했지만, 그 가면 아래에는 서민들을 향한 경멸이 있었다. 그의 열정은 귀족들을 향했다. 그럼에도 그는 (부끄러움 없이) 유대인이자 충실한 시온주의자로 남았다.

1917년 바이츠만은 팔레스타인에 있는 유대인 국가를 영국 보호령으로 지정해줄 것을 영국에 제안했다. (바이츠만을 포함해) 영국 편에 서서 열심히 싸워준 유대인들의 공헌 덕분에 영국으로부터 호의적인 대답을 들을 수 있었다. 외무장관 아서 밸푸어(Arthur Baltour)를 통해 영국 정부는 1917년 11월 2일 다음과 같이 선언했다. "대영 제국 정부는 팔레스타인에 유대인의 '조국'을 건설하는 일에 찬성한다." 독실한 기독교도였던 밸푸어는 기독교가 유대인에게 엄청난 빚을 졌다고 생각했다. 그는 데이비드 로이드 조지(David Lloyd George), 얀 스머츠(Jan C. Smuts), 마크 사이크스(Mark Sykes)를 포함한 많은 영국인처럼 성경을 살아 있는 하느님의 말씀으로 보았고, 성경의 신성을 온전히 믿었던 기독교 시온주의자였다. 그들에게는 유대인이 2천 년 공백 후에 시온으로 복귀하는 일이 너무나 자연스러운 것이었다. 마치 성경의 예언이 성취된 것처럼 여겨졌다.*

밸푸어 선언 소식을 들은 유대인들은 크게 기뻐했다. 바이츠만은 밸푸어 선언에 서명한 후에 "우리는 메시아가 오는 발소리를 듣고 있다."라고 소리쳤다.

제1차 세계대전 중 오스만 제국에 반란을 일으키겠다는 아랍인의 약속을 받은 영국은 몰래 아랍의 독립에도 제한적 지지를 선언한 바있다. 우리가 '돌에 새겨진 것'으로 여기는 오늘날의 아랍 국경은 제1차 세계대전 전까지는 존재하지 않았다. 현재 아랍 세계의 국경은 제1차 세계대전 후에 잇따라 열린 '평화 회담'에서 오스만 제국이 영국과 프랑스에 의해 깔끔히 분해되면서 생겨난 것이다. 아랍의 국경은 확고한 인종적·지리적 요인에 근거한 것이 아니라, 전쟁 중에 주고받은 호의와 약속에 대한 보상이라는 정치 공학적 이유에 따라 그

---

* 당시 영국 정치인들은 한결같이 그 위험한 시절에 유대인과 친구로 지내는 것이 영국 국익에 부합한다고 확신했다. 1910년대 유대인의 이미지는 1930년대에 반유대주의자들이 퍼뜨린 이미지와는 전혀 달랐다.

어졌다. 따라서 개발 사업을 위해 교외의 목초지가 여러 지역으로 분할되듯이, 중동 지역도 영국과 프랑스가 관여한 유전 관련 계약들에 따라 시리아, 레바논, 트란스요르단, 이라크, 사우디아라비아로 임의로 분할되었다. 이처럼 서유럽이 중동을 분할함으로써 팔레스타인 문제를 복잡하게 만들었지만, 이후 아랍인들의 행보는 복잡한 문제를 더 복잡하게 만든다. 아랍인들은 헤자즈의 왕과 카이로 주재 영국 고등판무관인 아서 헨리 맥머흔(Arthur Henry McMahon) 사이의 비밀 서한을 공개했다. 이 비밀 서한에 따르면 영국은 아랍인들이 튀르크(오스만 제국)에 반란을 일으키는 조건으로, 그들에게 중동 영토 일부를 주겠다고 약속했다. 실제로 아랍인들은 그 후에 '아라비아의 로런스'로 잘 알려진 토머스 에드워드 로런스(Thomas Edward Lawrence)의 지휘를 받으며 오스만 제국에 반란을 일으켰다. 그리고 그들은 팔레스타인이 약속된 영토의 일부라고 주장했다. 그러나 맥머흔의 서신에는 팔레스타인이 분명하게 언급되어 있지 않았다.

아랍과 영국의 주장에 담긴 진실성을 의심할 이유는 없다. 그러나 혼란은 서한의 모호한 용어에서 비롯되었다. 또한 밸푸어 선언과 맥머흔 서신 중 어느 것이 우선시되느냐를 따지는 것도 아무런 유익함이 없다. 그 둘은 동일한 가치를 지닌 문서였다. 이후 팔레스타인의 역사는 그 문서들이 존재하지 않았다 해도 동일했을 것이다. 근본적인 문제들은 다음과 같이 정리할 수 있다. 아랍인은 팔레스타인에 대한 독점권을 주장했다. 그 근거는 7세기 무함마드가 그 지역을 정복했고, 제1차 세계대전까지 아랍인이 그 지역의 실제 거주자였다는 점이다. 유대인은 팔레스타인에 거주할 권리를 주장했다. 그 근거는 기원전 12세기 그들이 (여호수아를 통해) 그 땅을 정복했다는 사실과 3천년 역사 동안 유대인이 그 지역을 다스린 기간이 아랍인이 다스린 기간보다 더 길다는 점이었다. 그 외 다른 것들은 모두 이 핵심 주장들을 더욱 그럴싸하게 포장하는 것일 뿐이었다.

1918년과 1936년 사이에 유대인 이민자 약 15만 명이 팔레스타인에 정착하여 광야를 비옥한 땅으로 재빨리 탈바꿈시켰다. 사막에 마을들이 생겨나고, 그 마을들이 도시로 성장했다. 촌락, 공장, 학교, 그리고 오렌지 나무가 이스라엘 북부 도시 하이파에서 중부의 아슈켈론에 이르는 황량한 광야를 채우기 시작했다. 개척 시대의 미국처럼 팔레스타인도 믿음, 소망, 그리고 투기 위에 건설되고 있었다. 악덕 자본가와 투기꾼이 일확천금을 찾아 유대인 정착민의 뒤를 쫓아왔다. 그들은 땅을 사고, 부동산 투기를 하고, 황당한 사업을 추진해 '미래'를 판매했다. 우리는 그들을 경멸하는 대신 칭찬할 것이다. 왜냐하면 그들은 불가능하다고 여겨지는 사업에서 큰 성공을 일구었기 때문이다. 이 '악당'들과 투기 자본가들은 1918년과 1936년 사이에 팔레스타인에 들어와서는 호텔이나 사무실 건물이나 주거용 아파트가 들어설 자리를 미리 선점했다. 물론 당시 그 자리는 신중하게 볼 때 모래와 선인장밖에 없는 가치 없는 땅이었다. 1백 년 전에 투기적 기독교 기업가들이 미국 건설에 일조했던 것처럼, 이 투기 기업가들도 팔레스타인 건설에 일조했다.

유대인을 통해 서구 과학과 산업이 팔레스타인으로 유입되자 아랍인들도 혜택을 보았다. 유대인이 오기 전까지 아랍 농민의 세계 소득 수준은 중국의 막노동꾼에 이어 끝에서 두 번째였다. 그들은 아침부터 밤까지 대지주의 땅에서 아주 적은 일당을 받고 일해야 했다. 1922년 팔레스타인에 살던 65만 명 아랍인 가운데 10만 명 이상이 사막 유목민이었고, 나머지는 일부 대지주를 제외하면 십자군 시대의 유럽 농노와 같은 삶을 산 소작농이었다. 아랍 농민들은 낙타의 배설물을 연료로 삼았고 집 안에서 가축과 함께 살았다. 그들의 기대 수명은 35년에 불과했다. 삶의 질이 매우 낮아 그들의 유일한 희망이 죽음이었을 정도였다.

이런 삶은 유대인이 팔레스타인으로 이주하기 시작하면서 급격히 변화했다. 유대인은 아랍인에게도 동등한 임금을 지불했다. 대지주는 더는 자신들의 땅을 경작해줄 값싼 노동력을 구할 수 없게 되었다. 아랍 농민들이 유대인의 공장이나 도시에 생겨나는 화이트칼라 직종에 취업했기 때문이다. 유대인들이 도입한 현대적 위생 시설과 무료 의료 시설은 특히 결막염, 성병, 구루병에 감염된 아랍인들에게 큰 도움을 주었다.

1930년까지 팔레스타인 유대인 사이에 더 높은 생활 수준과 위생 수준을 추구하는 경향이 확립된다. 그리고 그런 경향은 분명히 중동 전역의 봉건 제도를 위태롭게 했다. 자신들의 특권을 잃을까 염려한 아랍의 봉건 지도자들은 신생 아랍 민족주의 세력을 교묘하게 이용하여 민주주의 바이러스의 근원지를 없애기 위한 학살을 시작했다. 이때 영국은 아무것도 하지 않고 지켜만 보았다. 그들이 반유대주의자였기 때문이 아니라, 그들에게는 지켜야 할 '제국'이 있었기 때문이다. 학살당한 유대인이 유대인이 아니라 프랑스인이나 이탈리아인이었더라도 영국의 정책은 유지되었을 것이다.

부정할 수 없는 역사적 사실 하나는 1918년 유대인이 기념비적인 도전에 직면했고, 또 기념비적인 실수를 저질렀다는 것이다. 그들은 신생 아랍 민족주의를 과소평가하여 영국을 따라서 그것에 반대했다. 제1차 세계대전이 끝나기도 전에 일부 시온주의 지도자들은 임박한 권력 투쟁을 미리 내다보고, 유대인들이 호미로 팔레스타인을 정복한다 해도 곧 총으로 팔레스타인을 지켜야 하리라는 것을 깨달았다. 그들은 반드시 군대를 창설해야 한다고 주장했다.

유대인 군대의 아버지는 러시아 태생의 블라디미르 야보틴스키(Vladimir Jabotinsky)이다. 영국군 장교 제복을 입고, 코안경을 쓰고, 말채찍을 든 그의 모습은 흡사 영국 소설가 조지프 러디어드 키플링의 소설에 나오는 훌륭한 신사와 같았다. 야보틴스키는 오데사 신문사의 로마 특파원으로 일을 시작했지만, 제1차 세계대전 초반에 군에서 노새를 모는 일로 직업을 바꾸었다. 그는 시온노새군단(Zion Mule Corps)을 조직하여 팔레스타인에서 튀르크인과 싸우는 영국군 장군 에드먼드 알렌비(Edmund Allenby)의 휘하에 그 군단을 맡겼다. 또한 그는 1915년에 영국군을 도와, 튀르크인과 맞서 싸울 유대인 대대를 조직했다. 야보틴스키는 하가나(Haganah, 유대인 민병대)를 조직하는데 전투 경험이 많은 부대원들의 힘을 빌렸다. 1920년에 하가나는 팔레스타인 유대인에 대한 아랍인의 최초 공격을 독자적으로 막아냈다. 그러나 영국이 야보틴스키의 독자 행동을 언짢아했다. 그의 '뻔뻔한' 승리 덕분에 야보틴스키는 영국 정부로부터 15년의 징역형을 선고받았으나 1년 만에 석방되었다. 야보틴스키는 잠시 은퇴했다가 다시 펜을 잡아 비알릭의 시를 러시아어로 번역했고, 단테와 에드거 앨런 포의 작품을 히브리어로 번역했다. 1934년에는 펜을 버리고 다시 검을 집어들었다.

히틀러가 권좌에 오르자 새로운 유형의 유대인이 팔레스타인으로 이주하기 시작했다. 그 이민 시점은 공교롭게도 팔레스타인의 경제 발전과 정확하게 맞아떨어졌다. 1936년까지 독일 유대인 6만 명이 팔레스타인으로 이민 오면서, 생산 능력을 늘리고 제품의 품질 향상에 기여할 과학자, 공학도, 경영가, 화학자, 그 밖의 연구자들도 함께 들어오게 되었다. 그러나 이보다 더 중요한 점은 저명한 학자들이 이제 팔레스타인의 교육 기관에서 일하기 시작했다는 것이다. 아울러 금융 전문가들과 정부 관료들이 영국 보호령이던 팔레스타인에 자치의 틀을 제공했다는 점도 중요하다.

예루살렘의 최고 이슬람 지도자와 대지주들은 바보가 아니었다. 그들은 사태를 금방 파악했다. 만약 팔레스타인에서 유대인이 더 오래 머물면, 그들을 몰아낼 기회를 영원히 놓칠 것이라고 생각했다. 따라서 팔레스타인의 아랍 지도자들은 나치당과 비밀 협약을 맺었다. 독일의 돈과 무기를 받는 대신에 아랍 지도자들은 독일과 영국 사이의 분쟁에서 독일을 지원하기로 약속했다. 그러나 영국은 유대인과 아랍이 싸우다 지치면 자신들이 그들을 통제할 수 있을 것이라 기대하며 사태를 관망했다. 그러나 일은 그렇게 되지 않았다.

1936년에 예견된 폭력 사태가 발생했다. 나치의 무기로 중무장한 이슬람 군대가 버스와 차량으로 이동하면서 도시와 시골, 번화가와 인적 드문 곳 할 것 없이 소총을 소나기처럼 퍼부었다. 모든 팔레스타인 땅이 무장 진지가 되었지만, 시온주의의 공식 정책은 하가나를 반격이 아닌 방어할 때만 사용하는 것이었다. 하가나는 반격에 나설 수 없었다. 그러나 야보틴스키는 그 정책에 격렬히 반대하며, 유대인에게 아랍인과 영국인 모두를 공격하라고 촉구했다. 그는 이르군(Irgun)이라는 지하 사병 부대를 조직했다. 이르군의 목표는 세 가지였다. 첫째는 전쟁으로 아랍인을 제압하는 것, 둘째는 영국을 팔레스타인에서 떠나게 하는 것, 마지막 세 번째는 팔레스타인의 독립을 담대히 선포하는 것이었다. 아랍 내에 공포가 확산되면서 이르군의 규모도 커졌다. 아랍인은 유대인의 팔레스타인 이주가 중단되어야 하고, 팔레스타인의 정치 권력이 아랍인에게 주어져야 한다는 주장을 굽히지 않았다. 유대인도 팔레스타인의 이주가 계속되어야 한다는 기존의 주장에서 한발도 물러서지 않았다. 유럽에서는 점점 더 많은 유대인이 나치를 피해 이주하고 있었는데, 다른 나라로 가는 이민의 문이 닫히면서 팔레스타인이 그들의 유일한 희망이 되었다.

커지는 폭력 사태에 놀란 영국은 여섯 명으로 구성된 조사단 필위원회(Peel Commission)를 꾸려 그들에게 팔레스타인 문제를 조사해 해결책을 마련하는 일을 맡겼다. 그때는 필위원회가 어떤 해결책을 내놓을지 아무도 예상하지 못했다. 필위원회는 오랫동안 팔레스타인 사태를 조사한 후, 영국 보호령 체제로는 그 문제를 해결하지 못할 것으로 판단했다. 그래서 팔레스타인을 유대 국가와 아랍 국가로 나눌 것을 추천했다. 유대인들은 조심스럽게 그 제안을 수용했지만 아랍인들은 총을 겨누며 그 제안을 거부했다. 팔레스타인의 분할을 막기 위해 영국 정부는 재빠르게 '1939년 백서'로 알려진 타협안을 만들었지만, 아랍은 마지못해 그것을 수용한 반면, 유대인은 총을 쏘며 그 타협안을 거부했다. 이 백서에는 앞으로 5년간 유대인 이민을 1년에 1만 5천 명으로 제한하고 그 후에는 이민을 전면 금지한다는 내용이 포함되어 있었다.

'1939년 백서'는 영국에 대한 유대인 최초의 공개적 저항으로 이어졌다. 유대 청년들이 야보틴스키의 지하 민병대에 자원했다. 지하 민병대 이르군은 유대인 이민을 금지한 영국은 아랍인의 동지가 된 것이므로 아랍인이 공격 대상인 것처럼 영국인도 이제 공격 대상이라는 태도를 취했다. 그리고 나서 이르군 청년들은 대영 제국이라는 사자의 꼬리를 잡아 거만하게 비틀었다. 영국 사자는 고통스럽게 포효하더니 이르군을 사냥하러 나섰다. 그러나 이르군은 흥분한 사자만큼이나 민첩했다. 이처럼 유대인과 영국인은 서로 의도하지는 않았지만 상황에 떠밀려 서로 적이 되었다.

영국이 제2차 세계대전에 휘말렸을 때, 유대인 13만 명이 영국군의 아프리카 군단에 입대하기 위해 몰려들었다. 그들의 의도를 의심한 영국인은 그렇게 많은 유대인을 무장시키기를 두려워했다. 대신 순전히 필요에 의해 독립 대대로 전투에 임할 유대인 3만 명을 영국군에 입대시켰다. 그리고 영국인들은 이 유대인 병사의 용기에 마지못해 찬사를 보냈다. 에르빈 롬멜(Erwin Rommel)의 독일군 아프리카 군단은 자신들이 무장한 유대인들에게 초인이 아님을 뼈저리게 깨달았다.

영국인의 의심처럼 유대인은 나치를 전투에서 무찌르는 기쁨을 맛보기 위해서뿐 아니라, 팔레스타인에서 필연적으로 발생할 전투에 대비하기 위해 입대한 것이었다. 전쟁이 끝나자 모든 사람들이 서로의 입장을 놓고 다투었다. 1945년에 팔레스타인 드라마의 막이 다시 올랐을 때, 출연진들은 1941년에 맡았던 역할을 다시 수행하게 된다. 즉 영국의 정책은 여전히 1939년 백서에 나타난 그대로였고, 아랍의 정책은 유대인 이민을 전면 금지하는 것이었으며, 유대인의 정책은 무제한적 이민을 허용하는 것이었다.

1946년 영국이 미국 대통령 해리 트루먼(Harry S. Truman)이 제안한 대로 독일에서 도착한 유대인 난민 10만 명의 입국을 거부했을 때 폭력 사태가 벌어졌다. 유대인 난민을 거부하는 영국의 정책과 키프로스섬에 유대인 난민을 구류한 것에 분노한 이르군 지도자들은 이 문제에 대한 영국의 책임을 물어 폭력을 행사하기로 결정했다. 이르군 대원들은 영국의 예루살렘 통치 본부인 킹데이비드 호텔을 다이나마이트로 폭발시켰다. 이 폭발로 영국 장교와 사병 80명이 죽었고 70명이 부상을 입었다. 복수에 나선 영국은 모든 유대인 상점을 상대로 하여 불매 운동을 벌였다. 그러나 유대인의 단결을 깨기는커녕, 영국 통치에 대한 유대인의 반감만 더욱 굳게 만들었다.

영국은 미국 식민 통치 때 실패한 정책을 팔레스타인에 그대로 적용했다. 역사는 반복된다는 말처럼, 그들은 자신들의 정책을 재검토하지 않고 영국 의회의 조정안에도 귀를 귀울이지 않았다. 유대 이민자를 돕거나 숨긴 혐의가 있는 모든 이에게 벌금을 부과하는 정책을 고수했다. 그럼에도 유대인들은 5년간 이민자 11만 3천 명을 영국이 총으로 지키던 팔레스타인에 밀입국시켰다. 영국 당국이 유대인 대표에게 이런 심각한 법 위반에 관해 항의했을 때, 그는 다음과 같이 단호하게 대답했다. "영국이 유럽의 집 없는 유대인 난민들에게 합당한 피난처를 제공하기 거부함으로써 보편적 인권법을 위반했다!"

영국은 이에 대한 보복으로 유대인의 무기를 압수하고, 유대인을 대량 체포하고, 유대 지도자들을 교수형에 처했다. 그러나 새로운 무기들이 사막에서 자라는 듯했다.(실은 유대인들이 사막에 무기들을 숨겨놓았다.) 대량 검거는 거센 저항으로 이어졌고, 유대 지도자들에 대한 교수형은 이르군의 '탈리온 법'을 탄생시켰다. 즉 유대인 사병을 교수형에 처하면 영국 장교를 교수형에 처했고, 유대인 장교를 교수형에 처하면, 고위 영국 장교를 교수형에 처했다. 팔레스타인 전역이 반란으로 들끓었다. 1947년 제국의 다른 지역에서도 심각한 문제들이 발생하자 지친 영국은 팔레스타인 문제에 진저리가 난다고 선언하고는 그 문제를 유엔의 무릎에 떨어뜨려놓았다.

한편 유엔도 팔레스타인에 특별위원회를 파견하여 상황을 조사했다. 특별위원회는 1937년 필위원회가 제안한 것과 같은 해결책을 가지고 돌아왔다. 즉 영국의 보호 통치는 종결되어야 하며, 팔레스타인을 아랍 국가와 유대 국가로 분할해야 한다는 것이었다. 1947년 11월 29일, 유엔 총회는 33대 13으로 팔레스타인 분할을 결정했다. 유대인은 그 결정을 수용했지만, 아랍인은 거부했다. 이로써 26년 동안 이어진 혼란의 역사를 뒤로 한 채 영국의 보호 통치가 막을 내렸다.

1948년 철수 일이 다가오자 아랍인들이 도망치기 시작했다. 그해 2월에서 5월까지 수천 명의 아랍인이 영국인이 떠나기 전에 도망쳤다. 제일 먼저 도망친 것은 지도자들과 상류층들, 그리고 지식인들이었다. 아랍인은 왜 도망쳤을까? 아랍인은 유대인이 자신들을 '모두 죽이겠다'고 위협했기 때문이라고 주장한다. 그러나 유대인의 주장에 따르면 아랍 지도자들이 내린 퇴거 명령에 아랍인이 순종해 도망친 것이다. 아랍 지도자들은 "떠나 있으면 유대인을 바다로 빠뜨릴 수 있고, 이후에 돌아와 땅을 차지하면 된다."고 말하면서, 남아 있는 사람은 변절자라는 뉘앙스를 풍겼다. 아랍 난민 문제는 이렇게 시작되었다.

현대 국가 이스라엘은 1948년 5월 14일 오후 4시에 텔아비브 박물관에서 공식 출범했다. 그곳에서 유대인은 이스라엘의 독립을 선포하는 벤구리온의 목소리를 들었다. "유대 민족의 타고난 권리와 역사적 권리에 의해, 유엔 총회의 결의에 따라 팔레스타인에 이스라엘이라 불리는 유대 국가가 설립되었음을 선포한다." 선포 직후 벤구리온은 신생 유대 국가에 대한 아랍 국가들의 협조를 구하면서 이스라엘은 "중동 전체의 발전에 기여할 준비가 되었다."라고 덧붙였다. 한편 이집트는 이 신생 국가를 없애기 위해 곧 침략할 것임을 알리는 전보를 보냈다. 다른 세 아랍 국가―요르단, 레바논, 시리아―도 형식적 절차에 구애받지 않고 이집트와 같이 행동하겠다고 발표했다.

미국 대통령 해리 트루먼이 이스라엘 건국 두 시간 만에 신생 국가를 인정함으로써, 미국은 이스라엘을 인정한 최초의 나라가 되었다. 네 공산 국가―러시아, 폴란드, 체코슬로바키아, 유고슬라비아―도 미국의 뒤를 따랐다.

그날 밤 이스라엘인은 새 조국을 위해 축배를 들었다. 그러나 그다음 날 그들은 조국을 지키기 위해 전선에 나가야 했다. 세월이 흐른 후 나는 벤구리온에게 독립 전야에 무슨 생각을 했는지 물었다. 그는 이스라엘이 승리할 것이라고 믿었을까? 그의 대답은 상황의 심각성뿐 아니라 당시 가득했던 승리를 향한 의지와 용기를 잘 보여주었다.

그는 이스라엘이 승리할 것을 확신했지만 동시에 6만 명에 가까운 사상자가 생길 것을 예상했다고 대답했다.(그러나 이스라엘은 군인 4천 명과 민간인 2천 명만을 잃었다.) 벤구리온에 따르면 당시 세계는 크게 염려했다. 트루먼 대통령에게 전달된 보고서에서 조지 마셜(George Marshall) 장군은 이스라엘이 국가를 세우는 일을 포기하고 아랍과 화해하는 것이 좋다고 조언한다. 3천만 인구에 월등히 우월한 화력과 병력을 갖춘 아랍 국가들이 끔찍한 유혈 전쟁으로 유대인을 궤멸할 것이라고 말했다. 당시 대다수 사람들이 마셜 장군에게 동의한 것처럼 보인다. 그러나 이런 우려 섞인 보고들을 모두 경청한 후에도 당시 이스라엘 정부는 계획대로 건국 사업을 밀어붙이기로 결정했다고 벤구리온은 증언한다.

이스라엘의 독립 전쟁(1948~1949년)은 역사 소설에서나 볼 수 있는 음모, 행운, 드라마의 각종 요소들을 포함한다. 이 운명의 충돌은 대영 제국이 막사를 정리하고 유니온잭을 내린 후 팔레스타인에서 철수했을 때 시작되었다. 토머스 에드워드 로런스의 영적 후계자이자 명예 파샤(Pasha, '지배자')인 존 바고트 글루브(John Bagot Glubb)가 이끈 아랍의 다섯 군대가 즉시 사방에서 이스라엘을 침공했다. 그들은 첫 번째 성명서에서 일 주일 안에 전투가 끝날 것이며 유대인은 모두 바다에 수장될 것이라고 말했다.

그리고 실제로 아랍의 말이 맞는 것 같아 보였다. 이스라엘 건국 이튿날, 전체 이스라엘인 75만 8천7백 명 중 1만 9천 명만이 침략자들과 싸우기 위해 다섯 개 전선에 모였다. 그곳에서 브렌과 스텐 기관총을 들고 있는 군인들 가운데 상당수가 평생 아내, 자녀, 토라 이

외에 팔로 아무것도 안아본 적이 없는 사람들이었다. 그뿐만 아니라 영국을 거쳐 구매한 현대 무기로 무장한 아랍인들에 비해 이스라엘의 화력은 형편없었다. 첫 번째 전투에서 유대인이 전선을 사수하지 못하고 후퇴하기 시작했다. 5월 20일에는 예루살렘의 구도시가 아랍인의 손에 들어갔다.

1918년에 영국인과 유대인이 아랍의 민족주의를 과소평가한 실수와 유사하게 1948년에는 아랍이 유대 민족주의를 과소평가했다. 승리를 향한 의지가 유대인 병사들을 사로잡으면서 전쟁의 양상이 바뀌었다. 유대인은 투쟁 정신으로 가득했다. 여기 이 땅에서 그들의 조상은 아시리아인, 바빌로니아인, 이집트인, 사산 사람들, 셀레우코스 왕조와 차례로 싸웠다. 여기서 그들은 세 번의 봉기를 일으켜 로마에 도전했다. 싸움의 양상도 필사적인 방어에서 승리를 향한 확신으로 변했다. 전선이 굳어졌다. 한 치의 땅도 내주지 않았다. 후퇴는 없고 오로지 전진만 있을 것이었다. 아랍인은 정신적인 저항의 벽에 부딪혔다. 그들은 무슨 일이 일어나고 있는지 이해할 수 없었다. 프랑스인이 제1차 세계대전에서 독일인을 베르됭에서 막아낸 것처럼, 유대인도 아랍인의 공격을 다섯 개 전선에서 모두 막아냈다. 아랍인이 일 주일 안에 끝날 것이라던 전쟁은 한 달 동안 이어졌다. 1948년 6월 11일, 아랍인은 유엔이 중재자로 택한 폴케 베르나도테(Folke Bernadotte)의 휴전안을 감사히 받아들였다.

두 진영 모두 여기서 끝낼 생각이 없었기 때문에 휴전 기간 동안 병력을 강화했다. 중립에 서야 한다는 압력을 받으며 서방 세계는 두 진영의 모든 무기 수입을 금지했다. 그러나 이 조치를 예상한 이스라엘은 체코슬로바키아와 무기 구매에 대한 선계약을 해놓았다.* 밤에 진행되어서 이른바 '검은 작전(Operation Black)'으로 알려진 무기 공수 작전에서 이스라엘 조종사들은 소총, 기관총, 75밀리포, 전차 등등을 이스라엘 전선으로 운반했다. 다음 전투에 대비해 전력을 보강하려는 것이었다. 영국과 미국 공군에서 복무한 경험이 있는 유대인들은 전 세계 구석구석에서 대형 수송기, 허리케인 전투기, 메서슈미트 전투기를 공수했다. 이스라엘로 오는 도중에 이전에 함께 복무했던 동기들의 도움으로 영국, 프랑스, 코르시카섬, 유고슬라비아 등지에서 은밀히 기름을 채우기도 했다. 유대인은 아랍인이 휴전을 깨뜨리기만 초조하게 기다렸다.

아랍인은 휴전이 끝나기를 더욱 간절히 기다렸다. 그들은 영국산 포와 전차로 전력을 한층 강화했다. 입대 운동으로 병력도 2만 4천 명에서 6만 명으로 증가했다. 증가한 유대인 병력은 2만 명에 불과했다. 아랍인은 이번 전쟁의 승리는 자신들이 차지할 것임을 의심하지 않았다.

한 달간 지속된 휴전이 끝나자마자 아랍은 공격을 개시했고, 불도저처럼 밀고 들어와 이스라엘 군대의 총 끝에까지 다다랐다. 그러나 반격에 나선 이스라엘은 앞에 있는 모든 것을 쓸어버린 후, 적의 영토에서 전투를 이어 나갔다. 두 번째 전쟁이 진행된 지 불과 열흘밖에

---

* 텔아비브에서 벤구리온과 나눈 인터뷰에서 나는 그에게 공산 국가에서 무기를 사는 기분이 어떠했는지 물었다. 그는 국가가 "벽에 봉착해 있는 상황"이라면, 악마로부터도 무기를 구입할 것이라고 말했다. 그리고 악마가 문제가 될 때, 그 해결책을 찾으면 될 것이라고 덧붙였다.

되지 않았을 때, 아랍은 휴전을 외쳤다. 못 이기는 척하며 유엔의 폴케 베르나도테는 백기와 무기한 휴전 명령을 들고 달려왔다.

두 진영은 뻔뻔하게도 첫 번째와 마찬가지로 두 번째 휴전 협정도 위반했다. 유대인은 자신들의 고지를 확고히 할 또 한번의 대(對)아랍 전쟁을 원했다. 자신들의 패배가 불운의 결과라고 확신한 아랍인은 유대인을 완전히 없애버릴 또 한번의 기회를 원했다. 따라서 휴전 기간 동안 더 많은 무기들이 양 진영으로 흘러들어갔다.

아랍은 이집트 전선에서만 성공했다. 이집트는 네게브 사막을 손에 넣었다. 다음 전투에서 자신들이 예루살렘까지 진군할 것이라고 확신한 이집트는 휴전을 깨버렸다. 그러나 유대인은 이집트인을 기다리고 있다가 반격했다. 탄력을 받은 이스라엘 군대는 이집트 국경을 넘어 지중해 연안의 엘 아리시(El-Arish) 이집트 육군 기지 근처까지 진군했다. 그 기지가 무너져 함락되면 이집트는 무방비 상태가 될 것이다. 이때 영국이 개입했다. 영국은 이스라엘에 후퇴하지 않으면 영국과 전쟁을 하게 될 것이라고 경고했다. 이집트는 평화 협정을 요구했다. 다른 아랍 국가들도 하나씩 이집트의 뒤를 따랐다. 이렇게 전쟁이 끝났다. 유대인은 이스라엘을 되찾았다. 이번에는 돈이 아니라 아들들의 피로 그 값을 지불했다.

독립 전쟁이 한창 진행 중일 때 이스라엘의 정치인들은 현대 이스라엘을 유대의 전통적 민주주의 원칙에 입각해 건설하는 데 집중했다. 1949년에 치러진 첫 번째 총선으로 새로운 제헌 의회가 결성되었다. 다비드 벤구리온이 총리를 맡았고, 차임 바이츠만이 대통령이 되었다.* 이스라엘이 건국될 때 바이츠만은 이스라엘에 있지 않았다. 이스라엘의 독립 헌장에도 그의 이름이 없다. 헤르츨이 바젤 시온주의 회의와 함께 전성기를 맞고 바이츠만이 밸푸어 선언과 함께 정상에 오른 것처럼, 벤구리온도 독립 선언과 1948년의 전승으로 전성기를 맞았다.

벤구리온은 총리 역할에 최적격이었다. 흰 머리카락과 태양에 그을은 피부를 지니고, 영리하면서 감성적이고, 강인하면서 유순한 벤구리온은 시온주의 혁명 조직이 요구하는 네 가지 역할을 모두 확신 있게 수행했다. 1886년 폴란드 플론스크(Plonsk)에서 태어난 벤구리온은 일찌감치 슈테틀 유대교에서 빠져나와 하스칼라와 계몽 사상을 받아들였다. 그는 시온주의 사상가들에 열광적으로 빠져, 시온주의 운동에 동참하기 위해 1906년 스스로 팔레스타인으로 이주했다. 그곳에서 그는 경작 농부가 되었다. 1910년에는 정당을 만들고 신문을 창간했다. 1912년에는 선동가이자 정치가로 변신했다. 콘스탄티노플 법과 대학에 입학했지만 팔레스타인으로 돌아왔을 때 그는 잠재적 문제라는 이유로 튀르크인들에 의해 즉시 추방되었다. 제1차 세계대전 중 그는 야보틴스키의 민병대에 입대해 민병대에 입대할 유대인 전사들을 모집했다. 제1차 세계대전 후에 벤구리온은 팔레스타인의 가장 영향력 있는 정치인이 되어 국제연맹과 유엔 회원국을 선도

---

* 바이츠만 박사의 비서인 보리스 구리엘(Boris Guriel)은 나에게 조금 슬픈 이야기를 들려주었다. "바이츠만이 대통령으로 임명되고 며칠이 지나 나는 그가 서재에서 창문 밖을 응시하는 것을 발견했습니다. 그가 돌아섰을 때 나는 그가 울고 있다는 것을 알았습니다. 내가 방에서 나가려 할 때 그는 이렇게 말했습니다. '괜찮아, 보리스. 여기 있어. 나는 내 역사적 역할이 무엇인지, 왜 내가 총리가 되지 않았는지를 생각하고 있었어. 벤구리온이 옳았어. 나는 배를 놓친 사람이었어.'"

하고, 자극하고, 그들에게 영향을 끼쳤다. 그의 매력적인 성격은 팔레스타인을 영국 보호령으로 만드는 것을 논의한 1922년 유엔 총회와 이스라엘 독립 투표가 이루어진 1947년 유엔 총회에서 중요한 역할을 했다.

이스라엘 국가가 선포된 순간 벤구리온은 시온주의 선동가 역할을 벗어던졌다. 승리가 선포된 순간 혁명의 단계는 이미 과거의 일이 되었음을 깨달았던 것이다. 그 대신 그는 관료적 정치가가 되었다. 그는 대담하게 시온주의 당이 성공을 통해 '자살'함으로써 '그 소임을 다했다'고 선언했다. 이제는 관료들이 나서서 그 승리의 결과를 굳게 다져야 할 때였다. 새로운 관습을 제도화하고, 국내의 혁명 정서를 정상적 상태로 길들여야 했다. '자유와 경제'에 근거한 새로운 민주주의가 만들어져야 했다.

유대인이 이스라엘 국민이 되기 위해 통과해야 할 테스트는 없다. 유대인이 할 일은 이스라엘 땅을 밟고, 자신이 이스라엘 국민임을 선포하는 것뿐이다. 이스라엘에 거주하는 모든 아랍인에게도 시민권이 주어졌다. 종교, 성별, 과거 신분에 관계없이 모든 이에게 선거권, 보편 교육, 능력에 따라 직업을 가질 권리가 주어졌다. 역사상 처음으로 아랍 여자들에게도 투표권이 보장되었다.

아하드 하암, 비알릭, 체르니초프스키가 읊은 것처럼, 이스라엘은 '젖과 꿀'이 흐르는 땅이 될 뿐 아니라 교육과 문화의 나라가 될 것이었다. 전국에 학교가 세워졌고, 교육은 의무였다. 동네, 마을, 도시가 성장함에 따라 박물관, 음악 공연장, 영화관, 오페라 극장, 미술관, 대학이 생겨났다. 〈페르 귄트(Peer Gynt)〉 공연에 이스라엘 아랍인과 유대인이 함께 참석한다. '모욕당하고 상처 입은' 게토 유대인의 자녀들도 전 아랍 농민의 자녀들과 함께 발레를 관람하거나 어린이 음악회를 간다. 건국 후 불과 12년이 지난 1960년에 이스라엘은 인구당 어느 나라보다 더 많은 신문, 잡지, 서점, 미술관, 박물관, 학교, 교향악단을 보유하고 있었다.

다음의 두 요소가 짧은 시간에 이룬 성취를 더욱 놀랍게 만든다. 1922년에는 약 12만 제곱킬로미터 면적의 팔레스타인에 인구 75만 명이 살 수 있었다. 1948년이 되면 영국과 유엔의 주도로 잇따라 분할되면서 팔레스타인은 약 2만 제곱킬로미터까지 줄어들었다. 그러나 1960년 이스라엘은 2백만 인구를 유지할 수 있었으며, 그중 약 20만 명이 아랍인이었다. 1990년의 인구는 470만 명이었는데, 그중 유대인은 380만 명이었고 나머지는 이슬람교도, 기독교도, 드루즈교도였다. 비록 유대인 인구 중 소수만이 팔레스타인 태생이었지만, 이민을 시작한 지 불과 몇 년 만에 예멘, 독일, 모로코, 러시아, 터키, 폴란드, 에티오피아, 이라크, 이집트, 시리아를 비롯한 전 세계에서 온 유대인들이 새로운 이스라엘 정서에 모두 녹아들어갈 정도로 유대 사상의 영향은 강력했다. 2천 년 동안 흩어져 살았던 사람들이 한 민족, 한 나라로 다시 뭉친 것이다.

그러나 아직 이스라엘은 평화의 고요함을 느낄 때가 아니었다. 1956년, 패전의 상처가 아직 아물지 않은 이집트는 페다이(fedayee)라는 특별 공수 부대를 이스라엘 국경 너머로 침투시켜 유대인들을 괴롭혔다. 그들은 야간에 시골에 침투하여 국경 근처의 농장들에 불을 지르고, 주민들을 학살한 후 자기 나라로 도망가곤 했다.

소련 영향권 국가들이 무기와 화약을 이집트로 더 많이 들여보냄에 따라 이집트는 더욱 대담한 공격을 감행했다. 1956년, 이집트, 요르단, 시리아, 세 아랍 국가는 이집트 대통령 가말 압델 나세르(Gamal Abdel Nasser)의 지휘 아래 군사 연맹을 결성한 후, 전 세계 라디오 방송을 통해 이스라엘을 파괴할 것이라고 선언했다. 그러나 그 후 8일만에 전 세계 신문들은 다른 이야기를 전했다. 이집트가 쾌승할 것이라던 전쟁이 거의 제3차 세계대전으로 확대될 전망이었다.

이스라엘은 신속히 군대를 모아, 1956년 10월 29일 시나이 반도 전선으로 보냈다. 이때 트럭, 택시, 개인 승용차가 동원되었다. 이스라엘 군대는 당황해하는 이집트에 전차의 우르릉거리는 소리, 전투기의 굉음, 그리고 자유로이 전진하는 보병 부대의 군화 소리로 인사하며 네게브와 시나이 국경 근처의 주요 거점들을 차지했다. 3일 만에 이스라엘 군대는 이집트 군대의 측면으로 파고들었고, 시나이 반도로 쳐들어가 이집트가 쌓아놓은 군사 장비들을 포획한 후, 수에즈 운하에 진지를 구축해 카이로 침입의 교두보를 확보했다. 실제 전투는 1백 시간 만에 끝났다. 이집트 총사령관은 자신의 부대에 11월 1일 철수를 명령했다.* 그러나 말이 철수이지 실제로 이집트 군대는 전멸하다시피 했다.

---

* 이스라엘 군인들은 엘 아리시로 가는 길에 자신들이 목격한 것에 충격을 받았다. 상관에게 버림받은 이집트 병사들이 무기를 버리고 군복도 벗은 채 서쪽으로 걷고 있었다. 이스라엘 군인들은 카나트라(Kanatra)로 향하던 그들을 지나쳤다. 엘 아리시는 버려졌다. 장교나 병사 할 것 없이 이집트 군인들은 수송 트럭으로 달려가면서 모든 사명감을 상실했다. 심지어 의료병도 수송 트럭 시간에 맞추기 위해 부상당한 전우를 수술대 위에서 죽게 했다. 이스라엘 군인들이 엘 아리시에 도착했을 때는 단한 명의 의무병도 발견할 수 없었고, 부상자와 시체만이 남아 그곳을 지키고 있었다.

그런데 이스라엘을 파멸시킬 사건들이 갑자기 발생했다. 전쟁이 국제 분쟁이 되어버린 것이다. 7월에 이집트가 이제까지 영국과 프랑스가 운영하던 수에즈 운하를 국유화했다.* 10월에는 영국과 프랑스가 운하를 다시 확보하기 위해 이집트를 공격했다. 이 사건은 미국을 예상치 못한 국제 분쟁에 끌어들였다.

10월 30일 오후에 영국군과 프랑스군이 이집트와 이스라엘에 최후 통첩을 보내, 수에즈 운하로부터 약 15킬로미터 밖으로 철수할 것을 요구했다. 영국과 프랑스는 수에즈 운하에 군대를 주둔할 계획이었다. 수에즈 운하를 원하지 않았던 이스라엘은 그 통첩을 수용했다. 이스라엘은 완충 지역으로 시나이 반도만을 원했다. 그러나 이집트가 그 통첩을 거부했기 때문에 이스라엘군은 계속 전진했다. 공군의 지원을 받은 보병과 전차가 수에즈 운하를 향해 나아갔다.

그때 이집트에 행운이 따랐다. 미국과 소련이 영국과 프랑스에 압

---

* 길이 약 160킬로미터, 수심 13미터, 가장 좁은 부분의 폭이 약 235미터인 수에즈 운하는 북쪽의 포트사이드부터 남쪽의 수에즈 시까지 이어진다. 운하의 아이디어는 페르디낭 드 레셉스(Ferdinand de Lesseps)로부터 나왔다. 1854년 프랑스의 허가를 받은 운하 건설 사업이 1858년까지 시작되지 못한 것은 영국이 그 운하 건설을 대영 제국에 대한 프랑스의 도전으로 인식했기 때문이다. 한 주당 5백 프랑으로 40만 주가 주식 시장에 상장되었고, 그중 반을 프랑스가 매입하고, 나머지 반을 영국이 매입했다. 1869년에 운하가 완성되었다.
그리고 음모가 시작되었다. 이집트는 운하 주식의 44퍼센트를 소유했는데, 빚에 시달리던 이집트 총독은 이윤을 남기고 자기 주식을 1875년 4백만 파운드에 영국에 팔아넘겼다. 그러나 영국이 7년만 기다렸다면 운하를 공짜로 얻을 수도 있었을 것이다. 왜냐하면 1882년에 영국이 이집트에서 프랑스인을 몰아내고, 이집트를 점령했기 때문이다. 이제 영국은 수에즈 운하를 온전히 소유했다. 1888년에 모든 해상 강국들이 수에즈 운하는 전시나 평화시에 모든 나라에 개방된 항구가 되어야 한다는 협약에 서명했다. 그 협약은 1956년까지 지속되었다.

력을 넣어 수에즈 운하를 위한 군사 작전을 취소하도록 만들었다. 이어서 영국은 이스라엘에게 이집트 땅에서 철수할 것을 명령했고 이스라엘은 그에 따랐다. 그러나 이집트에 압도적으로 승리한 이스라엘은 아랍 세계에 '이스라엘 국경을 침범하면 미국, 소련, 영국의 국경을 침범했을 때와 마찬가지로 확실한 군사 보복을 받게 될 것'이라는 경고를 남긴 셈이다.

이 전쟁의 결과로 수에즈 운하, 시나이 반도, 가자 지구가 이집트에 반환되었다. 이집트는 싸움에서 완전히 졌지만, 엄청난 '승리'를 얻었다.* 패전국에 그렇게 관대한 전승의 열매가 주어진 적은 없었다. 서방에게 그것은 결과적으로 재앙이었다. 영국은 중동의 패권을 상실했다. 1940년에 대국으로서 지위를 상실한 프랑스에게 이번 침략의 실패는 제국 시대의 종결을 의미했다. 미국도 이 재앙 때문에 향후 수십 년간 영국, 프랑스와 껄끄러운 관계에 놓였다.

서방의 압력 때문에 시나이 반도와 가자 지구를 포기해야 했던 이스라엘의 손에 남겨진 것은 한 줌의 공허한 약속뿐이었다. 다음 전쟁이 일어나기 전까지 이스라엘이 맞닥뜨려야 했던 현실은 1964년 팔레스타인해방기구(PLO)의 창설, 1965년 팔레스타인해방기구의 첫 번째 이스라엘 침공, 그리고 이스라엘을 절멸시키겠다는 아랍인들의 끊임없는 협박이었다.

---

* 당시 부통령이던 리처드 닉슨은 몇 년 후 영국의 외무장관 줄리언 에이머리(Julian Amery)에게 보낸 편지에서 "영국, 프랑스, 이스라엘을 제제한 것이 중대한 외교 실수였다."고 고백했다. 그리고 드와이트 아이젠하워도 이 견해에 동의한 것으로 알려졌다.

아랍은 휴전을 총성 없는 전쟁으로 간주했다. 따라서 이집트와 아랍연맹국은 평화를 말하는 대신 세 번째 전쟁을 준비했다. 유엔의 비상군이 주재해 있었는데도 1966년 아랍은 이스라엘에 테러 공격을 감행했다. 마침내 1967년 5월 17일, 이스라엘에 '격렬히 싸울 전사들'을 풀어놓을 준비를 마친 이집트는 용감하게도 유엔 평화 유지군의 철수를 요청했다. 당시 유엔 사무총장이었던 우 탄트(U Thant)는 그 요청에 응함으로써 6일 전쟁의 초석을 깔아주었다.

한편 시리아 정부가 주도한 파괴 작전, 페다이 습격, 골란 고원으로부터 포격이 증가했다. 마침내 1967년 4월 7일 이스라엘이 반응했다. 이스라엘은 지상 교전 후 이스라엘을 흔들었던 포탄의 원점들을 공격했다. 하늘에서도 교전이 이어졌다. 시리아는 이집트에 감히 아랍에 도전한 이스라엘 도적들을 처벌해 달라고 애원했다. 이집트는 군대와 전차를 이스라엘 국경과 가까운 시나이 반도에 집결했다. 유엔 비상군이 철수하자, 나세르는 남쪽에서 침략할 준비를 갖추었다. 그는 먼저 아카바만과 수에즈 운하를 봉쇄했다. 왜냐하면 그는 해협을 봉쇄하면 전쟁 선포로 간주하겠다는 이스라엘의 경고를 잘 알았기 때문이다.

미국이 조심스럽게 개입해 아카바만과 수에즈 운하는 국제 해상이며 봉쇄 대상이 아니라고 선언했다. 나세르는 대담하게 어느 국가라도 그 봉쇄 조치를 위반하면 전쟁을 도발하는 것이라고 응수했다. 미국은 자신들에게 꼭 필요하지 않는 바다를 놓고 이집트와 전쟁하는 것을 원치 않아 뒤로 물러섰다.

미국이 물러선 데 용기를 얻은 나세르는 해협의 봉쇄는 전쟁을 의미한다는 이스라엘의 경고를 들먹이며 이스라엘을 도발했다. 나세르는 "이스라엘을 파괴할 준비가 되었다."라고 말했다. 카이로의 라디오들은 "유대인은 한 명도 살아남지 못할 것이다."라고 연일 소리를 높였다. 시리아, 요르단, 레바논도 나세르 편에 섰다. 소련은 무기를 제공하고 있었다. 이제 무대 준비가 모두 끝났다.

이스라엘은 자국 영토에서 전투가 일어나서는 안 된다고 생각했다. 곧바로 지상군을 이집트 군대가 대기하는 장소로 이동시키고, 공군 병력을 투입해 포격 원점을 파괴함으로써 이스라엘 도시들에 포탄이 떨어지는 것을 막아야 했다.

이스라엘에게 기습 공격은 매우 중요했다. 그해 6월 5일 이스라엘은 이집트 비행기와 전차가 국경으로 이동하는 모습이 레이더에 잡히자 선제 공격을 감행했다. 이스라엘 공군은 대서양 위를 반원을 그리며 낮게 비행하여 이집트 상공으로 들어가 지상에 대기 중이던 이집트 공군을 궤멸했다. 비행기 3백~4백 대가 지상에서 화염에 휩싸였다. 비행기 단 20대만 공중전에서 격추되었다. 이스라엘은 아무런 발표도 하지 않았다.

요르단의 국왕 후세인(Hussein)은 이집트군의 잘못된 발표를 듣고 이집트가 전쟁을 이기고 있다고 착각하여, 요르단에는 어떤 공격 계획도 없다고 한 이스라엘 정부의 말을 무시하고 참전하여 자기 몫을 취하려 했다. 그는 요르단 군대가 신속히 이스라엘의 좁은 허리를 둘로 자르고 이스라엘 관할 하의 예루살렘을 점령할 수 있다고 확신했다. 요르단이 이스라엘을 침공하자, 이스라엘은 이집트를 상대로 했을 때와 같은 작전을 펼쳤다. 시리아가 개입했을 때도 이스라엘은 비숫하게 대처했다.

전쟁 첫날에 이스라엘은 19대의 전투기를 잃었다. 이집트, 요르단, 시리아는 전투기 391대를 잃었다. 이스라엘은 처음에 시나이 반도에 주둔 중인 이집트군에 군사력을 집중했다. 6월 6일 이스라엘은 상륙 작전과 낙하산 부대를 투입하여 이집트의 샤름 엘셰이크(Sharm El-Sheikh)를 재탈환했다. 3일 후 요르단의 서안 지구, 가자 지구, 시나이 반도가 차례로 이스라엘에 넘어왔다. 6월 8일 이집트는 스스로 자초한 재앙을 깨닫고 러시아를 통해 유엔에 휴전 협상팀을 보내 달라고 요청했다. 자신들은 안전하다고 생각한 시리아는 휴전을 원치 않았으므로 전쟁 태세를 유지했다. 이스라엘은 다시 자국민을 보호하기 위해 6월 10일 시리아의 포격 원점인 골란 고원을 점령했다. 이로써 27만 5천 명의 군사를 보유한 이스라엘이 이집트인, 요르단인, 시리아인 44만 명으로 구성된 아랍연맹군을 궤멸했다.

'6일 전쟁'이 끝나자 이스라엘은 서안 지구, 가자 지구, 골란 고원을 지배하면서 그곳에서 반란이 일어나지 않도록 방지해야 했다. 아울러 국가와 지역이 경제적 경쟁력을 갖추도록 계획해야 했고, 1960년대에 이스라엘로 들어온 37만 2천 명*의 이민자와 1970년대에 유입될 것으로 기대된 비슷한 수의 이민자—이는 전체 인구의 5.5퍼센트에 해당하는 수이다.**—를 흡수해, 훈련하고 교육해야 했다. 같은 기간 미국은 이민자 6백만 명만을 흡수했다. 이것은 미국 인구의 1.5~1.7퍼센

---

* 20년 동안 늘어난 이 인원수는 아랍-이스라엘 전쟁으로 발생한 팔레스타인 난민(아랍 국가들이 수용을 거부하고 난민촌에 내버려 둔 사람들)의 수보다 많다. 1951년까지 이스라엘은 아랍 땅에 살던 유대인 26만 2천 명을 이미 흡수했다.

트에 불과한 숫자이다. 전후, 이전보다 훨씬 넓은 영토와 1백만에 가까운 아랍인 시민을 새로 얻은 이스라엘은 이어지는 수년 동안 승리에 대한 비싼 대가를 치르게 된다.

당시 세계는 이스라엘의 놀라운 승리에 충격을 받고, 이스라엘에 대한 경외심으로 가득 차게 된다. 이스라엘 역사에 새로운 '다윗 시대(전성기)'가 도래한 것이다. 그러나 아랍연맹은 수단의 하르툼에서 열린 회의에서 이스라엘과 협상하기를 거부했다. 그리고 유엔도 이스라엘의 궁극적 이익을 위해서라도 아랍의 자존심을 세워주어야 한다고 결정했다. 지역의 평화와 화합을 위한 유일한 희망은 아랍 세계를 달래는 일에서 시작되어야 했다.

소련과 유엔은 이 전형적 논리에 동의했다. 한편 미국은 적어도 아랍이 이스라엘의 독립과 안전을 보장할 때까지 이스라엘이 점령 지역에서 철수해서는 안 된다고 주장했다. 그러나 소련이 무기를 계속 공급해줄 것이고 유엔이 추후에도 도와주리라고 확신한 아랍은 교만하게 미국의 주장을 무시하고 복수를 다짐했다. 역사에서 전쟁에서 패한 나라가 새로운 전쟁을 운운하고 승자가 평화를 구걸한 적은 한 번도 없었다! 히틀러가 살아 있었다면 연합군에 패한 후에 체결된 평화조약에서 자신의 요구를 관철시켰겠는가?

시나이 반도, 가자 지구, 골란 고원, 서안 지구(옛 '유다와 사마리아')가 이스라엘의 점령지가 되면서 이스라엘은 이제껏 가장 넓은

** 이스라엘은 1989년 이후로만 거의 50만 명에 가까운 이민자들을 새로이 정착시켰다. 이 말은 곧 현재 이스라엘 인구 10명 중 1명이 1989년 이후에 이민을 온 사람들이라는 뜻이다.

영토를 차지하게 되었다. 그러나 6일 전쟁의 가장 중요한 결과는 1967년 6월 27일 독립 전쟁 후 처음으로 예루살렘이 통일되었다는 것이다. 1948년 요르단은 예루살렘의 동부 지구를 이스라엘로부터 빼앗고, 종교 시설들을 포함한 모든 유대인 지역을 파괴한 후 그 잔해들로 새 도로를 깔았다. 전후 이스라엘도 예루살렘을 새 수도로 삼았다. 이 상황은 유엔, 아랍, 심지어 미국에게도 불편한 행보였다.

한편 팔레스타인해방기구는 이스라엘에 대한 공격을 지속했고, 심지어 요르단에게까지 위협이 되었다. 이집트는 휴전에 관한 유엔 안전보장이사회의 결의를 위반하면서 팔레스타인해방기구의 게릴라군을 공개적으로 지원했다. 1967년 후반에만 1,288건의 파괴와 국경 침입이 있었으며, 이스라엘 군인과 민간인 281명이 사망하고 1,095명이 부상을 당했다. 6일 전쟁으로 인한 이스라엘의 사상자 수가 759명에 불과했음을 생각해보면 엄청난 사상자 수였다. 아랍 게릴라군은 아랍 국가 내에서도 심각한 위협이 되었다. 이라크, 남부 예멘, 소말리아, 수단, 리비아, 사우디아라비아 내에서 팔레스타인해방기구가 주도하는 혁명 혹은 혁명 시도가 있었다.

한편 요르단과 이스라엘 사이에는 정치적 · 행정적 협력이 존재했다. 이스라엘 농민은 요르단으로 건너가 농작물을 팔 수 있었다. 나중에는 모든 물품의 쌍방 이동이 허용되었고, 심지어 여행도 가능해졌다. 이것이 이른바 '오픈 브리지(다리 개방)' 정책이다. 이렇듯 요르단은 이스라엘의 생존권을 받아들일 준비가 되었지만, 다른 아랍 국가들은 아직 그렇지 않았다. 이 때문에 요르단은 난처한 입장에 처하게 되었다.

서안 지구에서 아랍 관료들과 협력하려 했던 이스라엘의 노력은 수포로 돌아갔다. 아랍 관료들은 서안 지구가 아랍의 통치를 받게 될 때 아랍 형제들로부터 받을 보복을 두려워했다. 이집트는 시나이 반도 전쟁 후 이스라엘에 협력했던 가자 지구 사람들을 자신들이 어떻게 했는지 기억하라고 그들에게 경고했다.

이스라엘은 정복 지역을 계속 관리하면서 아랍인의 상황을 개선하기 위해 노력했다. 그리고 어느 정도 성공도 거두었다. 그러나 아랍이 더 많은 테러 공격과 전투를 계획했기 때문에 이스라엘은 정복 지역에서 철수하려면 최종 평화 협상을 요구할 수밖에 없었다.

요르단은 '오픈 브리지' 정책을 시행하며 이스라엘과 협력하는 동안에도 팔레스타인해방기구의 게릴라군을 돕고 있다고 공공연히 밝혔고, 심지어 게릴라군이 요르단 정부에 찾아와 요르단을 이스라엘 공격의 주요 교두보로 삼게 해 달라고 요청하기도 했다. 국왕 후세인이 그 요청을 거절했을 때, 야세르 아라파트(Yassar Arafat) — 1969년 팔레스타인해방기구의 의장이 되었다. — 는 '요르단 전 지역'에 대한 공격을 감행했다. 아라파트의 계획은 '초토화' 정책을 펴서 후세인이 자신의 요구에 응하도록 하는 것이었다. 아랍 세계의 반대에도 불구하고 후세인은 요르단을 팔레스타인해방기구의 지배 아래 두기를 거부했고, 1970년 팔레스타인해방기구는 요르단에 대한 그들의 거점을 모두 잃었다.

'검은 9월 전쟁'으로 불린 이 분쟁은 아랍인이 다른 아랍인과 벌인 많은 전쟁 중 하나인데, 팔레스타인해방기구의 레바논 '침입'으로 이어졌고 그 결과 '국가 안의 또 하나의 국가'가 레바논에 세워졌다. 이 전쟁으로 인해 1975년의 레바논 내전이 발발했고 레바논에 대한 시리아의 통치 기반이 놓였다.

한편 이스라엘 사람들은 나라를 경영하는 일에 복귀했다. 새 영토를 운영할 계획을 세웠고, 6일 전쟁이 지역의 평화 정착으로 이어지기를 희망했다. 그러나 그들에게 닥친 것은 또 한번의 전쟁이었다.

1969년 이스라엘 정치계에서 의외의 인물인 골다 메이어(Golda Meir)가 정권을 잡았다. 그녀는 젊은 시절 미국에서 이스라엘로 이민을 와 정치에 입문했다. 메이어는 정치 활동 때문에 때때로 자신의 사생활을 희생해야 했고 가족에게도 소홀할 수밖에 없었다. 미국과 친분을 활용해 막대한 독립 전쟁 자금을 모금하는 데 중요한 역할을 했으며, 아프리카 신생 국가에 원조를 확대하고, 그들과 친분 관계를 맺는 데 큰 역할을 했다. 이스라엘의 총리가 되었을 때 메이어는 순진한 얼굴을 하고 선한 마음씨를 지닌 할머니의 모습이었지만, 그녀의 벨벳 장갑 속에는 두 개의 철 주먹이 숨어 있었다. 그녀는 미소를 지으며 권력을 잡았고, 다크호스처럼 정부에 들어와 위기의 시기에 유대인의 잔다르크가 되어 이스라엘을 구했다.

1973년 10월 6일 토요일 새벽이었다. 아랍도 그날이 유대교에서 가장 성스러운 속죄일인 욤 키푸르임을 알았다. 새벽 4시, 임박한 공격 소식이 이스라엘 정치가들에게 전달되었다. 메이어 총리는 선제 공격을 하는 대신 회의를 소집했다. 그 회의 결과 이스라엘은 서방 지도자들에게 최후의 순간에 개입할 것을 요청하기로 결정했다. 그 요청에 대한 대답은 "선제 공격하지 말라."는 것이었다.

지난 수개월 동안 안와르 사다트(Anwar Sadat) 이집트 대통령은 정치적 위장술을 사용해 왔다. 이스라엘은 이집트와 시리아로부터 공격의 징후를 느끼고 있었다. 공격의 징후가 있을 때마다 이스라엘은 의도적으로 군대 동원령을 내리지 않았다. 동원령이 국제적 비난과 엄청난 비용을 유발하리라 생각했던 것이다. 그러나 이제 그 전략은 실패로 드러났다.

병력과 무기에서 수적으로 우월했던 아랍은 전략과 전술에서도 우위를 차지했다. 10월 6일 오후 2시, 이집트와 시리아가 각각 시나이 반도와 골란 고원으로 협공해 들어왔다. 그들은 지상군의 수에서 20대 1, 전차의 수에서도 5대 1의 우위를 점했다. 이스라엘에서는 임시 동원령이 네 시간 전에 내려졌을 뿐이었다. 과거에 이스라엘이 사용했던 전략은 선제 공격과 기동 타격대였다. 지금은 군대를 동원하는 동시에 시나이 반도에서 이집트의 진군을 봉쇄하고 북쪽 국경에서 시리아의 공격을 막아내야 했다. 10월 9일까지 이스라엘은 시리아에 대한 결정적 반격을 하지 못했다.

이스라엘은 자만했다. 아랍인에게 좋은 무기가 있다는 것을 알았지만 그들은 이집트인이 그 무기를 다룰 줄 모른다고 믿었다. 이스라엘의 오판이었다. 한편 아랍인도 자신들의 근거 없는 믿음을 너무 쉽게 따랐다. 그들은 6일 전쟁의 패인이 선제 공격 실패에 있다고 믿었다. 그래서 이번에는 선제 공격을 한 것이다. 이것은 아랍의 오판이었다.

이스라엘의 생존 자체가 위험에 처하자 유대인의 마음속에 두 가지 상반된 역사가 주마등처럼 지나갔다. 하나는 나라를 세우고 그것을 지켜내기 위해 희생한 조상들의 역사다. 한때 노예였던 여호수아는 유목 민족의 수장으로서 가나안의 강력한 부족들과 왕국들을 정복했다. 초대 왕 사울는 암몬인을 격파하고, 믹마스 전투에서 블레셋인을 궤멸했다. 다윗 왕은 이스라엘과 유다를 통일해 최초의 작은 유대 제국을 건설했다. 이와 상반된 또 다른 유대 역사는 로마에 패한 이후에 해당한다. 즉 유배, 흩어짐, 2류 시민, 반유대주의의 역사이다. 다시는 이런 역사를 반복해서는 안 된다는 생각이 유대인 병사들의 마음을 일으켰고, 그들에게 승리를 향한 열정을 심어주었다. 이집트인은 처음의 기세를 잃은 반면, 이스라엘은 서서히 힘을 모았다.

당시 미국의 합동 참모 본부 의장이던 토머스 무러(Thomas H. Moorer) 제독은 전쟁이 끝난 뒤 이렇게 말했다. "대부분의 전쟁처럼 이 전쟁도 리더십과 실력, 그리고 훈련의 영향에 따라 승패가 결정되었다." 그 전쟁은 지상군의 전쟁이었다. 서로를 궤멸할 능력이 있었던 그들은 상대방 도시를 공습하는 일은 피했다. 10월 24일, 휴전이 이루어졌을 때 이스라엘은 수에즈 운하를 건너 약 1천3백 제곱킬로미터의 이집트 영토를 점령했고, 2만 5천 명에 이르는 이집트 제3군단을 고립시켰으며, 수에즈 운하의 서안을 자유롭게 다닐 수 있었다. 시리아도 다마스쿠스 인근까지 진군했으며 전쟁 전보다 더 많은 영토를 차지했다. 이번에도 이스라엘의 추가 진군을 막은 것은 국제 사회의 정치적 압력이었다.

그러나 승리의 대가는 어마어마했다. 전쟁 시작 일 주일 만에 이스라엘은 군수품이 몹시 부족해졌다. 누구도 미국이 이스라엘을 지원해줄 것이라고 예상하지 못했지만, 이스라엘의 절박한 요청에 닉슨 대통령과 헨리 키신저가 군수품을 긴급 지원하기로 결정했다. 미국은

10월 14일부터 11월 14일까지 한 달 동안 필수 무기 30만 톤을 보냈고, 그 후 의회가 승인한 1억 달러 이외에도 필요할 때마다 군수품을 공급했다.

미국 국방부 추산에 따르면 1973년 전쟁에서 소련이 치른 비용은 26억 달러였던 반면 미국이 지출한 비용은 긴급 지원금 22억 달러를 제외하고도 10억 달러나 되었다. 이스라엘은 하루에 2억 5천 달러씩 썼다. 이것은 1967년 6일 전쟁 때 쓴 비용의 2.5배에 해당한다. 1973년 이스라엘은 국민 총생산의 40퍼센트를 국방비로 써야 했다. 아랍인이 전쟁에 패하면서도 평화 협상 자리에 앉기를 거부했기 때문이다.

욤 키푸르 전쟁 이후에도 여전히 이스라엘을 정복할 수 있다는 아랍의 신화는 어떻게 유지될 수 있었을까? 욤 키푸르 전쟁 때 그들은 이스라엘을 먼저 공격했다. 그것도 모두가 기도하는 유대인 속죄일에 말이다. 소련의 지원과 정교한 소련제 무기도 가졌다. 그보다 더 좋은 승리의 조건은 없었을 것이다. 그러나 이집트는 16일 만에 아랍의 재앙적인 패배를 막을 수 있도록 모스크바와 유엔에 휴전시켜 달라고 애원했다. 그리고 이전 세 차례의 전쟁에서처럼 이스라엘은 세계 강국들의 압력 때문에 군사 작전을 멈추어야 했다. 골다 메이어는 "맙소사! 사다트가 전쟁을 시작했다. …… 그리고 패배했다. 그 후 정치적 술수로 그는 승리를 선사받았다."라고 말했다.

그때 불가능한 일이 벌어졌다. 이스라엘의 정치가 보수적으로 바뀌었다. 1948년 이래 여덟 번의 선거에서 패배한 이스라엘의 강경 보수파 리쿠드당이 살아남아 1977년에 치러진 아홉 번째 선거에서 승리했던 것이다. 리쿠드당의 지도자 메나헴 베긴(Menahem Begin)은

비 대중성의 파도를 넘어 총리가 되었다.

당시 베긴은 칩 하나 없이 포커 테이블에 앉아 있는 상황이었다. 상대편인 아랍 국가들은 한 무더기의 칩을 쌓아놓고 있었다. 베긴은 자신이 이길 가능성이 매우 적다는 것을 알았다. 아랍 국가들과 맞서기 위해 그는 텍사스를 합병한 미국 역사에서 교훈을 얻기로 했다. '먼저 새 영토에 사람들을 보내라. 그러면 그곳에 정착한 사람들이 국가를 요청할 것이다.' 베긴은 정복한 영토에 유대인을 이주시키기 시작했다. 그리고 미국을 방문한 날 자신의 정책을 대담하게 선포했다. 기자가 그에게 정복한 영토에 관해 질문했을 때, 베긴은 "정복한 영토가 무엇인가? 내게는 이스라엘, 유대, 사마리아밖에 보이지 않는다."라고 대답했다.

고통스러운 외침이 아랍 국가들에 퍼졌다. 갑자기 베긴은 정복한 영토를 협상 칩으로 가지게 된 것이다. 아랍은 이제 땅을 얻기 위해 협상을 해야 했다. 이스라엘은 생존권과 평화를 위해 협상할 필요가 없어졌다. 결국 사다트는 이전의 어떤 노동당 정부도 할 수 없었던 것을 해냈다. 사다트는 이스라엘에 평화를 주는 대가로 땅을 돌려받았다.

베긴이 현실주의자였다면, 다행히 사다트도 마찬가지였다. 그는 이집트의 경제 상황이 절박하다는 것을 알았다. 많은 이집트 국민처럼 그도 이집트가 아랍 '친구들'을 위해 마지막까지 싸웠음을 깨달았다. 아랍인은 체면을 세웠고, 자긍심도 얻었다. 이집트인은 사람, 돈, 자원을 잃었다. 군대는 서방이 개입한 덕분에 지킬 수 있었다. 주어진 모든 혜택에도 불구하고, 이집트는 패전과 사기 상실로 황폐화되었다. 많은 정착민이 시나이 반도에 일단 편히 자리를 잡으면 그들을 추방하기란 거의 불가능할 것이었다. 이때 베긴이 먼저 평화 협상을 제안했다. 이스라엘의 생존권을 인정하는 대가로 시나이 반도를 주겠다는 제안이었다.

사다트가 이스라엘에서 베긴과 만나, 이스라엘 대중으로부터 환대받는 모습을 전 세계가 텔레비전으로 지켜보았다. 오랜 협상 끝에 지미 카터(Jimmy Carter) 미국 대통령의 큰 '격려'에 힘입어 협상이 타결되었고, 캠프 데이비드(Camp David)에서 서명식이 있었다. 이스라엘은 유전, 공군 기지, 정착촌을 포함한 시나이 반도를 이집트에게 돌려주었고, 이집트는 이스라엘이 팔레스타인에 존재할 권리를 인정하고, 이스라엘 남쪽 국경의 안전을 보장해주었다.

이집트-이스라엘 협정에는 큰 희생이 뒤따랐다. 베긴은 가장 가까웠던 정치적 동지를 잃었다. 사다트가 암살당한 것이다. 평화의 대가로 이스라엘 사람들은 요르단강 서안 지구와 심지어 예루살렘까지 양보하겠다고 약속했다. 그러나 협상을 시도조차 하지 않던 팔레스타인과 다른 아랍 국가들은 그 기회마저 던져버렸다. 그들은 캠프 데이비드 협정을 거부했고, 이 때문에 이스라엘은 유다, 사마리아, 가자 지구, 골란 고원에 대한 통제권을 계속 유지할 수밖에 없었다.

당시 아랍의 영향력은 크게 늘었다. 아랍은 원유 가격을 세 배로 올려 엄청난 돈을 벌었다. 그러나 그들은 자국민의 삶을 향상시키는 것이 아니라, 무기를 구입하고 테러 활동을 지원하고 지도자들의 사치스러운 삶을 유지하는 데 그 돈을 사용했다. 반면 팔레스타인 사람들은 여전히 난민 캠프에 남아 있었다.* 그런데도 유엔은 시온주의와 인종 차별주의를 동일시한 결의안을 통과시켰다. 야사르 아라파트는 유엔에 의해 국가의 수장으로 인정되었고, 총을 차고 강단에 올라 반이스라엘 연설을 했다. 그 연설에서 그는 자신이 꿈꾸는 팔레스타인 국가의 영토에 이스라엘 전체가 포함되어 있음을 분명히 했다. 한편 이라크는 원자로를 개발하여 이스라엘에게 '분명하고 즉각적인 위험'으로 등장했다. 1981년 6월 이스라엘은 이라크의 원자로가 가동되기 전에 공습을 감행했다. 세계는 그 방어적 선제 공격에 경악하며 국제법 위반이라 비난했다. 물론 그 경악은 이라크가 1990년 쿠웨이트를 침공했을 때 기쁨으로 변했다.

요르단 점령에 실패하고 시리아에게도 거부당했을 때, 팔레스타인 해방기구는 1970년 레바논으로 거점을 옮겼다. 그들은 자신들에 대한 정부 규제 철회와 자유로운 게릴라 활동 보장과 군수품 공급을 요구했다. 또한 레바논을 이스라엘 공격의 거점으로 삼을 수 있게 해 달라고 요구했다. 즉 그들은 요르단에서 얻으려 했지만 얻지 못했던 것, "국가 내의 또 하나의 국가"를 레바논에서 이루려 했다. 마침내 그들은 그 목적을 달성했다. 레바논 대사는 팔레스타인해방기구의 요구를 들어주면 이스라엘의 강력한 반응이 있을 것이라고 유엔에 경고했다. 레바논 대통령 찰스 헬루(Charles Helou)도 게릴라들은 반드시 레바논을 떠나야 하며, 그들이 레바논의 남부 국경을 사용하면 이

---

* 요르단강 서안 지구의 한 팔레스타인인이 미국의 흑표당(Black Panther Party), 아랍의 죽음 군단, 그리고 팔레스타인이 저지르는 살인에 관해 이야기하면서, "우리는 이제 아라파트가 필요하지 않다. 우리에게 필요한 것은 벤구리온이다."라고 말했다.("Meltdown," *New Republic*, 1992년 11월호)

스라엘이 그 지역을 점령할 것이라고 경고했다. 그러나 이 두 경고는 모두 무시되었다.

이렇게 팔레스타인해방기구는 레바논을 거점으로 삼아 자유롭게 이스라엘에 침입했고 이스라엘 북부 지역에 미사일 공격을 시작했다. 또한 그 후에 시리아 문제도 불거졌다. 처음에 시리아는 팔레스타인해방기구의 적들을 지원했다. 그런데 팔레스타인 민병대가 더 과격한 레바논 민병대와 연대하여 자신들을 제대로 된 준비 없이 이스라엘과의 전쟁으로 밀어넣을 것을 두려워한 시리아는 이스라엘이 아니라 자신을 보호하기 위해 민병대를 약화시킬 원정 군대를 보냈다. 그러나 레바논도 시리아도 팔레스타인해방기구의 이스라엘 습격이나 미사일 공격을 막지 않았다. 이스라엘은 행동하기로 결심했다.

이스라엘의 목적은 팔레스타인해방기구의 습격과 카튜샤 미사일 공격을 막는 것뿐 아니라 공격의 원점 시설들을 파괴하여 습격과 미사일 공격이 당분간 재개될 수 없도록 만드는 것이었다. 팔레스타인해방기구에 협박받고 이용당하고 재산도 빼앗기고 나라마저 짓밟힌 레바논은 이스라엘 군대를 두 팔 벌려 환영했다. 이스라엘 군인들은 레바논을 구하기 위해 왔고 얼마간은 그 일을 했다. 그러나 팔레스타인해방기구가 관리한 무기, 화약과 함께 팔레스타인해방기구의 이스라엘 파괴 계획을 발견했을 때 이스라엘군은 그들의 임무가 쉽게 끝나지 않을 것임을 확신했다.

그러나 이번에도 세계는 앉아서 이스라엘의 승리를 지켜보지 않았다. 이스라엘이 팔레스타인해방기구를 레바논에서 거의 몰아냈을 때, 외부 세력—미국과 유엔—이 개입했다.* 미국은 시리아가 베카 계곡에서 철수하는 조건을 내걸며 이스라엘에게 철수를 요구했다. 그리고 이스라엘과 레바논 사이에 조약이 성사되었다. 그때 이스라엘은 시리아의 철수 동의가 없으면 그 조약은 실패할 것이라고 미국에 경고했다. 그 경고대로 조약은 깨졌다. 시리아는 베카 계곡에서 철수하지 않았다. 시리아의 압력을 받은 레바논도 1984년 3월 그 조약을 부효화했다. 그 결과 레바논 내부의 분파 갈등이 심화되어 더 많은 미사일 공격과 공습이 일어나 수도 베이루트 주변을 파괴했고, 레바논은 정치적으로도 와해 직전에 놓이게 되었다. 미국이 긴급 해병대를 파병해 베이루트 내전을 정리했을 때, 아랍의 자동차 폭탄이 미군 부대로 돌진해 미 해병 대원 241명이 목숨을 잃었다. 설상가상으로 미국은 레바논에서 1982년 7월부터 1991년 12월까지 계속된 잔인한 인질 사건의 희생자가 된다. 시리아는 아무것도 할 수 없다고 선언했다. 그러나 1991년 걸프 전쟁 이후 시리아의 태도가 다소 변했다. 미국을 돕는 것이 국익에 도움이 된다고 판단한 시리아는 미군 인질의 석방을 도와 미국으로부터 사례를 받아냈다. 그러나 레바논 위기는 여전히 중동 문제의 핵심으로 남아 있다.

레바논 전쟁은 팔레스타인해방기구를 와해시켰고, 아라파트를 아랍 세계의 주역에서 튀니지에서 빌어먹는 거지 신세로 만들었다. 이후 그는 힘을 조금 회복하기는 했지만, 이전에 누렸던 정치적·군사

---

* 오랫동안 이스라엘 내부에서는 유엔에 대한 의심이 자라났다. 즉 유엔은 아랍의 침략자들이 그 침략에 대한 대가를 치르려 하는 순간에만 개입했다. 이 의심은 수에즈 전쟁과 6일 전쟁 후에도 생겨났지만, 욤 키푸르 전쟁과 함께 눈에 보이는 현실이 되었고, 레바논 전쟁으로 이전 전쟁 때 생겼던 모든 의심은 확신이 되었다.

적 힘과는 비교도 되지 않았다. 이스라엘이 '갈릴리 평화 작전'이라 부른 레바논 전쟁으로 북부 이스라엘에 대한 미사일 공격이 줄었고 팔레스타인해방기구은 군사적으로 약해졌다. 반면 테러 공격이 증가했고, 이슬람 근본주의가 강해져 아랍 국가들에도 위협이 될 정도였다. 근본주의 이슬람교도들은 정권 전복을 꾀하기도 했다.

　35년 동안 아랍과 네 번에 걸쳐 전쟁을 치렀는데도 왜 '갈릴리 평화 작전'은 이스라엘 안팎에서 그토록 많은 분노를 일으켰을까? 이스라엘에게 레바논 전쟁은 매력적인 동시에 혐오스러운 것이었다. 분명 나라를 방어하고 이스라엘 북부 지역의 유대인과 레바논 남부 지역의 기독교도를 보호할 필요는 있었다. 그러나 다른 한편으로 이스라엘 사람들은 언제나 국가의 살생 사명을 받아들이기 어려워했고, 국제적 압력 때문에 전쟁을 깔끔히 마무리하지 못하는 상황에서 발생하는 희생과 비용이 너무 부담스러웠다. 이스라엘 밖의 사람들에게는 팔레스타인해방기구가 레바논을 파괴하고 시리아가 레바논을 점령하는 일이 어떻게 가능했는지 이해하기 힘들었다. 이것은 이스라엘을 향해 표출된 분노를 생각할 때 더욱 그렇다. 나아가 아랍이 이스라엘과 서방은 물론이고 심지어 같은 아랍인을 협박하고 살인하고 테러하는 것은 지켜보기만 하면서, 이스라엘의 자위적 반격에만 왜 세계가 나서서 반대하는지도 이해하기 힘들다.

　레바논 전쟁은 정의로운 전쟁이었을까? 팔레스타인해방기구에 그 질문을 던지면 아니라는 대답이 돌아올 것이다. 그러나 갈릴리 시민이나 레바논 남부 지역의 기독교도들에게 물어보면 그렇다는 대답을 듣게 된다. 헨리 키신저는 〈워싱턴포스트〉와의 인터뷰에서 다음과 같이 말했다. "이스라엘이 내세운 공식적 이유에 대한 우리의 판단이 무엇이든지 간에…… 이스라엘의 전략이 정당했다는 사실에는 논란의 여지가 없다. 어떤 주권 국가도 자국의 파괴를 공언하는 적국이 국경 근처에서 끊임없이 군사력을 증강하는 것을 가만히 보고만 있을 수는 없다."

키신저의 말은 1991년 1월 이라크 침공 직전의 쿠웨이트에도 적용할 수 있다. 물론 세계는 그 상황에서 어떻게 행동할지 결정하는 데 크게 어려움을 느끼지 않았다. 게다가 이라크의 사담 후세인(Saddam Hussein)은 이웃 아랍 국가이자 아랍 지역의 주요 산유국인 쿠웨이트를 침공하고, 세계 최대의 산유국이 되겠다며 사우디아라비아까지 침공하겠다고 협박함으로써 그 결정을 한층 더 쉽게 만들어주었다.

미국이 주도한 유엔은 놀란 나머지 이라크를 규탄하는 성명서를 발표하고 전례 없이 이라크를 쿠웨이트에서 추방하기 위해 군사력 사용을 승인했다. 이런 행보 뒤에는 이라크의 손에 산유국들이 넘어가는 것을 두려워하는 마음도 있었지만, 후세인이 핵폭탄을 보유할지도 모른다는 두려움이 더 컸다.

세계는 1981년 이스라엘의 이라크 원자로 공습을 크게 비난했다. 그러나 이제 세계도 그 공습을 재평가하게 되었다. 그러나 여전히 이라크에 대한 불안이 남아 있었다. 이라크가 핵무기 대신 화학 가스 생산을 늘렸기 때문이다. 이라크는 이미 자국민을 상대로 그 화학 가스를 사용한 적이 있다.

사담 후세인과 협상이 실패하자, 미국의 조지 부시(George H. Bush) 대통령은 아랍연맹과 세계의 지도자들을 동원하여 이라크와 전투할 다국적군을 꾸렸다. 후세인은 쿠웨이트에서 철수할 수밖에 없었고, 이라크의 기반 시설과 산업 시설은 모두 파괴되었다. 그러나 이라크도 철수하기 전에 쿠웨이트의 산유 시설에 불을 질렀고, 페르시아만에 많은 양의 기름을 유출했으며, 이스라엘과 사우디아라비아에 스커드 미사일을 발사함으로써 이에 대응했다.

비록 이스라엘이 아랍 대 아랍 분쟁에 직접 개입한 것은 아니지만 후세인은 중동을 지배하기 위해 아랍인에게는 거의 반사적인 해묵은 반이스라엘 정서를 전략으로 이용했다. 이스라엘을 미사일로 공격함으로써 요르단, 시리아, 심지어 이집트 같은 나라의 무의식적인 지지를 얻기를 희망했다. 즉 다국적 작전을 깨뜨리고 반미·반사우디아라비아 감정을 중동 이슬람교도들 사이에 유포하려 했다.

이런 계획이 성공할 것인가? 팔레스타인 인구가 많았던 요르단은 압력을 받고 그 다국적 작전에 동참하지 않았다. 성경 시대의 유대인처럼 스스로를 보호할 준비가 되었던 이스라엘은 딜레마에 빠졌다. 미국을 포함한 다국적군은 미사일 공격을 받은 이스라엘에 이라크의 위협을 무시하고, 사상자 피해를 감수하며, 보복하지 말라고 요청했다. 그러나 이스라엘은 언제나 스스로 방어하겠다는 주장을 굽히지 않음으로써 구원받았다. 중동에서는 약한 모습을 보이는 순간 끝장난다. 이스라엘이 자국 도시를 보호하기 위해 이라크에 보복 공격을 가해야 하는가? 이스라엘의 행동으로 말미암아 다국적군이 해체되는 것이 이스라엘에 더 큰 위험이 될 것인가? 아랍 세계의 반사적인 반이스라엘 정서가 다시 한번 그들을 파멸로 이끌 것인가? 아랍인은 이스라엘이 사담 후세인보다 아랍 세계에 더 큰 위험이라고 생각하는가?

결국 미국의 외교적·군사적 노력 덕분에 이라크에 대한 이스라엘의 보복 공격은 이루어지지 않았다. 부시 대통령은 이츠하크 샤미르(Yitzhak Shamir) 이스라엘 총리와 두 번 통화를 한 후에 국방부 차관인 로런스 이글버거(Lawrence Eagleburger)를 이스라엘에 보냈다. 샤미르와 이스라엘 국방장관 모셰 아렌스(Moshe Arens)와의 회담에서 이글버거는, 이스라엘은 즉각 보복에 나서지 않을 것이며 군사 행동 전에 미국과 상의할 것이라는 약속을 이스라엘로부터 받아냈다. 자위권을 보존하면서 이스라엘은 미국과 쌓아 온 오래된 우정을 믿어보기로 하고 이라크의 공격을 참아냈다. 그들은 이번 전쟁이 이스라엘을 향한 아랍 세계의 태도를 변화시킬 가능성이 있다는 미국의 주장을 받아들였고, 그 가능성에 모험을 걸어보기로 결심한 것이다.

사담 후세인이 물러나지는 않았지만, 걸프 전쟁은 미국이 주도한 유엔 다국적군이 끝까지 유지된 채 대체로 만족스러운 결과로 종결되었고 평화 회담들이 이어졌다. 1948년 독립 전쟁 이후 이스라엘이 계속 요구해 온 것처럼 아랍과 이스라엘이 마주하고 앉아 지역의 문제를 해결하려고 노력했다. 1993년 9월 14일 이스라엘과 팔레스타인 해방기구 사이에 최초로 조약이 성사되었다. 다음 날 이스라엘과 요르단의 평화 조약 의제가 합의되었다. 물론 옛 감정이 되살아날지 아니면 그 회담이 변치 않는 안정과 협력으로 이어질지는 두고 보아야 한다.*

---

* 평화 회담이 아직도 진행 중이지만, 상황은 날마다 변한다. 평화 회담의 배경에 관해서는 부록을 참고하라.

8부

역사의 유목민과
모자이크 문화

30장

자유를 향한 디아스포라의 드라마

기원전 20세기부터 기원후 20세기까지 4천 년 역사의 대장정 동안 유대인은 어려움에 처할 때도, 싸워야 할 때도, 넘어질 때도, 부활할 때도, 후퇴할 때도, 전진할 때도 있었다. 그들은 네 대륙에서 여섯 문명을 거치며 모든 역경을 이겨냈다. 가나안의 방랑 생활, 이집트의 노예 생활, 유다의 멸망, 바빌론 포로 생활을 거쳐 그리스인과 만남, 마카비 투쟁, 로마에 억압받던 시절을 지나왔다. 중세에는 영주들 아래에서 자본가 계급으로 번성하고 이슬람 제국에서는 '책의 민족'으로 번성했으나, 중세 후기에는 게토의 아이들로 자라나야 했다. 근대에 들어와 때로는 정치가와 학자로서 인류사에 기여하고 때로는 강제 수용소의 희생자가 되었던 그들이 2천 년이라는 공백 상태를 끝내고 지배자로서 옛 고향 땅으로 돌아왔다. 이 책은 이런 생존사에 관한 연구이다. 왕이나 전쟁, 혹은 박해의 관점이 아니라 저항할 수 없는 역사의 힘이 그들에게 던져준 도전에 반응하여 만들어낸 사상의 관점에서 유대인의 생존 역사를 살폈다.

　이 복잡하고 애태우는 '영웅담'을 어떻게 평가할 수 있을까? 유대인의 생존은 역사의 우연인가? 그들의 역사는 사건들의 무의미한 연속—헨리 포드 역사관에서 말하는 '터무니없는 이야기'—에 불과했는가? 아니면 그들의 운명 뒤에 결정론적 요소들이 있었는가? 이 질문에 답을 얻기 위해 우리는 마르크스주의자에게 도움을 구해야 할까? 유대인의 생존은 삶의 물질적 조건에 따라 결정되었는가? 그들이 땅을 경작하고 물건을 교환하는 방식이 여호와 개념을 만들어냈는가? 오므리와 요시야 시대의 사회 제도가 예언자들에게 영감을 주었는가? 그것도 아니면 정신분석가들의 견해가 옳을까? 유대 역사는 유대인이 무의식 속에 억압했던 것의 결과인가? 이것이 토라와 《탈무드》, 카라이트 운동과 카발라 운동, 하시디즘과 시온주의를 설명할 수 있을까? 그것도 아니면 우리는 철학적 역사가들에게 그 답을 구해야 할까? 슈펭글러의 순환적 역사관으로 유대인의 생존을 설명할 수 있는가? 그렇다면 왜 유대인은 문명의 기대 수명이 훨씬 지난 후에도 역사에서 사라지지 않았을까? 토인비의 '도전과 응전' 이론이 유대인의 생존을 설명할 수 있을까? 유대교 문화가 시리아 문명이 남긴 화석에 불과하다는 그의 주장을 받아들여야 할까? 이 모든 것이 아니라면, 유대인은 정말 신의 은총을 받았을까? 신학이 만족스러운 답을 줄 수 있을까?

　역사가의 사명이 사실을 기록하는 것뿐 아니라 사실에 대한 합리적 설명을 제공하는 것이라면, 유대인의 생존이 신의 인도였다는 설명을 받아들일 수 없는 사람을 위해 자연 법칙에 들어맞는 설명을 제공해야 한다. 물론 이때 잊지 말아야 할 점은 이 다채로운 사건과 사상을 관통하는 일관된 흐름이 있다는 것이다. 그것은 유대인이 신이 선택한 민족이라는 아브라함의 환상이나 꿈, 혹은 계시이다.

우리는 역사를 고대, 중세, 근대로 나누어 생각하는 데 익숙하기 때문에 종종 역사를 다른 틀로 보지 못한다. 예를 들어 문명의 흥망성쇠를 승전 혹은 패전의 관점이 아닌 사상적 변화의 관점으로는 보지 못한다. 역사를 통틀어 인류는 스무 개 혹은 서른 개 문명을 만들어 왔다. 지금은 대부분 사라지고 없다. 그중 몇 개는 살아남기 위해 몸부림치고 있고 몇 개는 형성 단계에 있지만, 창의력의 정점에 있는 문명은 하나도 없다. 그렇다면 문명은 어떻게 형성되었을까? 무엇이 문명에 생명을 주었을까? 왜 문명은 결국 죽는 것일까? 이런 질문에 대한 역사가들의 대답은 관념적일 수밖에 없다. 그런 관념 가운데 가장 가치 있는 것은 20세기 '메타 역사가'의 이론, 즉 슈펭글러의 '운명주의적' 혹은 '무(無) 자유 의지' 이론과 토인비의 '자유 의지' 이론이다. 슈펭글러에 따르면 사람에게는 자신의 운명을 바꿀 능력이 없다. 토인비에 따르면 사람은 자신의 운명에 대해 발언권을 가진다. 유대인 생존의 역설이 유대 역사의 세계사적 가치를 무시해 각주로 처리한 이 두 역사가의 이론 속에 숨어 있다. 그러면 유대 역사는 어떻게 이 상호 모순된 두 이론으로 통합하여 설명할 수 있을까? 이제 이 이론들을 좀 더 자세히 살펴보자.

슈펭글러의 역사관에 따르면, 한 민족이 문명이라는 씨앗을 잉태하면 그 민족의 미래가 생명의 발달 과정처럼 예측 가능해진다. 우리는 잉태된 생명이 일정 기간이 지나면 아기로 태어난 후 유년기와 사춘기를 거쳐 성숙기에 이르고, 늙어서 마침내 죽음에 이를 것임을 예측할 수 있다. 생명의 각 단계는 슈펭글러의 문명의 진화 단계와 서로 짝을 이룬다. 즉 새로운 종교와 세계관을 탄생시키는 봄의 단계, 사상적 혹은 수학적 개념화에서 절정에 달하는 여름 단계, '계몽'과 합리성으로 성숙해지는 가을 단계, 물질주의와 과학 맹신주의와 실용주의를 거쳐 노쇠와 죽음에 이르는 겨울 단계가 그것이다.

토인비의 역사관은 전혀 다르다. 그는 자연이 인간에게 끊임없이 새롭고 예기치 않은 도전을 제시한다고 주장한다. 만약 인간이 최초의 도전에 응답하지 못하면 이누이트나 호텐토트족처럼 자기 운명을 역사의 수레에 연결하지 못하고 비역사적 존재로 남게 된다. 만약 인간이 최초의 도전에는 맞서 싸웠지만 계속되는 도전에 적절하게 대응하지 못한다면, 그 문명은 역사의 화석이 되거나 절벽에 매달린 존재가 되어 썩어 가는 채로 방치된다. 토인비 역사의 스핑크스는 자신이 낸 수수께끼에 대한 답을 절대로 알려주지 않는다. 문명이 계속되는 도전에 올바른 대답으로 반응하면 그 문명은 영원한 생명의 가능성을 얻는 것이다.

비록 유대인이 지난 4천 년 동안 스핑크스의 질문에 성공적으로 대답해 왔지만, 슈펭글러와 토인비는 모두 유대 문명을 '정지한 문명'으로 여기고 문명 목록에서 유대 문명을 빼버렸다. 일종의 역설이다! 그런데 우리가 유대인 생존의 비밀을 발견할 수 있는 곳이 바로 이 유대 문명의 역설 속에 있다. 즉 유대인의 생존 비밀은 유대 문명이 '정지된 문명'인 동시에 역사의 도전에 성공적으로 반응해 왔다는 사실에 있다. 유대 문명을 '문명'이 아니라 '문화'로 정의하면 그 역설을 설명할 수 있다. 이 두 개념의 차이는 아모리 드 리앙크루(Amaury de Riencourt)가 자신의 저서 《미래의 카이사르들》에 명확히 밝혔다.

문화는 막 태어난 젊은 공동체에서 지배적으로 나타난다. …… 그리고 그것은 새로운 세계관을 대표한다. 문화는 새로운 가치 창조를 의미한다. 다시 말해 새로운 종교적 상징과 예술 형식의 개발, 그리고 새로운 지적·정신적 성취, 새 학문, 새 입법, 새로운 도덕적 합의가 곧 문화이다. 문화는 집단보다 개인을 강조하고, 안정과 모방보다 독창성을 강조하고, 대량 생산품보다 시제품을 선호하고, 준법적 인생관보다 미학적 인생관을 강조한다. 문화의 본질은 '새 길을 내는 것(trailblazing)'에 있다.

반면 문명은 앞선 문화의 깊고 위대한 사상과 문물이 커다란 결정체를 이룬 것이다. 즉 문화가 창조한 화석화된 재고품에 토대를 둔 문명은 기본적으로 독창적이지 못하고, 새로운 문화를 생산하지 못한다. 반면 기존 문화의 조직적 대량화에 매우 효과적이고, 실용적이고 준법적이며, 지구의 많은 영역으로 퍼져 결국 보편화에 이른다.

문명의 목적은 늘어나는 대중을 엄격하고 기계적인 틀 안에서 표준화하는 것이다. 즉 똑같이 생각하고 똑같이 느끼고 체제 순응적이며 거대한 관료 구조에 기꺼이 머리 숙이는 대중, 창조적 개인의 본능보다는 집단 본능에 충실한 대중을 만드는 것이다.

리앙쿠르의 정의에 따르면 문화는 슈펭글러의 역사 순환 단계 중 봄, 여름, 가을에 해당한다. 겨울은 리앙쿠르의 용어를 빌리면 부모

문화(parent culture)에 빌붙어 사는 문명에 해당한다.

유대인의 역사적 생명은 정확히 슈펭글러의 이론에 따라 시작된다. 새로운 종교와 새로운 방식의 추상적 사고와 함께 '봄'이 시작되었다. 그것은 신생 유대 문화의 핵을 형성했다. 토인비의 용어를 빌리면 유대인은 유목 생활이 주는 도전에, 가나안 정복의 도전에, 국가 건설의 도전에 잘 맞서 싸웠다. 그들은 바빌로니아 포로 생활의 도전에 잘 맞서 팔레스타인으로 돌아왔고, 그곳에서 그들의 신생 문명은 가을 단계로 진화했다. 그러나 그들은 절대로 겨울 단계의 쇠퇴로 '진화'하지는 않았다. 다시 말해 유대인은 '문화'에서 '문명'으로 한 번도 이동하지 않았다. 그들은 문화의 정점에서, 즉 가을과 겨울 사이에 '멈추어 섰다'. 무엇이 슈펭글러의 순환에서 유대인을 자유롭게 했을까? 슈펭글러가 통찰력 있게 지적했듯이, "베스파시아누스를 상대로 치른 유대 독립 전쟁이 유대인에게는 해방의 사건이었다." 로마와의 전쟁이 유대인을 전 세계로 흩어버림으로써 모든 문명이 처한 운명의 사슬에서 그들을 해방시켰다. 디아스포라 유대인은 가는 곳마다 예언자, 현자, 학자가 수출용으로 포장한 매우 발전된 '문화'—문명이 아니다.—를 들고 갔다. 로마에 패한 유대인은 다양한 국가와 다양한 문명으로 흩어졌다. 유대인이 머문 한 문명(예를 들어 이슬람 문명)이 망하면, 유대인도 그 문명과 함께 망했다. 그러나 역사를 보면 한 문명이 사라지면 반드시 다른 문명이 생겨났고, 디아스포라 유대인은 그 신생 문명과 함께 부활하곤 했다. 유대인은 어느 나라에서도 생계를 꾸릴 수 있었고 어떤 문명에서도 자신들의 문화를 펼칠 수 있었다. 자신이 신의 선민이라는 굳건한 믿음이 그들에게 생존의 의

지를 주었고, 토라는 그 삶의 의지를 굳세게 했으며, 유대교 학자들은 생존을 위한 도구들을 개발했다. 그러나 더욱 중요한 것은 디아스포라, 즉 '흩어짐' 그 자체이다. 그 흩어짐의 역사가 유대인을 시간으로부터, 역사로부터, 문명의 죽음으로부터 해방시켰던 것이다. 그들은 불로장생의 비밀을 우연히 발견한 셈이다. 이 디아스포라와 함께 유대인은 역사의 유목민이 되었다.

문명의 기대 수명을 훨씬 넘겨 가며 유대 문화가 생존할 수 있었던 데는 디아스포라로서의 삶이 필수 조건이었다. 그들이 포로 생활을 하지 않았거나 팔레스타인에 그대로 남아 있었다면, 오늘날과 같이 세계 역사에 여전히 건재한 문화 세력으로 남지 못했을 것이다. 이전에 한 번 그랬던 것처럼 오늘날 이스라엘이라는 국가와 디아스포라 유대인은 모두 존재한다. 그러나 줄곧 그래 왔던 것처럼 이스라엘은 세계 유대인 약 1천5백만 명 가운데 불과 약 8백만 명이 사는 유대 문화의 요새, 피난처, 유대 민족주의의 거점일 뿐이다. 다시 말해 디아스포라 유대 문화는 시대를 거치며 문명의 흥망성쇠에 따라 그 거점을 여기저기 옮겨 왔지만, 디아스포라는 오늘날에도 변함없이 유대 문화의 보편적 정신이다.

유대인은 앞으로도 역사의 생존자로 남을 것인가? 그들이 유대인으로서 생존하려는 의지를 유지한다면, 그들이 새로운 도전에 맞서는 생존 도구를 새로이 개발해낸다면, 그리고 디아스포라가 계속해서 유대 역사에 불변의 요소로 남는다면, 유대인은 문화를 창조하는 민족으로 계속 살아남을 것이다. 그러나 디아스포라 정신이 유지되지 않는다면, 생존을 향한 의지와 도전에 맞서는 능력만으로는 부족할 것이다. 디아스포라—즉, 어떤 땅이나 물질적 조건에 영구히 고착되지 않는 문화를 가능하게 하는 조건—는 유대 역사의 필수 구성 요소여야 한다.

디아스포라 유대 문화의 다음 거점은 어디가 될 것인가? 그 대답은 세계에 흩어진 유대인을 끊임없이 재배치하는 역사적 요인에 달려 있을 것이다. 미국이 다음 2~3세기 동안 그 거점이 될 수 있지만, 미국 거점의 시대도 지나갈 것이다. 슈펭글러가 옳다면 미국 문명을 포함한 서구 문명은 지금 겨울 국면에 있을지 모른다. 반면 슬라브권과 중화권 나라들이 문명의 봄 국면에 있는 것 같다. 서양 문명이 쇠퇴한다면 디아스포라 유대 문화는 러시아나 중국에서 생겨날 수도 있다.

오늘날 러시아 유대인의 입장은 15세기 가톨릭 에스파냐에서처럼 이례적이지만, 역사가 디아스포라의 거점지를 러시아에 세우는 것이 불가능한 일은 아니다. 실제로 오늘날 러시아에서 유대인의 위치는 에스파냐 마라노의 입장과 매우 비슷하다. 1970년에는 유대인이 러시아 인구의 불과 1.5퍼센트밖에 되지 않았지만 러시아 일류 과학자, 지식인, 학자의 12퍼센트가 유대인이었다. 공산주의가 몰락하면서 러시아가 차기의 지배적 문명이 될 것 같지는 않다. 그러나 50년 혹은 5백 년 후에는 무슨 일이 일어날지 아무도 모른다. 1967년 이래 1백만 명에 가까운 유대인이 이스라엘과 미국으로 이주했지만, 일부는 여전히 러시아에 남아 있다. 유대 문화의 불꽃이 불가지론적 러시아계 유대 젊은이의 마음을 얼마나 강하게 태울지는 오직 시간만이 말해줄 수 있을 것이다.

디아스포라의 거점이 중국에 세워지는 것도 전혀 불가능한 일은 아니다. 10세기 마르코 폴로가 언급할 정도로 중요했던 중국 허난성의 도시 카이펑에서 유대 문화가 꽃핀 적이 있다. 서양 유대 공동체와 관계가 단절된 19세기에 카이펑의 유대 공동체도 몰락했다. 하지만 세계적 문명이 중국에서 다시 일어난다면 유대인 디아스포라의 거점이 그 광대한 나라에 생기게 되는 일은 이교도의 바빌로니아, 이슬람의 지배 아래에 있던 에스파냐, 가톨릭교의 폴란드에 디아스포라의 거점이 있었던 사실만큼이나 그리 놀랄 일도 아니다.

디아스포라 유대 문화의 거점이 될 네 번째 후보지는 남아메리카이다. 현재 남아메리카의 유대인 상황은 미국의 초기 유대 역사와 비슷하다. 남아메리카의 유대인은 미국 유대인의 사상과 문화에 의존하고 있다. 마치 미국 유대인이 1900년 이전에 유럽 유대인의 사상에 의존했던 것처럼 말이다. 오늘날 남아메리카 유대인은 구심점을 잃고 뿔뿔이 흩어진 상태이지만, 유대교의 사상적 부흥이 일어난다면 남아메리카 대륙이 디아스포라의 중심이 되는 것도 그다지 어렵지 않아 보인다.

여전히 다음의 문제가 남는다. 유대인은 사명을 다하기 위해 신에게 선택받았는가? 아니면 신적 사명을 이루기 위해 유대인 스스로 자신을 선택했는가? 우리는 이 사명의 본질을 〈이사야〉에서 읽을 수 있다. 예언자 이사야는 미래에 모든 인간이 한 형제가 될 것이라고 예언했다. 그런 인류 박애를 구현하는 것이 유대인의 사명일까? 그 예정된 역할을 완수하면 유대인은 역사에서 사라질까? 보편적 인간에 대한 스피노자의 범신론적 신학이 바로 이런 유대인의 사명을 말하는 것일까? 이 질문의 답을 우리는 잘 모른다.

유대 역사를 3막으로 구성된 신비주의 연극이라고 가정하자. 한 막은 2천 년 동안 지속된다. 제1막—침춤(tzimtzum), '주제'—에서, 한 무리의 유대인이 잇따라 그리스 비극의 영웅들처럼 감독, 즉 신으로부터 예정된 역할을 부여받았다. 선민의 조상으로서 예정된 그 역할에 확고한 확신이 없었다면 아브라함은 비극적 인물이 되었을 것이다. 그의 믿음이 그를 영웅으로 만들었다. 제1막에서 신은 계속 역할(사명)을 부여한다. 모세에게는 유대인을 이집트의 억압에서 해방시킨 후 그들에게 율법을 주는 역할, 여호수아에게는 이스라엘인을 약속의 땅으로 인도하는 역할, 예언자들에게는 부족적 신 개념을 보편 신의 개념으로 확대하는 역할, 에스라와 느헤미야에게는 유대인이 새롭게 등장한 보편 종교에 자신의 정체성을 잃지 않게 하는 역할을 주었다.

　유대의 신비주의 연극의 제2막—셰비라트 하 케일림(Shevirath ha-keilim), '그릇 부수기'—이 오를 때 예루살렘은 파괴되고 유대인은 디아스포라 신세가 되었다. 2천 년 동안 신의 선민으로서 역할을 다한 그들은 자신들의 이전 역할을 포기할 준비가 되어 있지 않았다. 우리는 한 무리의 랍비, 철학자, 학자가 유대인 생존을 위한 새로운 도구를 만드는 것을 목격한다. 아이비리그 예시바들이 주도한 《탈무드》 운동, 마이모니데스의 철학, 라시의 성경 해석, 할레비의 히브리 운문이 유대 생존을 위한 도구였으며, 제2막 마지막에 등장한 생존 도구는 디아스포라 유대인의 일부를 이스라엘에서 통일한 민족주의적 시온주의 운동이었다. 이로써 2천 년 동안 깨져 있던 '그릇'은 마침내 수리되었다. 그리고 20세기에 무대 막이 내려오면서 유대의 신비주의 연극의 제2막도 끝났다.

유대인의 드라마가 끝났을까? 아니면 이것은 유대 신비주의 연극의 제3막—티쿤(tikkun), '회복'—이 시작되기 전의 휴지기일까? 유대인은 아직 계시되지 않은 역할을 감당하기 위해 또 한번 2천 년의 역사를 살아갈 운명인가?

역사를 통틀어 여호와, 토라, 예언자의 삼위일체는 우연인지 의도적인지 몰라도 두 종류의 법을 발전시켰다. 하나는 유대인을 유대인으로서 보존하는 법이고, 또 하나는 인류를 보존하는 법이다. 유대 역사의 처음 2천 년 동안은 유대인이 사제직과 제사법을 다루는 토라와 《탈무드》의 3분의 1을 사용하여 이교도 문명 가운데서 자신의 종교적 정체성을 지키려 했다. 그 후 2천 년 동안은 절기와 음식법을 다루는 토라와 《탈무드》의 다른 3분의 1을 사용하여 민족적 통일을 유지하려 했다. 유대인은 이때 유대적 휴머니즘의 보편적 측면도 동시에 전파했다. 이제 토라에서 남은 부분은 보편적 가치, 즉 도덕, 정의, 윤리를 다루는 나머지 3분의 1이다. 이런 발전 양상을 볼 때 우리는 유대인이 유대 예언자들의 보편적 메시지를 받을 준비가 된 세계에서 그 신앙을 전도할 사명을 지녔다고 생각해도 좋은가? 이것이 제3막을 살아가는 유대인의 운명적 역할일 수 있을까?

만약 우리가 유대인의 성취를 물질주의적 관점에서 본다면, 즉 유대인을 작은 영토와 몇 개의 대대 병력을 보유한 보잘것없는 소수로 본다면, 유대인이 사명을 성취하는 일은 불가능해 보인다. 그러나 편견의 막을 걷어내고 세계를 '사물'이 아닌 '사상'의 관점에서 본다면 그것이 불가능한 일이 아님을 알게 될 것이다. 그때 우리는 문명 세계의 3분의 2가 이미 유대인―모세, 예수와 바울, 스피노자와 마르크스, 프로이트와 아인슈타인―의 사상에 지배받고 있다는 것을 깨닫게 된다. 다음 2천 년의 역사 동안 세계는 토라가 가르치는 도덕, 예언자들이 설파한 사회 정의, 유대 족장들의 윤리를 수용할 것인가? 그렇다면 이사야의 말처럼 "먼 곳에 있는 사람과 가까운 곳에 있는 사람에게 평화, 평화가 있"(《이사야》 57:19)을 것이다.

팔레스타인과 이스라엘의 역사
(1914~2019년)

아랍 국가들과 이스라엘은 중동에 평화가 필요하다는 데 동의한다. 아랍과 이스라엘, 아랍과 아랍 사이의 수많은 전쟁은 중동 문제를 해결해주지 못했다. 복잡하게 꼬인 과거에서 시작된 상황들이 중동 지역의 위험을 키워 왔다.

이스라엘인과 아랍인은 얼굴을 맞대고 평화롭게 공존할 수 있는 길을 모색하고 있다. 물론 이스라엘인과 아랍인 가운데는 이런 과정을 걱정스럽게 바라보는 사람들도 있다. 이 책에는 평화 회담에 대한 종합적인 논의가 포함되어 있지 않다. 그 이유는 이 회담들이 현재 진행 중이기 때문에 그 역사적 의의를 아직 평가하기 힘들기 때문이다.

누가 협상 테이블에 나오는가? 한쪽에는 오랜 역사를 지닌 민주적 신생국이 결의에 찬 얼굴로 앉아 있다. 그 나라는 다른 나라의 약속이나 국제적 지원에 의존했다면 건국될 수도 없었고, 생존할 수도 없었다. 미국의 지원 약속을 어떻게 생각하느냐고 물었을 때, 이스라엘 총리 골다 메이어는 이렇게 대답했다. "당신들이 여기 도착할 때쯤이면 우리는 여기 없을 것입니다."

다른 한쪽에는 한 번도 국가인 적은 없지만 제 나름의 꿍꿍이를 품은 아랍 국가들의 지원 — 때때로 학대 — 을 받는 민족이 앉아 있다. '아랍의 봄' 진원지였던 튀니지를 제외하고 이슬람 국가들 가운데는 민주 정부인 나라가 하나도 없었으며, 경제적·지리적·사회적으로 큰 차이를 보이는 그들은 서로 통일을 이루지 못한 채 남아 있다.

다음의 연표에 모든 사건이 수록된 것은 아니다. 이 표는 이 주제에 관하여 최종 결론을 내리기 위해 의도한 것도 아니고, 협상 당사자들 간의 잘잘못을 가리려는 의도도 없다. 오히려 과거의 성과와 실패와 절망을 동시에 지적함으로써, 그리고 각자가 협상 테이블에 가져오는 전제들을 설명함으로써 독자들에게 그 협상이 얼마나 복잡한 문제를 다루는지를 보여주고, 최근의 합의가 얼마나 불안한 것인지를 강조하고자 한다. 희망하는 것은 평화 협상들이 이 책에 기술된 수천 년의 역사에서 새로운 장이자 밝은 시작이 되었으면 하는 것이다.

연표

유대 역사		아랍 역사
"예루살렘은 슬프고 음울하고 생기 없다. 팔레스타인은 상복을 입고 재를 뒤집어쓴 채 앉아 있다." (마크 트웨인, 1867년)	~1914년	팔레스타인[1]은 독립적인 정치 단위나 행정 단위가 아니었고, 오스만 제국의 일부였다(1517~1917년).
신앙심이 두터운 유대인들이 성지에 와서 묻히다. 제1·2차 이민 물결. 1909년, 텔아비브가 도시로 건설되다.		1882년 아랍의 인구는 26만 명이었는데, 대부분은 위생 시설 없는 진흙 집에서 살았다. 평균 10만 제곱미터의 땅을 경작했다.
제1차 세계대전의 시작. 밸푸어 선언(1917년)을 통해 영국의 외무장관 벨푸어가 유대인 국가 건설을 지지하다.	1914~1945년	전후 성지 분할을 위한 프랑스와 영국 간 비밀 협약인 사이크스-피코 협정(1916년)에서 영국은 아랍에 오스만 제국에 반란을 일으킬 것을 요구하고 그 대가로 정치적 독립을 약속하다.
영국이 예루살렘을 점령하다(1917년 12월 9일). 4백 년간 이어진 오스만의 지배가 종식되다. 바이츠만-파이살 조약으로 팔레스타인에서 유대인과 아랍의 권리가 상호 인정되다(1919년).		바이츠만-파이살 조약을 놓고 아랍이 분열되다. 강경파 승리. 제1차 세계대전 때 오스만 제국과 협력해 독일군 편에 섰던 예루살렘의 이슬람 최고 지도자 무프티가 유대인과 협력하기를 거부했다. 그 유대인 지도자는 1920년과 1929년에 유대인에 대한 반란을 선동했고, 1936년과 1939년에는 영국인과 유대인에 대한 반란을 주도했다.
1919~1923년, 제3차 유대인 이민 물결(3만 5천 명).		제1차 세계대전 후 중동은 영국과 프랑스에 의해 시리아, 레바논, 이라크, 팔레스타인, 트란스요르단 같은 아랍 '국가들'로 분할 통치되었다. 독립 국가를 위한 아랍인의 요구는 수많은 봉기로 이어졌다.
유대인은 밸푸어 선언이 전 팔레스타인을 포함하는 유대인 국가를 의미한다고 믿었다.		영국이 팔레스타인을 요르단강을 기준으로 삼아 둘로 나누고 트란스요르단을 인정하다(1921년 5월 27일). 이로써 팔레스타인 땅의 약 80퍼센트를 아랍에 넘겨주다. 아랍인은

	중동 전체가 그들에게 약속되었다고 믿었다. 나머지 20퍼센트인 팔레스타인 땅을 얻기 위해 무장 반란을 감행했다.[2]
1920년 영국이 자위권을 행사하는 유대인들을 체포함. 유대인은 정착촌을 방어하기 위해 자위군을 조직했다. 방위군 '하가나'의 시작.	
예루살렘의 이슬람 최고 지도자가 유대인에 대한 폭동을 선동하다. 영국은 유대인에 대한 폭동을 일으킨 아랍인들을 체포하지 않았다.	
1922년, 국제연맹이 이라크, 트란스요르단(현재의 요르단)과 팔레스타인에 대한 보호령을 승인하다.	1922년, 국제연맹이 시리아와 레바논에 대한 프랑스 보호령을 승인하다.
	1922~1946년, 유대 국가의 발전과 늘어난 기회가 아랍 이민자 10만 명을 영국의 보호령이던 팔레스타인과 트란스요르단으로 끌어들였다. 유대인과 아랍인의 경제가 통합되다.
1924~1928년, 더 많은 유대인이 팔레스타인으로 이주해 아랍 지주들에게 땅을 구입해 개발했다. 두 지하 민병대인 '이르군'과 '스턴 갱'이 영국을 상대로 군사 작전을 시작했다. 이후에는 아랍 침략자들에 대한 군사 작전도 감행했다.	
	아랍 팔레스타인 패권을 놓고 아랍 내전 발발. 아랍의 지도자들이 살해당하거나 망명을 강요당했다. 1939년까지 희생자가 3천 명을 넘겼다.
유대인에 대한 아랍의 공격. 유대인은 유대 마을을 방어했지만, 아랍 마을에 대한 보복 공격은 자제했다.	아랍인이 유대인을 공격하기 위해 이스라엘에 침투하다. 영국에 대한 아랍인의 반란(1936~1939년). 아랍인 희생자 8백 명 발생.

필위원회 보고서(Peel Commission Report, 1937년)는 팔레스타인을 유대인, 아랍인, 영국인 구역으로 분할할 것을 제안했다.		팔레스타인 아랍인과 대부분의 아랍 국가들(트란스요르단 제외)은 필위원회 보고서를 거부했다. 유대인에 대한 폭력 재개. 유대인 이민과 땅 구입 금지를 요구했다.
처칠이 1939년에 발간한 백서에 따라 유대인 이민이 제한되다. 아랍인 땅을 유대인에게 파는 것이 금지되다.		처칠의 백서는 아랍인의 요구를 대부분 수용했다. 그러나 고등아랍위원회(Higher Arab Committee)가 백서를 거부하다. 아랍인은 팔레스타인에 대한 유대인의 주장에 반대하며 단결했다. 폭력 사태가 전쟁 직전까지 악화되었다.
벤구리온과 아랍 지도자들이 비밀 회담을 열다. 유대인은 나치의 박해를 피해 아랍으로 오는 유대인 난민의 망명을 허용하기 위해 백서를 거부했다.		아랍국민방어당(Arab National Defense Party)이 협상을 위해 백서를 잠시 받아들일 때, 당원 한 명이 무프티 테러리스트들에게 살해당했다. 레바논, 시리아, 팔레스타인의 아랍 지도자들이 유대 지도자들과 회담을 열었다.
팔레스타인 유대인이 제2차 세계대전 중 북아프리카 작전에서 영국인에게 군수를 제공하다. 유대인 군인과 같은 수의 아랍 군인을 원했던 영국은 유대인이 자신들 군대에 입대하는 것을 금지했다. 3만 명 병력의 유대인 여단이 이탈리아와 독일에서 전투에 참여하다.		제2차 세계대전 중 영국은 아랍 세계로부터 거의 지원을 받지 못했다. 영국이 이집트 방어를 책임졌다.
		아랍의 정치와 내전이 부족 구조에 의해 진행되다.
유엔이 유대인 국가를 만드는 분립 계획에 찬성하다. 약 1만 4천 제곱킬로미터의 영토, 53만 8천 명의 유대인과 39만 7천 명의 아랍인으로 구성된 유대인 국가.	1945~1948년	유엔이 팔레스타인 국가를 만드는 분립 계획에 찬성하다. 약 1만 2천 제곱킬로미터의 영토, 80만 4천 명의 아랍인과 1만 명의 유대인을 포함한 팔레스타인 국가.
유대인은 분립 계획을 받아들였다. 새 정부를 세우고, 아랍 공격에 자국을 방어할 준비를 갖추다.		아랍 세계는 분립 계획을 거부했다. 신생 유대 국가에 대한 전쟁을 준비하다. 팔레스타인 정부는 세우지 않았다.
영국은 유대인이 패전할 것으로 예상했다.		영국은 분립 계획에 협조하지 않았다.

영국 자본의 이동이 신생국 이스라엘을 거의 파산에 이르게 하다.(한편 최고 무슬림회의를 도와주었다.)		
팔레스타인에 들어오는 유대인에게 전면 금지령이 내려지다. 유대인의 무기 수입도 전면 금지되었다.		영국은 계속 아랍에 무기를 판매했다. 영국은 보호 통치가 끝나자 공공 건물과 군대 직위를 아랍에 양도했다.
		아랍 시도자들은 팔레스타인을 떠나면서 아랍 정치 조직과 아랍인의 대규모 탈출 사태를 유발했다. 아랍인 17만 5천 명이 영국 보호 통치 마지막 주에 팔레스타인을 빠져나갔다.
유대인은 수동적 방어를 포기했다. 변변찮은 병력과 무기로 선제 공격을 개시하다.		아랍은 분립 계획을 통해 유대인에게 할당된 유대인의 군사 거점을 파괴했다.
미국이 유대인에게 새 국가 수립을 늦추어 달라고 요구하다. 유대인은 그 요구를 거절했다.		
		예루살렘, 고지대, 도로망, 해안에서 들어오는 핵심 도로를 아랍인들이 통제하다. 병력과 무기의 양과 질에서 유대인을 압도하다.
유대인 지하 민병대가 아랍인 마을 데이르 야신(Deir Yassin)을 공격하고 아랍 주민들을 살해했다. 이스라엘 정부가 책임 있는 자들을 체포했다.		아랍인이 하다사 병원으로 향하던 의사와 간호사를 공격해 105명 중 77명이 사망했다.
독립 전쟁		
영국 철수. 벤구리온이 이스라엘 건국을 선언하다. 중동의 발전과 아랍 국가들의 협조를 요청하다.	1948년	아랍은 신생 국가를 거부했다. 여섯 아랍 국가―시리아, 트란스요르단, 이집트, 이란, 레바논, 사우디아라비아―가 이스라엘을 침공하다. 40배나 많은 병력 수로 이스라엘을 압도했다.

아랍 국가들이 이스라엘을 침공하다. 이스라엘이 예루살렘 구도시를 빼앗기다. 즉시 전면전 발발. 25만 명의 아랍인이 피난을 떠났다. 유대인이 모든 전선에서 싸우다. 유엔은 아랍 국가들의 침략에 반대하지 않았으며, 오히려 팔레스타인에 거주하는 아랍인에게 팔레스타인을 떠나라고 권고했다. 10만 명 이상의 아랍인이 팔레스타인을 떠났다.		
		첫 번째 휴전. 그러나 아랍과 이스라엘 모두 휴전을 위반했다. 아랍인은 분립 계획에서 이스라엘에게 할당된 땅의 30퍼센트를 추가로 얻었다.
두 번째 휴전. 유대인과 아랍인은 또다시 휴전을 어겼다. 이스라엘은 빼앗긴 영토를 회복하고 아랍의 영토를 추가로 빼앗았다. 팔레스타인의 73퍼센트 점령.		
유대인에 따르면, 아랍 지도자들이 아랍인에게 떠날 것을 요구하여 난민 문제가 발생했다. 아랍인 15만 6천 명이 전후에도 이스라엘에 남았다.		아랍인은 유대 지도자들이 아랍인에게 떠날 것을 요구함으로써 난민 문제가 발생했다고 주장했다.
이스라엘이 아랍 군대를 궤멸하다. 잇따라 휴전 협약이 체결되다. 6천 명의 사상자, 3만 명의 부상자가 발생했고 5백 만 달러의 비용이 들었다. 비로소 평화 협상에 임할 준비가 되었다.		아랍인은 휴전 협약을 무시하고 평화 제안도 거절했다. 이스라엘에게 전쟁 전의 영토로 돌아가라고 요구했다. 유엔 안전보장이사회가 아랍의 요구를 관철하다. 가자 지구는 이집트 행정부에 접수되었다. 트란스요르단은 요르단으로 개명하고 대부분의 아랍연맹국의 반대에도 불구하고 서안 지구를 합병했다. 양쪽 지역에 난민촌이 설치되었다.
독립전쟁 이후		
아랍인이 이스라엘의 시민권을 획득하다. 이스라엘 의회에 최초로 아랍인 3명이 포함되었다(1949년).	1949~1953년	

아랍인의 이동이 국경 지역으로 제한 되다. 아랍인이 동료 아랍인과 싸우지 않도록 이스라엘 군대에 아랍인의 입 대가 금지되었다.	
이스라엘이 예루살렘을 국제화하려는 유엔의 결의에 반대하다. 이스라엘은 모두에게 종교의 자유를 보장했다. 아 랍의 회당은 아랍인의 손에, 기독교 건 물들은 기독교인이 관리하게 되었다.	요르단이 휴전 협약을 무시하다. 서 안 지구, 동예루살렘, 그리고 예루 살렘에서 가장 신성히 여겨지는 통 곡의 벽에 유대인 출입을 금지하다. 요르단은 동예루살렘의 모든 유대 인을 추방했다. 유대인 묘지들이 대 부분 훼손되거나 파괴되었다. 묘석 들은 새 길을 까는 데 사용되었다. 신성한 건물, 모든 예배 장소가 파 괴되었다.
1949년에 있었던 휴전 협정에서 국제 해역에 대한 접근이 허용되다.	이집트는 이스라엘이 수에즈 운하 와 티란 해협을 통과할 권리를 인 정하지 않았다.[3]
이스라엘이 이집트의 조치에 항의하자, 유엔은 수에즈 운하와 티란 해협을 통 과할 권리를 이스라엘에 확인해주었다.	이집트는 유엔 결의안을 무시했으 나 안전보장이사회는 아무런 제제 조치도 내리지 않았다.
	이스라엘에 대한 경제적 보이콧을 벌이고, 이스라엘과 무역하는 유럽, 미국, 그 외 나라의 회사들에 제제 조치를 가했다.
요르단강 서안 지구와 이스라엘의 국 경이 분명하지 않았다.	
유대인이 도망친 아랍인의 재산을 압 류하다. 이스라엘은 아랍 국가에서 추 방된 유대인 40만 명을 흡수했다. 또한 이스라엘에 아내와 아이들을 두고 온 아랍인들의 귀환을 허용했다.	아랍은 계속해서 유대인을 추방했 다. 유대인 46만 7천 명의 재산과 재물을 압류했다. 그중 40만 명이 이스라엘로 갔다.
이스라엘은 아랍이 의미 있는 평화를 논한다면 난민의 귀환을 기꺼이 논의 할 것이며, 아랍인 10만 명을 받아들이 는 것도 고려하겠다고 밝혔다.	아랍인은 평화 회담보다 난민 문제 해결이 먼저라고 주장했다. 유엔은 팔레스타인 난민 구호 사업 기구를 설치하여 난민 구제와 교육, 재정착 사업을 시작했으나 아랍 국가들은 난민들이 난민촌을 떠나지 못하게 했다.

수에즈-시나이 반도 분쟁		
요르단과 시리아가 조직하고 지원한 게릴라 활동에 의해 1천3백 명 이상의 이스라엘인들이 죽거나 부상당함. 세계가 무시하자, 이스라엘은 강하게 보복했고, 유엔 안전보장이사회는 보복한 이스라엘을 비난했다.	1953~ 1957년	페다이가 이집트 군대의 통제를 받으며 이집트에서 이스라엘을 기습 공격하다. 미국이 만든 정전위원회 보고서는 1955년에 시리아가 정전 협정을 108번이나 위반했다고 지적한다.
영국이 이스라엘에 무기 판매를 거부하다. 프랑스는 이스라엘에 무기를 판매했다.		영국, 소련, 체코슬로바키아가 이집트에 무기를 판매했다.
		1949년 이집트는 정전 협정을 위반하고 이스라엘 선박이 티란 해협을 지나가지 못하게 했다.
이스라엘 군대가 영국군, 프랑스군과 연합해 가자 지구와 시나이 반도에 있는 이집트 기지를 함락하다. 유엔은 그곳에서 이스라엘이 무조건 철수할 것을 요구했다.		이집트가 수에즈 운하를 국유화하자, 영국과 프랑스는 수에즈 운하를 되찾을 목적으로 이집트를 공격했다.
이스라엘은 티란 해협 통과권을 국제 사회로부터 약속받았고, 국제 사회의 압력에 못이겨 시나이 반도를 이집트에 반환한다.		이집트는 이스라엘에 대한 공격을 멈추고 해상 봉쇄를 풀겠다고 약속했으나 그 약속은 지켜지지 않았다.
팔레스타인의 테러 공격에 보복 공습 감행.	1958~ 1962년	팔레스타인 군대가 레바논 영토에서 이스라엘에 테러 공격을 감행했고, 이로써 레바논도 이스라엘과 분쟁에 말려들게 되었다.
	1964년	팔레스타인해방기구(PLO)가 설립됨. 1965년 알 파타(Al Fatah)의 첫 번째 이스라엘 침공. 팔레스타인해방기구가 중동의 패권을 차지하다.
		요르단과 이집트가 '6일 전쟁' 전에 상호 방위 조약을 체결했다.

	6일 전쟁	
	1967년 6월 5일	이집트가 유엔에 평화유지군의 철수를 명령하다. 티란 해협을 이스라엘 배들이 통과하지 못하게 막았다.
이스라엘은 지상에 대기 중인 이집트 공군에 선제 공격을 감행했고, 유엔은 이스라엘을 비난했다.		이집트 공군이 거의 파괴되었다.
		이집트가 전군을 시나이 반도를 거쳐 이스라엘로 이동시키다. 요르단과 시리아, 이라크 공군이 이스라엘을 공격했다.
유엔이 사격 중지를 결정했으나 이스라엘은 지키지 않았다. 이스라엘은 아랍 군대를 세 전선에서 격파하고, 행정구역을 서안 지구, 가자 지구, 시나이 반도, 골란 고원까지 확대했다. 예루살렘이 이스라엘의 수도가 되다.		아랍인은 유엔의 사격 중지 명령을 지키지 않았다.
유엔이 이스라엘의 예루살렘 합병을 비난하다. '결의안 242'[4]가 통과되다. 3년 동안 이스라엘은 이 결의안을 수용하지 않았다.		이집트와 요르단은 '결의안 242'를 수용했다.
		유엔 안전보장이사회는 중동 지역에 영구적 평화 정착을 요구했다. 아랍은 이스라엘과 회담하기를 거부하고, 계속해서 테러리스트들을 지원했다. 아랍 국가의 수장들은 하르툼에서 세 가지를 부정하는 결의안을 채택했다. '이스라엘을 인정하지 않으며, 이스라엘과 협상은 없으며, 평화도 없다.'
	6일 전쟁 이후	
유엔분쟁조정단(1967년)이 아랍과 유대인의 대화를 제의하다.		아랍은 분쟁 조정단의 제안을 거부했다. 요르단의 후세인은 협상하려 했지만, 암살과 국가 전복의 두려움 때문에 이스라엘과 협력하기를 거부했다.

이스라엘은 자국 영토 내 아랍 거주민들과 관계를 개선했다. 지방 주민들을 위해 농업, 교육, 체신, 전보, 상업, 산업 부서를 설치했다. 지역 산업에 투자를 장려하고 서안 지구 아랍인에게 일자리를 제공했다.		
최초의 팔레스타인 행정 사무소가 서안 지역에 설립되다.		요르단강 서안 지구에는 어떤 지역 산업도 육성되지 않았고 정부 사무실도 설치되지 않았다.
정부가 베들레헴–헤브론 지역 정착 활동을 시작하다. 골란 고원에 키부츠(이스라엘의 농업 및 생활 공동체) 건설을 계획했다.		
		개방 정책으로 이스라엘과 요르단의 무역과 여행이 허용되었다. 이집트가 가자 지구에 있는 아랍인에게 시민권과 일자리 주기를 거부함으로써 이집트 지역의 아랍인 약 50퍼센트가 실업 상태에 놓였다.
소모 전쟁 시대		
6일 전쟁 이후 게릴라 공격과 미사일 공격으로 사상자 수가 4천 명에 이르렀다.	1968~1970년	이집트가 소모 전쟁을 시작하다. 매일 수에즈 운하를 넘어 미사일을 발사했다. 운하에는 소련의 지대공 유도탄(SAM)이 이스라엘을 향해 배치되었고 이집트에는 소련 자문단이 주둔했다.
이스라엘은 소련제 지대공 유도탄이 이집트에 배치되는 것을 반대했다. 미국이 중동에서 러시아 세력을 견제하기 위해 팬텀 제트기를 제공했다.		
	1969~1971년	팔레스타인의 게릴라 활동으로 요르단이 몸살을 앓다. 시리아가 팔레스타인해방기구의 요르단 왕 후세인 전복 작전을 지원했다. 요르단 군대가 게릴라들을 요르단에서 추방했다.
		팔레스타인해방기구가 작전 거점을 레바논으로 옮기다. 시리아가 요르단과 관계를 단절했다. 요르단이 팔레스타인인과 그 가족 15만 명을 추방했다.

미국 대사 헨리 키신저가 이스라엘에 요르단과 시리아의 중재 역할을 부탁했고, 이스라엘은 시리아의 침입으로부터 요르단을 구해주었다.		아랍 국가들이 계속 팔레스타인해방기구를 지원했다. 팔레스타인해방기구 의장 아라파트가 아랍 지도자 모임에 초대받았다.
		레바논은 레바논인과 이스라엘에 대한 팔레스타인해방기구의 테러 활동을 방지하기에 너무 약했다.
팔레스타인해방기구가 이스라엘의 스쿨 버스에 바주카포 공격을 감행. 그에 대한 보복으로 이스라엘 공수 부대가 레바논의 두로와 시돈에 있는 테러 기지들을 '싹 쓸어버렸다.'		팔레스타인해방기구가 카튜샤 미사일을 이스라엘에 발사하다.
아랍인 45만 명이 이스라엘에 거주했다. 사회 복지와 의료 복지가 사망률과 유아 사망률을 낮추었다. 아랍 노동자와 유대인 노동자가 동일한 사회 복지를 누렸다. 아랍인의 일 인당 국민 소득이 1967년부터 1973년까지 80퍼센트 상승했으며, 이 시기에 점령 지역에서 아랍인의 폭력 사태는 없었다.		
욤 키푸르 전쟁		
미국이 이스라엘에 아랍을 선제 공격하지 말라고 경고했다. 이집트의 지대공 유도탄 공격으로 인해 심각한 손실을 입었지만 이스라엘 군대는 수에즈 운하를 건너 이집트 군대를 봉쇄했다.	1973년 10월 6일	남쪽의 이집트와 북쪽의 시리아가 이스라엘을 기습 협공하다.
		유엔 안전보장이사회가 모였으나 아무런 결의도 하지 못했다. 아랍인은 그것을 다행이라 여기고 시간이 자기 편이라 생각했다.
		이집트의 장군들은 사다트에게 상황이 '심각하지 않다고' 말했다. 이 큰 실수가 이스라엘에 유리하게 작용했다. 이집트의 제3군단이 봉쇄되었다.
이스라엘의 여론 조사에 따르면(1974년 11월), 이스라엘인 75퍼센트가 6일 전쟁으로 점령한 거의 모든 영토를 아랍과의 평화를 위해 포기하는 데 찬성했다.[5]	1974~ 1976년	아랍이 여전히 평화 협상을 거부하다.

이스라엘인은 모든 형태의 대화에서 쌍방 간 직접 협상을 원함.		아랍은 모든 대화에서 간접적인 다자간 협상을 요구했다.
		유엔 총회는 시리아가 발의한 결의안을 채택했다. 그 결의안은 팔레스타인해방기구를 팔레스타인 사람들의 유일한 대표자로 선언하는 것이었다.
팔레스타인해방기구가 이스라엘의 주택지에 침투해 여자와 어린아이를 포함해 민간인 41명을 사살했다. 학교를 점령하고, 어린이 20명을 죽이고 70명에게 부상을 입혔다. 호텔과 예루살렘 시장에 폭탄을 설치해, 39명이 죽고 114명이 부상당했다. 이스라엘은 레바논 난민 캠프 내에 숨어 있던 팔레스타인해방기구 기지에 보복 공격을 가했다.		
이스라엘이 레바논 내전에서 기독교도 세력을 돕다. 북부 이스라엘을 보호하기 위해 남부 레바논에 완충 지대(안전지대)를 설정했다. 의료 부대를 북부 이스라엘 국경에 설치해 레바논 민간인을 도왔다.		레바논 내전. 시리아가 3만 명의 병력을 보냈다. 레바논인 6만 명이 죽었다. 시리아는 처음에는 팔레스타인해방기구를 지지하다가, 후에는 힘의 균형을 유지하기 위해 그들과 싸웠다.
이스라엘이 우간다 엔테베에서 인질들을 구출했다.		에어프랑스 여객기가 납치되어 우간다에 강제 착륙했다. 이스라엘 승객 103명이 엔테베에 인질로 잡혔다.
리쿠드당이 노동당을 누르다(1977년). 메나헴 베긴 총리는 서안 지구를 '유다와 사마리아', 즉 이스라엘의 것이라고 주장했다. 서안 지구의 양보는 아랍인의 더 많은 요구로 이어진다고 생각했다.		
지미 카터 미국 대통령이 미국의 캠프 데이비드에서 이스라엘과 이집트의 평화 조약을 중재했다.		이집트의 사다트가 메나헴 베긴과 평화를 위한 땅 반환 문제를 협상하기 위해 이스라엘로 가겠다고 제안했다. 이집트는 (1967년 이스라엘에 넘어간) 평화 조약에서 시나이 반도를 전부 돌려받았고, 시나이 반도에 있던 유대 정착촌은 파괴되었다.

이스라엘이 팔레스타인의 자치 문제에 관한 논의를 제안하다.		아랍 국가들은 이집트를 아랍연맹에서 쫓아내고 어떤 평화 협상도 거부했다.
이스라엘은 테러리스트들의 기지와 은신처를 공습하고, 테러리스트 지도자들을 색출함으로써 테러 행위에 대처했다.		아랍 세계는 계속해서 이스라엘에 대한 테러 공격을 지원했다. 미국에 대한 국제적 테러 조직도 커져서 비행기가 납치되고, 외교관들이 암살당하고, 시민들이 인질로 잡혔다.
이스라엘이 국경을 넘어 남부 레바논 지역을 제어하는 기독교 레바논인이 팔레스타인해방기구와 이슬람교도의 공격에 대비하도록 지원하다가 유엔 병력이 오자 철군한다.		
		레바논으로부터 테러 공격이 계속되었다.
이스라엘이 군사력으로 북부 국경을 계속 보호했다		
		시리아가 소련제 지대공 미사일을 이스라엘을 향해 배치하고 미사일 철거를 거부했다.
이스라엘이 시리아 미사일을 폭격하여 파괴하겠다고 협박했다.		
이스라엘이 이라크의 원자로를 파괴했다.	1981년	사다트가 이슬람 근본주의자들에게 암살당하다.
이스라엘이 사우디의 제안을 거부하다. 평화 회담 결렬.		사우디아라비아가 1940년대의 유엔 분할 계획과 같은 평화안을 제안했다. 1967년 국경으로 이스라엘이 철수하고, 서안 지구와 가자 지구에 팔레스타인 정부를 세우고 동예루살렘을 아랍의 수도로 만드는 내용이었다.
이스라엘이 서안 지구에 새 정착촌을 건설했다. 유대인을 대상으로 한 폭력이 늘어났다.	1982년	시리아가 이스라엘과 전쟁을 피하고, 레바논에 있는 기독교도와 이슬람촌 안의 극단주의자를 봉쇄하기 위해 이스라엘과 협력했다. 긴장 관계가 계속되었다. 이스라엘과 시리아 군대가 레바논 베카 계곡에서 전투를 벌였다.

이스라엘의 보복. 레바논을 침공하여 두로와 시돈에 있는 팔레스타인해방기구 거점들을 타격했다. 서부 베이루트를 포위하고 팔레스타인해방기구 게릴라 5천~6천 명을 봉쇄했다. 팔레스타인해방기구는 튀니지로 후퇴했다.		팔레스타인해방기구는 레바논을 거점으로 삼고 이스라엘에 테러를 가했다. 팔레스타인해방기구는 1970년부터 1982년까지 레바논을 실질적으로 통치했다.
기독교도들의 팔레스타인 난민 학살을 방지하지 못했다고 이스라엘 군대가 비난을 받았다.		기독교도 민병대가 베이루트 내 사브라와 샤틸라 난민촌에 있는 팔레스타인 사람들을 대량으로 학살했다.
		자살 테러 공격으로 미국 군인 241명이 사망했다. 레바논에서 미국 철수. 프랑스 군인 50명이 살해당했다.
이스라엘이 레바논에서 철수하다. 철수 도중 이슬람 반군에게 공격당하다.	1983년	이스라엘이 철수하면 시리아도 레바논에서 철수하겠다고 약속했지만, 약속을 실행하지 않았다.
이스라엘 군대가 남부 레바논에 머물며 레바논과 이스라엘 사이의 완충 지대를 유지했다.	1984년	시리아군이 베카 계곡에 남아 이스라엘에 대한 테러 공격을 지속했다. 시리아는 산유국들에게 일 년에 10억 달러를 받아 테러 행위를 지원했다.
인티파다(Intifada. 이스라엘 점령지에서 발생하는 아랍의 반란)가 시작되었다. 이스라엘은 그것을 대수롭지 않은 폭력 행위와 시민 불복종으로 여겼다.	1987년	인티파다 테러 행위가 아랍 근본주의자들의 내분으로 이어졌다. 아랍의 '죽음의 군단'이 이스라엘 '협력자'들과 정치적·종교적·개인적 적들을 교수형, 능지처참형, 황산형에 처했다. 1992년까지 아랍인 8백 명이 다른 아랍인에게 살해당했다.
		반이스라엘 근본주의자들과 테러리스트 분파들이 이집트와 요르단에서 세력을 키웠다. 테러리스트들이 아랍의 다른 나라에서도 활동하기 시작했다.

	1989년	아라파트가 이스라엘의 생존 '권리'를 인정하는 성명서를 발표하고 테러리즘을 비난했다. 미국과 팔레스타인해방기구의 대화는 팔레스타인해방기구가 이스라엘 해변을 테러 공격하면서 1990년에 끝났다.
걸프 전쟁		
	1990년	이라크가 쿠웨이트를 침공하고 사우디아라비아를 협박함으로써 아랍 세계의 주요한 힘의 재배열을 초래했다. 일부 아랍 국가는 미국이 주도하는 유엔 다국적군에 합류하여 이라크를 격퇴했다.
		요르단과 팔레스타인해방기구는 사담 후세인을 지지했고, 팔레스타인해방기구는 후세인을 반이스라엘과 친팔레스타인 동지로 여겼다. 이집트인과 팔레스타인인 수천 명이 이라크에서 탈출했다.
이스라엘은 미국의 요청으로 유엔의 다국적 협력을 유지하기 위해 보복 공격을 자제했다.		이라크가 스커드 미사일을 이스라엘 도시들과 사우디아라비아에 발사했다.
1985년부터 1991년까지 비밀 이스라엘 공수 부대가 2만 6천 명의 에티오피아 유대인을 이스라엘로 데려왔다. 20만 명의 소련 이민자가 이스라엘에 도착했고, 더 많은 이민자가 순서를 기다리고 있었다. 이민자들의 통합과 흡수가 새로운 경제 문제를 만들어냈다.		쿠웨이트와 사우디아라비아가 이라크와 협력했다고 의심되는 아랍인 1백만 명 이상을 추방했다.
부시와 샤미르가 맺은 미국-이스라엘 연맹이 걸프 전쟁 이후 약화되었다.	1991~1993년	
미국이 외교와 타협을 강조하며 아랍-이스라엘 분쟁을 해결하기 위해 나섰다. 회담이 1991년 10월 20일 마드리드에서 시작되다.		걸프 전쟁 이후, 아랍 세계의 관계가 급격히 변화했다. 요르단과 팔레스타인해방기구는 이라크를 지지했고 사우디아라비아는 팔레스타인해방기구와 시리아에 대한 지원을 끊었다. 소련의 쇠퇴와 함께 시리아는 자금줄을 잃었다. 중동 지역

		에서 미국의 영향력이 확대되고, 대중과 근본주의자들의 태도는 더욱 적대적이 되었다.
샤미르와 리쿠드당의 패배. 이츠하크 라빈(Yitzhak Rabin)이 노동당의 수장으로 선출되었다. 라빈의 성향은 평화 회담과 관계 개선에 더욱 도움이 될 것으로 여겨졌다.[6]		아랍 국가들이 이스라엘과 직접 회담에 동의했다.[7]
이스라엘이 자국인에게 테러를 가하는 하마스(반팔레스타인해방기구, 반이스라엘) 동조자와 지도자 4백 명을 일시적으로 추방했다.		
라빈 총리가 팔레스타인해방기구를 팔레스타인 민중의 대표로 인정하다.	1993년 9~11월	이란이 하마스를 지지하다. 사우디아라비아가 팔레스타인해방기구 대신 하마스에 재정을 지원하여 반팔레스타인해방기구, 반이스라엘 전선을 구축했다. 이란은 계속해서 근본주의자들과 테러리스트들을 지원했다.
		팔레스타인해방기구 의장 아라파트가 이스라엘의 생존권을 인정했다.
이집트, 러시아, 미국이 유엔의 반이스라엘 결의안들을 개정하기 위해 압력을 행사했다.		요르단과 이스라엘이 평화 조약에 서명하다.
서안 지구의 유대인 정착민들이 보복으로 아랍인의 집들을 불태우다.		
		유대인이 테러리스트들에게 살해되다.
임시 자치 기간에 대한 계획을 팔레스타인해방기구와 논의하다.		평화 계획의 적극적 지지자였던 알 파타 관리들이 암살당하다. 알 파타는 팔레스타인 주민을 보호하기 위해 가자 지구에 '비밀 경찰'을 설립했다.
		임시 자치 기간에 대한 계획을 이스라엘과 논의하다.

	1994년	시리아를 포함한 아랍 국가들이 워싱턴 D.C.에서 이스라엘과 함께 중동 평화 회담을 재개.
이스라엘 외무장관 시몬 페레스(Shimon Peres)와 아라파트가 가자 지구와 예리코 지역의 이스라엘군 철수 문제에 관한 협정을 체결하다.		
이스라엘이 서안 지구 중심지인 예리코를 팔레스타인에 정식으로 넘겨주다. 이로써 27년간 이어진 이스라엘의 점령 통치가 종식되었다.		아라파트, 카이로에서 이스라엘 총리 이츠하크 라빈과 예리코와 가자 지구에서 팔레스타인 자치권을 인정하는 협정에 서명하다.
		아라파트가 팔레스타인 자치 정부(PA) 수립을 공식적으로 선언.
이츠하크 라빈, 시몬 페레스, 야세르 아라파트가 팔레스타인 평화 협정을 체결한 공을 인정받아 노벨평화상을 수상.		
	1995년	이집트, 요르단, 팔레스타인해방기구, 이스라엘이 카이로에서 정상 회담 개최.
이스라엘이 가자 지구와 요르단강 서안의 7개 지역을 포함한 팔레스타인의 자치 확대 협정을 체결하다.		
이츠하크 라빈이 암살당하다. 시몬 페레스가 그의 뒤를 이어 총리직을 맡다.		
시몬 페레스, 팔레스타인 독립 국가 설립을 반대. 그는 뒤이어 이스라엘 파괴 조항을 취소하는 내용이 담긴 협정을 준수하라고 팔레스타인에 요구했다.	1996년	팔레스타인 자치 정부 수립을 위한 총선거 실시. 아라파트가 팔레스타인 자치 정부의 초대 대통령으로 당선되다.
이스라엘 총리 직선제에서 온건파인 시몬 페레스를 제치고 강경파 베냐민 네타냐후(Benjamin Netanyahu)가 당선되다.		
	1998년	팔레스타인이 이스라엘과 협상이 결렬되었다고 발표. 양국은 미국에 중재를 요청했다.

이스라엘이 요르단강 서안 지구로 유대인 200여 가구를 이주시키다.		하마스 지도자 아딜 아와달라(Adel Awadalla)가 이스라엘군에게 사살당하다.
이스라엘―팔레스타인이 미국에서 와이 밀스(Wye Mills) 평화 협정을 맺다. 팔레스타인에 영토를 넘겨주는 대신 이스라엘의 안전과 평화를 약속받았다.		팔레스타인, 와이 밀스 평화 협정으로 서안 지구 13퍼센트에 대한 자치권을 추가로 획득하다.
이스라엘이 와이 밀스 협정을 이행하지 않는 팔레스타인을 비난하면서 이스라엘, 미국, 팔레스타인의 회담을 거부하다.	1999년	이스라엘 주장과는 달리, 팔레스타인은 와이 밀스 협정 1단계를 이행했으며, 2단계는 일부 이행하고 있었다.
		아라파트가 팔레스타인과 요르단의 연합 국가 수립을 제안하다.
네타냐후가 예루살렘의 주권을 둘러싼 협상 불가 방침을 내세우다. 이는 예루살렘 문제를 오슬로 협정의 마지막 단계에서 논의하기로 한 약속을 위반한 것이었다.		
이스라엘 총선에서 국방노동당 당수 에후드 바라크(Ehud Barak)가 총리로 당선되다.		아라파트가 러시아를 방문하여 팔레스타인 국가 선포에 대한 지지를 약속받다.
이스라엘―팔레스타인, 오슬로 협정의 마지막 단계인 샤름 엘셰이크 협정 체결. 이스라엘이 점령 지역의 일부 영토를 팔레스타인에 넘겨주기로 합의하다.		팔레스타인이 서안 지구의 추가 7퍼센트 지역을 이스라엘로부터 양도받다.
미국 메릴랜드주 캠프데이비드에서 빌 클린턴 미국 대통령의 초청으로 이스라엘―팔레스타인의 평화 협상 개최. 바라크 총리는 동예루살렘의 이슬람 성지인 알 아크사 모스크에 대한 팔레스타인자치정부의 관할권을 인정하되, 옛 시가지에 대한 이스라엘 주권은 유지하겠다는 안을 내놓았다.	2000년	아라파트가 이스라엘의 제안을 거부하고 동예루살렘 지역 전체에 대한 주권을 요구하다. 사실상 평화 협상은 실패했고, 이후 가자 지구와 서안 지구에서 두 나라 간 군사 공격과 민간인 학살이 심화되었다.

평화 협상에 반대하는 아리엘 샤론(Ariel Sharon) 이스라엘 국방장관이 알 아크사 모스크를 무장 호위병을 대동하고 방문하자 이를 본 팔레스타인 민중이 일제히 봉기하다. 제2차 인티파다 발발.		
		팔레스타인 전 지역으로 이스라엘과의 충돌이 확대되다.
이스라엘이 팔레스타인 내 통제 지역에 대한 공세를 강화하다. 2000년 말까지 총 300여 명이 사망했는데, 사망자 대부분이 팔레스타인에서 나왔다.		이집트에서 아랍 정상 회의 개최. 아랍 국가들의 이스라엘 외교 단절이 제안되었으나 몇몇 국가만 이에 동의했다.
강경파 아리엘 샤론이 총선에서 바라크를 꺾고 이스라엘의 총리로 당선.	2001년	팔레스타인이 가자 지구에 있는 유대인 정착촌을 공습하다.
이스라엘군, 탱크를 동원해 아라파트 호위대 훈련 센터를 공격하다.		9·11테러 발발. 이슬람 극단주의 세력인 오사마 빈 라덴과 그가 이끄는 무장 조직 알 카에다가 미국의 세계무역센터와 국방부 청사 건물인 펜타곤에 자폭 테러를 가하다.
이스라엘의 관광장관 레하밤 제에비(Rehawam Ze'evi)가 팔레스타인인민해방전선(PFLP) 조직원의 총격을 받고 사망. 제에비는 가자 지구와 요르단강 서안 지구에서 팔레스타인 주민을 내쫓자고 일관되게 주장해 온 극우 강경파였다.		9·11테러를 구실로 내세우며 미국이 아프가니스탄을 공격. 미국은 탈레반 정권을 몰아내 알 카에다의 주요 거점을 파괴하려 했다.
	2002년	베이루트 정상 회담에서 사우디아라비아의 주도로 아랍연맹이 중동 평화안을 채택하다. 이스라엘이 1967년 3차 중동 전쟁 이후 점령한 땅을 돌려주면 아랍 국가들이 이스라엘을 인정하고 외교 관계를 정상화한다는 내용이 담겼다.
이스라엘은 동예루살렘을 포함한 요르단강 서안 지구과 시리아 영토였던 골란 고원의 반환을 요구하는 중동 평화안을 수용하지 않았다.		미국, 러시아, 유럽연합(EU), 유엔이 2005년까지 팔레스타인 독립 국가를 창설하겠다는 중동 평화 로드맵을 구상하다.

이스라엘군, 팔레스타인 테러리스트를 감시하고 색출하기 위해 가자 지구에 소규모 군 기지를 건설하다.		
	2003년	팔레스타인, 온건파 마흐무드 압바스(Mahmud Abbas) 총리 체제 출범.
이스라엘이 가자 지구에서 팔레스타인 유혈 살상을 이어 나가다.		미국이 이라크 후세인 정권의 대량 살상 무기를 없애겠다는 구실을 들며 이라크를 침략하다. 이라크 전쟁 발발.
샤론과 압바스가 중동 평화 로드맵에 합의하다. 샤론은 가자 지구 21개 정착촌에서 철수하겠다고 발표했다.	2004년	
		11월, 아라파트 사망. 두 달 뒤 압바스가 팔레스타인자치정부의 대통령이 되다.
이스라엘군, 가자 지구에서 철수. 하지만 팔레스타인에 대한 탄압은 계속되었다.	2005년	팔레스타인, 이집트, 요르단과 이스라엘이 샤름 엘셰이크 중동 평화 회담을 열고 협상을 재개하다.
		팔레스타인자치정부가 하마스와 휴전을 맺어 이스라엘에 대한 공격을 연말까지 멈추기로 합의하다.
이스라엘이 가자 지구와 북구 서안 지구에서 유대인 정착촌과 주둔 병력을 철수하다. 이스라엘의 38년 가자 지구 점령이 종식되는 것처럼 보였다.		
	2006년	팔레스타인자치정부 선거에서 하마스가 승리. 평화안 지지자 알 파타의 참여 거부로 하마스 단독 내각 출범. 미국과 유럽연합이 하마스 내각을 압박하기 시작하다.

이스라엘, 하마스의 세력이 강한 가자 지구를 봉쇄하고 대규모 보복 공격을 시작하다.		
에후드 올메르트(Ehud Olmert) 이스라엘 총리와 압바스가 회담을 열다. 이스라엘이 알 파타를 이끄는 압바스를 지원하기로 약속하다.	2007~ 2008년	2월, 압바스-하마스 공동 내각 구성안에 합의. 3월, 공동 내각 출범. 하지만 압바스가 하마스의 내무장관 임명을 거부하여 대립이 격화되기 시작했다.
이스라엘과 미국이 하마스를 제거하려고 알 파타의 쿠데타를 사주했으나 실패로 끝나다. 이후 가자 지구는 하마스가 통제하고, 서안 지구는 팔레스타인자치정부가 통제하게 된다.		하마스와 알 파타가 가자 지구에서 충돌하다. 2008년 6월, 하마스가 가자 지구를 완전히 장악하다. 11월, 아나폴리스에서 중동 평화 회의 개최.
이스라엘, 가자 지구 공습. 하마스와 전면전을 선언하다('캐스트 리드Cast Lead' 작전).		
이스라엘 지상군, 가자 지구에 전격 투입. 피난처로 사용되던 유엔 본부까지 공격하자 국제 사회의 비난이 거세졌다.	2009년	미국, 하마스의 공격을 테러 행위로 규정.
이스라엘, 이집트와 프랑스가 공동 제안한 휴전안 검토. 휴전안을 받아들이는 조건은 하마스의 재무장과 무기 밀수 금지였다.		이슬람권 전역에서 이스라엘을 규탄하는 대규모 시위가 확산되다.
		팔레스타인, 이스라엘에 미사일 발사.
총리 재집권에 성공한 네타냐후가 팔레스타인과 대화를 재개하겠다고 선언하다.		
미국이 중재하는 이스라엘-팔레스타인의 간접적인 평화 협상이 재개되다.	2010년	
이스라엘이 가자 지구 접경에서 팔레스타인과 교전을 벌이다.		팔레스타인이 2011년 8월에 독립을 하겠다고 선포하다.
이스라엘-팔레스타인 평화 협상 중단.		12월, 튀니지에서 아랍의 봄(아랍 혁명) 발발. 혁명은 팔레스타인에도 영향을 끼쳐 이스라엘 국경 부근에서 시위가 일어났다.

	2011~ 2012년	팔레스타인자치정부–하마스, 4년에 걸친 갈등을 청산하고 단일 정부를 출범시키겠다고 발표하다.
유네스코가 팔레스타인을 정회원으로 받아들이자 이스라엘이 강력하게 반발하다.		
		알 파타와 하마스가 압바스 팔레스타인자치정부 대통령을 과도 단일 정부 총리로 추대하는 데 합의하다.
이스라엘이 가자 지구에서 하마스의 미사일 공격을 받다. 이스라엘이 반격하여 가자 지구에 전격 공습을 시작하다.		
이스라엘, 하마스 내무부 청사 공격.		하마스, 텔아비브 폭탄 테러. 유엔과 미국의 중재 외교 끝에 이스라엘–하마스 간 휴전 합의.
		팔레스타인자치정부가 유엔 총회를 통해 '비회원 옵서버 단체' 지위에서 '비회원 옵서버 국가'로 격상되다. 하지만 미국의 거부권 행사로 온전한 주권 국가로 인정받지는 못했다.
	2013~ 2014년	하마스 무장 세력이 버락 오바마 미국 대통령의 이스라엘 방문 때 가자 지구에서 미사일을 발사하다.
이스라엘 공군의 가자 지구 공습.		
이스라엘, 팔레스타인자치정부와 하마스의 통합에 반발.		팔레스타인이 이스라엘 건국일에 가자 지구, 서안 지구, 예루살렘에서 이스라엘 점령을 규탄하는 시위를 벌이다. 이스라엘군의 발포 공격이 시작되다.
		하마스–알 파타, 서안 지구 라말라에서 통합 정부를 출범시키다.
7월, 이스라엘이 가자 지구에 대규모 폭격 감행('프로텍티브 에지Protective Edge' 작전). 사상 최대의 팔레스타인 민간인 사상자(2천2백 명)를 낸 이 군사 작전은 50일간 이어졌다.		

		카이로에서 가자 지구 재건과 관련하여 하마스–알 파타가 통합 정부의 역할과 운영 방안에 합의하다.
이스라엘 총선에서 네타냐후 총리의 리쿠드당이 제1당을 차지. 강경 우파 성향을 띤 내각이 구성되어 2015년 이후에도 이스라엘–팔레스타인 문제는 좀처럼 해결되지 않았다.	2015~2016년	
		팔레스타인이 국제형사재판소(ICC) 정식 회원국이 되다. 이스라엘의 정착촌 건설과 2014년 가자 지구 전쟁에서 이스라엘의 범죄에 대해 조사해 줄 것을 국제형사재판소에 청원했다.
이스라엘군이 점령 지역 내 팔레스타인 영토에 강제로 주둔하고, 정착촌 확장 건설을 발표하다. 이스라엘–팔레스타인의 갈등이 민간인의 공격과 충돌로 이어지다.		팔레스타인이 국제 평화 회의 개최 추진, 유엔 결의안 제출, 지속적인 국제 기구 가입을 통해 이스라엘의 팔레스타인 점령 종식을 위한 압박을 가하다.
유엔 안전보장이사회가 이스라엘의 유대인 정착촌 건설 중단을 촉구하는 결의안을 통과시키다. 거부권이 있는 미국이 기권함으로써 사실상 결의안 통과를 도왔다며 이스라엘이 강력히 반발하다.		하마스–알 파타, 통합 정부 구성.
	2017년	하마스, 가자 지구에 있는 국경 검문소의 통제권을 모두 팔레스타인자치정부에 인도하다.
도널드 트럼프 미국 대통령이 예루살렘을 이스라엘의 수도로 공식 선언. 이 결정은 1948년 이스라엘 건국 이후 이어져 온 중립 중심의 미국의 중동 정책과 정해진 경계선을 기준으로 삼고 이스라엘과 팔레스타인 국가를 각각 건설해 영구히 분쟁을 없애자는 1967년의 '2국가 해법'을 뒤집은 것이었다.		아랍권 이슬람 국가들이 트럼프의 결정에 반발하다. 팔레스타인해방기구 사브 에레카트(Saeb Erekat) 사무총장과 하마스는 트럼프가 중동 평화를 깨뜨렸다고 비난했다.
트럼프의 중동 정책에 따라 주이스라엘 미국 대사관이 텔아비브에서 예루살렘으로 옮겨지다.	2018년	가자 지구에서 미국 대사관 개관식에 반대하는 대규모 시위가 열리다. 이스라엘군의 발포로 팔레스타인인 52명이 사망하고 수백 명이 다쳤다.

이스라엘이 가자 지구 봉쇄를 위한 해상 장벽 설치 계획을 밝히다. 10년간 이어진 이스라엘의 국경 봉쇄로 가자 지구에 머물고 있는 팔레스타인인은 현재 2백만 명에 이르고, 실업률은 40퍼센트를 기록하고 있다.		
7월, 이스라엘이 하마스에 대규모 공격을 가하다. 이는 2014년 가자 지구 공습 이후 최대 규모였다.		팔레스타인, 이집트, 요르단이 가자 지구 유혈 사태와 관련해 이스라엘을 비판하다.
이스라엘-하마스가 이집트가 중재한 휴전안에 합의하다.		
이스라엘, 유네스코가 반이스라엘 성향의 움직임을 보였다며 미국과 함께 유네스코 탈퇴를 결정. 앞서 유네스코는 이스라엘의 동예루살렘 불법 점유를 비판했다.	2019년	팔레스타인자치정부가 유엔 정회원국 가입 신청에 나서겠다고 밝히다.
트럼프가 시리아 골란 고원에 대한 이스라엘의 주권을 인정하는 포고문에 서명하다. 시리아 국경 지역에 있는 골란 고원은 1967년 중동 전쟁에서 이스라엘이 강제 점령하여 1981년 국제 사회의 승인 없이 영토에 포함했다. 하지만 유엔은 1967년부터 골란 고원에 대한 주권을 인정하지 않고 있다.		시리아와 유엔, 그 밖에 미국 동맹국과 유럽연합이 골란 고원을 둘러싼 미국의 결정에 반대하는 성명을 내다.
		미국이 이스라엘-팔레스타인 평화 계획에서 경제 부문의 새로운 접근법인 '번영을 향한 평화'를 내놓다. 앞으로 10년간 팔레스타인에 5백억 달러 규모의 경제 투자를 하겠다고 밝혔다.

1) 특별한 언급이 없으면 '팔레스타인'은 이스라엘과 요르단을 포함한다.
2) 이후부터 언급되는 '팔레스타인'은 이스라엘에 속한 나머지 20퍼센트의 땅만을 가리킨다. 이것은 역사적으로 정확한 용법은 아니지만 사람들 사이에 널리 받아들여진 의미이다.
3) 1888년 해상 강국들은 수에즈 운하는 전시나 평시를 막론하고 모든 이에게 개방되어야 한다는 결의안에 서명했다. 그 결의안은 1956년까지 지켜졌다.

4) 결의안 242는 "전쟁에 의한 영토의 병합은 허용되지 않는다. …… (이스라엘은) 평화를 위해 노력해야 한다. …… 이스라엘 군대는 점령지에서 철수해야 한다 …… 모든 국가는 주권이 있고, 자기 영토를 보호받아야 하며, 정치적 독립을 보장받아야 한다. …… 국제 해역을 항해할 자유가 있으며…… 난민 문제를 바르게 해결해야 하며 …… 유엔 특별위원회가 사태의 평화롭고 공정한 해결을 위해 중동을 방문할 것이다."라고 적고 있다.

5) 이스라엘 사회조사 연구소, 1974년 11월 22~23일.

6) 라빈은 동예루살렘 출신의 팔레스타인해방기구 회원인 파이살 후세이니(Faisal Husseini)를 평화회담의 대표 수석으로 받아들인다. 라빈을 회담 상대로 인정한 후 후세이니는 다음과 같이 말했다. "팔레스타인 사람들은 평화 회담에 전념한다. 그러나 이스라엘이 아랍 지역을 계속 점령하는 한 인티파다는 계속되어야 한다."

7) 《팔레스타인과 이스라엘》(University of Califormia Press, Berkeley, CA 1989)에서 데이비드 맥다월은 다음과 같이 적는다. "아랍인과 유대인의 의견이 많이 다르지만 신앙과 신화, 사건과 정책에 대한 공정한 분석의 필요성을 양쪽이 공감하는 것이 평화를 향한 발걸음의 전제 조건이다."

3장 판관과 왕들의 시대

1) H. H. Gerth and C. Wright Mills, *From Max Weber: Essays in Sociology* (Oxford University Press, 1946).

5장 헬레니즘의 유혹과 종교 전쟁

1) Carl H. Kraeling, *The Excavations of Dura-Europos, Final* Report VIII, Part I, The Synagogue.

11장 메시아 예수와 기독교 기원의 딜레마

1) A. Dupont-Sommer, *The Dead Sea Scrolls: A Preliminary Survey*.
2) Cecil John Cadoux, *The Life of Jesus Christ* (Pelican Books, page 27). 옥스포드대학 교회사 교수이자, 신약 신학 교수인 카두는 예수가 베들레헴이 아닌 나사렛에서 태어났다고 강하게 주장했다. 그리고 그의 견해가 오늘날 학자들의 일반적 견해이다.
3) The Talmud, *Sanhedrin*, Mishna 43 a.

12장 기독교는 어떻게 로마 제국을 정복했는가?

1) *Documents of the Christian Church* (Oxford University Press, 1947).
2) Jacob Bernard Agus, *The Evolution of Jewish Thought*, page 144.

14장 《탈무드》, 유대 정체성을 지킨 위대한 책

1) Jacob R. Marcus, *The Jew in the Medieval World*.

18장 십자군 원정, 르네상스, 종교 개혁

1) Steven Runciman, *Byzantine Civilization*, page 100.

20장 세파르디 유대교와 아슈케나지 유대교

1) *Great Jewish Personalities in Ancient and Medieval Times*, edited by Simon Noveck, page 240.

2) *Rationalism in Europe*, volume II, page 271.

21장 중상주의를 꽃피운 유대 자본가들

1) *Rationalism in Europe*, Volume II, page 272.

2) Werner Sombart, *The Jews and Modern Capitalism*, pages 49–50.

23장 근대 유럽 혁명과 유대인

1) Lucien Romier, *A History of France*, page 347.

26장 동유럽의 유대 문학 르네상스

1) *Past and Present: A Collection of Jewish Essays*, page 421.

2) From "The Silent Question," in *The Writings of Martin Buber*, edited by Will Herberg, page 314.

28장 히틀러의 반유대주의와 홀로코스트

1) *Christianity and Anti-Semitism*, page 2.

2) Louis P Lochner, ed., *The Goebbels Diaries*, 1948, page 351.

3) G. M. Gilbert, *Nuremberg Diary* (Signet, 1961), page 68.

4) Louis P. Lochner, ed., *The Goebbels Diaries*, 1948, page 351.

| 참고 문헌 |

이 책을 쓰기 위해 20여 년 동안 다양한 분야—역사, 경제학, 정신분석학, 철학, 성경 주해, 문학—의 책을 읽었다. 참조한 모든 자료를 제대로 밝히는 것은 매우 길고 지루한 책과 백과사전의 목록뿐만 아니라 수백 개 논문과 잡지들의 나열로 이어질 것이다. 이는 전문 학자들에게만 흥미로울 것이다. 따라서 이 책의 집필에 기초가 되었거나 특정 주제를 더 연구하는 일반 독자들에게 도움이 될 만한 책들만을 소개하겠다.

한 가지 예외를 두고 싶은 것은 다음 세 권의 백과사전이다. 《표준 유대 백과사전(The Standard Jewish Encyclopedia)》(Doubleday and Company, 1959년)은 세실 로트(Cecil Roth)가 편집한 것인데 간결한 문체로 모든 주제를 해박하게 다룬다. 윌리엄 랭어(William L. Langer)의 《세계사 백과사전(An Encyclopedia of World History)》(Houghton Mifflin Company, 1948년)은 해학과 학문성을 갖췄으며, 유려한 문체로 쓰인 책이다. 마지막으로 《리더스 백과사전(The Reader's Encyclopedia)》(Thomas Y. Crowell Company, 1948년)은 윌리엄 로즈 베넷(William Rose Benét)이 편집한 책이며, 복잡한 내용을 매우 간결하게 요약할 뿐 아니라 힘 있고 흡인력 있는 문체로 쓰였다.

유대 역사 일반

ABRAHAMS, ISRAEL. *Jewish Life in the Middle Ages*. New York, Meridian Books, 1958. 미국유대학회에서 재출판되었다. 흥미롭고 생생하며 구체적인 서술.

AUSUBEL, NATHAN. *Pictorial History of the Jewish People*. New York, Crown Publishers,1953.

BARON, SALO W. *A Social and Religious History of the Jews*. New York, Columbia University Press, 1937; second edition, revised and enlarged, 1952. Eight volumes. 학문적 수준이 매우 높은 책. 유대인이 세계 문명의 역동적 요인이었음을 생생하고 대담한 필체로 파노라마처럼 보여준다. 아쉽게도 기원후 13세기까지 역사만을 서술한다.

BAUER, YEHUDA. *From Diplomacy to Resistance: A History of Jewish Palestine*. Philadelphia, Jewish Publication Society of America, 1970.

BEN-GURION, DAVID. *Israel: A Personal History*. New York, Funk and Wagnalls, Inc., 1971.

BENTWICH, NORMAN. *Hellenism*. Philadelphia, Jewish Publication Society of America, 1920.

BENTWICH, NORMAN. *Israel Resurgent*. New York, Frederick A. Praeger, (발행 연도 미상).

_____. *The Jews in Our Time*. Baltimore, Penguin Books, 1960. 현대 사회에서 유대인의 역할과 서양 문명에 유대인이 기여한 바를 연구한 책.

BRIGHT, JOHN. *A History of Israel*. Philadelphia, Westminister Press, 발행 연도 미상. 장로교 목사가 이스라엘 역사를 객관적으로 기술했다. 기독교적인 사변이 약간 첨가되었다.

COLLINS, LARRY., and DOMINIQUE LAPIERRE. *O Jerusalem*. New York, Simon and Schuster, 1972.

DIMONT, MAX I. *The Indestructible Jews*. New York, An NAL Book/The World Publishing Co., 1971.

DUBNOW, S. M. *An Outline of Jewish History*. New York, Max N. Maisel, 1925. 세 권으로 구성. 전통적 유대 역사. 고통에 초점을 둔 직선적 역사 서술. 유대인 사이에 '고전'이 된 책.

DUNNER, JOSEPH. *The Republic of Israel*. New York, McGraw-Hill Book Co., 1950. 약간 지루하지만 기본적인 내용을 잘 서술한 책.

ELBOGEN, ISMAR. *A Century of Jewish Life*. Philadelphia, Jewish Publication Society of America, 1944. 하인리히 그레츠(Heinrich Graetz)의 여섯 권짜리 역사서의 후속편. 유대 역사를 제2차 세계대전까지 서술했다. 그레츠의 문체로 쓰였다.

ELDAD, ISRAEL. *The Jewish Revolution: Jewish Statehood*. New York, Shengold Publishers, Inc., 1971.

EPSTEIN, ISIDORE. *Judaism: A Historical Presentation*. Baltimore, Penguin Books, 1959. 유대교 역사를 종교적·철학적 관점에서 고찰.

FINKELSTEIN, LOUIS, ed. *The Jews: Their History, Culture and Religion*. New York, Harper & Bros., 1949. 두 권으로 구성. 백과사전적 지식. 근대적 접근.

FRIEDMAN, LEE M. *Pilgrims in a New Land*. New York, Farrar, Straus and Co., 1948. 미국 역사에 나타난 유대인에 대한 단편적 이야기들.

GLAZER, NATHAN. *American Judaism*. Chicago, University of Chicago Press, 1953. 1911년 초판. 175쪽에 걸친 미국 유대인의 역사.

GOODMAN, PAUL. *A History of the Jews*. New York, E. P. Dutton & Co., 1930; New York, Everyman (paperback), 1951. 훌륭하게 요약된 유대인의 역사.

GRAETZ, HEINRICH. *History of the Jews*. Philadelphia, Jewish Publication Society of America, 1898. 여섯 권으로 구성. 독일 특유의 학문성이 엿보인다. 복잡하고 음울하고 해학이 없지만, 철저히 연구된 책. 지나치게 고통을 강조하고 사회 경제적 요인들은 무시하지만 이 분야의 고전으로 남아 있다.

GRAYZEL, SOLOMON. *A History of the Contemporary Jews*. New York, Meridian Books, 1960. 1900년에서 1960년대까지의 유대 역사를 다룬 192쪽의 논문.

HANDLIN, OSCAR. *Adventure in Freedom*. New York, McGraw-Hill Book Co., 1954. 미국 유대인의 역사.

HERBERG, WILL. *Judaism and Modern Man: An Interpretation of Jewish Religion*. New York, Farrar, Straus and Cudahy, 1951; New York, Meridian Books (paperback), 1959. 통찰력 있는 해석. 기독교인과 유대인 모두에게 추천.

HERTZBERG, ARTHUR, ed. *The Zionist Idea*. New York, Meridian Books, 1960. Reprinted by arrangement with Doubleday & Co. and Herzl Press. 시온주의 문학을 다룬 훌륭한 문집. 뛰어난 선구적 논문과 분석적 서문도 주목할 만하다.

JABBER, FUAD. *Israel and Nuclear Weapons*. London, Chatto & Windus, 1971.

JANOWSKY, OSCAR I. *Foundations of Israel: Emergence of a Welfare State*. Princeton, N.J., D. Van Nostrand Co., 1959. 통계 자료가 가치 있는 책.

JOHNSON, PAUL. *A History of the Jews*. New York, Harper and Row, Perennial Library, 1988.

JOSEPHUS. *The Jewish War*. Baltimore, Penguin Books, 1959. 로마에 의한 예루살렘 멸망 이야기. 저자는 그 사건의 목격자다.

KAUFMANN, YEHEZKEL. *The Religion of Israel: From Its Beginnings to the Babylonian Exile*. Chicago, University of Chicago Press, 1960. 일곱 권으로 된 히브리어 원전을 한 권으로 요약한 것.

KIMCHE, JON AND DAVID. *A Clash of Destinies: The Arab-Jewish War and the Founding of the State of Israel*. New York, Frederick A. Praeger, 1960. 흥미진진한 전쟁 이야기.

KISGH, GUIDO. *The Jews in Medieval Germany: A Study of Their Legal and Social Status*. Chicago, University of Chicago Press, 1949.

LEARSI, RUFUS. *Israel: A History of the Jewish People*. Cleveland, World Publishing Co., 1949. 저자의 필명을 거꾸로 읽으면 '이스라엘의 고통'이 된다. 이스라엘의 4천 년 역사가 끊임없는 애가의 연속으로 그려진다.

MARCUS, JACOB RADER, ed. *Essays in American-Jewish History*. Cincinnati, American Jewish Archives, 1958. 다양한 주제에 관한 흥미로운 논문들.

_____. *The Jew in the Medieval World*. New York, Meridian Books, 1960. 반유대 법안의 원본이 번역되어 있다.

MARGOLIS, MAX L. AND MARX, ALEXANDER. *A History of the Jewish People*. Philadelphia, Jewish Publication Society of America, 1927; New York, Meridian Books (paperback), 1959. 유대 역사를 학문과 애가가 동행하는 장례식 행렬로 그렸다.

NEILSON, FRANCIS. *From Ur to Nazareth*. New York, Robert Schalkenbach Foundation, 1959. 영국의 한 신학자가 저술한 흥미로운 초기 유대 역사. 부제는 '이스라엘의 종교, 정치사에 관한 경제학적 고찰'이다.

PARKES, JAMES. *A History of Palestine from 135 A.D. to Modern Times*. New York, Oxford University Press, 1949.

PRITTLE, TERENCE. *Israel: Miracle in the Desert*. New York, Frederick Praeger, 1967.

ROTH, CECIL. *A History of the Marranos*. Philadelphia, Jewish Publication Society of America, 1932; New York, Meridian Books (paperback), 1959. 마라노 역사에 관한 놀라운 서술.

_____. *A Short History of the Jewish People*, illustrated edition. London, East and West Library, 1953 (1936년 초판 발행); New York, Schocken Books (paperback), 1961. 유대 역사에 대한 '순교자'적 접근.

RUBIN, JACOB A. AND BARKAI, MEYER. *Pictorial History of Israel*. New York, Thomas Yoseloff, 1958.

SACHAR, ABRAM LEON. *A History of the Jews*. New York, Alfred A. Knopf, 1930; 3쇄, 1948. 아브라함부터 1948년 이스라엘 건국까지 유대 역사에 관한 자세한 학술적 접근.

SACHAR, HOWARD M. *The Course of Modern Jewish History*. Cleveland, World Publishing Co., 1958. 나폴레옹 때부터 현재까지의 유대 역사. 학술적 접근.

_____. *A History of Israel. From the Rise of Zionism to Our Time*. New York, Alfred A. Knopf, 1976.

SCHAPPES, MORRIS U., ed. *A Documentary History of the Jews in the United States. 1654-1875*. New York, Citadel Press (paperback), 1961.

SCHWARZ, LEO W., ed. *Great Ages and Ideas of the Jewish People*. New York, Random House, 1956. 최고의 유대 학자들이 유대 역사의 다양한 주제에 관해 쓴 논문을 모아놓은 책.

SOUSTELLE, JACQUES. *The Long March of Israel: From Theodor Herzl to the Present Day*. New York, American Heritage Press, 1969.

TCHERIKOVER, VICTOR. *Hellenistic Civilization and the Jews*. Philadelphia, Jewish Publication Society of America, 1961. 유대 신앙이 헬레니즘과 충돌했을 때의 격동적 역사를 서술한 책.

유대 역사에 관한 전문 연구서

AGUS, JACOB BERNARD. *The Evolution of Jewish Thought*. London, Abelard-Schuman, 1959. 유대 사상에 관한 종합적이며 예리한 연구. 불행히도 이미 유대교에 관한 지식이 있는 사람들이 이해할 수 있는 책.

BARON, SALO W. *Modern Nationalism and Religion*. New York, Harper & Bros., 1947; New York, Meridian Books (paperback), 1960. 이스라엘의 미래에 중요한 함의를 지니는 책.

BEGIN, MENACHEM. *The Revolt: Story of the Irgun*. Stein matzky's Agency Ltd., Jerusalem, (발행 연도 미상).

BELL, J. BOWYER. *The Long War: Israel and Arabs Since 1946*. Englewood Cliffs, N.J., Prentice-Hall Inc., 1969.

BUBER, MARTIN. *Hasidism*. New York, Philosophical Library, 1948. 하시디즘에 관한 실존주의적 접근.

_____. *Israel and the World*. New York, Shocken Books, 1948. 유대인 문제에 관한 도발적이고 잘 쓰인 논문들.

_____. *Moses: The Revelation and the Covenant*. New York, Harper & Bros., 1946; Harper Torchbook (paperback), 1958. 역사적 인물 모세에 관한 철학적 연구. 유대 종말론에서 모세가 지니는 의미를 탐구.

CASPER, BERNARD M. *An Introduction to Jewish Bible Commentary*. New York, Thomas Yoseloff, 1960.

COHEN, MORRIS RAPHAEL. *Reflections of a Wondering Jew*. Boston, Beacon

Press, 1950. 유대 문제에 관한 철학적 해석들.

DAGAN, AVIGDOR. *Moscow and Jerusalem*. London, Abelard-Schuman, 1970.

Davis, MOSHE. *The Yom Kippur War: Israel and the Jewish People*. New York, Arno Press, 1974.

DIMONT, MAX I. *The Jews in America*. New York, Simon and Schuster, 1978.

DUBNOW, SIMON. *Nationalism and History*. Koppel S. Pin-son, ed. New York, Meridian Books, 1961. 유대 역사 해석에 관한 논문들.

ELON, AMOS . *The Israelis: Founders and Sons*. New York, Holt, Rinehart and Winston, 1971.

GINZBERG, LOUIS. *Students, Scholars, and Saints*. Philadelphia, Jewish Publication Society of America, 1928; New York, Meridian Books (paperback), 1958. 바빌로니아 때부터 현대까지 유대학 전반에 걸친 다양한 유대 학자들의 통찰력 있는 일대기적·심리적·철학적 논문들이 수록되어 있다.

GOODENOUGH, ERWIN R. *Jewish Symbols in the Greco-Roman Period, Vol. IV, Symbols from Jewish Cult*. New York, Pantheon Books, 1954. 표면적으로는 그리스-로마 시대의 특정 상징들에 관한 내용이지만 그 시대의 유대인의 삶, 관습, 신앙에 대한 설명이 제공된다.

HADAS, MOSES. *Hellenistic Culture: Fusion and Diffusion*. New York, Columbia University Press, 1959. 유대 사상과 그리스 사상의 상호 작용에 관한 책.

_____. *Humanism: The Greek Ideal and Its Survival*. New York, Harper & Bros., 1960. 그리스 사상이 서양 문명에 끼친 영향을 다룬 책.

HALASZ, NICHOLAS. *Captain Dreyfus: The Story of a Mass Hysteria*. New York, Simon & Schuster, 1955; New York, Grove Press (paperback), 발행 연도 미상. 드레퓌스 사건에 관한 흥미로운 이야기.

HARKABI, Y. *Arab Attitudes to Israel*. Jerusalem, Israel University Press, Israel, 1971.

HILBERG, RAUL. *The Destruction of the European Jews*. Chicago, Quadrangle Books, 1961. 강제 수용소에 관한 가장 믿을 만한 책. 788쪽의 정보가 들어 있다. 수용소의 청사진이나 조직도도 수록되어 있다.

HIYSH, SEYMOUR M. *The Samson Option: Israel's Nuclear Arsenal and American Foreign Policy*. New York, Random House, 1991.

HOWE, IRVING AND GREENBERG, ELIEZER, eds. *A Treasury of Yiddish Stories*. New York, Viking Press, 1954; New York, Meridian Books (paperback), 1958.

HUSIK, ISAAC. *A History of Medieval Jewish Philosophy*. New York, Macmillan Co., 1916; New York, Meridian Books (paperback), 1958. 중세 유대 철학 입문서.

KAPLAN, MORDECAI M. *Judaism as a Civilization*. New York, Thomas Yoseloff, 1934. 미국 유대교의 실용주의 노선을 설명한다.

KATZ, SAMUEL. *Days of Fire: The Secret Story of the Making of Israel*. London, W. H. Allen, 1968.

KIMCHE, DAVID AND BAWLEY, DAN. *The Arab-Israeli War of 1967: Prelude and Aftermath*. London, Secker & Warburg, (발행 연도 미상).

KRAELING, CARL H. *The Excavations of Dura-Europos, Final Report VIII, Part I, The Synagogue*. New Haven, Yale University Press, 1956. 유대인의 초기 회당에 어떤 시각적 형상물도 없었다는 대중적 상식을 깨뜨려주는 책. 책 말미에 첨부된 사진 자료가 훌륭하다.

LACQUER, WALTER. *Guerrilla*. Boston, Little Brown & Co., (발행 연도 미상).

LIPSKY, LOUIS. *A Galtery of Zionist Profiles*. New York, Farrar, Straus & Cudahy, 1956. 시온주의자들이 좋아할 책.

LITVINOFF, BARNET. *Road to Jerusalem: Zionism's Imprint on History*. London, Weidenfeld and Nicolson, 1965.

McDOWALL, DAVID. *Palestine and Israel*. Berkeley, University of California Press, 1989.

MILLEY, C. Ross. *The Prophets of Israel*. New York, Philosophical Library, 1959.

MINKIN, JACOB S. *The World of Moses Maimonides*. New York, Thomas Yoseloff, 1957.

MODDER, MONTAGU FRANK. *The Jew in the Literature of England*. Philadelphia, Jewish Publication Society of America, 1939; New York, Meridian Books (paperback), 1960.

NOVECK, SIMON, ed. *Great Jewish Personalities*. B'nai B'rith Great Books Series. New York, Farrar, Straus & Cudahy, 1959 and 1960. 두 권으로 된 책. 홍보성이 다분한 자료이나, 흥미로운 '짧은 전기적 이야기들'이다.

RABINOVICH, ABRAHAM. *The Battle for Jerusalem*. Philadelphia, Jewish Publication Society of America, 1972.

RABINOVICH, IRAMAR. *The War for Lebanon, 1970-1985*. Ithaca, N.Y., Cornell University Press, 1985.

RABINOWICZ, H. *A Guide to Hassidism*. New York, Thomas Yoseloff, 1960.

REITLINGER, GERALD. *The Final Solution*. New York, Beechhurst Press, 1953; New York, A. S. Barnes & Co. (paperback), 1961. 독일 강제 수용소에서 벌어진 유대인 학살에 관한 기독교도의 상식적이며 균형 잡힌 서술.

ROBACK, A. A. *Jewish Influence in Modern Thought*. Camabridge, Mass., Sci-Art Pulishers, 1929. 이미 친숙한 내용들이 서술되어 있다.

ROTH, CECIL. *The Jewish Contribution to Civilization*. New York, Harper & Bros., 1940. 예루살렘 멸망 이후부터 현재까지 유대인이 이룬 것을 궁금해하는 기독교도에게 추천한다.

_____. *The Jews in the Renaissance*. Philadelphia, Jewish Publication Society of America, 1959. 소설처럼 재미있게 읽히는 역사책.

RUNES, DAGOBERT D., ed. *The Hebrew Impact on Western Civilization*. New York, Philosophical Library, 1951. '미국 민주주의의 유대적 토대'라는 장을 특히 추천한다.

SACHER, HOWARD M. *A History of the Jews in America*. New York, Alfred A. Knopf, 1962.

SAFRAN, NADAR. *The United States and Israel*. Cambridge, Mass., Harvard University Press, 1963.

SCHECHTER, SOLOMON. *Studies in Judaism*. New York, Meridian Books, 1958. 미국유대인출판협회에서 재출간되었다. 소설가 조지프 콘래드(Joseph Conrad)의 완벽함을 바탕으로 써내려 간 탈무드 학자의 랍비학 논문. 영국식 해학이 녹아 있다.

SCHOLEM, GERSHOM G. *Major Trends in Jewish Mysticism*. New York, Schocken Books, 1946. 학자를 위한 학자의 책.

SOMBART, WERNER. *The Jews and Modern Capitalism*. Glencoe, Ill., Free Press, 1951. 2, 3부는 현재 알려진 사실로써 반박되는 가정을 바탕으로 한 부분이기 때문에 많은 비난을 받았지만, 1부는 여전히 읽을 만하다.

STERN, SELMA. *The Court Jew*. Philadelphia, Jewish Publication Society of America, 1950. 왕실 유대인에 관한 재평가.

STRACK, HERMANN L. *Introduction to the Talmud and Midrash*. Philadelphia, Jewish Publication Society of America, 1931; New York, Meridian Books (paperback), 1959.

SYKES, CHRISTOPHER. *Crossroads to Israel*. Cleveland, Ohio, The World Publishing Co., 1965.

TENENBAUM, JOSEPH. *Race and Reich*. New York, Twayne Publishers, 1956. 나치 강제 수용소의 흥망성쇠에 관한 이야기.

TEVETH, SHABTAI. *The Tanks of Tammuz*. New York, The Viking Press, 1968.

TROEN, SELWYN ILAN, AND SHEMESH, MOSHE. Eds. *The Suez-Sinai Crisis*, 1956: *Retrospective and Reappraisal*. New York, Columbia University Press, 1990.

UNTERMAN, ISAAC. *The Talmud*. New York, Record Press, 1952.

WEISGAL, MEYER W. AND CARMICHAEL, JOEL, Eds. *Chaim Weizmann*. New York, Atheneum, 1963.

WIRTH, LOUIS. *The Ghetto*. Chicago, University of Chicago Press, 1928; Chicago, Phoenix Books (paperback), 1956. 유대인 게토에 관한 잘못된 상식을 바로잡는 책.

YADIN, YIGAEL. *Masada*. New York, Random House, 1966.

_____. *Bar-Kochba*. New York, Random House, 1971.

ZBOROWSKI, MARK AND HERZOG, ELIZABETH. *Life Is With People*. New York, International Universities Press, 1952. 슈테틀 생활의 향수 어린 이야기를 충실하게 재구성했다.

일반 세계사

ATIYAH, EDWARD. *The Arabs*. London, Penguin Books, 1955.

BEARD, CHARLES A. AND MARY R. *The Rise of American Civilization*. New York, Macmillan Co., 1927; revised edition, 1934. 미국 역사에 대한 '즉각적 이해'라는 것이 있다면, 이 책이 선사할 것이다.

BURCKHARDT, JACOB. *The Civilization of the Renaissance in Italy*. London, Phaidon Press, 발행 연도 미상. 르네상스 시대를 '발명한' 사람의 르네상스에 관한 생생한 설명.

DURANT, WILL. *The Story of Civilization*. New York, Simon & Schuster. 전체 여섯 권으로 된 역사책. 1권 《오리엔탈의 유산》(1935년), 2권 《그리스의 삶》(1939년), 3권 《카이사르와 그리스도》(1944년), 4권 《신앙의 시대》(1950년), 5권 《르네상스》(1953년), 6권 《종교 개혁》(1957년). 역사를 3차원적으로 재구성해주는 이 명쾌한 책에 경의를 표한다.

GIBBON, EDWARD. *The Decline and Fall of the Roman Empire*. New York, Viking Press, 1952. 기번의 1788년 걸작을 한 권으로 잘 요약한 책.

GILBERT, G. M. *Nuremberg Diary*. New York, Farrar, Straus & Cudahy, 1947; New York, Signet (paperback), 1961. 뉘른베르크 재판 문서들. 제시된 전쟁 범죄의 증거에 대한 피고들의 반응이 실려 있다.

HEIDEN, KONRAD. *Der Fuehrer: Hitler's Rise to Power*. Boston, Houghton Mifflin Co., 1944.

KIRK, GEORGE E. *A Short History of the Middle East*. New York, Frederick A. Praeger, 1959.

LAFFONT, ROBERT, general ed. *The Illustrated History of Europe*. New York, Doubleday & Co., 1960. 2천5백 년 유럽 역사를 만든 인물, 사상, 요소들에 관한 놀라운 통찰이 깃든 책. 풍부한 그림과 명확한 본문이 잘 조화를 이룬다.

LOCHNER, LOUIS P. *The Goebbels Diaries*. Garden City, N.Y., Doubleday & Co., 1948. 거짓말 달인의 역사 왜곡.

PARES, BERNARD. *A History of Russia*. New York, Alfred A. Knopf, 1946. 복잡한 러시아 역사에 대한 훌륭한 안내서.

PIRENNE, HENRI. *A History of Europe*. Garden City, N.Y., Doubleday Anchor Books, 1956. 두 권으로 구성. 좋은 식전주로 음미될 수 있는 책. 로마 시대 말부터 종교 개혁 때까지 유럽 역사를 생생하게 그려냈다.

RIENCOURT, AMAURY DE. *The Coming Caesars*. New York, Coward-McCann, 1957. 과거의 역사적 경험의 관점에서 현대 역사를 해석했다.

ROMIER, LUCIEN. *A History of France*. New York, St. Martin's Press, 1953. 열 권으로 된 역사서만큼이나 프랑스 역사에 관한 많은 통찰을 보여주는 책. 우아한 문체로 쓰였다.

RUNCIMAN, STEVEN. *Byzantine Civilization*. New York, Meridian Books, 1956. 1933년에 초판이 출판되었다. 런시먼은 비잔틴 역사를 암울한 배경에서 구출해냈다.

RUSSELL, LORD, of Liverpool. *The Scourge of the Swastika*. New York, Philosophical Library, 1954. 기독교인과 유대인에 대한 나치의 잔혹 행위가 기록되어 있다.

SHIMONI, YAACOV, LEVINE, EVYATAR, Eds. *Political Dictionary of the Middle East in the 20th Century*. London, Weidenfeld & Nicolson, 1972.

SHIRER, WILLIAM L. *The Rise and Fall of the Third Reich*. New York, Simon & Schuster, 1960. 나치 독일 현상 뒤에 숨은 많은 야사.

TOYNBEE, ARNOLD J. *A Study of History, Vols. I and II*. New York, Oxford

University Press, 1947 and 1960. 토인비의 유명한 역사서 《역사의 연구(A Study of History)》의 유명한 요약본. 역사에 대한 많은 사전 지식을 필요로 한다.

_____. *Reconsiderations* (Vol. XII of *A Study of History*). New York, Oxford University Press, 1961. 15장에서 토인비는 유대 역사에 내렸던 야박한 평가를 수정한다.

WELLS, H. G. *The Outline of History*. Garden City, N.Y., Garden City Publishing Co., 1920; revised edition, 1949. 한 권으로 된 가장 훌륭한 세계사 책. 원생동물부터 유엔에 이르는 세계 역사를 1288쪽에 요약하여 담아냈다.

종교학

ALBRIGHT, WILLIAM FOXWELL. *From the Stone Age to Christianity*. Baltimore, Johns Hopkins Press, 1940; Garden City, N.Y, Doubleday Anchor Books, 1957. 신사이자 뛰어난 학자인 저자의 고전적 연구서.

BETTENSON, HENRY, ed. *Documents of the Christian Church*. New York, Oxford University Press, 1947.

BURROWS, MILLAR. *The Dead Sea Scrolls*. New York, Viking Press, 1955. 자신의 사실에 파묻힌 한 학자의 슬픈 이야기.

CADOUX, C. J. *The Life of Jesus*. West Drayton, Middlesex, Penguin Books, 1948.

DIMONT, MAX I. *Appointment in Jerusalem: A Search for the Historical Jesus*. New York, St. Martin's Press, 1991.

DUPONT-SOMMER, A. *The Dead Sea Scrolls: A Preliminary Survey*. Oxford, Blackwell, 1952.

_____. The Jewish Sect of Qumran and the Essenes: New Studies on the Dead Sea Scrolls. New York, Macmillan Co., 1955. 사해 사본의 참된 의미에 대한 독창적이며 대담한 견해.

GINSBURG, CHRISTIAN D. *The Essenes and the Kabbalah*. New York, Macmillan Co., 1956. 사해 사본이 발견되기 1세기 전인 1864년에 쓰인 에세네파에 관한 흥미롭고 가치 있는 저작.

GOLDIN, HYMAN E. *The Case of the Nazarene Reopened*. New York, Exposition Press, 1948. 기독교 근본주의자에게는 절대 추천하지 못하는 책. 그들의 소중한 편견이 이 흥미로운 연구로 흔들릴 수 있다. 복음서와 관련한 내용이 많은 학자와 고고학 자료들에게 도전을 받았다.

KAUTSKY, KARL. *Foundations of Christianity*. New York, S. A. Russell, 1953. 기독 교 기원에 관한 사회 경제적 해석.

KELLER, WERNER. *The Bible as History*. New York, William Morrow & Co., 1956. 성경 역사에 관한 생생한 재구성.

KLAUSNER, JOSEPH. *From Jesus to Paul*. New York, Macmillan Co., 1943; Boston, Beacon Press (paperback), 1961. 〈뉴욕 타임스〉 리뷰에 따르면 "과거를 재구성한 이 책은 유대인의 사상뿐 아니라 기독교 사상에도 크게 기여했다." 매우 재미있는 책.

_____. *Jesus of Nazareth*. New York, Macmillan Co., 1946. 기독교 근본주의자들이 무척 사랑한 유대 학자. 왜냐하면 그가 복음서 이야기를 지지하는 역사적 사실들을 찾았기 때문이다.

LEWY, IMMANUEL. *The Growth of the Pentateuch*. New York, Bookman Associates, 1955.

MARTY, MARTIN E. *A Short History of Christianity*. New York, Meridian Books, 1959. 기독교에 대한 프로테스탄트의 견해. 가톨릭교도와 유대인에게도 추천한다.

OESTERLEY, W. O. E. AND ROBINSON,THEODORE H. *An Introduction to the Books of the Old Testament*. New York, Meridian Books, 1958.

RENAN, ERNEST. *The Life of Jesus*. New York, modern Library, 1927.

SANDMEL, SAMUEL. *The Genius of Paul*. New York, Farrar, Straus & Cudahy, 1958. 유대인 신학자가 사도 바울의 성공을 평가했다.

_____. *A Jewish Understanding of the New Testament*. Cincinnati, Hebrew Union College Press, 1956. 기독교에 대한 유대인의 생각을 표현한 책. 기독교인에게 추 천한다.

SMITH, W. ROBERTSON. *The Religion of the Semites*. New York, Meridian Books, 1956. 지루하지만 교훈적인 책.

SOHM, RUDOLF. *Outlines of Church History*. Boston, Beacon Press,1958. 간결하고 짧은 고전. 기독교인, 가톨릭교도, 유대인 모두에게 추천.

WELLHAUSEN, JULIUS. *Prolegomena to the History of Ancient Israel*. New York, Meridian Books, 1957. 1880년대 '위대한' 학자였지만 후대의 추가적 발견으로 무 명의 학자로 '수정되어버렸다.'

WILSON, EDMUND. *The Scrolls from the Dead Sea*. New York, Oxford University Press, 1955; New York, Meridian Books (paperback), 1959. 〈사해 문서〉에 관한 짧은 대중 입문서. 앞으로 한 세대 동안 우리 곁에 있을 것이다.

그 밖의 주제에 관한 서적들

ABRAHAM, KARL. *Clinical Papers and Essays on Psychoanalysis*, Part III, Chapter 3, "Amenhotep IV. A PsychoAnalytical Contribution Towards the Understanding of His Personality and of the Monotheistic Cult of Aton." New York, Basic Books, 1955.

ACKERMAN, NATHAN W AND JAHODA, MARIE. *Anti-Semitism and Emotional Disorder*. New York, Harper & Bros., 1950. 반유대주의가 정신분석학자의 진료 의자에 앉았다.

ARENDT, HANNAH. *The Origins of Totalitarianism*. New York, Harcourt, Brace & Co., 1951; New York, Meridian Books (paperback), 1958. 저자는 이 고전을 저 술했기 때문에 당대의 '성자' 칭호를 받아야 마땅하다.

BAINTON, ROLAND H. *The Travail of Religious Liberty*. Philadelphia, Westminister Press, 1951; New York, Harper Torchbook (paperback), 1958. 자신들만이 종교 적 신념을 위해 순교했다고 믿는 유대인들이 꼭 보아야 할 책.

BERDYAEV, NIKOLAI. *Christianity and Anti-Semitism*. New York, Philosophical Library, 1954. 실존주의 신학자의 통찰력.

BRINTON, CRANE. *The Anatomy of Revolution*. New York, Prentice-Hall, 1938; New York, Vintage Books (paperback), 1957. 인류와 혁명의 관계에 관한 논문.

BURTT, EDWIN ARTHUR. *The Metaphysical Foundations of Modern Science*. London, Routledge & Kegan Paul, 1924; New York, Humanities Press, 1951. 과학은 '과학적' 개념에 근거한다는 대중적 신화를 깨뜨리는 책.

BYRNES, ROBERT F. *Anti-Semitism in Modern France, Vol. I*. New Brunswick, N.J., Rutgers University Press, 1950. 반유대주의 이면에 있는 사회 경제적 요소들을 분 석했다.

COLLINGWOOD, R. G. *The Idea of History*. New York, Oxford University Press, 1946; New York, Galaxy Book (paperback), 1956. 역사는 연대기적 사건의 연속 이 아니라 사상의 발전이라는 내용.

CROMBIE, A. C. *Medieval and Early Modern Science*. Garden City, N.Y, Anchor Books (paperback), 1959. 그리스 사상의 계속적인 진화로 과학이 발전했다고 설 명한다.

DOBB, MAURICE. *Studies in the Development of Capitalism*. London, Routledge & Kegan Paul, 1946. 명쾌한 설명. 왼쪽의 바위와 오른쪽의 소용돌이를 잘 피한, 중도

를 잘 지킨 책.

FRAZER, SIR JAMES GEORGE. *Folk-Lore in the Old Testament*. New York, Tudor Publishing Co., 1923. 사실의 나열. 저자가 그 매혹적인 구조물의 함의를 깨닫지 못하는 듯하다.

FREUD, SIGMUND. *The Future of an Illusion*. New York, Liveright Publishing Corp., 1949; Garden City N.Y., Anchor Books (paperback), 1957. 프로이트의 종교에 관한 견해가 드러난다. '종교는 환상이다.' 그러나 종교가 자기 기만이라고 말하지는 않았다.

_____. *Moses and Monotheism*. New York, Alfred A. Knopf, 1939; New York, Vintage Books (paperback), 1955. 프로이트의 성 이론만큼이나 논란을 불러 일으킨 종교 이론이 개진된 책.

_____. *Totem and Taboo*. New York, W. W. Norton & Co., 1950; Modern Library (paperback), 발행 연도 미상. 종교 기원에 관한 정신분석학적 이해.

FROMM, ERICH. *Escape from Freedom*. New York, Rinehart & Co., 1941. 왜 인간이 전체주의를 추구하는지를 다룬 소름 끼치는 분석.

GERTH, H. H. AND MILLS, C. WRIGHT, Eds. *From Max Weber: Essays in Sociology*. New York, Oxford University Press, 1946; New York, Galaxy Book (paperback), 1958. 현대 사회에 대한 깊은 분석. 특히 '소명으로서의 정치'와 '소명으로서의 과학'을 추천한다.

GLUECK, NELSON. *Deities and Dolphins*. New York, Farrar, Straus & Giroux, 1965.

GRUN, BERNARD. *The Timetables of History: The New Third Revised Edition*. New York, Simon & Schuster, 1991.

HERBERG, WILL, ed. *The Writings of Martin Buber*. New York, Meridian Books, 1956. 명확한 서론에 잘 선정된 논문들.

HOURANI, ALBERT HABIB. *A History of the Arab Peoples*. Cambridge, Mass., Harvard University Press (Belknap), 1991.

JONES, ERNEST. *Essays in Applied Psychoanalysis*, Vol. II. London, Hogarth Press, 1951. 기독교 교리에 대한 정신분석학적 고찰.

KRACAUER, SIEGFRIED. *From Caligari to Hitler: A Psychological Study of the German Film*. Princeton, N.J., Princeton University Press, 1947; New York, Noonday (paperback), 1959. 독일 영화가 어떻게 나치당의 도래를 예언했는지 밝힌 책.

LECKY, W. E. H. *Rationalism in Europe* (*History of the Rise and Influence of the*

Spirit of—). New York, D. Appleton & Co., 1906. 두 권으로 구성. 19세기 아일 랜드 도덕주의자가 20세기의 합리주의자들보다 역사에 대해 더 깊은 통찰을 지닐 수 있음을 보인 책.

LISSNER, IVAR. *The Living Past*. New York, G. P. Putnam's Sons, 1957. 고대 문명의 흥망성쇠에 관한 대중 입문서.

LOWENTHAL, LEO AND GUTERMAN, NORBERT. *Prophets of Deceit*. New York, Harper & Bros., 1949. 반유대주의적 독설들에 대한 날카로운 분석.

OSBORN, REUBEN. *Freud and Marx: A Dialectical Study*. New York, Equinox Co-operative Press, no date. 프로이트의 이론이 마르크스 사상과 적대적이지 않음을 증명하는 변증법적 불꽃.

SARTRE, JEAN-PAUL. *Anti-Semite and Jew*. New. York, Schocken Books, 1948. 반 유대주의 이면에 있는 정신적 요인 분석.

TAWNEY, R. H. *Religion and the Rise of Capitalism*. London, J. Murray, 1926; New York, Mentor Books (paperback), 1941. 막스 베버의 이론에 관한 연구.

WEBER, MAX. *The Protestant Ethic and the Spirit of Capitalism*. New York, Charles Scribner's Sons, 1930. 자본주의가 개신교에서 나오게 된 정신적 요소들을 분석한다. 쉽지 않지만 읽으면 도움이 되는 책.

WELLISCH, E. *Isaac and Oedipus*. London, Routledge & Kegan Paul, 1954. 아브라 함-이삭 이야기의 내적 의미를 분석한 이 짧은 책을 키르케고르가 무척 좋아했을 것이다. 모리아산에서 골고다 언덕에 이르는 사상적 여정을 그렸다.

WILSON, EDMUND. *To the Finland Station*. New York, Harcourt, Brace & Co., 1940; Garden City, N.Y, Anchor Books (paperback), 1953. 미국의 가장 읽을 만 한 문학 비평가가 쓴, 마르크스에서 레닌에 이르는 마르크스 사상에 관한 설명.

용어

인명

옮긴이 _ 김구원

서울대학교 철학과를 거쳐 미국 웨스트민스터 신학교에서 목회학 석사학위를
취득했고, 시카고대학 고대근동학과에서 철학 박사학위를 취득했다. 우가릿 문
헌과 사무엘상 본문을 비교문학적으로 연구한 박사학위 논문이 브릴 출판사의
세계적인 구약 연구 시리즈인 《Supplements for Vetus Testamentum》의 145
번째 책으로 출판됨으로써 한국인 최초로 이 시리즈의 저자가 되었다. 현재는
서양고대문화사학회 연구 이사이며 개신대학원대학교에서 구약학을 가르치고
있다. 지은 책으로 《사무엘상》, 《사무엘하》, 《구약 꿀팁》, 《가장 아름다운 노래:
아가서 이야기》, 《성서 아람어 문법》 등이 있고, 옮긴 책으로는 《에스더서로 고
찰하는 하나님과 정치》, 《구약 성서로 철학하기》, 《고대 근동 역사》, 《이스라엘
의 성경적 역사》 등이 있다. 그 밖에 다수의 학술 논문도 출판했다.

책의 민족

2019년 10월 15일 초판 1쇄 발행

- 지은이 ─────── 맥스 I. 디몬트
- 옮긴이 ─────── 김구원
- 펴낸이 ─────── 한예원
- 편집 ─────── 이승희, 윤슬기, 양경아, 유리슬아
- 본문 조판 ─────── 성인기획
- 펴낸곳　**교양인**
　　　　　우 04020 서울 마포구 포은로 29 신성빌딩 202호
　　　　　전화 : 02)2266-2776 팩스 : 02)2266-2771
　　　　　e-mail : gyoyangin@naver.com
　　　　　출판등록 : 2003년 10월 13일 제2003-0060

ⓒ 교양인, 2019
ISBN 979-11-87064-41-1　03900

* 잘못 만들어진 책은 바꾸어드립니다.
* 값은 뒤표지에 있습니다.

이 도서의 국립중앙도서관 출판예정도서목록(CIP)은 서지정보유통지원시스
템 홈페이지(http://seoji.nl.go.kr)와 국가자료공동목록시스템(http://www.
nl.go.kr/kolisnet)에서 이용하실 수 있습니다.(CIP제어번호: CIP2019036560)